新编21世纪哲学系列教材

西方哲学史

第3版

张志伟 主编

History of
Western Philosophy

中国人民大学出版社
·北京·

内容简介

本教材以古代哲学、中古哲学和近代哲学三编为结构框架，详细叙述西方哲学从公元前 6 世纪至公元 20 世纪产生、形成、演变、发展的历史，以哲学问题为线索，以“哲学是哲学史”“哲学史是问题史”为指导思想，意在通过哲学家们对于哲学问题的不同解答方式以及对后世的影响，引导学生通过了解哲学家们的理论学说而进入哲学运思之路。本教材的对象是大学哲学院系哲学专业本科生，亦可作为非哲学专业的学生和广大哲学爱好者学习西方哲学史的参考书。

主编简介

张志伟　哲学博士，中国人民大学哲学院教授，博士生导师，兼任中华全国外国哲学史学会理事长，研究方向为西方哲学史、形而上学、德国哲学等。曾荣获第一届北京市高等学校教学名师奖、北京市高等学校优秀教学成果一等奖、教育部高等教育国家级教学成果二等奖等奖项，曾主持北京市和教育部国家级精品课程、北京市和教育部国家级教学团队。代表作有《康德的道德世界观》、《形而上学的历史演变》（主编）和多卷本《西方政治哲学史》，编写教材《西方哲学十五讲》，主编教材《西方哲学史》《西方哲学问题研究》《西方哲学智慧》等。

目录

第二编

中古哲学

第三编

近代哲学

导　言

本教材作为西方哲学史的教科书，按照我们约定俗成的划分方式，讲述的是从公元前6世纪以后到公元20世纪之前的2500多年间，西方哲学产生、形成、发展和演变的历史过程。至于20世纪的西方哲学，我们将留给“现代西方哲学”去讨论。通常与现代西方哲学相区别，这一历史过程中的西方哲学也被称为“古典哲学”。①

我们习惯于将世界上的哲学划分为西方哲学、印度哲学和中国哲学三大哲学形态，西方哲学史有时也被称作“欧洲哲学史”。然而，所谓“西方哲学史”中的“西方”，或“欧洲哲学史”中的“欧洲”，都不是严格意义上的地理学概念，例如古希腊哲学的诞生地米利都位于小亚细亚地区，那应该属于“东方”的地域；教父哲学的最大代表圣奥古斯丁曾经活动于北非地区；而中世纪时阿拉伯的阿威罗伊主义亦对经院哲学有过相当大的影响。不仅如此，西方哲学的历史分期也与世界历史的历史分期并不完全一致，作为一种相对独立的意识形态，不同时期的哲学思想都有其相对完整的自身延续和演变的历程。因此，我们这里所说的“西方哲学”主要指的是一种区别于印度哲学和中国哲学的独特的哲学形态。

然而，将西方哲学、印度哲学和中国哲学统称为哲学并不是没有疑义的。严格说来，哲学之为哲学乃是希腊人的创造，它源远流长，形成的西方哲学蔚为大观，而印度或中国并没有这样的哲学。不过，这并不是说印度或中国的思想家没有思考过类似的哲学问题，没有产生过相关的哲学思想，只是说在它们那里不存在西方哲学形态那样的哲学学科。实际上，上述关于西方哲学、印度哲学和中国哲学的划分所依据的标准，基本上是

---

① 西方学者关于西方哲学的历史分期与我们有所不同。通常我们以19世纪末20世纪初作为近代哲学的下限，而在他们那里往往以“当代”作为界定的标准，因而这个下限随着时间的推移而变化不定，现在一般划到了第二次世界大战。就此而论，我们所说的“近代哲学”（early modern philosophy）在他们的意义上应该译作“现代哲学”，此后是“当代哲学”（contemporary philosophy）。然而我们以为，西方哲学的历史分期并不只是时间的划分，它的主要标准应该是不同哲学形态的特殊性，而20世纪的西方哲学与此前的西方哲学有明显的区别，所以我们采取这样的分期。

西方哲学的概念，例如中国哲学史最初就是按照西方哲学的模式从浩瀚的古代思想材料中梳理出来的。必须强调的是，当我们说印度或中国不存在西方哲学式的哲学的时候，这并不意味着它们在这一方面比西方落后。不同的民族、不同的文化形成了不同的思想观念，它们由于多种方面的差异而走了不同的道路，不存在谁高谁低的问题。在某种意义上说，我们可以将不同民族、不同文化的最高的意识形态称为“思想”，因为“思想”的普遍性比“哲学”更大一些。如果我们在这个意义上来理解“哲学”，那么毫无疑问，由此来划分西方哲学、印度哲学和中国哲学应当不成问题。所以在做了上述说明之后，我们仍然按照约定俗成的原则将世界上的思想形态区分为西方哲学、印度哲学和中国哲学。不过考虑到问题的复杂性，我们不准备通过西方哲学与中国哲学的差异来说明西方哲学的基本特征。

顾名思义，所谓西方哲学史就是在一定的历史时期内西方哲学的发生发展的历史，但是仅此而已还不足以使我们了解西方哲学史的确切含义。显而易见，如果我们要了解西方哲学史的确切含义，首先需要了解诸如哲学和哲学史的一些基本概念。然而，哲学和哲学史的这些基本概念在不同的历史时期、不同的哲学家甚至同一位哲学家那里，其意义不仅有所不同，而且始终处在演变之中，因而很难给予比较确切一致的规定。由此可见，最好的办法莫过于返回到源头，从哲学的产生，或者说，从哲学问题的产生，来说明哲学的本性。

一、哲学问题

对于初次接触哲学这门学科的人来说，他所面临的基本问题就是“哲学是什么”或者“什么是哲学”。即使是比较了解哲学的人，也同样会产生这样的问题，因为关于哲学的定义往往众说纷纭。表面看起来，“哲学是什么”与“什么是哲学”在日常语言中是没有区别的，它们追问的是一回事，亦即哲学的意义或定义，但是实际上这两者是可以区别对待的。通常当我们问“哲学是什么”的时候，我们问的是迄今为止哲学“事实上是什么”，而当我们问“什么是哲学”的时候，则很可能问的是究竟什么样的哲学才能被称作哲学，或者说，哲学“应该是什么”。显然，哲学事实上是什么并不意味着哲学就应该是什么，反之，哲学应该是什么也并不意味着哲学已经像它应该是的那样实际上是什么了。哲学史当然要回答前一个问题，它所描述的就是迄今为止哲学思想的历史，但是这还不够，因为哲学史并不是已成过去的死材料的简单堆积，而是活生生的有生命的运动过程。于是，我们就涉及了第二方面的问题。在某种意义上说，哲学史就是通过对“哲学是什么”的考察来回答“什么是哲学”的问题。

毫无疑问，在了解哲学史的含义之前，我们首先应该了解什么是哲学，然而恰恰在这个问题上，不同的哲学流派，不同的哲学家，各自有其不同的规定，很难达成普遍的共识。一门历史如此悠久的学科竟然在最基本的规定上无法形成统一的意见，难怪人们要对哲学的合法性提出质疑，这实在令研究哲学的人感到无地自容。尽管如此，我们仍然可以从最一般的意义上将哲学规定为“理论化的世界观”，并且通过哲学与其他相关学科之间的关系来确定它的地位。

在人类精神的意识形态领域中，哲学是一门非常特殊的学科，我们可以把哲学同科学和宗教做一番比较。就哲学与科学和宗教之间的关系而论，哲学似乎居于这两者之间。一般说来，科学源于人类认识世界、改造世界的需要，它诉诸理性而以自然为其认识的对象；宗教产生于人类精神“终极关怀”的理想，亦即要求超越自身的有限性而在永恒无限的精神层面上关注人类的起源与归宿，它往往诉诸情感而以超自然的存在作为其信仰的对象。至于哲学，它像自然科学一样诉诸理性，但又像宗教一样，以人类精神的“终极关怀”作为其希图实现的理想，如果说宗教是信仰的世界观，那么可以说哲学就是理性的或理论化的世界观，这就凸显出了哲学不同寻常的特殊性。哲学的这一特殊地位无疑是它的“长处”：科学只是认识世界、改造世界的工具和手段，无法解决人类精神的“终极关怀”、人类文明的发展方向和目的及世界观等问题，而这正是或应该是哲学研究的对象；宗教虽然以人类精神的“终极关怀”为目标，往往也有其深奥的理论，但是由于宗教将其对象安置在超理性的、超越性的领域，因而归根结底须以信仰为前提和基础。然而，哲学的这一“长处”恰恰也是它的“短处”：哲学以理性为基础，但是由于其对象的缘故而不具备自然科学的确定性即“科学性”；哲学以人类精神的“终极关怀”为对象，但是由于它主要以理性的方法为认识手段，而这种手段难以通达终极关怀的境界，所以又不如宗教那样有信仰的方便法门。于是，当哲学试图成为像自然科学那样的科学的时候，它就不可避免地陷入了尴尬的境地。

哲学与科学（自然科学）的关系非常复杂。简单说来，哲学是科学，或者说哲学最初和科学是一回事，体现为某种自上而下地描述和解释宇宙的非实用性的理论学说，因而哲学在源头处是一种“科学”的形态[①]，反之亦然，科学在源头处是一种哲学的形态。不过，我们也可以说哲学不同于科学，因为17世纪近代科学革命之后，科学的“范式”发生了变化，一种理论假说唯有通过严格精确的实验而得到经验上的完全验证才能被称为科学，科学理论由此而与技术相结合，成为具有实用性的认识世界、改造世界的工具和手段，而哲学中“认识世界”的科学的工作也逐渐与之分离了。因此，我们需要在古代科学与近代科学之间做出区别：古代科学就是哲学，我们通常所说的科学或科学技术实际上指的是近代科学。[②] 就此而论，虽然哲学仍然具有“科学性”，亦即像自然科学一样体现为合乎逻辑的推理论证的理论体系，但是自17世纪以来便开始与自然科学分化了。在科学家（例如史蒂芬·霍金）的眼中，哲学合理地解释宇宙的工作已经完全转交给科学了，因而“哲学已死”[③]，然而哲学作为理论化的世界观，其地位和作用是科学所取代不了的。

从词源上看，“哲学”在古希腊语中是philosophīa[④]，本义是“对智慧的爱”或“爱智慧”。就此而言，哲学家应该是最谦虚的人，他们意识到人的有限性，所以主张“爱智

---

① 参见叶秀山：《科学·宗教·哲学：西方哲学中科学与宗教两种思维方式研究》，社会科学文献出版社，2009，第1页。

② 关于古代科学与近代科学的区别，请参见吴国盛：《什么是科学》，广东人民出版社，2016。

③ 史蒂芬·霍金、列纳德·蒙洛迪诺：《大设计》，吴忠超译，湖南科学技术出版社，2011，第3页。

④ 因排版印刷等问题，在本教材中凡需引用古希腊语语词时，依苗力田主编《古希腊哲学》（北京，中国人民大学出版社，1995年）之成例，按照《汉语拼音方案》拼写，参见该书后记。

慧”而不自诩为“有智慧”。然而，在人类求知本性的驱使下，哲学家们试图将“智慧之爱”变成“智慧之学”，致力于使哲学成为像自然科学那样的科学，以便为一切科学知识提供基础，不过这一理想始终未能实现。追根寻源，哲学之所以会陷入如此尴尬的境地，与它之所以能够繁荣昌盛、蔚为大观一样，都是出于希腊哲学的求知本性。对希腊人来说，哲学首先表现为对知识的追求。例如亚里士多德就曾经指出，求知是所有人的本性，人是由于好奇或惊异（thaumazein）而开始哲学思考的。他一开始对身边所不懂的东西感到好奇，继而逐步前进，对更重大的事情产生疑问。一个对事物感到好奇的人便觉得自己无知，而一个为了摆脱无知而进行哲学思考的人不是以某种实用性为目的，而是为了知识而追求知识。因此也许一切知识都比哲学更有用处，但是唯有哲学是真正自由的学问。[①] 显然，求知、知识或科学在希腊人心目中的含义与后世的含义是有所不同的，例如希腊人追求知识并没有实用的目的，科学改造自然的观念是文艺复兴时期以后才有的。然而，由于近代科学的发展，“现实意义”越来越成为人们衡量知识的价值的标准，尤其是哲学对象的理想性以及自上而下解释宇宙的理论化的世界观的性质，使得哲学始终无法具备像自然科学知识那样的普遍性和必然性。

哲学的对象毕竟不同于科学的对象，因而哲学的问题也不同于科学的问题，在某种意义上说，它们不是“问题”而是“难题”。通常一个问题总有答案而且有相对一致的答案，或者说，一般一个问题只有一个答案，自然科学的问题就类似于这样的问题。但是还有一类问题并没有统一的答案，或者说它们没有一致的答案，只有各式各样不同的解答方法，哲学问题就是这样的问题，我们可以称之为“难题”。哲学问题都是一些永恒无解、万古常新的难题，哲学家们只能不断地探索、寻求通达智慧境界的道路，但是却注定了不可能获得终极的答案。

哲学问题为什么是没有终极答案的难题？既然哲学问题是没有终极答案的难题，我们为什么还要追问这样的难题，并且企图为之找到一条可能的出路呢？简言之，原因就在于人类精神的“终极关怀”。当人类从自然界中脱颖而出的时候，他的生存活动不再仅仅依靠自然本能，而是更多地依靠理性，于是在人的面前就出现了有限与无限、相对与绝对、暂时与永恒、现实与理想、此岸与彼岸之间的巨大矛盾，他需要以某种自上而下地解释宇宙的合理性的理论学说即“世界观”作为安身立命的基础和根据，哲学问题便油然而生。因为他不仅是自然存在物，而且是有理性的存在物，这就使他形成了超越自身有限性而通达无限的自由境界的理想，哲学（包括宗教）就是这一理想的集中体现。显然，这个无限的自由境界在一个人的有生之年是不可能现实地通达的，即使人类可以无限地延续下去也仍然解决不了问题，因为它是且只能是至高无上的终极的理想。这就是说，哲学问题是没有也不可能有终极答案的，尽管如此，人类却又不可能不关心这些问题，因为这些问题对人类来说性命攸关。

当然，哲学问题并不都是与“终极关怀”（例如形而上学或本体论）有关的问题。在哲学中，尤其是在古典哲学中，后来逐渐从哲学中分离出来的许多部门，它们的问题就

① 参见亚里士多德：《形而上学》，980a22，982b10－29，载苗力田主编《亚里士多德全集》，第七卷，苗力田译，中国人民大学出版社，1993，第 27、31 页。

是比较具体的，例如认识论的问题、伦理学的问题、美学的问题、历史哲学的问题、政治哲学的问题等。不过，虽然这些问题不像本体论或形而上学的问题那样抽象、普遍乃至超越经验，但是它们作为一些基础性的或根本性的问题，同样也难以获得终极的答案。在某种意义上说，能否找到问题的答案几乎成了一种衡量的标准：哲学的各个部门其主要的问题只要能够找到某种相对统一的答案，或者说形成统一的“范式”，它们就会从哲学中分离出去自立门户，而留给哲学的都是一些永恒无解的难题。

哲学问题不仅有历史性，而且有时代的特点。一方面，就哲学这门学科而论，有一些一般性的基本问题是任何一位哲学家都必然会关注的，例如哲学的性质、方法和它的各个部门的主要问题等，尽管他们对这些问题可以采取不同的立场、观点和方法，甚至有时这些问题还会发生形态上的改变。另一方面，由于不同的历史时期、不同的时代产生了不同的问题，因而就哲学是时代精神的精华而言，它不可避免地要面对这些富于时代特色的、具有特殊性的哲学问题。例如，晚期希腊哲学以伦理学为主要问题，中世纪经院哲学以调和理性与信仰为主要的哲学问题，而 18 世纪法国哲学最关注的是启蒙问题，等等。哲学具有理想性的特点，它不仅关注终极关怀的最高理想，同时也关注社会生活的现实理想，例如在一种历史现实尚未过去的时候，哲学就从理想性的角度对之采取批判的态度，而当这一现实行将过去的时候，哲学则以其理想性而参与塑造新的时代精神。既然社会历史始终处在发展和演变的过程之中，那么哲学所关注的问题亦同样处在变化之中。不仅如此，哲学问题本身也会产生新的问题。如果一个哲学问题无法得到解决，那么肯定是在某些方面存在着问题。而当一个哲学问题获得了某种解决的方式之后，这种解决方式本身又会引出新的问题。由此可见，当一个人开始哲学思考的时候，他不仅要从历史上继承一些普遍的哲学问题，而且要面对他所生活的时代的主要问题，同时他的哲学思考、他对哲学问题的解决又会产生新的问题。

总而言之，我们可以把哲学史看作哲学家们代表人类精神对于永恒无解的哲学问题进行不断探索的记录，换言之，所谓哲学并不存在于某一位哲学家的思想里，并不存在于某一个哲学流派之中，并不存在于某一本教科书里，而是存在于过去、现在乃至将来所有哲学运思的道路之中。就此而论，我们可以把哲学看作哲学史，把哲学史看作问题史。

二、哲学史

学习哲学必须学习哲学史，这构成了哲学这门学科的一个不同寻常的基本特征。

通常我们学习一门科学不一定非要学习它的历史，例如学习数学不必非要学习数学史，学习物理学也不必非要学习物理学史。因为一门科学的所有成果包括最新的成果都凝聚在这门知识的最新形态之中，我们只要拿过来学和拿过来用就可以了。换言之，一般的科学知识都是长期积累的结果，它们留存在当前的知识载体之中，所以学习自然科学基本上就是学习一套教科书，哲学就不同了。哲学的“知识”不是积累的结果，而是只存在于哲学史中，所以离开了哲学史就没有哲学。就此而论，哲学就是哲学史，哲学史就是哲学。

“哲学是哲学史”并不是我们的新发明，而是黑格尔首创的思想，不过需要说明的是，我们的理解与他的观点有着根本上的区别。不容否认，黑格尔作为哲学史这门学科的创始人，有史以来第一次试图寻找哲学思想之间继承和发展的历史规律，并且把哲学史看作“一种”哲学的发展史，认为越是在后的哲学思想，由于它继承和发展了前人的成果，因而就越接近于真理，于是整个哲学史不过是“一种”哲学的自我运动、自我完成或自我实现的过程。黑格尔的哲学史观对后世产生了深远的影响，这种影响不仅有积极的一面，也有消极的一面。从积极意义上说，黑格尔揭示了哲学思想深刻的历史背景，说明了思想发展的辩证运动，以及思想与思想之间继承和发展的内在关联。而从消极意义上说，黑格尔从古典哲学的基本观点出发，秉承使哲学成为科学或“科学之科学”的形而上学理想，试图使哲学成为科学，这种哲学史观尽管看起来非常系统、规整并且合乎逻辑，但是实际上它不仅混淆了哲学与科学之间的区别，而且掩盖了哲学思想的本性。

所以，当我们说“哲学是哲学史”的时候，它所表达的含义与黑格尔正好相反。在黑格尔看来，哲学之所以就是哲学史，乃是因为哲学史是“一种”哲学发生发展的过程。而在我们看来，哲学史上存在着许多种哲学，没有一种哲学可以代表所有的哲学而被看作哲学本身，所以哲学只能是哲学史。显然，哲学与一般所说的科学即自然科学有着根本的区别。

如前所述，哲学问题都是一些永恒无解、万古常新的难题，人类精神由于其本性决定了它不得不追问这些难题，虽然它们永远也不会有终极的答案。因此，哲学与科学不同，它不是知识积累的结果，而体现为对于永恒的智慧境界的无限的探索。每一位哲学家的理论学说都标志着一条哲学运思的道路，每一条哲学运思之路都代表着一种不同寻常的典型，或者说它们是“路标”或“里程碑”。由于它们把追问智慧之境界的某种方式推进到了极致，以至于后人要想继续追问哲学问题，就只能另辟蹊径，换一条路走，因为前面的道路虽然都指向智慧的境界，但是又都被证明是“此路不通”的。换言之，在西方哲学史上，每一位哲学家的思想都代表着一条哲学运思之路，而每一条道路都具有永恒独特的意义和价值，都是不可替代的，例如亚里士多德不能代替柏拉图，黑格尔也不能代替康德。当然，无可否认，哲学史上的思想都具有继承和发展的关系，每一位哲学家都是在前人思想的基础上从事哲学思考的，但是这并不意味着他们的思想都将失去自己独立存在的价值而被融入了后人的思想之中。恰恰相反，由于哲学问题都是一些没有终极答案的难题，因而哲学家们以自己独特的方式所提出的解答就构成了一条条不同寻常的道路。所有哲学运思之路的最终目标都指向至高无上的智慧境界，虽然这一智慧境界的性质决定了任何一种哲学思想都不可能现实地通达这一境界，然而却无法阻止人类精神去实现自己终极关怀的最高理想，而每一条哲学思想之路都代表着对哲学问题的一种典型的解答方式，于是那些条条道路就一同构成了一幅开放性的哲学景观：过去、现在乃至将来所有哲学思想之路“综合”在一起，共同构成了哲学这门学科或学问。

由此可见，科学的发展是一个知识积累的过程，哲学的运动则似乎是“齐头并进”的。就知识的占有程度而论，现代人肯定比古代人高得多，但是在哲学思维的水平上，古代人与现代人至少是可以比肩并立的。现在任何一所医学院校的学生所具有的知识都是被称为西方医学始祖的希波克拉底所无法比拟的，然而即使是当代的大哲学家也不敢说他就比柏拉图或者亚里士多德更高明。所以，当我们说“哲学就是哲学史”或“哲学史就是哲学”的时候，这不仅意味着哲学是一种历史性的思想，每一位哲学家的思想都具有不可替代的历史地位，因而我们总是要一而再，再而三地返回源头，而且也意味着哲学应该是一门开放性的、多元化的理论学科，因为返回源头的目的并不是要走回头路，而是为了开辟新的方向。

所以，哲学问题没有终极答案并不是因为哲学家无能，而是哲学问题之本性使然。不仅如此，哲学不是像自然科学那样的科学也并不是哲学的缺陷，恰恰相反，我们应该视之为哲学不同寻常的“优越性”，因为它意味着人类精神所追求的最高目的乃是一个无限开放的理想境界。应该承认，人类不同于一切存在物的特性就在于他是一种非现成的、非凝固的、始终处在生成过程之中的因而是开放的或自由的存在，因而人的本质具有社会性和历史性，这就意味着人类精神“终极关怀”的对象亦是一种无限开放的理想境界。如果我们非要使哲学成为像自然科学那样的科学，那么就有可能使这个无限的、开放的理想境界凝固化、有限化、对象化甚至物化，而这样做的结果不但不可能实现其理想，反而会“南辕北辙”，与我们希望实现的理想背道而驰。正是在这个意义上，我们将哲学或哲学史看作一种“问题史”，或者更确切地说，哲学是一个由哲学问题和不同的解决方式所交织在一起的开放性系统，每一位哲学家都是根据他所面临的哲学问题以及他解决问题的特殊方式这一“经纬度”来确定其在哲学史上的地位的。

然而，当我们不是把哲学问题没有终极答案看作哲学的耻辱，而是看作哲学的本性的时候，当我们不是把哲学史看作知识的历史，而是看作问题的历史的时候，当我们把哲学看作一门开放性的、多元化的理论学科的时候，换言之，当我们把哲学与一般意义上的科学区别开来的时候，从这个角度看哲学或哲学史，它似乎变成了一个堆放各式各样的理论学说的杂乱无章的“仓库”，既没有统一性，也没有规律性，以至于我们很难把它看作一门学问。首先应该承认，哲学家们在哲学问题上始终处在众说纷纭、莫衷一是的状态，这是事实。然而这并不意味着哲学史只是某种彼此之间毫无内在联系的理论学说的汇集，或者只有像黑格尔那样将哲学史看作“一种”哲学的发展过程才能解决问题。实际上，哲学史上的哲学理论或学说一方面相互之间的确具有继承和发展的关系，另一方面它们又各自具有独立存在的意义和价值，这种相互联系和相互区别的辩证关系，就构成了哲学史的独特的律动。

综上所述，哲学与自然科学不同，用衡量科学知识的标准来衡量哲学当然是不恰当的。不过，当人们以哲学不是科学来批评哲学，或以哲学是科学来维护哲学的时候，尽管他们都可能误解了哲学的本性，但却是有原因的，因为哲学原本就是科学，只是后来与科学分道扬镳了。不仅如此，无论哲学以什么东西作为自己的认识对象，无论哲学采取什么样的认识方法，无论哲学能否实现自己的理想，它都有可能在“终极关怀”、思维方式、思想的深度和广度、道德境界和人生理想等方面做出自己的贡献。如此说来，我们也不应该狭隘地理解知识，以为只有像自然科学那样的知识才是知识，与自然科学知识不同，或者不具备自然科学知识的基本特征的知识就不是知识。其实20世纪以来，人们对科学知识的性质的理解也在发生变化，现代人已经不会像以往那样把科学看作具有绝对的普遍必然性的知识了。

总而言之，哲学虽然与科学不同，但仍然可以看作一门独特的学问，更何况哲学对人类精神来说具有极其重要的意义。

三、学习哲学史的方法

毫无疑问，马克思主义哲学理论作为学习和研究哲学史的立场、观点和方法，是我们最基本的指导思想，它要求我们历史地、辩证地和具体地分析、理解哲学史上哲学家们的思想。任何一种哲学思想都是在一定的社会历史文化背景之下形成的，思想与思想之间有着继承和发展的关系，作为“时代精神的精华”，哲学不仅体现着而且也在塑造着时代的精神。当然，在一定的历史时期中哲学家们在哲学问题上的争论存在着唯心主义或唯物主义的立场差别，在方法问题上也有形而上学思维方式与辩证法的矛盾，但是过去我们却往往教条主义地理解这种差别和矛盾，企图将这种差别和矛盾贯彻哲学史之始终，并且将抽象到这样或那样的哲学立场看作哲学史研究的目的所在，这就把丰富多彩、多种多样的哲学思想简单化了。实际上，这种做法不仅不是马克思主义的，而且违背了马克思主义的基本原则，其结果是既阻碍了我们恰当地理解历史上的哲学思想，亦妨碍了我们吸取人类宝贵的精神财富的精华。我们必须切记，马克思主义是活的灵魂而不是僵死的教条，它也在矛盾运动中发展和完善着自身。

我们可以把学习西方哲学史的方法具体概括为“对话”的方法。其实，“对话”（dialogue）正是“辩证法”（dialectics）的本义。

学习西方哲学史不仅是学习知识，即知道哲学家们都说了些什么，更重要的是了解哲学家们“因为”什么说和“为什么”这样说，换言之，应该了解哲学家们所面对的哲学问题，以及他们解决哲学问题的不同方式。因此，学习西方哲学史首先要了解哲学家们的理论学说究竟是针对什么问题的，否则就会只知道一些有关哲学家思想的“知识”，而无法了解哲学家思想的精髓或内在的精神。

这种以“问题”为核心的学习方法，就是“对话”的方法。

学习哲学史就是学习哲学史上哲学家们的思想，因而可以看作我们的思想“思想”哲学家们的思想，也可以看作思想与思想之间的“对话”。由于哲学家们的思想保存在他们的著作之中，学习哲学史也就是“读书”，所以与哲学家们的“对话”通常是通过“读书”而实现的。然而，尽管历史上的哲学家们斯人已逝，我们读他们的“书”却不是读死书。虽然这些书的内容大多已经过时了，但是哲学家们解决问题的方式却没有也永远不会过时，因为哲学问题并没有过时，这些问题不仅是他们面临的难题，而且也是我们面临的难题，甚至可以说是人类永远面临的难题。既然哲学问题没有终极答案，那么任何一种解答方式都不可能取代其他的解答方式，也不可能为其他的解答方式所取代，所有一切的解答方式都有其各自独特的意义和价值，它们为后人提供了各式各样可供选择的可能方式。因此，对于学习哲学史的人来说，学习哲学史无非是将人类精神所思想过的东西再思想一遍，把人类精神已经走过的思想之路再走一遍，然后选择或者开创我们自己的路。如果把我们与哲学家们统统看作“人类”的话，那么我们思想他们的思想，重走他们的道路，也可看作一种“回忆”，回忆我们“曾经”思考过的问题，因而也可以看作我们自己对自己的反思。[①]

由此可见，我们学习哲学史并不是站在哲学史之外，在某种意义上说，前人的思想就构成了我们今天存在的组成部分。我们之所以说哲学史上的哲学家们的思想都是活生生的有生命的思想，原因就在于此——当我们与哲学家们进行思想之间的“对话”的时候，他们的思想就“复活”了。其实，历史上的哲学思想原本就是“活的”，因为它们构成了哲学不可缺少的组成部分，因而它们的“复活”并不是“复古”。换言之，哲学家们的思想既是历史性的，同时又超越了历史，在任何时候、任何情况下都具有现实性。所以，哲学史从来就不是什么死材料的堆积，而是一种活生生的思想律动。

显然，“对话”之为“对话”表明，我们与哲学家们的思想对话并不是“单向性”的受动活动，而是“双向性”的互动活动，这种思想与思想的对话类似哲学解释学所说的“视域融合”。

哲学家们的思想保存在他们的著作之中，读他们的书需要“理解”和“解释”，而“理解”和“解释”的过程在某种程度上也是“再创造”的过程。以往传统的解释理论追求知识的客观性，将理解和解释看作文本原著的单纯再现。但是哲学解释学却告诉我们，任何人都不可能完全再现所谓客观存在的文本，因为古人有古人的“视域”，我们有我们的“视域”，换句话说，古人与我们处在不同的历史、文化、社会、个人环境等的背景之下，我们既不可能完完全全地将古人的视域“复制”到现代来，也不可能彻底摆脱掉自己的视域，纯粹沉浸在古人的视域之中。从这个意义上说，理解和解释实际上是不同视域之间的碰撞和交融，而且正是因为如此，人类文化才不断进步和发展。

因此，学习哲学史的过程并不是被动地接受知识，而是富于创造性的“视域融合”，亦即我们与以往的哲学家们就大家共同关心的哲学问题进行思想之间“对话”的过程。“对话”有“对话”的内在逻辑，它至少包含三种要素：

首先，“对话”的双方一定要有共同的“话题”，这样“话”才能“对”起来。我们之所以能够与哲学家们进行思想上的对话，就在于我们与他们之间有共同的“话题”，这就是永恒无解、万古常新的哲学问题。换言之，他们面对的问题也是我们面对的问题，尽管由于历史、文化、社会等因素，这些问题有时会发生形态上的变化，但是在根本上是一致的。

其次，“对话”之为“对话”乃“相对而说”，因而是一种相互间的交流，亦即“视域融合”。就对话而言，对话的双方是平等的，否则就谈不上对话。我们的确是在学习哲学史，然而我们并不是作为一无所知的小学生向哲学大师们请教，而是与他们一同讨论哲学问题。如果我们只是小学生，那么充其量我们只能学到一些“知识”，了解到哲学家们说了些什么，倘若如此，我们就仍然站在哲学之外。只有当我们与古人面临同样的哲学问题的时候，我们才能深入哲学之中。既然我们与古人有同样的问题，那么就不只是他们说话我们倾听，我们也有自己的“发言权”。

最后，“对话”需要相互之间的“理解”，如果你说的话我“听”不懂，那么“话”也是“对”不起来的。所以，学习哲学史一定要阅读哲学家们的原著（最好是原文原著），直接与他们进行思想上的“对话”，而不能仅仅依赖于二手甚至三手的资料。就此

---

① 参见叶秀山：《历史性的思想与思想性的历史》，载《愉快的思》，辽宁教育出版社，1996，第154页以下诸页。

而论，我们这部哲学史只是引导同学们进入哲学运思之路的“入门”而已，决不能以此来代替哲学原著的研读。当然，我们不可能让古人理解我们，因为他们已经不会再开口说话了，他们要说的话就在他们的书里，所以这种“对话”看起来有点不平等。但是，如果我们不是把哲学家们的书看作死东西，而是看作有着丰富意蕴的活生生的有生命的存在，那么当我们有所问时，他们也会有所答的。因此，我们只有深入哲学的维度，才有资格与哲学家们进行对话，而深入哲学维度的最好方法就是深入哲学问题之中，把哲学家们的问题当作你的问题，或者把你的问题上升到哲学问题的高度。

毫无疑问，哲学史并非仅仅是观念或思想的历史，因为哲学作为文明的灵魂和时代精神的精华，不仅与人类文明的发生发展密切相关，不仅与其他所有的意识形态密切相关，而且是在人类社会实践活动中产生、形成和发展的。哲学不仅是时代精神的概括和总结，同时也是时代精神的塑造者。因此，学习哲学史必须深入了解形成于历史上的哲学思想或理论的社会历史背景与广泛的文化和意识形态的背景，它们作为哲学思考的基础，构成了哲学家们的“视域”。如果离开了这些背景和基础，哲学就变成了无源之水、无本之木，我们也不可能真正理解哲学家们的思想。

由于本教材篇幅所限，我们不可能详细阐述哲学与社会生活以及其他意识形态之间的关系，甚至对于哲学的许多分支或部门例如伦理学、美学、历史哲学、宗教哲学、政治哲学等也不可能统统进行专门的论述，在大多数情况下只能考虑所谓纯粹哲学的内容。因此，我们希望同学们在学习哲学史的过程中，广泛涉猎当时的文化、社会生活及意识形态的有关文献，这样才能对一种哲学思想有比较全面深入的了解。

本教材分为三编，其中章目顺序排列为：

第一编“古代哲学”，包括第一章“早期希腊自然哲学”、第二章“古典时期的希腊哲学”和第三章“晚期希腊哲学”；

第二编“中古哲学”，包括第四章“教父哲学”、第五章“经院哲学”和第六章“文艺复兴时期哲学”；

第三编“近代哲学”，包括第七章“经验论和唯理论”、第八章“法国启蒙哲学”、第九章“德国古典哲学”和第十章“黑格尔之后的哲学思潮”。

由于西方哲学史的分期与通常世界历史的分期不尽相同，而且还有重叠之处，所以“古代哲学”即“古希腊罗马哲学”从公元前 6 世纪左右开始，一直延续到公元 6 世纪。中古哲学由于讨论的是基督教占统治地位的中世纪哲学，而与古代哲学中的晚期希腊哲学同时的教父哲学也在讨论之列，因而中古哲学从公元 2 世纪左右开始，在时间上与古代哲学晚期有所重叠，我们亦只好“分而治之”。另外需要说明的是，本教材为了历史的完整性，将以 19 世纪后半叶黑格尔哲学解体后的哲学思潮作为“近代哲学”的结束，从而使“现代西方哲学”以名副其实的 20 世纪哲学作为讨论的对象。

思考题

1. 试思考什么是哲学。
2. 哲学问题与自然科学的问题有什么区别？
3. 试思考哲学与哲学史的关系。

第一编

古代哲学

引　言

在西方哲学史上，古代哲学指的是“古希腊哲学”，它诞生于公元前 6 世纪，经历了希腊古典时期、希腊化时期、罗马共和国时期和罗马帝国时期，因而有时亦被称为“古希腊罗马哲学”。

古代希腊的地域除了现在希腊所在的巴尔干半岛南部以外，还包括地中海沿岸小亚细亚半岛的西部即伊奥尼亚地区、意大利南部及爱琴海中的各岛屿和克里特岛等。这片区域之所以成为西方哲学乃至整个西方文化的源头，是由它特定的社会历史条件、丰厚的文化背景和独特的地理位置等综合因素决定的。

古代希腊虽然被统称为希腊，其实并不是一个统一的国家，而是由许多地域较小、相互独立的城邦所组成的，它们在政治、经济和文化等方面的发展并不均衡。以希腊文化，也是哲学繁荣时期的中心雅典为例，经过梭伦、克利斯梯尼和伯里克利等人的政治改革，雅典逐渐形成了比较完善的城邦民主制度，城邦的每个自由人都是公民，公共事务由他们选举出来的执政官主持，由全体公民组成的公民大会以直接民主表决的方式决定城邦的重大事务。这种相对而言比较民主的社会制度，使它的公民具有强烈的独立自主性，这就为思想自由创造了良好的条件，从而为哲学的生长提供了丰腴的沃土。另外，古代希腊社会实行家庭奴隶制，奴隶承担了全部体力劳动，这就使得奴隶主们有了闲暇，有了专门从事科学研究、学术思考、文艺创作等精神劳动的必要时间和精力。实际上，西文中的“school”（学校）一词，即导源于古希腊语的“闲暇”（skhole）。正如恩格斯在《反杜林论》中所说：“只有奴隶制才使农业和工业之间的更大规模的分工成为可能，从而使古代世界的繁荣，使希腊文化成为可能。没有奴隶制，就没有希腊国家，就没有希腊的艺术和科学……”①

希腊哲学的产生也直接得益于丰厚的文化背景，它是不同文明相互碰撞和交融的产

---

① 《马克思恩格斯选集》，3 版，第 3 卷，人民出版社，2012，第 560 - 561 页。

物。希腊地处亚洲、非洲和欧洲的交汇之处，这种独特的地理位置以及航海、贸易等基本的生活方式，使它有条件充分汲取各大文明的精华，并且较少保守性。荷马的英雄史诗、赫西俄德的神谱故事、巴比伦的算术和天文学知识、埃及的几何学和宗教观念等东西方不同文化的积累，共同构成了肥沃的思想土壤，催生出希腊哲学这朵智慧之花。尤其是影响广泛而深远的希腊神话，不仅奠定了早期希腊哲学的主题方向，还为之准备了众多的基本词汇。

在希腊人的哲学思考之中，蕴含着一些基本的观念，它们或明或暗地影响着后来人们的思想。首先，哲学思考的出发点是宇宙的合理性，其目的就在于解释和证明这种合理性；其次，宇宙既然是合理的，因而也就是有规律、有秩序的；最后，这个合理的、有规律、有秩序的宇宙是一个整体，所以一定有它统一的根据。这些基本观念通常是哲学思考的前提，它们潜移默化地影响着哲学家们的思想并且支配着整个西方古典哲学，只是随着人们思考的深入和认知视野的拓展才逐渐受到质疑，并被要求做出进一步的证明。

与其他的或后来的哲学相比，希腊哲学从总体上看，具有以下基本特征：

第一，爱智慧、尚思辨是希腊哲学的基本精神。“哲学”这个概念，在希腊语中是philosophia，即“热爱”（philos）与“智慧”（sophia）的合成词，故其本义为“爱智慧”。在希腊哲人看来，求知是人的天性，作为爱智之人，就是要穷究宇宙来源，探索万物真实，诘问人生目的，在这种不断的探究和追问中获得知识，也由此享受真正的幸福。所以，尽管在希腊哲学那里认识论还很不发达，但“学以致知”却构成了哲学家们的最高理想，他们大多淡泊功利，不问实用，而是沉醉于形而上的追求。这种理性思辨精神，极大地影响了后来的哲学家，以至于成了整个西方哲学总体上的一大基本特点。

第二，探讨 phusis（自然、本性）是希腊哲学的基本内容。希腊人很少有人与自然分离的观念，他们把自然看作“大宇宙”，人则是“小宇宙”，人是自然的一部分。他们从经验观察出发，视自然为神圣的、自我涌现的、活生生的有机整体，试图去探究五光十色、千变万化的事物现象的统一依据。最初的自然观来源于宗教神话，当人们不再满足于幻想式的方式而要求就自然而认识自然的时候，便开始了哲学的思考。从伊奥尼亚学派的本原学说开始，到新柏拉图主义的神秘太一说告终，整个古代哲学，主要以对 phusis 的探讨为主题。区别只在于，有的哲学家侧重于自然意义上的 phusis，有的哲学家侧重于本性意义上的 phusis；而在本性意义上，有的侧重于自然万物这个大宇宙的本性，有的侧重于人自身这个小宇宙的本性，还有的侧重于人能否或如何言说与把握大小宇宙的知识本性。

第三，“由外而内”的逻辑演进是希腊哲学发展的基本脉络。一开始，哲学家们集中关注的是纯粹外在的自然世界和自然万物（因为人主要是自然的产物而被包含于其中），人类社会的问题没有被凸显出来。当苏格拉底将“认识你自己”作为宣言构建德性论时，就标志着希腊哲学的主题由外向内的第一次转变，即从自然世界到人类社会，从作为自然的人到作为社会的人的转变。晚期希腊哲学继续关注人，不过，他们关注的重心已经不再是人的自然属性或社会行为等相对外在的方面，而是人最为内在的一面——灵魂的安抚和安顿问题。

第四，论断上的绝对主义是希腊哲学的基本形式。这里所谓绝对主义，是相对于相对主义和怀疑论而言的，意指绝对地肯定或绝对地否定。整个希腊哲学虽然出现过克拉底鲁、普罗泰戈拉等人的相对主义观点和以皮浪为代表的怀疑主义派别，但并不是主流，占主导地位的基本表达形式是各种形态的绝对主义。而且，正由于希腊哲学的关注重心是 phusis，要为现象寻找根据，所以，哲学家们提出的论断主要是宇宙论上的或存在论上的，而不是认识论上的。

第五，哲学与自然科学、哲学与“神学”不分是希腊哲学的基本样态。与近代以来的情形不同，在希腊哲学中，哲学与自然科学本为一体，哲学家大多也是科学家。在他们那里，自然科学知识不仅是阐明哲学理论的素材，往往更是理论本身的有机构成部分。虽然从严格的意义上讲，古希腊时代还没有神学，但宗教神话却非常流行。所有的哲学家，都是在浓厚的宗教氛围中生活并进行哲学思考的。尽管一些人力图摆脱宗教观念的束缚（个别人也确实摆脱了），但最终并未与之彻底决裂。不过需要明确的是，哲学家们心目中（或通过文字表达出来）的神大多是思辨神或理性神。

古希腊哲学形成于公元前 6 世纪，结束于公元 6 世纪，前后延续了 1000 多年，大致可以分为三个时期，即早期希腊自然哲学、古典时期的希腊哲学和晚期希腊哲学。其中晚期希腊哲学的时代正是基督教文明形成、传播并逐渐在意识形态领域取得统治地位的时期，因而与中古哲学的一部分在时间上是重合的。为了论述的完整性，我们将与晚期希腊哲学同时的基督教思想放在中古哲学中讨论，本编集中讨论古希腊哲学。

第一章

早期希腊自然哲学

早期希腊哲学是希腊哲学的产生阶段，由于后世的研究者们多以苏格拉底为界划分前后，因而亦被称为“前苏格拉底哲学”。由于这一时期的哲学家研究的主要是宇宙的生成和自然的本原等问题，加之他们的著作大多被冠以《论自然》的名称，所以也被称为“宇宙论时期”或“自然哲学时期”。当他们试图摆脱宗教神话的限制，以理性的目光注视自然之时，除了感到敬畏和赞叹外，也产生了困惑和好奇：生灭不已、变动不居的宇宙自然为什么会呈现出一幅四季交替、草木枯荣因而生生不已、自我涌现的景象？处于变化之中的自然万物，背后有没有永恒不变的东西？如果有，永恒不变的东西是什么？由多种多样的事物所组成的自然整体，其统一的根据是什么？……于是，他们作为西方第一批哲学家，便开始了最初的哲学思考，虽然不可避免地带有朴素性和直观性。

早期希腊哲学具有以下显著的特点：

首先，研究的中心问题是“本原”（arkhe，亦译作“始基”）问题。所谓“本原”，按照亚里士多德的界定，说的是“一切存在着的东西由它而存在，最初由它生成，毁灭后又复归于它，万物虽然性质多变，但实体却始终如一”[①]。在早期的自然哲学家们看来，在千变万化的自然万物中一定有某种东西是不变的，它应该是自然最原始的开端和始终如一的主宰，非如此不能解释自然的永恒存在，这种不变的东西就是本原。由于对万物的本原产生了不同的认识，哲学上便形成了有形本原与无形本原、一本原与多本原、动本原与静本原等等的分歧和对立，从而区分出不同的学派。

其次，使用的方法主要是观察与想象基础之上的类比和直陈。所谓“直陈”，即直接把自己的观点陈述或宣布出来，没有什么逻辑分析和推理论证。虽然也确实有个别哲学

---

① 苗力田主编：《古希腊哲学》，中国人民大学出版社，1995，第21页。本教材在引述古希腊哲学家的思想时，主要引用该书（个别译文有改动）。

家已经开始使用逻辑论证，但并不严密细致，更不是普遍现象。

再次，最早产生于希腊本土以外的多个殖民城邦，其思想往往带有明显的地域特色，并且以此为据，区分出不同的学派。在整个早期哲学中，影响最大的主要是产生于三个地区的三大学派，即东部的伊奥尼亚学派、西部的南意大利学派和北部的阿布德拉学派。

早期希腊哲学的演进是宇宙论形成、兴盛继而衰落的过程，虽然在此后的希腊哲学中仍然有宇宙论的一席之地，但它已不再是哲学思考的中心所在了。爱利亚学派的巴门尼德构成了这一过程的转折点。伊奥尼亚哲学第一个从宗教神话中脱颖而出，开始了对自然的哲学思考。然而，当哲学家们以有形体的某种东西作为万物的本原时，他们不仅遇到了一与多、变与不变以及生成的原因等难题，而且无法为知识提供坚固的立足点。于是巴门尼德摒弃了传统的自然哲学道路，以唯一、永恒、不动的存在作为哲学研究的对象，从而迫使其后的自然哲学家采取了多元论的方式，并且使原本朴素辩证的自然观染上了浓厚的机械论色彩。

由于各种原因，早期哲学家们的著作已经完全佚失，现在我们作为史料引用的所谓“残篇”，并不是他们本人著作直接的残存内容，而是近现代学者从古代其他思想家和著作家们的有关著述中搜索汇编而成的。德国学者第尔斯编的《苏格拉底以前哲学家残篇》和英国学者基尔克与拉文（第二版时又加入了斯科菲尔德）合著的《前苏格拉底哲学家》比较全面地汇集了这一时期的主要资料。[①]

第一节 伊奥尼亚哲学

伊奥尼亚地区是古代希腊在地中海东部的殖民地。这里富庶繁荣，是不同文化的汇合处，由于工商业发达而兴起的自由风尚、冒险精神、求新观念和对知识的重视等等，为哲学的诞生准备了得天独厚的优越条件。因此，在伊奥尼亚地区产生了希腊哲学的第一个学派，即脱胎于神话母体，但又不同于传统宗教神话观念的米利都学派。

一、米利都学派的本原论

米利都学派因产生于米利都城而得名。它的创始人是被尊为“希腊七贤”之一的泰勒斯（Thalēs，盛年[②]约在公元前 585 年），主要代表人物还有泰勒斯的学生和朋友阿那克西曼德（Anaksimandros，盛年约在公元前 570 年）以及阿那克西曼德的学生阿那克西美尼（Anaksimenes，盛年约在公元前 546 年）。

---

① 后一文献已有中译本：G. S. 基尔克、J. E. 拉文、M. 斯科菲尔德：《前苏格拉底哲学家——原文精选的批评史》，聂敏里译，华东师范大学出版社，2014。

② “盛年”是希腊语 akmē 的意译，原义为顶点、极盛期、成熟期等。由于年代久远，古人的准确生卒年月不详，故以此来估算他们的年龄。希腊人认为 40 岁左右是一个人出成就的极盛期，因而以此为“盛年”。泰勒斯的盛年之所以被定为约公元前 585 年，是因为据说他预测到了这一年的日食。

（一）泰勒斯

自亚里士多德开始，泰勒斯就被看成是西方哲学的始祖，不过由于年代久远，我们从古人的记载中，只知道他留下了两句话。据亚里士多德记载，泰勒斯宣称“大地浮在水上”，水是万物的本原。他之所以做出这一论断，可能是看到了水是生命的源泉，万物都要靠水分来滋润，或许受到了古代神话的影响，因为古希腊神话把海神夫妇作为创世的双亲，古埃及和巴比伦神话也认为万物由水而生。[①] 泰勒斯还认为“灵魂是一种具有活动能力的东西”，他与一般希腊人的观点相同，持一种万物有灵论的朴素看法，认为灵魂弥漫在整个宇宙中，例如磁石能使铁移动是因为磁石有灵魂，因而万物都充满了神。[②]

泰勒斯留下的这两句话，涉及了早期希腊哲学的两个重要问题，即万物的“本原”问题和自然之运动变化的内在原因或动力问题。

“本原”是宇宙论的核心概念，也是西方哲学第一个哲学概念。在早期希腊哲学中，本原所凸显的主要是这个语词众多含义中的两个，即“开端”和“主宰”。希腊人最早的哲学思考带有浓厚的朴素性和直观性，在他们看来，如果宇宙自然是自我涌现、生生不已的，那么它的最原始的开端也应该是始终如一的主宰和最终的归宿。可见，当时的哲学家们大多是在时间上最古老的开端这一意义上规定本原的。虽然我们并没有泰勒斯已经使用了“本原”概念的确切证据，但是他所思考的对象的确是万物的本原。

泰勒斯是有文献记载最早对自然进行哲学思考的哲学家，他已经（虽然还不够彻底）摆脱了宗教神话的束缚，试图从变化万千、丰富多彩的自然万物中概括出它们统一的本原。由于哲学家们刚开始进行哲学思考时还没有普遍抽象的概念可用，他们只能用感性直观的东西来表示或象征普遍的东西，泰勒斯的“水”就是如此。“水”一方面是自然中的一种物质形态，它体现了自然哲学家以自然说明自然的哲学原则，另一方面又不仅仅是一种特殊的自然事物，因为它所表征的乃是作为万物的开端和主宰从而生化万物且始终保持自身同一性的本原，所以亦具有普遍性和流动性。不仅如此，按照亚里士多德的分析，泰勒斯的“水”还是生命的原则。他的思想体现了早期希腊哲学朴素、直观、辩证的有机自然观。

（二）阿那克西曼德

阿那克西曼德继续着泰勒斯从自然出发以理性的方式探寻万物统一本原的思路，并在思维的抽象性和解释的具体性上有新的进展。据说阿那克西曼德是第一位使用“本原”概念的哲学家，他认为万物的本原既不是水，也不是别的什么被称为元素的东西，而是另一类无定的本性“无定形”，从这里生成了全部的事物和其中包含的各个世界。[③] 阿那克西曼德所说的“无定”（apeiron），主要是无限定、无定形或无规定的意思。

显然，既然本原是万物由之而来、毁灭后又复归于它的开端和主宰，那么它就不仅是普遍的，而且还必须能够在转化为其他东西的同时仍然保持着自身的同一性，从而能

---

① 参见苗力田主编：《古希腊哲学》，第 21、22 页。

② 参见上书，第 22 页。

③ 参见上书，第 25 页。

够最终回归自身，所以亦是富于变化的，因此本原应当是无限定的，既没有规定的性质，也没有固定的形式。

阿那克西曼德不仅说明了本原的“无定”性，而且进一步探讨了万物生成的原因，在西方哲学史上第一次接触到事物生成与对立统一的关系问题。在他看来，生成起源于本原内部的两种对立的力量：本原虽无确切的规定和限定，但却内含着热与冷、干与湿的对立，由于永恒的运动，这些对立物从“无定”中分离出来，从而形成了世界万物。

他还认为，万物生成的运动是有规律的：“一切存在着的东西都由此生成的也是它们灭亡后的归宿，这是命运注定的。根据时间的安排，它们要为各自对他物的损害而互相补偿，得到报应”[①]。阿那克西曼德关于“命运”的思想已经涉及了必然性或规律的问题，只不过他还没有明确地表达而已。

（三）阿那克西美尼

或许是不满足于仅仅规定本原的性质，阿那克西曼德的学生阿那克西美尼主张这个无定的本原应该是气。万物因气的凝聚与疏散而生成。气蒸发生成火，凝结变为风，而后形成云，再凝结为水，继之是土，最后变成石头，从这些事物中生成其余的一切。[②]

当阿那克西美尼以“气”作为万物本原的时候，他不仅以气的凝聚与疏散说明宇宙万物的生成，从本原自身内部寻找运动变化的原因，而且在某种程度上将泰勒斯的两个命题合而为一了：“气”是维持生命存在的因素，而“灵魂”（psukhē）的原义就是气、气息（pneuma）或呼吸，这就使本原与灵魂统一起来了。[③]

米利都学派三位哲人的主要观点有如上述。虽然他们的看法是朴素的和简单的，但在他们近乎猜测的直言宣称中，却蕴含着根本性的思想变革，并因而产生了深远的影响。他们在西方思想史上第一次抛弃了神创世界的传统观念，坚持用自然本身的东西来理性地说明自然万物的生成和存在，试图在千差万别的现象中寻求统一的本原，以期获得关于自然的知识，从而宣告了哲学的诞生。不仅如此，他们在对宇宙万物生成演化的阐释过程中，还提出了许多关于对立、运动和变化等等的朴素辩证法思想，涉及了物体与灵魂、气与生命、灵魂与神、对立与统一、量变与质变等等的关系问题。

米利都学派的思想表明，希腊哲学在产生和形成时期带有明显的朴素辩证性：自然事物流转不已乃源于本原之化身万物，由于本原为一却可化身为多，所以它必须具有流动性，而且在它之中就蕴含着运动变化的原因。当然，虽然本原问题是哲学问题，但它却需要自然科学的有力支持，而当时的自然科学基本上处在萌芽的状态，所以自然哲学家们的论断就只能建立在猜测和想象的基础之上。

虽然随着米利都城被波斯军队攻破焚毁，米利都学派在阿那克西美尼死后 30 年左右即不复存在，但是他们开创的哲学事业并未中断，其原则和精神在邻近的爱非斯城的伟大哲学家赫拉克利特那里得到了发扬光大。

---

① 苗力田主编：《古希腊哲学》，第 25 页。

② 参见上书，第 31 页。

③ 参见叶秀山：《前苏格拉底哲学研究》，人民出版社，1997，第 56 页。

二、赫拉克利特的火与逻各斯

赫拉克利特（Herakleitos，盛年约在公元前504—前501年）出身于米利都以北另一座商业城邦爱非斯的一个贵族之家。据传他因为不满社会现实而愤世嫉俗，放弃王位，隐居山林。他性格内向、语言晦涩、思想深邃，当时就被人称为“晦涩哲学家”。根据第欧根尼·拉尔修的说法，赫拉克利特写过一本内容分为宇宙论、政治学、神学三部分的《论自然》的书，但早已失传，现在我们所能见到的，只是从古代著作家的记述中摘录出来的130多条残篇。毫无疑问，这些警句格言式的残篇只是赫拉克利特著述的很小一部分，但值得注意的是，他毕竟是那个时代被人记述最多的哲学家。他在哲学史上的重要地位，以及思想对当时和后世的复杂影响，由此可见一斑。

赫拉克利特主要继承了米利都学派有形体本原说的传统，但也吸收了毕达哥拉斯学派的某些观点，因此，他的思想既具有综合性，又富于创造性。

（一）世界是一团永恒的活火

关于万物的本原，赫拉克利特明确宣称：“这个万物自同的宇宙，既不是任何神，也不是任何人所创造的，它过去是、现在是、将来也是一团永恒的活生生的火，按照一定的分寸燃烧，按照一定的分寸熄灭。”①

与前人的思想相比，赫拉克利特的观点具有鲜明而深刻的特征。他不仅公开否定神创世界说，而且从一开始就明确强调了本原的永恒性、普遍性、流动性和秩序性。火不仅是世界的本原，火转化为万物，万物又复归为火，而且在其燃烧和熄灭的过程中，本身也要受一定原则的限制或支配，因而其运动并不是随意的。由此可见，他继承和发展了米利都学派关于本原之无定性和流动性的思想，一方面主张一切皆流，无物常驻，从而以“活火”为象征，说明自然万物始终处在运动变化之中，真正不变的东西恰恰只是“变”本身；另一方面他也认识到，虽然只有变化是不变的，但这变化亦是有章可循的。换言之，变化亦有一定的尺度，自然万物都要循着这尺度而变化。这个规范万物运动变化的尺度就是逻各斯。

（二）万物根据逻各斯生成

在赫拉克利特哲学中，最富特色和深意的重要概念是“逻各斯”。

“逻各斯”（logos）在古希腊语中本是一个源于动词lego（说）的普通名词，基本含义是言说、话语，据此而派生出道理、理由、理性、考虑、比例、规则等许多其他的含义。中文由于很难找到与之相应的概念，因而通常音译为“逻各斯”，有时亦以老子的“道”意译。赫拉克利特第一次把逻各斯作为重要概念引入哲学，并赋予了它新的意义。

在他那里，逻各斯的含义有很多，如何认定并理解其作用，学术界的看法不一。我们认为，应该将其主要地理解为万物必须依据和遵守的尺度或比例、普遍原则或必然性，

---

① 苗力田主编：《古希腊哲学》，第37-38页。

大体相当于我们所说的“规律”，虽然有时它也指普遍理性，不过这两个方面或许亦有其一致性。因为他指出，逻各斯不仅永恒存在着，而且“万物都根据这个逻各斯生成”，“逻各斯乃是共同的”。谁不认识并进而服从逻各斯，谁就无法获得智慧，把握真理，相反，“如果不听从我而听从这个逻各斯，就会一致说万物是一，就是智慧”①。

逻各斯概念的引入和阐述对于赫拉克利特本人的哲学和后来思想的发展都产生了深远的影响。在某种意义上说，正是逻各斯使知识有了可能性。早期希腊自然哲学从观察和经验出发，断定自然万物均处在运动变化之中。但是，如果一切都处于瞬息万变之中，知识也就没有了立足的依据。因此，赫拉克利特的逻各斯作为运动变化的尺度或原则使知识有了确定性。而且，正是由于逻各斯的介入，他的哲学具有了某种二元式的结构：始终处于生灭变化之中的自然万物和永恒不变的逻各斯。这种二元式结构，在后来的巴门尼德、阿那克萨戈拉、柏拉图、亚里士多德等人的哲学中，都有或明或暗的反映。更为重要的是，在后来西方哲学、神学和科学的漫长发展过程中，逻各斯概念及其衍生的“逻辑”（logic）一直起着非同一般的作用。

（三）对立面的同一

赫拉克利特哲学的另一显著特色是其丰富的朴素辩证法思想。在他之前，米利都学派已经提出了蕴含于本原之中的两种对立力量（如冷与热、凝聚与疏散等）是化生万物的根源，毕达哥拉斯学派也研究了各种对立的范畴，但是真正认识到对立面之间的斗争和统一是运动变化的根源还是赫拉克利特的贡献。他不仅强调火的生生不息，肯定一切皆流，无物常驻，声称人不能两次踏入同一条河流，坚持运动的客观性和普遍性，而且从大量的日常现象中，概括出对立面之间的统一，并觉察到运动变化的根源在于斗争。体现他这方面思想的残篇不少，例如“相反的力量造成和谐，就像弓与琴一样”“生与死、醒与睡、少与老是同一的”“向上的路和向下的路是同一条”“必须知道，战争是普遍的，正义就是斗争，万物都按照斗争和必然性而生成”等等。② 显然，在当时社会历史背景的影响下，他在对立面的斗争与统一之间更强调斗争的作用。他说：“战争是万物之父，亦是万物之王。它证明这一些是神，另一些是人；它也让一些人成为奴隶，一些人成为自由人。”③ 不过，很可能是受希腊民族古老信念的影响，他最终还是将和谐与统一看作运动变化的归宿，即把变化的总体趋势理解为循环和平衡。例如他认为世界的变化周期或“大年”由一万零八百年组成，时间一到，整个宇宙都将被火所焚毁，然后再重新开始……这样的过程周而复始，循环往复。

当然，赫拉克利特的辩证法思想毕竟是朴素的、直观的和单纯论断性的，还没有上升到自觉的概念的高度，更缺乏逻辑论证。不仅如此，从总体上看，他的思想亦具有相对主义因素和循环论色彩，这就为他的弟子克拉底鲁对其思想的片面发挥留下了余地，据说克拉底鲁宣称“人一次也不能踏入同一条河流”。不仅如此，“人不能两次踏入同一

---

① 苗力田主编：《古希腊哲学》，第 39 页。

② 参见上书，第 41－43 页。

③ 同上书，第 41 页。

条河流”似乎主要关注的是河流的变化，而实际上踏入流动河流的人也一样处在运动变化之中，这正是后来智者的思路。

（四）自然惯于掩盖自己

赫拉克利特不仅主要讨论了事物的最初来源、变化依据和存在方式等问题，而且在西方哲学史上第一次涉及了认识论的问题。

一方面，他充分肯定了通过感官得到认识的必要性，宣称热爱智慧的人必须熟悉很多的事物，因而他更为喜欢那些可以看见、可以听见和可以学习的东西；另一方面，他又强调说，自然惯于掩盖自己，本性隐于深处，逻各斯是看不见、摸不着的，所以，“假如人们的灵魂是表浮的话，眼睛和耳朵就是最坏的见证”①。因此，他主张要正确理解感觉和语言材料，把握自然或本性，即他所说的逻各斯。

总之，赫拉克利特将米利都学派关于本原的无定性质的思想发挥到了极致，合乎逻辑地得出了“一切皆流，无物常驻”的结论。就此而言，火作为万物的本原，或许更多是以其富于变化的特点而具有象征性的意义。不过同时他也认识到，由于自然万物始终处在运动变化之中，因而真正不变的东西唯有变化本身，但是变化亦是有规律可循的，这就为关于自然的认识提供了根据。当然，由于自然惯于掩盖自己，所以在如何认识逻各斯的问题上，他似乎没有多大的把握，这就使他的辩证法思想潜藏着相对主义和怀疑论的因素。

赫拉克利特的哲学在希腊哲学发展史上具有重要的地位和影响。他对逻各斯和运动绝对性的强调，对认识论的探讨，从正反两方面深深地影响了巴门尼德、柏拉图等人；他的火与逻各斯学说直接为斯多亚学派所继承和发挥。黑格尔根据他丰富的辩证法思想而把他称为辩证法的奠基人，并且不无夸张地说：“没有一个赫拉克利特的命题，我没有纳入我的逻辑学中”②。

第二节　南意大利哲学

与东部伊奥尼亚地区较为朴素的有形体本原说和运动、无定形观念相反，在西部的南意大利一带，则出现了较为思辨的无形体本原理论和强调不动、规定的哲学思潮。这股思潮的主要代表就是以克罗顿城为活动中心的毕达哥拉斯学派和以爱利亚城得名的爱利亚学派，尤其是爱利亚学派堪称早期希腊哲学的转折点，对于后来希腊哲学乃至整个西方哲学的发展具有极其重要的奠基意义。

一、毕达哥拉斯学派的数目哲学

毕达哥拉斯学派是一个以毕达哥拉斯为创始人和领导者，集政治活动、宗教信仰和

---

① 苗力田主编：《古希腊哲学》，第48页。

② 黑格尔：《哲学史讲演录》，第一卷，贺麟、王太庆译，三联书店，1956，第295页。

学术研究为一体的团体。该学派在古代希腊具有活动范围大、涉及领域广、影响时间长等显著特征。限于篇幅，我们主要介绍巴门尼德之前的毕达哥拉斯学派的基本哲学观点，不涉及该学派后来的发展。

毕达哥拉斯（Pythagoras，盛年约在公元前 532 年）出生于靠近伊奥尼亚的萨摩斯岛，熟悉米利都学派的哲学，后来游历过埃及、巴比伦，学到了那里的天文学和几何学知识，也受到了东方灵魂不死观念的影响。他中年时来到克罗顿，招徒结社，创立了自己的学派。由于他本人并没有留下任何著作，所以后人把他的思想与学派其他思想家的思想统称为毕达哥拉斯学派。

据说毕达哥拉斯学派有两条最能典型概括他们思想特色的格言："什么最智慧？——数目"，"什么最美好？——和谐"。在哲学上，该学派最重要的思想包括三个方面，即数本原说、和谐观念和灵魂理论。

（一）数是万物的本原

作为哲学家的毕达哥拉斯像米利都学派一样探究万物的本原，追求关于自然的知识，不过他不认为本原是无定的，而是强调其规定性或限定性。按照亚里士多德的分析，他们通过对数学的研究，认为数的本原即是万物的开始。"因为在所有的本原中，数在本性上是居于首位的，在他们看来，同火、土、水相比，数和那些存在着的东西以及生成着的东西之间有着更多的相似。同时，从某一方面看，数的属性是公正，从另一方面看，数目的属性是灵魂、理智，或者机遇，其他事物也都能用数来表示；而且，他们还看到，音阶（和谐）的特点和比率也在数之中；并且，一切其他事物都表明，其整个的本性乃是对数的摹仿。在整个自然界，数是第一位的。所以他们便认为数的元素就是万物的元素，整个天界不过是和谐与数而已。"① 可以理解，由于毕达哥拉斯本人及其弟子擅长数学研究，所以当他们从哲学上探讨万物的本原时，便发现了数量关系乃是事物的共同属性，因而将这种不具形体的、普遍的、有规定性的"数"看成万物的本原。同样按照亚里士多德的说法，在毕达哥拉斯学派那里，数作为万物的本原，不仅是构成事物的质料，而且也是事物的属性、状况和模型。②

他们以数为本原，说明了宇宙万物的生成过程。数有两种形式，即奇数和偶数，其中奇数是有定形的，偶数是无定形的，所以奇数是完满的，偶数是不完满的。自然万物的本原是"一元"，从"一元"产生"二元"，从完满的"一元"和不完满的"二元"产生出各种数目；从数目产生出点，从点产生出线，从线产生出面，从面产生出体，从体产生出水、火、土、气四大元素，产生出一切物体。

显然，毕达哥拉斯学派的"数"本原说体现了不同于伊奥尼亚学派的另一种哲学倾向，与"水""气""火"等相比，"数"具有更高的普遍性、概括性和抽象性，更能体现自然万物的统一性。但是，"数"毕竟只是量的规定，当它被用来解释诸如意见、正义、婚姻、友爱、理性、音乐、天体等一切现象的时候，既是质料又是形式的"数"其性质

---

① 苗力田主编：《古希腊哲学》，第 70－71 页。

② 参见亚里士多德：《形而上学》，986a16－19，载苗力田主编《亚里士多德全集》，第七卷，第 40 页。

就有些模糊不清了。“数”虽然是抽象的、普遍的存在，但是还没有彻底摆脱感觉经验的限制。正如黑格尔所说：“这个数不是感性的，但也还不是思想”①，因而他们的观点具有某种过渡的性质。

（二）宇宙是天体的和谐

与数本原说相一致，毕达哥拉斯学派特别强调和谐的观念，认为宇宙乃是天体的和谐。

在希腊语中，“和谐”（harmonia）最初的意思是将不同的事物连接或调和在一起，用于音乐就是将不同的音调结合在一起成为音阶，在毕达哥拉斯学派那里则主要指一定的数的比率关系。“宇宙”（cosmos）的本来含义是“秩序”，后来逐渐从“秩序”转变为“世界秩序”或“有秩序的世界”即“宇宙”。② 在毕达哥拉斯学派看来，一切美好的东西都是和谐，或产生于和谐。美是和谐，友爱是和谐，音乐是和谐，天体是和谐，灵魂也是和谐。在强调和谐的同时，毕达哥拉斯学派也研究了对立的问题。据亚里士多德记载，毕达哥拉斯学派列出了十对对立范畴，即有限与无限、奇数与偶数、单一与众多、右方与左方、阳性与阴性、静止与运动、直线与曲线、光明与黑暗、善良与邪恶、正方与长方。③ 不过，从文献记载看，毕达哥拉斯学派似乎还没有像后来的赫拉克利特那样，自觉地将对立与和谐联系在一起，认识到和谐是对立面的统一。

毕达哥拉斯学派关于宇宙是天体的和谐的思想，与伊奥尼亚学派的宇宙生成论有很大的区别。在伊奥尼亚学派那里，本原的无定性意味着宇宙诞生之初乃混沌一团，亚里士多德对这种脱胎于神话的宇宙观提出了质疑：“或者如神学家们所说，万物由黑夜生成，或者如自然哲学家所说，‘所有的事情是混合在一起的’，这同样不可能。如没有现实的原因，运动从哪里来呢?”④ 其实不只是运动的问题，更重要的是知识的可能性。与“无定”和“混沌”观念相比，“秩序”与“规定”的思想显然更有利于说明知识的可能性和确定性。

（三）灵魂学说

灵魂理论是毕达哥拉斯学派的另一项重要内容，其灵魂观具有宗教和哲学的双重意义。毕达哥拉斯学派不仅把灵魂不朽、灵魂轮回等宗教观念引入哲学，而且在学派内部严格制定和遵循若干宗教禁忌。同时，毕达哥拉斯学派也从哲学上对灵魂是什么和如何净化灵魂等问题进行了探讨。对灵魂是什么的问题，毕达哥拉斯学派的说法不一，有的思想家认为是尘埃，有的思想家认为是和谐。在他们看来，音乐和哲学是净化灵魂的手段，通过音乐熏陶和哲学思考，可以使灵魂处于和谐状态。

“灵魂”是希腊哲学中一个极为重要的概念，在荷马史诗中表示人死方止的呼吸、生

---

① 黑格尔：《哲学史讲演录》，第一卷，第219页。

② 参见汪子嵩等：《希腊哲学史》，第一卷，人民出版社，1988，第342-344页。

③ 参见苗力田主编：《古希腊哲学》，第71页。

④ 亚里士多德：《形而上学》，1071b28-32，载苗力田主编《亚里士多德全集》，第七卷，第276页。

命，在泰勒斯那里表现为普遍的生命力和活动的原则，而在毕达哥拉斯学派那里，同一个灵魂可以流动于不同的身体，因而开始有了个体性和独立性，虽然还不具有完全的非物体性。

毕达哥拉斯学派的思想虽然有不少牵强附会甚至神秘荒诞的内容，但是其主要方面具有重要的哲学意义。学派思想家提出了不同于伊奥尼亚学派的本原模式，试图用数量关系和几何结构来解释一切；他们第一次引入了和谐概念和宇宙概念，把关注的重点放在秩序和关系而不是事物本身上；他们较为系统地探讨了灵魂问题，思考精神现象与其他现象的统一。所有这些，都和他们在数学、天文学、音韵学等领域的贡献一样，对西方思想文化的发展产生了深远的影响。

二、爱利亚学派的存在哲学

爱利亚学派是早期希腊哲学中最重要的流派，其重要性主要表现在两个方面：一方面，该学派开始转变哲学研究的重心，变本原的追溯为存在的探讨，从而为形而上学或存在论的产生和发展奠定了坚实的基础①；另一方面，该学派首次使用了逻辑论证方法，为哲学思想的表述确定了基本的话语方式，最终演变为西方哲学的主要表达方式。

爱利亚学派的思想先驱是克塞诺芬尼，创立者和主要代表是巴门尼德，辩护者是芝诺，修改论证者是麦里梭。

（一）克塞诺芬尼的一神思想

克塞诺芬尼（Ksenophanes，盛年约在公元前520年）出生于小亚细亚的科洛封，据说25岁后便开始在希腊各地流浪，后来定居在爱利亚，写过一些叙事诗、讽刺诗和哀歌，可能是一位游吟诗人。②

从现存的资料看，克塞诺芬尼的哲学思想主要体现在三个方面：关于神，关于万物的生成，关于真理的认识。对爱利亚学派的思想倾向有直接影响的主要是他关于神的观点。他对于神话中普遍流行的神人同形同性论进行了讽刺性的批判，在此基础上提出了自己关于神的崭新见解。首先，神是唯一的。“唯一的神，在所有神祇和人中最伟大，无论是形体还是思想都和有死之物不同”。其次，神是不动的。“他永在同一处，所以永无运动，在不同时间到不同地方对他是不合适的，他毫不费力地用理智的思想主宰一切。”最后，“他全视、全思、全听”③。

---

① 虽然西方哲学深厚的存在论传统发端于巴门尼德的存在哲学，不过存在论这个概念直到17世纪时才出现。通常认为17世纪德国经院哲学家郭克兰钮（R. Gocleneus，1547—1628）利用希腊语创造了ontologia（英语为ontology）这个概念作为形而上学的同义语（1613年），其直接的词义就是“关于存在（to on）的理论或科学（logos）”即“存在论”，实际上至少在1606年这个概念就出现了。由于to on在希腊语中不仅指普遍的“存在”，而且指“存在物”，加之这门学科经历了长期的历史演变，所以中文以前多译作“本体论”，也译作“万有论”，现在则多译为“存在论”或“是论”。我们在本编里译为“存在论”。

② 关于克塞诺芬尼与爱利亚学派之间的关系，学术界存在着争论，我们倾向于持肯定的态度。参见汪子嵩等：《希腊哲学史》，第一卷，第527页及以下诸页。

③ 苗力田主编：《古希腊哲学》，第86、87页。

神是唯一的、不动的、主宰一切的，这是克塞诺芬尼思想的核心内容。正是这些内容，被他的学生巴门尼德接受和改造，从而创立了著名的存在哲学。

（二）巴门尼德论存在

巴门尼德（Parmenides，盛年约在公元前 475 年）是爱利亚人，他的哲学思想集中在他的哲理长诗《论自然》中。

在《论自然》一开头，巴门尼德就以浪漫的口吻和优美的诗句向我们展示了一幅企求女神指点迷津的生动画面。接着，他借女神之口，提出了两条研究的途径：一条是“存在存在，不可能不存在”；另一条是“存在不存在，非存在存在”。第一条是确信的途径，因为它与真理同行；第二条则根本不可能，因为“非存在你不认识也说不出”[①]。所以第一条路被称为“真理之路”，第二条路则是“意见之路”。

希腊哲学自诞生之日起就以获得关于自然的知识为最高理想，但以前的自然哲学却难以达到这一目的，因为它不仅局限于感性经验的领域，而且崇尚本原的无定形或流动性，这就恰恰使以普遍性和稳定性为基础的知识成为不可能。“真理之路”与“意见之路”的区分，实际上体现了巴门尼德对自然哲学的批判态度，其根本目的就是要把人们关注的目光从纷繁杂乱、变动不居的现象引向常驻单一的本质，因为只有常驻不变的东西才是真理性认识的对象。

巴门尼德在以“存在”为认识对象的“真理之路”上，集中讨论了存在的特性及其与思想的关系。概括而言，他的观点大致如下：

第一，存在是唯一的、连续的和不可分的。存在的唯一性或单一性在于它的连续性和不可分性。按照他的观点：“存在不可分，因为它整个完全相同。它不会这里多一些，这样便会妨碍它联结；它也不会那里少一些，存在充盈一切。存在的东西整个连续不断，因为存在只能和存在紧接在一起。”[②]

第二，存在是永恒的，不生也不灭。对于这一点，他从两个方面提出了论证。首先，从来源上看，存在无生成。假如存在是生成的，只有两种可能，或生于存在，或生于非存在。但这两种假设的可能情况都不成立。因为如果它生于存在，就预先设定了另一个存在的存在，违反了存在是唯一的规定；如果它生于非存在，则更加荒谬，因为存在绝不可能由非存在生成。其次，从时间上看，存在亦无生成。所谓存在，既不是过去曾经存在过，也不是在将来才会存在，而是整个地现在存在着。如果存在是生成的，就只可能在过去或将来生成，但这是于理不通的。因为如果它在过去或将来生成，那么它现在就会不存在。所以，无中不能生有，“生成是子虚乌有，灭亡同样不可言名”[③]。存在只能是永恒的。

第三，存在是不动的。“存在被局限在巨大的锁链里静止不动，它无始无终，因为生成和消灭已被真信念所逐，消失得无影无踪。它保持着自身同一，居留在同一个地方，

---

① 苗力田主编：《古希腊哲学》，第 93 页。

② 同上书，第 95 页。

③ 同上书，第 95 页。

被在它所在的地方固定，强大的必然把它禁锢在这锁链中。”[①]

第四，存在是完满的。存在“有如一个滚圆的球体，从中心到每一边都距离相等，它不应当在任何地方多一些或少一些。既没有什么非存在妨害存在的东西相联结，也不会这里大一些那里小一些，它完全没有任何差别，从所有方面到中心的距离都相等”[②]。

第五，存在是思想的对象。一方面，思想的对象只能是存在，不能是非存在。“作为述说、作为思维一定是存在的东西，因为存在存在，而非存在是不存在的”[③]，“如果没有思想表达于其中的存在的东西，你便不会找到思想”[④]。另一方面，存在也只能由思想把握，靠感觉是无能为力的。所以，既不要屈从来自众人的经验习惯，也不要“以你茫然的眼睛、轰鸣的耳朵和舌头为准绳，而要用理智把有关的争辩判明”[⑤]。由此，他提出了一个非常著名的哲学命题：“作为思想和作为存在是一回事情”[⑥]。也就是说，在感性认识中不可能确立知识与对象的同一性，唯有理性认识才能达到这一点。这个命题的提出具有重要的理论意义和历史意义，它不仅是对概念性认识之本质的第一次规定，而且后来被简化为“思维与存在的同一性”，成为西方哲学史上理性主义哲学的经典公式。

巴门尼德关于存在的思想具有划时代的意义，对于希腊哲学乃至整个西方哲学的形成和演变产生了不可估量的巨大影响。

在某种意义上说，巴门尼德提出的这个唯一的、永恒的、不动的、完满的、作为思想对象的“存在”是对事物最普遍的属性的概括和抽象，在普遍性、抽象性和稳固性等方面乃是前人所说的水、无定形、气、火、数、神等都无法与之比拟的，因而才能够脱颖而出，最终成为西方哲学（尤其是西方古典哲学）研究的主要对象。

“存在”概念在语言学上与印欧语系所特有的系词结构有着极其密切的关系。巴门尼德所用的三个“存在”（einai、esti、to on），分别是希腊语中系动词“是”（eimi）的不定式、第三人称单数和用作动名词的中性现在分词（后来柏拉图和亚里士多德等人主要使用的就是这个中性现在分词），有普遍抽象的“存在”和“存在物”两方面的含义，在汉语中没有完全对应的概念，通常可以译为“是”、“有”或“在”，我们采取约定俗成的原则，译为“存在”。在希腊人那里，人们对事物的述说（判断）与事物本身尚未区别开来，只要我们对事物的判断是真的，它就是事物本身的现实状态。当自然哲学家们企图在变动不居的自然万物中寻求永恒不变的本原时，巴门尼德却发现，没有哪种自然事物是永恒不变的，真正不变的只能是“存在”（“是”）。在一个判断中（例如“S是P”），主词S与宾词P都是变动不居的，不变的唯有这个系词“是”。换言之，一切事物都“是”、都“存在”，不过总有一天将“不是”或“不存在”，然而“是”或“存在”却不会因为事物的生灭变化而发生变化，它是永恒不变的。这个“是”或“存在”，就是使事物“是”或“存在”的根据。所以，与前辈们探寻时间上在先的本原不同，他所追问的主要是逻

① 苗力田主编：《古希腊哲学》，第95－96页。
② 同上书，第96页。
③ 同上书，第93页。
④ 同上书，第96页。
⑤ 同上书，第94页。
⑥ 同上书，第93页。

辑上在先的存在。

巴门尼德的存在理论为西方哲学长达2000多年的形而上学传统奠定了基础。当然，由于不可避免的历史原因，他所说的“存在”仍然具有相当浓厚的感性直观色彩（如“锁链禁锢”“滚圆球体”等比喻），尚未真正达到最普遍、最抽象的程度。而且，他虽然通过区分“真理之路”与“意见之路”的方式，将变动不居的自然万物与永恒不动的存在分离开来，但是他似乎还没有（或不愿意）彻底摒弃自然哲学。因而在结束了“真理之路”的探索之后，他就按照“女神”关于对常人的意见也要加以领会的指示，转向了他所谓的“意见之路”，发表了自己对万物本原的看法。他认为火和土、明和暗、热和冷是事物的本原及其生成变化的原因，并以此为基础，提出了他的宇宙论解释。

总之，巴门尼德哲学是早期希腊哲学的转折点，虽然这一转折的深远意义直到苏格拉底之后才真正显现出来。巴门尼德对哲学的伟大贡献是多方面的。首先，他对两条认识道路的明确划分，确定了后来西方哲学关注的基本方向。其次，他将“存在”确立为哲学研究的对象，奠定了形而上学或存在论的基础。再次，他不再满足于像自然哲学家那样武断地直接宣称，开始使用逻辑论证方法，促进哲学向思辨化、体系化的方向发展。最后，他关于“作为思想和作为存在是一回事情”的命题，确定了理性思维的基本形式。

尽管巴门尼德的哲学思想对后来的哲学演变产生了深远的影响，但是由于与千变万化的事物现象明显抵牾，他的观点很难为整体水平尚处于直观表象阶段的同时代哲学家们所理解和容忍，因此遭到了不少非议。当时人们攻击的目标主要集中在“存在”的两个要害之处，即单一和不动。在这种情况下，他的学生芝诺便站了出来，为存在学说进行了有力的辩护。

（三）芝诺对存在哲学的辩护

芝诺（Zenon，盛年约在公元前464—前461年）出生于爱利亚城，据说是巴门尼德的得意门生和义子，因反对僭主而被杀。

芝诺在西方哲学史上的地位并不在于他提出了什么新的正面见解，而在于他为巴门尼德创立的存在哲学所做的辩护。他自己明确指出，他的目的是“捍卫巴门尼德的观点，反对那些试图揶揄这种观点的人”①。芝诺的辩护从形式上看使用的都是归谬法，而从内容上看则主要集中在两个方面：一是论证存在单一反对存在众多，二是论证存在不动反对存在运动。

据辛普里丘等人记载，芝诺反对存在众多的论证有两个：

第一，从无限大与无限小的角度论证。如果存在众多，就必然由许多部分构成。这些部分要么有广度和厚度，要么无广度和厚度。如果有广度和厚度，由于任何一个部分的边界都不会是最外的，所以，这种广度和厚度就可无限相加下去；如果无广度和厚度，即使把这样的部分永远相加，也依然等于零。因此，“如果存在着众多，那么它必然既是大又是小，小会小到没有体积，大会大到无限”②。

---

① 苗力田主编：《古希腊哲学》，第100页。
② 同上书，第101页。

第二，从有限与无限的角度论证。如果存在众多，存在的数目必须同实际存在的事物相等，但假如事物就是这么多，它们在数目上就是可数因而是有限的。但是，假如存在的事物是众多的，它们在数目上又是无限的，“因为在存在的东西之间永远有另一个中介，中介之间又还会有其他中介，所以存在着的东西便会无限多”①。

既然承认众多就必然会导致体积上既无限大又无限小，数目上既有限多又无限多的矛盾，那么，存在就不能是众多，只能是单一。这就是芝诺的第一个结论。

据亚里士多德在《物理学》中的叙述②，芝诺反对存在运动的论证有四个：

第一，“二分法”。运动着的东西在到达目的地之前须先完成行程的一半，而在完成行程的一半之前，还须完成行程的一半的一半……如此分割，以至无穷，因而它与目的地之间的距离是无限的，永远也达不到目的地。

第二，“阿基里追龟”。阿基里是希腊跑得最快的英雄，而乌龟则爬得最慢。但是芝诺却证明，在赛跑中最快的永远赶不上最慢的，因为追赶者与被追赶者同时开始运动，追赶者必须首先到达被追赶者起步的那一点，而被追赶者此时已经向前运动了，依此类推，他们之间存在着无限的距离，所以被追赶者必定永远领先。

第三，“飞矢不动”。任何物体都要占有一定的空间，离开自己的空间就意味着失去了它的存在。飞矢通过一段路程的时间可被分成无数瞬间，在每一瞬间，飞矢都占据着一个与自己大小相同的空间，由于飞矢始终在自己的空间之中，因而它是静止不动的。

第四，“运动场”。有两排物体，大小相同，数目相等，一排从终点排到中间点，另一排从中间点排到起点，当它们以相同的速度做方向相反的运动时，就会在时间上出现矛盾。芝诺认为这可以证明一半的时间等于一倍的时间。

既然承认存在运动将会得出上述四个明显与事实和感觉相矛盾的荒谬结论，那么，存在就只能是静止不动的。这就是芝诺的第二个结论。

芝诺的上述辩护关注的不是事实而是理论，除“运动场”具有明显的诡辩性质之外，其余的都蕴含着深刻的意义。它们的内容涉及有限与无限、间断与连续、时间与空间的关系和极限等问题，引起了人们对哲学、逻辑学和数学等领域的思考，直到今天仍然是人们研究的课题。他的论证方法亦对论辩术和逻辑学的发展起了积极的推动作用。正因为如此，亚里士多德称赞他发现了辩证法，黑格尔也称之为概念辩证法的创始人。

（四）麦里梭对存在哲学的修改和论证

麦里梭（Melissos，盛年约在公元前440年）是萨摩斯岛人，曾被选为海军统帅。从文献上看，麦里梭的思想明显属于爱利亚学派，然而关于他是否巴门尼德的学生抑或爱利亚学派的成员，由于缺少充分的根据，许多学者采取存疑的态度。麦里梭在哲学上的主要贡献是对“存在”的性质进行了正面论证，并且修改了巴门尼德的两个论点。

首先，他修正了巴门尼德关于存在有限的观点，从存在的永恒无限性出发来论证存在的其他性质。从这种永恒无限性，他证明了存在的单一性。“任何事物如果不是整个存

---

① 苗力田主编：《古希腊哲学》，第101页。

② 参见上书，第102－104页。

在，那么它就不可能永远存在”，“如果它是无限的，它就应当是单一的；如果它是二，那么就不可能是无限的，而会受到另一个的限制”①。

其次，他修正了巴门尼德关于存在有体积的比喻。他的论证是：“如果它存在，它就必定是单一的，作为唯一的东西，它必定没有形体。如果它有体积，那么它就会存在着部分，并且就不再是单一的了。”②

麦里梭思想的另一特色，是否认虚空的存在，并以此为前提证明存在的不动性。因为虚空就是无，而无就是不存在。既然没有虚空，存在就不能运动，因为一切都是充实的，没有可供它移动的空间。这种观点从反面启发了原子论者。

爱利亚学派的存在哲学在西方哲学史上具有极其重要的历史地位，它为古典哲学的主流奠定了初步的基础，在希腊哲学的发展过程中标志着哲学方向的转折，后来经过苏格拉底、柏拉图再到亚里士多德，逐渐形成了蔚为大观的形而上学或存在论传统。当然，爱利亚学派的存在学说在早期希腊哲学中还无法为自然哲学家们所接受，它的影响在当时主要是反面的，即对宇宙论的基本观念发出了挑战，以极端的方式突出了存在与非存在、单一与众多、静止与运动、理性与感觉之间的对立，这就迫使同时代或稍后的自然哲学家们不得不另辟蹊径，从而把哲学思维引向了深入。

第三节　多元论哲学

经过爱利亚学派卓有成效的批判，此后出现的早期希腊自然哲学开始显露出一些新的特点。

首先，自然哲学家们不再满足于笼统地谈论事物的生成和毁灭，而是力图深入事物的内部结构，用元素性东西的结合与分离来说明万物的生灭变化。与此相应，本原概念在“开端”与“主宰”等含义之外，亦具有了“元素”的含义，而且这一含义的重要性越来越突出。由于他们开始把万物的本原归结为组成事物的不可再分的物理单元，并使用了诸如“根”“种子”“原子”等概念，因而这些自然哲学家被亚里士多德等人称为元素论者。至此，朴素辩证的自然观开始发生变化，机械论的色彩越来越浓厚。

其次，为了解决芝诺所揭示的一与多的矛盾，他们放弃了水、气、火等单一本原传统，不再以一个本原去说明多种事物，而是改用多种东西的共同作用来解释事物的生灭变化，因而他们被称为多元论者。显然，在西方哲学一元论主流的背景之下，多元论通常难以为继，所以这一时期的自然哲学具有比较明显的过渡性质。

再次，经过芝诺关于运动与静止的思辨，他们不再把本原以及由本原生成的事物的运动变化视为无须解释的当然前提，而是开始正面探讨运动的根源或原因。不过由于元素论的机械论性质，他们往往在元素之外去寻找运动变化的原因，有时甚至将其归结为非物质性的因素。

---

① 苗力田主编：《古希腊哲学》，第106页。

② 同上。

最后，这些自然哲学家们开始重视认识论问题，不仅努力解释感觉的产生，而且试图说明感觉与理性之间的关系。

哲学思维的这种进步，除了哲学自身内部的原因外，也与当时科学的发展分不开。克罗托内的阿尔克芒首先进行了解剖实验，发现了视觉神经，并且认识到大脑是感觉和理智活动的中央器官。阿那克萨戈拉用动物进行实验，并用解剖方法研究它们的构造。人们的求知视野已逐渐深入动物身体内部。

这一时期多元论哲学的代表人物主要有三位，即恩培多克勒、阿那克萨戈拉和德谟克利特。

一、恩培多克勒的“四根”说

恩培多克勒（Empedokles，盛年约在公元前455年）是西西里岛的阿格里根斯人。他的一生充满了传奇的色彩，集诗人的浪漫、哲人的冷静、宗教徒的虔诚和科学家的理性于一身。据说他是巴门尼德的追随者，写过《论自然》《论净化》两篇长诗和一篇散文《医论》。现在我们所能见到的，只有古人记载的大约450行残篇。

在希腊哲学中，恩培多克勒是第一位典型的多元论者，其思想带有综合和过渡的性质。他继承了伊奥尼亚学派的形体本原说，吸收了毕达哥拉斯学派的数目哲学和灵魂学说，也接受了巴门尼德的存在理论。不过他认为，永恒不动的存在既不是单一的，也不仅是思想的对象，而是构成万物的四种基本元素，他称为“根”（rhizomata）。

（一）“四根”与“友爱”“争吵”

恩培多克勒借用四位神祇的名称，明确宣称火、土、气、水是万物之根：“首先请听真，万物有四根：宙斯造万物，赫拉育生命；还有爱多妞以及奈斯蒂，她用自己珍珠泪，浇灌万灵生命泉。”① 他认为，这四种元素本身是永恒的、不生不灭的“存在”。每个“根”都是单独的个体，是“一”，众多的“根”依照不同的比例组合在一起，就产生出可感事物，而它们的分解则是事物的消亡。整个世界处于一与多的永恒循环中，“一时从单一分为众多，一时又由众多生成单一”②。这里所说的“单一”，亦指由众多的“根”所生成的某具体事物。通过“根”与事物的分合转化，恩培多克勒力图把巴门尼德割裂开的一与多重新统一起来。

不过，这四种元素本身并没有组合与分离的能力，是“它们之外”的“友爱”与“争吵”作为动力才使得它们分分合合。“友爱”是一种亲和力，靠它组合四根形成事物。“争吵”则是一种离散力，由它导致事物的分离消亡。这两种永恒的力量大小相同，作用相反，交互消长，轮流坐庄，形成宇宙万物倏忽生灭、不停流转的总画面。由此可见，正如有的古人所说，他提出的本原实际上是六个，即四种元素和两种力量。他不仅是第一位多元论者，也是第一位外因论者，还是第一位情感论者。

---

① 苗力田主编：《古希腊哲学》，第110－111页。

② 同上书，第111页。

以上述观点为基础，恩培多克勒叙述了宇宙和生物的生成发展过程。他认为，宇宙开始是个球体，混沌不分，后来不断产生冲突和分离，形成日月星辰等天体。星辰来自以太，太阳源于火，地上万物由其他元素凝聚而成。生物由进化产生，人也是在不断的进化中生成和完善起来的。

（二）同类相知与流射说

由于认识论的问题愈益突出，恩培多克勒正面讨论了感觉是从何而来的这个前人没有涉及的问题。他认为，在所有的生成物中都有流射物存在，当这些流射物与感官相接触而进入感官时，感觉就产生了。但是，不同的流射不能随意进入不同的感官通道，只有某物适合那些通道时，感觉才会产生。因为对于被感知的对象来说，一些通道碰巧太宽，另一些又恰好太窄，所以，有些对象会毫无接触地直穿而过，有些则根本不能进入通道。

正因为感觉的产生依赖于流射物与感官通道之间的符合关系，所以恩培多克勒提出了“同类相知”说。他认为我们是“用气见神圣的气，用火看昏暗之火，用友爱对友爱，用争吵见可悲的争吵”①。关于智慧和无知，他也有同样的见解。因为认知是由相同而来，无知则因相异生成。所以，知识和感觉是同一的，或者至少是密切相关的。人特别是用血液来思想，因为在血液中，所有部分的各元素都非常好地混合在一起。

（三）灵魂轮回说

作为虔诚的奥菲斯教徒，恩培多克勒相信灵魂不死，并且花了不少的篇幅来具体描述灵魂轮回的痛苦经历。他宣称灵魂不是从我们的血液和呼吸中产生的，而是从别处来到肉体中寄居的，它是一个被神的命令逐出的“完完全全的流浪汉”。灵魂开始处于原始的纯洁状态，没有冲突和争吵，只有爱与美之神库波莉斯。但堕入肉体后，灵魂就沾染了血液带来的罪恶，于是便不得不历经轮回。人只有通过净化洗涤罪恶，才能最终使灵魂返回与诸神同在的极乐世界。

虽然恩培多克勒的思想表现为哲学与宗教、科学与迷信、抽象思维与形象思维的混合物，但是其主导的方面对希腊哲学发展的影响还是积极的。他的本原学说、感觉理论和生物进化观点在哲学与科学的发展中具有启发意义，有些见解直接影响了随后的原子论哲学。

二、阿那克萨戈拉的“种子”“努斯”论

阿那克萨戈拉（Anaxagoras，盛年约在公元前 460 年）生于伊奥尼亚地区的克拉左美尼。相传约 40 岁时到雅典讲授哲学，与当时著名的政治家伯里克利交往密切，后因不敬神的罪名被处以罚金并被驱逐出境。离开雅典后，他回到伊奥尼亚，定居在米利都的殖民地兰萨库斯并死在那里。相传他也写过《论自然》的书，但只有别人转述的 20 多条

---

① 苗力田主编：《古希腊哲学》，第 130 页。

残篇保存了下来。

在希腊哲学发展史上，阿那克萨戈拉凭借自己的哲学活动和哲学思想赢得了不可替代的重要地位，他的思想可以概括为四个“第一”：首先，他第一次把哲学从外邦带到了希腊本土，使这朵爱智之花在最适合自己生长的雅典沃土中大放异彩，结出极为丰硕之果，产生了苏格拉底、柏拉图和亚里士多德等思想巨人。其次，他第一次明确而公开地把精神性的东西——“努斯”作为支配性的本原，从而为后来的哲学革命奠定了基础。再次，他第一次把看不见的物质元素“种子”作为质料性的本原，使自然哲学对事物内部结构的探讨更加深入。最后，他第一次提出了一种明确的二元论哲学，丰富了哲学对世界万物的解释模式。

（一）无限的“种子”是万物的本原

受伊奥尼亚自然哲学传统的影响，阿那克萨戈拉也在物质性的东西中探寻万物得以生成的本原，不过他把这种本原看成是虽有各种形状、颜色和味道，但却不可见的“种子”（speramata）。作为本原，“种子”具有以下主要性质：

第一，“种子”是永恒的。无中不能生有，存在不能从非存在生成，所以“种子”作为无限多样性的存在物的本原，应该是永恒的。

第二，“种子”是无限的。“无限”（apeiron）这个概念，阿那克西曼德、毕达哥拉斯和麦里梭等人都用过。但是，他们主要是从“无规定”“无限界”的角度使用这个概念，而阿那克萨戈拉所说的“无限”，则具有多方面的含义。“无限”首先指种类上的无限。有多少类事物就有多少类种子。其次是数量上的无限。万物都混合在一起，数量无限多，体积无限小。最后是分割上的无限。因为在小的东西中不能有最小的东西，永远有更小的东西，也永远总有比大的东西更大的东西存在。

第三，“种子”是同类的。因而亚里士多德把阿那克萨戈拉的“种子”称为“同素体”（homoiomereiai，直译为“相同的部分”），认为“阿那克萨戈拉把同素体当成元素，如像骨、肉、髓以及其他那些与整体同一的构成部分……单纯而根本的是同素体，土、火、水和气乃是复合物，事实上只是由于其他东西的种子集合而成的”[①]。

第四，“种子”是混合而存在的。在他看来，没有什么感性的东西是完全纯粹的，如纯白、纯甜、纯肉等等。实际上，事物的本性是由在它之中所包含的那个最多的成分所决定的。

第五，“种子”没有自我运动能力。虽然万物都是由种子结合而生成的，但种子自身并没有这样的运动能力，因而需要另一种力量在外部起决定作用。这种外在的力量就是“努斯”。

（二）自主的“努斯”是决定的力量

“努斯”是阿那克萨戈拉哲学中最重要的概念。该概念早在荷马史诗中就已经出现了，希腊语原文为 nous，源于动词 noein（思想），通常音译为“努斯”，亦被意译为“心

---

① 苗力田主编：《古希腊哲学》，第 145 页。

灵”、“理智”或“理性”。

在希腊哲学乃至西方哲学史上，阿那克萨戈拉是第一个将“努斯”看作高居于物体之上的精神实体的哲学家。关于“努斯”的性质和作用，他有不少论述，最集中也是最重要的一段是残篇12：“其他东西都分有每一事物的一部分，只有努斯是无限的、自主的，它不与任何东西相混合，而是单一的、独立自为的。……在万物之中，它是最精粹和最纯洁的。它有对万物的一切知识和最大力量。努斯还主宰着一切有灵魂的东西，不论是较大的还是较小的。努斯也主宰着整个旋涡运动，使这种旋转开始。……努斯知晓一切被混合的东西、被分开的东西和被区别的东西。一切将要存在的、一切过去存在但现在已不复存在的以及一切现在存在而且将来也要存在的东西，都为努斯所安排。”①

显而易见，这个永恒的、无限的、无形的、独立自为的、知晓一切并支配一切的“努斯”，虽然仍具有恩培多克勒的“友爱”和“争吵”那样的外部动力因的作用，但已经是一个全新的、纯粹的精神概念了。因为它摆脱了“友爱”与“争吵”的情感性、形象性和隐喻性，相比之下更具思辨性、抽象性和明确性。“努斯”承袭着赫拉克利特“逻各斯”的遗风，以君临一切的姿态，被阿那克萨戈拉堂而皇之地扶上了本原的宝座，与作为质料的“种子”一同共创万物。由此我们可以明确地说，阿那克萨戈拉的本原学说，是古代哲学中比较典型的二元理论，虽然他在具体解释宇宙和生物现象时，更多使用的依然是自然哲学传统套路的“种子”理论。

（三）感觉由相反者生成

在认识论上，阿那克萨戈拉着重探讨了感觉的产生问题，与恩培多克勒的观点相反，提出了“异类相知”说。

他认为，感觉由相反者生成，因为相同者不被相同者作用。我们感觉到一物的热和冷不是由于相似物引起的，也不能通过同样的东西来认识甜和苦，而是根据每一个的缺乏，由热而知冷，由咸而知淡，由苦而知甜，可见的东西使昏暗的东西显现出来。虽然他的“异类相知”说与恩培多克勒的“同类相知”说正好相反，但是在坚持感觉来源于物质对象的作用这一点上，两者是一致的。他更深刻的地方在于，他在肯定感觉作用的同时看到了它的不足，认识到仅靠感觉不能把握真理。显然，这一思想与他的本原学说是一脉相承的：因为“种子”不可见、“努斯”更是无形的力量，所以只有靠理性认识才能把握。

阿那克萨戈拉的种子理论是原子论哲学的直接先驱，而他的“努斯”学说则被苏格拉底、柏拉图和亚里士多德所继承发展。

三、德谟克利特的原子论

德谟克利特（Demokritos，盛年约在公元前420年）生于希腊北部色雷斯的阿布德拉城，就学于哲学家留基波（Leukippos，盛年约在公元前460年）。他一生游学四方，

---

① 苗力田主编：《古希腊哲学》，第146－147页。译文有改动。该书的这部分将“努斯”意译为“理智”，我们全部改为“努斯”。

知识渊博，著述甚多。从第欧根尼·拉尔修保留的著作目录表来看，他的著作分为十三组共五十多部（篇），内容涉及伦理学、物理学、数学、文学和技艺共五大类[①]，几乎涵盖了当时所有的知识领域，所以马克思和恩格斯称他为“经验的自然科学家和希腊人中第一个百科全书式的学者”[②]。由于这些著作都已佚失，我们只能依靠古代其他思想家的转述或评论来了解他的思想。需要说明的是，实际上德谟克利特的观点也包含了他的老师留基波的思想，所以下面以德谟克利特的名义展开的叙述，应看成是他们共同的见解。

（一）原子与虚空

在万物的本原问题上，德谟克利特以包容百川的大家风度，对以前各派哲学家的观点进行了总结和发展，形成了原子-虚空理论。

根据亚里士多德的记述，“留基波及其信徒德谟克利特主张充实和虚空是本原。他们分别称它们为存在和非存在。充实而坚固的是存在，空虚而稀薄的是非存在。虚空并不比物体缺少什么，因此他们说存在与非存在同样存在。这二者一起构成万物的质料因。正如那些人从作为根本实体的单一的变化（稀疏和凝聚是这种变化的本原）中生成出万物一样，他们也认为原子间的区别是生成其他事物的原因。这些区别共有三种，即形状、次序和位置。他们断言存在只在形态上、相互关系上和方向上相区别。形态即是形状，相互关系即次序，方向即位置，如 A 和 N 是形状的不同，AN 和 NA 是次序的不同，Z 和 N 则是位置的不同”[③]。辛普里丘也记载说，他们“认为本原在数量上无限，它们是不可分割的原子，这些原子由于它们的充实而不可割裂。它们之中没有虚空存在。分离的产生则是由于复合体中存有虚空”[④]。

这两段记载是我们了解德谟克利特本原学说最可靠的史料依据。从中可以看出，他认为宇宙万物的本原是原子和虚空，或存在和非存在。所谓“原子”，在希腊语中为 to atomon（中性形容词的名词化），直接的含义是“不可分（切）割的东西”。作为本原的原子除了不可分割外，还具有以下基本性质：内部充实坚固，没有虚空；数量无限；“不能为感官所感知”；因为形状、次序和位置上的不同而相互区别。所谓“虚空”（to kenon），虽然空虚而稀薄，但同样实在，亦是本原之一，因为显然，不同的原子只有在虚空中才能运动，从而形成万物。

毫无疑问，德谟克利特的本原学说是对前人思想的借鉴和超越。一与多、存在与非存在、本原与事物等问题，通过他的原子-虚空的理论，形成了新的解决方式。他继承了伊奥尼亚学派的物理主义解释传统，吸收了“四根”说和“种子”论的元素思想与结构观点，但克服了它们的朴素性和比喻性。他受到毕达哥拉斯学派尝试用无形之数来建构宇宙系统的启发，却把数学质点改造成了物理质点。他无疑深受巴门尼德的影响（据说留基波“曾听过芝诺的课”[⑤]），同意“存在”与“非存在”应有区别，但却针锋相对地为

---

① 参见苗力田主编：《古希腊哲学》，第 157－159 页。

② 《马克思恩格斯全集》，中文 1 版，第 3 卷，人民出版社，1960，第 146 页。

③ 苗力田主编：《古希腊哲学》，第 160－161 页。

④ 同上书，第 161 页。

⑤ 第欧根尼·拉尔修：《名哲言行录》，徐开来、溥林译，广西师范大学出版社，2010，第 448 页。

“非存在”和“虚空”平反，不仅承认它们存在，而且视之为本原，从而以自己的方式把被巴门尼德分离开的两者重新统一起来。他对存在、非存在概念的重新界定（存在就是充实，非存在就是空虚），对后来存在论的发展演变有重要的意义。

（二）宇宙生成理论

以原子-虚空理论为依据，德谟克利特描述了宇宙的生成过程。

在广袤无垠的虚空中，许多不同形状的原子彼此聚集在一起，产生出一种旋涡运动。在旋涡中，物体相互撞击，以各种方式不停旋转，继而开始分离，相似的就结合起来。但是，当它们的数量众多以至无法再均衡旋转时，轻的就被抛到周围的虚空里，其余的则留在中心，更紧密地结合起来，产生出第一个球形结构。这个结构像一层内含各类物体的外壳，当它进行旋涡运动时，周围的壳由于中间的抵抗变得很细薄，而相邻的原子因受旋涡影响不断流到一起，于是大地就生成了。原已抛向中间的原子就停留在那里，包含万物的薄壳本身由于外部物体的吸引也在膨胀，当它在旋涡中运动时，吸入所有它碰到的东西。这些物体中的可结合部分构成一个起初十分潮湿和泥泞的组织结构，但随着它们跟整体的旋涡一起旋转，就逐渐变干，成为天体的基础。世界的数目是无限的，但大小不同，生成和毁灭的时间也不一样。

德谟克利特把原子在虚空中进行旋涡运动生成宇宙的过程看作必然的，并断言万物都根据必然生成。因为万物生成的原因是旋涡，他称之为必然性。他的这种宇宙生成观点不仅排除了神话的创世说，而且比恩培多克勒、阿那克萨戈拉的“外力作用”论更具合理性。但是，他把一切都归结为必然性的观点亦有很大的局限性，因为它一方面无法有效地解释原子如何能发生碰撞并且形成万物，另一方面也带有浓厚的机械决定论色彩。晚期希腊的伊壁鸠鲁对此做了不少重要的修正。

（三）认识论

德谟克利特的认识论思想比较复杂。一方面，他受恩培多克勒“流射说”的影响，提出了“影像”说，用影像来解释感觉的产生。他认为，当影像从外面进入时，感觉和思想就产生，相反，若无影像对感官的撞击，就没有什么能够产生。依据这种认识，他说明了视觉的产生：印象不是直接在瞳孔中生成的，而是眼睛与视觉对象之间的空气在视者和视觉对象之间被紧压后留下的印记。另一方面，他又提出了一种“约定论”。他“有时摒斥呈现于感官的东西，认为它们都不是按照真理，而是按照意见显现的。事物的真理是，原子和虚空存在着……甜和苦是从俗约定的（nomoi），热和冷是从俗约定的，颜色也不例外，实际上（eteei）只有原子和虚空”①。依据这种认识，他认为有两类知识。一类通过理智得来，是真实的，可以作为判别真理的尺度；另一类通过感官得来，是虚假的，没有能力正确地判别真假，“视觉、听觉、嗅觉、味觉、触觉属于虚假的知识，真实的知识则与此相区别”②。

---

① 苗力田主编：《古希腊哲学》，第167页。

② 同上书，第168页。

因此，由于实际存在的只有原子和虚空，而它们作为本原，又是感官无法把握的，所以他得出了比较消极的结论：“我们没有把握每个事物实际上是什么或不是什么，只是通过许多方式而明白了它们。……一个人必须根据这一尺度认识到他是与实在分离的。……这个论证也表明，我们实际上并不知道什么。对我们每个人来说，存在的只是偶性或意见。……很清楚，要知道每个事物实际上是什么，是没有办法的。”①

显然，德谟克利特的基本倾向是轻视感觉，重视理性。这种倾向与他的本原学说一脉相承，同时也是深受巴门尼德影响的结果。但是，他与巴门尼德和稍后的柏拉图不同，并未把两者完全对立起来并进而彻底否认感觉的作用。他只是认为“真实的知识高于虚假的知识”，当虚假的知识在细微的领域中不能再看、再嗅、再尝、再通过触摸感知时，真实的知识就参与进来。应该承认，尽管德谟克利特的有些表述不一定恰当，但是他对感觉局限性的批评还是很深刻的。

（四）灵魂思想

德谟克利特的灵魂观主要表现在两个方面：一是灵魂的构成和作用，一是灵魂的安宁问题。

据亚里士多德在《论灵魂》中的记述，德谟克利特是依据其原子理论来探讨灵魂的本质和构成的。他认为灵魂由精细的球形原子构成，是一种火或热的东西，因为这种形状的原子最适合穿过一切事物，自己运动并使他物运动。因此，他主张精神上的愉悦要高于肉体上的快乐，幸福就是灵魂的安宁。在如何达到灵魂安宁的问题上，他认为要真正做到这一点就必须克制欲望，淡泊名利，因为贪心与嫉妒会使灵魂苦恼。所以，幸福不在于占有畜群和金银，追求神圣的、智慧的东西才能净化灵魂，得到真正的幸福。他建立在原子论基础上的幸福论，以及关于肉体愉快与精神愉悦的区别，不仅为后来伊壁鸠鲁原子论的幸福观奠定了基础，而且对后世的伦理思想有深远的影响。

原子论哲学的创立是早期希腊自然哲学发展的最高成就，晚期希腊的伊壁鸠鲁结合当时科学的新发展，对之做了一些修正，使它更加完善了。在罗马共和国时期，卢克莱修亦为之提供了广泛的论证，把它作为消除迷信、开化愚昧的工具。在 17 世纪，近代哲学复活了古代原子论，从而对科学原子论的产生具有一定的启发作用。另外，德谟克利特的认识理论，特别是其中的约定论观点，可以看作伽利略和洛克等人思想的先驱。

早期希腊哲学以自然万物的本原为主要的研究对象，哲学家们试图以自然来说明自然，从各种角度进行了艰苦卓绝的探索，作为第一批从事哲学思考的人，为后世树立了光辉的榜样。但是，由于这个时期的自然哲学建立在经验和观察的基础上，它的问题是哲学的，而其内容却往往是科学的，故而需要但却缺少科学的理论和实验的手段，所以主要是朴素直观和猜想性的，难以形成普遍必然的知识，带有很大的局限性。于是，爱利亚学派的巴门尼德揭示了自然哲学的缺陷，摒弃了自然哲学的宇宙论道路，将哲学的研究对象转向了“存在”，这就为后来长期主宰西方哲学的形而上学奠定了基础。此后的自然哲学家们为了解决巴门尼德提出的难题而采取了多元论的方式，最终形成了当时自

① 苗力田主编：《古希腊哲学》，第 167－168 页。

然哲学的最高成就，即德谟克利特为代表的原子理论。

然而，原子论哲学的创立也标志着早期希腊自然哲学的结束。首先，当哲学深入事物内部，试图说明构成自然万物的元素和结构的时候，这些问题实际上应该由自然科学来解决，至少需要科学工具和手段的支持，而这恰恰是希腊自然哲学所无法满足的条件。其次，从米利都学派到原子论，朴素辩证的自然观逐渐具有了比较浓厚的机械论色彩，原本蕴含于本原之中的运动变化的原因被排除在了本原之外，因而难以说明宇宙万物的自我生成。最后，哲学家们追求的本来是关于自然的确定知识，但自然哲学演变的实际结果却是众说纷纭、莫衷一是，因而不可能满足这一根本要求。因此，尽管自然哲学后来仍然是希腊哲学乃至整个西方哲学所研究的重要问题，但是以宇宙论为中心的早期希腊自然哲学终于衰落了。随着人们抽象思维能力的进一步提高，随着哲学中心向雅典的转移，随着雅典一系列政治改革带来的经济繁荣、社会开明和文化发达，人们的视野日益开阔，思想更加活跃，对社会和人自身的问题愈加关注。因此，哲学在自身内部发生了革命性转变。

思考题

1. 亚里士多德是如何规定“本原”（arkhe）的？
2. 赫拉克利特的逻各斯（logos）是什么？
3. 试述巴门尼德的存在哲学。
4. 简述德谟克利特的原子论。

第二章

古典时期的希腊哲学

所谓“古典时期”，是相对于公元前 8 世纪至前 6 世纪的上古时期而言的，大体上指公元前 5 世纪到前 4 世纪 30 年代马其顿统一希腊以前的 100 多年时间。在政治上，这是希腊城邦奴隶制从繁荣走向衰落的时期，但在思想上，却是古代希腊哲学发展史上的鼎盛时期。与早期哲学相比，古典时期的希腊哲学具有以下三个突出的特点：

首先从地域来看，古典时期的希腊哲学实际上就是发生在雅典的哲学。公元前 6 世纪末到前 5 世纪初，希腊的经济、政治和文化中心已逐步从周边的殖民地转向本土，雅典成为当时哲学活动的中心，即使是外邦的哲人也大多汇集于此。从阿那克萨戈拉第一次把哲学引入雅典后，在伯里克利的保护下，在雅典宽松自由的社会条件和营养丰富的思想土壤中，逐渐成长起苏格拉底和柏拉图等土生土长的雅典籍哲学家和在雅典学习并成就辉煌的亚里士多德。经过他们的不懈努力，雅典变成了哲学的圣地，吸引着各地学者来此或拜师学艺，或办学授徒，一同将希腊哲学推向了鼎盛阶段。

其次从内容上看，希腊哲学在这一时期发生了根本性的变革。早期哲学虽然也为自身的变革做了这样那样的精心准备或大胆尝试，然而从整体上实现哲学的根本变革，却是这一时期的事情。概括而言，这种变革主要表现在两个方面：一方面是哲学研究的对象和范围从作为整体的宇宙万物扩展到了人和社会，社会公正、国家本质、人生意义等问题正面进入哲学家们的视野；另一方面是哲学研究的重心从“自然”意义上的 phusis 转向了“本性”意义上的 phusis。与此相应，哲学家们争论的焦点从追问万物生成演化的本原转变为探究万物存在根据的本质，其结果就是，自然哲学不再是中心，精神哲学则应势而生，或者说，研究的主体内容从宇宙生成论转向了形而上学或存在论。因此，不同于早期哲学中一与多的关系问题，这一时期希腊哲学所面临的基本问题，更多地转变成为一般与个别的关系问题。

最后从方法上看，这一时期的希腊哲学正式以逻辑论证为主要手段，早期自然哲学那种直陈宣称式的方法为日益严密的逻辑推理所取代。为适应内容上对本质的追问、对真理的澄明、对精神哲学体系的建构，哲学家们不再满足于观察基础上的推测和类比，不再热衷于形象语言的隐喻意义，而是以修辞学和论辩术为基本工具，在逻辑思辨中澄清概念，讨论问题，建立理论。

古典时期的希腊哲学由智者运动开其先河，因苏格拉底确定方向并由此奠定坚实的基础，其后有柏拉图建立体系从而使之发扬光大，到了亚里士多德，则在批判性总结的基础上集之大成，写下了最为辉煌的一页。

第一节　智者的启蒙

所谓“智者”，古希腊语为 sophistes，原本泛指有智有识有才之士，例如泰勒斯时代的“希腊七贤”。但是到了公元前 5 世纪，“智者”一词有了固定含义，专指一批收费授徒、重点教授修辞学和论辩术并以此为职业的教师。显然，这种“智者”与“哲学家”（philosophos）是有根本区别的：首先，词源含义不一样，“智者”是有智之人，“哲学家”则是爱智之人；其次，追求目标不一样，智者为求胜，哲学家却为求真；最后，社会身份不一样，智者的职业就是教师，所以必然会收取学费以养家糊口，哲学家基本属于奴隶主阶层，不为衣食操心，因此不收费。

由于上述区别，加之智者显著的感觉主义、相对主义和怀疑主义倾向，苏格拉底、柏拉图和亚里士多德都视之为批判的对象，因而在相当长的历史时期内，智者们声名狼藉，甚至“智者”这个概念亦与“诡辩”同义，直到黑格尔才恢复了智者的本来面目，开始比较客观地评价智者的地位和作用。

智者的出现和兴盛不是偶然的。从哲学内部看，它与早期希腊自然哲学的衰落有密切关系。自然哲学家们在本原问题上的众说纷纭，从根本上动摇了人们对获得知识的信心，智者们的活动实际上是把这种局面确定了下来，将个人的意见看作决定一切的基础。从哲学外部看，它其实是雅典民主制度的必然产物。城邦民主制度意味着话语具有压倒其他一切权力手段的特殊优势，话语成为重要的政治工具，国家一切权力的关键，指挥和统治他人的方式。[①] 这样，参政议政、诉讼演说的广泛社会需要，以及随着民主制度的衰败所显露出来的种种弊端，决定了智者产生和智者运动兴盛成为一种历史的必然。

在某种意义上说，德谟克利特的原子论是城邦民主制的真实写照：每个公民都是独立自主、各行其是的原子，主宰政治生活的不再是公正或正义，而是说服和论辩的技巧。但同时与此形成鲜明对照的是，人们仍然迷信社会制度和伦理观念是神灵制定的，或者是自然天定的。智者的兴起不仅应和了社会政治生活的需要，也是哲学从好奇自然现象转向好奇社会现象的产物，其结果主要是否定的：继自然哲学家们动摇了宗教神话的自然观之后，他们动摇了传统的社会伦理观。因为正是通过各种集会演讲、法庭辩论、问题解答等形式，智者们在给学生传授修辞学、论辩术以提高他们论辩技巧和获胜能力的同时，贯穿了批判迷信、抨击传统、藐视权威、高扬个性、崇尚感觉、鼓吹怀疑的思想

① 参见让·皮埃尔·韦尔南：《希腊思想的起源》，秦海鹰译，三联书店，1996，第 37 页。

内容，也正是这些内容和风气的传播，客观上起到了社会启蒙的思想解放作用。所以，人们有时把智者运动与文艺复兴时期的人文主义运动相比，称智者为第一批人文主义者或思想启蒙者。公正地讲，智者们对哲学、逻辑学、语法学、修辞学等学科的发展也确实具有重要贡献，如果没有智者做开路先锋，并提供正反两方面的启发，就很难有后来的苏格拉底和柏拉图的哲学。但是，由于他们“求胜不求真”的鲜明特色，与真正的“爱智之人”所理解的“智慧”大相径庭，所以其思想后来逐步蜕变为典型的相对主义和怀疑主义，变成了不顾事实、玩弄文字游戏的诡辩，因而遭到柏拉图和亚里士多德的谴责。这也正是智者在历史上一向声名狼藉的根本原因。

智者并不是专门的哲学家，更没有形成统一的哲学派别，只是在职业特点、活动方式和思想倾向上有某些相似之处。虽然智者众多，著名的也不少，但是就哲学的内容和影响而言，其中最主要的代表是普罗泰戈拉和高尔吉亚。

一、普罗泰戈拉

普罗泰戈拉（Protagoras，公元前 481—约前 411）生于阿布德拉城，是德谟克利特的同乡，有记载说也是他的学生。他生命中的黄金岁月是在雅典度过的，据说是第一个自称“智者”的人。普罗泰戈拉的著作有《论真理》、《论神》和《论相反论证》等，均已佚失，后人研究其思想的主要依据是柏拉图、亚里士多德和塞克斯都·恩披里柯等人的记载。

普罗泰戈拉的思想比较丰富，但意义重大、影响深远的是关于“人是万物的尺度”“一切事物都有互相对立的两种理由”这两个著名的命题以及社会生成论的主张。

（一）人是万物的尺度

关于这个命题，柏拉图在《泰阿泰德》篇中是这样记述的（其他人的记载也大体相同）：“他说，人是万物的尺度，存在时万物存在，不存在时万物不存在。”①

要准确地理解这一论题的含义，关键在于弄清两个问题：第一，这里的“人”指的是类的人还是单个的人？第二，人的哪一方面是万物的尺度，是理性还是感觉，抑或两者兼而有之？

从原文看，命题中的“人”在希腊语中是 anthropos，主要指单个的人，作为集合名词用时，也可指类的人。联系他的其他思想和古人们的一致见解，我们认为这里的“人”指的是单个的人。至于作为尺度的到底是人的理性还是感觉，由于没有他本人直接的著作依据来判别，我们只有尊重古人的理解。柏拉图、亚里士多德等人在不同的著作中都曾多次谈到，普罗泰戈拉所说的衡量事物的尺度是单个人的主观感觉。按照柏拉图，这一命题的实质含义是：“对我来说，事物就是对我所呈现的样子，对你来说，事物又是对你所呈现的样子，而你和我都是人”，“因而可以说，对于每个感知者来说，事物就是他所感知的那个样子”②。

---

① 苗力田主编：《古希腊哲学》，第 181 页。

② 同上。

毫无疑问，普罗泰戈拉的这个命题具有明显的主观主义、感觉主义和相对主义性质，它将事物的存在及其属性视为个人主观感觉的产物，否定了它们的客观性。然而，我们似乎也可以理解该命题的积极意义：它一反神是万物尺度的神话传统和人是自然产物的自然哲学传统，把神、物、人的关系颠倒过来，使人成为衡量存在的标准及主宰万物的力量。因此，可以把它看作西方哲学史上第一个强调主体能动性的典型命题，对于启发人们破除外在束缚，重视自身价值，具有启蒙意义。

（二）一切事物都有互相对立的两种理由

可以把这个命题看成是普罗泰戈拉的方法论原则。

按照第欧根尼·拉尔修的说法，“他第一个主张在所有的事物中都有互相对立的两种理由，他也第一个将之运用到论辩当中”。“后来被称为苏格拉底式的论辩方法，是他首先提出来的。……他首先展示了对于给出的任何命题该如何进行驳难”[①]。这里所谓苏格拉底式的方法指的是“反讥法”，即提出针对对方命题的反命题以反对原命题的方法。在他看来，既然人是万物的尺度，事物就是你所感知的那个样子，那么每个人的意见都是正确的，都可以提出与任何理论对立的理由。

普罗泰戈拉的这个命题作为方法论原则，不仅是芝诺揭露矛盾的技巧的进一步发展，对苏格拉底辩证法的提出有直接作用，而且对后来怀疑论的思维方式产生了重要影响。

（三）社会生成论

与传统的神创说和自然生成论不同，在社会产生的问题上，普罗泰戈拉持约定论的态度，体现了智者运动的基本精神。

柏拉图在《普罗泰戈拉》篇中描述了普罗泰戈拉关于人类社会产生的神话。一切生物都是众神用土、水以及这两种元素的合成物在大地内部创造出来的。在出世前，诸神委派伊庇米修斯给它们配备适当的能力，普罗米修斯负责检查。然而，伊庇米修斯在野兽身上用完了所有的能力，忘了给人配备应有的能力。出世的时刻就要到了，普罗米修斯只好偷了赫淮斯托斯和雅典娜的机械技术和火送给人，人类便由此获得了谋生所必需的智慧和技能。不久之后，人类发明了有音节的语言和名称，并且造出了房屋、衣服等等，从土地获得了生活资料。人类一开始时是分散居住的，为了保护自己免受野兽的攻击，便聚集在一起，形成了城邦。然而，由于缺少政治技术，人们经常相互侵害，于是宙斯便派赫尔墨斯给人类送来了尊敬和正义，分配给了所有的人，以之作为治理城邦的原则、友谊与和睦的纽带，社会和国家就这样产生了。

普罗泰戈拉以神话的方式说明，人类不同于动物的根本特征是技术和智慧，城邦既不是神创造的，也不是自然产生的，而是起源于人类自我保护的本能，这种思想可以看成是后世社会契约论的先驱。在他看来，专门的技术需要专家，但是正义和其他政治德性却是人人具有的，所以治国安邦的大事每个人都可以发表意见，都有参与的权利。这种思想虽然为城邦民主制提供了某种理论基础，但是后来受到了苏格拉底的严厉批评，

---

① 第欧根尼·拉尔修：《名哲言行录》，徐开来、溥林译，第458、459页。

在苏格拉底看来，雅典民主制衰败的根源就在于此，因为正如制鞋需要制鞋的技术一样，治国也需要治国的专门技术。

普罗泰戈拉在众说纷纭的自然哲学之后，确定了一个唯一坚固的立足点，这就是人本身。不过，由于这个人是感性的个体的人，所以，他不但不可能克服自然哲学的缺陷，反而走向了更为糟糕的感觉主义、相对主义和诡辩论。

二、高尔吉亚

高尔吉亚（Gorgias，约公元前483—约前375）是西西里岛莱昂蒂尼人，据说是恩培多克勒的学生。他是一位出色的政治活动家和演说家，以外交使节的身份长住雅典，教授雄辩术。他的代表作是《论自然或论非存在》，其主要内容在塞克斯都·恩披里柯的《反数学家》一书中得到了较为完整的保存。

在哲学上，高尔吉亚和芝诺的方法相似，目的却正好相反。他们都是通过逻辑推论揭露别人论点中的矛盾，但芝诺的目的在维护巴门尼德的存在理论，高尔吉亚的目的则在批判巴门尼德的存在学说。针对巴门尼德的有关观点，高尔吉亚提出了三个相反的命题，并且进行了较为严密的论证。

第一，无物存在。如果有某物，那么它有三种可能：存在；非存在；既存在又非存在。首先，设若该物（是）非存在，那就意味着它既（是）存在又非存在。但说同一个东西既存在又非存在是荒谬的。况且，存在和非存在是矛盾的，假如非存在存在，存在就不存在了，而这是不可能的。既然存在不可能不存在，非存在就不存在。其次，设若该物存在，那么它或者是永恒的或者是生成的，或者既是永恒的又是生成的。然而，假如它是永恒的，它便没有开始，因而是无限的；如果它是无限的，那就不在任何地方。因为如果它在某个地方，它处于其中的那个地方便与它不同，这样一来它就为某物所包围，因而不再是无限的了。假如它是生成的，它要么从存在中生成，要么从非存在中生成。它不可能从存在中生成，因为如果它是存在的，就不是生成的，而是始终存在；它也不可能从非存在中生成，因为从非存在不可能生成存在。既然存在不是永恒的也不是生成的，更不是既永恒又生成的，所以存在不存在。最后，第三种可能也不成立。因为既然第一、二两种可能情况皆不成立，那么，由它们合成的第三种可能情况自然不成立。既然某物存在只有上述三种可能，而它们无一成立，结论就只能是：无物存在。

第二，即使有物存在，也不可认识。这个命题的实质是：思想和存在不同一。显然，高尔吉亚批评的目标是巴门尼德关于“作为思想和作为存在是一回事”这一命题。他进行了两个方面的论证。首先，我们所思想的东西并不因此而存在。假如我们所思想的东西是真实的存在，那么凡是我们所想的就都存在了，但这是荒谬的。因为我们想到有一个飞行的人或一辆在海上奔驰的马车，但并不真有一个人在飞，真有一辆马车在海上奔驰。其次，如若我们所想的东西是真实的存在，那么，不存在的东西就思想不到了。然而，这是不成立的。因为女妖、狮头蛇尾羊身的吐火怪兽以及其他许多非存在物都被思想到了。所以，即使有物存在，也不可认识，不能被思想。

第三，即使能认识存在，也无法把它说出来告诉别人。认识存在要靠各种感觉，而告诉别人则要靠语言。感觉不能互相替换，语言更不能和存在替换。“语言不是主体和存在物，所以我们告诉别人的不是存在而是语言。语言是跟主体相异的东西。因而，既然可见物不可能变成可听物，可听物也不能变成可见物，那么作为外间主体的存在物就不可能变成我们的语言。”① 既然存在不能变成语言，即使我们认识了存在，也不能告诉别人。

从内容看，高尔吉亚的这些命题及其论证无疑具有浓厚的怀疑论色彩，从形式看，它们也不乏牵强附会之处。但是，我们更应充分肯定它们的理论意义。这三个命题环环相扣，不仅从否定方面证明了存在与非存在的不可分割性，力图消除爱利亚学派在两者之间设置的鸿沟，而且也说明了思维矛盾的必然性，客观上揭示了主体与客体、思维与存在、语言与内容等矛盾，从而推动了哲学思考的深入。同时，他在论证过程中对抽象概念和辩论技巧的运用亦训练了人们的思辨能力，丰富了逻辑学的内容。当然，他的哲学观点是否真的如其所述，由于缺乏第一手史料，我们不得而知。比较合理的解释是，作为智者，他很可能只重论辩技巧，并不热心提出自己的正面主张。尽管如此，对于形而上学来说，这三个命题的确是其难以回避的难题，直到今天仍然以各种各样的形式困扰着哲学家们。

由高尔吉亚的论辩我们发现，智者之所长正是自然哲学家之所短，这就是推理论证。如前所述，自然哲学家们只是独断地宣称而少有论证，智者们的目的却恰恰在于论证，虽然他们只是为了论证而论证，没有多少正面肯定的东西，但是他们的论证方式对后来的哲学家们确实有重要的启发作用。

高尔吉亚之后，智者运动越来越朝着玩弄技巧、热衷诡辩的方向发展，逐渐失去了开启智慧、解放思想的积极作用，反而助推了雅典沉溺享乐、不思进取的社会风气，妨碍了人们对真理的追求。不过即使如此，智者的活动也不是没有意义的，因为他们以极端的和否定的方式提出了一个使后来的哲学家们必须直面的难题，即具有普遍必然性的知识到底是否可能？在某种意义上说，这就是苏格拉底所面对的问题，也是柏拉图和亚里士多德所面对的问题。

第二节　苏格拉底的德性论

苏格拉底（Socrates，公元前469—前399）出生在雅典，父亲是石匠，母亲是产婆。自师从阿那克萨戈拉的学生阿尔克劳（Archelaus）接受了哲学教育之后，他就把自己的一生献给了“爱智”的事业。据说他生得很丑，但却死得很美。他被当时雅典的民主制度判处了死刑，坦然面对，从容赴死，遂成千古美谈，亦造成了西方哲学史乃至思想史上的一大公案。

导致苏格拉底之死的原因是多方面的。当他从事哲学活动的时候，正值希腊城邦民主制由盛而衰之时。他以“牛虻”自许，嫉愤懈惰世风，关心青年心灵，探讨德性精要，针砭当局时弊，不仅触怒了一些政客和自诩智慧之人，而且因其专家治国论而与当时的

---

① 苗力田主编：《古希腊哲学》，第193页。

直接民主制发生了冲突。于是，有人以“亵渎神明”和“腐化青年”两项罪名对他提出指控，虽然他在法庭上做了义正词严的精彩申辩，但仍被判处死刑。他拒绝了朋友们的救助，最终以身殉道，意在换取雅典人的醒悟。苏格拉底之死给雅典的民主制度烙上了永远洗不去的污点，因为一座以言论自由著称的城市，竟对一名除了运用言论自由权外没有犯下任何罪行的思想家起诉、判罪乃至处死，这无论如何是一种讽刺和耻辱。后来雅典人终于翻然悔悟，为之平反昭雪。他大义凛然、光明磊落的人格和对哲学的重大贡献，获得了“圣人”的赞誉。

苏格拉底属于典型的述而不作的哲学家，他虽不断与各种人讨论问题，却没有留下任何著作。关于他的思想，我们只能主要通过他的学生色诺芬、柏拉图以及柏拉图的学生亚里士多德的著作来了解。但由于柏拉图的对话体著作多以苏格拉底为主角，自己从不出场，如何区分他们二人的观点就成了哲学史上的难题。人们通常将柏拉图有关德性的早期对话看成是苏格拉底的思想，我们在此亦主要参照色诺芬和亚里士多德的记述，依据“自知无知——故而求知——何以为知——怎样获知”四个环环相扣的逻辑环节，从柏拉图的早期对话中检索有关材料，分四个方面来概述苏格拉底的哲学思想。

一、认识你自己

“认识你自己”本是雅典德尔斐神庙门楣上的铭文，苏格拉底将其借用过来，作为自己哲学原则的宣言，具有复杂的背景和重要的意义。

苏格拉底之所以提出这一宣言，有早期自然哲学家和智者运动两个方面的背景。在他看来，自然哲学家们在哲学对象、目标、途径、方法等问题上的看法都是错误的，因为他们不去关心自身而去关心自然，而且在对宇宙万物本原的探讨上以感觉物为依据，以自然物为原因，自以为是，众说纷纭，让人无所适从。实际上，自然万物真正的主宰和原因并不是物质性的本原，而是它的内在目的，亦即“善”（agathon）。由于对自然本性的认识为我们的能力所不及，因而哲学的真正对象不是自然而是人自己，即认识人自身中的善。智者们虽然注重社会和人生问题，扭转了前人的哲学研究方向，但却高扬个体，推崇感觉，主张相对，导致了对普遍、理性和确定性的贬低或否定，由此走向了诡辩论或怀疑论，因而只是“相信自己”，不是“认识自己”，甚至违背了哲学爱智慧求知识的初衷。正因如此，他才以“认识你自己”作为其哲学的座右铭。

由于其表面相似的论辩方式，苏格拉底经常被人们认为是智者，其实两者之间有着本质的区别。使生苏格拉底死，却使死苏格拉底生的，乃是他对真正知识的不懈追求。对他来说，追求知识不仅是人之为人的本性和使命，而且是医治雅典民主制痼疾的良药。智者自称有智慧的人，苏格拉底却一向以无知自居。据说有人到德尔斐神庙求神谕，询问是不是有人比苏格拉底更聪明，神谕说没有了。他对此大惑不解，因为他自认为自己是无知的。于是，他到处寻找有智慧的人，以期证明神谕错了。结果他发现，那些自认为有智慧者其实是无知的，因而神谕说他有智慧的真义乃是因为他自知自己无知，所以始终在追求知识。对人来说，自知无知而热爱智慧，不以无知为知而自诩智慧，才是真正的聪明。

正是在批判自然哲学家和智者的基础上，苏格拉底开始正本清源，摒弃感觉，高扬理性，超越个别，追寻普遍，使哲学从求胜求智转向求真求善，以追求知识为人之本性，从而竖起了理性主义大旗，划时代地实现了西方哲学发展进程中的一次重大转折。正因为如此，人们通常以苏格拉底为界来划分前后，将他此前的希腊哲学统称为“前苏格拉底哲学”。

二、德性即知识

对苏格拉底而言，认识人自己就是认识心灵的内在原则，即认识德性，所以，求知识就是求德性。

所谓“德性”（arete），在希腊语中原指事物的特性、品格、特长、功能，亦即使一事物成为该事物的本性，而人的 arete 就是人之为人的本性，所以后来便有了伦理上的意义。“善”是自然万物的内在原因和目的，具体到人身上，就是“德性”。德性是人的本性，由神平均分配给了每一个人，因而人人都具有德性。但是说人人都有“德性”，并非指现实地拥有，而是潜在地拥有。换言之，人并不是生来就符合人的本性，只有在理性指导下认识自己的德性，才能使之实现出来，成为现实的和真正的善。所以苏格拉底认为，未经理性审慎的生活是没有价值的，一个人只有真正认识了他自己，才能实现自己的本性，完成自己的使命，成为一个有德性的人。因此，他把德性与知识等同起来，得出了“知识即德性，无知即罪恶”“无人有意作恶”的结论。在他看来，趋善避恶是人的本性，没有人自愿追求恶或他认为恶的东西，是行善还是作恶，关键取决于他的知识，因而每个人在他有知识的事情上是善的，在他无知识的事情上则是恶的。

苏格拉底把德性与知识等同起来的观点，具有两个方面的重要意义：一方面，奠定了理性伦理学的基础，被柏拉图和亚里士多德发扬光大；另一方面，开创了德性知识观，以善为知识的根本目的，与以培根“知识就是力量”为代表的近代实用知识观截然不同。当然，将德性与知识等同起来，忽略了它们之间的差别，毕竟有失偏颇。正如亚里士多德所分析的，“他在把德性看作知识时，取消了灵魂的非理性部分，因而也取消了激情和性格”。同时，知识并不是德性的充分条件，有知识不意味着有德性，“因为知道公正的人不会马上变得公正，其他德性的情况亦同样”①。

既然认识你自己就是认识德性，而德性就是知识，那么问题的关键就在于，什么才是真正的知识？

三、“是什么”的问题

由于希腊人一开始从事哲学思考便以“学以致知”为最高的理想，所以当自然哲学陷入了困境之后，哲学家们被迫重新思考知识的问题。巴门尼德以两条道路的区分揭示了自然哲学的局限，说明我们对于始终处在流变之中的感性事物是不可能有知识的，真

① 苗力田主编：《古希腊哲学》，第 220 页。

正的知识是对于唯一、永恒、不动的“存在”的思想，真理乃在于思想与存在的同一性。现在，苏格拉底把巴门尼德所确立的一般原则落实在了一个具体的问题上，这就是“是什么”的问题。

如果说知识就是德性，德性就是知识，那么，认识德性所认识的到底是什么？换言之，究竟什么样的知识才能被看作真正的知识？苏格拉底的回答是，认识的目的在于认识事物的“是什么”，或者说，认识事物的定义或概念，亦即我们所说的“本质规定”。据柏拉图所述，苏格拉底的对话大多以追问“是什么”为其主题，如“什么是勇敢”、“什么是节制”、“什么是正义”、“什么是德性”和“什么是美”等等，而且他所追问的并不是具体的和特殊的“勇敢”或“美”，而是“勇敢自身”或“美自身”，亦即“勇敢”或“美”的类本质。由此可见，苏格拉底要求认识的是使一事物成为该事物的本质规定，因而他所理解的知识乃是对事物之一般、普遍的类本质的认识，因为唯有它才是具有确定性、普遍性和必然性的知识。

表面看来，苏格拉底的哲学活动主要是通过在不同场合，与不同的人讨论不同主题的问题，在逻辑学的意义上澄清与道德相关的某些概念，但实际上，它具有深刻的存在论、认识论和方法论的意义。在某种意义上说，苏格拉底所提出的“是什么”的问题为整个西方哲学史确定了基本的方向。

从存在论上讲，千差万别多种多样的自然事物都是变动不居生灭不已的，唯有其中普遍性的东西才是永恒不变的，正是它们构成了事物的本质，并且是其存在的根据。从认识论上看，知识与意见有别：知识是确定的、绝对的、普遍的，而意见则是不确定的、相对的、个别的。对于始终处于流变之中的感性事物而言，我们只能有意见，不可能形成知识，唯有认识事物的“是什么”即确定的、普遍的本质，我们才能形成知识。最后从方法论上看，苏格拉底所提出的“是什么”的问题，为西方哲学的认识论原则确定了基本的形式。因此，亚里士多德充分肯定了苏格拉底对哲学的贡献，他指出：“苏格拉底寻求事物的本质即事物是什么是很自然的；因为他正在寻求推理，而本质是推理的出发点。那时尚不存在一种辩证能力可以使人们即便没有关于本质的知识也能思考对立物并探讨对立物是否属于同一门科学。可以把两件事情公平地归于苏格拉底，即归纳论证和普遍定义。这两者都涉及科学知识的出发点。”① 显然，苏格拉底对概念定义的探索，推进了柏拉图理念论的产生，不过苏格拉底并没有把普遍从特殊事物中分离出来，所以后人为了区别两者，有时将苏格拉底的上述思想称为“概念论”。显而易见，从巴门尼德到苏格拉底，围绕着知识问题，西方哲学的形而上学思路越来越清晰了。

在苏格拉底那里，认识的目的当然在于认识事物的“是什么”，而认识的方法则是他所独创的“辩证法”。

四、助产术

苏格拉底以他是“高贵、健壮的助产婆芬尼兰托的儿子”为自豪，宣称他也“习于

---

① 苗力田主编：《古希腊哲学》，第 219 页。

施行同种技术”。不同的是，他所实施的对象是男人而不是女人，是灵魂而不是肉体。他认为“这种艺术最伟大的地方在于它能够以各种方式考察年轻人的心灵所产生的是幻想错觉还是真知灼见”。所以，凡与他交往的人，都取得了令人吃惊的进步，但“他们能做到这一点，并不是因为从我这里学到了什么东西，而是因为他们在自身中发现了许多美好的东西并把它们产生出来”①，而他自己扮演的，始终只是助产士的角色。

苏格拉底的“助产术”也被他称为“辩证法”（dialektike）。色诺芬指出：苏格拉底注意到 dialegesthai（辩证）这个词导源于人们的一种活动，就是聚在一起讨论问题，按对象的种属加以辨析。因此他认为每个人都应当下决心掌握这种艺术，下苦功去学习它，因为每一个人凭着它的帮助，就会成为最有才干的人、最能指导别人的人和讨论时见解最深刻的人。②

苏格拉底在具体施行这种助产术时，所采用的方式是问答法，即通过发问与回答的形式，运用比喻、启发等手段，使对方对所讨论之问题的认识从具体到抽象，从特殊到普遍，一步步逐渐深入，最后否定原来的看法，或得出正确的认识，犹如产妇经历艰辛与阵痛，生下自己孕育的真理胎儿。这种方法一般被总结为四个环节：反讥、归纳、诱导和定义。

“反讥”是助产术的第一步，指通过反问揭露对方谈话中的矛盾或漏洞。之所以首先要反讥是为了打掉对方自以为是的傲气，迫使他承认对原以为十分熟悉的东西实际上一无所知。因为只有以“自知我无知”的谦虚心态出场才有可能接受助产术。“归纳”是助产术中引导方向的重要步骤。它通过对答问者具体而片面的意见的否定，一步步地将其导向普遍的、确定的、真实的知识。“诱导”是助产术的实质，也可以看成是狭义的助产术。它通过启发、比喻等方式帮助对方说出蕴藏在头脑中的思想，进而考察其真伪。这是苏格拉底助产术的精髓所在，即不把观点从外面强加于人，不盛气凌人地宣旨颁诏，而是让对方自己去领会和体悟。“定义”是助产术所要达到的目的，即通过对所论德性的共同性质做出说明，获得确切的概念性认识并牢牢掌握它。由于苏格拉底一直以助产者而不是生产者自居，所以虽然他广泛地与人讨论勇敢、节制、友谊、虔敬等德性问题，但从未下过一个绝对的定义。这不仅是因为他把关注的重点放在了助产的过程中，不以解决问题而以发现问题和分析问题为目的，而且也深刻地预示着，哲学问题是永恒无解的，故思想永远在追问的途中。

为追求绝对的确定性的知识，苏格拉底把他的助产术运用于不同对象，讨论了各种问题。我们仅以《拉刻斯》篇中对“勇敢”的讨论为例。拉刻斯是当时有名的将军，自以为对勇敢十分了解。当苏格拉底问他什么是勇敢时，他觉得这问题很简单：“一个能坚守岗位，与敌拼搏而不逃跑的人，你就可以说他是勇敢的”。苏格拉底对他的回答进行反讥，认为他仅谈到了重装步兵而没涉及骑兵，更没涉及航海、疾病、贫困、公共事务等领域的勇士，因为勇敢表现在多方面，如在快乐、痛苦、欲望、恐惧方面都存在着勇敢。通过归纳，苏格拉底接着要他回答一般的勇敢是什么，即在所有这些行为中共同的性质

---

① 苗力田主编：《古希腊哲学》，第 211 页。

② 参见北京大学哲学系外国哲学史教研室编译：《西方哲学原著选读》，上卷，商务印书馆，1981，第 59 页。

是什么。拉刻斯修改了前面关于勇敢的说法，认为勇敢就是灵魂的忍耐。苏格拉底又对这个答案进行了驳斥。因为忍耐分智慧的与愚蠢的，只有智慧的忍耐才算勇敢，而且还要分析在什么事情上智慧，不能笼统断定。经过步步诘问，苏格拉底迫使拉刻斯最后承认自己对勇敢其实一无所知，深感苦恼，并表示虽然不习惯这种研究方式，但却产生了浓厚兴趣，愿意继续研究，毫不气馁。[①]

苏格拉底的这种方法直接为柏拉图所继承和发展，不仅仅对后来的哲学，更对西方整个的教育理念和教育方法产生了直接的重要影响。黑格尔将这种对话方法内在化于精神之中，将其发展为详尽完善的辩证法体系。亚里士多德曾经指出，“苏格拉底通过他的定义推进了理念论的产生”[②]。事实的确如此。因为苏格拉底的方法其目的是将普遍的东西提到首要地位，通过反讥、归纳和诱导的反复论证追求一种绝对的、永恒的共性，追求最高的德性——善的最终把握，并把它看作比个别的、特殊的东西更加真实的存在，这无疑为柏拉图理念论的产生奠定了基础，指明了方向。不过亚里士多德也指出，苏格拉底并没有把普遍或定义从特殊事物中分离出来，是他的后继者才使它们分离并称之为理念，而这种分离正是我们在理念论中所发现的种种困难的根本原因。

苏格拉底与释迦牟尼、孔子和耶稣等人被并称为人类的导师，在西方哲学史乃至整个人类思想史上具有极其重要的历史地位。在苏格拉底死后，他的众多弟子由于对老师的观点理解不同而形成了许多派别。由于柏拉图的思想博大精深，体系性强，所创立的学园在规模、成就和影响等方面更是别人所无法与之比拟的，所以哲学史上一般把苏格拉底的其他学生所创立的派别统称为“小苏格拉底学派”，以区别于柏拉图学派这个独一无二的大门派。

第三节 小苏格拉底学派

小苏格拉底学派虽然一致认为最高的德性——善是人生的目的，但在究竟什么是善的问题上却有着各自不同的理解和主张。在这些学派中，思想特色鲜明，对后世哲学产生直接影响的有三个，即麦加拉派、昔勒尼派和犬儒派。由于这些学派思想家的著作皆已佚失，间接材料也不多，本节只能做一概述，简单勾勒思想史发展的传承脉络。

一、麦加拉派：善即存在

麦加拉派因其创建于西西里岛的麦加拉城而得名，按它的思想特色，人们也称其为辩论派和辩证法家。它的创始人是欧几里得（Eucleides，约公元前 450—约前 374），重要代表有欧布里德（Euboulides，公元前 4 世纪）等人。

---

① 参见苗力田主编：《古希腊哲学》，第 214－218 页。

② 同上书，第 219 页。

麦加拉派在阐释苏格拉底的思想时深受爱利亚学派的影响，并且试图将两者结合起来。因此，该学派有两个鲜明的特色：一是把善等同于巴门尼德的存在，二是能言善辩，提出了不少著名的辩题。

欧几里得认为善即是存在，它是一种道德实在。虽然人们用诸如明智、神、理智等名字来称谓善，但它实际上就是一。一切与善相反的东西，他称之为非存在，认为应该统统摒弃。善也是不动的。正因为善是不动的一，所以只有思想才能认识，感觉在此不仅无能为力，而且是骗人的。

正如芝诺为捍卫巴门尼德的观点而提出了许多论证一样，欧布里德为证明欧几里得的观点，进一步说明感觉事物的虚假性，也提出了许多著名的论证，如"说谎者"、"隐藏者"、"谷堆"和"秃头"等。"说谎者"的大意是，有人说："某人说他在说谎，他的话是真还是假？"如果这句话是真的，他真的在说谎，那么这句话就是假话，因而不是真的；如果这句话是假的，那意味着他没有说谎，这句话就是真的。"隐藏者"的大意是，有人问："你认识你父亲吗？"答曰："认识。"又问："你认识隐藏在幕后的那人吗？"答曰："不认识。"问者说："幕后就是你父亲，所以你不认识你父亲。""谷堆"是说，一粒谷不成堆，再加一粒仍不成堆，在什么时候再加一粒而成堆呢？"秃头"则相反：掉一根头发不成秃头，再掉一根也不成，掉到何时才成秃头呢？显然，这些论证的情形不尽相同，有的是利用概念的灵活性玩文字游戏，有的则反映了质变和量变的转化关系，因而在逻辑史上有一定的意义。

麦加拉派对可感事物的不信任态度和论辩方式对晚期希腊的怀疑主义有很大影响。

二、昔勒尼派：善即快乐

昔勒尼派因其创始人亚里斯提卜（Aristippus，公元前435—约前360）出生于北非的昔勒尼城而得名。他与苏格拉底交往较多，也熟悉普罗泰戈拉的学说。

昔勒尼派的特点，一是快乐原则，二是实用倾向。他们把苏格拉底的善规定为快乐，认为寻求快乐是人的本性。即使是从最不光彩的行为中产生的快乐也是善的，因为虽然行为不合理，但是它所产生的快乐却是人们所希求的，因而是善的。在他们看来，"目的"不同于"幸福"，目的是特殊的快乐，幸福则是一切特殊快乐的总和，其中包括过去的和将来的快乐。人们追求特殊快乐是因为它自身，追求幸福则不是因为它自身，而是因为特殊快乐。肉体的快乐远胜于灵魂的快乐，所以，他们注重的是肉体而不是灵魂。一旦快乐来临，就应尽情享受。

昔勒尼派厌恶抽象思辨，注重实用。他们认为灵魂的状态可以为人所把握，但由以产生这些状态的对象却是不可知的。他们放弃了对自然的研究，因为自然显得是没有确实性的。没有什么事物在本性上是正义的、可敬的或卑劣的，一切只是约定和习惯的结果。正因为如此，他们崇尚感觉和感受，鼓吹善即快乐。

昔勒尼派的快乐论，被晚期希腊伊壁鸠鲁的幸福主义继承，虽然后者的哲学基础和快乐含义与前者很不相同。

三、犬儒派：善即节欲

犬儒派由于其创始人安提西尼（Antisthenes，约公元前 435—约前 370）经常在一个名为库诺萨各（Cynosarges，意为“快犬”）的体育场与人交谈而得名。不仅如此，“犬儒”这个名称也标志着他们生活方式的特点。犬儒派的另一个重要代表是锡诺帕人第欧根尼（Diogenēs，约公元前 404—约前 323）。

安提西尼虔信苏格拉底，每天行 40 里路去听课，从他那里学会了忍耐，并着意模仿他对情感的冷漠，由此开创了犬儒的生活方式。他把苏格拉底的善理解为节制、禁欲。他证明德性是可传授的，只有德性才高贵。德性自身足以获得幸福，除了苏格拉底的力量外，它另外不缺少什么。德性是行为的事，不需要太多的道理和学习；有智慧者是自我充足的，因为其他一切善都属于他。有智慧者在公众面前不是根据已设定的法律行事，而是根据德性律行事。智慧是最牢固、最可靠的堡垒，既不能被攻破也不能被出卖。

第欧根尼是安提西尼的学生，他是实践犬儒派哲学的典型，自号为“犬”。他四处游荡，衣衫褴褛，住在雅典的大街和市场上，有时也睡在木桶里。据说亚历山大大帝遇到他的时候，曾经同情地询问能够为他做些什么。第欧根尼的回答是：请你让开，你挡住了我的阳光。在第欧根尼看来，人应当选择与自然本性相符的工作，而不做无用之功。在生活中，一切事情只有通过努力实践才有希望成功，实践能克服一切困难。他声称自己的生活方式与赫拉克勒斯一样，爱自由胜于一切。他认为一切事物都是有智慧者的财产。他嘲笑高贵的出身、显赫的名声等类似的东西，称它们是邪恶的艳丽妆饰。他主张抛弃音乐、几何学、天文学等的研究，把它们认作是无用的和不必要的。犬儒派的主张和行为反映了一部分穷苦民众对现状的不满和对希腊“文明”的厌倦，从而以极端的消极手段来表示对社会的抗议。到了晚期，犬儒玩世不恭、恬不知耻的作风越来越泛滥，激起了人们普遍的厌恶。

犬儒派关于人应按照自然而生活的禁欲主义原则得到了晚期希腊的斯多亚学派的发挥。

第四节　柏拉图的理念论

柏拉图（Plato，公元前 427—前 347）不仅是古希腊哲学，也是全部西方哲学乃至整个西方文化最伟大的哲学家和思想家之一。他原姓阿里斯托克勒（Aristokles），后因强壮的身躯和宽广的前额，改为柏拉图（在希腊语中，Platus 一词是“平坦、宽阔”等意思）。他出生于雅典，父母皆为名门望族之后，从小受到了完备的良好教育，早年喜爱文学，写过诗歌和悲剧，并且对政治感兴趣，20 岁左右同苏格拉底交往后，醉心于哲学研究。苏格拉底之死使他对现存的政体完全失望，于是离开雅典到埃及、西西里等地游历，时间长达十多年。公元前 387 年，已届不惑之年的柏拉图回到雅典，在城外西北角一座为纪念希腊英雄阿卡德谟而设的花园和运动场附近创立了自己的学校。这是西方最早的高等学府，后世的高等学术机构（Academy）因此而得名。创立学园后，他除了两次赴西西里岛企图实现政治抱负之外，一直在学园里忙于研究、教学、著述和管理等工作。公元前347年，柏拉图以80高龄去世。

柏拉图才思敏捷，研究广泛，著述颇丰。据传他的学说分为"成文学说"和"未成文学说"（仅在学园内部口述）两部分。仅以他的名义流传下来的"成文学说"就有40余篇，另有13封书信。经过后世一代代学者艰苦细致的考证，其中至少有24篇和4封书信被确定为真品，主要有《申辩》、《普罗泰戈拉》、《曼诺》、《斐多》、《会饮》、《国家》、《斐德罗》、《泰阿泰德》、《巴门尼德》、《智者》、《政治家》、《蒂迈欧》、《斐利布》、《法律》（未完成）等篇。柏拉图的作品除书信外，都是用戏剧性的对话体裁写成的，人物性格鲜明，场景生动有趣，语言优美华丽，论证严密细致，内容丰富深刻，达到了哲学与文学、逻辑与修辞的高度统一，在哲学和文学上皆具有极其重要的意义和价值。

由于家庭背景和所处时代的关系，柏拉图一生都对政治抱有很高的热情，尤其是在他的恩师被处死以后，他更是对现实政治心灰意冷，把探讨理想的政治方案作为自己哲学的目的。他煞费苦心创立学园，既是为了繁荣学术，也是为了实现其政治理想。针对当时的社会政治状况，他不仅勾勒出一幅改造现实的蓝图，而且三赴西西里，企图将这一理想付诸现实。虽然他的政治方案由于不切实际而无法实现，但是他的思想却很有特色，在西方政治学说史上占有重要的地位。

柏拉图政治学说的出发点是寻求正义。他认为人的灵魂由理性、激情、欲望三部分构成，正义的人必须让理性统治激情，由激情抑制欲望。个人是缩小了的国家，国家则是放大了的个人。所以，国家的三个阶层即统治者、武士和生产者，它们各自的德性相应地应该是智慧、勇敢和节制。统治者的职能是依靠智慧，理性地管理国家；武士的职能是发挥激情，勇敢地保卫国家；生产者的职能是节制欲望，安分守己，努力劳动。如果这三个阶层各自具备了自己的德性，各司其职，不相僭越，国家就达到了正义，否则便是不正义。柏拉图把私有观念和私有制度认作一切灾难的主要祸根，为了培养前两个阶层的集体主义精神，他主张实行平均主义式的共产主义原则，让他们过军队般的生活，没有私产，没有家庭。柏拉图建议实行优生优育，按照不同年龄进行严格的不同科目的教育，儿童从小就开始接受美育、体育、智育和德育的训练，最初学习音乐和健康的故事，同时进行体育锻炼，智育训练经历由低到高、从意见到知识的步骤，先学数学和天文学，最后是哲学（辩证法）。至于如何实现这个方案的问题，柏拉图的答案非常明确："除非真正的哲学家获得政治权力，或者城邦中拥有权力的人，由于某种奇迹，变成了真正的哲学家，否则，人类中的罪恶将永远不会停止。"①

显然，柏拉图的这一理想国家的方案是不可能真正实现的，于是他在晚年的《法律》篇中退而求其次，对之做了较大的修改，主张法制，主张家庭的存在和拥有一定的私有财产等。由此可见，柏拉图的政治思想经历了一个从人治（实质是德治）到法治的转变过程。

为了造就真正的哲学家，培养哲学王，柏拉图殚精竭虑，在综合吸收毕达哥拉斯、赫拉克利特、巴门尼德、阿那克萨戈拉等哲学家有关思想的基础上，主要沿着苏格拉底

---

① 苗力田主编：《古希腊哲学》，第236页。

寻求普遍定义和绝对本质的思路前进，建立了自己的哲学亦即“理念论”——被称为西方哲学史上第一个庞大的哲学体系。当然，由于柏拉图的著述活动历经几十年之久，思想前后变化很大，而其多数著作又难以确定写作时间，所以，尽管有些学者将他的思想分为早期、中期和晚期的做法有一定的道理，我们在描述其思想内容时亦注重它们之间内在的逻辑关系，但是严格说来，我们不应该将他的全部思想看作一个统一的严密体系。人们在阐述柏拉图时主要采取两种方式，一是逐篇解读，二是当作一系统来描述。前一种方式无疑是最合理的，但是由于通史性教材的性质所限，我们只能采取后一种方式。

柏拉图的理念论内容丰富，见解深刻，问题复杂。限于篇幅，我们只能择要介绍其中的基本思想。

一、理念

亚里士多德在《形而上学》中指出：“在所说的各派哲学之后，柏拉图的方案出现了，它在许多方面追随着这些哲学，但也有和意大利派哲学不同的自己的特点。在青年时代，柏拉图开始是克拉底鲁的同路人，也赞同赫拉克利特派的意见。一切可感觉的东西不断流变，关于它们，知识是不存在的，他在晚年仍然持这样的观点。苏格拉底致力于伦理学，对整个自然则不过问。并且在这些问题中寻求普遍，他第一个集中注意于定义。柏拉图接受了这种观点，不过他认为定义是关于非感性事物的，而不是那些感性事物的。正是由于感性事物不断变化，所以不能有一个共同定义。他一方面把这些非感性的东西称为理念，另一方面感性的东西全都处于它们之外，并用它们来说明。”[①] 由此可见，柏拉图虽然熟悉以前各家各派的哲学理论，不过主要继承和发展的是从巴门尼德到苏格拉底的思路，尤其是将苏格拉底的思想从伦理学的领域推广扩展到了整个宇宙自然。

柏拉图哲学的核心概念是“理念”，他的哲学亦因此而被称为“理念论”。

所谓“理念”，柏拉图使用的原文是 idea 和 eidos，它们均出自动词 idein（看），本义指“看见的东西”即形状，转义为灵魂所见的东西。希腊人从事哲学思考的过程，也是哲学概念的形成过程，这些概念不仅大多有其感性的来源，而且具有非常丰富的含义，是后来被逐渐抽象化了的概念难以准确表达的。如何翻译柏拉图的 idea 和 eidos，中国学界分歧不小。有的学者主张将这一概念汉译为“相”，这是很有道理的，不过我们遵从约定俗成的原则，仍然沿用多数人接受的“理念”这个译名。

“理念”显然是从苏格拉底关于“是什么”的定义而来，它的基本规定之一就是“由一种特殊性质所表明的类”，不过“理念”并非单纯的抽象概念，而是超越于个别事物并且作为其存在之根据的实在。一类事物有一个理念，感觉事物是多而同名理念是一，它作为其自身是永恒不变的自我完善的整体。所以，理念不仅不会受事物的影响，而且理念与理念之间也没有任何联系，因为理念是绝对的自身存在而不可能变为他物。个别事物始终处在生灭变化之中，它们是个别、相对和偶然的，而理念则是永恒不变的，它们是普遍、绝对和必然的存在。因此，个别事物是感觉的对象，而理念是知识的对象。至

---

① 苗力田主编：《古希腊哲学》，第 491－492 页。

于理念与事物之间的关系，柏拉图认为可知的理念是可感的事物的根据和原因，可感的事物是可知的理念的派生物。

柏拉图曾经通过两种方式来说明理念是如何派生事物的。

一是“分有”。具体事物之所以存在，是因为它们分有了同名的理念。“如果在美自身之外还有美的事物，那么它之所以美的原因不是别的，就是因为它分有美自身。每类事物都是如此。”① 所谓“美自身”或“某自身”，意指美的理念或某理念。

二是“摹仿”。造物主是以理念为原型来创造具体事物的，所以事物因摹仿理念而存在。“木工是根据理念来制造我们所使用的床和桌子，按床的理念制造床，按桌子的理念制造桌子。其他事物亦同样。”② 就此而论，有三种桌子存在，即作为理念的桌子自身，因摹仿理念而存在的可感的桌子，以及因摹仿可感的桌子而存在的画家所描绘的桌子。

亚里士多德认为，柏拉图的“摹仿”说源自毕达哥拉斯学派关于万物摹仿数的思想，只有“分有”是新的概念。不过，“分有”与“摹仿”实际上并无本质的差别，不同之处只在于有无造物主。因此可以说，“摹仿”是有造物主的“分有”，“分有”是无造物主的“摹仿”。

柏拉图的理念具有多重含义。首先，理念是事物的共相。理念是通过对事物的抽象而形成的普遍共相，亦即事物的类概念或本质。其次，理念是事物存在的根据。个别事物是由于分有了理念而成为这一事物的，离开了理念就没有事物。再次，理念是事物摹仿的原型。理念是事物之完满的原型，事物则是理念的不完满的摹本，事物是因为摹仿了它的理念而成其为该事物的。最后，理念是事物追求的目的。理念是事物的本质，事物存在的目标就是实现它的本质，从而成为理想的完满存在。

柏拉图看到了理念与事物的区别，认识到了普遍性的共相对知识的重要性和对哲学研究的意义，而其局限性则在于将理念与事物分离开来，并视之为绝对独立的存在。亚里士多德后来在批判柏拉图时，就是敏锐而深刻地抓住了这个“分离”问题来做文章的。

一类事物有一个理念，各式各样的事物有各式各样的理念。不同的事物组成了事物的世界，而由它们的理念所组成的总体就是柏拉图所谓的理念世界。在他看来，前者是可感世界，后者是可知世界。

二、可知世界与可感世界

将世界二重化，划分为理念世界和事物世界，或可知世界和可感世界，这是柏拉图整个哲学的出发点和基本原则。他从存在论和知识论的角度进行论证，阐明了区分两个世界的理由。

显然，柏拉图关于两个世界的思想继承的是巴门尼德两条道路的学说，不同之处在于他不是把感觉事物仅仅看成“非存在”，而是看成既存在又不存在的现象，因而对赫拉

① 苗力田主编：《古希腊哲学》，第 265 页。

② 同上书，第 323 页。

克利特和巴门尼德的哲学进行了某种综合。一方面与赫拉克利特一样，柏拉图认为感官所及的一切事物都处在生灭变化中，而生灭变化的事物既不是不存在也不是存在，而是介于两者之间，是既存在又不存在的东西，亦即我们所说的现象。另一方面与巴门尼德一样，柏拉图认识到在现象之中不可能有永恒不变的东西，因此在始终处于变化之中的、相对的和暂时的事物世界之外，一定存在着另一个稳定的、绝对的和永恒的世界作为它们的根据，否则一切都将失去存在，甚至根本就不可能存在。

从知识论的角度看，这两个世界一个是可感的对象，一个是可知的对象。存在是知识的对象，不存在作为空无，是无知的对象，而介于存在和不存在之间的事物则是意见的对象。我们对于始终处在生灭变化之中的感觉事物只能产生个别、偶然、相对的意见，唯有超越于感觉事物的真实的存在才是普遍、必然和绝对的知识的对象。既然意见与知识有别，它们各自的对象也一定是不同的。

在《国家》篇中，柏拉图通过一系列生动形象的比喻来反复论证两个世界的学说，其中最著名的是日喻、线喻和洞喻。

（一）“日喻”

“日喻”即太阳之喻。犹如可感的事物世界由太阳主宰，可知的理念世界由“善”理念统治。万物之所以有可见性，眼睛之所以有视力，都是因为有太阳。同理，理念之所以有可知性，心灵之所以有认识理念的能力，皆因善理念的存在。“给认识的对象以真理，给认识者以知识能力的实在，即是善的理念”，它是“知识和一切已知真理的原因”，比其他理念“具有更大的价值，更高的荣耀”①。

（二）“线喻”

“线喻”即线段之喻。在“日喻”之后，柏拉图进一步用“线喻”形象而明晰地展开说明了两个世界及其关系：“用一条线来代表它们。将这一条线分成二个不相等的部分，一部分相当于可见世界，另一部分相当于可知世界。然后按同一比例将各个部分再行划分，一部分是比较清晰的，另一部分比较模糊。”② 可见世界的第一部分是影像，第二部分是影像的原本，即具体事物，这“两部分有不同的真实程度，摹本之于原本，正如意见领域之于知识的领域”③。可知世界的第一部分是数理理念，即几何、数学及相近学科的研究对象，第二部分是伦理理念，“指人的理性自身凭借辩证法的力量而认识到的那种东西”④，包括美、正义、勇敢等，最高的理念是善。与上述两大世界四个层次相适应，人的灵魂也有四种不同的功能，从低到高依次为猜想、相信、推论和理智。

（三）“洞喻”

“洞喻”即洞穴之喻。一群人犹如囚徒，世代居住在洞穴里，由于被锁住而不能走

---

① 苗力田主编：《古希腊哲学》，第 310 页。
② 同上书，第 311 页。
③ 同上书，第 312 页。
④ 同上书，第 313 页。

动、回头和环顾左右，只能直视洞壁的情景。他们身后有一堆火在燃烧，火与人之间有一堵矮墙，墙后有人举着雕像走过，火光将雕像投影在他们面对的洞壁上，形成了变动的影像。由于他们长期看着这些影像，便以为是真实的事物。但是如果有一个囚徒挣脱锁链，回头第一次见到火光，虽然一时会刺眼炫目，但经适应后他就会分清影像与雕像，并明白雕像比影像更真实。如果他被人拉出洞外，第一次看到太阳下的真实事物，也会再次眼花缭乱，先见到阴影，再看水中映象，进而看事物，最后抬头望天，直接见到太阳，这才知道太阳是万物的主宰。柏拉图明确指出，这个比喻“可以整个地应用到以前的论证上，将囚徒们居住的洞穴比作可见世界，里面的火光比作太阳。如果你把上升的途径及对上方万物的静观比作是灵魂上升到可知世界，就没有误解我的意思”①。可见，“洞喻”与“线喻”的实质是一样的，都是为了论证两个领域及其各自等级层次的区分。但与“日喻”和“线喻”相比，“洞喻”的寓意显然更为深刻。

通过一系列的论证和比喻，柏拉图终于完成了他关于两个世界的区分，从而建立起他的理念世界。显然，他的目的是要引导人们去关注众多、相对、变动、暂时的事物之外的那个单一、绝对、不动、永恒的理念，并且从中获得真正的认识。例如，人们要获得对美的认识，就不能靠美的人物、美的雕像、美的建筑、美的风景或美的图画等事物，因为它们总是相对的，不可能十全十美，也不可能永远美丽，只有去把握美自身即美的理念，它才是永恒的、绝对的、无限的。

在某种意义上说，柏拉图提出理念论的目的是解决知识的问题。在他看来，事物的世界可感而不可知，理念的世界可知而不可感。既然如此，生活在事物世界的我们如何能够认识另一个世界的理念呢？

三、回忆说和灵魂转向说

在知识问题上，早期自然哲学家大多自觉或不自觉地以感性经验为认识的依据，巴门尼德揭露了这种思维方式的局限性，主张唯有对存在的思想才是真理之路。柏拉图像巴门尼德一样否定了感觉经验在认识中的作用，因为不可感知的、普遍的、绝对的理念不可能来源于我们对事物的感觉，这就彻底断绝了通过感觉认识理念的可能性。既然我们不是通过感觉经验，那是通过什么方式认识理念的？为了解决这个问题，柏拉图提出了“回忆说”。

（一）回忆说

柏拉图认为，我们的灵魂原本高居于天上的理念世界，“那时它追随神，无视我们现在称为存在的东西，只昂首于真正的存在”②，所以它对理念领域有所观照，具备一切知识。但是后来灵魂附着于躯体之后，由于受到躯体的干扰和污染，因此遗忘了一切。只有经过合适的训练，灵魂才能回忆起曾经见过的东西。因此，回忆的过程也就是学习的

① 苗力田主编：《古希腊哲学》，第 317 页。
② 同上书，第 284 页。

过程，“所有的研究，所有的学习，不过是回忆而已”[1]。当然，并不是所有的灵魂都能轻易地回忆起它们，凡在投生前只约略窥见，或在投生后受邪恶熏陶而堕落的，都不易做到这一点，只有少数人保持着回忆的能力。

回忆不是凭空产生的，它需要由看、摸或其他感觉来引起，尤其是看。因此，虽然我们不可能通过感觉来认识理念，但是认识理念却又必须依靠感觉。换言之，感觉在对理念的回忆中具有某种诱导的作用。灵魂对理念的回忆，分为突发与渐进两种形式。突发形式表现为疯狂，那是一种忘我的直观状态。当灵魂看到尘世的美，便回忆起真正的美，它感到翅膀正在生长并且急欲展翅高飞，把下方的一切置之度外，全然不顾，于是被世人认作疯狂。其实这是最高级的状态，爱美的人分有这种疯狂，便被叫作钟爱者。渐进形式表现为理性的进展。它的步骤是这样的：“从显而易见的美开始，继而为了最高的美而上升，就像在梯子的阶上一样，从一进到二，从二进到所有美的形体，从美的身体到美的制度，从美的制度到美的学问，最后从学问到那只研究美自身的科学，最终知道美的本质。”[2]

在西方哲学史上，柏拉图的回忆说以较为粗糙的形式第一次提出了先验论的问题。如果理念与事物判然有别，关于理念的知识就不可能从感觉经验中获得，它只能是先天的。换句话说，如果普遍的共相不可能来源于个别偶然的感觉经验，我们只能说在感觉之先，它就存在于我们的头脑之中了。后来近代哲学中唯理论的天赋观念论与康德的批判哲学，都与此密切相关。

为了解决知识的问题，柏拉图还提出了比回忆说更精致的灵魂转向说。实际上，前述之“线喻”和“洞喻”就是关于灵魂转向说的。

（二）灵魂转向说

如前所述，与“线喻”之两大世界四个层次相适应，人的灵魂也有四种不同的功能，从低到高依次为猜想、相信、推论和理智。猜想（eikasia）的对象是影像，由此产生的是人们的偏见和成见。相信（pistis）的对象是具体事物，由此产生的是感性认识，因其对象的变动不居，所以感性认识也不具有可靠性和确实性。推论（dianoia）的对象是数理理念，它的活动特点是不得不先设定一些假设，并且视之为不证自明，然后由假设开始，通过逻辑推理获得答案。推论活动的成果是正确的，不过由于它依赖假设，因而前提的真假难以确定，故上升不到第一原则即善的理念。理智（noesis）的对象是伦理方面的理念，它的特点是“不是将假设作为开端，而是直截了当地作为假设，作为阶梯和跳板，旨在超越它们，达到不要假设的领域，达到全体的第一原则。并且在达到这种第一原则以后，又回过头来把握以这个原理为根据的、从这个原理中引申出来的东西，从而达到终点。它不借助任何可感事物的帮助，通过一系列的步骤，从理念开始，再从理念到理念，最后下降到理念而终止”[3]。它比推论更精确、更真实，获得的是真理性的一般

---

① 苗力田主编：《古希腊哲学》，第 251 页。

② 同上书，第 279－280 页。

③ 同上书，第 313 页。

认识，最终把握到善的理念。

我们不要以为柏拉图在此所说的是认识发展过程的四个阶段，那将违背其区分理念与事物的基本原则。实际上这个过程不是从低到高的发展，而是灵魂的转向。正如“洞喻”所示，我们不可能通过洞壁上的影像认识身后的事物，除非转过身来；我们不可能知道太阳是万物的主宰，除非被拉出洞外。我们对理念的认识也是如此，它是灵魂的四种功能依次转向的结果。于是，先天性在此不再像回忆说那样表现为具体的知识，而是表现为认识的功能。

（三）灵魂的本性和构成

显然，回忆说和灵魂转向说都与“灵魂”有关。概括而言，柏拉图的灵魂学说主要包括四方面的内容：灵魂的本性及其与物体的关系；灵魂的构成和等级；灵魂的回忆；灵魂不朽。

柏拉图主要从灵魂与运动的关系来规定灵魂的本性，他认为“从外面获得运动的事物无灵魂，自身内即有运动的事物有灵魂”，因此，“自我运动即是灵魂”①，“灵魂是所有已经存在、现在存在、将要存在的事物以及与它们相反的事物的第一源泉和运动因”②。

关于灵魂与物体的关系，柏拉图明确指出：“按照自然的规定，灵魂先于物体。物体是第二位的、后生的；灵魂是统治者，物体是被统治者，这千真万确是最真实最完善的真理。”③ 它们的这种关系，决定了它们之间不是二元并立互不相干，而是相互作用的。一方面，灵魂处于主导地位，它运动、统治、支配物体；另一方面，物体虽然是被支配的，但在有益和有害的双重意义上反作用于灵魂。譬如恰当的身体锻炼可以净化灵魂，不良的习惯会造成奴役灵魂的身体状态，双亲的生理缺陷和不良环境的熏陶是造成灵魂缺陷的主要原因。

在柏拉图看来，灵魂是由不同的部分或要素构成的。他把人的灵魂区分为理性、激情和欲望三部分，认为圆形的头脑是理性灵魂的居处，它位居全身顶端，以便高瞻远瞩，指挥全身；胸部是激情灵魂所在地，置于理性之下并受其指挥；腹部则是欲望灵魂的居所，受理性和激情制约。当理性支配灵魂时，灵魂正当地统治着肉体，反之，当欲望支配灵魂时，肉体反常地毁灭着灵魂。灵魂不仅有构成部分，还有高低不同的等级。从广义讲，世界灵魂最高，是神的影像和第一个创造物；其次是人的灵魂，独具理性；再次是动物灵魂，虽无理性，却有欲望和激情；最低是植物灵魂，只有欲望。人的灵魂也有等级。在《斐德罗》篇中，当他以神话方式说明灵魂因失去翅膀不能上升到天上的理念领域而跌落地上，附于肉体作为暂居之地时，曾经列举了九流灵魂的投生等级，认为这些等级可以转化，公正生活的可以升到较好的一级，反之则要降到较坏的一级。④

柏拉图的灵魂回忆说一如前述。他坚信灵魂不朽，并且为此进行了理论上的论证。首先是回忆说论证。既然学习就是回忆，“我们必定是从某个先前状态获得我们现在回忆

---

① 苗力田主编：《古希腊哲学》，第 281 页。
② 同上书，第 390 页。
③ 同上书，第 391 页。
④ 同上书，第 283 页。

起的东西。但是如果灵魂在进入人体之前不存在，这是不可能的。所以，这个命题也证明了灵魂是不朽的”[①]。其次是运动说论证。凡是具有永恒运动的事物都是不朽的，只有自我运动才能永不停止地运动。靠他物的运动不可能永恒，而灵魂就是自我运动，因此，灵魂必然是没有生成的、永恒不朽的。最后是神圣性论证。按希腊人的流行观念，灵魂具有认识神圣事物的能力。任何神圣的事物都是不朽的，所以，灵魂本身也应当是不朽的，否则就无法认识。

柏拉图的灵魂学说实质上是关于人性即人的本性的理论，对后来的西方思想产生了多方面的影响，其中的灵魂能动说、等级说直接影响了亚里士多德的灵魂理论；理性、激情、欲望三要素及其关系的观点成为后来很多人讨论灵魂、德性或人性问题时的标准性说法；灵魂回忆说是先验论哲学的最早表述；灵魂不朽说不仅是宗教神学的支柱性理论，也是伦理学倡导道德生活的必要前提。

显然，由于柏拉图将可知世界与可感世界截然对立起来，无论是回忆说还是灵魂转向说都不可能解决知识的问题。尽管他试图通过分有说和摹仿说将两个世界联系在一起，从而既保证知识的获得又说明现象存在的依据，但是随着思考的深入和问题的发展，他发现这两个世界的划分遇到了不少困难，自己苦心建立的理念论存在着许多矛盾。以追求真理、热爱智慧为己任的柏拉图没有回避矛盾，而是以虽然痛苦但却坦诚的态度对自己前期的思想进行系统的反思省察，并在此基础上做出了重大修正。

四、对理念论的反思和修正

柏拉图对理念论的反思，主要集中在《巴门尼德》篇前半部分。在这篇重要著作中，他以巴门尼德作为自己思想的代言人，打着批判“少年苏格拉底”的旗号，比较系统地反思了自己早期和中期的一些基本论点。

（一）对理念论的反思

第一，关于理念的普遍性问题。柏拉图的理念论具有浓厚的价值含义，所以虽然按理念论所说，每类事物都有一个同名理念作为存在的根据，但是对树、火、人等自然物是否存在理念的问题，他却犹疑不决；对头发、污泥、秽物等低下事物，他更是矢口否认有同名的理念存在。这样一来，势必将否认任何事物都因理念而存在的理论前提。于是，柏拉图对这个引起他不安的问题采取了回避的态度，“恐怕陷入无底的谬说泥坑中而殄灭”[②]。

第二，关于理念的被分有问题。事物分有理念而存在，这是柏拉图坚定不移的信念。至于怎样分有，他以前避而不谈，但现在却不能再回避了。柏拉图承认，事物对同名理念的分有只能有两种方式，即或整体分有，或部分分有。但这两种方式都有困难，因为理念的首要特性是单一完整性。如果一个理念整个地被许多同名事物分有，那就等于说

① 苗力田主编：《古希腊哲学》，第 258 页。

② 同上书，第 331 页。

一个理念同时整个地存在于许多个别事物中，这样就导致了理念同其自身的分裂，破坏了自身单一性。如果事物分有理念的一部分，那就破坏了理念的完整性，把同一理念肢解成很多部分了。不仅如此，在分有“大于”、“小于”和“等于”等理念时，还会出现非常荒谬的结论：分有“大于”的事物必须小于“大于”（因为它只是部分分有），也就是说，是“小于”使事物分有“大于”从而成为“大于”的。分有“等于”“小于”时也会出现类似情况。既然只能有两种分有方式，而这两种方式都难成立，那么分有说本身是否成立呢，柏拉图感到左右为难。

第三，关于理念被摹仿的问题。在分有说遇到困难时，柏拉图以摹仿说来辩解，所谓万物摹仿理念，无非是说它们被造得类似理念。但是，这种辩解不仅于事无补，反而引出了新的麻烦。因为如果个别事物类似理念，理念也就类似个别事物。它们之间之所以类似（即有共同性），只能是由于分有了同一个理念的结果。如此类推，第一个理念和事物类似是共同分有了第二个理念，而事物、第一理念和第二理念之间的类似还得靠分有第三理念……所以，如果理念与分有它的事物类似，就会引出新的理念而且是永无止境的。

第四，关于理念、神和我们的关系问题。通过上述三个反思，柏拉图虽然已感到把理念分离出来作为独立存在“真是困难重重”，但他敏锐地指出，这些困难还不是最大的，真正“骇人听闻”的“巨大困难”是由此产生的两个严重后果。因为如果分有说和摹仿说都不成立，理念世界和事物世界的联系就会割断，就会推出两个无法接受又不得不接受的结论。首先，“美本身、善本身及其他我们认为自身存在的理念，是不为我们所认知的”。本来是作为认识对象而设立的东西，现在由于各处一域竟然无法认识，它还有什么意义呢？其次，“如果神是最完美的主人，具有最精确的知识，那么，他作为主人不能统治我们，他的知识不涉及我们或我们世界的任何事情。我们的权威不能伸展到神，我们的知识也不能知道神圣的事物。如此推论，神不是我们的主人，不知道人类的事情”①。

柏拉图无疑是不会也不能允许上面这两个结论出现的。现在摆在他面前的只有两条路：一条是彻底放弃两个世界的理论，否定理念论的关键性观点——理念与事物分离而独立存在；另一条是坚持理念论的基本前提，做一些局部的修正。

柏拉图虽然有勇于揭露自己学说弱点的自我反思和自我批判精神，但是却无法放弃其哲学的基本观点，所以他选择了后一条路。他明确宣称：“如果一个人注意到这些及类似的困难，便否认有事物的形式（即理念——引者注），不承认每个事物都有它自己的、总是同一的、决定性的形式，那么，他的理智将无处落脚。他将完全毁坏进行论辩的能力。”② 在他看来，产生矛盾的根源不是理念自身的分离，而是对理念特性的认识，因此摆脱困境的出路在于加强思维训练，重新认识理念的特性及其关系。他说：“我觉得这是由于你没有充足的预备训练而努力定义美、公正、善及所有其他形式的缘故。……应趁着年轻，用一门看起来毫无用处，被许多人称作市井闲谈的技艺来训练和培养自己。”③

---

① 苗力田主编：《古希腊哲学》，第336页。
② 同上书，第337页。
③ 同上书，第337页。

这门技艺，就是他在《巴门尼德》篇后半部提出的八组假言推论和《智者》篇中建立的通种论。通过这些思辨性的讨论，柏拉图把思考的重心从理念与事物之间的关系转移到理念与理念之间的关系上来，试图修正某些观点，以摆脱理论上的困境。

（二）《巴门尼德》篇中的八组假言推论

在这八组假言推论中，前四组假设如若一存在，研究它将产生什么结果，后四组假设如若一不存在，研究它将产生什么结果。虽然从字面上看，前四组的假设都是“如若一存在”，后四组的假设都是“如若一不存在”，但是实际上它们各有两种不同的含义。“如若一存在”的一种含义是如若一和存在相结合，另一种含义是如若一不和存在相结合，是孤立的一。“如若一不存在”的一种含义是相对的不存在，另一种是绝对的非存在。这样，柏拉图八组假言推论实质上就是：

第一组　如若是孤立的“一”，“一”不是一切；

第二组　如若是和“存在”相结合的“一”，“一”是一切；

第三组　如若是和“存在”相结合的“一”，“其他的”是一切；

第四组　如若是孤立的“一”，“其他的”不是一切；

第五组　如若“一”是相对的不存在，“一”是一切；

第六组　如若“一”是绝对的不存在，“一”不是一切；

第七组　如若“一”是相对的不存在，“其他的”是一切；

第八组　如若“一”是绝对的不存在，“其他的”不是一切。

在这八组推论中，一、四、六、八为一列，它们的结论都是否定的，而前提都是绝对的，或者是绝对孤立的“一”，或者是绝对的不存在；二、三、五、七为另一列，它们的结论都是肯定的，前提都不是绝对的，或者是与“存在”结合的“一”，或者是相对的“不存在”。

在进行完八组推论之后，柏拉图做了一个简短的小结：如若一存在或者如若一不存在，则相对于自身或相对于其他的，既完全是一切又不是一切，既表现为一切又不表现为一切。[①] 意思是说，“一”这个范畴既可以和任何范畴有联系，也可以不与任何范畴相联系，既可以被理性和感觉认知，也可以不能被认知，关键看前提如何。究竟柏拉图本人持哪一种观点，在《巴门尼德》篇中并没有明确的答案。

（三）《智者》篇中的通种论

在《智者》篇中，柏拉图的答案明确起来了。他指出，理念之间的关系有而且只有三种可能情况，即全部能结合、全部不能结合、有的能结合有的不能结合。论证表明，前两种情况都不可能，所以，只剩下一种可能情况：有的能结合，有的不能结合。为简明起见，他没有对各种理念的关系进行讨论，只选择了存在、不存在、运动、静止、相同、相异这六个最普遍的理念作为代表来讨论，而这些理念所体现的，正是希腊哲学所讨论的中心问题。由于这些最普遍的理念外延最大，在逻辑上也被称为“种”（genos），

---

① 参见《巴曼尼得斯篇》，陈康译注，商务印书馆，1982，第 362 - 364 页。

所以，哲学史上通常把柏拉图关于这些理念关系的研究称为“通种论”。

柏拉图选定“运动”为范例来说明六个种之间的关系。首先，运动与相同、相异。运动显然异于相同，因为它们是不同的理念；但运动又是相同，因为一切理念都分有相同，所以，运动既是相同又不是相同。同理，运动既是相异又不是相异。其次，运动与静止。这两个理念是不相通的，因为运动异于静止，不能说运动是静止，静止是运动。最后，运动与存在、不存在。运动不是存在，又是存在，因为它分有存在。而不存在是必然存在的，既存在于运动中，又存在于每个理念中。因为当我们说到不存在时，“我们并不是在说与存在相反的东西，而只是异于存在的事物”①。所以，运动无疑也与不存在相通。

通过考察，柏拉图得出了结论：存在、不存在、相同、相异可以互相结合；这四个理念与运动、静止也可以互相结合；但运动和静止不能互相结合。这就证实了前面所说的第三种可能：有的理念能结合，有的不能结合。

柏拉图将理念之间的结合也称为“分有”，不过这个分有与事物对理念的分有是不同的。因为事物对理念的分有指理念给事物以存在的根据，而理念间的分有说的则是它们之间的互相联系。为了便于区别，我们把理念间的分有称为柏拉图的第二种分有说。

从八组假言推论到“通种论”所建立起来的理念分有学说，是柏拉图对理念论做出的重大修正之一。因为按照他以前的观点，理念具有单一的、孤立的、封闭的特性，而现在理念之间则可以沟通了。理念分有说的提出，其意义远不只是修正了他自己的理念论。柏拉图不仅克服了巴门尼德等人把存在与不存在绝对对立起来，贬低不存在的僵化观念，而且在西方思想史上第一次探讨了作为一般和抽象存在的范畴之间的关系，确立了存在与不存在、相同与相异等范畴之间的对立统一关系，从而推动了辩证思维的发展。黑格尔对此十分赞赏，认为“这乃是柏拉图哲学中最内在的实质和真正伟大之所在”②。

（四）划分法

柏拉图对理念论做出的另一个修正是划分法。划分和概括是辩证法的两条途径。概括是理念由低到高的上升，划分则是由高到低的下降。在其思想的早期，柏拉图为了突出对“善”理念的把握，强调的是概括；而在后期的《智者》、《政治家》和《斐利布》等篇中，则突出了划分的方法，其目的主要还是解决理念之间的关系问题。因为通种论讨论的是最普遍的理念之间的关系，划分法则是为了进一步明确种概念以下的理念之间的逻辑层次。柏拉图的划分法实质上是二分法（这也是他建构整个哲学体系的方法论特点），即将一个总的东西划分为二，再将其中的一个划分为二，一直这样二分下去，直到所需的定义。他给“渔夫”下的定义就是如此。渔夫是有技艺者；技艺分生产的技艺和获得的技艺两种；获得的技艺又有交换获取和强力获取两种；强力获取再分公开竞争和暗地猎取两种；猎取亦有两种，一是猎取无生物，一是猎取有生物；有生物分为陆上的

① 苗力田主编：《古希腊哲学》，第 347 页。

② 黑格尔：《哲学史讲演录》，第二卷，贺麟、王太庆译，商务印书馆，1982，第 204 页。

与水生的两种；水生的可分为有翅能飞的和常游水中的两种；猎取常游水中物的方式又有用网、筐的围捕和用叉、钩的抓捕；抓捕的时间分白天和夜间两种；白天抓捕又分用叉者和用钩者两种。这样一路分下来，就出现了所需的“渔夫”定义：用钩在白天抓捕常游水中有生物的、具有强猎取获得技艺的人。显然，上述划分法在逻辑上是不成立的，因为它的标准不一，一会儿以技艺性质分，一会儿以对象分，一会儿以方式或工具分，一会儿又以时间分，明显具有为作者的预定目的服务的主观任意性。这种缺陷，柏拉图后来也有所认识，因此在《政治家》篇中他就明确提出按“种”划分的主张，这因而成为科学分类理论的最早表述。

（五）四类存在

柏拉图对理念论所做的第三个重要修正是把存在分为四类。按前期理念论的基本观点，存在分为可感的事物世界和可知的理念世界两大类，而在后期的《斐利布》篇中，他却提出了四类存在的观点。第一类是无定（apeiron），即没有界限或规定的东西，如冷一点和热一点、多一点和少一点等。它指的是处在变化中的东西，由于可以向两方面转变，无确定的量，因而没有终点和限界，没有确定性。第二类是有定（peras），即有规定和定量，如相等、双倍以及任何数和数的比例、尺度和尺度的单位，可以归结为“一”。第三类是前两类的混合，即给没有限制的东西加以尺度或确定的量的限制，使变动的东西进入存在，成为和谐。如在高与低、快与慢的声音中加入一定量的比例，便产生和美的音乐。和谐女神正是因为看到纵欲和快乐没有界限，才设立法律和秩序作为界限来限制它们，从而拯救了世界。第四类是原因，亦即使混合得以产生的产生者。因为任何东西的产生必有原因，既然产生的混合物已归入第三类，那么不同于结果的原因就是第四类。这个原因就是“心灵”或“理智”（nous）。

柏拉图关于四类存在的学说，显然受到了毕达哥拉斯学派和阿那克萨戈拉的影响，反映了他借前人的思想来摆脱自己理论困境的企图。这种企图，据亚里士多德记载，在柏拉图晚年于学园内部传授的所谓“未成文学说”中，表现得更为明显。亚里士多德说，柏拉图提出了“数目理念论”，认为理念是数目，数目有两类要素，即“一”和“不定的二”，每一事物都因分有数目而存在，数学对象是理念和事物的中介。显而易见，他的良苦用心是要借助数目这个中介把两个世界沟通起来，解决令他头痛的分离问题。

柏拉图对理念论的反思和修正，反映了他中后期思想的发展，无疑大大丰富了其哲学的内容，给后人留下了宝贵的精神财富。但是，无论理念之间如何分有，理念的层次如何划分，存在的种类如何重新划定，数目的作用如何夸大，只要不彻底放弃两个世界分离存在的根本观点，就不可能解决理念究竟如何派生事物的问题。于是，万般无奈的柏拉图最后不得不把视野投向了曾经被苏格拉底和他所鄙视的自然哲学领域，希望借助造物主的神力，使自己摆脱困境。

五、摹仿创世论

摹仿创世论是柏拉图宇宙生成学说的核心内容，并在他的著名对话《蒂迈欧》篇中得到了系统的阐述。

柏拉图的宇宙生成学说有两个基本前提。第一，整个宇宙不是永恒的，而是被创造出来的。“因为它可看见，可触摸，具有一个躯体，所有这些都是可以感知的；所有为无理性的感觉所把握的感性事物都是生成的，被创造的。我们说过，凡生成者必由某一原因而生成。”[①] 第二，创造者在创造宇宙时，必以某个东西为范型。“宇宙的创造者是观照哪类范型将它创造出来的呢？以自我等同、永远同一的事物作范型，还是以生灭不休的事物作范型？如果世界确实是完美的，创造者确实是善良的，那么很明显，他必然是关照那永恒的范型的。……由于是按照这种方式创造的，故而世界所摹仿的是为理性和理解所把握的自我同一的范型。”[②]

柏拉图所谓“宇宙的创造者”即“得穆革”（Demiurgos），也称之为神或父亲。得穆革所依照的范型是永恒不动、自我同一的理念。仅有理念，神还创造不出宇宙，因为他不可能无中生有。他还需要两样东西，即材料和场所。材料（或“载体”）是在创世之先就已混沌存在着的东西，但是没有任何规定性。场所（khoros）即空间，它是接收器或容器，犹如宇宙万物之母。

神首先创造出世界灵魂。它是弥漫于世界并在内部推动形体运动的力量，由同和异两个部分构成，按相反方向做圆周运动，它是神的影像，同时也是理念世界和可感世界的中介，其职责是使事物受理念支配。然后，神用全部材料按一定比例和几何结构创造出天体，它在数量上只是一个，呈圆球形。神在创世的同时也创造了时间，所以，可感世界的一切都发生在时间之中。神接着创造了各种动物，它们按居住领域被分成四类，天上的小神、空气中的有翼动物、水栖动物和陆地动物。神最后创造出人，首先是人的理性灵魂，接着是灵魂的非理性部分，然后再创造人的肉体。人是大宇宙的缩小，身体各部分都合乎目的而具有完满性。由于人独具理性灵魂，所以人为万物之灵。

柏拉图的摹仿创世论，是后来基督教神学世界观的重要来源之一，当然两者之间具有很大的区别。首先，柏拉图的神是哲学神、逻辑神，而不是基督教的人格神。其次，柏拉图的神不是全能的，需要借助于同样永恒的理念、材料和场所才能创造世界，而基督教的神则全智全能，无中生有，仅凭一己之力创造世界万物。他在阐述创世论的过程中，涉及了自然哲学、数学、天文学、生理学等方面的问题和知识，丰富了人们的想象力，开阔了人们的视野。他所讨论的材料、场所等概念，对亚里士多德自然哲学影响较大。他所提出的世界几何结构的理论，亦引起了现代一些科学家和哲学家的兴趣。

六、柏拉图哲学的影响

总体而言，柏拉图的哲学是以分离为实质的存在论、以善为最高原则的目的论、以神为终极原因的宇宙论、以理性灵魂为核心的人性论、以辩证法为工具的方法论而建构起来的西方哲学史上第一个庞大的思想体系。它的影响广泛而深远，虽绵延2000多年，

---

① 苗力田主编：《古希腊哲学》，第368页。

② 同上。

至今不衰。现代英国哲学家怀特海曾经不无夸张地断言，全部西方哲学史不过是为柏拉图的思想做注脚。相比之下，黑格尔的评价比较客观。黑格尔指出："柏拉图是具有世界历史意义的人物之一，他的哲学是具有世界历史地位的创作之一。它从产生起直到以后各个年代，对于文化和精神的发展，曾有过极其重要的影响。"①

柏拉图的影响首先表现在学园内部。去世之后，他所创立的学园一直薪火不断，直到公元 529 年被皈依了基督教的东罗马帝国皇帝查士丁尼下令关闭时为止，在雅典前后延续了 900 多年之久。人们按照不同时期的思想倾向，一般把此后学园的发展分成老学园、中期学园和新学园三个阶段。老学园的代表人物有斯彪西波、克塞诺克拉底等人，其主要特点是在正统性地继承柏拉图哲学基本思想和原则的前提下，在阐释与发挥过程中做出某些修正。中期学园的主要代表是阿尔克西劳和卡尔涅阿德，基本倾向是重点讨论认识论问题，发展了苏格拉底思想中的怀疑论因素和柏拉图批判感性认识的思想，并接受皮浪怀疑论的影响，提出"悬置"判断和或然性理论，批判斯多亚学派的独断论。所以，中期学园实际上成了晚期希腊怀疑学派的重要组成部分。新学园开始于公元前 1 世纪，主要代表是安提俄克。它的"新"主要表现在两点：一是放弃了纯粹的柏拉图主义，把柏拉图、亚里士多德、早期斯多亚学派的有关思想糅合在一起，使整个学园向折中主义演化，并成为折中主义的主要活动中心；二是从中期学园的怀疑论中摆脱出来，建构起新的、以折中为特征的独断论。这种折中倾向，成为新学园的主导倾向，不仅影响了新柏拉图主义的产生，而且在公元 4 至 5 世纪普鲁塔克和普罗克洛主持工作时，新学园成为新柏拉图主义的主要阵地之一。

柏拉图哲学对学园外部的影响更加深远。在古代，它通过斯多亚学派和新柏拉图主义直接影响了基督教的教父哲学与经院哲学，成为托马斯·阿奎那以前基督教神哲学的理论基础。在中古哲学后期，它成为文艺复兴时期哲学复兴的主要内容之一（在佛罗伦萨曾重建了柏拉图学园），17 世纪时还出现过剑桥柏拉图学派，并对近现代哲学产生了不同程度的影响。

但是，受柏拉图影响最直接，反过来批判柏拉图又最深刻的，却是被他称为"像小马驹生下来对它母亲那样踢我"的嫡传弟子亚里士多德。

第五节　亚里士多德的实体论

亚里士多德（Aristotle，公元前 384—前 322）是古希腊哲学的集大成者，举世公认的历史上第一位百科全书式的思想家。求学、游学与办学，构成了他单纯而平凡的履历，热爱智慧并播撒知识，贯穿着他伟大辉煌的一生。

亚里士多德出生在爱琴海北岸色雷斯的斯塔吉拉城，一生经历可以分为四个时期，主要在马其顿和雅典度过。公元前 384—前 368 年为成长和启蒙时期，由于其父担任马其顿王阿明塔斯二世的御医，故少年时代在宫廷中度过，受到了正规良好的早期教育。公

① 黑格尔：《哲学史讲演录》，第二卷，第 152 页。

元前367—前348年为求学和研究时期。公元前367年，17岁的亚里士多德离开马其顿到雅典求学，慕名进入著名的柏拉图学园（这时的柏拉图已有60岁，正处在对理念论的反思时期），潜心学习与研究长达20年之久。公元前348—前335年为游历和为师时期。柏拉图去世后，亚里士多德由于多种原因离开雅典，前往小亚细亚一带游学考察，撰写著作，后受聘重返马其顿宫廷，任年仅13岁的王子亚历山大的老师。公元前335—前323年为办学和著述时期。亚历山大继位一年后，亚里士多德离开马其顿到雅典办学，选址于城东北郊的吕克昂（Lukeio），该学园被后人称为吕克昂学园。由于他习惯于同学生一边散步一边讨论问题，人们又把他创立的学派叫作“漫步学派”（Peripatetikoi）。[①] 公元前323年，亚历山大大帝突然病逝，雅典随即成为反马其顿运动的中心，亚里士多德因为与马其顿王室复杂的特殊关系而受到威胁，为免蹈苏格拉底的覆辙，不使雅典人对哲学犯第二次罪，他逃亡优卑亚岛避难，第二年病逝，享年63岁。

亚里士多德聪慧勤奋，博学多才，专心治学，著述宏丰。据说他的全部著作多达1000多卷，留传下来的只占其中的1/4，内容广泛，涉及逻辑学、自然学、生物学、天文学、心理学、哲学、伦理学、政治学、语言学和文学等学科，几乎覆盖了当时所有的知识领域。中文译本的《亚里士多德全集》共计10卷，300余万字。其中，在各学科领域具有代表性的主要著作是《工具论》（6篇逻辑学论文的总称）、《物理学》、《论灵魂》、《形而上学》、《尼各马可伦理学》、《政治学》、《论诗》（亦译为《诗学》）等。由于亚里士多德的这些著作并不是为了出版而经过精心修饰的作品，主要是供讲课用的笔记和手稿等，加之他所特有的讨论问题的习惯，故它们大多关注的是多种不同的问题解决方式，而没有严密的统一体系，典型地体现了希腊哲学爱智慧、尚思辨、学以致知的探索精神。正如黑格尔所说：“我们不必在亚里士多德那里去寻找一个哲学系统。亚里士多德详述了全部人类概念，把它们加以思考；他的哲学是包罗万象的。在整体的某些特殊部分中，亚里士多德很少以演绎和推论迈步前进；相反地他却显出是从经验着手，他论证，但却是关于经验的。他的方式常是习见的方式，但有一点却是他所独具的，就是当他在这样做的时候，他是始终极为深刻地思辨的。”[②] 实际上，古代哲学家们在从事哲学思考时并不十分在意体系，他们关注的重点是问题的发现和解决，虽然哲学作为理论化的世界观，无论如何都是有体系的。

亚里士多德在哲学方面的主要代表作是《形而上学》《物理学》《论灵魂》等。我们主要以这三部著作的基本内容为依据，择要概述他的哲学思想。

一、方法论与科学观

从某种意义来说，哲学和自然科学的形成与发展皆有赖于方法论的建设。在希腊哲学史因而也是西方哲学史上，亚里士多德是第一位深入、全面地研究了方法论的哲学家。

---

① 以往人们把Peripatetikoi译作“逍遥学派”是不太恰当的，因为它的词根源于动词pateo（行走），而且他们只是以散步的方式讨论严肃的问题，完全没有“逍遥”那样的浪漫与轻闲。

② 黑格尔：《哲学史讲演录》，第二卷，第282页。

不仅如此，他还在总结前人有关思想的基础上，第一次系统地构建起了自己的科学观。由于这两个方面对亚里士多德哲学的理解都具有前提性和全局性的意义，所以，在分问题讨论亚里士多德哲学的主要思想之前，我们先简单介绍他的方法论和科学观，作为研讨其思想的基本准备。

（一）方法论

亚里士多德之所以能够取得如此伟大的思想成就，除了其他因素，主要得益于两个方面：一是采取了多种治学方法，一是孜孜不倦的求知爱智精神。他非常重视方法问题，留下了几十万字的《工具论》，为正确严谨地进行思维活动制定了规则和形式，为知识的求取提供了工具和方法，从而创立了逻辑学。此外，由于他脚踏实地，细致严谨，面向自然，长于观察，有渊博的生物学知识作为背景，所以自觉不自觉地把生物学中的收集、分类、解剖等方法带进了哲学之中。逻辑推论与经验观察这两个方面的结合，形成了他不同于前人的独特的哲学研究方法，如历史批判法、概念分析法、经验归纳法、样本解剖法、问题探索法、逻辑论证法等。限于篇幅，我们不涉及他论述过的证明、归纳、定义等求知方法，只扼要介绍他在建立自己的学说时实际使用的几种主要方法。

第一，历史批判法。这是亚里士多德常用的一种前提性方法。与柏拉图不同，他非常重视历史，重视前人的看法。在阐述自己的几乎每一个重要观点以前或同时，他总要考察前辈哲人的各种观点。不过他既不是盲从，也不是拉大旗，作虎皮，而是以批判的眼光去审视前人的见解，在批判的基础上借鉴或继承。

第二，概念分析法。这是亚里士多德哲学方法的核心，尤其是在讨论哲学基本范畴时所使用的主要方法。他认为，通常人们的研究总是从浅显易知进展到复杂难知，而未经分析的整体事物就是这种感觉所易知的东西。因此，我们应从具体的整体事物推进到它的构成要素，分析出它的内部多样性。他在探讨事物的本原和原因时，在对存在进行范畴分类时，在规定“本原”、“原因”、“实体”、“存在”和“载体”等基本范畴的含义时，采用的都是这种分析方法。我们甚至可以说，没有分析法就没有亚里士多德的哲学。他之所以特别重视概念分析法，主要是因为以前的哲学家们对这些范畴的使用十分混乱，他们彼此各执一端，众说纷纭而莫衷一是，却没一个人对之做认真的清理。他试图通过分析，弄清各种含义，使清晰的概念得以出现，并且以之为建构体系的坚实基础。

第三，经验归纳法。这是亚里士多德喜爱的基础性方法。他非常重视经验事实而很少进行纯思辨的推演，不仅在讨论自然哲学、伦理学、政治学时是如此，即使在探讨较为抽象的第一哲学问题时，也经常穿插着日常生活的事例，并不时地用事实分析代替理论论证，表现出较为浓厚的经验主义色彩。

第四，问题探索法。这是亚里士多德方法的灵魂。就总体风格而言，他不是体系型哲学家，而是问题型思想家。他从事哲学思考的目的，并不是像柏拉图那样试图建立一个独断的体系，而是不断地探讨各种问题。所以，他习惯于先提出问题，然后多角度、多方面地详尽分析，尝试性地得出答案；如果某个答案不合事实或不合道理，他便放弃，然后沿着另一条思路重新开始。这就使得他的学说往往没有首尾一贯的结论，给人以折中调和甚至矛盾混乱的印象。这种问题探索法，贯穿在他的整个思想中。最能体现问题探索法的著作是他那部著名的《问题集》。在该书中，他分38个大的方面、890个小节，提出并探讨了1000多个问题，分析细致入微，内容包罗万象，广泛涉及了天文、地理、生理、心理、伦理、学理、乐理、生物、医学、饮食、数学等学科，堪称人类历史上第一部“十万个为什么”。

（二）科学观

亚里士多德的科学观大体包括五大方面的内容，分别回答了什么是科学、科学有哪些种类、怎样获得科学知识、科学的本原或起点是什么、在所有科学知识中哪种地位最高这样五个问题。需要说明的是，在希腊人和亚里士多德那里，我们现在称为“科学”和“知识”的其实是一个词，即episteme（广义为“知识”，狭义是“科学知识”或“科学”），不同的中文译本根据上下文的意思有不同的译名。

对“什么是科学”的回答，其实是从内涵方面揭示科学的本质属性。他在多个地方讨论过该问题，但最有代表性的答案出现在《后分析篇》。他说：“所谓科学，是指只要我们把握了它，就能据此知道事物的那种东西”[①]。换言之，在他看来，只有反映事物本质的知识，才叫科学，因为只要把握住了这个本质，就能够知晓该事物。

对“科学有哪些”的探讨，则是从外延方面进一步明确科学。在《论题篇》第六卷，亚里士多德以目的为依据，将所有科学分成三大类：“科学被分为理论的、实践的和创制的，而它们每一种都表示一种关系；因为它们或是沉思什么，或是创制什么和做什么”[②]。在《形而上学》第六卷，他又以对象为依据，将上述三类科学做了更具体的区分。凡科学都以某种存在或种为对象，但有些科学并不过问对象是否存在以及是什么，只是以此为假设前提，这种科学就是各门具体科学。哲学则以单纯的存在或作为存在的存在为对象，并要证明它是否存在以及是什么。然后，他又以科学的性质为依据区分出理论、实践和创制三类。在理论科学中，则以对象的不同再分为三种：研究运动而又可分离存在东西的是物理学（自然学）；研究不运动但也不分离存在（即在质料中）东西的是数学（但他承认有些数学对象是可以分离存在的）；研究不运动又可分离存在东西的是神学，亦即我们所说的“形而上学”[③]。

实践知识和创制知识的区别主要在本原不同，虽然两者的运动本原或根源都在自身，即实践者和创制者，但实践者靠意志或意图，创制者靠理智、技术和能力。实践知识是“行”的知识，按照行为范围的大小不同，又可分为三门，即：个人之行是伦理学；家庭

---

① 《后分析篇》，71b18－19，载苗力田主编《亚里士多德全集》，第一卷，余纪元译，中国人民大学出版社，1990，第247页。译文有改动。

② 《论题篇》，145a16－18，载苗力田主编《亚里士多德全集》，第一卷，徐开来译，第488页。

③ 亚里士多德本人并没有使用过“形而上学”这个词，关于这方面的知识，他称为“第一哲学”或“神学”。“形而上学”一词来自公元前1世纪左右的安德罗尼柯（Andronikus），他是亚里士多德文集的第一位编纂者。据说他在整理编辑亚里士多德的文稿时把关于第一哲学的文稿编在了“物理学”（phusika）之后，名之为ta meta ta phusika（直译为“物理学之后诸卷”）。后人去掉两个冠词，就有了metaphusika一词。或许是巧合，meta-这个前缀不仅指“在……之后”，也有“超越”“元”之意，而这恰恰与第一哲学的本义相合，遂成为第一哲学的代名词和同义语。1881年日本学者井上哲次郎在编写《哲学字汇》时根据《易经》“形而上者谓之道，形而下者谓之器”而将metaphysics译作“形而上学”，因此对汉语来说，形而上学是一个外来语。

之行是家政学；国家社会之行是政治学。无论哪种“行”，都以善或至善为目的，以适度或中道为原则。在讨论实践知识和创制知识（主要有修辞学和论诗）的过程中，亚里士多德提出了不少思想深刻的见解，对西方伦理学、政治学和文艺学产生了很大影响。限于篇幅，我们从略。

在亚里士多德的科学分类中并没有逻辑学的地位，因为在他看来，逻辑学只是一种普遍适用于一切科学知识的工具（这也正是后人将他关于逻辑学的论文汇编称为《工具论》的原因）。不过值得我们注意的是，亚里士多德的逻辑学（包括古代哲学中其他人的逻辑思想）所研究的并不仅仅是主观的思维规则，它们也是适用于所有学科乃至自然万物的客观法则。

关于科学的方法，他集中在《后分析篇》和《论题篇》来系统论述。他认为主要有三种求知方法：证明、定义和归纳。“我所谓的证明，是指产生科学知识的三段论”①。即从真实、必然、普遍的大前提出发，符合规则地推出结论的方法。他最为重视这种方法，因为它能获得必然有效的科学知识。“定义乃是揭示事物本质的短语”②，即对“是什么”的说明。他由浅入深地讨论了三种具体的定义方法：解释性定义，通过另外的语词揭示“是什么”；原因性定义，从事物为什么的角度揭示本质；本质性定义，即通过属加种差的方式直接揭示本质，这是他论述和使用最多的定义方法。他认为“归纳是从个别到一般的过程”③，很重视它的作用，断言“我们的学习要么通过归纳，要么通过证明来进行。证明从普遍出发，归纳从特殊开始，但除非通过归纳，否则要认识普遍是不可能的”④。

关于科学的本原，即科学知识可靠性的最终来源问题，他在《后分析篇》的最后一章进行了专门讨论。他认为，科学之所以具有普遍必然性，来源于前提的真实有效，但是，前提的有效性又来源于什么呢？这就是所谓的科学的本原问题，亦即追根溯源确定起点问题（“本原”的字面意思就是“开端”“起点”）。他明确指出，科学有两个本原，一是感觉，二为“努斯”。“我们必须通过归纳获得最初前提的知识。因为这也是我们通过感官知觉获得普遍概念的方法”⑤。“由于除了努斯外，没有比科学更为正确的知识，所以把握基本前提的必定是努斯”⑥。这里的“努斯”，意译应该是“理性直观”。在他看来，科学的本原在认识的两端，即感觉与理性直观（它比理性推论更高级，也更可靠）。

关于哪种科学地位最高的问题，他的答案是神学。他在《形而上学》第一卷和第六卷中，从科学认识的形成过程、科学门类的地位比较两方面进行了探讨。他以“求知是所有人的天性”开篇，循着从感觉、记忆、经验、技术到智慧的“五部曲”思路，引出了哲学的定义。所有动物生而具有感觉，有些从感觉得到记忆，有些则不能，因而记忆高于感觉。但动物很少有经验，只有人从记忆中得到经验。由于经验造成技术，无经验则诉诸偶然，所以经验算是广义的知识，因为经验类似知识和技术，人们通过经验得到

① 《后分析篇》，71b18，载苗力田主编《亚里士多德全集》，第一卷，第247页。
② 《论题篇》，101b35，载苗力田主编《亚里士多德全集》，第一卷，第357页。
③ 同上书，105a11，载苗力田主编《亚里士多德全集》，第一卷，第366页。
④ 《后分析篇》，81a40－81b2，载苗力田主编《亚里士多德全集》，第一卷，第283页。
⑤ 同上书，100b4－5，载苗力田主编《亚里士多德全集》，第一卷，第348页。
⑥ 同上书，100b12－13，载苗力田主编《亚里士多德全集》，第一卷，第349页。译文有改动。

了知识和技术。虽然在实际活动中，经验和技术似乎无差别，但严格说来，两者很不相同。经验只知道特殊，技术才知道普遍；有经验者只知道是什么却不知道原因，有技术者则知道原因，懂得为什么；技术能传授但经验不能，而知与不知的标志就在于能否传授。所以，技术比经验更接近狭义的知识即科学。技术也有不同的种类和等级，有的为生活必需，有的只供消磨时间并无实用，这后一种技术更加智慧，因为"智慧就是关于某些本原和原因的科学"。

一般认为，这里的"智慧"（sophia）指的就是"哲学"（philosophia），所以可以把哲学看成是关于某些本原和原因的科学，它研究的是那些最初的本原和原因。接下来，他分析了哲学产生的条件和具有的性质。哲学的产生是好奇与闲暇的结合。首先要好奇。"不论现在，还是最初，人都是由于好奇而开始哲学思考，在开始是对身边所不懂的东西感到奇怪，继而逐步前进，对更重大的事情发生疑问"①。感到困惑和好奇的人，自觉自己无知，才会为摆脱无知而进行哲学思考。所以，爱智慧者也就是爱奥秘者。其次有闲暇。只有全部生活必需都已具备之时，人们闲暇无事，为了娱乐消遣才开始哲学思考。哲学的性质是唯一自由的科学。正由于哲学因好奇和闲暇而生，所以它仅仅是为知而知，不以实用为目的。"正如我们把一个为自己、并不为他人而存在的人称为自由人一样，在各种科学中，唯有这种科学才是自由的，只有它才仅是为了自身而存在"②。相反，以实用为目的的科学由于其目的是外在的，必然受它支配，所以不自由。

在各种科学中，他明确指出，理论科学高于实践科学和创制科学，而在理论科学内部，神学又高于数学和自然学，因为它研究不动而可分的东西，主题最崇高，所以是第一哲学。不过，思维严谨的亚里士多德又用条件句把话说得灵活："设若在自然组成的物体之外没有别的实体，那么物理学就会是第一科学。设若存在着不动的实体，那么应属于在先的第一哲学"③。

从上述可见，在亚里士多德那里，"哲学"的含义实际上有广、中、狭义之分。广义的泛指理论科学，对应于实践科学和创制科学，甚至还有他所谓的"人事哲学"（he peri ta anthropeia philosophia）④；中义的包含神学和物理学（自然学）；狭义的专指神学。

亚里士多德哲学的内容的确非常丰富，作为通史教材不可能全面介绍，下面只选择他的自然学和神学的主要思想做概要叙述。

二、本原-原因论

亚里士多德的哲学是以自然哲学为基础，从对本原和原因的讨论开始的。这方面的思想集中在《物理学》中，《形而上学》也有所论及。他认为，既然我们的事业是为了获知，而获知就是要认识事物是什么和为什么，所以首要的工作就是确定本原和原因的问

---

① 《形而上学》，982b26－28，载苗力田主编《亚里士多德全集》，第七卷，第31页。

② 同上。

③ 《形而上学》，1026a28－30，载苗力田主编《亚里士多德全集》，第七卷，第147页。

④ 《尼各马可伦理学》，1181b15，载苗力田主编《亚里士多德全集》，第八卷，苗力田译，中国人民大学出版社，1994，第237页。

题，即事物的本原和原因是什么以及有哪些。

（一）本原和原因

所谓本原（arkhe），指事物“存在、生成和认识由之开始之点”[①]。由于事物的生成不能无中生有，因而总有某物作为基础存在着，从它生出生成之物，所以这个基础应是本原，亚里士多德亦称之为“载体”（hupokeimenon，直译为“躺在下面的东西”）。载体只是生成的基础，不是生成的东西。生成物之所以为生成物，它之所以是此物而不是彼物，关键在其形式。可见，形式亦应是本原。“因此很明显，如果由于自然而存在的事物都有自己的原因和本原，并且每一自然物从一开始就不是由于偶然而是由于本性自身而存在和生成的，那么，万事万物就都是由于载体和形式而生成的”[②]。如此说来，事物的本原应是两个，一为载体，一为形式。但是，形式有一个具有和短缺的对立问题，短缺就是不具有形式或具有另一种形式。所以，在某种意义上，本原也可以说是三个，即载体、形式和短缺。

原因比本原复杂得多。亚里士多德所谓的“原因”（aitia），意指一切事物存在和生成的全部根据和条件，他详细区分了各种不同的原因。从纵的方面看，原因可分为本因、偶因和自发因三类；从横的方面看，原因可分为先因和后因、普遍因和特殊因、固有因和偶有因、实现因和潜能因、远因和近因五种。他还把特殊因和偶然因取出来，加上它们的属，组合成六种用法，用以说明原因的复杂多样性：特殊因（如雕塑家）、特殊因的属（如艺术家）、偶然因（如玻吕克莱托）、偶然因的属（如人）、特殊因加偶然因（如雕塑家玻吕克莱托）、特殊因的属加偶然因的属（如艺术家的人）。这六种用法都或是潜能的或是实现的，因此可以进一步分为十二种。

在亚里士多德复杂的原因论系统中，他论述最多也是最重要的是四因说、潜能与实现说。

（二）四因说

亚里士多德概括总结了以往哲学家们关于原因的思想，认为任何事物的生成和存在都有四种缺一不可的根本原因，即质料因、形式因、动力因和所为因。

所谓“质料因”（hule），指“是所从出的东西”，即事物由之生成并继续存留其中的东西，如雕像的青铜、酒杯的白银以及类似东西的属。无论是具体的可感物还是抽象物，都由质料构成，如音节离不开字母，圆离不开弧，生命离不开躯体。正因为质料在事物的存在和生成中起着基础性的作用，所以它是“载体”的首要含义。

所谓“形式因”，在亚里士多德那里有两种含义。一是指内在形式，即 eidos，它是事物的“是其所是”（to ti en einai）[③]，也就是事物之所以为该事物的本质，如雕像之为

① 苗力田主编：《古希腊哲学》，第 499 页。

② 同上书，第 414 页。

③ “是其所是”（to ti en einai）是亚里士多德第一哲学中经常使用的词组，一般意译为“本质”（essence），中文版《亚里士多德全集》和《古希腊哲学》为显作者本意和古朴风格，采取了直译。两种译法实质是一样的，因为“是其所是”的东西就是本质。

雕像，不在青铜，而在雕像的本质。这种形式，与柏拉图的理念（idea 或 eidos）同词源，是亚里士多德哲学中“形式”一词的主要含义和基本用法。二是指外在形式，即形状（morphe），是事物表现于外的那个样子。一般说来，内形式总要通过外形状表现出来，所以，形状也是事物的根本原因。

所谓“动力因”，即动变的本原，指让事物得以开始运动的那个初始的东西，如策划者是行为的原因，父亲是孩子的原因等。动力因之所以是根本原因之一，在于任何事物都有动静，离开了动因，就没有事物的存在和生成。动因与事物的关系因事物自身类别的不同而不同。亚里士多德把事物分为两大类，即由于自然而存在的事物和由于技术而存在的事物。前一类包括动物及其部分、植物、单纯物（指水、火、土、气等元素）等。后一类范围很广，包括一切技艺产品。区分两类事物的依据，就是看它的动力因在内部还是在外部，“因为所有由于自然而存在的事物，显然都在自身中有一个运动和静止的开端”①，但是由于技术而存在的床榻、罩袍之类，却没有这样的内部动静开端，它们的动因在外面，即技术者那里，“尽管如果它们偶然地是由石头或土或这两者的混合构成，也会从这些构成材料中得到这种内在的变化本原”②。

所谓“所为因”，原文的规范表述是 to hou heneka einai，直译为“所为了的那东西”，中文常从英译 final cause 而意译为“目的因”。在亚里士多德看来，任何事物的存在和生成，都不是无缘无故的，总是有所为，即总有一定的目标或目的，例如健康是散步的所为因，即目的。由于技术而存在的事物，其所为因是显而易见的，因为任何一个人都是为了实现自己的意图才运用技术创制出某种东西。由于自然而存在的事物其实也是有所为的，只不过不如技术产品那样明显罢了。植物的根向土下钻为了吸取水分和养料，叶子向上伸为了接受阳光；动物的门齿锋利为了适宜撕扯，臼齿宽厚为了适宜咀嚼。同样，燕子垒巢、蜘蛛结网也是有所为的。无论是自然物还是技术物，都要追求“好”（agathos，它的中性名词 to agathon 即是“善”）的结果。区别只在于：技术物的所为是通过人的意识支配、理性选择并借助于物的中介来实现人自身的目的；自然物的所为则完全是自然而然的，没有谋划、不加思虑地进行，表现为自然整体各部分的自发和谐运动，从而呈现出井然有序的面貌。

原因虽然有四种，但是“后三种原因在多数情况下都可以合而为一。因为所是的那个东西和所为的那个东西是同一个东西，而运动的最初本原又和这两者同类”③。事物所是的东西是形式，所为的东西亦是形式（因为形式即是其所是，只有获得了形式才算达到了目的），使事物运动的真正动力还是形式（如房屋建筑的动力是建筑师，而建筑师之能建筑的原因在于他有建筑技术），所以，这三种原因合而为一后可以统称为形式因，而与质料因相对应。这样，四因就变成了二因。三因合一是亚里士多德的一个重要观点，它不仅突出了形式的地位和作用，也为第一哲学讨论实体的问题奠定了基础。

质料和形式作为事物的两个根本原因，在同一事物中是彼此对立不能转化的，质料

---

① 苗力田主编：《古希腊哲学》，第 415 页。

② 同上。

③ 同上书，第 424 页。

就是质料，形式就是形式。但是超出这个范围，相对于不同事物而言，它们又是相对的、可以转化的。例如砖瓦对于房屋是质料，对于泥土则是形式。可见，高一层次的东西是形式，低一层次的则是质料，整个链条就是从质料到形式不断发展的系列。这个系列，也是潜能向实现转化的过程。

（三）潜能与实现

潜能与实现是亚里士多德哲学中又一对重要的范畴，他不仅用这对范畴来阐释质料与形式的关系，而且用以规定运动的本质，建构实体学说，解释实体与可感现象的关系。

“潜能”（dunamis）也可译为“潜在”，它的词源含义是“能”，即能力、力量。用于哲学中，潜能指事物的这样一种存在状态：具有能够实现其本质和目的的潜在力量，但还没有实现出来，而要实现出来，靠其自身又是无能为力的。所以，亚里士多德在《形而上学》第五卷中反复说明的“潜能”的主要定义是：“在他物中或作为自身中的他物的变化的本原”。[①] 它是动变的一种本原，但是这本原不在被运动物中，而在他物之中，即使在某种情况下在自身中，也是作为自身中的他物。他举了两个例子来说明：建房的能力不在房屋中而在建筑者中；一位医生病了，他有为自己治病的能力，但这种能力不是作为病人而是作为医生才存在的，所以尽管在自身中，却是作为他物。

“实现”（energeia，通常译为“现实”，它是个合成词，直译为“在活动中”）是与潜能相对而言的另一种事物存在状态，即存在着的事物自身或获得了自己本质的事物。与它关系密切的另一个概念是“现实”（entelekheia，亦是合成词，直译为“在目的中”，通常意译为“完全现实性”，或音译为“隐德来希”）。在亚里士多德的著作中，这两个概念都对应于潜能，因而他有时也混用（多数场合下用的是 energeia）。但严格来讲，两者是有区别的：“实现”重在活动的过程，“现实”则重在完成的结果。

质料与形式的关系亦即潜能与实现的关系。质料以潜能状态存在着，形式则是实现。质料一旦获得了自己的形式，它就实现出来，成了现实的存在。所以，两者的关系是相对的，可以转化的。

亚里士多德用他的三本原论和四因说，把他以前的希腊哲学史批判性地统一起来了。一方面，他批判了以德谟克利特为代表的自然哲学家，认为他们只重质料而忽略形式，不仅不能说明事物存在和生成的根据或原因，也不能得到对事物的正确认识，因为事物的本质是形式而不是质料。另一方面，他更为系统而深刻地批判了柏拉图的理念论，认为理念论的根本错误在于把理念和事物相分离、形式和质料相脱离，否定了质料的作用和个别事物的实在性。事实上，无论是形式还是质料，都不能单独成为事物生成和存在的条件和原因，只有它们结合在一起才能构成事物。

三、运动论

亚里士多德在《物理学》第一、二卷解剖性地分析了事物的本原和原因之后，从第

---

① 《形而上学》，1020a7，载苗力田主编《亚里士多德全集》，第七卷，第129页。

三卷起，着重讨论了事物的运动问题，从而在柏拉图有关思想的基础上，建立起他颇具特色的运动学说。他的运动学说系统丰富，其内容主要包括三个方面：运动的本质、种类和形式；运动的条件；运动和运动者。

（一）运动的本质、种类和形式

亚里士多德从潜在和现实这两种状态的区分出发，给运动下了一个很有特色的定义："潜在的事物作为潜在存在的现实（entelekheia）就是运动"①。"运动是能运动东西的现实，并且被那运动的东西所运动。但运动东西的实现活动，不外是把能运动东西的运动潜能实现（energeia）"②。简言之，运动就是能运动物潜能的实现，一旦把这种能力实现出来，变成现实，就是运动。例如，能够质变的东西作为能质变的现实，就是性质变化。

运动是多种多样的，首先，有广义与狭义之分。从广义讲，运动和变化差不多（他也常常换用）。但严格地说，两者是有区别的，因为运动只是变化的一种。变化有四种可能的方式：从存在到存在；从存在到不在；从不在到存在；从不在到不在。第四种方式可以排除，因为它既无对立也无矛盾，而变化总是对立面之间的变化。在剩下的三种方式中，从不在到存在的变化是生成，从存在到不在的变化是毁灭，只有从存在到存在的变化才是运动，因而生成与毁灭都不是运动。其次，狭义的运动分为三类。运动是从存在到存在的变化，而存在的方式（或范畴）有十种。在这十种存在方式中，"实体、关系、活动和承受都不能运动，那就只剩下在性质、数量和地点方面的运动了，因为这三种中的每一种都有对立存在"③。性质方面的运动叫质变，如白的变成黑的；数量方面的运动无共同名称，分别叫作增加和减少；地点方面的运动叫移动，即变换地点。与此相对应，不运动也有三种情况：根本就不能被运动；在较长时间内很难运动或不易开始运动；本性上虽能被运动，但在一定的时间、地点、方式下，这个本来能被运动的东西却没被运动。"静止就仅仅是指这最后的一种不运动而言；因为静止是与运动相对立的，所以，它可以说是运动接受者的短缺"④。最后，运动有两种形式。在《论天》中，亚里士多德将运动的形式分为两种：环形运动与直线运动。他认为，整个宇宙分月上世界和月下世界两部分。月上世界由"以太"构成，是完美的，所以它的运动形式也是完美的环形运动。只有环形运动才是唯一无限的运动，没有起点和终点。月下世界由不纯的水、火、土、气四元素构成，采取合乎自然与反乎自然的直线运动形式。由于是直线运动，有起点和终点，所以不可能无限。

（二）运动的条件：地点和时间

任何事物的运动总是在一定的地点和时间中进行的，所以，地点和时间是运动的必要条件。

亚里士多德在界定地点（topos）之前确立了四点前提性认识：首先，地点包容着以

---

① 苗力田主编：《古希腊哲学》，第 428 页。
② 同上书，第 429 页。
③ 同上书，第 443 页。
④ 同上书，第 444 页。

它为处所的事物，但又与该事物无牵连；其次，原始的地点既不比所包容事物更大也不更小；再次，地点并不随事物的离去而离去，可与事物分离；最后，地点有上下之分，每物都自然地趋于各自固有的地点并停留在那里。[①] 那么，地点到底是什么呢？它不是形式，因为形式是事物自身的边界，地点则是包容着的物体的边界。它也不是质料，因为质料既不同事物分离，也不包容事物，地点则既同事物分离又包容事物。它也不是容器，因为容器随它包容的东西一起移动，地点却不随事物移动。因此，地点的定义只能是包容着的物体的界限。[②] 这也就是说，地点和所包容物的体积相等，与物体最边缘的界限同一。按照这种界定，当每物处在各自的地点时，不可能发生移动。移动的发生，是事物交换地点所引起的。一物从某地点移出，另一物随即移入，因此，每一事物都不会丧失地点，每一地点也不会总被每一物占据，整个宇宙都不存在虚空。

与地点相比，时间与运动的关系更密切。我们是通过感觉到运动变化才感觉到时间的，“因此显然，如果没有运动和变化，也就不会有时间”[③]。而且，时间也和运动一样，具有连续性和先后性。但是，时间不是运动。因为时间是单一的，而运动则是多样的。所以，亚里士多德把时间定义为“是就先后而言的运动的数目”[④]。在这里，“就先后而言”指的是均匀的计数方式，“运动的数目”指的是按此方式衡量运动所得的一个个数目。时间计量运动的数目单位是“现在”。由于“时间是依靠现在得以延续，又通过现在得以划分”，所以时间是间断性与连续性的统一。亚里士多德这种把时间单元分析为“现在”，把时间解释为由“现在”构成的连续系列的观点，比较完满地说明了时间的均匀流动性、不可逆性、可分割性和不停顿性等特点，成为长期支配西方思想的经典时间观。同时，由于他把时间界定为计量运动的数目，也说明了运动是永恒的，是间断性与连续性的统一。

（三）运动和运动者

运动和运动者的关系问题，是亚里士多德运动学说关注的重点之一，因为这个问题不仅关系到运动学说本身，也涉及他的原因论和实体学说。而且在他看来，以前的哲学家全都没有很好地解决这个难题，他们有的视之为当然而不加理会，有的含糊其词未说清楚，有些则用外部的、精神性的甚至神秘的力量来解释。

他认为，要探讨这个问题，首先必须肯定一个前提：“一切被运动的事物都必然是被某物所运动的”[⑤]。即要么被自身内部的运动本原所运动（如由于自然而存在的东西），要么被外面的某个他物所运动。“既然所有运动的东西都必然被某物所运动，那么，假如某物被另一运动着的东西在某一地点运动着，而这个运动着的东西又被另一个别的运动着的东西运动着，如此等等就可以不断地追溯到无限”[⑥]。但无限由于没有确定性，是无法

---

① 参见苗力田主编：《古希腊哲学》，第 430 页。

② 同上书，第 433 页。

③ 同上书，第 435 - 436 页。

④ 同上书，第 437 页。

⑤ 同上书，第 444 页。

⑥ 同上书，第 445 页。

把握的，所以必然有某个最初的运动者。这个最初的运动者具有以下特征。第一，它是永恒的。“既然运动应该是永恒的、不会中断的，那么就必定存在着某个永恒的最初造成运动的东西”[①]，否则，它就不可能运动永恒的运动。第二，它自身是不能被运动的。因为按照前面设定的前提和推论，如若它被运动，就还有一个使它运动的运动者，它就不是最初的了，所以它只能运动而不能被运动。第三，它是唯一的。因为首先，如果结果相同，假定有限总是要好些，因为在自然事物中，如果允许，主张有限更为妥当，所以“对于这种最初的运动者，我们应当宁可认为它是一个而不是多个，有限而不是无限”[②]。其次，既然运动是永远存在的，那就必然是连续的；而如果是连续的，那就必然是一；而在一中，就只有单一的运动者和单一的被运动者。否则，“如果一时由这个来运动，一时又由那个来运动，那么，整个的运动就不是连续的而只能是相随的了”[③]。

这个最初的、永恒的、唯一的、自身不被运动的、作为其他事物运动本原的运动者到底是什么？它以什么方式运动事物？它作为特殊的动力因，与质料因、形式因和所为因有什么关系？对这些问题，亚里士多德在《物理学》中并没有探讨，只有到了第一哲学领域，他才给出了自己的答案。

三、存在-实体论

“存在”（to on）一词是希腊语中系词“是”（eimi）的中性现在分词，本来很普通，自从巴门尼德把它作为真理的对象加以研究以来，变成了一个众说纷纭、含义广泛的最高哲学范畴，甚至演变出一门长期支配西方哲学走向的学问——形而上学。亚里士多德的第一哲学，就是这样的形而上学。

（一）存在理论

亚里士多德的第一哲学从关于“存在”的讨论开始。在《形而上学》第五卷（后人称之为“哲学辞典”）中，他对“存在”进行了“说明”[④]，区分出了两种意义的“存在”或“是”：“由于偶性的存在”和“由于自身的存在”。“由于偶性的存在”指某种属性偶然而不是必然地属于某一事物，例如，在“这个有教养的人在造屋”这句话中，“教养”和“造屋”对于“人”来说就是偶性，因为人不必然有教养，更不必然在造屋。“由于自身的存在”则指的是在本性上属于主体自身的东西。哲学不研究前一种存在，但要研究后一种存在。那么，后一种存在有哪些呢？他断言，它们就是范畴表所表示的那些，因为每一范畴都表示一种与之相同的存在的意义。在《范畴篇》中，他列举并分别讨论了十个范畴，它们是：实体、数量、性质、关系、何地、何时、所处、所有、动作、承受。在他看来，它们囊括了事物由于自身的所有存在的意义或存在方式。

---

① 苗力田主编：《古希腊哲学》，第 458 页。

② 同上书，第 459 页。

③ 同上书，第 460 页。

④ 值得注意的是，亚里士多德在此说的是“说明”而不是“定义”，这在《形而上学》第五卷讨论其他概念时是不多见的。或许在他看来，“存在”（“是”）本身不可定义，只可说明，即我们说不出它是什么，只能说它怎样是。

第一哲学不可能也不应该研究所有的这些存在。对存在某一方面或部分的研究，是其他科学的事情（如数学就是研究存在的数量关系），但对存在自身进行研究，即研究作为存在的存在，则是其他学科无能为力的。所以，亚里士多德断言："存在着一种研究作为存在的存在，以及就自身而言依存于它们的东西的科学"①。这门科学就是第一哲学，亦即后人所说的"形而上学"。

"作为存在的存在"（on he on），是亚里士多德特有的表达句式"作为X的X"中的一种，起强调作用，类似于柏拉图的习惯句式"X自身"。所谓"作为存在的存在"，指存在本身而不是存在的表现或部分。虽然"存在有多种意义，但全部都与一个本原相关"②。这个本原，作为"存在"其他意义的依据和支撑者，作为存在背后的那个存在本身，就是亚里士多德所谓的"实体"。"尽管存在的意义有这样多，但'是什么'还是首要的，因为它表示实体。……其他东西被称为存在，或由于它们是这种存在的质，或者由于是它的量和规定，以及其他类似的东西。"③

这样，亚里士多德就从关于"存在"的一般性讨论谈起，深入对一种特殊存在——"实体"的讨论，并且在讨论中建立起他的实体学说。

（二）实体理论

"实体"一词的希腊语原文是 ousia，与 to on 一样源出于 eimi，系阴性现在分词。ousia 除有"实体"（英语 substance）之意外，还有"本质"（英语 essence）之意。④ 作为其第一哲学的一个核心性范畴，亚里士多德对实体的论述非常多，主要集中在《范畴篇》和《形而上学》第五、七、十二卷中，由于角度和层次不同，观点的差异也很大。

在《范畴篇》中，他通过制定判断实体的五条标准，区分出了第一实体和第二实体，从而提出了他最初的、概念分类层面上的实体学说。⑤

第一条："实体，在最严格、最原始、最根本的意义上说，是既不述说一个主体，也不依存于一个主体的东西"。"不述说主体"，是从逻辑上讲的，指不充当宾词，而是主词；"不依存于主体"，是从哲学上讲的，指不是主体的属性，而是主体自身。

第二条："所有的实体，似乎都在表示某一'这个'"。"这个"（to de ti）指单一的、个别的东西，亦即个体。实体的这条标准，就是看它是不是单一的个体。

第三条："实体自身没有对立物"。意思是说，性质、关系等范畴有对立面，如好与坏、上与下等，但没有什么能和实体对立。

第四条："实体似乎无更多或更少等程度上的差别"。这不是说不同类别的实体之间

---

① 《形而上学》，1003a20-22，载苗力田主编《亚里士多德全集》，第七卷，第84页。

② 同上书，1003b6，载苗力田主编《亚里士多德全集》，第七卷，第85页。

③ 苗力田主编：《古希腊哲学》，第506-507页。

④ 西方语言对 ousia 的翻译皆出于拉丁语 substantia，因而误解甚深，尽管这种误解并不是毫无意义的，同样可以产生出新的成果。例如英语之 substance，直接的含义是"站在下面的东西"，因而是事物的支撑者，所以译作"实体"。然而，亚里士多德在第一哲学层面上的 ousia 其实既不"实"也无"体"，它的主要含义是"是什么"和"是其所是"，意即我们所说的本质。尽管如此，我们仍然出于约定俗成的原则，译之为"实体"。国内有的专家将其译为"本体"，也是有道理的。

⑤ 参见苗力田主编：《古希腊哲学》，第401-405页。

无程度差别，而是说同一类实体的各个个体间无程度差别。

第五条："在数目上保持单一，在性质上却可以有对立面"。这是实体最为显著的特征，其他范畴则不具有。如某个人，他可以有时白有时黑，有时善有时恶，但却始终是同一个人。

依据上述标准，他认为存在着两类实体。个别的具体事物（如苏格拉底）是第一实体，即最根本的实体，因为它最符合这五条标准。包含个别事物的种（如"人"）和属（如"动物"）是第二实体，因为一方面，它们基本上符合上述标准，可视为实体，但另一方面，其实体性却不如个别事物。譬如，它们可以述说主体（如说"苏格拉底是人"），而且在表示某一"这个"时，也不如第一实体。在第二实体中，种概念比属概念更加具有实体性，因为它更接近第一实体。简言之，在亚里士多德的心目中，愈个别的东西实体性愈大，愈普遍的东西实体性愈小。这种常识性的观点，可以称之为感性实体论，虽不深刻但亦有其合理性，它不仅在逻辑学的概念理论方面有意义，在哲学上也与柏拉图的理念论根本对立。柏拉图将作为普遍性共相的理念看作独立存在于事物之外并且是事物存在的根据的客观实在，亚里士多德则认为个别的具体事物才是真实的存在，普遍性的形式不可能与事物分离而独立存在。因此在"分离"问题上，亚里士多德与柏拉图是针锋相对的。然而需要注意的是，他在这里的分析是以具体存在的个别事物为起点或基本单元的，并未深入事物内部去解剖性地探明其构成要素——质料和形式。一旦他跨出这一步，观点就发生了变化。这种变化主要表现在《形而上学》中。

《形而上学》第五卷第八章对"实体"概念的规定，体现了亚里士多德的思想变化。[①]在这里，他首先分别地区分出四种实体：（1）水、火、土、气等单纯物体及其由之构成的复合物；（2）事物存在的原因（如灵魂之于动物）；（3）构成事物的起规定和标志作用的内在部分（如构成体的面以及数目等）；（4）事物的何以是，即本质。而后，他又在此基础上概括出实体的双重含义："或者是最终的主体、载体，它永不对他物作述说；或者是某一独立的、单个的存在，这就是个别事物的形状和形式。"[②] 显然，他的实体观点在这里发生了很大的变化。首先，这里没有了"第一"或"第二"的等级排列，无论是四种实体还是双重含义，似乎是平等并列的，取消了个别事物的至尊地位。其次，实体家族的成员变动了，排除了种[③]、属概念，增添的都是事物内部的根本性因素，如元素、本质、形式等。尤其值得注意的是，他第一次把形式作为实体的双重含义之一，且视为独立的、单个的存在。最后，判断实体的标准也有变化，一方面只保留了《范畴篇》五条标准中的第一、二两条，另一方面更重要的是分别用不同的标准来指征不同的实体，即用第一条标准衡量"主体"或"载体"（hupokeimenon），用第二条标准规定形状和形式。

《形而上学》第七、八、九卷主要在事物分析层面上对实体学说展开了系统探讨，这也可以说是亚里士多德思想的深入发展。首先，他重申了实体是存在的首要意义的观点，借以说明探讨实体的重要性。所有范畴和事物都由于实体而存在，因为"实体在一切意

---

① 参见苗力田主编：《古希腊哲学》，第 502 页。

② 同上。

③ "种"和"形式"在亚里士多德的原文里是同一个词 eidos，但是含义不同。"种"是逻辑上的一个概念层次，"形式"则是决定事物之为事物的本质。

义上都是最初的，不论在原理上，在认识上，还是在时间上”[①]。我们首要的和唯一的问题，就是考虑实体是什么。关于实体是什么的问题，前人有不同的回答。概括而言，至少有四种：是其所是、普遍、属、载体。于是，他便分别来考察这四种东西是不是实体。

先说“载体”。有三种东西具有载体的特征（即：其他述说它而它不述说其他）：质料、形式、两者构成的具体事物。质料既是实体又不是实体。说它是实体，因为它符合“不述说其他”这个标准；说它不是实体，因为“分离的东西和‘这个’看来更算做实体”[②]，因而质料不符合这两条。“这个”是具有自己独特规定性的个体，所以才能分离存在，但“我所说的质料，就其自身既不是个某物，也不是某种量，也不是用来定义存在的其他范畴”[③]。简言之，作为质料的质料什么也不是，当然不具有“这个”和“分离”的特征，所以不是实体。比较而言，形式和由两者构成的事物，比质料更具实体性。既然复合物是实体，其构成因素之一的质料不太算实体，那么，另一构成因素即形式就是实体了，而且其实体性应该比复合物更大。“如若形式先于质料，并且是更充分的存在，根据同样理由，它也先于由两者所组成的东西。”[④] 这样一来，它们的顺序就应该是：形式、事物、质料。

再说“普遍”和“属”。他明确断言，它们都不是实体（他在论述时讲的是“普遍”，没有专门讨论“属”，因为“属”必定是普遍的，故可以理解成一并讨论了）。其主要理由是：第一，每物的实体都是它所特有的，不属于别物，而普遍则是共同的。第二，“实体按其本意就是不依存于载体的东西，而普遍却只有依存于某一载体才有意义”。因为如若实体依存于什么、从出于什么，就不是最初的了。第三，“实体不可能由它现实地包含着的实体构成，因为像这样现实着的二，决不可能成为现实着的一”，除非是潜在的二。既然普遍不是实体，理念当然也就不是实体了，因为理念是普遍的。[⑤]

再说“是其所是”（希腊原文是 to ti en einai，英语一般翻译为 essence，汉语有“怎是”“恒是”等多种译法，多译为“本质”）。这是他讨论的重点，用的篇幅也最多。他首先指出，“所谓个体的是其所是，就是那就其自身而言的是、存在”[⑥]。这就把“是其所是”与偶性区别开来了，因为所有偶性都不是就自身而言的存在。然后他又把“是其所是”与其他范畴（因为它们也算就自身而言的存在）区别开来，认为唯有实体才有定义，如若其他范畴有定义，必然由附加成分构成，所以，“定义就是是其所是的公理，是其所是只是实体的是其所是”[⑦]。最后他得出结论，个体和它的是其所是是同一的，“如若我们知道了个体的是其所是，也就理解了个体”[⑧]。而“个体只不过是自身的实体，是其所是则被认为是个体的实体”[⑨]。所以，“是其所是”是实体。由于在事物中，形式其实就是它

---

① 苗力田主编：《古希腊哲学》，第 507 页。
② 同上书，第 508 页。
③ 同上书，第 510 页。
④ 同上。
⑤ 参见上书，第 529－530 页。
⑥ 同上书，第 509 页。
⑦ 同上书，第 513 页。
⑧ 同上书，第 514 页。
⑨ 同上书，第 513 页。

的是其所是，所以“实体就是内在的形式”。

经过以解剖法和排除法为特征的细致分析，他在《形而上学》第七卷中得出了事物的形式才是第一实体的结论。在第八卷中，他又进一步讨论了质料和形式在事物中的不同作用以及两者的层次问题。从逻辑分析的角度看，质料和形式都存在着各自的层次，质料有与事物最近的质料和远离该事物、没有任何规定性的纯质料，形式也有与质料结合的事物形式和最高的、无质料的纯形式。不过就认识事物而言，关键是要寻求该事物最近的质料和特有的形式，而这种质料和形式恰恰是同一的。它们的区别只是存在方式的不同，一个是潜能的，一个是实现的。所以，在第九卷里，他又专题讨论了潜能与实现的问题，试图在前述的静态分析之后，再从动态的角度进一步说明质料与形式不可分离的关系。

总而言之，亚里士多德认为，事物由质料和形式构成，质料是没有规定性的潜能，因而不能独立存在，不是“这个”，不是“是其所是”意义上的实体；形式则是实现了的“这个”，是事物的“是其所是”，所以更是实体。显然，这种观点与第五卷相比，已经发生了很大变化，表现出了明显的抬高形式、贬低质料的倾向。随着他的思路越过具体事物这道屏障而自由上升到探讨永恒不动实体的纯逻辑分析层面，这种倾向更加突出了。换言之，尽管亚里士多德始终不同意柏拉图的分离理论，他的“形式”也不是理念，但是随着思考的深入，尤其是在知识问题上，他哲学中的柏拉图主义色彩越来越浓厚了。

（三）神学

《形而上学》第十二卷通常被看作亚里士多德实体学说的“神学”部分（即狭义的神学），也可看作其思想变化的组成部分。[①] 在这里，他首先提出的任务是：“既然实体有三种，两种是自然的，一种是不运动的，应该来谈谈这最后的一种”[②]。所谓两种自然实体，一指非永恒的感性实体，即他在前面讨论得最多的有生灭的月下世界的具体事物；二指永恒的感性实体，即所谓月上世界的天体。这两种自然实体都是运动的，都主要属于自然哲学即物理学的研究对象。如前所述，第一哲学的研究对象是不动的东西，所以现在他要讨论的就是这种实体。

一种不运动的实体必定是永恒的。因为实体是第一位的存在，如若实体毁灭了，一切也都不存在，但是前面已经论证过运动和时间都是永恒的，所以这种实体必然永恒。此外，这种实体的“本质即是现实性”，没有任何质料和潜能。因为如若是潜能，就不会永恒，因为潜能的东西可能存在也可能不存在；同理，如若有质料，就有潜能（既然质料是以潜能的方式存在），也就不是完全的现实性了。这种永恒而不动的实体，正因为是完全的现实性和无质料的纯形式，所以才成为永恒运动的原因，即第一动者。它是被向往和被思想的对象，并以这种方式使事物运动。向往的对象是“善”，因此，善是第一动者，也是事物所要达到的目的，它作为事物追求的“所为因”引导事物的运动。这个善，

---

① 由于亚里士多德著作的写作时间难以准确断定，我们关于亚里士多德思想变化的解释只是一种纯粹的逻辑分析，不一定与实际情形相符。例如有些学者就认为《形而上学》第十二卷后五章的写作时间要早于其他诸卷，故立此存疑。

② 《形而上学》，1071b4-5，载苗力田主编《亚里士多德全集》，第七卷，第275页。

也是思想（nous，理性）的对象，因为“最高层次的思想，是以至善为对象的思想”[①]。思想由于接触和想到这个对象，也就分享它而成为对象，所以，思想和被思想的东西是同一的，“思想就是对思想的思想”[②]。这样的思想，是人生的最大快乐，是至高无上的。它之所以是至高无上的最大快乐，是因为这个东西就是神，能一刻分享神所永享的至福，当然是受宠若惊的事情。“神是赋有生命的，生命就是思想的现实活动，神就是现实性，是就其自身的现实性，他的生命是至善和永恒。我们说，神是有生命的、永恒的至善，由于他永远不断地生活着，永恒归于神，这就是神”[③]。黑格尔曾经将亚里士多德这段话原文照搬，作为他的《哲学全书》的结束语。两位哲学大师思想之相通之处，由此可见一斑。

这就是亚里士多德从概念分类、事物剖析推进到逻辑分析所建立起来的神实体说或神学。单纯从逻辑上讲，这个神学也可以看作他的本原论、原因论、运动论、实体论思想的融会贯通之处。神是无质料的纯形式、无潜能的完全现实、不动的第一动者、万物的终极目的、“独立于可感事物而存在”的最高实体，它永恒、至善，以自己为对象，充满永恒的生命活力，但又“没有体积、没有部分，不可分”，也“不承受作用，不被改变”。[④] 形式因、动力因、所为因三因合一，在这里得到了完全的实现。黑格尔曾经高度评价亚里士多德的这一思想：“神是纯粹的活动性，是那自在自为的东西；神不需要任何质料，——再没有比这个更高的唯心论了”[⑤]。显然，这个“神”并不是宗教神而是哲学神。它既是逻辑分析的产物，又是思想（理性）的代名词。把思想本身（而不是把物或神）推到至高无上的地位，并以自身为对象进行活动，使主观和客观、思维和对象达到真正的统一，“只有在思维里面，才有客观和主观的真正相符……这就是亚里士多德哲学中的最高点；人们不能希望认识比这更深刻的东西了”[⑥]。确实，从苏格拉底开始的希腊精神哲学，到亚里士多德这里达到了顶点，虽然他的精神哲学是以自然哲学为基础的。

从具体事物是第一实体，到（事物的）形式是根本实体，再到（纯形式的）神是最高实体，这或许可以理解为亚里士多德实体学说的发展历程（当然，这不是时间上的先后，而是逻辑上的先后，因为时间先后的问题涉及著作编年史，根本无法取得一致的意见）。他的看法之所以会发生如此大的变化，原因是多方面的。首先，从思想背景看，虽然他深知柏拉图理念分离学说的理论困境并进行了无情批判，坚持脚踏实地的学术风格和从具体到抽象的思维进程，力图在自然哲学基础上研究第一哲学，但是他毕竟深受柏拉图长达20年的影响，不可能不重视他视为“形式”而柏拉图视为“理念”的那个eidos。其次，从词源关系看，ousia本身就有“实体”和“本质”两方面含义，一个侧重载体，一个侧重本性。当亚里士多德在不同的地方，从不同的角度和层面探讨实体时，强调不

---

① 《形而上学》，1072b20，载苗力田主编《亚里士多德全集》，第七卷，第278页。
② 同上书，1074b36，载苗力田主编《亚里士多德全集》，第七卷，第284页。
③ 同上书，1072b27－31，载苗力田主编《亚里士多德全集》，第七卷，第279页。
④ 同上书，1073a5－12，载苗力田主编《亚里士多德全集》，第七卷，第279页。
⑤ 黑格尔：《哲学史讲演录》，第二卷，第295页。
⑥ 同上书，第301页。

同的含义也是非常自然的事情。我们不要因为他某些说法的不一致，就简单轻率地断定其思想混乱。

从巴门尼德将存在确立为哲学的研究对象，到苏格拉底-柏拉图对“是什么”亦即本质问题的探索，再到亚里士多德的第一哲学，可以看成是形而上学或存在论在希腊的奠基、创立和成熟过程，他们共同为整个西方古典哲学定下了基调。不过，亚里士多德的形而上学虽然对后世影响非常大，但其中许多深刻的思想（例如形而上学以实体为核心的范畴体系确立了世界的逻辑结构、潜能与实现的生成论动态因素等等）迟至黑格尔才真正得到发扬光大。

四、灵魂论

亚里士多德的灵魂学说不仅是他自然哲学的重要组成部分，而且运用了第一哲学的一些基本原则来分析问题，因而显得很有特色。他在《论灵魂》里集中阐述了这方面的思想。我们只简要概述两点：灵魂的本质及其与躯体的关系；灵魂的等级和功能。

（一）灵魂的本质及其与躯体的关系

他认为，灵魂既不是德谟克利特所说的精细原子，也不是毕达哥拉斯学派所主张的数目和谐，更不是柏拉图所断定的独立于躯体之外的永恒不朽的东西，而是“潜在地具有生命的自然物体的形式”[①]，或“潜在地具有生命的自然物体的第一现实性”[②]。所以，“灵魂是在公理意义上的实体，它使有关的物体是其所是”[③]。“灵魂是在自身内具有动静本原的自然物体的形式或本质”[④]。这几个关于灵魂本质的定义性说法，典型体现了亚里士多德灵魂观的特点。首先，他完全是运用《物理学》和《形而上学》中阐述的哲学基本原则和使用的核心概念来规定灵魂的，所以灵魂被视为形式、现实性、实体或本质。其次，他否定了万物有灵的传统观念，把灵魂限定在“潜在地具有生命的自然物体”范围内，“把生命作为有灵魂的东西和无灵魂的东西的区别所在”[⑤]，排除了无生命物具有灵魂的可能性。最后，他比较好地处理了灵魂与躯体的关系。一方面，灵魂是精神性的东西，不是物质或物体；另一方面，灵魂又不能脱离躯体而独立存在，任何一个生命物体，都是由作为形式的灵魂和作为质料的躯体结合而成的，也只有在和躯体的结合中，灵魂才能发挥作用。“由此可见，灵魂和躯体是不能分离的，如果灵魂具有部分，那么灵魂的部分也是不能和躯体分离的。”[⑥] 灵魂不仅“寓于躯体之中，存在于某一个别躯体之中”，而且“不像前人说的那样，把灵魂硬塞到任一躯体里面”[⑦]。相反，任何灵魂都有其独特

① 苗力田主编：《古希腊哲学》，第473页。
② 同上书，第474页。
③ 同上。
④ 同上。
⑤ 同上书，第475页。
⑥ 同上书，第474页。
⑦ 同上书，第477页。

的性质，都存在于自己固有的质料中，这样才能构成每个生命个体。

（二）灵魂的等级和功能

灵魂是生命原则，而生命有多种表现，不同的表现构成灵魂的不同等级。亚里士多德把灵魂的等级分为三类，分别讨论了它们的不同功能及其关系。

最低的等级是植物灵魂或营养灵魂。“营养灵魂寓于一切其他能力之中，它是灵魂最初的、最为共同所有的能力，一切生物靠了它而具有生命”①。它的作用表现在两个方面，即摄取食物和生殖。植物仅有营养能力，所以是最低的灵魂形式。比植物灵魂高一层次的是动物灵魂或感觉灵魂。除营养能力外，任何动物至少拥有一种感觉，即触觉。感觉灵魂又具有三方面的功能，即感觉、欲望和位置移动。最高的等级是人类灵魂或理智（nous，或译理性）灵魂。因为这种灵魂除包括营养灵魂和感觉灵魂的所有能力之外，还有推理和思维的能力，而这种能力是人以外的其他生物所不具备的。

感觉能力并非现实地存在着，它是潜在的，必须受到感觉对象的启动。就像燃料一样，如果没有某种东西把它点着，它自身不会燃烧起来。使感觉由潜在变成现实的感觉对象都是外在的、不依赖感觉而存在的个别事物，因此现实的感觉都带有个别性。但是，感觉所接受的不是对象的质料，而只是形式。“感觉就是撇开感觉对象的质料，而接受其形式，正如蜡块，它接受戒指的印迹而撇开铁或金，它所把握的是金或铜的印迹，而不是金或铜的本身。”② 正因为感觉依赖于对象的刺激，所以就有个比例问题，比例协调才会产生感觉。反之，如果对象对感官的刺激太强，就会破坏比例甚至破坏感官，例如震耳欲聋或强光眩目，这说明了感觉的局限性。

“所谓理智，指灵魂用来思维和判断的部分”③。所以，它与感觉既有相似的一面，又有根本的区别。首先，理智对于思维对象的关系与感觉对于感觉对象的关系是一样的，因为它也唯有在思维时才现实存在着，在思维之前，什么也不是，而且也只接受对象的形式而不是对象本身。但是，理智在本质上完全不同于感觉，这主要表现在两个方面。其一，理智有主动与被动之分。被动理智指的就是上述之理智的含义，即思维能力，它不能脱离肉体而单独存在，是可毁灭的，它本身潜在着，只有在接受对象而思维时才现实存在。主动理智则不然，它指思想自身或理智自身，不是作为思维能力而是作为思维对象存在着，不与别物相混杂，“就像对象和其质料分离一样，理智也是同样能分离的”④。正因为不和肉体混合在一起，所以它（也只有它）是永恒的和不朽的。比较而言，主动理智优于被动理智，因为“主动的东西总是比被动的东西更尊贵，本原比质料更尊贵”⑤。其二，理智以自身为对象。感觉的对象是外物，而“理智自身就是思维对象”，所以“思维和被思维是一回事情”⑥。所谓理智以自身为对象，指被动理智即思维能力以主

---

① 苗力田主编：《古希腊哲学》，第 479 页。

② 同上书，第 483 页。

③ 同上书，第 485 页。

④ 同上。

⑤ 同上书，第 486 页。

⑥ 同上。

动理智即思想自身为对象。因为没有这种主动理智就不会有思维，它作为形式、动力和目的，作为现实地在先的东西，推动着被动的理智能力从潜在变成现实，进行着思维活动。在这里，他从灵魂功能分析的角度，得出了与《形而上学》相同的结论：思想就是对思想的思想。所以，黑格尔说，“我们今天所谓主观和客观的统一，在这里是最明确地说出来了”①。

五、亚里士多德哲学的影响

由于篇幅所限，我们对亚里士多德哲学思想的介绍只能是纲要式的（还根本没有涉及他的逻辑学、伦理学、政治学和诗学中的有关内容），因而难免挂一漏万。然而即使是概述，我们也不难从中看出，亚里士多德确实是希腊哲学乃至整个希腊文化的集大成者。他不仅总结了以前所有哲学家的思想并且澄清了他们的混乱，而且把自然哲学和第一哲学、知识论紧密结合在一起，从而代表了希腊哲学的最高水平。他不仅是哲学大师，而且是逻辑学、心理学、生物学、伦理学、政治学等多个学科领域的奠基者或重要创始人。他以其在思想史上建立的不朽丰碑，赢得了人们由衷的崇敬和赞叹。马克思称他为“古代最伟大的思想家”②；恩格斯说他是古希腊思想家中“最博学的人物”③，黑格尔则誉之为“从来最多才最渊博（最深刻）的科学天才之一”，“一个在历史上无与伦比的人”，应当把他和柏拉图称为“人类的导师，如果世界上有这种人的话”④。

柏拉图与亚里士多德的确堪称人类的导师，不过这两位“人类导师”的哲学虽然有相同或相近的一面，但区别却是主要的。概括而言，他们之间的区别主要表现在以下五个方面。

一是基本风格不同。柏拉图具有诗人的浪漫气质，是激情的理想主义者，他狂热追求恒真、至善、尽美，并企图以此服务于政治，匡正现实社会。亚里士多德则脚踏实地，是理智的现实主义者，他也追求崇高与至善，但懂得最好不等于最可行的道理，因而以平和、适度的中道为标准，且尽量不介入政治。

二是知识背景不同。柏拉图由于贬低处在动变状态的感性事物，对自然领域诸学科的知识吸收不够，只对数学感兴趣，并以此为其哲学的知识背景。亚里士多德则非常注意吸收各门学科的成果，对自然领域的事情尤其感兴趣，以生物学作为自己哲学的知识背景。

三是治学方法不同。柏拉图继承并发展了苏格拉底的问答法，热衷于论战性的问题讨论，是典型的辩证法家，而且不太重视前人的观点。亚里士多德则在全面批判总结前人思想的基础上，以探索性的多种分析见长，在分析中澄清问题，论证观点，发现真理。

四是哲学思路不同。柏拉图的理念论是一种先验思路，他为追求确定的普遍本质，先将个别与一般割裂开来，否定个别事物的实在性，然后用分有和摹仿来沟通。亚里士

---

① 黑格尔：《哲学史讲演录》，第二卷，第 355 页。

② 《马克思恩格斯全集》，中文 1 版，第 23 卷，人民出版社，1972，第 447 页。

③ 《马克思恩格斯全集》，中文 1 版，第 20 卷，人民出版社，1971，第 22 页。

④ 黑格尔：《哲学史讲演录》，第二卷，第 269 页。

多德也追求确定的、普遍的东西，但他的实体论坚持的是从经验出发，把各类实体排列成一个连续的等级系列，克服了两个领域的断裂，用潜能和实现来解决它们的联系问题。

五是崇尚境界不同。柏拉图虽然重视逻辑推理和思辨作用，但把真善美的最高境界视为一种直觉的、感悟的迷狂，从而在一定程度上消解了理性与非理性、思辨与神秘、理智与情感的界限。亚里士多德则自始至终崇尚理智的思辨活动，把思想对自身的思想看成灵魂的最高功能和人生的最大快乐。正因为亚里士多德坚持的是彻底的理性主义，否定了神秘的直觉和顿悟，所以在宗教色彩比较浓重的希腊晚期和中世纪早期，他的影响远远不如柏拉图（当然还有其他原因）。

亚里士多德哲学的影响也是通过学派内部和外部两种途径实现的。从学派内部情况看，他远不如柏拉图幸运。由于政治等原因，他的手稿历经劫难，损失很大，且长期被湮没，直到他死后近300年，才以漫步学派第十一位领袖安德罗尼柯编纂的第一个正式版本流传于世。因此，尽管吕克昂学园一直存在，但从第一代继承人狄奥弗拉斯图开始，人们的兴趣主要集中到了某些具体的学科领域（如植物学、动物学、逻辑学、修辞学等），哲学色彩不大浓烈，其活动中心也逐渐由雅典移到亚历山大里亚城，最后移往地中海的罗得岛。直到这时，这一学派的学者们才开始致力于亚里士多德著作的注释工作。

从学派外部情况看，他的遭遇更加曲折。在整个晚期希腊和罗马时期，影响哲学发展的主要是柏拉图，无论是斯多亚学派、斐洛还是新柏拉图主义等，都只是非常有限地、“为我所用”地吸收了亚里士多德的某些思想。在中世纪，教父哲学和早期经院哲学亦以柏拉图哲学作为理论基础。公元6世纪初，东罗马帝国（拜占庭）皇帝查士丁尼认为亚里士多德哲学有违教义，遂下令禁止研究。幸运的是，他的学说在东方遇到知音，其著作先后被译为叙利亚文和阿拉伯文，在阿拉伯世界广为流行。直到12世纪，欧洲才重新发现他的著作的希腊语原本。13世纪时著名的经院哲学家托马斯·阿奎那为重建基督教神哲学体系，致力于用亚里士多德哲学取代柏拉图哲学作为其理论依据并逐渐获得了成功。经过他的不懈努力，亚里士多德哲学才由异端邪说一变而成为中世纪哲学的权威。也正是因为如此，他理所当然地成了西方近代哲学家们批判经院哲学的“替罪羊”。18世纪以后，人们才逐渐心平气和地、理智公正地评判亚里士多德哲学，于是就有了柏林科学院的贝克尔版本《亚里士多德全集》，考订、注释和评价亚里士多德的著作汗牛充栋，有了至今不衰的研究和寻根热潮。

恩格斯曾经称亚里士多德为“古代世界的黑格尔”①，我们也可以称黑格尔为“近代的亚里士多德”。后面我们将看到，就形而上学而论，亚里士多德哲学与黑格尔哲学的确是西方哲学史上两座遥相呼应的丰碑，它们虽然相隔2000多年，但是却有着一脉相承的内在关联。

古典时期的希腊哲学以苏格拉底、柏拉图和亚里士多德为代表，可以说是希腊哲学的顶峰或鼎盛时期。他们的思想不仅体现了希腊哲学的最高水平，而且对整个西方哲学产生了难以估量的影响，甚至可以说，西方哲学就是由此而奠基的。苏格拉底对“是什么”问题的探索、柏拉图关于两个世界的划分以及他的体系框架、亚里士多德的推理分

① 《马克思恩格斯选集》，3版，第3卷，第394页注释。

析方法等等，以理性主义的基调为西方哲学确立了基本的观念原则、问题领域和表达方式，当然也暴露出种种新的问题，从而吸引着后来者们不断地变换角度和思路，展开了无穷无尽的探索。

无论其初衷是什么，这一时期的哲学家都非常关注知识问题。尽管前苏格拉底哲学家的目的也在于知识，但他们大多是武断地宣称本原是什么，知识的可能性等问题尚未正面进入他们的视野。由于自然哲学的衰落和智者诡辩的泛滥，知识问题成了哲学亟待解决的当务之急，因而从苏格拉底到亚里士多德这三代哲学家的思考基本上都是围绕知识问题展开的。当然，由于缺乏实验科学的支撑等原因，古代哲学中的认识论很不发达，哲学家们还没有自觉地深入思考诸如主体与客体、认识与对象等问题，这就决定了知识问题在此是不可能得到解决的，虽然他们进行了难能可贵的探索，在许多方面形成了极其深刻的思想。

如果在某种意义上说，早期希腊哲学从宇宙生成论的角度所关注的主要问题是一与多的关系问题，亦即自然万物统一的本原与多种多样的事物之间的关系问题，那么，古典时期的希腊哲学则由于知识问题的重要性，更加关注的是一般与个别的关系问题，柏拉图与亚里士多德之争就是明证。这个问题甚至一直延续到了中古哲学中的经院哲学，构成了唯实论与唯名论争论的核心问题。当然，如前所述，无论知识问题多么重要，它毕竟还没有脱离存在论而形成相对独立的研究领域，这就限制了它的深入发展。

希腊哲学的鼎盛时期正处在整体意义上的希腊文明由盛而衰的时期。制度的变迁、辉煌的失落、社会的动荡、人生的无常，迫使哲学的研究对象和重心发生很大改变，人生问题、伦理问题、灵魂问题顺理成章地成为哲学家们讨论的主要问题。希腊哲学进入了它的晚期阶段。

思考题

1. 试述苏格拉底关于“德性即知识”的思想。
2. 以“洞穴之喻”为例，简述柏拉图的理念论。
3. 简述柏拉图对于理念论的反思。
4. 简述亚里士多德的四因说。
5. 试述亚里士多德关于实体（ousia）概念的探索。

第三章

晚期希腊哲学

所谓“晚期希腊哲学”，包括希腊化时期和罗马时期的哲学思想，由于这两个时期的哲学实际上都是传统希腊哲学的延续，而且表现出明显的一脉相承的思想特征，所以我们把它们放在一起讨论。

与以前的哲学相比，晚期希腊哲学有三个显著的特征。首先是无全新的体系出现。哲学家们基本上是以某位或某派前人的思想成果为依据，加以改造或发挥，演绎出自己的结论。其次是伦理化倾向。无论哪一派哲学，都以伦理学为核心来构建自己的理论，而且缺乏前人那种学以致知的思辨风格。最后是以心灵的安宁为目的。即以灵魂的安顿、安抚和安宁为主要目标，开列出各种治疗处方。

之所以在这一特定的历史时期出现上述现象，可能是以下五方面原因共同作用的结果。一是社会剧变的反映。传统城邦制的瓦解，马其顿人和罗马人的政权交替，造成了剧烈的社会动荡，生活于其中的人们普遍惶恐不安，渴望和平安宁的生活。二是学术发展的结果。随着亚历山大里亚城文化地位的确立和人们视野的开阔，这一时期的学术研究逐渐朝专业化的方向发展，几何学、天文学、生物学、地理学、文学等领域在取得辉煌成就的同时，逐步脱离哲学分化出去，一时间不可能再出现柏拉图、亚里士多德那种包罗万象式的大体系，而其他学科所不涉及的伦理学等问题却更加凸显出来。三是缺少自然科学的支撑。过去的希腊哲学虽然重视知识而且以自然哲学为重心，但认识论并不发达，当时的自然科学尚处在萌芽状态，这就使他们对自然的认识往往停留在经验和猜测的层面，难以进一步向前发展。四是哲学内部的争论。早期和中期希腊哲学家那种穷究天理的思辨精神，以及占统治地位的绝对主义哲学形态，遭到了相对主义和怀疑主义的抨击。五是罗马和东方思想的影响。当希腊哲学因内部争论而变得不如过去自信和强大时，罗马人和东方人的实用态度及神秘色彩浓厚的宗教观点便乘虚而入，引起了哲学家们的重视。

晚期希腊哲学历经 800 余年，由于东西方文化的交汇和新老观念的碰撞，派系林立，传承复杂。除了柏拉图学园和吕克昂学园在维护传统而外，主要的流派是伊壁鸠鲁主义、斯多亚学派、怀疑主义和新柏拉图主义。

第一节　伊壁鸠鲁主义

伊壁鸠鲁（Epicurus，公元前341—前270）出生于雅典，到过萨摩斯等地，在那里熟悉了德谟克利特的著作。18岁返回雅典求学，约36岁时创办了自己的学校，人称“花园”。此后他一直在学校里从事学术工作，终年71岁。伊壁鸠鲁一生撰写的著作据说多达300多卷，现在仅存残篇和三封书信，我们主要从他的书信和后人的记述中了解其哲学思想。

伊壁鸠鲁的哲学体系包括三个部分：研究真理标准的准则学；研究万物生灭的物理学；研究人生目的的伦理学。在他看来，一个人要想获得灵魂的安宁，享受人生的幸福，就必须认识宇宙自然的本性。因而在他的哲学中，准则学和物理学是手段，伦理学则是目的。

一、准则学

准则学是伊壁鸠鲁哲学的导论或入门，它研究的是真理的标准以及获得认识的途径。他认为，判定真理的标准有三类，即感觉、预见（prolepsis）和情感。感觉是绝对真实的，“没有什么东西能驳倒感觉。一个感觉不能驳倒另一个同类的感觉，因为它们的有效性相等；一个感觉也不能驳倒另一个异类的感觉，因为二者所判别的对象是不一样的。理性也不能驳倒它们，因为理性是完全来自感觉的”①。“预见是一种储藏于心灵中的把握、真实的意见、观念或普遍思想”②，它是对外在东西的回忆。例如，这种东西是一个人，因而一旦听到“人”这个词，我们就会由此预见而想起他的形状。如果我们不先通过预见获悉事物的形状，就不能命名事物。情感是内在的感觉，有快乐和痛苦两种状态。“它们存在于每个生物中，一个与生物相宜，另一个则与之敌对。选择什么和避免什么是通过它们决定的”③。虽然伊壁鸠鲁的准则学是感觉主义的，对感觉的抬高和对理性的贬低必然导致众说纷纭的多准则或无准则，不过这种观点在当时也有积极意义：一方面是对古典时期精神哲学贬低感觉的思辨倾向的反动，另一方面则是对现实社会人们崇拜超感觉之物的倾向的打击。伊壁鸠鲁的准则学为其快乐主义伦理学和疑神论的宗教观奠定了基础。

二、物理学

在自然观上，伊壁鸠鲁接受了德谟克利特的原子论，认为世界万物都是由原子和虚

---

① 苗力田主编：《古希腊哲学》，第621－622页。

② 同上书，第622页。

③ 同上。

空构成的。所以，他虽然并不否认神的存在，但是坚决反对神统治和安排世上一切的观念，认为神只是存在于世界之外，与我们毫无关系。

针对德谟克利特原子论的不足，他做出了以下三点重要的修正和发展：

第一，原子形状有限。德谟克利特认为原子在形状方面的差别是无限的，大到无穷，小到无限，这就与“原子是看不见、不可分的东西”这一基本前提自相矛盾了。伊壁鸠鲁的修改是：“每种具有同一种形状的原子在数量上是绝对无限的，但是原子形状的差别却不是绝对无限的，只是数不清而已”。①

第二，原子有重量区别。德谟克利特没有提到原子有重量的特性，伊壁鸠鲁则明确主张原子有重量的区别，从而更合理地解释了原子运动的原因。他说：“原子除了形状、体积和重量以外，没有其他性质”，“原子以同等速度运动，因为虚空为最重的原子和最轻的原子准备了同样的道路”②。在某种意义上说，重量乃是使原子在虚空中运动起来的原因。

第三，原子有偏斜运动。德谟克利特只承认原子的直线下落运动，这种观点无疑否定了偶然性的客观存在，更难以说明原子如何相互碰撞以形成万物。伊壁鸠鲁则认为，原子除了必然的直线运动外，也可以有“离开正路”的偶然的偏斜运动。这个修正意义重大，因为它不仅说明了原子何以碰撞进而形成万物的自身原因，而且通过承认偶然性的存在，为他论证公民个体的自由意志原则提供了理论依据。

在伊壁鸠鲁看来，物理学对自然的研究是为伦理学服务的，因为只有了解了自然万物的本性，才能具有科学的知识，只有具备了科学的知识，才能真正消除对神灵和死亡的恐惧，享受无疵的快乐。

三、伦理学

伦理学是伊壁鸠鲁哲学的核心和目的。他在感觉主义准则学和原子论物理学的基础上，改造发挥了昔勒尼学派的快乐论，提出了“快乐是幸福生活的始点和终点”的主张。

他说：“我们认为快乐是幸福生活的始点和终点。我们认为它是最高的和天生的善。我们从它出发开始有各种抉择和避免，我们的目的是要获得它。”③ 但是，“当我们说快乐是终极的目标时，并不是指放荡的快乐和肉体之乐，就像某些由于无知、偏见或蓄意曲解我们意见的人所认为的那样，我们认为快乐就是身体的无痛苦和灵魂的不受干扰。构成快乐生活的不是无休止的狂欢、美色、鱼肉及其他餐桌上的佳肴，而是清晰的推理、寻求选择和避免的原因、排除那些使灵魂不得安宁的观念”④。显然，最使灵魂不得安宁的观念是对神灵和死亡的恐惧感。不过，神虽然存在，但不是像一般人想象的那样干预世人的生活，因而不必恐惧。至于死亡，更与我们毫不相干。因为“我们活着时，死亡尚未来临；死亡来临时，我们已经不在了”⑤。所以，有智慧的人既不应厌恶生存，也不

① 苗力田主编：《古希腊哲学》，第625页。

② 同上。

③ 同上书，第639页。

④ 同上书，第640页。

⑤ 同上书，第638页。

应恐惧死亡。

幸福或快乐与欲望有一定的关系。他既不是一概肯定也不是完全否定欲望，而是主张对欲望应做出正确的认识和区分，然后进行取舍。“我们必须认识到，有些欲望是自然的，有些欲望是虚浮的。在自然的欲望中，有些是必要的，有些则仅仅是自然的而已。在必要的欲望中，有些是为我们幸福所必要的，有些是为身体的舒适所必要的，有些则是为我们要生存着所必需的。明确认识到这一切的人，能够为获得身体的健康和灵魂的平静而决定自己的抉择和避免，把身体的健康和灵魂的平静看做是生活幸福的极致。”①

从这种伦理观出发，他还明确提出了社会契约论的思想。在他看来，国家、法律、公正等，都不是外力强加的，也不是绝对永恒的，而是人们相互约定的。“没有绝对的公正、就其自身的公正，公正是人们相互交往中防止互相伤害的约定。无论什么时间、什么地点，只要人们相约以防互相伤害，公正就成立了。”② 这一思想在西方政治学说史上具有重要的意义。马克思和恩格斯指出：“国家起源于人们相互间的契约……这一观点就是伊壁鸠鲁最先提出来的。”③

从上面的简述可以看出，伊壁鸠鲁的思想确实有不够深刻之处，但并不像人们长期误解的那样鼓吹单纯追求感官快乐和欲望满足。虽然他认为如果有人觉得感觉欲望可以给他带来最大幸福，他尽可以去追求这种欲望的满足，但他更为强调精神上的快乐要高于感官的快乐。不仅如此，他并不主张我们完全受感觉欲望的支配，而是认为有一些事情取决于我们的意志自由，所以人负有道德责任。

伊壁鸠鲁去世之后，他的学说得到了比较广泛的传播，形成了伊壁鸠鲁学派。公元前2世纪中叶，伊壁鸠鲁主义传到罗马，吸引了不少信徒，卢克莱修便是其中杰出的代表。

四、卢克莱修

提图斯·卢克莱修·卡鲁斯（Titus Lucretius Carus，约公元前99—约前55）是罗马共和国末期著名的哲学家和诗人，生平不详。他的哲理长诗《物性论》不仅是唯一完整保存下来的伊壁鸠鲁学派的著作，具有很高的史料价值，而且是用优雅的拉丁诗体写成，因而具有较高的文学价值。

卢克莱修在哲学上并无多少理论创新，他的主要贡献有三点。其一，他以大量的日常论据和经验事实，通过论证原子论的基本观点，丰富了伊壁鸠鲁的物理学。其二，他以原子论为思想武器，较为系统地批判了当时盛行的宗教迷信。其三，他为反对神创论，阐述了生物进化和文明起源的思想。

伊壁鸠鲁虽然否认神对自然和人世的干预，但并没有否认神的存在。卢克莱修则坚决否认神存在于任何地方，并在此基础上揭示了宗教起源的原因，批判了宗教迷信对社

① 苗力田主编：《古希腊哲学》，第638-639页。

② 同上书，第644页。

③ 《马克思恩格斯全集》，中文1版，第3卷，第147页。

会产生的严重危害，集中驳斥了宗教迷信的支柱——灵魂不死学说。他指出，造成万物的只是那些元素，宇宙间没有任何事情受神灵摆布。但是，由于人们愚昧无知，不能解释一些自然现象，加之惧怕自然的威力，于是就企求神灵庇护，从而产生了宗教崇拜。实际上，“正是宗教更常地孵育了人们的罪恶的亵渎行为”①，它不仅利用宗教仪式肆无忌惮地荼毒无辜的生灵，而且利用人们对死亡的恐惧进行欺骗，散布灵魂不死的说教，使得人类在宗教的各种重压下悲惨呻吟。其实，灵魂也是由微小粒子构成的，“和身体是同时生出的，并且一起长大和衰老”②，所以也和身体一样会死亡。灵魂死亡后，我们便无思想和知觉，因此死不足惧。

卢克莱修详细描述了生物进化和文明起源的过程。他的看法大致是：世界由自身有重量的原子相互撞击结集在一起，开始时杂乱无章，后来就分出了各个部分，形成了天穹、大地和海洋；大地最初产生植物，而后是动物，再后出现原始的人。原始人没有火、衣服、住房和公共生活，也不会耕作，靠野果、溪水和捕猎生活，男女混杂地穴居在洞巢和树林中；由于闪电和树木的摩擦带来了火，太阳光的作用又教给他们煮食物的方法，于是人类进入了文明状态，获得了茅舍、皮毛和火，一男一女开始组成家庭；语言的产生不是有人创造出来教给众人的，而是“自然促使人们发出各种舌头的声音，而需要和使用则形成了事物的名称”③，渐渐地，那些能力较强智慧较多的人，就教人去用火和其他的新发现来改变他们以前的生活方式，后来财富的出现助长了人们的野心，产生争夺和混乱，于是就有人“教人们去设立官吏职司，制定法典，使大家同意遵守法规”④，再后来发现了铁，出现了设防的城市、航海术等，各种技艺和知识也先后产生了。

伊壁鸠鲁哲学经过卢克莱修的论证和发展，思想更加丰富。虽然《物性论》在当时没有引起很大反响，在中世纪神学统治下更未产生应有的影响，但是对于文艺复兴时期伊壁鸠鲁主义的复兴却起了重要的作用。

第二节 斯多亚学派

“斯多亚”（stoa）是“画廊”的音译，因该学派的创始人芝诺在画廊中讲学而得名。与晚期希腊其他学派相比，斯多亚学派有三个明显的特点：一是它起源于东方希腊主义国家，代表人物基本上不是出生于希腊本土；二是与统治阶级的上层人物关系密切，曾经成为晚期希腊和罗马时期的官方哲学；三是它在晚期希腊哲学中，是延续时间最长、影响最广的一个派别。以时间先后和思想特点为依据，人们一般将该学派划分为三个发展阶段，即理论性的早期斯多亚学派、折中性的中期斯多亚学派和务实性的晚期斯多亚学派。

---

① 卢克莱修：《物性论》，方书春译，商务印书馆，1982，第6页。

② 同上书，第153页。

③ 同上书，第326页。

④ 同上书，第332页。

一、早期斯多亚学派

斯多亚学派的创始人是芝诺（Zenon，约公元前 336—前 264），他出生于塞浦路斯岛，后来在雅典求学和办学。芝诺的继承人是出生于小亚细亚阿索斯的克利安提斯（Kleanthes，约公元前 330—约前 232），克利安提斯的继承人则是克里西普斯（Chrysippos，公元前 281 至前 277 之间—约前 204），他也出生于小亚细亚，由于学识渊博，擅长论证，对斯多亚学派哲学体系的形成和传播贡献很大，故被誉为该学派的第二创始人。他们虽曾撰写了大量的著作，但均已佚失，我们主要依据第欧根尼·拉尔修和塞克斯都·恩披里柯等人的记载来了解他们的思想。

据说斯多亚学派是最早将哲学明确划分为逻辑学、物理学和伦理学这样三个部分的。其中逻辑学是工具或手段，物理学是基础，伦理学则是中心和目的。

（一）逻辑学

斯多亚学派的逻辑学包括辩证法和修辞学两个部分。前者讨论怎样用问答法正确地论述和探讨，包括语言理论和认识理论，涉及真理的标准和概念的形成等问题；后者讨论怎样连续地正确讲话，可分成论证的发明、论证的表达、论证的排列及雄辩等部分，发展了亚里士多德的逻辑学。

在认识论上，斯多亚学派重点探讨了认识的起源、概念的形成和真理的标准等问题。他们认为，只有个别事物是客观存在的，灵魂原本是一块白板，认识起源于外物作用在我们心中所产生的表象，相同的记忆或表象的结合产生了经验，概念则是通过对经验的概括形成的。关于真理的标准，他们的主张不完全相同。芝诺认为始于感觉的表象必须加以理解和把握才能成为真理。克里西普斯则把表象分为能理解的和不能理解的两类，前者产生于真实的对象并且与对象自身相符合，以印记的方式打在灵魂之上，是能理解那个对象的，因而是清晰的，故可充作真理的标准；后者不是从真实的对象中产生的，即使从真实的对象产生也不与对象自身相符合，所以它既不清楚也不明白，不能作为真理的标准。

就我们现在所理解的逻辑学而言，斯多亚学派也做出了重要贡献。首先，他们发展出了与亚里士多德主谓逻辑系统明显不同的命题逻辑。他们对简单命题和复合命题进行了区分，认为复合命题的真假取决于组成它的简单命题的真假，并提出了复合命题的四种真假值情况。其次，他们在范畴理论方面也对亚里士多德的观点提出了修正，重点探讨了范畴之间的联系和从属关系，并将亚氏的十范畴归结为四个，即实体、性质、方式和关系，更强调存在的动态性。

（二）物理学

斯多亚学派的物理学（自然哲学）包括宇宙论和神学两个部分，其总的特征是对自然的神化和精神化的解释，或反过来说，是对神的世俗化和自然化的解释。从思想来源看，它们带有浓厚的混合色彩，基本概念是赫拉克利特的火与逻各斯，又吸收了阿那克西美尼“气”的观点和亚里士多德关于形式与质料的学说。

“他们认为宇宙中有两种原则，主动原则和被动原则。被动原则是不具性质的实体，即质料。反之，主动原则则是内在于这种实体中的理性，即是神。”[①] 神是活生生的、不朽的、有理性的、完美的，他有很多名字，如理智、命运、宙斯、“普纽玛”（pneuma，可译为“精气”）等。神是宇宙的创造者，他首先创造了火、水、气、土四种元素或质料，原始的火变成气，气转变成湿气而成水，一部分水凝聚成土，另一部分留在表面而成蒸汽，形成包围在外面的球形的空气，气的稀释又最后消解成火。从这些元素的混合中形成了动物、植物及其他自然种类。这些质料作为被动原则，需要贯穿于其中的逻各斯的推动。这个逻各斯是永存不朽的“种子理性”，是世界的灵魂、秩序的规定者，是自然和命运，也是一种有技巧的火，“它等于普纽玛，其形似火并具有匠心”[②]。“种子理性”是万物的质料，像种子那样在个别事物中展示自己，但同时又是在自身中拥有万物的能动形式。世界的存在既然有开端，所以必定有终结。经过一段预定的、不变的时间，产生于火的世界又毁灭于世界大火，然后再重新产生，这是一个永无穷尽的轮回过程，每一轮的细节都和以前相似。这就是天意或命运，包括人的意志在内的一切都是绝对地被命运决定的。

既然世界的本性和规律是如此，人的职责就应当是认识天意，服从命运，顺应自然而生活。这就是斯多亚学派的物理学为他们的伦理学说所奠定的理论基础。

（三）伦理学

斯多亚学派的伦理学内容丰富，涉及广泛，讨论了诸如动机、善恶、情感、德性、目的、第一价值和行为、责任、行为的趋向和回避等很多问题，但核心的问题是德性。

关于什么是德性的问题，他们有多种表述。芝诺认为，“合乎自然的生活即是德性的生活，德性是自然引导我们所趋向的目标”[③]。克利安提斯认为“德性是一种和谐的性情”，主张“幸福就在德性之中，因为德性是使整个生活和谐一致的心灵的一种状态”[④]。克里西普斯则主张“有德性的生活等于根据自然的实际过程中的经验而生活。我们每个人的本性都是整个宇宙的本性的一部分，因而目的就可定义为顺从自然而生活；换句话说，顺从我们每个人自己的本性以及宇宙的本性而生活。在这种生活中，我们禁绝一切为万物的共同法律所不允许的行为。共同法律即是贯穿万物的正确理性，与宇宙即一切存在物的主宰和统治者相等同。当所有的行为都促进个人的精神与宇宙统治者的意志相和谐时，这种事物就构成了幸福之人的德性以及生活的宁静安定”[⑤]。显然，早期斯多亚学派的三代领导人对什么是德性的问题虽有不同的表述，但实质是相同的。德性就是合乎或顺从自然而生活，由于“自然”即“本性”（phusis），因而德性就是合乎或顺从本性而生活，如果一个人使自己的本性与宇宙本性和谐一致，遵从宇宙本性行事，那么他

---

① 苗力田主编：《古希腊哲学》，第 615 页。

② 同上书，第 619 页。

③ 同上书，第 602 页。

④ 同上书，第 603 页。

⑤ 同上书，第 602－603 页。

就具有了德性。宇宙本性就是物理学中所阐明的神意或天命，是否顺从它，是衡量人是否有德性的标准，反之则为邪恶。显然，这是一种比较典型的宿命论观点。

德性包括哪些内容呢？他们的分法不一，有的分成两类，有的分成三类，有的则主张有四类甚至更多。一般的观点是首先把德性区分为两大层次，即首要的和从属的。“首要的德性有明智、勇敢、公正、节制。从属的德性是宽宏、自制、忍耐、精明、慎重”①等。同样，邪恶也有首要与从属之分，愚蠢、怯懦、不公正和放荡属于首要的恶，不自制、鲁莽等属于从属的恶。德性是互相联系的，它们有共同的原则，所以，拥有其中的一个就等于拥有了全部。

善是可以产生某些效益的东西。德性自身及分有德性的事物在三种意义上被称作善：利益由以产生的源泉；与利益产生有关的事物，如有德性的行为；利益产生的促使者，如分有德性的良善的人们。善的表现很多，有心灵之善与外在之善、手段之善与目的之善、混合之善与纯粹之善、永恒之善与暂时之善，但“所有的善都是相宜的、必要的、有益的、适用的、方便的、美丽的、有利的、必需的、公正的”②。所以，财富和健康都不是善，因为它们既能产生好处也能产生坏处。同样，快乐也不是善，因为有些快乐是丑恶的。

他们也讨论了责任问题。据第欧根尼·拉尔修记载，“芝诺是第一个使用‘责任’（kathekon）这个概念的人。从词源上说，责任是从 kata tinus hekein③ 派生出来的。它是一种其自身与自然的安排相一致的行为”④。所以，有责任的行为是理性指导我们去做的行为，如孝敬双亲、敬重兄弟、热爱国家、对朋友忠诚等。合乎德性生活总是一种责任。

在他们眼里，最具有德性的人是“有智慧的人”即“哲人”，所以对哲人的讨论在他们的伦理学中占有重要地位。第一，哲人是没有激情的，因为最主要的激情分为痛苦、恐惧、欲求和快乐四类，而这些是灵魂的一种不合理的、不自然的运动，或者是一种过度的刺激。第二，哲人也没有虚荣，因为他对荣耀不荣耀都无所谓。第三，哲人做一切事情都很出色，是绝对正确的，不可能犯错误。第四，哲人与神相似，因为他们之中有着神圣的因素。第五，哲人不富有同情心，严格执行法律所规定的惩罚，对异乎寻常的事情也不感到惊异。第六，哲人并不孤单，他本性是社会的、行动的。正因为如此，万物都属于哲人。只有哲人才是真正的祭司，他们研究供奉、庙宇的建筑、净化及其他一切与神相关的事物。哲人也应当参与政治，因为这样可以抑制邪恶，增进德性。哲人不仅是自由的，也是君主，因为君权是绝对的统治，只有哲人才能维持它。哲人为了正当的原因（如国家利益、朋友之谊、患了不治之症等）可以放弃生命。

斯多亚学派的伦理学还包括“世界主义”的政治理想。人的本性都是宇宙本性的一部分，都是神圣之火的火花，无论是在王座上还是在枷锁中，人人自由而平等。整个世界应该是一个具有完善德性的、与宇宙秩序相一致的大家庭，不应有财富、种族、门第

① 苗力田主编：《古希腊哲学》，第 604 页。

② 同上书，第 605 页。

③ 这个希腊文短语的意思是“由某种东西而来”。参见第欧根尼·拉尔修：《名哲言行录》，第 347 页。

④ 苗力田主编：《古希腊哲学》，第 608 页。

等等级差异。

早期斯多亚学派与伊壁鸠鲁主义一样，一反古典时期希腊哲学的理性主义，在认识问题上诉诸感觉经验，但认识上的感觉主义似乎并没有妨碍斯多亚学派在伦理问题上持理性主义的态度，当他们视自然的本性为理性（逻各斯）时，其摒弃感觉欲望的程度甚至达到了禁欲主义的地步。这就是他们与伊壁鸠鲁主义的主要分歧所在。

总之，早期斯多亚学派的伦理学承袭了苏格拉底的精神，尤其发挥了犬儒派的思想。它所宣扬的宿命论和禁欲主义，为晚期斯多亚学派进一步发展，并且构成了基督教教义的一部分。

二、中期斯多亚学派

从公元前 2 世纪后半期到公元前 50 年左右，是斯多亚学派发展的中期阶段，其显著特征是把早期斯多亚学派的观点与柏拉图、亚里士多德和毕达哥拉斯学派的思想加以折中，努力适应变化了的时代的需要。它的主要代表人物是罗得岛的巴内修斯（Panaitios，约公元前 185—约前 110）和他的学生叙利亚人波塞多纽（Poseidonius，约公元前 135—前 51），还有罗马人西塞罗（Cicero，公元前 106—前 43）。

（一）巴内修斯

巴内修斯在哲学上致力于折中斯多亚学派与苏格拉底、柏拉图和亚里士多德的学说。他对早期斯多亚学派的观点做了较大改变和重新阐释。首先在自然哲学方面，他放弃了世界轮回的大焚烧说，接受了亚里士多德的世界永恒说。其次在伦理学方面，他把关注的重心转向一般官吏和平民利益，否认哲人之德，提倡中庸之道，放弃对一切无动于衷的冷漠，较多地注意健康、财富等外在的善，认为至善就是符合本性（自然）的生活，人类的这种自然愿望，就可使他达到德性。最后在宗教神学方面，他把神学分为三种：诗人的神学是拟人的和虚妄的，毫无价值；哲学家的神学是合理而真实的，但不适宜于流行；政治家的神学坚持传统崇拜，对公众进行教化，是必需的。巴内修斯的观点，是罗马化的斯多亚主义的开端，对斯多亚学派在罗马世界的传播、生根、开花，起了重要作用。

（二）波塞多纽

波塞多纽是巴内修斯最著名的学生，被有的哲学史家称为亚里士多德以来希腊最渊博的思想家，在哲学、伦理学、政治学、历史学、心理学、数学、天文学、文学等方面均有建树。

在哲学上，波塞多纽一方面继续巴内修斯的折中路线，另一方面又较多地保持了早期斯多亚学派的一些观点。他把宇宙分成不灭的天上世界和可灭的地上世界两个部分，认为人是两个世界之间的结合物，因为人有肉体与灵魂两方面，处于可灭与不可灭之间。万物和人都由神创造，宇宙受理性和天命支配，所以整个宇宙是统一有序的，一切部分都彼此相互交感。宇宙经历一定周期便焚毁重生。

在伦理、政治方面，他认为政治和伦理是一回事，任何形式的道德伦理和政治活动都是宗教上的责任。人能够使自己自由并获得有关精神天赋的知识，从而在死后享有最高形式的存在。

（三）西塞罗

西塞罗是罗马共和国末期著名的政治家、哲学家、论辩家和文学家，也是中期斯多亚学派唯一有著作留传下来的人物。他的主要哲学作品是《论神性》、《论目的》和《论命运》等。

在哲学上，他是典型的折中主义者（有的学者因此而不把他归为中期斯多亚学派），主要把柏拉图主义和斯多亚学派的观点糅合在一起，反对伊壁鸠鲁主义的原子论，宣扬灵魂不死学说。他指出："灵魂既是如此迅急活泼的东西，能记忆过去，能推测未来，能通解艺术科学，能有如许之发明，既如此之广大无边，其本质一定是不死的了。"① 灵魂本是天上的东西，上天之所以驱使灵魂降落地下，进入肉体，正是要有人料理这个尘世，同时再以天上的风光贯彻到人生里来。灵魂只有摆脱了肉体的桎梏，才更纯粹光明，才有智慧，才可以回归天府。"如果灵魂是有美德而公正的，便可一直地顺利地升天。"② 他也宣传禁欲主义和神秘主义，主张等级和睦，认为罗马共和制是最合乎自然的理想国家。

西塞罗的哲学观点缺乏独创性，他对斯多亚学派的主要贡献是记载和阐述了该学派的思想，这不仅有利于当时斯多亚学派的传播，也为后世对该学派的研究保存了资料。他也是第一个把大量希腊语的哲学概念译成拉丁语的人，这是他对哲学的另一个重大贡献，因而他的理解对哲学语言拉丁化以及哲学概念随之发生的意义变化，有着难以估量的影响。当然，也有许多哲学家（例如黑格尔与海德格尔）认为希腊语的哲学概念被译作拉丁语大多遗失了其中的哲学意味，因而后患无穷，不过这种翻译毕竟对哲学思想的传播起到了重要的作用。

西塞罗的哲学工作和思想倾向，成了中期斯多亚学派向晚期斯多亚学派的过渡环节。

三、晚期斯多亚学派

晚期斯多亚学派又被称为罗马斯多亚学派，从公元 1 世纪延续到 3 世纪中叶，基本上与前期罗马帝国相始终。与他们的前辈相比，该学派有两个突出的特点：一是在文字上，该学派思想家的著作均用拉丁语写成，且大多被完整地保留了下来；二是在内容上，明显表现出罗马人不擅思辨、偏重实用的民族特征。所以，逻辑学和物理学不再受到重视，伦理学的中心地位愈益突出，对人的地位、责任、道德规范、生活方式和内心修养等直接关系到个人幸福的实践性问题更为关注，并且伦理学与神学结合得更加密切，以便与普通人的宗教信仰和生活方式相协调。

---

① 北京大学哲学系外国哲学史教研室编译：《西方哲学原著选读》，上卷，第 187 页。

② 同上书，第 188 页。

晚期斯多亚学派的代表人物是塞涅卡、爱比克泰德和马可·奥勒留。他们之中既有奴隶，也有皇帝或大臣，体现了斯多亚学派崇尚平等的理想。

（一）塞涅卡

塞涅卡（Seneca，公元前 4—公元 65）是西班牙人，罗马显臣，著名的罗马暴君尼禄的老师，因卷入宫廷阴谋被赐死。他的主要哲学著作有《论幸福生活》和《论天命》等。

塞涅卡认为，哲学的目的在于把人引向德性，而德性就是要尊重自然，顺从神意，“按照自然的规范进行自我修养”。要做到这一点，必须精神健全，既考虑身体的需要又不过分忧虑，既应充分享受幸运的恩赐又不为此成为奴隶。“这样就会得到一种持久的心灵安宁，一种自由，不为任何刺激和恐惧所动”。特别要认识到肉体快乐的危害，“要知道，肉体上的快乐是不足道的，短暂的，而且是非常有害的，不要这些东西，就得到一种有力的、愉快的提高，不可动摇，始终如一，安宁和睦，伟大与宽容相结合”[①]。

然而，宣扬摒弃物欲、抑制激情的塞涅卡，自己却聚财敛物、穷奢极欲。当有人指责他言行不一时，他这样狡辩：“哲学家所谈的并不是他自己怎样生活，而是应当怎样生活。我是讲美德，而不是讲我自己……要知道，如果我的生活完全符合我的学说，谁还会比我更幸福呢?”[②] 他的言行不一虽然遭人唾弃，但是亦表明，或许恰恰是在哲学家那里，世俗与神圣之间的矛盾和冲突显得更加尖锐。

（二）爱比克泰德

爱比克泰德（Epictetus，约 50—约 138）本为奴隶，后获自由。他仿效苏格拉底，述而不作。他的学生阿利安将其言论整理出来，辑成《谈论集》传世。

爱比克泰德指出，一切东西都是神创造的，人是神灵本质的一个特殊部分，并且在人自己身上包含着神的某一部分。神即是善，神的本质在哪里，善的本质也就在哪里。人的本质不是肉体、土地和名誉，而是智慧、知识和健全的理性。所以，人应当克制欲望，保持理性，实现道德的善。当人遇到阻碍和限制，肩负重担，感到无能为力时，应该怎么办？他的回答是：“好好地运用在我们能力范围以内的东西，别的就听其自然吧。‘自然’是什么意思呢？就是神的愿望”。[③] 总之，服从神意、忍受命运、克制欲望，这就是爱比克泰德的信条。

（三）马可·奥勒留

马可·奥勒留（Marcus Aurelius，121—180）是古罗马皇帝，“御座上的哲学家”，在繁忙的国务活动之余，著有《沉思录》12 卷，作为供自己阅读的独白。该书的基调是悲观和消极的，反映了他内心中对人生无常的无奈。

奥勒留认为，宇宙万物是一个由神决定其内在次序的整体，所以有两条原则必须确

---

① 北京大学哲学系外国哲学史教研室编译：《西方哲学原著选读》，上卷，第 190 页。

② 同上。

③ 同上书，第 192 页。

定。首先，“我是自然所统治的整体的一部分；其次，我是在一种方式下和与我自己同种的其他部分密切关联着”[①]。有了这两条基本原则，结论就显而易见了：对于一切出于整体而分配给我的事物，我都将满意；我不会做不合乎人群的事情，而会把全副精力放到共同利益上面。如果这样做了，生活就一定愉快。也正是因为人只是宇宙整体之一员，永恒时间之一瞬，茫茫沧海之一粟，极其渺小，因此“就要认定：除了按照你的本性所领着你的去做，以及忍受共同本性所带给你的东西之外，就没有伟大的事情了”[②]。其他的一切，“都只是死灰和烟”，不足挂齿。我们也应该以漠然的态度对待死亡，轻视它，不要把它当成可怕的痛苦事，把你打发走的只是送你进来的自然，又有什么可痛苦的呢？人生如戏，剧本不由你书写，何时出场何时退场也不由你决定，我们只是演员，无论两幕还是三幕，都是全剧，应该满意地退场。

虽然晚期希腊哲学各派与前学派相比缺少创新性，但是它们对哲学也有相当的贡献，在形成新的问题方面尤其如此。斯多亚学派可作为典范。就它们共同关心的伦理学领域，斯多亚学派揭示了形而上学一元论与伦理学二元论之间不可调和的矛盾。[③] 形而上学寻求的是统摄宇宙万物的共同根据，一切事物无一例外都源出于它，因而是必然的，所以斯多亚学派主张顺从自然（理性）而生活。然而伦理学不仅必须接受好与坏、善与恶的二元对立，而且必须以意志自由为前提，因为如果没有自由就谈不上具有道德价值的行为，因此该学派强调无论是在王座上还是在枷锁中人都是自由的。显然，它试图将形而上学与伦理学调和一致，但由于形而上学理所当然地是基础，所以它便不可避免地走向了命定论或宿命论。

晚期斯多亚学派所宣扬的宿命论和忍耐、克制原则，无疑迎合了统治阶级的政治需要，同时也是对处于动荡社会的人们普遍心态的真实反映。反映了这种心态的，还有另一个哲学派别——怀疑主义。

第三节　怀疑主义

怀疑主义是晚期希腊与伊壁鸠鲁主义、斯多亚学派并驾齐驱的一个重要哲学派别。它与前述的两个派别既是针锋相对的，又有共同的一面。它们的共同点在于伦理目的，即都在追求灵魂安宁的至上境界，但是在如何达到灵魂安宁的问题上，怀疑主义却选择了不同的道路：不是通过认识世界万物的本质及其规律，而是彻底放弃认识。所以，它们把伊壁鸠鲁主义和斯多亚学派的观点斥为独断论，既不相信感觉也不相信理性或逻各斯，对一切保持沉默，不做判断，不为之动心，试图以这种方式谋求灵魂的安宁。

怀疑主义之所以能够作为与占支配地位的绝对主义形态对立的相对主义哲学形态出现在晚期希腊，并且产生巨大的影响，除了具有深刻的社会历史根源之外，也有悠久的

---

① 北京大学哲学系外国哲学史教研室编译：《西方哲学原著选读》，上卷，第194页。

② 同上。

③ 参见文德尔班：《哲学史教程》，上卷，罗达仁译，商务印书馆，1987，第256页。

思想传统。德谟克利特的约定论和不可知论因素、普罗泰戈拉的感觉论相对主义、高尔吉亚对存在论的否定、苏格拉底-柏拉图哲学中的怀疑论成分，都为怀疑主义的产生准备了养料。独断论把知识和真理绝对化以及由此遇到的种种难题，则从反面促成了怀疑主义的出现。

怀疑主义创立于公元前 4 世纪后半叶，前后延续 500 年左右，大致分为三个阶段，即早期的实践性阶段、中期的批判性阶段和晚期的系统性阶段。由于中期怀疑论在柏拉图学园之中，前面已有简述，这里只介绍早期和晚期的情况，主要史料依据的是被完整保留下来的塞克斯都·恩披里柯的《皮浪主义概略》和《反数学家》。

一、早期皮浪主义

怀疑主义的创始人是伊利斯的皮浪（Pyrrho，又译为“皮罗”或“毕洛”，约公元前365—约前 275），他早年是一个默默无闻的画家，曾经受到麦加拉学派和德谟克利特学派的影响。皮浪未撰写过著作，他最杰出的学生费里斯的蒂孟（Timon，公元前 320—前230）写过《讽刺诗》等作品，但流传下来的还不足 150 行。他们两人是早期皮浪主义的主要代表。塞克斯都·恩披里柯这样解释“怀疑主义”这一名称的由来：“怀疑派，由于它在研究和探索中的活动也被称做‘研究派’（Zetetike）；由于研究者探索之后所产生的心理状态也叫做‘存疑派’（Ephektike）；由于它的怀疑和探寻的习惯或者它对肯定和否定不作决定的态度也被叫做‘犹疑派’（Aporetik）；由于在我们看来皮浪投身于怀疑主义比他的前驱者更加彻底，更加明显，也被叫做‘皮浪派’。”①

皮浪并不否认感觉现象的存在，因为这是人不由自主地要加以承认的，但他否认现象的真实性和我们关于现象所做出的判断。我们不能说现象是什么，只能说它显得是什么或看来是什么。例如，蜜对我们显得是甜的，“但它本质上是否也是甜的，我们认为是一件可疑的事情，因为这不是一个现象而是一个关于现象的判断”②。伦理方面的事物也是如此。他坚持认为没有什么东西是真实存在的，因而否认事物有美或丑、公正或不公正的性质，认为只是风俗和习惯指导着人们的行为。他之所以不做判断，是为了避免独断，因为任何命题都有一个对等的反命题与它对立，两者都有同样的价值和效力。

既然现象是不真实的，我们无权做出关于现象的判断，那么最好的办法是保持沉默，毫不动摇地坚持不发表任何意见。据说，皮浪的生活方式也与他的学说一致，任何时候都镇定自若，不在意任何事物，也不避免任何事物，从不让感官武断地断定什么。相传“有一次他和同伴们一起乘船出海，遇到了风暴。同伴们都惊慌失措，而他却若无其事，指着船上一头正在吃食的小猪，对他们说，这就是哲人应当具有的不动心状态”③。

蒂孟对皮浪主义没有新的理论贡献，他的主要工作是嘲讽其他学派的哲学家，批判独断论的错误，解释和宣扬皮浪的观点。

---

① 苗力田主编：《古希腊哲学》，第 647 页。

② 同上书，第 650 页。

③ 同上书，第 652 页。

由于皮浪奉行沉默原则，未著文字，蒂孟的工夫又只花在讽刺与阐释上，所以早期的皮浪主义并没有形成较为系统的理论，只是奠定了怀疑派的基础，确立了思考的方向和原则，并把这种原则用于实践，因而我们把他们称为怀疑主义的实践性阶段。真正使其具有理论形态的是晚期怀疑主义。

二、晚期罗马怀疑主义

在罗马时期，怀疑主义的早期形式——皮浪主义得到了恢复和发展，哲学史上通常称之为晚期怀疑主义或罗马怀疑主义，它的主要代表人物有埃奈西德穆、阿格里帕和塞克斯都·恩披里柯。

（一）埃奈西德穆的十种论证

埃奈西德穆（Aenesidemus，约公元前 100—前 40）生于克里特岛，曾在亚历山大里亚城教书。据说他的哲学包括两大部分，一是提出了主张怀疑的十个理由，即著名的十种论证；二是抨击了独断论（主要以斯多亚学派和伊壁鸠鲁主义为靶子）的自然观、因果观、真理观和道德观。下面以第欧根尼·拉尔修的记载为据，简述他的十个论证。①

第一，不同种类的动物对同一事物的感受或反应不同。如葡萄藤对山羊而言美味可口，对人类来说却苦涩难咽。

第二，相同种类事物中的不同个体也有特质差异。例如，同样的生活方式对一个人有害，对另一个人却有益；有的人（例如亚历山大的管家德谟丰）在阴影中感到暖和，在阳光下却冻得发抖。

第三，同一个体的不同感官有构造差异，对同一对象有不同印象。一个苹果，用眼看是黄的，用嘴尝是甜的，用鼻嗅则是香的。

第四，同一个体的身体内部因状态不同而产生的差异。由于状态的本性不同，所获得的印象也就多种多样。例如在健康与疾病、高兴与悲哀、热与冷时对同一物的判断就大不相同。

第五，不同国家和民族的习俗、法律、观念不同。对同一事情，有些人认为公正有些人则认为不公正，有些人认为善有些人认为恶。例如，波斯人认为跟自己的女儿结婚很自然，希腊人却认为极不合法。至于谁正确，我们还是存疑吧。

第六，事物都是互相混合的，一经混合就发生变化。如紫色在阳光下、月光下和烛光下呈现的色泽有差别。

第七，同一事物因距离、位置等的不同而显得不同。大的显得小，方的显得圆，直的显得曲，远看平整的山峰近看却犬牙交错。因此，离开地点和位置，要认识这些事物是不可能的。它们的本性是不可知的。

第八，事物具有相对性。如适量饮酒可增强体质，而饮酒过度则会伤害身体。

---

① 参见苗力田主编：《古希腊哲学》，第 653－656 页。

第九，由于事物的罕见或常见，也同样改变人们对事物的判断。罕见的东西比常见的东西受到了人们更大的珍视。天天可以看到太阳就觉得它不足为奇。

第十，事物都是互相联系的，相对而言的。轻与重、强与弱、大与小、上与下就是相对的。处在右方的事物并非本性使然，而是由于它与其他事物的相对位置而被这样认为。所有的事物都与我们的心灵相关联。相关的东西自身是不可知的。

上述这些论证虽然内容广泛，涉及了认识的主体、对象及主体与对象的关系三个方面，但基本上局限在感觉领域或现象范围，主要是用生活中的经验事实直接反对经验到的东西，集中否定的是感性认识的可靠性，所以还是比较初级和表面的东西，抽象性和思辨性都不很强，因而被塞克斯都·恩披里柯称为“老的论证”。

（二）阿格里帕的五种论证

阿格里帕（Agrippa，公元前 1 世纪人）的生平不详，我们只知道他是古罗马哲学家。他对哲学的主要贡献是继埃奈西德穆的怀疑主义十论证后，又进一步提出了五论证，而且把目标集中在否定理性认识的可靠性上。他提出这些论证的目的，“不是要取代前十个论证，而是要通过这五个论证连同那十个论证，更详尽、更完整地暴露独断论者的轻率”①。

据塞克斯都·恩披里柯介绍，这五个论证“第一个以观点的分歧为根据，第二个以无穷后退为根据，第三个以相对性为根据，第四个以假设为根据，第五个以循环论证为根据”②。

第一，观点分歧。我们发现，显现出来的现象无论在普通人之间还是在哲学家之间，都会引起难以解决的分歧。所以，我们既不能做出一个肯定判断，也不能做出一个否定判断，只好悬而不决，保留意见。

第二，无穷后退。用来证明一个所研究事物的证据自身也是需要进一步证明的，而这个证明又需要更进一步的证明，这样下去直至无穷。由于我们不可能拥有一个可作为论证起点的根据，所以只好对事物保留意见，不做判断。

第三，相对性。只有在和判断主体及其伴随的知觉相关联中，一个对象才能具有这样或那样的现象，但它的本性是什么，我们却无法做出判断。

第四，假设武断。当独断论者迫于无穷后退的困境时，便把某个东西当作出发点。这个作为出发点的东西并不是通过论证建立的，而是他们简单地不通过任何证明而独断地确定的。

第五，循环论证。应该用来证明所研究对象的东西自身却要求对象来证实。在这种情况下的两个命题中，我们既不能肯定这个证明那个，也不能肯定那个证明这个，所以对两者都只好存疑。

总之，一切可感事物都是相对的，它们都相对于有感觉的主体，因此不管所呈现的可感对象是什么，都可以很容易地被归结为五个论证之一；一切可知对象也是相对的，

---

① 苗力田主编：《古希腊哲学》，第 658－659 页。

② 同上书，第 656 页。

与思想着的人相关，这样，可知对象也与五个论证相关。既然任何可感事物和可知对象都逃不出上述五个论证的范围，那么结论就只能是："在一切情况下，我们对所显现出来的对象都不得不保留意见，不作判断"①。

显然，阿格里帕的论证比埃奈西德穆的论证更具普遍性和抽象性，也更精致和深刻。它们不仅暴露出绝对主义形态各派哲学的一些弊病，而且涉及了思维本身的一些问题，所以对后世的影响更大一些，其中的某些内容被后来有些哲学家以改变了的形式一再提出来讨论。可以说，以后的哲学家如果想要建立某种形而上学体系，都必须面对这五个论证的挑战。

在阿格里帕之后，有些怀疑派者为简化起见，进一步把他们存疑的根据概括为两个论证。其一，没有什么事物通过自身得到理解。因为我们既不能用一个可感物作为标准，也不能用一个可知物作为标准。我们所采用的每个标准都是有争议的，因而是不可信的。其二，没有什么事物通过其他事物得到理解。因为"一个能通过它而理解别的事物的事物自身，必然也要通过其他事物得到理解，这样就陷入了循环论证或者无穷后退"②。既然每个事物若要被理解，都显得要么是通过它自身，要么是通过其他事物，而这两种情况已被证明都不可能，那么显然就没有什么事物能被理解。所以，他们主张怀疑一切事物。

（三）塞克斯都·恩披里柯

塞克斯都·恩披里柯（Sextus Empiricus，约160—210），古罗马哲学家。他作为晚期怀疑主义的最后一位重要代表，其重要性首先在于他的著作《皮浪主义概略》和《反数学家》。这两本书是我们研究早期和晚期希腊哲学，特别是怀疑主义的重要史料来源。除了系统叙述怀疑主义其他人物的思想外，他自己也提出了一些新的见解。

首先，原因不存在。原因和结果都是关系，而关系只是思维的对象，并非存在于实际之中，所以原因只是思维的对象，而不是存在。而且，假如原因存在，无外乎同时、在先和在后三种情况。但是，同时的东西不是同时的东西的原因，在先的东西也不是在后的东西的原因（因为当原因存在时，结果还不存在），在后的东西更不是在先的东西的原因。既然三种情况都不是，因此原因是没有的。

其次，三段论是循环论证。三段论的大前提是根据，而大前提本身又靠三段论的结论所断定的那个事实才成立，所以是循环论证，故而无效。

最后，道德领域无知识和信念。在道德领域，不要妄图去寻求真理的判断，不要去设立善和幸福的假定，也不应该有任何道德理想的信念，因为该领域根本谈不到知识问题，信念的存在会唤起人们强烈的愿望和情感，破坏灵魂的安宁。只有预防独断，抑制情感，顺从风俗和法律，保持灵魂的宁静，才能达到不动心和幸福。

怀疑主义在西方思想发展史上具有极其重要的意义。它揭示了可感现象的相对性和不确定性，指出了感性认识的局限，暴露了独断论哲学在建构体系时的缺陷，发现了认

① 苗力田主编：《古希腊哲学》，第658页。

② 同上书，第659页。

识本身所包含的矛盾，从而有利于破除人们对知识的盲目迷信和对求知的盲目自信，迫使哲学进行自我反省，促进理论思维能力的提高和哲学思考的深入。正因为如此，它对后来整个西方哲学的变革和发展产生了深远的影响，至今仍有活力与魅力。当然，怀疑主义的结论是消极的、破坏性的，对希腊哲学理性基础的瓦解也是致命的，从而在客观上助长了神秘主义等非理性主义思潮的流行。所以就此而论，怀疑主义实际上并未达到消除独断论的目的，只是促使它改变了形式。因为希腊哲学最后一个哲学派别——新柏拉图主义就是以神秘主义的独断论形式出现的。

第四节　新柏拉图主义

新柏拉图主义是公元 3 至 5 世纪时最重要的哲学派别。说它最重要，主要是因为它既是整个希腊哲学按照自身逻辑发展的必然结果，又是基督教神哲学的主要思想来源。通过新柏拉图主义，我们可以清楚地看到希腊哲学理性精神的衰落和向神学转化的必然性，从而加深对哲学和宗教、理性和非理性之间复杂关系的认识。

这一学派之所以被称为新柏拉图主义，是因为它的基本倾向虽可划入柏拉图主义的大阵营，但却已经具有了许多鲜明的“新”特点。它们主要表现为：思想来源上的折中主义、存在论上的神秘主义、认识论上的直觉主义和伦理观上的人神合一。

新柏拉图主义的传播范围较广，流行时间较长，内部区别较大。下面，我们以它的活动中心为依据，按照时间先后将其分为三个学派加以介绍。在分开介绍之前，先让我们简要地了解它复杂的思想来源。

一、新柏拉图主义的思想来源

概括地讲，新柏拉图主义是在广泛吸收希腊和犹太有关思想的基础上形成的。具体说来，它的思想来源主要有以下四个方面：

一是传统的希腊哲学，尤其是柏拉图、亚里士多德和早期斯多亚学派的思想。它以柏拉图的理念论为基本依据，把《巴门尼德》篇中的“一”和“存在”视为柏拉图的最高神学，把《蒂迈欧》篇中的摹仿创世论当作建构体系的范本，并且从柏拉图在“第二封书信”中讲到的关于三个领域的学说中寻找三一原理的渊源。同时，它亦借鉴了亚里士多德“神学”中的纯形式、完全现实、第一动因、终极目的等思想，也吸收了斯多亚学派的神创论、泛神论、命定论和逻各斯学说。

二是以斐洛（Philo，约公元前 30—约公元 45）为代表的犹太神哲学。斐洛的哲学思想是希腊哲学和犹太教结合的典型，他用柏拉图主义来隐喻性地阐释《旧约全书》和犹太教义，第一个建立起犹太神学思辨体系。他认为神是唯一永恒的、绝对存在的和不可见的，是世界万物的创造者。神在本性上不可理解，即使通过灵魂的静观，也只能知道它存在而不能表达其本质。逻各斯是神与世界的中介，通过这个中介，神创造了可感世界并向它启示自己。可感世界是消极的。哲学的最高层次是对神的静观，这只有通过自我否定才能获得。斐洛的这些观点，为新柏拉图主义提供了思想模式和理论蓝图。

三是以阿波洛尼乌（Apollonius，公元 1 世纪）为代表的毕达哥拉斯学派。他们认为有一个脱离万物而存在的神，神以数为原型规定和创造万物。“一”是神、善、理性、第一原则，“二”是不平等和变化的原则。地上万物因为有质料所以都不洁净，只有摆脱与不洁肉体的联结，与神融合，才能解决伦理问题。

四是以普鲁塔克（Plutarch，约公元 46—120）和纽曼洛斯（Numenios，约 150—200）为代表的折中性柏拉图主义者。普鲁塔克认为，神是最高的存在，一切善的创造者，但其本质不为我们所知。理念是神与世界的居间者，创造的模型。纽曼洛斯则提出了三位神的思想。第一位的神是至上神，自身即善并通过自身而善，是纯粹的思想和实体原则，是父亲；第二位的神是造物主，来自至上神，通过分有第一位神的本质而善，是儿子；第三位的神是世界，即造物主的产品，是孙子。

除上述诸方面外，亚历山大里亚城的早期基督教神学对新柏拉图主义的形成也有一定影响。

二、亚历山大里亚-罗马学派

亚历山大里亚-罗马学派是新柏拉图主义的第一个派别，也是最重要的派别。如此称呼该学派是因为亚历山大里亚城是新柏拉图主义的孕育地，罗马则是它的诞生地。这一学派的先驱是萨卡斯，主要代表是普罗提诺，重要人物还有波菲利等人。

阿莫纽・萨卡斯（Ammonius Sakkas，约 175—242）是亚历山大里亚的著名学者，他没有著作，据说也不准学生传播他的思想。他在新柏拉图主义发展史上之所以占有先驱地位有两方面的原因。一是他确立了该学派的思想方向，即信奉希腊宗教，研究并传播希腊哲学，认为柏拉图和亚里士多德的学说在本质上是相同的；“一”、善、绝对存在于理念和理智之外。二是培养了新柏拉图主义的创始人普罗提诺。

普罗提诺（Plotinus，一译“柏罗丁”，205—270）出生于埃及利库波里，28 岁到亚历山大里亚师从萨卡斯学习哲学长达 11 年之久。40 岁左右到罗马定居办学，吸引了不少达官贵人，甚至受到皇帝加里安和皇后的重视，曾计划在康帕尼亚建立一座“柏拉图城”，以实现柏拉图的政治理想，因一些大臣的反对未能实行。他 50 岁开始写作，共撰写了 54 篇论文，由其学生波菲利编辑成 6 集，每集 9 篇，故冠名为《九章集》（*Enneades*）。该书作为西方哲学史上的重要著作，是我们研究普罗提诺思想的主要史料根据。

普罗提诺是继柏拉图、亚里士多德之后古罗马最伟大的哲学家，他的思想体系博大精深、内容丰富。限于篇幅，我们简单介绍他的主要观点。

在吸收前人研究成果基础上，他对柏拉图的理念论进行了重大改造：将理念等级变成三大实体；将两个世界变成四个层次；将分有、摹仿变成流溢；将灵魂回忆变成灵魂观照。

普罗提诺认为，存在的一切都是产生出来的，这个产生者或父亲就是“一”（hen，为了突出这个“一”的特殊地位，中文一般译为“太一”）。“一”作为一切存在的产生者，本身不是存在，也不是一切。正因为“一”空无一物，所以万物由它产生。它超越了“是”所指示的属性，没有任何肯定的特征，因而不可言说与名状。如果非要言说，也只能说它“不是”什么，“没有”什么。因为凡“是”和“有”的东西，都有对立面，都是区分的结果，所以都是“多”而不是“一”，都是部分而不是全体，都是缺欠而不是完满。但“一”既不寻求什么，也不拥有什么或缺欠什么，它是极其完美的。① “一”在本性上虽不“是”什么，但我们可以通过形容和比喻来肯定它。从肯定的方面讲，“一”是绝对的同一体，是单纯而单一的神本身和善本身，是存在物的最高原则和终极原因，是完满自足的源泉。它因其完满而流溢，因其流溢而产生一切。“存在于‘一’之后的任何事物必定是从‘一’中生成的，或者是它的直接产物，或者可以通过中介物溯源于它。”②

“流溢”是普罗提诺哲学的重要概念之一，用以说明“一”生万物的方式。“一”由于自身充盈，故而自然要溢出，但这种流溢却无损于自身的完满，犹如太阳放射光芒而无损自身的光辉一样。这种流溢说固然有浓厚的宗教神秘色彩，但我们更应该看到它重要的理论意义。它不仅用内在的流溢关系解决了柏拉图因分有或摹仿而遭遇的难题，而且从根本上改变了早期希腊哲学的“生成补偿”观念，因为生成不缺失什么，所以不用生成物的复归作为补偿。

“一”首先流溢出“理智”（nous，或译心灵、努斯等）。“理智”是“一”的影像，也是“一”唯一的直接产物。它作为被产生的实体，不再保持“一”的绝对同一性，包含着原初的区分，因而具有多样性和差异性，可用最一般的范畴表述它。当然，它仍然享有“一”的统一性，所以，多样性又是统一的，知与被知的差异内在于其中。这样，它就既是知识的真正对象，又是知识的主体。思想与存在、异与同、动与静等范畴也适用于“理智”。

“理智”也像“一”一样能够流溢。它流出的影像是“灵魂”。灵魂存在于理智中，犹如理智存在于“一”中。灵魂作为“一”的间接产物，已是第三种实体，既不像“一”是绝对同一体，也不像理智是一与多的统一体，而是既一又多。当它转向理智和“一”并与它们相通时，复归于原初的统一，因而是一，但当它转向自己的产品即可感世界，被分割在个别事物中时，就成了多。灵魂是能动的、不朽的，它可以轮回，也可以流溢。

灵魂的流溢物是可感世界。可感事物有形式和质料两个方面。形式是存在于理智之中的理念形式的影像，质料本身是独立存在的、没有任何规定性的漆黑的混沌。质料不是无，而是非存在，它本身不变，却作为载体承受形式的变化。

灵魂进入人的肉体后，就因为受到污染而堕落了。人的使命就是改造自己，使自己和他人的灵魂经由理智达到与“一”结合。这个过程就是灵魂的回归或上升之路。上升之路有两条，即德性修养和辩证法。对应于灵魂、理智和“一”，德性也有三种，即公德、净化和观照。三者是依次上升的关系。“公德”即公民德性，目标是使人类仁爱交往，抚平激情，顺从本性，所以它是实践性的和否定性的德性，指导公众生活，限定欲望情感。“净化”为沉思德性，目标是使人从肉欲中解脱出来，在理性静观中获得真正的

---

① 参见苗力田主编：《古希腊哲学》，第 685 页。

② 同上书，第 687 页。

自由与幸福。“观照”是最高的德性，它使人在突如其来的一刹那灵魂出窍，舍弃肉体而与“一”处于一种合而为一的、不可名状而又无与伦比的迷狂状态，这种状态就是“解脱”（ekstasis）。在这种神人合一的状态中，灵魂获得了宁静，享受着至福，体验着奇妙无比的欢悦。但是，“观照”的境界很高，极其罕见，只有少数圣贤之士方可达到，而且可遇不可求。据波菲利说，他与普罗提诺相处 6 年，普罗提诺曾有过四次观照经历，而他自己在 68 年中仅有过一次。“公德”和“净化”阶段的努力是“观照”的准备，虽然这些努力并不必然导致“观照”，但若无努力，“观照”必不可能。

辩证法是灵魂回归的另一条上升之路，也是引导我们得到解脱的技术、办法或训练。它是哲学的高贵部分，不仅由一套理论和规则组成，亦涉及事实，知道真理，首先知道灵魂的作用。“这条道路有两个阶段。第一阶段是改变低级的生活。第二阶段为已经上升到理智领域、已在那里留下了足迹但尚须在那个领域中继续前进的人所享有。它一直延续到他们把握那个领域的终极为止。”① 那么，什么样的人能到达终极呢？“肯定是那些已经明白全部或大多数事物的人，那些在一出生时就已经具有了由此可生长出哲学家、音乐家或爱美者的生命胚芽的人。哲学家喜欢这条道路是出于本性，音乐家和爱美者则需要外在的引导。”②

“一”向下的流溢过程和灵魂向上的回归过程，构成了普罗提诺哲学的完整框架。第一个过程虽然重要，但只是他哲学的形上基础，第二个过程才是目的。与晚期希腊哲学其他学派的哲学家一样，他也把伦理问题作为关注的重点和核心。他把人生的最高境界视为灵魂从肉体中解脱出来，回到自身，过一种人神合一的内在的神圣生活。区别在于，包括早、中期在内的其他学派的希腊哲学家一般都强调人神之间不可逾越的界限，而他受东方神秘主义的影响，注重人神合一。

普罗提诺把柏拉图的客观理念理智化、理性思辨神秘化，并糅合进了其他派别的思想，从而创立了以神秘主义为本质特征的新柏拉图主义。他的神秘主义在波菲利那里又有新的发展。

波菲利（Porphyry，一译“波斐利”“波尔费留”，约 233—约 305）是叙利亚人，普罗提诺晚年的得意门生。他不仅编辑了普罗提诺的《九章集》，写了《普罗提诺传》，还撰著了《亚里士多德〈范畴篇〉导论》《要句录》等作品。在哲学史上，他有两方面的工作值得一提。

其一，他在《亚里士多德〈范畴篇〉导论》中，把亚里士多德和柏拉图的思想分歧归结为关于共相性质的三个问题：一是共相是独存的实体，还是仅存于人的思想中？二是如若是实体，有形还是无形？三是如若无形，与可感物分离还是在可感物之中？这三个问题，虽然他自己没有给出答案，却启动了中世纪经院哲学唯名论与唯实论关于共相与殊相关系问题的长期争论。

其二，他在介绍普罗提诺思想的同时也做了一些修改，进一步强化了东方宗教的神秘色彩和来世观念。他倾向于灵魂本性恶的观点，因而把神人合一的境界推向来世，并

① 苗力田主编：《古希腊哲学》，第 669 页。
② 同上。

强调现世生活应实行严格的禁欲主义。他把德性分为公德的、净化的、理论的、至福的四个阶段，前两个阶段为现世的道德生活，后两个阶段是现世生活所不及的，只有依靠神恩在来世才能获得。现世的德性和快乐不相容，游戏、娱乐和婚姻均为罪恶。在传播新柏拉图主义时，他还同正在兴起的基督教展开了论战，抨击基督教教义和一些外在的仪式。

波菲利死后，新柏拉图主义的活动中心从罗马转移到了他的家乡叙利亚，从而衍生出新柏拉图主义的另一个学派。

三、叙利亚学派

由于当时的叙利亚受希腊文化的影响较小，宗教信仰盛行，所以比较而言，诞生于这种背景之下的叙利亚学派在整个新柏拉图主义阵营中哲学味道最淡，宗教色彩最浓。

叙利亚学派的创始人和主要代表是波菲利的学生杨布利柯（Jamblichus，约 250—325）。他的目的是致力于建立融哲学、神学、宗教为一体的体系，为多神崇拜做理论上的辩护，容纳希腊和近东的种种传统信仰，把各民族的神灵接纳进万神殿，让它们各得其所。

杨布利柯的基本方法是在普罗提诺的三大实体之上和之间，另行设置多个等级，靠增多层次来解决问题。他认为，在普罗提诺的“一”之上，还有一个绝对的一，它超越所有东西，无任何规定性，比“善”还高。在它之下和之后，才是与“善”等同的“一”。从“一”流出可知世界，它包括思维对象（理念），其基本要素是有限、无定（即“二”）以及两者的结合。可知世界流出能知世界，它包括一切能思想的东西，基本要素有三，即理智、能力、造物主，并由此再分成七个等级。能知世界流出灵魂领域，同样分三等，先是超世俗的灵魂，由此再流出其余两种灵魂，诸神的、天使的、精灵的、英雄的灵魂都在这一领域，它们的数目是按 360 这个数的模式来决定和排列的。灵魂又流出可感世界，它是整个宇宙等级的末端。

在伦理学方面，杨布利柯接受了波菲利的德性四阶段说，认为灵魂凭借这些德性来沉思理智，继而观照出绝对“一”的流溢序列。但在这四种德性之外，他又加上了第五种，即僧侣的德性——巫术，认为巫术是人的灵魂与天使相通的明证，是比神秘的数字、启示更为完美的智慧。由于巫术的作用，灵魂就能迷狂地与终极本原绝对“一”结合在一起。据说他自己和其他一些新柏拉图主义者就会施展各种巫术。

四、雅典学派

由于叙利亚学派维护多神教崇拜，反对基督教，所以随着基督教在罗马帝国的得势，新柏拉图主义在杨布利柯去世后不久便一蹶不振了。直到 5 世纪初，新柏拉图主义才在雅典和亚历山大里亚的学校里出现复兴的迹象，但已成强弩之末，没有多大的作为了。这时的新柏拉图主义，由于以雅典的柏拉图学园为主要阵地，故被称为雅典学派。与叙利亚学派相比，雅典学派的突出特点是学术性强，对研究柏拉图和亚里士多德著作兴趣浓厚，其学说的宗教信仰成分大为减少。该学派的主要代表是普罗克洛。

普罗克洛（Proclus，410—485）是君士坦丁堡人，先在亚历山大里亚学习，后投师到雅典柏拉图学园，曾任该校校长。据说他既有深刻的思想、渊博的学识，又能与神交往并具有创造奇迹和预言的能力，因而广受尊重。他的哲学著作主要是对柏拉图作品的注释，尤以对《蒂迈欧》篇的注释最为著名，留传至今的著作是《神学要旨》和《柏拉图神学》。

《神学要旨》摹仿欧几里得的《几何学原本》写作而成，它以三重发展律为演绎原则，以"一"为起点。首先是自身同一的统一体，其次是由于统一体的活动而产生的生成体，最后是生成体在回归统一体的活动中形成的复生体。从统一、生成到复归的三重发展过程也是从自因、原因到结果的关系。每一个过程都包括三个阶段：统一体包括"一"、理智和灵魂；生成体包括理智对象、理智对象与理智活动的同一、理智活动；复生体包括上天世界、内在世界和可感自然。统一体是既不被分有也不分有的自因，因而是不可言说的。每个统一体作为自因，都是一个系列的开端："一"是绝对存在者即神的开端，理智是生成体系列的开端，灵魂则是复生体系列的开端。"一"是所有过程和系列的原始本质，是杂多的基础、首要的善、万物存在的第一因。它不可言说，超越一切可能的肯定和否定，只能通过类推加以说明。

普罗克洛是新柏拉图主义中除了普罗提诺之外思想成就最大的哲学家，他为了恢复新柏拉图主义而煞费苦心，做出了最大的努力。但是，已被奉为国教的基督教是不可能容忍异端邪说的。529年，普罗克洛死后不到半个世纪，信奉基督教的罗马皇帝查士丁尼便下令关闭了雅典的一切哲学学校。这一悲剧事件，不仅标志着新柏拉图主义的结束，更标志着整个古希腊哲学的历史终结。幸运的是，辛普里丘、达马修斯等雅典学派的几位新柏拉图主义者逃脱了女哲学家希帕蒂亚于415年在亚历山大里亚城被基督徒残酷杀害的厄运，他们避难于波斯宫廷，继续从事着希腊哲学的评注阐释工作，从而在中东地区为希腊思想的圣火留下了火种。

思考题

1. 伊壁鸠鲁主义和斯多亚学派都主张按照自然的本性生活，它们所理解的自然有什么不同？
2. 在什么意义上说怀疑主义是一种伦理学？
3. 新柏拉图主义之"新"新在何处？
4. 为什么晚期希腊各派哲学都以伦理学为中心？

本编小结

希腊人堪称哲学的民族。就“哲学”这一概念所意指的这门学科而论，它完全是希腊人的创造。他们不仅奠定了西方后来所有哲学思想体系的基础以及整个西方文明的基础，而且提出了西方哲学几乎所有的问题及解决问题的各种方式。正如恩格斯所说：“在希腊哲学的多种多样的形式中，差不多可以找到以后各种观点的胚胎、萌芽。”① 因此，希腊哲学作为西方哲学的发源地，堪称取之不尽，用之不竭的活水源头。

希腊哲学的历史可以看成是哲学问题的产生和演变史。

亚里士多德曾说哲学起源于好奇，我们也可以说哲学起源于问题。前苏格拉底哲学以客观外在的宇宙万物的本原为研究对象。哲学家们的问题是：千差万别瞬息万变的自然现象统一的“本原”是什么？由此产生了一与多的关系等问题。由于他们宣称的本原缺少普遍性，难以解释与其他事物之间的关系，所以其思想陷入了众说纷纭的困境。巴门尼德意识到自然哲学的缺陷，将哲学研究的对象转向了唯一、永恒、不动、作为思想对象的“存在”（“是”），为后来统治西方哲学长达2000多年的形而上学或存在论奠定了基础，同时亦使存在与非存在、一与多、静与动、本质与现象等形成了尖锐的矛盾，迫使其后的自然哲学为避免这些矛盾而采取了多元论、元素论的立场。随着整个早期自然哲学的衰落和智者运动的泛滥，知识问题越来越突出。苏格拉底自觉竖起理性主义大旗，将问题集中在“认识你自己”的相对内在一些的人类社会领域，专注于“是什么”亦即事物本质的辩证上，并促成了柏拉图理念论的建立。柏拉图为拯救现象和寻求知识而划分出两个世界，同时却遭遇到了理念与事物的“分离”难题，引发了更加深刻当然也更加麻烦的一般与个别的关系问题。亚里士多德把科学划成不同的种类，把哲学分为不同的层次，并试图将自然哲学与第一哲学结合起来，以深入缜密的分析论证来消解一般与个别之间的矛盾，但因为认识论的缺失和自然科学知识的匮乏等历史性局限，因而不可

① 《马克思恩格斯全集》，中文1版，第20卷，第386页。

能真正解决问题。由于社会历史等方面的多种原因，伦理问题和最为内在的灵魂问题在晚期希腊哲学中成为主要的研究对象，而理性主义的衰落亦造成了思辨精神的衰微，于是便形成了感觉主义、怀疑主义乃至神秘主义盛行于世的局面。到此为止，希腊哲学自神秘主义的宗教神话中脱颖而出，又回到了神秘主义之中去，已经无法抵挡基督教思想的挑战，甚至成了基督教哲学的理论来源。

其实，上述希腊哲学的演变不仅有自然科学和认识论等不够发达的特殊的历史原因，而且有哲学上更深层次的普遍原因，这就是方法与问题之间的矛盾。

一般说来，就西方古典哲学而言，哲学的问题或研究的对象大多是普遍的、永恒的和无限的东西，例如本原和存在。但是哲学家们解决问题所使用的方法却不可避免地具有有限性的特征，因为概念、判断、知识或思想不可能没有确定性。在某种意义上说，哲学思维方式的转变与哲学方法的演变有密切的关系：谁找到了方法这把钥匙，谁就掌握了解决哲学问题的关键，但实际上谁都不可能从根本上解决方法的问题。因此，西方哲学中自始至终都存在着方法的问题，而且越到后来越受到哲学家们的重视，甚至可以说，方法是使现代西方哲学诸流派相互区别的一个重要原因。

希腊哲学的根本精神就是爱智慧、尚思辨、学以致知的理性探索精神。正是这种精神，为西方哲学追求知识、探索真理的基本倾向和科学思维方式奠定了基础。但是，正如任何事情都有两面性一样，这种科学思维方式既在形成蔚为大观的西方文明中发挥了重要的作用，同时也被有些思想家视为造成西方文明之种种弊端的根源。例如，当 20 世纪西方哲学反思自己历史的局限时，许多哲学家把最基本的局限性归结为“科学思维方式”，并且将它的滥觞一直追溯到古希腊哲学。不过，值得我们注意的是，希腊人虽然崇尚知识和科学，但是他们眼中的科学知识与后世所理解的科学知识是很不相同的。以自然观为例，希腊人的自然观是朴素辩证的、有机整体的自然观，他们以自然为认识的对象，但却从来没有想到要把人从自然中分离出来，以主人的身份去役使自然，以征服者的心态去改造自然。当然，西方哲学的科学思维方式毕竟是从希腊哲学演变而来的，尽管促成其演变的原因多种多样，不能简单对待。

西方哲学以希腊哲学为其发源地，不过它不止这一个源头。在某种意义上说，西方哲学是希腊哲学与基督教思想相互融合的结果。实际上，在希腊哲学晚期，基督教哲学就已经登上了哲学的历史舞台，并且在漫长的中世纪，最终取代了希腊哲学的地位，成为占统治地位的意识形态。

第二编

中古哲学

引　言

我们通常所说的“中古哲学”指的是希腊哲学之后，近代哲学之前，以基督教哲学为主干的哲学形态。由于在希腊哲学晚期基督教思想已经开始形成并发挥着重要的作用，因而中古哲学的早期即教父哲学实际上与希腊哲学的晚期在时间上是重合的。因而作为一个相对完整的历史时期，中古哲学包括教父哲学、经院哲学、文艺复兴和宗教改革等，前后延续时间长达一千多年。因此，我们这里所说的“中古”与一般的世界历史分期不尽相同，它不是以 476 年西罗马帝国灭亡为其开端，通常要追溯到公元 2 世纪时的教父哲学。

公元之初，就在古希腊晚期哲学像一位耄耋之年的老人步履蹒跚地走向自己终点的时候，一个新的哲学形态已经不失时机地出现在这块久受希腊理性文化精神浸润的土地上，并且显示出生机勃勃的活力，很快就成了前者的竞争对手，最终取而代之。这种新的哲学形态就是基督教哲学。

所谓基督教哲学，指的是一种由信仰坚定的基督徒建构的，自觉地以基督教的信仰为指导，但又以人的自然理性论证其原理的哲学形态。自基督教诞生至今，有无数的基督徒积极地献身于这项事业，从而形成了一个基督教哲学的连续传统。但是本书意义上所说的基督教哲学，并不是指基督教哲学的整个传统，而是特指基督教哲学诞生、成长、成为占统治地位的哲学形态并继而衰落的这一段历史。简单地说，这段历史又可以划分为两个阶段，即罗马时代的教父哲学和中世纪的经院哲学。

公元 1 世纪初，在历史上备受磨难、当时尚处于罗马人统治之下的犹太民族中，出现了一个主要由社会下层人士构成的犹太教小宗派。他们声称牺牲在十字架上的领袖耶稣就是犹太人期盼已久的救世主基督，因而称之为基督徒，他们的宗教团体也就被称为基督教。他们相信，耶稣死后已复活升天，不久将再次降临人间，举行末日审判，上帝之国不久即可降临，但这国却不在世界上。他们由此放弃了与罗马帝国的积极对抗，从上帝普爱世人的信仰出发，主张爱人如己，甚至爱自己的仇敌，从而打破民族界限，仅仅把信仰作为被上帝拣选的条件。此外，在经济和其他社会生活方面，他们也主张教徒间的互相帮助与合作。基督教虽然由于信仰独一真神、拒绝罗马帝国的皇帝崇拜和其他种种社会原因而数次招致罗马帝国统治者的残酷镇压，但却由于获得了占人口绝大多数的社会下层民众的支持，从而迅速传播到罗马帝国各地。罗马社会长期的动荡不安也使人们对于罗马民族旧有的保护神和宗教失去了信心，转而在基督教的信仰中寻求精神寄托。公元2—3世纪，大批社会上层人士和有教养阶层纷纷皈依基督教，基督教遂成为罗马社会生活中一支不容忽视的力量。312年，罗马帝国最高统治权的争夺进入了白热化阶段，皇权角逐者之一君士坦丁在关键性的战斗进行前突然易帜，打出了基督教的旗号，在基督徒的支持下取得了胜利，成为日后的君士坦丁大帝，也是历史上的第一位基督教皇帝。313年，罗马政权颁布了《米兰敕令》。基督教从此在罗马帝国获得了合法地位。325年，君士坦丁大帝召集全罗马帝国境内约300名主教在尼西亚召开了基督教历史上第一次全教会性的公会议，制定了强制性的统一教条。392年，皇帝狄奥多西正式宣布基督教为国教，并大肆镇压异教和异端。基督教终于取得了罢黜百家、独尊基督的地位。

基督教产生之初并不是一种理论体系，也不是一种哲学，而毋宁说是一种宗教的实践运动。然而，种种独特的社会历史条件却促使基督教最终采取了理论的形式，造就出基督教哲学这种独特的理论形态。最深刻的原因无疑是新生的宗教自身理论建设的需要。基督教产生之初，既没有统一的经典，也没有统一的组织。虽然基督教接受了犹太教的经典《旧约全书》，《新约全书》的部分内容如保罗书信和几部福音，当时已广泛流传，但各地教会对它们的理解却不尽相同。公元后的几个世纪是基督教内部派别林立的世纪。现实要求基督教对自身的教义做出理论的反思，以理论的统一来促进实践的统一，而这种反思当然只能采取哲学的方式。或者换句话说，基督教正是借助哲学的反思，才真正地达到了自我意识。

除了上述内在的原因之外，一系列外在的原因也迫使基督教走上了理论化的道路。

首先，在基督教诞生的年代里，哲学依然是罗马帝国社会上层人士所喜爱的意识形态。基督教为了获得这些上层人士的谅解、理解、支持乃至皈依，竭力宣扬自己与哲学的一致，早期教父所提出的“真哲学即真宗教，真宗教即真哲学”这一口号就是一个典型的例证。在这种形势下，基督教接过古希腊哲学的一些术语、词句和学说来论证、阐述自己的信仰，就是在所难免的事情了。

其次，罗马帝国社会的长期动荡，导致哲学从理论向实践转型，使伦理学成为哲学关注的中心，灵魂的安宁成为哲学的最高目标，与神的交往也成为许多哲学家喜闻乐见的主题。在一定的意义上说，古希腊哲学在这些同样为宗教所关注的问题上的探讨，也已经为基督教与哲学之间的对话和交融做好了理论上的准备。

再次，基督教产生之初就遭遇了以哲学理性为代表的强大的希腊罗马文化。晚期希腊哲学无论是出自传统的多神论立场，还是出自哲学的理性立场，都不免对基督教的信仰进行口诛笔伐，而基督教也自觉到自己是当世思潮的竞争者之一，因而积极地为自己的生存权利而辩护和斗争。显而易见，在与哲学的斗争中，哲学自身的词句无疑是基督教所能利用的最佳武器。

最后，基督教形成的时代也是罗马帝国各种新兴宗教竞相产生的时代，诺斯替教、摩尼教、摩泰教等都曾一度成为基督教的有力竞争对手，基督教内部也存在着各种各样的异端。也可以说，基督教最初几个世纪的历史就是与异教、异端论战的历史，这种论战的需要也同样促进了基督教的哲学化。

在这些内因、外因的交织作用下，基督教会中一批或多或少具有哲学修养的信徒挺身而出，借用希腊哲学，尤其是新柏拉图主义和斯多亚学派的哲学，在理论上论证和捍卫基督教信仰。这些人或奔走传教，或著书立说，力图使基督教的信仰与哲学的理性统一起来。通过他们的活动，基督教第一次有了相对统一和完整的教义，因而他们被教会尊为"教父"，即教会的父亲，他们的思想就被称为"教父哲学"。教父哲学是基督教哲学的第一个历史形态。

4 世纪末，罗马帝国逐渐分裂为东西两个部分。5 世纪末，西罗马帝国为一系列"蛮族"国家所取代。"蛮族"国家中最强大的法兰克王国在基督教教会的支持下实现了统一，在西欧推行新兴的封建制度。欧洲封建社会"是从粗野的原始状态发展而来的。它把古代文明、古代哲学、政治和法律一扫而光，以便一切都从头做起。它从没落了的古代世界承受下来的唯一事物就是基督教和一些残破不全而且失掉文明的城市"[①]。作为旧世界的仅存硕果和新世界文化的唯一代表，基督教在客观上担负起了延续西方文明的使命。于是在基督教所创办的各种学校中，形成了基督教哲学的第二个历史形态——经院哲学。

与教父哲学不同，经院哲学在总体上已经不再以创立教义、制订神学内容为己任，而是要从理论上论证、阐释教义，化解《圣经》或教父哲学中所包含的一些不协调因素，使神学进一步系统化、理论化。作为理性思维艺术的辩证法被引入神学的思维，理性主义开始复苏，并在 12—13 世纪达到了高潮。12 世纪时，由阿拉伯人保存的古希腊文明回传入西欧，从而导致了经院哲学内部柏拉图主义和亚里士多德主义之间的斗争。托马斯·阿奎那适应形势的发展，力证理性在论证信仰、捍卫信仰方面的积极作用，毅然采用亚里士多德哲学论证基督教信仰，从而把经院哲学推向了鼎盛时代。然而，阿奎那所建立的理性与信仰的联盟遭到了英国唯名论的坚决反对。唯名论反对用理性来思维信仰的做法，从而消解了经院哲学赖以生存的基础，经院哲学不可避免地走向了没落。

11 世纪以后，西欧生产力在缓慢的积累中有了明显的提高。一大批工商业城市发展起来，成为新生产方式的代表。以新兴市民阶级为载体的人文文化在 13—14 世纪的复兴，对经院哲学造成了更为致命的冲击。随着文艺复兴时代"自然的发现"和"人的发现"，神已经不再是人们思考的中心，基督教的经院哲学完成了它的历史使命，最终退出了历史舞台。

基督教哲学始终处在理性与信仰的矛盾之中。当时是基督教一统天下的时代，哲学是神学的婢女。诉诸信仰的宗教神学具有绝对的权威，然而哲学的思辨却需要理性的力量。所以这一时期的基督教哲学其基本问题就是理性与信仰之间的关系问题。作为一种特殊的哲学形态，基督教哲学试图调和两者，用理性来证明信仰。但是由于两者在根本

---

① 《马克思恩格斯全集》，中文 1 版，第 7 卷，人民出版社，1959，第 400 页。

上是矛盾的，因此最终不仅损害了信仰，也失落了理性。文艺复兴时期的反理性倾向与此不无关联，以至于直到笛卡尔才重新确立起理性的权威。

基督教哲学与希腊哲学形成了鲜明的对比。

在某种意义上说，希腊哲学的精神是一种乐观主义的悲剧精神，它的主题是命运、必然性和规律，不过在命运面前，希腊人不是消极的，他们对现实生活保持着乐观向上的态度，形成了崇尚知识的理性主义和人文精神。基督教哲学则正好相反。在特定的社会历史背景之下，中古时代的人们逃避、抛弃和否定了现实生活，以否定现实的方式谋求灵魂的救赎，视人间为走向天国的“天路历程”，试图通过信仰上帝使灵魂得到永生。显然，作为一种超越有限性的方式，基督教从信仰和情感的角度深入人心，的确有其存在的意义和价值。

那么，基督教哲学给哲学带来了哪些不同于希腊哲学的问题呢？

这是一个非常复杂的问题。简单地说，基督教哲学贡献给哲学的首先是它的超验性。虽然希腊思想中也不乏超验的思想，例如柏拉图的理念论，但是从主导方面看，希腊哲学是现实主义的，而基督教哲学却以弃绝尘世的方式向人们展示了一个无限的超感性的世界，从而在某种程度上开拓并丰富了人类的精神世界。其次是内在性。基督教使无限的精神（实体）具体化在个人的心灵之中，与希腊哲学对自然的认识不同，它诉诸个人的内心信仰，主张灵魂的得救要求每个人的灵魂在场。再次是自由的问题。自由在希腊人那里是不成问题的，而且占主导地位的是必然性的观念。基督教就不同了。在某种意义上说，自由意志问题始终是基督教思想中的难题。最后是超自然主义的观念。在希腊人那里，自然是活生生的神圣的存在，而在基督教思想中自然不但没有神性，而且是上帝为人类所创造的可供其任意利用的死东西。基督教贬斥自然的观念固然不利于科学的发展，然而却从另一方面为近代机械论的自然观开辟了道路，使后人在认识世界之外亦树立了改造世界的观念。

在相当长的历史时期内，人们对中世纪哲学的评价有失公允，一提到中世纪就会联想到“黑暗时期”。然而，中世纪的黑暗时期（约 400 年至 1000 年）并不是基督教的过错，主要是“蛮族”入侵，西罗马帝国灭亡，文明被一扫而空所造成的。实际上，教会虽然伴随着世俗化对社会产生了越来越多的不良影响，但是最初对于保存文明的火种还是起到了一定的积极作用。如果没有教会对蛮族首领的感化，没有教会对希腊文献的保护，文明很可能会付诸东流。在当时的情况下，或许只有宗教能够做到这一点，因为那时的日耳曼各民族尚处在不十分开化的原始状态，不用说书写和阅读，甚至有些民族还没有形成文字。因而希腊文明的哲学、艺术、科学和思辨精神是很难为人们所接受的，然而福音说教却以其崇高而朴素的力量在情感上深深地打动了他们的心弦。不仅如此，而且也正是从宗教的感化出发，欧洲各民族吸取古代文明包括哲学和科学的过程才得以开始。通过教会，新世界才有可能进入旧世界的大门。当然，新旧世界的交融以基督教为中介，这就不可避免地使古代文明中那些能够被纳入宗教的部分得到保存和传播，因为教会理所当然地要排斥被认为是异教或异端的东西。甚至这种局限性在当时也有一定的积极意义：它使这些未开化民族处在幼稚状态的心灵不至于迷失在各式各样五花八门的理论学说之中，那是他们还不可能理解和消化的精神养分。所以，教会的确阻碍了哲学和科学思想的传播，造成了不可估量的损失，但是对于欧洲各民族来说也起到了循序渐进的教化作用。[①]

在某种意义上说，以基督教哲学为主体的中古哲学既开始于亦终结于理性主义的衰落和神秘主义的流行：希腊哲学理性主义的衰落和神秘主义的流行为它的出现创造了机会，而经院哲学唯实论理性主义的衰落和唯名论神秘主义的流行则为它的终结准备了条件。在此之后，文艺复兴的人文主义和宗教改革表面看起来都是在“复古”，一个复兴了古代文化，一个复兴了原始基督教的观念，但是实际上并不只是为古人“招魂”，而是为全新的近代哲学吟唱“序曲”。

---

① 参见文德尔班：《哲学史教程》，上卷，第353－354页。

第四章

教父哲学

教父哲学大约发端于 2 世纪，终结于 6 世纪。根据教父们活动的区域和使用的语言，后人把他们划分为“希腊教父”和“拉丁教父”。从总体上来说，以游斯丁、奥利金等人为代表的希腊教父比较注重理性与信仰的关系、注重上帝的“三位一体”、上帝与世界的关系等形而上学层面的问题，而以德尔图良、奥古斯丁等人为代表的拉丁教父则更多地注重信仰和伦理、人的罪以及救赎等问题。根据教父们的思想活动的特征，又可以把教父哲学的历史划分为护教时代（2 世纪）、体系化时代（3—5 世纪）和终结时代（6 世纪）。当然，这种划分方法的界限不可能是绝对的。

教父哲学在时间上与晚期希腊哲学是重合的，它不仅是在同希腊哲学以及其他“异教”思想的斗争中成长起来的，而且在思想上亦与之有着千丝万缕的联系。

晚期希腊哲学从伦理向宗教观念的转变，既有哲学方面的内因，亦有时代需要的外因。[①] 关于基督教兴起的社会历史根源，我们在引言中已经有所说明，在此不再详述。至于哲学之转向的内因，恐怕与希腊哲学的精神有关。希腊哲学以“学以致知”为理想，但是由于种种因素的限制，它既缺少各门科学知识的发展作为后盾，又没有发达的认识论作为基础，因而注定了衰落的命运。结果，在晚期希腊哲学中，怀疑主义作为希腊哲学理性主义的反动，反其道而行之，它不再追求知识，而是以舍弃知识作为通达人生之境界的代价，这就为宗教的神秘主义开辟了道路，更不用说斯多亚学派与新柏拉图主义根本就成了教父哲学的理论来源和基础。

如果说基督教的兴起是时代的迫切需要，那么可以说教父哲学的出现则是基督教发展的需要。如前所述，原始的基督教本来是排斥知识、排斥哲学的，但是迫于传播发展的需要，它不得不转而利用哲学，晚期希腊哲学尤其是斯多亚学派和新柏拉图主义就成了它们利用的对象。当然，斯多亚学派和新柏拉图主义之所以能够为教父哲学所利用，

---

① 参见文德尔班：《哲学史教程》，上卷，第 282 页。

与它们的宗教倾向例如禁欲主义和神秘主义是分不开的。然而，哲学之为哲学乃源于理性，而宗教之为宗教诉诸的则是情感和信仰，所以基督教哲学从一开始就遭遇到了理性与信仰的关系问题。

教父哲学主要是利用斯多亚学派和新柏拉图主义的思想来制订和维护教义，并且在此基础上来确立其体系的框架。

第一节 护教学者：从游斯丁到德尔图良

基督教哲学的历史是由2世纪的护教学者们开启的。与哲学、异教、异端的论战迫使有文化修养的基督徒用哲学来论证、捍卫自己的信仰，从而奠定了基督教哲学这座大厦的第一块基石。

一、游斯丁

在早期基督教哲学的历史上，最著名的人物是殉教者游斯丁（Justinus，一译查士丁，约100—166）。游斯丁早年是一个异教徒，作为哲学爱好者，他先后求教于斯多亚学派、亚里士多德主义和毕达哥拉斯主义的哲学，最后通过柏拉图主义皈依了基督教，终生以哲学家身份到处游说，为基督教信仰辩护。能够确定属于他的作品的是分别上书罗马皇帝安敦尼努·庇乌和马可·奥勒留的两部《护教篇》，以及与犹太人特雷封的一篇对话。

游斯丁在哲学史上的地位首先在于他对基督教与古代哲学之间关系所做出的规定。游斯丁的出发点是关于“逻各斯”（道）的论述。他认为，逻各斯是上帝的内在理智和永恒智慧，它与上帝同在，它本身就是上帝。上帝也是凭借逻各斯创造万物的。逻各斯永恒地普照着整个世界，向所有的人启示着真理。因此优秀的异教徒，例如苏格拉底、柏拉图，也能分有逻各斯，从而认识真理。所以游斯丁一生爱好哲学，承认“自己喜欢讲授柏拉图”。但是在他看来，柏拉图等哲学家都只能分有逻各斯的部分或“逻各斯的种子”，因而只能在其理解力所能企及的程度上认识真理。他写道：“无论哲学家们和立法者们发现和公布了什么，他们都是根据逻各斯的部分艰难地获得这种发明和认识的。”[①] 希腊哲学家们之间激烈的争吵恰恰说明他们所认识的都只是部分真理，所以矛盾和争吵是不可避免的。逻各斯只有在耶稣基督身上才得到了完全的启示，因而也只有基督教才拥有完全的真理。“我们的宗教显然比所有人类的学说都优越，因为为我们而降临的基督是完全的逻各斯。”[②] 当然，希腊哲学中的真理和基督教的真理之间只有程度的不同，而没有本质的差别，因为它们来自同一个真理源泉，即上帝的逻各斯。

基于对希腊哲学和基督教之间关系所做出的这种规定，游斯丁最终得出了“真哲学

---

① 游斯丁：《第二护教篇》，10。

② 同上。

即真宗教，真宗教即真哲学”的结论。希腊哲学家们曾许诺将人们引上真理之路，引导人们认识上帝，达到灵魂与上帝的统一。这样，希腊哲学就由于它这种宗教意义上的目标设定而着手解决一个它无法解决的问题，因为这个问题超越了人类理性的力量。要么哲学为自己设定一个力所能及的目标，而这就不能是一个宗教的目标；要么哲学有一个宗教的目标，那样我们就必须超出一种自然的哲学，接受基督宗教，而“哲学”这个名称就应该保留给基督教。故而只有基督教才是真正的哲学，因为它赐给我们真理和神恩。反过来，哲学也只有设定并实现一个宗教的目标时，才能是真哲学，从而真哲学也就是真宗教。

二、伊里奈乌

早期基督教的捍卫者们不得不在两条不同的战线上作战。游斯丁面对的是外部的异教，而出生在小亚细亚，后来成为里昂主教的伊里奈乌（Ireneaus，约126—202）面对的却是基督教内部的异端，即诺斯替主义。

诺斯替教是公元初年流行于地中海东部沿岸的神秘主义教派，它的产生受到了希腊哲学和一些秘传宗教的影响，并吸取了一些东方宗教的因素。基督教产生后，诺斯替教的一些派别吸收了某些基督教的观念，从而形成了“基督教诺斯替派”。该派致力于从基督教信仰推进到哲学认识，或者把基督教的信仰提高到哲学的意识，确立一种基督教哲学。在这一过程中，它所依据的主要不是基督教的历史文献和传统，而是希腊哲学和东方神话。它的主要哲学观点是上帝与物质、善与恶之间的二元论。物质是恶的原则，并作为一个独立的原则与上帝相对立。为了克服两者之间的鸿沟，它假设了一系列从上帝流溢而出的中间存在。与这种存在上的二元论相适应，它还提出了一种历史的二元论，认为《旧约全书》的上帝是世界的创造者，是恶的原则，而《新约全书》的上帝是世界的拯救者，是善的原则，两者之间存在着一种不可调和的对立。因此，基督教也不是犹太教的完成，而是其绝对的对立面。灵魂获救的途径不是信仰和救恩，而是体悟神秘的诺斯（gnosis，意为“真知”）。

诺斯替派一时成为基督教内部最大的异端，直接威胁着基督教的信仰和传统，并在基督教内部引发了一场激烈的争论。伊里奈乌的著作《揭露与批驳伪知识》（通称《反异端》），就是早期教父哲学批驳诺斯替派的一部力作。

伊里奈乌在该书中指出，诺斯替主义的学说只不过是那些根本不知道上帝的所谓哲学家的言论汇编再加上新颖的形式罢了。他质问诺斯替主义者：如果那些哲学家已经把握到了真理，基督降世启示上帝的真理岂不是多余的吗？如果他们没有把握到真理，你们怎么能自诩通过他们达到了超越一切的真知呢？诺斯替主义者声称知道上帝不可言说的奥秘，这是一种愚蠢的傲慢，因为上帝的奥秘是人类有限的理性所不能认识的。当然，伊里奈乌也没有否认人类精神有认识真理的能力。毋宁说他坚持理性知识在一定范围内的可能性。一个人只要具有健康的理智、对真理的热爱和正直的心灵，就能够通过勤奋的研究认识上帝允许我们认识的一切。伊里奈乌甚至也承认一种神学的知识是可能的，但这种知识并不是诺斯替主义意义上的真知，它不是对信仰内容的改造和丰富，而仅仅是对它的阐发。显然，在对待哲学的问题上，伊里奈乌已经从游斯丁的立场大大后退了。

针对诺斯替教派主张的大神产生小神、小神创造世界的流溢说，伊里奈乌坚持认为神只有一个，这就是凭借自己的道创造世界万物的上帝。就连原初的物质也是由上帝创造的。伊里奈乌坚持《旧约全书》的上帝和《新约全书》的上帝、创世主和救世主的同一性。他直接采用了圣父、圣子、圣灵这些名称。上帝是圣父，上帝的道化为肉体则为圣子，圣灵则是上帝的智慧。圣子和圣灵产生自圣父，但三者没有先后之分，而是具有同一性质，是同一个上帝。上帝是全部、是整体。显然，在伊里奈乌这里，“三位一体说”已具雏形了。

三、德尔图良

伊里奈乌在一定程度上对哲学、理性、知识的否定在德尔图良（Tertullianus，约160—约225）那里发展为一种极端的态度。

德尔图良出生于北非行省，原是异教徒。他对历史、哲学、文学、法律乃至医学都有一定知识，尤其擅长诉讼。成年后皈依基督教，从此忠心耿耿，充分发挥其善于辞令的特长为教会辩护，晚年由于坚持严格的禁欲主义而与正统教会决裂，归入摩泰教派。后又与摩泰教派闹翻，建立了自己的德尔图良教派。该教派一直存在到4世纪末，后被奥古斯丁重新纳入正统教会。德尔图良最著名的著作是他上书罗马皇帝的《护教篇》，以及《论异教徒的偏见》、《论灵魂》和《论基督的肉体》等。

与游斯丁相比，德尔图良所代表的是相反的极端。在他看来，基督教的信仰是上帝通过基督事件启示给世人的真理，也是人们必须遵守的规范。它不仅是充分的，而且限制了我们的研究范围，超越它的范围必然造成异端。因此，最好是保持无知，以免逾越所容许的界限。“不要知道你不该知道的，因为你该知道的你已经知道。……对于信仰的规范来说，什么也不知道就是知道一切。”① 在这种意义上，哲学完全成了一种多余的东西。德尔图良虽然也承认哲学家们有时也认识到了真理，但他认为这只是一种歪打正着和一种盲目的幸运的结果：“有时在惊涛骇浪中，天象混乱，某些自信的人由于歪打正着而找到了港湾，有时在昏暗中由于盲目的幸运发现了某个入口和出口。”② 更何况，即便是一个简单质朴的基督徒也比过去的哲学家们掌握更多的真理。“随便任何一个基督教的手艺人都已经找到了上帝，传报上帝并且随后用行动确认关于上帝所能问的一切，而柏拉图却宣称不能轻而易举地找到宇宙的建筑师，即便找到他也难以告诉所有的人。”③

由此出发，德尔图良成为教父哲学中反异教、反理性、反哲学最起劲的一位。他认为，在雅典与耶路撒冷之间、在学园与教会之间，不存在任何调和的余地。一切世俗知识在上帝面前都是愚蠢的。基督徒必须无条件地服从上帝的启示。启示不仅是超理性的，

① 德尔图良：《论异教徒的偏见》，14。
② 德尔图良：《论灵魂》，2。
③ 德尔图良：《护教篇》，46。

而且是反理性的。德尔图良写道："上帝的儿子钉在十字架上了，并不因为这是耻辱的就让人耻辱；上帝的儿子死了，正因为这是荒谬的，所以是绝对可信的；他被埋葬后又复活了，正因为这是不可能的，所以是确定无疑的。"① 因此，尽管"正因为荒谬，所以我才相信"这句话在德尔图良的原著中找不到，但人们却一直把它当作德尔图良的格言，用它来概括德尔图良思想的本质。

德尔图良确认基督教的信仰为最高真理，要求在思维结果与信仰发生矛盾时不肯定任何与信仰矛盾的东西，这种观点对后世基督教神哲学的发展影响极大。此外，把世界划分为可知世界和不可知世界，不可知世界只能用信仰来把握，这种思想也深深地影响了西方的思维模式。

在哲学上，德尔图良还曾发表了一些观点，例如认为上帝和灵魂都是有形的实体等。这些观点都未被后世的教会接受。

第二节　教父哲学的体系初创者：基督教的亚历山大里亚学派

由于前面提到的原因，随着基督教理论化的发展，建构基督教哲学体系的条件业已成熟。从 2 世纪末 3 世纪初开始，创建体系成了教父哲学的首要任务。

最先在建构基督教哲学体系方面做出努力的，是基督教的亚历山大里亚学派。在当时的罗马帝国，埃及的亚历山大里亚城是一个巨大的工业和商业都市，同时也是希腊化文化的一个聚集点。城市教育发达，各种学校林立。基督教历史上的第一个教理学校也是在这里建立的。亚历山大里亚学派的两位著名代表克雷芒和奥利金曾先后担任这个学校的领导工作。

一、克雷芒

克雷芒（Clement，约 150—约 215）出身于雅典的一个异教家庭。与游斯丁一样，克雷芒曾经游历四方，接触了当时流行的各种哲学体系，但最后却皈依了基督教，并成为亚历山大里亚教理学校的校长。他的许多著作都失传了，目前尚能见到的主要有《劝勉异教徒》、《导师》和《杂文集》等。

相同的经历使克雷芒和游斯丁一样对哲学持一种亲善的态度。面对一些基督徒对哲学的指责，克雷芒坚持认为，哲学不是魔鬼，而是上帝的作品，因而和世间万物一样，都是好的。希腊哲学和犹太律法一样，都是把人引向基督的教育者，并在基督教中得到了自然的延续。"哲学教育希腊人走向基督，就像律法教育犹太人走向基督一样。因此，哲学为应由基督引向完善的人开辟了道路。"② 真理的历史可以比作两条河流，其中一条

---

① 德尔图良：《论基督的肉体》，5。

② 克雷芒：《杂文集》，1，5。

源自《旧约全书》律法的启示，另一条源自理性。两者又与第三条河流汇成一体，这就是基督教的启示。基督教是关于显现在基督身上的逻各斯创造、教育、实现人类的学说。因此，把知识与信仰统一起来，是真正的基督徒的任务。上帝的“道”是最高的准绳，但是，为了从孩童的智慧上升到成人的智慧，从纯粹的权威信仰前进到知识的更高阶段，哲学是必要的。哲学不仅可以把人引向信仰，而且基督徒也只有凭借哲学才有能力捍卫自己的信仰。只有当信仰的智慧再加上哲学的洞识的时候，它们才能够识破智者们的攻击。当然，哲学并不是目的自身，它应当服从信仰、服务于信仰。信仰是真理的标准，是理性尚未认识的真理的预言，是引导理性走向洞识的光。只有当哲学停留在自己的界限之内，遵守属于它的位置时，它才能在基督教中胜任自己的重大任务。

克雷芒力图凭借自己的哲学素养，给予基督教的信仰一种理论的形式。他指出，上帝的存在是众所周知的。因为没有一个民族不承认某种最高的存在者，所有的人都有一个神的观念。上帝借着逻各斯从无中创造世界，世界由于是上帝的造物而是善的。但上帝的本质却是我们无法知道的。我们只能借助分析的方法逐级地否认上帝的有限属性，最后达到“上帝不是什么”的否定认识。克雷芒的思想已为后世的否定神学开了先河。

二、奥利金

奥利金（Origenes，约 185—约 254）是早期教父哲学最伟大的代表，也是基督教第一位系统的神哲学家。在著名的教父中，唯有奥利金自幼受洗入教，其父在 201—202 年的迫教运动中以身殉教。奥利金从小就受到系统的基督教思想教育，年仅 18 岁就接替他的老师克雷芒担任了教理学校的校长。此后他还曾同普罗提诺共学于一家新柏拉图主义的学园。奥利金才华横溢，同时又严守宗教戒律，甚至出于迂腐的宗教虔诚而自阉，但却由于触怒了当地主教而于 231 年被革除神职和教理学校校长职务，于 232 年在巴勒斯坦凯撒里亚另立教理学校。在 250 年的迫教运动中，他被罗马当局逮捕入狱，受到严刑拷打和百般折磨，出狱后不久就死去了。奥利金一生著作卷帙浩繁，据说多达 600 余卷，保存下来较为完整的有《论真理》和《驳塞尔索》。

奥利金对希腊哲学有着深厚的造诣。这一点仅从他著作中的大量引述就可以看出来。虽然奥利金对希腊哲学的态度比他的老师有更多的保留，曾指责希腊哲学不仅有大量的失误，而且也不能借助它来提高自己及其追随者们的道德，但是他仍然试图利用哲学思辨建立起一个基督教知识体系。在这方面，新柏拉图主义和斯多亚主义是他最重要的哲学资源。

作为一个虔诚的基督徒，奥利金坚持哲学思辨的标准是基督教的《圣经》和使徒的传统。但《圣经》并不是一部具有严格体系性的著作，其间不免包含着各种不近情理的或者自相矛盾的东西，使徒的传统也有许多不一致的地方。因此，纯粹从字面上理解和解释《圣经》已经无法行得通。为此，奥利金提出了一种“寓意解经法”，认为应当从“精神实质”上来理解和解释《圣经》及使徒传统。在某种意义上说，“寓意解经法”实际上意味着以理性为标准来审视信仰及其传统。奥利金正是以这种方式对基督徒的信仰传统进行了梳理，建立起基督教第一个相对完整的哲学体系。

在奥利金的哲学中，上帝不是人格化的耶和华，而是世界万物唯一的、单纯的、精神性的、永恒的始基，是完满的“一”。作为整体，这个“一”包含着圣父、圣子、圣灵这三个位格。圣父不断地生出圣子（逻各斯），圣子道成肉身即为耶稣基督。但圣父之产生圣子，并不是像自然的生育那样把圣子分离出去，而是像太阳不断地发射光芒那样，圣子永恒地与圣父同在。同时，逻各斯又是上帝所创造的一切灵魂的原型，而在这些灵魂中，圣灵是最高者。圣子产生于圣父，已不像圣父那样纯粹，因而是减弱了的本性，圣灵就更低了。但由于圣子和圣灵都是直接产生于圣父，所以不能与圣父分离。圣父、圣子、圣灵在本性上是统一的，都属于上帝同一个神体。

上帝绝对的单纯性使他远远超出我们精神的能力。奥利金明确地表示：“无论人的精神怎样是最纯洁、最清澈的精神，也不能企及和注视上帝的本性。”[①] 我们只能像通过一扇窗子那样接收到上帝的一些折射的光线。因此，我们只能以否定的和最高级的陈述来认识上帝。所谓否定的陈述涉及否认上帝拥有的所有物体属性：上帝是非物质的、单纯的、不可见的。所谓最高级的陈述则涉及纯精神的属性：我们从自己的精神认识到这些属性。根据人的精神与上帝的亲缘关系，我们可以把这些属性转用到上帝身上，但此时要考虑到，上帝还超越了这些属性：上帝是精神，但他还在精神的彼岸。上帝是真理之父，但比真理更多、更大；上帝是智慧之父，但比智慧更好。他是生命，但比生命更大。上帝是存在，但还在存在的彼岸。奥利金当然不是要说，我们关于上帝根本不能说出任何东西，而只是要说，我们没有任何概念能够表述本真的上帝。有缺陷的表述方式并不是错误的表述方式，也不是不知所云的表述方式，而只是一种具有相对性的表述方式。实际上，奥利金已经提出了日后伪狄奥尼修斯所提出的否定神学与肯定神学的区分。

在上帝的诸般属性中，奥利金尤其谈到了上帝的全能。不言而喻，上帝有能力做一切事情。然而，上帝的全能并不包括任意和悖谬，毋宁说，它必须受理性和秩序的约束。上帝不能做任何与本性相悖的事情，不能做任何不可思议的事情，也不能做任何丑陋和恶劣的事情，因为这与他的尊严从而与他的本质相矛盾。上帝也不能创造无限多的事物。因为无限性自身是无法认识的。因此，上帝的权能在自身是确定的和有界限的。因为如果它没有界限，那么它对上帝自身来说就会也是不可认识的：“如果上帝的力量是无限的，他就必然对自身也一无所知。无限在本性上是不可约束的。”[②] 如果他使无限多的受造物存在，那么他的意旨就不能照料它们。所以，他仅仅创造了自己能够安排和管理的那么多的事物。

奥利金从基督教的上帝创世一元论出发，坚持认为上帝从无中创造了世界。那种认为上帝创世需要质料的观点，是由于一种神人同形同性论的上帝观而步入歧途的。他们只能以人的概念来思考上帝。毋庸置疑，为了工作，雕塑家需要石头，木匠需要木头。他们由这些人的关系出发推论到上帝，相信上帝离开了质料也不能创造任何东西。而实际上正确的理论应当是：上帝凭借与他同在的逻各斯从无中创造了世界。上帝称自己为

---

① 奥利金：《论真理》，I，1，5。

② 同上书，II，9，1。

真正的存在。因此，其他所有事物都必须以某种方式分有这种存在："一切存在的东西，都从那个真实存在的，从那个借摩西之口说'我是我所是'的，得到自己的分有。"[①] 这种对上帝的分有一方面意味着，所有的受造物都分有了上帝的存在，因为它们从上帝得到自己的存在，是分有上帝的结果。另一方面它意味着，所有的事物都分有了上帝的真理，即逻各斯，因为它们是在逻各斯中被认识的。逻各斯是上帝的实体性智慧，是一切事物得以形成的永恒的道。这个作为智慧的逻各斯在创造任何一种受造物之前就存在，它在受造物的原型中包含着它们的真理。因此，受造物的所有真理都追溯到逻各斯。"在这种实体性智慧中，包含着后来受造物——或者是最初存在的，或者是随后产生的受造物——的任何一种以在先知识的能力预先构造和分配的力量和图样：对于这些在这一智慧中被描绘和被预先塑造的受造物，它们借所罗门之口肯定自己是借着智慧被造的，智慧是上帝'一切道路的开端'，在自身中包含着全部受造物的开端或者原因或者种属。"[②]

从上帝的永恒性和上帝的美善出发，奥利金得出了世界永恒性的结论。上帝是世界的创造者和统治者，但上帝的这种属性是以被创造者和被统治者为条件的。如果承认上帝是永恒的、没有变化的，那就必须承认亘古以来就在创造和统治，从而就必须承认世界亘古以来就被创造和被统治，因而也就是永恒的。即便我们此刻存在的世界并不是永恒的，并不是没有开端的，但在这个世界之前还有其他世界存在过，在这个世界之后又将有其他世界存在。由于上帝是美善的，所以，上帝完美无缺地创造了世界，每一种存在都以自己的方式是完善的。

当然，在上帝所创造的完善的世界中毕竟包含着理性受造物的不平等和恶，这是奥利金不得不认真对待的问题。在他看来，理性受造物之间的不平等并不是上帝的作品。因为上帝是公正的、善的，是所有事物的创造者。上帝必然同等地创造一切理性受造物。理性受造物之间的不同是由他们自己造成的。他们的自由意志或者使他们接近上帝，或者使他们远离上帝，由此就造成了他们之间的不同。"理性受造物之间存在的这种不同的原因不能从创造者的意志或者决定，而是应当从其各自的意志自由得出根源。"[③] 这种对上帝的背离也就是堕落。由堕落的程度所规定的不同完善性导致了一种等级序列，一种理性受造物的等级制。那些完全脱离了上帝的精神成了魔鬼。那些只是稍稍犯罪的精神成了天使。在天使和魔鬼之间是人的灵魂。由于它们理应受到拘禁在肉体之中的惩罚，上帝不得不创造了这个世界："于是（上帝）创造了现存的世界，同时为了管制灵魂而把它交给了肉体。"[④]

在奥利金看来，是罪打乱了原初的创造秩序。上帝的公正必须根据各种精神堕落的程度来惩罚它们，由此而产生了如今的秩序。但是，上帝也善于使恶转为善。上帝的美善在惩罚时并没有中断，它最终还将战胜恶。而精神虽然由于滥用自由意志而堕落为世界万物，但并未失去其本性，依然知道向往至善，依然可以运用自由摆脱物质的束缚，回到至善的上帝那里。最终，一切事物都将在上帝面前得到神化，甚至魔鬼也和人一样

---

① 奥利金：《论真理》，I，3，6。
② 同上书，I，2，2。
③ 同上书，II，9，6。
④ 同上书，I，8，1。

都能得到拯救。

奥利金的世界永恒说、灵魂在先说、魔鬼获救论等与基督教掌权者的思想发生了冲突并因而受到压制，但是由于他熟悉新柏拉图主义学说，首次在理论上系统地论证了基督教信仰，从而声名鹊起，赢得了大批的信徒。在他死后，围绕他的学说进行的斗争也仍然没有停止，在4世纪和6世纪曾达到过两次高潮。尽管基督教当局最终宣布奥利金主义是异端邪说，但他用柏拉图主义论证基督教信仰的原则却为后世神哲学家所继承，并且在奥古斯丁那里达到了顶峰。

第三节 教父哲学的集大成者：奥古斯丁

4世纪所发生的一系列重大变化改变了基督教在罗马帝国社会中的地位，而尼西亚信经对信仰的统一也为基督教神哲学理论的发展提供了有利的基础。4世纪末5世纪初，基督教历史上最伟大的思想家奥古斯丁登上了历史的舞台。

奥古斯丁（Aurelius Augustinus，354—430）出生于北非的塔加斯特，母亲是基督徒，父亲却是异教徒。奥古斯丁出生时并未接受洗礼。从7岁起，他开始按照热衷功名的父亲的愿望接受系统的教育。17岁时，他赴迦太基攻读修辞学和哲学，先后曾崇拜西塞罗、信奉摩尼教、悉心钻研柏拉图和亚里士多德的哲学，最后于386年皈依了基督教。奥古斯丁少年时代放荡不羁，皈依基督教后却闭门思过、清心寡欲，被基督教誉为浪子回头的典范。他曾做过教师、神父，后升任北非希波主教，后半生忠心耿耿地致力于基督教的传教事业，为基督教立下了汗马功劳，被教会称为“伟大的教父”“杰出的大师”“上帝的使者”等等。奥古斯丁一生著述甚多，《忏悔录》《上帝之国》是他的代表作，此外重要的还有《驳学园派》、《独语录》、《论自由意志》、《论真宗教》和《论三位一体》等。

一、论自我意识

奥古斯丁哲学的目的是用哲学的手段论证基督教的信仰，为人们指明一条寻找上帝的路径。在他看来，这条路径既离不开知识，同时又不能局限于知识。为此，奥古斯丁必须一方面针对当时盛行的怀疑论而论证知识的确定性，另一方面又必须指出知识的不足。

奥古斯丁的出发点是人的自我意识。在《独语录》中，他与自己的理性有过这样一段对话：“你知道自己在思维吗？——我知道。——所以，你在思维是千真万确的吗？——是千真万确的。”[①] 在他看来，人可以怀疑一切，唯独不能怀疑自己思维的确定性。“难道有人怀疑他自己在生活、在回忆、在认识、在意欲、在认知、在判断吗？……当他怀疑时，他就知道自己不晓得任何可靠的东西；当他怀疑时，他就知道自己不可以

---

① 奥古斯丁：《独语录》，2，1，1。

毫无根据地表示赞同；尽管一个人仍然可以怀疑自己有所意欲，但他却不能怀疑这个怀疑本身。”[①] 奥古斯丁甚至用人的思维可能产生错误来证明思维的确定性。他说：如果我错了，我就存在。奥古斯丁的这一论证使他成为近代哲学之父笛卡尔的“我思故我在”思想的先驱。

除了“我思”这种经验的事实真理之外，奥古斯丁还在逻辑、数学等领域发现了“理性的真理”，如“同一个灵魂不能在同一时间既是可死的又是不死的”“三乘三等于九”等。伦理学领域的一些规范也具有同样的性质。奥古斯丁认为，哲学的任务不在于确认这些真理的客观有效性，而在于寻找它们的形而上学根源。这些真理之所以是真的，就在于它们分有了绝对的真理，而绝对的真理就是上帝。在这样的意义上，真理也就不是人的认识或思维的结果。感性经验是不能认识真理的，因为物质世界虽然景象万千，奇妙无比，但都是些变化无常的东西，在这里是不可能找到上帝的。真理也不是理智的创造物，理性不是创造真理，而是发现真理。人的理性只能借助“超自然之光”的照明，认识早就存在于自己内心中的真理。“不要到外部去寻找，要转入你自身。真理就居住在人的内心。”[②] 奥古斯丁描述了自己寻找这真理的过程：“我进入心灵后，我用我灵魂的眼睛……瞻望着在我灵魂的眼睛之上的、在我思想之上的永定之光。这光，不是肉眼可见的、普通的光，也不是同一类型而比较强烈的、发射更清晰的光芒普照四方的光。……这光在我思想上，也不似油浮于水，天覆于地；这光在我之上，因为它创造了我，我在其下，因为我是它创造的。谁认识真理，即认识这光；谁认识这光，也就认识永恒。”[③] 这个永恒或真理不是别的，就是上帝。

二、上帝的认识与信仰

鉴于真理的这种特性，奥古斯丁深入内心不是为了寻找思维着的精神，而是为了寻找上帝。奥古斯丁从自身之外的物质世界回到自身之内，从肉体回到灵魂，逐级上升，最后达到理性，“找寻到理性所以能毫不迟疑肯定不变优于可变，是受那一种光明的照耀……最后在惊心动魄的一瞥中，得见‘存在本体’。这时我才懂得‘你形而上的神性，如何能凭所造之物而辨认洞见’，但我无力凝目直视，不能不退回到原来的境界，仅仅保留着向往爱恋的心情”[④]。理性之所以无力凝视上帝，就因为上帝是绝对超越的，是不可认识的。上帝大而无量，善而无质，现存而超越空间，永恒而超越时间。我们的思维和一切范畴都不适用于上帝。因此，对上帝的认识不能是从经验出发的实证认识，而只能是一种神秘的直觉，是靠“刹那间悟入于真慧”，“一转瞬接触到超越万有、永恒常在的智慧”[⑤]。因此，奥古斯丁在理性与信仰之间关系的问题上虽然主张“信仰寻求理解”，倡导用理性解释信仰，但对他来说更为根本的却是“信仰为了理解”，信仰是一切认识的先决条件、

---

① 奥古斯丁：《论三位一体》，10，10。
② 奥古斯丁：《论真宗教》，39，72。
③ 奥古斯丁：《忏悔录》，7，10，参见周士良译，商务印书馆，1963，第126页。
④ 同上书，7，17，参见周士良译，第131页。
⑤ 同上书，9，10，参见周士良译，第177－178页。

方法和途径。

奥古斯丁关于上帝的三位一体的论述充分体现了上述观点。在奥古斯丁之前，奥利金曾把圣父、圣子、圣灵按照顺序排列成等级，在一定程度上隐含着三神论的危险。奥古斯丁力图运用哲学的思维清除希腊传统多神论不彻底的尾巴，他认为，人是按照上帝的形象创造的，对人的思索将有助于领会上帝的三位一体。就像人的生命由存在、认识、意志三者构成一个完整的、不可分离的本质一样，上帝的实体存在于圣父、圣子、圣灵这三个位格中，在每一个位格中上帝都是完整的存在。然而归根结底，基督教的三位一体说又是人的自然理性无法说清的东西，因此奥古斯丁最终还是按照传统的方式把它归为奥秘，宣称“即使有人在其中捉摸到一些，能表达出来，也决不可自以为捉摸到超越一切的不变本体”①。总之，上帝只能信仰而不可认识。

三、上帝从无中创造世界

上帝创造世界，是基督教最基本的信条。但上帝如何创造世界，基督教的《圣经》却没有进行明晰的哲学思辨，这也就给种种不同的解释留下了余地。当犹太教特别是基督教走出巴勒斯坦的狭窄领域，开始与以明晰的逻辑思维为特征的古希腊罗马文化接触的时候，就由此而衍生出了一系列神学问题，其中最核心的问题就是，上帝用什么创造了世界？

对神学家来说，在这个问题中隐藏着某种陷阱。如果答案是上帝用某种东西创造了世界，那么势必又产生一个问题，即这“某种东西”是不是上帝的造物？如果回答说“不是”，就会出现不是上帝创造、与上帝同样永恒的东西，这东西就会限制上帝的无限性、绝对性，与基督教关于上帝的唯一性和全能的教义发生冲突，从中产生二元论的结论。如果回答说“是”，问题并没有得到解决，人们还会问：上帝是用什么创造这“某种东西”的？

按照奥古斯丁的观点，只有一个必然的也是唯一的答案，即上帝是从无中创造这个存有的世界的。

首先，上帝创造世界没有借助任何在他之外不是由他创造的工具或手段。奥古斯丁说：“你也不是手中拿着什么工具来创造天地，因为这种不由你创造而你借以创造其他的工具又从哪里得来的呢？”②《圣经》说：“太初有道，道与上帝同在，道就是上帝。这道太初与上帝同在。万物是借着他造的。凡被造的，没有一样不是借着他造的。”③ “道”（逻各斯）也就是“言”，所以奥古斯丁说：“你一言而万物资始，你是用你的‘道’——言语——创造万有。”④ 但这里的道决不是靠物质的振动发出声音的说话。“如果你创造天地，是用一响即逝的言语说话，如果你真的如此创造了天地，那末在天地之前，已存在物质的受造物，这受造物暂时振动，暂时传播了这些话。可是在天地之前，并没有任何

① 奥古斯丁：《忏悔录》，13，11，参见周士良译，第 296 页。
② 同上书，11，5，参见周士良译，第 236 页。
③ 《新约全书·约翰福音》，1，1-3。
④ 奥古斯丁：《忏悔录》，11，5，参见周士良译，第 236 页。

物体，即使有，也不是用飞驰的声音创造的，而是利用它来传播飞驰的声音，借以创造天地。形成声音的物体，不论是怎样，如果不是你创造，也决不存在。”[①]“这‘道’是‘和你天主同在’的天主。”[②]据此，上帝是借着他自己创造世界的。

其次，上帝创造世界没有使用任何材料。在奥古斯丁看来，上帝“只能从空无所有之中创造天地”。上帝“从空虚中创造了近乎空虚的、未具形相的物质，又用这物质创造了世界，创造了我们人的子孙们所赞叹的千奇万妙”[③]。至于上帝所赋予物质的形相，即形式，则是永恒地存在于上帝里面的“理念”，其总和就是与上帝同在的逻各斯，即圣言、道。奥古斯丁尤其强调，上帝创造世界也不是在时间与空间中进行的。因为时间与空间都是上帝的创造物，在上帝创造之前，根本没有时间与空间的存在。就空间而言，上帝“创造天地，不是在天上，也不在地上，不在空中，也不在水中，因为这些都在六合之中”。上帝“也不在宇宙之中创造宇宙，因为在造成宇宙之前，还没有创造宇宙的场所”[④]。就时间而言，上帝“是一切时间的创造者”，上帝“在一切时间之前，而不是在某一时间没有时间”[⑤]。因此不是创造发生在时间之内，而是时间存在于创造之内。

再次，既然上帝是借着自身从无中创造世界的，那么上帝是从他自身中创造世界的吗？新柏拉图主义者普罗提诺的“流溢说”认为万物皆从最高存在流溢而出，因而均具有最高存在的本性，从而隐含着一种泛神论的倾向，这是奥古斯丁所不能容许的。因此他指出：“你创造天地，并非从你本体中产生天地，因为如果生自你的本体，则和你的‘独子’相等；反之，凡不是来自你的本体的，也决不能和你相等。但除了你三位一体、一体三位的天主外，没有一物可以供你创造天地。因此，你只能从空无所有之中创造天地，一大一小的天地；由于你的全能和全善，你创造了一切美好：庞大的天和渺小的地。”[⑥]

最后，上帝创世的活动是否完成了？《圣经》中说上帝在六天之中完成了造物之工，但这显然与上帝是世界的永恒统治者的教义相矛盾。因此奥古斯丁指出：“你的‘道’既然常生常在，永永无极，则无所谓逝，亦无所谓继。你用了和你永恒同在的‘道’，永永地说着你要说的一切，而命令造成的东西便造成了，你唯有用言语创造，别无其他方式；但你用言语创造的东西，既不是全部同时造成，也不是永远存在。”[⑦]

面对异教徒“上帝在创世之前做些什么”的提问，奥古斯丁在《忏悔录》中专门用了一章的篇幅阐述了自己的观点。他认为，上述提问本身就是错误的。世界与时间同是上帝的创造物，上帝在创造万物的同时创造了时间。时间只是对创造物而言的。上帝“创造了这个变化不定的时间所赖以存在而又不真实存在的万物；在这个变化不定的世界中，表现出万物的可变性，我们便从而能觉察时间和度量时间，因为时间的形成是由于事物的变化，形相的迁转”[⑧]。而上帝是超越一切变化的，因而是超越时间和永恒的。上

---

① 奥古斯丁：《忏悔录》，11，6，参见周士良译，第236页。
② 同上书，11，7，参见周士良译，第237页。
③ 同上书，12，8，参见周士良译，第263页。
④ 同上书，11，5，参见周士良译，第235页。
⑤ 同上书，11，13，参见周士良译，第241页。
⑥ 同上书，12，7，参见周士良译，第262-263页。
⑦ 同上书，11，7，参见周士良译，第237页。
⑧ 同上书，12，8，参见周士良译，第264页。

帝也不是在一个时间中超越时间，因而也不可能“先于”他自己创造的时间。在上帝那里，没有过去和将来，只有永恒的现在。然而，时间究竟是什么呢？在这个问题上，奥古斯丁自己也感到无所适从了。他似乎把时间理解为事物的运动变化，但是很快又批驳了这种观点，认为各种物体有动有静，时动时静，运动亦有快有慢。我们不仅用时间来测量运动，而且也用时间来测量静止。因此，物体的运动并不是时间，相反，物体只能在时间中运动。时间只是一种绵延。然而把时间划分为过去、现在和将来也是不确当的，因为过去已不存在，将来尚未存在，而现在又仅仅是一瞬间且正在过去，因而没有丝毫长度。所以，“或许说，时间分过去的现在、现在的现在和将来的现在三类，比较确当。这三类存在我们心中，别处找不到；过去事物的现在便是记忆，现在事物的现在便是直接感觉，将来事物的现在便是期望”①。这样，奥古斯丁便把时间主观化为人的思维的三种功能，即期望、注意和记忆。所期望的东西，通过注意进入记忆。奥古斯丁首先把时间规定为上帝的创造物，继而规定为人的思维的功能，完成了他把时间主观化的论证。然而，这样的论证连他自己也觉得难以自圆其说，只好承认“我依旧不明了时间是什么”，只有期待上帝的启示。然而，奥古斯丁用哲学思辨的方法说明了时间，使之符合基督教的创世说，这在当时无疑是一种新颖的学说，显示了较高的思辨水平。

四、灵魂的不朽、堕落与获救

上帝创造的世界构成了一个等级的秩序，人及其灵魂是其中最高的等级。因此，对人的灵魂的思考成为奥古斯丁哲学的另一个最重要的主题。奥古斯丁宣称：“我渴望认识上帝和灵魂。——除此之外别无他物吗？——没有，别无他物。”② 在他看来，灵魂是上帝按照自己的形象创造的，是一个独立的精神实体。人是灵魂和肉体的统一，但这并不是由两个实体结合成为一个新的实体，也不是灵魂被禁锢在肉体之中，而是灵魂占有、使用和统治肉体。由于灵魂是与不变的、永恒的真理不可分割地结合在一起的，所以它也是不朽的。灵魂具有三种基本力量，即记忆、理智和意志，其中最重要的是意志。意志是自由的，这种自由可以从两个方面来考察。消极的方面即是灵魂不受任何外在的强制，积极的方面则是灵魂具有自我规定的能力。

奥古斯丁从意志自由出发解释了世界上存在的恶，并由此提出了著名的“原罪说”和“先定说”。在他看来，上帝是世界的创造者，是至善，因而善是绝对的，是实体。在上帝那里，恶是不存在的。上帝创造了万物，因而万物本身也必定是善的。但由于万物是被创造的，所以不可能同上帝一样是至善，而是或多或少有缺陷的，这缺陷就是恶。恶是善的缺失。人的恶就是滥用自己的自由意志而背离了至善，背离了上帝，因而也就是犯罪。人类始祖亚当受到撒旦的诱惑犯了罪，这就使亚当的子孙都通过遗传获得了“原罪”，从而使人类落在了恶的原罪统治之下。从此，人的意志也就失去了自由。人犯罪的本性必然，也就是说，人只有作恶的自由，而没有行善的自由。“正因为人滥用自由

① 奥古斯丁：《忏悔录》，11，20，参见周士良译，第247页。

② 奥古斯丁：《独语录》，1，2，7。

意志，才把自己和自由意志一起毁坏了。”[①] 不过，上帝是仁慈的，上帝必然通过神恩来拯救人类。但上帝并不是拯救所有的人，而只是拯救其中的一部分。而且上帝之所以选择这一部分选民也没有任何原因，它只不过是出自上帝意志的喜好，也就是说是任意的。奥古斯丁的这种过于严格的“先定说”尽管突出了上帝意志的绝对权威，维护了上帝的至上，但如将其推行到底，必然会否定教会的作用，因而不可能为教会所采纳。

五、历史神学

奥古斯丁的历史神学思想集中体现在他的《上帝之国》一书中。410 年，罗马城被“蛮族”攻陷，惨遭洗劫。异教徒把罗马的陷落归咎于罗马人改信基督教，因而得罪了罗马旧神。奥古斯丁撰写此书予以驳斥。该书第一部分列举了罗马人的累累罪恶，指出罗马陷落是罗马人罪有应得。在第二部分中，奥古斯丁展开了自己的历史神学原则，论述了善占统治地位的“上帝之国”和恶占统治地位的“人间之国”之间斗争的起源、发展和终结。从上帝创世开始，人类就形成了两个敌对的阵营。爱上帝、服从上帝的一方构成上帝之国，它们追求精神生活，向往善；爱自己、对抗上帝的一方构成了人间之国，它们追求世俗生活，向往恶。两者的斗争就构成了人类的历史。值得注意的是，奥古斯丁把人类历史看作按照神的意志和救世计划发展进步的过程，认为上帝之国必胜，人间之国必败。他抛弃了奥利金天上地下终将合一，魔鬼也能获救的思想，认为上帝预先选定的得救者与厌弃者终将永远分离。他遵照《圣经》关于上帝六天创造世界、第七天休息的说法把历史划分为七个时期，指出他那个时代正处在第六个时期，正是善恶斗争的关键时刻。教会并不是上帝之国，但它是上帝之国的摹本。它遵照上帝的意志，把上帝的选民聚集起来，为上帝之国做准备。奥古斯丁把教会与世俗国家分开，认为教会高于国家的思想为西方教会同世俗君主争夺统治权提供了理论根据，不过他的神学框架中所隐含的历史进步思想却对后世历史研究，特别是近代历史哲学的形成和发展产生了一定的影响。

奥古斯丁以其丰富的思想和聪颖的思辨能力为基督教建立了一个百科全书式的完整体系，对西欧中世纪哲学的发展产生了深远的影响。在 13 世纪以前的经院哲学中，奥古斯丁主义一直占统治地位。13 世纪时，托马斯·阿奎那改奉亚里士多德主义并夺取了统治地位，但奥古斯丁主义的传统并未因此而中断。它不仅表现在法兰西斯教派的哲学中，而且在托马斯·阿奎那本人的哲学中也可以发现它的痕迹。文艺复兴时期的一些人文主义者和宗教改革者把“回到奥古斯丁”看作改革教会的一个途径。甚至在近现代的许多哲学流派中，也经常见到奥古斯丁哲学的影子。由此他被称为“西方的导师”。

第四节 教父哲学的尾声：伪狄奥尼修斯与波爱修

当奥古斯丁尚在人世之时，罗马帝国就已经在“蛮族”的冲击下风雨飘摇，最终被

---

① 奥古斯丁：《教义手册》，30。

取而代之了。教会疲于应付这一混乱的局面，无暇顾及理论的建设，以致奥古斯丁后继乏人。历史学家甚至认为 5 世纪后欧洲进入了文化凋零的“黑暗时代”。在这一时期，唯一值得提及的哲学家是东方的伪狄奥尼修斯和西方的波爱修。

一、伪狄奥尼修斯

在欧洲中世纪，基督教教会中广泛流传着一些署名狄奥尼修斯的著作，人们相信作者就是由使徒保罗使其皈依的雅典大法官、首任雅典主教亚略巴古的大法官狄奥尼修斯，而作者本人也竭尽全力唤起这一印象。由于亚略巴古的狄奥尼修斯的独特身份，中世纪几乎像对待《圣经》一般崇拜他的著作。后世经过考证，确认这些著作产生于 5 世纪末或者 6 世纪初，作者似乎生活在叙利亚的隐修士圈子里，但对其生平和名字却一无所知，故称之为“伪狄奥尼修斯”（Pseudo-Dionysius）。伪狄奥尼修斯的著作明显地表现出新柏拉图主义的影响，其中对哲学来说最为重要的是他的《论神的名称》和《论神秘神学》。

伪狄奥尼修斯第一个明确区分了肯定神学和否定神学。所谓肯定神学，是一条由上而下即由上帝下降到受造物的道路。它把上帝看作一切存在的始基，一切存在都产生自上帝，因而上帝是无限完满的，是全名的。出自这种理由，人们称上帝为至善、全能等。所谓否定神学，走的是相反的道路，即自下而上由受造物到上帝的道路。它从最低级的受造物开始，逐级否定上帝具有那些有限的规定，最终确定上帝以其超验性超越了一切。这样的上帝既不是存在也不是生命，既不是精神也不是真理，也不是圣父、圣子、圣灵。简而言之，人类一切有限的范畴都不足以表述无限的上帝，我们只能对上帝做出否定的规定，不能说上帝是什么，只能说上帝不是什么，上帝最终作为不可言说者，隐身在最浓重的黑暗之中。肯定神学与否定神学的区分决不是要用否定神学来取代肯定神学，相反，我们依然可以在肯定神学的意义上，借助类比称上帝为至善、智慧等。但在使用这些概念的时候，我们必须随时意识到，它们都仅仅在有限的意义上适用于上帝，有限的人言永远不能完全言说出无限的上帝。

这样一来，通向上帝的认识道路似乎已经被堵死了。人如何才能与上帝相结合呢？伪狄奥尼修斯为人们指出了一条神秘神学的道路，即与上帝神秘合一的道路。这一道路的基础就是上帝的爱。上帝作为施爱者，不能容忍被爱者即人的灵魂总是停留在自身之内，而是要把它吸引出来，使它与自己合一。与神合一或者成为神，是灵魂最高的追求。灵魂只有凭借执着的爱、虔诚的祈祷和长期的苦修才能在迷狂的状态中洞见真正的本质，与上帝神秘地合一。在一定的意义上，伪狄奥尼修斯的哲学可以看作新柏拉图主义与隐修主义的一种结合。

二、波爱修

波爱修（Anicius Manlius Severinus Boëthius，约 480—约 524）出身于罗马的豪门望族，自幼受到良好的文化教育，青年时代就从事政治活动，30 岁时出任东哥特人政权的罗马执政官，523 年被以图谋不轨罪名逮捕入狱，次年被处死。波爱修在哲学史上的地位首先在于他的翻译活动。他曾立下宏愿，要把亚里士多德的全部著作和柏拉图的全部对话译成拉丁文，并做出注释，设法使这两位思想家的观点一致起来。可惜，波爱修壮志未酬身先死，但他所翻译的亚里士多德逻辑学著作却成为中世纪广泛采用的逻辑学教材。波爱修自己的哲学观点，则主要体现在他在狱中撰写的《哲学的慰藉》一书中。

波爱修从古典哲学的精神出发，把上帝看作万物的始基。“神的实体是无质料的形式，因此是一，是其所是，而所有别的东西都不是其所是。”① 上帝自身就已经包含了存在，而万物则是由上帝才获得其存在。上帝是善、是完美。万物通过上帝的善与完美而获得自己的善与完美，因而是不完全的善和不完美。世界的进程是从完美开始的，完美是不完美的前提，不完美是完美的摹本。上帝作为永恒的形式决定着世界上的一切事物，这种决定也就是神的预知。波爱修进一步把世界分为无理性的世界和理性世界。在无理性的世界中，形式以绝对的因果必然性起绝对作用。而在理性世界中，永恒的形式只是一种人们应当追求但也可以拒绝的理想。因此，人的意志自由是做出判断的理性的一种功能，人的精神能够发现众多的可能性并从中进行选择。精神越强，自由也就越多。但人的意志自由与上帝的预知并不矛盾。因为对于人来说，时间是过去、现在和未来的前后相继；但对于上帝来说，却只存在永恒的现在，因而也就不存在一种时间上在先的知晓。上帝在永恒的现在中俯瞰时间世界中发生的一切。在这种意义上，无论意志做出什么样的选择，时间世界中所发生的一切也都包含在上帝的预知之中。

波爱修在基督教思想史上的另一重要贡献，是他翻译了新柏拉图主义者波菲利的著作，并对此发表了自己的观点。波菲利在注释亚里士多德的著作时提出：我现在不谈“种”和“属”的问题，不谈它们是否独立存在，是否仅仅寓于单纯的理智之中；如果存在，它们究竟是有形体的还是无形体的；以及它们究竟是与感性事物分离，还是寓于感性事物之中，与感性事物一致。波菲利的这三个问题以及波爱修的翻译为中世纪持续数百年之久的共相之争揭开了潘多拉魔盒，而波爱修是第一个在这一问题上表态的哲学家。

波爱修从本体论和认识论的不同角度对这一问题发表了见解。在他看来，“种”和“属”在本体论的意义上是不能独立存在的。因为种和属如果在数目上是一，就不能为许多事物所共有；如果它们为许多事物共有并因此而在数目上是多，则它们自身又需要有新的种或属，如此类推，以至无穷。但在认识论的意义上，由于我们的心灵有能力把种和属从有形的东西或无形的东西中区分、抽象出来并用观念来表达它们，所以它们不仅不是虚假的，而且只有它们才能充分表现事物的真正特性。“‘种’和‘属’都是思想，因此它们的相似性是从它们存在于其中的诸个体中收集起来的……这个相似性被心灵思索并真正地直觉到，从而就造成了‘属’；进而当思索这些不同的‘属’的相似性（它不能在这些‘属’之外或者在这些个别的‘属’之外存在）时，就形成了‘种’。所以，‘种’和‘属’必须被看做不外是把个体中的众多的实质上相似性集合起来的思想，而‘种’则是集合‘属’的相似性的思想。”② 这种相似性，当它在个别事物中时，它是可感

① 波爱修：《论三位一体》，2。

② 波爱修：《波尔费留〈引论〉注释》，1，11，载北京大学哲学系外国哲学史教研室编译：《西方哲学原著选读》，上卷，第227页以下诸页。

觉的；当它是在共相中时，它是可以认知的。同样，当它被感知时，它留在个体中；当它被理解时，它就成为共相。波爱修的这种思想，成为中世纪唯名论思想的直接先驱。

教父哲学以奥古斯丁为最大的代表，他的思想不仅对中世纪哲学，而且对后世亦有深远的影响，可称得上是教父哲学的顶峰。但是，奥古斯丁去世不久，西罗马帝国便在“蛮族”入侵的洪流中宣告灭亡，古代文明亦随之荡然无存，欧洲历史进入了所谓的“黑暗时期”。直到休养生息了几百年之后，奥古斯丁的思想才有了新的继承人。

从古代文明到中古文明，基督教扮演着极其重要的角色，如果没有它维系着两者的关系，不仅奥古斯丁哲学后继无人，恐怕古代哲学也将成为绝响，虽然它在排斥古代哲学方面起着同样大的作用。

逐渐复苏的哲学，史称“经院哲学”。

思考题

1. 基督教哲学为哲学带来了哪些新的问题？
2. 什么是“教父哲学”？
3. 为什么说奥古斯丁是教父哲学的集大成者？

第五章

经院哲学

西罗马帝国灭亡以后，经过几百年的征战，在昔日罗马帝国的废墟上，“蛮族”建立的法兰克王国又实现了相对的统一。800 年，法兰克国王查理被罗马教皇加冕为“罗马人的皇帝”，史称“查理大帝”。这位雄才大略的“蛮族”皇帝以及他的几位继承人深刻意识到文化建设对于封建统治的重要性，开始在全帝国境内鼓励教育、兴办学校、招聘学者、教授“七艺”（文法、修辞、逻辑、算术、几何、天文和音乐），西欧的文化从此开始缓慢地复苏，后人把这段历史称为“加洛林王朝文艺复兴”。由于基督教教会在当时实际上扮演着文化延续者的角色，学校大都是在教堂附近或者修道院举办，教师也大多由教士充任，神哲学仍然是它们最感兴趣的学科。正是在这样的背景下，逐渐发展出了基督教的经院哲学。

所谓“经院哲学”（scholasticism）最初是在查理曼帝国的宫廷学校以及基督教的大修道院和主教管区的附属学校发展起来的基督教哲学。这些学校是研究神学和哲学的中心，学校的教师和学者被称为经院学者（经师），故他们的哲学就被称为经院哲学。在某种意义上说，虽然教父哲学是中世纪基督教哲学的组成部分，但是实际上它在很大程度上属于旧文明，经院哲学才是真正属于新世界的日耳曼民族的哲学形态。通常我们可以把经院哲学划分为早期、中期和晚期三个阶段。早期经院哲学仍然是奥古斯丁和新柏拉图主义占统治地位的时期，中期是经院哲学的繁荣时期，亚里士多德逐渐成为哲学的最大权威，晚期是被看作异端的唯名论盛行的时期，经院哲学式的理性主义从此一蹶不振。

众所周知，经院哲学研究的主要问题是共相与殊相、一般与个别之间的关系问题。围绕这个问题的争论，哲学家们分成了两大派别：一些哲学家主张普遍的共相是真正的实在，殊相或个别的东西不过是现象，而另一些哲学家则认为个别的东西才是真实的存在，共相不过是概念、语词而已，并没有实际存在的意义。前者被称为“唯实论”（realism），后者被称为“唯名论”（nominalism）。

为什么共相与殊相的关系这个似乎与宗教不相干的逻辑或哲学问题，成了经院哲学的主要问题？这个问题非常复杂，而且很难做出完满的解释。我们以为可能有这样一些原因：首先，经院哲学利用希腊哲学来进行哲学思考，因而也就继承了希腊哲学的问题，而一般与个别的关系问题正是希腊哲学的主要问题之一，柏拉图与亚里士多德之争亦源于此。其次，中世纪早期当日耳曼民族开始知识活动之时，他们不得不先来接受形式逻辑的训练，而这种逻辑的训练不仅仅是工具性的，其自身更构成了研究的对象。这是因为当希腊人提出这个问题时，他们已经积累了丰富的知识，中世纪哲学就不同了。当他们思考这个问题时，恰恰缺少具体的内容。这就使他们陷入了空洞抽象的争论而不能自拔。再次，由于宗教上的原因，一般与个别之间的关系问题成了学者们有可能思考和讨论的主要问题，正是在这个狭小的领域里，哲学顽强地表现着它的存在和生命力。最后，解决一般与个别之间的关系问题也是调和理性与信仰的根本途径，哲学家们试图从哲学上逻辑地、思辨地证明上帝的存在。

在某种意义上说，中世纪哲学是柏拉图主义与亚里士多德思想的奇特混合物。从教父哲学到早期经院哲学，一向是柏拉图主义的天下，后来经过托马斯·阿奎那的努力，亚里士多德才终于成为中世纪经院哲学的最高权威。亚里士多德的形而上学不仅为哲学家们提供了一个深邃的思想领域，而且他的逻辑三段论亦为哲学家们提供了推理论证的方法。当然，柏拉图主义和奥古斯丁的思想也并没有退出历史舞台，它们始终发挥着重要的作用。

由此可见，经院哲学的性质既是柏拉图式的，又是亚里士多德式的：上帝是最高的超验的实体，而整个体系则是高度抽象的和形式化的，从而造就了从概念到概念的抽象烦琐的方法论特征。一般说来，唯实论属于正统派，唯名论则被看作异端；唯实论是理性主义的，而唯名论即使不是反理性主义的，也是非理性主义的。当然，唯名论之为异端并不是因为它否定上帝的存在，恰恰相反，它是为了维护对上帝的信仰而反对从理性上来证明上帝的存在。唯实论将唯名论看作“异端”的确是很有远见的，因为它不仅与维护教权（普遍性）的唯实论对立而维护王权（个别性）的地位，而且它的盛行亦意味着调和理性与信仰的工作终于失败了。

第一节　早期经院哲学

从时间上说，经院哲学的第一位重要哲学家无疑是爱留根纳。他在新柏拉图主义的影响下，建立了欧洲中世纪第一个完整的哲学体系。11世纪，一些学者开始把辩证法引入神学的研究，从而引发了围绕辩证法问题的大争论。在争论中，安瑟尔谟在信仰支配理性的前提下，肯定了理性对神学的作用，从而确立了经院哲学的基本立场。而围绕共相问题的争论也在经院哲学内部形成了唯实论和唯名论这两大派别。唯实论坚持共相是真正的实在，是存在于事物之中或事物之先的精神实体，而唯名论则认为共相不过是名词或者概念，只有个别事物才是真正的实在。争论必须以理性为手段，争论也促进着理性的发展。于是，在基督教信仰的框架内，欧洲的理性主义重新抬头了。

一、中世纪哲学之父：爱留根纳

爱留根纳（John Scotus Eriugena，一译“埃里金纳”，约 810—877）是“加洛林王朝文艺复兴”时期最著名的学者，爱尔兰人，约于 843 年应皇帝秃头查理的邀请到巴黎讲学，后被秃头查理任命为宫廷学校的校长。他通晓希腊文，曾将伪狄奥尼修斯的著作译成拉丁文，定名为《大法官书》。他的代表作是《论自然的区分》，此外还有《论神的预定》等。他建立了中世纪第一个完整的哲学体系，成为这一时期独具一格的哲学家，被称为“中世纪哲学之父”。黑格尔认为，这个时期真正的哲学是从爱留根纳开始的。

（一）理性与信仰

教父哲学虽然在对待理性的态度上有不同的立场，但在信仰高于理性、理性必须服从信仰这一点上，教父们却是完全一致的。在基督教哲学的历史上，爱留根纳第一个明确地提出信仰应当服从理性。对于哲学在探求真理方面的作用，他给予了极高的评价：“为了达到真正的、完善的知识，最勤奋、最可靠地探求万物的终极原因的途径就在于希腊人称之为哲学的那门学科之中。”① 爱留根纳并不否认《圣经》和教父们的权威，但他认为对《圣经》只能做讽喻的解释，例如把圣父理解为创造的实体，理解为一切事物的本质性，把圣子理解为上帝创造万物所遵从的理智，把圣灵理解为创造的生命或生命力，这样才能把上帝理解为三位一体。理性和启示都是真理的来源，具有同等的权威，因而是不能互相矛盾的。爱留根纳重申了教父哲学的命题“真哲学即真宗教，真宗教即真哲学”，但却把强调的重心移向了哲学和理性。如果哲学与宗教、理性与信仰之间出现了矛盾，我们就应当服从理性。“即使权威产生自真正的理性，但反过来说，真正的理性却从不产生自权威。因此，一切权威，只要它没有被理性确证，就是相当软弱的，真正的理性依靠其内在的威力不需要任何权威的支持。”②

当然，爱留根纳的目的并不在于否定信仰，而在于使信仰具有理性，使信仰与理性取得一致。但他推崇理性、推崇思维的精神，在整个基督教哲学中却是难能可贵的。

（二）论自然的区分

关于自然的区分的思想是爱留根纳全部哲学思想的核心。在《论自然的区分》一书中，爱留根纳一开始就对“自然”做出了规定。“自然乃是一般名称，指的是全体存在的与不存在的”，是“心灵所能了解的或者超越心灵力量所能及的全部事物”③。显然，这里的自然是一个包罗万象的最广泛的概念。爱留根纳首先区分了四种自然：（1）创造而非被创造的自然，它包括存在和不存在的一切的原因，指的就是上帝；（2）被创造又能创造的自然，它是众多的创造的原因，指的是存在于上帝之中的诸理念，其统一就是逻各

① 爱留根纳：《论自然的区分》，1，69。

② 同上书，1，71。

③ 同上书，1，前言，载北京大学哲学系外国哲学史教研室编译：《西方哲学原著选读》，上卷，第 234 页。

斯；（3）被创造而不能创造的自然，它是由于在时间和空间中产生出来而被认识的，指的是世界上的万事万物，是上帝理念的表现；（4）不创造又不被创造的自然，作为一切事物的终极目的，指的仍是上帝。这样，万物产生自上帝，又复归于上帝。上帝创造万物，无非是说上帝现存于万物之中，上帝是一切存在的本质。整个自然在上帝这里达到了统一。这种思想无疑为后世的泛神论洞开了门户。

（三）存在与不存在

爱留根纳的自然包括所有的存在与不存在。为了更深入地理解自然，爱留根纳又提出了五种区分存在与不存在的方式。

第一种方式：理性以它为根据，要求一切可以清晰辨认的或超越感觉的，都可以隶属于存在的范围，而与此相反，那存在由于本性卓绝，不仅超越物质即感性，而且超越纯思维以及理性，却又表现为不存在。所以，一方面，上帝是包罗万象的存在；另一方面，就上帝超越理性来说，他又是不存在。事物就我们能够认识其属性而言，是存在；就我们对它们是什么以及为什么存在毫无所知而言，它们又是不存在。

第二种方式：作为物质世界和每一区分的界限的每一个层次，连同它的紧接的较低层次，都可以通过令人惊奇的理解方式，视为存在和非存在。对某一层次的肯定，就是对另一层次的否定；反过来也是一样。肯定人是有理性的、有死的、可以看见的创造物，就是否定天使是这样的创造物；肯定天使是在上帝和事物的原因范围里的真实的思维运动，就是否定人具有这样的思维运动。

第三种方式：凡是根据在时间和空间里产生出来被形成了的物质原因本身而被认识的，习惯上被称为存在；反之，凡是仍然内含于自然深处，尚未成为被形成的物质，或者还不在时间和空间里，并且还没有由于某种机会成为可见的，习惯上被称为不存在。实现了的原因作为可见的现实就是存在，隐蔽的、尚未实现的原因则是不存在。但原因总是要表现为结果的，因而不存在总是要向存在转化的。正是由这种原因和结果构成了这整个世界的系列。

第四种方式：只有凭纯思维认识的，才是真正的存在；相反，那些通过产生、通过物质在时间和空间中的运动而延伸或收缩从而变化着、凝聚着或分解着的东西，只能说实际是不存在，这种看法适用于能够发生也能够消灭的一切形体。常驻不变的就是存在，变化的就是不存在。而只有常驻不变的才是纯思维的对象，因此纯思维认识的才是真正的存在。

第五种方式：人是上帝按照自己的形象创造出来的。人犯了罪，从而背弃了上帝，背弃了上帝赋予自己的形象，丧失了自己的存在，就成为不存在。但当人被引导恢复了先前的存在状态，就又恢复了存在。这也就意味着，符合自身理念的就是存在，不符合理念的就是不存在。

爱留根纳区分存在与不存在的五种方式，渗透着古希腊哲学的精神。尤其是巴门尼德、柏拉图和亚里士多德等人的思想，显然对他都有着巨大的影响。与此同时，他的存在学说又是为他的上帝观服务的。上帝以及理念是万物的本质、原因和范型，只有上帝才是真正的存在。但人们又只能通过上帝的创造物来认识上帝，因而上帝又是不存在。

上帝是绝对不可理解的，甚至上帝也不理解自己。尽管如此，爱留根纳把存在与不存在视为辩证的统一，视为一个运动、互相转化的过程，显示了较高的思辨水平，其中包含着不少合理的思想。

（四）人的获救

在爱留根纳关于存在的学说中，人是一种特殊的存在。人是上帝按照自己的形象创造的，上帝在创造人的同时，把一切事物的观念也置放在人的心中。因此，人自身就是一个小世界。人由于犯罪而失去了自己的存在，成为不存在，但人也可以通过恢复先前的状态而重获存在。所谓天堂和地狱，都不是具体的地点，都只不过是人的心灵状态罢了。地狱是因犯罪而感到的痛苦，而天堂则是因德行而感到的幸福。由此出发，爱留根纳又重复了奥利金的观点：一切存在都是不死的，最终都将回归到创造者上帝那里，甚至魔鬼也可以得救，只不过时间上稍迟一些而已。恩格斯在谈到爱留根纳的哲学思想时说道："他的学说在当时来说是特别大胆的；他否定'永恒的诅咒'，甚至对于魔鬼也如此主张，因而十分接近于泛神论"①。

在基督教思想占统治地位的年代里，爱留根纳哲学中的自由思想无疑洋溢着一股清新的气息，这也使它不容于教会正统。他的著作曾受到 855 年和 859 年两次宗教会议的谴责，后世的教皇霍诺留斯甚至下令焚毁《论自然的区分》的全部抄本。865 年，教皇尼古拉一世要求秃头查理或者将爱留根纳交付罗马接受审判，或者将他逐出宫廷学校。只是由于秃头查理的庇护，爱留根纳才幸免于难。但在秃头查理于 877 年去世后，爱留根纳就不知所终了。传说他作为修道院院长时被修士们谋杀，但迄今为止未曾证实。

二、辩证法与反辩证法的斗争

文化与理性主义复苏的速度虽然缓慢，但却势不可挡。爱留根纳哲学中的理性主义虽然只是漫漫长夜中的一缕孤独的烛光，但"加洛林王朝文艺复兴"所倡导的文化精神却已在中世纪贫瘠的土地上扎下了根。在加洛林时代的"七艺"中，逻辑学在中世纪又叫作辩证法，即论辩的技艺。对辩证法的强化研究突出了理性思维的地位。11 世纪初，在意大利北部出现了一批自称为"漫步学派"的辩证法学者，他们把辩证法看作在相互对立的意见中寻找一种比较可信的结论的手段。然而，当图尔的贝伦加尔（Berengar de Tours，1010—1088）把辩证法运用于神学研究时，终于在基督教经院哲学内部引发了一场辩证法与反辩证法的争论。

贝伦加尔继承了爱留根纳的理性主义路线。在信仰与理性的关系上，他把理性视为决定性的因素。信仰应当服从知识，权威应当服从理性，《圣经》应当服从辩证法。在一切领域里，都应当最终追溯到辩证法，因为追溯到辩证法也就是追溯到理性。不能运用理性的人固然可以满足于权威和信仰，但力图运用自己的理性来认识真理的人却站在了一个更高的高度。贝伦加尔把自己的原则运用于关于圣餐性质的神学讨论，以辩证法为

---

① 《马克思恩格斯全集》，中文 1 版，第 16 卷，人民出版社，1964，第 563 页。

武器批判了基督教关于圣餐中饼和酒发生实质转化的学说，认为这一学说包含着不可解决的逻辑矛盾。

由于其神学上的结论，辩证法不可避免地引起了一些保守的神哲学家的指斥。这些神哲学家强调信仰不可动摇的地位，要求理性服从信仰，不遗余力地指出用辩证法探讨神学问题所带来的危险，因而他们被后世称为反辩证法学者。

早期经院哲学反辩证法的最主要代表是达米安（Petrus Daminiani，1007—1072）。作为一名隐修士，达米安和持极端立场的德尔图良一样，充满了对世俗学问尤其是对辩证法的不信任。他断言，辩证法这门学科是建立在非常软弱的基础之上的。被辩证法学者奉为金科玉律的思维最高法则，即矛盾律，并没有绝对的效力。矛盾律仅仅适用于有限的事物，却不适用于上帝这样的无限的存在。因此，用辩证法讨论神学问题是不适宜的。达米安甚至说，纯粹的哲学是魔鬼的发明，辩证法的第一位教师就是撒旦。如果世上从未有过哲学这样的东西就好了，但是既然哲学已经存在，信仰也可以把它俘获过来，不过只能把它当作自己的婢女来使用。“哲学要像婢女服伺主人那样恭顺地为信仰效劳。”①

与贝伦加尔和达米安的激进态度不同，贝克修道院院长、后来的坎特伯雷大主教兰弗朗克（Lanfranc，约1005—1089）在辩证法和反辩证法之间持一种中间的立场。

兰弗朗克在反对贝伦加尔的时候，并不反对辩证法本身，而是反对辩证法的夸张，即反对那种否认一切权威、仅仅以理性为圭臬的辩证法。在他看来，为了神学而有节制地使用辩证法不仅是可能的，而且也是应当的。只要加以正确的运用，辩证法完全可以起到确立和巩固信仰的作用。兰弗朗克在自己的神学著作中也曾频繁地利用辩证法。兰弗朗克的这种温和倾向为后世经院哲学的发展提供了一个行之有效的榜样。

三、安瑟尔谟

安瑟尔谟（Anselm，一译“安瑟伦”，1033—1109）不仅在职务上，而且在思想路线上都是兰弗朗克的忠实继承者。他同样也是出身于贝克修道院，后升任坎特伯雷大主教。其主要哲学论著有《独语》《宣讲》《上帝为什么化身为人》等。

安瑟尔谟由于提出了关于上帝存在的本体论证明而著称于世。

（一）信仰与理性

作为一个基督教哲学家，安瑟尔谟极力主张理性应当服从信仰。上帝在我们身上创造了他的形象，但由于罪恶和恶习的蒙蔽，除了由上帝来复兴、改造外，我们再也不能仰望上帝了。因此，没有上帝的指示和启示，我们就不能找到上帝，只有信仰才能使我们接受上帝的指示和启示。所以，信仰是基督徒的出发点。安瑟尔谟的著名格言是：“我决不是理解了才能信仰，而是信仰了才能理解。”② 他强调指出，基督徒应当由信仰进展

---

① 达米安：《论神的全能》，5。

② 安瑟尔谟：《宣讲》，1，载北京大学哲学系外国哲学史教研室编译：《西方哲学原著选读》，上卷，第240页。

到理性，而不是由理性出发达到信仰。当他不能够理解的时候，更不应当放弃信仰。信仰是立足于自身的，并不需要理性的基础。当然，安瑟尔谟并非简单地否弃理性的作用而主张停留在单纯的信仰中，而是认为："当我们有了坚决的信仰时，对于我们所信仰的东西，不力求加以理解，乃是一种很大的懒惰。"[①] 安瑟尔谟与奥古斯丁一样主张"信仰寻求理解"。接受了信仰的人要力求用自己的理智理解信仰，把握他谦卑地接受的信仰真理的内在根据和必然性，从如此这般的信仰判断前进到必然如此这般的理性判断，还要用理性来维护我们的信仰，以反对不信上帝的人。但安瑟尔谟强调，决不能使理性成为信仰的审判者，毋宁说，信仰是理解的前提、理解的范围、理解的规范、理解的目的。安瑟尔谟既维护了信仰的至高地位，又保证了哲学思辨的权利，由此确立了经院哲学的基本原则，从而被人称为"最后一个教父和第一个经院哲学家""真正的经院哲学之父"。

（二）上帝存在的证明

从"信仰寻求理解"的原则出发，安瑟尔谟力图在哲学上论证他所笃信的上帝存在。黑格尔曾指出："从这方面看来，安瑟尔谟特别可以被认做经院神学的奠基人。因为用简单的推论去证明所信仰的东西——即上帝存在——这个念头使他日夜不得安宁。"[②] 安瑟尔谟不负众望，殚精竭虑，构思出多种证明的方式。例如在《独语》一书中，安瑟尔谟就从世界上现实存在着善的事物出发推论出绝对的善的存在，从现实存在着大的事物出发推论出绝对的大，从现实事物的存在出发推论出绝对的存在，从事物本质的等级出发推论出最高的本质，并把这些推出的结论直接等同于上帝。但由于这几种证明方式与前人的思想比较起来并没有太多的创新，所以逐渐地被后人忽视。真正奠立了安瑟尔谟在基督教神哲学史上地位的，是他在《宣讲》一书中提出的所谓"本体论"的证明。

这种证明的实质就在于认为，上帝的存在是一个必然的真理，否认上帝的存在必然导致逻辑上的自相矛盾，因而证明上帝的存在不需要借助有限的经验事实，而只需要借助先验的逻辑力量，仅仅从概念就可以推演出上帝的存在。安瑟尔谟认为，信仰给予我们一种真理，一种上帝的定义，即上帝是"无与伦比的伟大存在者"，在它之上不能设想任何更伟大的东西。但作为信仰真理，这一原理并不是自明的，否则我们就不需要再证明它了。仅仅凭借这一定义也不能说服那些否认上帝的人。据《圣经》记载："愚顽人心里说：'没有上帝'。"[③] 但安瑟尔谟却认为，如果愚顽人理解了上帝这一表述，那么，这一表述就存在于他的理智之中了，也就是说，一个"无与伦比的伟大存在者"即上帝是存在于他的心中的。此时他还不知道或者不理解，这种东西也是实际存在的；因为在"心灵中的存在"和"现实中的存在"之间，尚有很大的差别。但无与伦比的伟大的东西不能仅仅在思想中存在，因为如果它仅仅在思想中存在，就还可以设想它也在现实中存在，那它就会更伟大了；或者就可以设想一个既存在于思想中又存在于现实中的伟大存

---

① 安瑟尔谟：《上帝为什么化身为人》，1，2。

② 黑格尔：《哲学史讲演录》，第三卷，贺麟、王太庆译，商务印书馆，1959，第290页。

③ 《旧约全书·诗篇》，14，1。

在者比它更伟大。这些都与“无与伦比的伟大存在者”的定义自相矛盾。所以毫无疑问，无与伦比的伟大的东西，即上帝，既存在于思想中，也存在于现实中。①

安瑟尔谟首先断定人心中有至高无上者的观念，继而宣布至高无上者不可能只作为观念存在于人心中，它必然也在现实中存在，上帝就是这样的至高无上者，最后推论出上帝必然存在于现实中的结论。对于安瑟尔谟的这一哲学论证，黑格尔大加赞赏：“安瑟尔谟是这样一个人，他鼓舞了经院哲学家的哲学，并且把哲学和神学结合起来了。”② 但不赞同安瑟尔谟这种证明方式的也大有人在。安瑟尔谟尚在世时，他的证明方式就曾遭到法国隐修士高尼罗（Gaunilon）的激烈批驳，后又被托马斯·阿奎那弃而不用，最后在康德哲学中受到了致命的打击。

安瑟尔谟关于上帝存在的证明表明他是一个极端的唯实论者。他认为，事物之所以是真或善，就在于它们分有了最高的真或善（上帝），因此，感官所认识的具体事物并不是真正的存在，只有精神所认识的共相才有真正的存在，共相是先于和离开个别事物而独立存在的实体。安瑟尔谟甚至认为有一种纯粹的共相存在，这种共相并不体现为任何单一的事物。相反，个别的事物只是作为共相的结果才具有存在。

四、阿伯拉尔

同样在方法论原则上对经院哲学的形成和发展产生了重大影响的，是法国人阿伯拉尔（Pierre Abélard，1079—1142）。但在讨论阿伯拉尔的哲学之前，有必要先讨论一下他的老师兼批判对象洛色林（Roscelin，1050—约1112）的思想。

洛色林生于法国的克比因，曾讲过学，做过牧师。1092年他的学说被宗教会议指控为异端，于是开始了逃亡生涯，其生命是如何结束的，现已不得而知。除了给阿伯拉尔的一封讨论三位一体的信之外，其他著作全部佚失。我们只是从他的两个主要反对者安瑟尔谟、阿伯拉尔的著作中才了解到他的学说。据此，洛色林否认一般的真实性，认为只有个别的事物才具有客观真实性。共相只不过是“声息”（flatus vocis）或“名词”。它们是人类思维的抽象创造物。例如，存在着的只是可以感觉到的个别的人，而作为一般概念的人则不是实体，而只是记号、词、名称。洛色林还进一步认为，只有部分是真实的存在，由部分组成的整体是没有真实性的。整体实质上是许多独立实体的总和，因而整体的名称是空洞的词。安瑟尔谟说，洛色林从唯名论的原则出发，否定了基督教的一神论，认为三位一体的神也只不过是一个名字，是不真实的，只有三位即圣父、圣子、圣灵的个别存在才是真正实在的；原罪也只是一个虚名，只有个别人、个别行为的具体罪恶才是真实的；罗马圣教会也是一个虚名，只有各个地方的教会才是真实的存在。无论安瑟尔谟等人是否真实地反映了洛色林的观点，但这种唯名论确实直接地动摇了罗马教会的根基，这也是他以及后来的唯名论难容于正统教会的一个重要原因。

---

① 安瑟尔谟：《宣讲》，2-3，载北京大学哲学系外国哲学史教研室编译：《西方哲学原著选读》，上卷，第241-242页。

② 黑格尔：《哲学史讲演录》，第三卷，第296页。

阿伯拉尔早年就学于洛色林，因不满洛色林的极端唯名论态度而改投洛色林的另一个著名学生查姆伯的威廉，但又不满于威廉的极端唯实论态度而与威廉展开辩论，并迫使威廉改变了自己的观点。离开威廉后，阿伯拉尔在一所教会学校里担任教员，由于爱情上的不幸而最终遁入修道院。其主要著作有《是与否》、《论神圣的统一性和三一性》、《基督教神学》、《神学导论》、《对波尔费留的注释》和《认识你自己——或伦理学》等。

（一）怀疑与辩证法

阿伯拉尔是12世纪反对迷信权威的勇士。他认为："在教会的教父们的无数著作中有不少表面上的矛盾甚至难解之处。我们崇拜他们的权威不应该使自己追求真理的努力停滞不前。""教父们会有错误是毫无疑问的。即使彼得，使徒中的名人，也曾陷入错误中"。因此，"读所有这一类著作都要有充分的自由进行批判，而没有不加怀疑地接受的义务，否则一切研究的道路都要被阻塞，后人用以讨论语法和叙述中难题的优秀的智慧就要被剥夺"。所以阿伯拉尔的结论是："在学问上最好的解决问题的方法就是坚持的和经常的怀疑。……由于怀疑，我们就验证，由于验证，我们就获得真理。"① 从怀疑权威出发，依据理性进行研究，最后达到真理，这开创了后来以笛卡尔等人为代表的近代法国怀疑精神的先河。恩格斯高度评价了阿伯拉尔的反权威思想：阿伯拉尔的"主要东西——不是理论本身，而是对教会权威的抵抗。不是像坎特伯利的安塞里姆（即安瑟尔谟——引者）那样'信仰而后理解'，而是'理解而后信仰'；对盲目的信仰进行永不松懈的斗争"②。

当然，阿伯拉尔的怀疑思想并没有发展到否定《圣经》权威的程度。他明确宣称："必须把《新约》和《旧约》当做显然的例外。当我们感到《圣经》上有什么荒谬时，我们不可以说著者错了，而是抄写人在誊录手稿时弄错，或是解释上有错误，或是没领会好一节文字。"③ 因此，他把通过"合理的论证"来巩固信仰看作自己的任务。由此出发，他认为除《圣经》之外，辩证法即逻辑学是通向真理的唯一道路。他甚至认为，做基督徒与做逻辑学家是一回事。他的名著《是与否》就是用辩证法的题材写成的。在书中，他让一些教会的权威就一些重要的问题进行争论，暴露矛盾，而把矛盾的解决留给了读者自己。

（二）概念论

阿伯拉尔具体地分析了波菲利提出的问题。他认为，关于第一个问题，"种"和"属"是用命名来指出真实存在的事物。就其确有所指来说，它们是真实的；就其只是命名来说，又不是真实的存在。关于第二个问题，就其是"给个别的事物命名"来说，"种"和"属"是有形体的，但就其"都不是个别的、限定的命名"来说，又是无形体的。关于第三个问题，就共相与事物的关系来说，它是可感觉的，就其表现的方式来说，又是不可感觉的。因为它们并非表示个别的事物。所以"它们既指可感觉的事物，同时又指……

① 周一良、吴于廑主编：《世界通史资料选辑》（中古部分），商务印书馆，1964，第215－217页。
② 《马克思恩格斯论艺术》，第2卷，曹葆华译，中国社会科学出版社，1983，第75页。
③ 周一良、吴于廑主编：《世界通史资料选辑》（中古部分），第216页。

特别归之于神的心灵的那个共同概念”[①]。阿伯拉尔继承洛色林的唯名论传统，坚持个别事物的真实存在，否认共相的客观实在性。共相只是名词，但共相与单数名词不同，单数名词指的是一个单个的事物，因而其表示方式与事物的状态很一致。而共相是共名词，它们似乎也不是把事物当作和它们相一致来表示。

不过，阿伯拉尔不同意洛色林把共相仅看作一种声息，而认为共相是有所指谓的，是人们理智中的概念。“当从意义方面来考察词的性质时，就有一个有时是字，有时是事物的问题，并且通常事物的名字和词的名字是相互转换的。”[②] 共相本身不是实体，它所指的实际存在也不是一种实体的事物。“凡共通的词，它本身在本质上似乎是一个单个事物，但是通过命名却使它在多数事物的名称下成为共有的；显然它是依据这种名称，而不是依据它的本质，表述多种东西。不过，这一群事物本身是名词的普遍性的原因，因为……只有那包含着多数的东西才是共相，而事物与词的这种普遍性，这些事物自身是没有的。”[③] 共相所指是“无限的事物”，即个别事物之间的某种相似性。每个事物都具有一个或若干个形式，人的理智根据直觉和想象进行抽象活动，使这些形式脱离开实物从而形成概念即共相。阿伯拉尔从本体论、认识论、逻辑学等方面具体地分析了共相问题，具有一定的辩证思想。后人把他的这种观点称为一种温和的唯名论或“概念论”。

（三）伦理思想

从唯名论原则出发，阿伯拉尔把善恶归诸个人的意向和良知。他认为，一个行动的是非，不在其后果，而在其行动者的动机。即使同一个人在不同的时候做同样的事情，由于意向不同，其行为的好坏也是不同的。一切从善的意向出发的行动都是善的，一切从恶的意向出发的行动都是恶的。恶没有实体，而是善的缺乏，是不当为而为之，或者当为而不为。阿伯拉尔还给道德上的善恶加上了一个神学前提：“我们的罪恶，乃是对造物主的侮蔑。而犯罪，就是藐视造物主，那就是：不为他的缘故而去做那为我们所相信应该为他而做的事情，或者是不为他的缘故而去舍弃那为我们所相信应该舍弃的事情。”[④] 意向之为善，其标准不在于行动者自以为善，而在于它的确被人们尊崇为善的，在于它所倾注的事物本身是使上帝喜悦的。阿伯拉尔强调道德的评判在于个人的主观动机，预示着一种个体主义的倾向。此外，除了上帝的好恶之外，他也把公众的舆论看作评判善恶的标准，在一定程度上也具有道德世俗化的倾向。

第二节　经院哲学的繁荣

12—13 世纪，西欧社会发生了一系列重大的变化。教权在与皇权的斗争中取得了明

① 阿伯拉尔：《对波尔费留的注释》，载北京大学哲学系外国哲学史教研室编译：《西方哲学原著选读》，上卷，第 252－255 页。

② 同上书，第 256 页。

③ 同上书，第 258 页。

④ 阿伯拉尔：《伦理学》，3，转引自周辅成主编《西方伦理学名著选辑》，上卷，商务印书馆，1964，第 364 页。

显的胜利。一批大学先后兴起，成为经院哲学家进行研究、讲学、争论的重要场所。在修道制度改革中新产生的法兰西斯修会（旧译方济各修会）和多米尼克修会（旧译多明我修会），除了一般修会所具有的特征外，都同样热心于学术活动，强调布道和教学，注重在有大学的城镇中活动，并且积极参与一些新兴大学和神学研究院的创建工作，不久在许多大学中便都有它们的会士担任教职。这两个修会的产生对经院哲学的发展起到了极为重要的推动作用，造就了许多著名的学者，13 世纪之后著名的经院哲学家几乎都出自这两个修会，这些都为经院哲学的繁荣提供了重要的外部条件。而就哲学本身而言，重要的契机则是亚里士多德主义的重新兴起。原来在基督教取得国教地位之后，古希腊哲学的传统被迫东移，辗转经由波斯、叙利亚，最后在阿拉伯人那里达到了一定程度的繁荣。由于叙利亚人的影响和阿拉伯人自身所具有的比较发达的科技水平，阿拉伯人比较注重研究素有百科全书式哲学家之称的亚里士多德，尤其是他的形而上学和自然哲学，由此而形成了具有阿拉伯色彩的亚里士多德主义，其中最重要的代表人物是阿维森纳（Avicenna）和阿威罗伊（Averroës）。而在西方，亚里士多德实质上人们较为陌生，关于他的著作，基督教世界所知道的只有作为逻辑著作的《范畴篇》和《解释篇》。虽然他的思想自 11 世纪就已经开始进入西欧的学堂，但也仅限于上述两部著作中的逻辑思想。12 世纪，由于种种政治、经济等社会历史原因，东西方之间开始日益频繁地接触。在这种情况下，古希腊文明又经阿拉伯人之手回传入西欧，大批古希腊的哲学著作和科学著作被介绍到拉丁世界，其中就包括亚里士多德的《形而上学》《物理学》《论灵魂》《尼各马可伦理学》《分析篇》，以及阿拉伯人对这些著作所做的评注。于是，在西欧人面前突然出现了一个知识渊博、思想深邃、体系庞大、重视理性与经验的亚里士多德哲学。经过阿拉伯人解释的亚里士多德哲学，特别是在此基础上形成的阿拉伯亚里士多德主义，即阿威罗伊主义哲学，把物质世界作为自己的思考对象，把神仅仅看作物质运动的第一推动者，实际上成了一个逻辑推论的结果。此外，他们也放弃了灵魂不朽的说法。这种带有浓重阿威罗伊色彩的亚里士多德哲学的传入，势必与建立在柏拉图主义基础之上、长期以来被罗马教会奉为基督教神学理论权威的奥古斯丁哲学发生直接的冲突。出于自我保护的原因，这种哲学甚至还提出了双重真理论，即神学的真理在哲学看来不一定是真理，哲学的真理在神学看来也不一定是真理，两种真理均独立存在，互不干涉。这种学说的意义就在于，它不仅深刻地揭示了理性与信仰、哲学与神学之间的区别和矛盾，同早期基督教神学所提出的“真哲学即真宗教，真宗教即真哲学”的观点截然对立，而且力图使理性的科学研究摆脱宗教的束缚。与传统的基督教神学相比，注重事实、注重经验、注重理性的亚里士多德哲学显然更有助于人们认识、解释世界，更有利于思想的解放。它的传入无疑在基督教神学的封闭阵地上打开了一个缺口。

12 世纪下半叶，在西欧的大学里，特别是在当时的理论中心巴黎大学，掀起了学习和研究亚里士多德哲学的热潮，人们纷纷运用亚里士多德哲学的观点和方法对世界做出新的分析和解释，教会的意识形态遇到了强大的挑战。

罗马教会当然不会对此熟视无睹。为了维护基督教神学和经院哲学的权威，为了遏制亚里士多德哲学的传播，在 1209 年的巴黎宗教会议上，罗马教会对其重要理论据点巴黎大学做出决定：教师不得转录、阅读、讲授或以任何形式保存亚里士多德的著作，违者革除教籍。此后，教会最高当局又先后发布命令，宣布亚里士多德的《物理学》《形而上学》等著作为禁书，亚里士多德被视为“最危险的敌人”，其哲学被视为“异端邪说”。然而，仅仅凭借高压政策，简单地采取拒之门外的做法，并不能遏制亚里士多德哲学的传播和发展。教会的决定很快就变成了一纸空文。在此期间，亚里士多德哲学依然是欧洲各大学最受欢迎的哲学学说。许多教师和学生甚至以能够援引亚里士多德为理论依据而为荣。这种状况使罗马教会不得不认真考虑在思想上如何对待亚里士多德哲学。结果短短几十年后事情就发生了根本的转变，亚里士多德哲学被视为哲学和科学的最伟大的权威。从1366年起，罗马教皇的两个使节、枢机主教以命令规定必须研究亚里士多德的逻辑学，后来又规定必须研究他的形而上学和物理学，否则就不能得到优等学位。在这个过程中，几乎所有的哲学家都或多或少地受到了亚里士多德的影响。以布拉班特的西格尔为代表的一批神职人员教授，力主全面接受亚里士多德哲学，公开拥护阿威罗伊学派，因而被称为拉丁阿威罗伊主义。这种学说由于同当时以奥古斯丁哲学为代表的正统经院哲学势如水火，并从亚里士多德哲学得出了一些与基督教传统教义无法相容的结论，无法为教会当局所接受。以哈勒斯的亚历山大和波纳文图拉为代表的法兰西斯教派则是守旧派，他们虽然在形式上也接受了一些亚里士多德哲学的内容，但在原则上则顽固地坚持奥古斯丁主义传统，拒绝采纳亚里士多德哲学。在新的现实面前，这种观点不免显得苍白无力。以阿尔伯特和托马斯·阿奎那为代表的多米尼克教派则力主开辟第三条道路，既能够顺应时代的新潮流，采纳亚里士多德哲学而为教会所用，同时又能够维护基督教教义的权威地位，或者换句话说，开辟一条把新柏拉图主义和亚里士多德哲学结合起来，利用亚里士多德哲学为基督教神学服务的途径。这三股思潮在13世纪中叶曾展开激烈的论战，史称“巴黎大论战”。这种激烈的斗争，把经院哲学推向了繁荣。

一、拉丁阿威罗伊主义

12世纪末13世纪初，以阿威罗伊为代表的阿拉伯亚里士多德主义开始被大规模地介绍到拉丁世界。与此同时，德意志国王兼领西西里国王弗里德里希二世与教皇之间的斗争也进入了白热化阶段。这位皇帝不仅在政治、经济、宗教等领域与教皇争权夺利，而且在思想领域也利用阿拉伯的阿威罗伊主义来反对基督教正统神学。在他的西西里宫廷里，聚集了一批著名的阿拉伯学者，据说其中就有阿威罗伊的孙子。弗里德里希本人具有一定的哲学和科学造诣，经常与这些东方的学者讨论哲学问题，如物质世界是永恒的吗？科学方法与神学方法之间是一种什么样的关系？灵魂的本性是什么？这些问题都明显地表现出阿威罗伊主义的影响。弗里德里希利用自己的政权保护了这些不容于正统神学的学者，使西西里宫廷一时成为传播阿拉伯自由思想和自然主义思想的中心。

13世纪中期，在号称“哲学家之城”的巴黎大学掀起了研究亚里士多德哲学的热潮，形成了拉丁阿威罗伊主义的中心。尤其是约1250年阿威罗伊全集的出版，更进一步推进了这一浪潮。巴黎大学的许多学者都成了阿威罗伊主义者。他们提出的观点往往比阿威罗伊本人更加激进，如否定上帝的全知全能，否定个人的灵魂不死，坚持世界本身的永恒性，等等。他们还凭借“双重真理论”为自己辩护，与教会正统神学展开了激烈的论争。拉丁阿威罗伊主义的主将是西格尔（Sigerus de Brantia，1240—约 1284）。

西格尔是巴黎大学艺术院教授，由于自己的激进观点，曾两度受到宗教会议的谴责，最后在教会当局的迫害中死去，主要著作有《论理智的灵魂》和《论世界的永恒性》。

西格尔力图使哲学脱离与神学的内在结合，他宣称，虽然启示包含着完全的真理，但它并不需要与哲学保持一致。同样，哲学也是一个独立的思维领域。哲学思维就是“探索哲学家们——尤其是亚里士多德——所思考过的东西，即使哲学家们的学说偶尔与真理不一致。……当我们进行哲学思维时，探索哲学家们的见解更甚于探索真理”①。在西格尔看来，神学院的教授们的研究目的是神学，而不是哲学。因此，他们不可能正确地对待亚里士多德哲学，而只能是篡改亚里士多德哲学以为己用。只有阿威罗伊对亚里士多德的解释是正确的。从亚里士多德哲学出发，西格尔以自然的证明得出了与信仰对立的结果。他拒不承认上帝创世说，认为上帝不是事物的作用因，而仅仅是事物的目的因，即上帝是创世的目的，而不是创世的原因。世界是永恒的，地球上的各种物种也是永恒的。某类生物之所以能产生是由于该类物种孕育着这种生物的许多个体。这一代个体由前一代个体产生，由此连绵不断，生生不已，因而不存在创世者。所有的事物都一再重复，在事物的永恒复归中一个世界跟随着另一个世界。世界也是必然的，自然规律是不可改变的。我们不能说上帝能够预见未来的偶然事件，因为亚里士多德已经证明，如果上帝能够预见这些事件，它们就会成为必然的事件。上帝只能认识一般的和必然的东西，而不能干预个别的事物和个人。尤其是，西格尔追随阿威罗伊，把灵魂划分为全人类共有的灵魂和个体灵魂。个体灵魂是个人的生命原则，与人的肉体不可分，它使个人的肉体获得生命力，并随肉体的死亡而死亡。全人类共有的灵魂也就是人类理性，它是统一的、唯一的灵魂。它同个体相结合以完成意识的活动。个人死了，人类的精神实体却不灭，因此只有类的灵魂是不死的。虽然理智借助其活动逗留在单个的人里面，但却超越了单个的人，因而没有个体灵魂的不死。这种主张实际上否定了基督教的灵魂不朽等信条。据说，西格尔并没有明确地接受“双重真理论”，他只是讲授了一些在他自己看来是从亚里士多德哲学中、从理性中推出的结论。一旦这些结论与基督教信仰发生矛盾，他就立即强调自己信仰教会的信条。他称这些信条为真理，却没有这样称谓哲学。这说明，西格尔远远没有发展到与教会决裂的程度，因而许多哲学史家仍把他列入经院学者。

二、早期法兰西斯教派：亚历山大和波纳文图拉

面对亚里士多德哲学的挑战，法兰西斯教派采取的是坚守奥古斯丁主义的立场。早期法兰西斯教派的代表人物虽然在形式上也接受了一些亚里士多德主义，但在根本上却是把亚里士多德柏拉图主义化。这一点，在哈勒斯的亚历山大和波纳文图拉师生二人身上表现得特别明显。

---

① Etienne Gilson and Philotheus Böhner，*Christliche Philosophie von ihren Anfängen bis Nikolaus von Cues. 3. Aufl.* （Paderborn：Schöningh，1954），p. 511.

（一）哈勒斯的亚历山大

亚历山大（Alexander Halensis，约 1170—1245）出生于英国，青年时代在巴黎大学接受了神学、哲学教育，后在巴黎大学任教，并加入了法兰西斯修会，是法兰西斯修会第一个取得教授席位的成员，号称“不可辩驳的博士”。他的名著《神学大全》进一步促进了经院哲学的系统化。该书用典型的经院哲学方法编成，首先从神学著作中引出一个问题，然后罗列出所有可能的答案，包括肯定的和否定的、权威的或理性的，最后做出是与否的裁定。全书共分四编，包含了 400 多个问题，每个问题又分若干章节，可谓洋洋大观。这种方法后来在托马斯·阿奎那那里得到了完满的应用。

亚历山大是第一个对亚里士多德具有全面知识的经院哲学家，但他对亚里士多德的解释却具有浓重的奥古斯丁主义色彩。例如，他采用了亚里士多德的形式与质料学说，但认为形式是共相，是存在于上帝之中的理念，上帝以理念为原型从无中创造了世界。上帝是至善，万物的存在是由于分有了上帝的善。

（二）波纳文图拉

亚历山大的学生波纳文图拉（Bonaventura，1221—1274）出生于意大利，原名费登萨的约翰（Johannes Fidanza），童年时身患绝症，却奇迹般地被法兰西斯医好，并被法兰西斯誉为“未来之宝”（Bona ventura），故改名“波纳文图拉”。他青年时代在巴黎大学学习，并加入法兰西斯修会，毕业后任教于巴黎大学，1257 年晋升为神学教授，同年被推选为法兰西斯修会总会长。1273 年成为枢机主教，被世人誉为“六翼天使式博士”。

波纳文图拉也是早期法兰西斯修会最重要的理论家。他的哲学的特点是经院哲学与神秘主义相结合。他虽然吸取了亚里士多德哲学的一些观点，但其取舍的标准却是不能与奥古斯丁主义发生矛盾。他甚至认为，亚里士多德哲学是建立在自然宇宙观之上的，与基督教信仰是截然对立的，在根本上必将危害基督教神学。对于拉丁阿威罗伊主义和托马斯的“错误”，波纳文图拉曾给予明确的批判。从奥古斯丁主义立场出发，波纳文图拉认为，世界是上帝按照理念从无中创造的。他指责亚里士多德在形而上学中抛弃了柏拉图的理念，认为理念就是上帝的思想，是万物的范型，万物则是理念的摹本。理念不仅仅是某种纯逻辑的东西，而且是某种能动的、创造性的东西。他否认创造是永恒的、必然的流溢，认为这种说法自身就包含矛盾。他认为，创造是形式与质料的结合，一切创造物都包括形式与质料。光是一切物体的共同形式，一切物体按其本性来说都与光有关，其存在的程度和等级取决于这种关系的程度。质料仅仅意味着可能性，但并非纯粹的无规定性，在原初质料中就包含着作为某种内在因果性的胚芽。波纳文图拉反对灵肉一体说，认为灵魂也是形式与质料的结合，也具有自己的质料，因此也就存在一种精神性的质料。而肉体也具有自己的形式。所以，灵魂是独立于肉体的，是不死的。

波纳文图拉认为万物是上帝的摹本，上帝是借着万物表现出来的，所以人们可以在万物中认识上帝。他区分了认识真理的三种方式，即象征的、本义的和神秘的。象征的方式是通过感觉和想象认识世界万物，本义的方式是通过理性和心智认识万物。但这样的知识还仅仅是一个开端，真实的知识所认识的是永恒的范型，即理念的世界和上帝的世界。这样的认识只能通过智慧和心灵的豁然开朗来实现。这就是神秘的直观，是一种神人合一的迷狂状态。但这种直观并不是任何人任何时候都能实现的。它依靠上帝的恩赐，而上帝的恩赐又只能通过圣洁的生活和对上帝的虔信才能够得到。波纳文图拉虽然承认认识开始于感觉，最终却走向了神秘主义。

三、多米尼克教派：阿尔伯特

在法兰西斯教派顽固地抵制亚里士多德哲学的同时，多米尼克教派却在进行着改造亚里士多德哲学、使其为论证神学服务的积极尝试。阿尔伯特是多米尼克教派这一倾向的主要代表。

阿尔伯特（Albertus Magnus，约1200—1280）生于德国的施瓦本，在帕多瓦大学学习了哲学、医学、自然科学，又在博罗克纳大学学习了神学，后加入多米尼克修会，成为该修会在德国的分会长。受修会的派遣，阿尔伯特到科隆的修会学校讲授哲学和神学，并曾到巴黎短期讲学，与拉丁阿威罗伊主义进行过激烈的斗争。据说阿尔伯特讲课内容丰富、观点新颖，吸引了大批的学生，以至于巴黎大学竟找不出一间宽敞的讲堂来容纳慕名而来的学生，因而不得不经常在广场上讲课。晚年，他被任命为雷根斯堡主教，不久又辞去该职务，在修道院的孤寂生活中从事科学研究和写作。阿尔伯特知识渊博，酷爱直接观察和研究自然，在动物学、植物学、化学等领域都有一定的造诣，同时又精通古代的、教父的、阿拉伯的文献，有“伟人”“全能博士”之誉。阿尔伯特著作的大部分是对亚里士多德形而上学和自然哲学著作的注释，此外还写了《被造物大全》《神学大全》和一些争辩论文。

阿尔伯特在哲学史上的地位主要在于他第一个从基督教的立场出发全面地向西欧人介绍了亚里士多德及其注释者的思想。不过，阿尔伯特未能有效地利用自己所掌握的丰富资料建立起一个有机的思想体系。他的思想在某种程度上是混乱的，而且掺和了一些柏拉图主义的成分。建立体系的工作是由他的学生托马斯·阿奎那完成的。由于师生二人的思想在许多方面是一致的，此处仅仅择其要者对阿尔伯特的思想做一简要的介绍。

在上帝与万物的问题上，阿尔伯特吸取新柏拉图主义和阿拉伯哲学家阿维森纳的一些思想，对亚里士多德哲学进行了改造。他认为，上帝是最高的无限实体，是不被创造的光。从上帝流溢出“原初理智”，它是“暗化的光”。从“原初理智”中又流溢出一切存在，包括从世界灵魂直到有形体的存在的各个等级。一切被创造的实体都是由本质和存在结合而成的。

在共相与个别事物的问题上，阿尔伯特接受了阿维森纳的思想，并把它进一步具体化。他认为，共相作为事物的本质不依赖于事物在时空世界中的实现，因而是在物之先；本质具体化为万事万物，因而是在物之中；我们的普遍概念以其普遍性是一种思想产物，因而是在物之后。

关于哲学与神学的关系，他认为哲学的问题只能以哲学的方式来处理。而神学问题，例如三位一体、道成肉身、创世、复活等，是自然的理智所无法理解的，因而只能以神学的方式处理。阿尔伯特的这种观点在托马斯·阿奎那那里得到了进一步的发挥。

四、托马斯·阿奎那

托马斯·阿奎那（Thomas Aquinas，约1225—1274）生于意大利那不勒斯的阿奎诺地区，他的父亲是当地一位颇有势力的贵族。托马斯5岁时被父母送进附近的卡西诺山修道院接受教育，14岁进入那不勒斯大学，在此期间加入了多米尼克修会。1244年，他受修会派遣到巴黎大学深造，在那里拜阿尔伯特为师，不久又被阿尔伯特带到科隆继续学习。1252年，阿尔伯特推荐托马斯到巴黎大学任教，后被反对派排挤出校。1259年，托马斯奉命到教廷供职，在那里结识了精通希腊文的曼培克的威廉。威廉直接从希腊文译成拉丁文的大量亚里士多德著作使托马斯掌握了丰富的第一手资料，为他以后的学术活动打下了坚实的基础。1269年，托马斯重返巴黎大学，与激进的拉丁阿威罗伊主义和保守的法兰西斯教派展开激战。1274年，托马斯应教皇之召赴里昂参加宗教会议，不幸于中途因病故世。

托马斯继承老师阿尔伯特的思想路线，不顾教会保守势力的反对，适应时代的新思潮，极力主张用亚里士多德哲学取代作为教会理论支柱的奥古斯丁式柏拉图主义，在激烈的争论中建立了一个庞大的哲学体系，成为经院哲学最重要的代表。托马斯一生著述卷帙浩繁，除了为亚里士多德著作做了大量注疏外，他的《反异教大全》《神学大全》等著作无论是在哲学上还是在神学上都是中世纪欧洲最重要的著作。

（一）哲学与神学

托马斯从阿尔伯特的思想出发，既不同意奥古斯丁主义把哲学混同于神学的做法，也不同意拉丁阿威罗伊主义把哲学和神学分成两个毫不相干的领域的“双重真理论”，而是力图论证哲学与神学既相互独立又彼此统一的关系。他认为，哲学与神学的区别首先在于它们的认识目标或者认识对象。神学为我们提供的，是为我们的救赎所必需的那些真理，而在神学之外，关于现实世界的理性科学还有很大的活动余地。客观存在的现实世界就是我们理性的认识对象，同时也是我们知识的来源，而且理性也同样具有认识这一对象的能力。但是理性并不是万能的，它并不能认识所有的真理。在现实的自然世界之上，还有一个超现实的、超自然的世界。关于这个世界，我们的理性只能认识其中极小的一部分，例如上帝存在、上帝的唯一性等等。而这个世界的其他真理，例如上帝的三位一体、道成肉身、肉体在天国的复活、上帝的救恩计划等等，就不是人类的自然理性所能够认识的，而是只能用信仰来把握的。“虽然超出人类理智的事物，用理智不能求得，但若有上帝的启示，凭信仰就可取得。”[①] 即便是那些凭自然理性就可以获得的神学真理，也应该在启示的指导下取得。这是因为，“凡是用理智讨论上帝所得到的真理，只能有少数人可以得到，而且费时很多，还不免带有许多错误”[②]。至于大多数人，则由于

---

① 托马斯·阿奎那：《神学大全》，I，1，1，载北京大学哲学系外国哲学史教研室编译：《西方哲学原著选读》，上卷，第260页。

② 同上。

低下的天赋、懒惰，由于把自己的精力过多浪费在烦琐的日常事务上，所以根本没有能力进行反思并获得真理。因此，即便是凭自然理性就可以获得的神学真理，也应该属于天启的内容，应该由信仰来把握。其次，哲学与神学的区别还在于它们研究问题的角度和方法。即便是对于同一事物来说，哲学家和神学家也是从完全不同的角度出发来进行考察的，同样的存在是在不同的意义上分别成为哲学和神学的认识对象的。即便哲学家和神学家面临的是同一个问题，他们处理这一问题的方式也各不相同。哲学家是从事物的本质，因而也就是从事物自己的原因出发来获得论据的。与此相反，神学家总是从事物的初始因即从上帝出发，来认识事物的。

不过，以上的殊异并不妨碍哲学与神学达到同样的真理。因为信仰所启示的真理和理性所探究的真理，实际上是同一个真理。“我所谓的两种真理，并不是就上帝本身而言的，因为上帝是唯一而单一的真理，而是就我们的认识而言的，因为我们是从不同的方面去认识上帝的真理的。”① 理性的哲学思维的最终归宿必然是无限的最高存在者，即上帝。“几乎所有的哲学思维都以认识上帝为目的。”② 由于哲学是就受造物自身来研究它们的，所以它从受造物出发达到对上帝的认识：它最初从受造物开始，终结于上帝。神学则选择了相反的道路。它仅仅就受造物与上帝的关系来把握它们，所以它最初从上帝开始，并由上帝下降到受造物。“人的理性通过自然的受造物上升到认识上帝，信仰则相反，使人们通过上帝的启示去认识上帝。前者是上升法，后者是下降法。就其认识上帝来说，二者是相同的。其实，无论是由超越理性而获得的信仰，或者是通过理性而获得对上帝的认识，不过是殊途同归。”③

因此，尽管哲学与神学彼此之间有着清晰的界限，但托马斯却不赞成这两个知识领域在实践中相互分离。恰恰相反，他要求哲学与神学有最亲密的合作。信仰与知识虽然分属两个不同的领域，但两者应当是和谐一致的。因为理性是上帝所创造并赋予人类的一种本性，而信仰则来自上帝的启示，两者可以追溯到同一个真理源泉，因而不可能相互对立。毋宁说，理性与信仰两者都与谬误对立。哲学与神学之间永远不会产生任何矛盾。神学的真理虽然是超理性的，但决不是反理性的。信仰是上帝赐给我们的一种神恩，它并不削弱人们的自然本性，反而是加强人们的自然本性。“神恩如此附加在人的本性上，不仅不破坏人的本性，而且使人的本性更为完善。所以，上帝赐给我们的信仰之光并不破坏我们所拥有的自然理性的光辉。”④ 哲学与神学只是认识真理的两种不同的途径，而真理只有一个，那就是上帝。倘若有人因为上帝的启示在某些地方似乎与人的自然理性有矛盾就拒绝它，则其愚蠢绝不亚于一个农夫因不懂哲学家的理论就认为它是假的。由自然理性出发提出反对信仰的论证，本身就与理性的最高思维原则互相矛盾。

信仰与理性之间不仅相互一致，而且它们还有一种相辅相成、互相促进的关系。信仰对于理性来说是必要的。信仰可以帮助理性开阔视野，补充和完善哲学真理。而由信仰为哲学和理性提供的服务，哲学又丰富地回报给神学。首先，理性可以保障信仰的基

---

① 托马斯·阿奎那：《反异教大全》，I，9。
② 同上书，I，4。
③ 同上书，IV，1。
④ 托马斯·阿奎那：《神学大全》，I，1，8。

础，面对所有的攻击来捍卫神学，因为几乎所有对神学的攻击都是来自自然理性，为神学所做的辩护也必须从自然理性出发来进行。其次，理性可以阐明信仰的合理性，证明某些它可以把握的信条。即便是纯粹关于自然事物的知识，对于神学也有很大的用处。关于自然事物的知识可以向我们传报上帝的智慧，引导我们达到对上帝的惊赞和敬畏，达到对上帝的爱。只要我们更深刻地钻研自然事物的本质，我们就不至于在关于上帝的学说中陷入某些谬误。当然，这决不意味着像拉丁阿威罗伊主义所主张的那样，哲学与神学具有平等的地位。相反，信仰高于理性，神学高于哲学以及一切科学，这是托马斯决不动摇的立场。关于这一点，托马斯论证道："通常，我们说一种思辨科学超过其他科学，不外指它的确实性比其他科学高，或者它的题材比其他科学更高贵，而神学在这两方面都超过其他思辨科学。说它有较高的确实性，是因为其他科学的确实性都来源于人的理性的本性之光，这是会犯错误的；而神学的确实性则来源于上帝的光照，这是不会犯错误的。说它的题材更为高贵，这是因为神学所探究的，主要是超于人类理性的优美至上的东西，而其他科学则只注意人的理性所能把握的东西。至于一般实践科学，它的高贵系于它是否引向一个更高的目的。如政治学、军事学，是因为军事的目的是朝向国家政治的目的。而神学的目的，就其实践方面说，则在于永恒的幸福，而这种永恒的幸福则是一切实践科学作为最后目的而趋向的目的。所以说，神学高于其他科学。"① 正因为如此，虽然信仰可以并且应当利用理性，但这决不意味着它依赖理性。恰恰相反，"神学可能凭借哲学来发挥，但不是非要它不可，而是借它来把自己的义理讲得更清楚些。因为神学的原理不是从其他科学来的，而是凭启示直接从上帝来的。所以，它不是把其他科学作为它的上级长官而依赖，而是把它们看成它的下级和奴仆来使用"②。托马斯由此得出了他那著名的命题："哲学是神学的婢女"。

（二）存在、本质及其他

对托马斯来说，使哲学为神学服务，具体来说就是改造亚里士多德哲学为基督教神学服务。为此，他借用亚里士多德哲学的存在与本质、潜能与现实、实体与偶性等范畴，讨论了最一般的哲学问题，并以此来证明上帝至高无上的地位。

在托马斯看来，存在是一个发生的过程，是一个现实的过程，是指在现实中有某个东西与某个概念或某种论断相对应。而本质则是我们对某个事物形成表象所必需的东西，是使某事物成为该事物的东西。在一切被创造的事物那里，存在与本质都是不同的规定性。一物的存在必然包含其作为该物存在的本质，否则它就不是作为该物存在。但却不能反过来说，一物的本质必然包含其存在。例如一个三角形，它的本质就是三条直线围成一个平面。无论它存在与否，或者说，无论它是在现实中还是在我们的表象中，它的本质都是同样的。我们可以对任何一种本质进行思考，即使对于其实际存在我们一无所知。"任何本质或实质，人虽不具有存在的知识，仍然能够加以理解。因为即便我不知道

---

① 托马斯·阿奎那：《神学大全》，I，1，5，载北京大学哲学系外国哲学史教研室编译：《西方哲学原著选读》，上卷，第 260－261 页。

② 同上书，第 261 页。

自然界里是否有人或者凤凰存在，我也能够理解人是什么或者凤凰是什么。因此，存在显然有别于本质或实质，除非可能有某种事物的本质确实就是其存在。”① 托马斯在这里指的就是上帝。上帝的存在与其本质是同一个东西。因为上帝的本质就在于他是万物的创造者。一切创造的原因，尽管其结果各不相同，但在造成了存在这一点上却是相同的。例如火造成了热的存在，建筑工人造成了房子的存在。而创造者之所以能够造成存在这种结果，就在于它自身是存在的。因此，作为万物的创造者，上帝的本质自身就已经包含了存在。

被创造的事物同时是能动的又是被动的。它自己行动，同时又是行动的对象；它拥有属性，同时又可以失去属性并获得新的属性。这种接受外部作用或者发生内部变化的能力就是潜能，而事物的存在就是现实。“有些事物虽然未存在，但是拥有能够存在的能力；而其他事物现在已然存在。能够存在而未存在的事物，我们说是处于潜能的存在；而已经存在的事物，我们说是处于现实的存在。”② 一事物就其是某事物而言，是现实的存在；就其能够变化为其他事物而言，是潜能的存在。因此，所有的事物都是潜能与现实的统一。唯有上帝不是潜能。上帝既不接受任何外部作用，自身也不发生任何变化，是纯粹的作用因、纯粹的现实。上帝在其自身中就已经是他所能是的一切，而万物则只是通过上帝才取得自己的现实。在上帝之下，一切存在都根据自身潜能的程度适应外部的影响和规定。在这个序列中，潜能程度越高，地位也就越低下。

一切被创造的事物都处在不断的变化中。但一切变化都有一个不变的基础或曰主体，这就是事物的实体。实体是独立的存在，是个体，例如一个人、一只狗、一块石头等。而偶性则是依附于他物而取得存在的东西，例如白、密等。也就是说，偶性是实体的偶性，没有离开实体可以独立存在的偶性，例如没有一种颜色可以不是某物的颜色，没有一种密度可以不是某物的密度。偶性的变化并不影响事物的存在，而实体的消失则意味着事物的不存在。但是，世间万物都需要借助上帝而取得自己的存在，因而是非自在的实体。唯有上帝是凭自己而存在，因而是自在的实体。

托马斯认为，以上三种规定适用于一切存在物，唯有质料与形式的规定只适用于有形物体。“任何专属于形式和质料的特征，例如，为他物所造、所生和所毁等等，是物质性存在独有的特征，而决不属于非物质的受造物。”③ 一切有形物体都是形式与质料的结合。形式是事物的内在作用因，是构成事物性质的原则，而不是事物的外部形象。形式是统一的，每一个实体在一定的时刻只能具有一个形式。例如理性灵魂是人的形式，虽然人在理性思维的同时还具有营养功能、运动功能等，但这并不意味着人在理性灵魂之外还具有植物、动物的形式，因为这些功能事实上都包含在理性灵魂这种形式之中。形式又是个别的，同一个类的所有个体可以具有同样的形式，但并非像柏拉图所说的那样，具有同一个形式。例如彼得、保罗、约翰都具有人的形式，但并不是同一个形式，而是三个形式，而这三个形式又是同样的形式。使同一个类中的所有个体区别开来的是质料，

---

① 托马斯·阿奎那：《论存在与本质》，4。

② 托马斯·阿奎那：《论自然的原则》。

③ 托马斯·阿奎那：《反异教大全》，II，54。

因而质料是事物个体化的原则。“因此，如果我们说有许多个体同属某一个‘种’，则这些个体之彼此有别，乃是与种的本性分离的个别质料使然。”① 纯粹的质料没有独立的存在。质料只有接受形式或曰借助形式才能取得现实的存在。任何由形式和质料结合而成的事物，当形式与质料分离时，就不再现实地存在了。托马斯反对精神性的存在具有质料的说法，认为诸如灵魂、天使之类的存在都是纯形式，而上帝则是整个世界的形式，是形式的形式。

在这些思想规定的基础上，托马斯提出了他的上帝存在的证明。

（三）上帝存在的证明

托马斯认为，虽然上帝的本质自身就已经包含了他的存在，因而他的存在是一个确凿无疑的事实，但是对于理性来说，这并不是一个不证自明的真理。托马斯批判了那种认为尝试证明上帝存在的努力徒劳无功的观点。在他看来，证明的方法有两种：一种是先天的证明，即从原因推论出结果；一种是后天的证明，即从结果追溯到原因。人们之所以认为上帝的存在不可证明，主要是因为安瑟尔谟式的先天的上帝存在证明漏洞百出。这种证明力图证明上帝的本质与存在同一，即把“上帝是什么？”问题的答案当作“上帝存在吗？”问题的答案。然而，由于上帝本身是我们无法认识的，所以，先天的证明是行不通的。我们只能通过结果，即通过上帝的创造物来证明上帝的存在。“虽然上帝超越一切可感觉事物以及感觉之上，但是他创造的结果是可感觉的事物，我们可借此推导上帝存在的证明。这也就是说，我们的知识起源于感觉，即使我们对事物的认识超越于感觉之上也是这样。”② 托马斯一共提出了证明上帝存在的五种方式，后人简称为通向上帝的“五路”。

1. 第一推动者的证明。我们凭借感官就可以确认，世界上必定有某种东西被推动。凡是被推动的，都是被另一个东西推动；因为凡是被推动的，都只是就它处在可以被推向某处的潜能之中而言才被推动：推动无非意味着把某种东西从潜能引到现实。但某种东西只有通过一种现实中的存在才能被从潜能引到现实。同一个东西在同一个角度既推动又被推动，或者它自己推动自己，这也是不可能的。因此，凡是被推动的，都必须被另一个东西推动。如果推动它的那个东西自身又被推动，则后者也必须被另一个东西推动，而这个东西也必须再被另一个东西推动。但不能以这种方式进展到无限；若不然，没有第一个推动者，从而也就根本没有推动者了，因为第二推动者（下一级的推动者）只是因为被第一推动者（上一级的推动者）推动之后才去推动别的东西的。所以，我们必须达到一个不被任何东西推动的第一推动者：所有的人都把它理解为上帝。③

2. 第一作用因的证明。如果我们观察感性的事物，就会在它们里面发现一个作用因的序列。但是我们没有发现某种东西是它自己的作用因，而且这也是绝对不可能的；由于作用因至少在逻辑上是先行于结果的，这样一件事物必须先于自身存在，是不可能的。

---

① 托马斯·阿奎那：《论精神的受造物》，I，9。

② 托马斯·阿奎那：《神学大全》，I，2，2。

③ 同上书，I，2，3，载北京大学哲学系外国哲学史教研室编译：《西方哲学原著选读》，上卷，第261－262页。

而在作用因的序列中推进到无限，这也是不可能的；因为对于所有有序的作用因来说，都是最初的作用因是中间的作用因的原因，中间的作用因又是最后的作用因的原因，无论有许多个还是只有一个中间作用因。如果没有原因，也就没有结果。因此，在作用因中间如果没有第一个，也就没有最后一个，从而也没有中间的。如果我们就作用因而言推进到无限，就会没有第一作用因，从而也没有最终的结果，没有中间的作用因。但这显然是错误的。因此，我们必须设想某个第一作用因：所有的人都称它为上帝。①

3. 必然存在者的证明。我们在事物中发现一些能够存在和不存在的事物，因为我们发现一些事物能够产生和消亡，从而能够存在和不存在。所有这样的事物都不可能永远存在；因为能够不存在的东西，也都有一个时刻不存在。但如果所有的事物都能够不存在，过去就曾经根本没有任何事物。如果这是真的，那么现在也没有任何东西存在；因为不存在的东西，只有凭借某种存在的东西才开始其存在。因此，如果没有存在，就不可能有任何东西开始其存在，因而现在就也没有任何东西存在。所以，并非所有的存在者都只是可能的，毋宁说，必须还有某种必然的东西存在。所有必然的东西都要么在别处有其必然性的原因，要么不具有其必然性的原因。但就有其必然性的原因的必然事物而言，一如我们已经证明的那样，不可能推进到无限。因此，我们必须设想某种必然的东西，它自身就是必然的，不是在别处有其必然性的原因，毋宁说它是其他事物的必然性的原因：所有的人都称其为上帝。②

4. 从存在的等级出发的证明。我们在事物中发现，在真和崇高方面，当然也在其他方面，存在着一种多和少。但对于各不相同的事物来说，只是就它们在不同程度上接近某种最具有这种存在的事物而言才能说多和少。例如，更多地接近最高的热的事物就更多地热。因此，有某种最真、最善、最崇高因而最具有存在的事物。因为最真的东西，也是最具有存在的东西。但是，在某一物类中最具有某种确定性的东西，如其所说，也就是这个物类中的一切事物的原因。所以，存在有某种东西，它对于所有的存在者来说都是存在、美善以及任何一种完善性的原因：我们称之为上帝。③

5. 事物最高指挥者的证明。我们观察到，无理性的事物，例如自然物体，为一个目标而活动；因为它们总是或者几乎总是以同样的方式活动，以期达到最佳的状态。由此可见，它们达到自己的目标并不是偶然的，而是出自一种意图。但是，不拥有认识的东西，只有在它受某个有认识者或者有洞识者的指挥的情况下，就像箭受射手指挥一样，才能追求自己的目标。因此，存在着某个有认识的东西，所有的自然事物都由它安排来追求自己的目标：我们称之为上帝。④

托马斯证明上帝存在的五种途径虽然明显不同，却表现出一个相对统一的线索。首先，它们都是从一个具体的可确认的感性现实出发，并由此在本质上与所有喜欢以内部经验为出发点的真正奥古斯丁式证明区别开来。其次，它们在根本上都运用了因果律。

---

① 托马斯·阿奎那：《神学大全》，I，2，3，载北京大学哲学系外国哲学史教研室编译：《西方哲学原著选读》，上卷，第262页。

② 同上。

③ 同上书，第263页。

④ 同上书，第264页。

因果律作为理性的要素被附加在经验的要素上。再次，所有五种途径都是以一个按等级制的方式建构的世界为前提条件的，以至于只要在世界中以经验的方式确认一种现实，就足以从它出发凭借相应的剖析必然地踏上通往上帝的道路。最后，这五种证明方式都是首先以哲学的方式确立一个最高的原因或者存在，即“第一推动者”“第一原因”“一切事物的必然性原因”“最完善的原因”“最高的智慧”，然后把它们神化，直接与超越现象世界的上帝等同起来。在托马斯看来，只有当我们借助某种世界之上的存在者和活动者来解释这个世界的存在和活动时，我们才能完备无遗地理解这个世界。托马斯也就由此完成了对亚里士多德哲学的改造，借助亚里士多德哲学确认了基督教的上帝，从而亦使亚里士多德的哲学不再威胁基督教的信仰，也使基督教的神学表现为一种具有哲理的思想体系。

（四）灵魂与认识

托马斯哲学的另一个重要内容，是他关于人的灵魂及其认识能力和认识过程的论述。对托马斯来说，灵魂的存在是一个确凿无疑的事实。在他看来，一些物体之所以与另一些物体区别开来，是因为它们能够自己运动、营养、繁殖、感知、追求等。我们称具有这些特性的物体为生物。生物所具有的这些特性只能从其自身的原则产生，但是又不可能从其物体的存在本身得到解释，否则一切物体都将拥有生命。因此，必然是生物比其他物体拥有更多的东西，这就是灵魂。灵魂是生物的生命原则，是生物的形式。托马斯追随亚里士多德，区分了灵魂的五种基本形式：（1）营养能力，属于单纯的生命，例如植物；（2）感觉能力，属于较高的生命，例如动物；（3）追求能力，指的是动物本能的追求；（4）运动能力，指的是动物任意的空间运动；（5）理性能力，指的是仅仅为人所具有的思维和自由意欲的纯精神能力。托马斯认为，从植物到动物到人，是一个完美性不断上升的序列。人是唯一同时具有这五种能力的生物。不过，这并不意味着人同时具有五种形式。人的形式是理性灵魂。理性灵魂作为高级的形式包含了其他低级的形式在自身之内。在这五种能力中，最完美的灵魂力量就是理性。“在各个人身上，控制着身体的是灵魂，而在灵魂本身以内，则是理性控制着性欲和欲望的能力。”① 这是因为“一个形式越高贵，就越能统治有形的质料，就越不会沉沦在质料之中”②。

托马斯反对奥古斯丁主义关于人是由灵魂和肉体两个实体组成、灵魂被禁锢在肉体之中的二元论，而是认为灵魂与肉体共同组成一个实体。灵魂与肉体的关系是形式与质料的关系，两者的统一体就是人。灵魂共有两个作用，一是赋予肉体形式，二是控制和推动肉体。但肉体的作用也不是纯消极的，作为质料，肉体是灵魂个体化的原则，它赋予灵魂个性，为灵魂的活动提供器官和条件。只有灵魂与肉体的结合才形成人的生命，两者的分离则造成人的死亡。正是由于灵魂与肉体结合在一起，人才能够作为人来活动。托马斯还反对阿威罗伊主义关于所有人共有一个理智灵魂的说法，认为灵魂是个别的，每个人都有自己的灵魂，每个人的灵魂都是上帝创造的。通过与各自肉体的结合，灵魂

---

① 托马斯·阿奎那：《论君主政治》，I，1。
② 托马斯·阿奎那：《神学大全》，I，76，1。

获得了自己独特的自然本性，由此产生了个人独特的活动。

正是基于关于灵魂与肉体关系的这种思想，托马斯提出了自己新颖的认识论，其特点就在于反对柏拉图主义强调理性认识、排斥感性认识的传统，肯定了感性认识在整个认识过程中的地位。他指出："我们的理智不能对个别的、有质料的对象获得直接的和第一性的认识，其原因在于有质料的对象的个体化原则是个别的质料，而我们的理智只有通过从这样的质料中抽象出观念才能进行理解。但从个别的质料中抽象出来的则是共相的东西，因此我们的理智不能够直接认识任何非共相的东西。"① 因此，理性认识必须以感性经验为开端，或者说，知识必须来源于感觉。托马斯又把感觉分为五种外部感觉（听觉、视觉、嗅觉、味觉和触觉）和四种内部感觉（通觉、想象、判别和记忆）。由于认识的对象是外在于灵魂的客观世界，而灵魂只能认识非物体的东西，所以感觉活动必须有肉体感官的参与。"感觉不能没有一个有形的工具。所以，理性灵魂必须与一个可以成为合适的感官的肉体结合在一起。"② 感官被动地接受外部对象的刺激，发生一定的物质变化，从而感受到外部世界事物的一个形式，产生"感性映像"。感官感知到的这种感性映像只是对象适合于某一特殊感官的偶性形式，例如鼻子只能感知气味，眼睛只能感知颜色，等等。外部感官把感性映像传递给内部感官，由内部感官进行判别、分析、整理、组合，从而形成形象。形象的形成标志着感性认识阶段的结束。同时，作为理性加工的材料，形象把灵魂与外部世界沟通起来。

感性认识只不过是个别的、特殊的认识，而真正的知识必须是普遍的认识。也就是说，感性认识必须上升到普遍的理性认识，而这种升华是由理智实现的。托马斯根据亚里士多德关于灵魂的理论，把理智划分为主动的理智和被动的理智。主动的理智对感觉所提供的形象进行照耀，除掉其中具体的、个别的成分，筛选出其中普遍的、本质性的东西，从而产生出同一类的个别形象共有的普遍内容，即"共相"，也就是"理智映像"。托马斯称灵魂的这种活动为"抽象"。他援引亚里士多德的思想指出："我们是以我们称为'主动的理智'的更高贵的主动力，采用抽象的方法，把从各种感觉所接受的幻象变成现实上可以理解的。"③ 在此，托马斯强调指出，感性认识决不是理智认识的总原因或者全部原因，感性认识仅仅提供了材料，而理智的主动作用也是理性认识形成的重要因素。

主动的理智把经过抽象形成的理智映像传递给被动的理智。托马斯认为，被动的理智就像一块白板，其特性就是接受。因此，由被动的理智所接受了的理智映像就成为"印入映像"。但是，被动的理智也并非绝对被动，它也具有某种能动性。被动的理智有目的地把印入映像与其客体联系起来，利用它作为表达方式复现外部世界，这就是"表述映像"。这种表述映像，实际上就是某种概念性的东西。如果理智中的映像与外部世界的对象符合，灵魂就获得了正确的认识。因此，表述映像的形成，标志着一个具体认识过程的完成。

---

① 托马斯·阿奎那：《神学大全》，I，86，1。

② 同上书，I，76，5。

③ 同上书，I，84，6，载北京大学哲学系外国哲学史教研室编译：《西方哲学原著选读》，上卷，第270－271页。

关于共相与个别事物的关系问题，托马斯没有像他的前辈们所做的那样简单地加以断定，而是从多种角度进行了具体的分析。他认为，首先，一方面，以单个的和个体的事物为对象的感性认识是以普遍的事物为对象的理智认识的起源。因此，感性的认识先于理智的认识，殊相先于共相；另一方面，认识又是从潜能到现实，从不完全到完全，从混乱不清到清楚明白，从“种”到“属差”的发展过程。例如我们总是先确定一个对象是“动物”，然后才确定它是“理性的动物”还是“无理性的动物”，即是人还是狮子，所以共相又在殊相之先。“因此，我们得出结论：单独的、个体的知识，就我们来讲，它是先于普遍的知识，正如感性知识是先于理智知识一样。但就感性和理智二者而言，对较普遍的东西的认识则先于对较不普遍的东西的认识。”① 这就是说，从认识发生史来说，殊相在先，共相在后；就一个具体的认识过程来说，共相在先，殊相在后。其次，一方面，共相是和普遍性的概念联系在一起的，由于普遍性的概念来自理智的抽象，所以共相是在我们的已有知识之后获得的，因此共相在殊相之后；另一方面，共相是潜存的东西，殊相是由于分有了潜存的共相而存在，所以共相又先于殊相。这也就是说，从认识论上看，殊相在先，共相在后；从本体论上看，共相在先，殊相在后。最后，从共相存在于个体中的性质本身来看，在发生先后和时间的次序上，不完善的、有潜能的、较普遍的东西在先，例如动物的出现先于人；但是，在完善和自然意向的次序上，完善的、较不普遍的东西在不完善的、较普遍的东西之先，例如人比动物在先，因为自然的意向决不止于动物，而在于产生人。这也就是说，从现实的发展史来说，共相在先，殊相在后；从目的论体系来说，殊相在先，共相在后。托马斯从认识和事物的发展过程来考察共相与殊相之间的关系，显然比早期经院哲学大大进步了，在哲学史上具有重要的意义。由于托马斯坚持认为理念是事物的本质，认为理念决定具体事物的存在，哲学史上称托马斯这种观点为“温和的唯实论”。

（五）政治与伦理

托马斯的社会政治伦理思想依然是从亚里士多德哲学出发的，不过在这个领域里，由于亚里士多德的研究对象是世俗的社会、国家与人，其排除神灵干涉，纯粹从人的自然本性出发探讨国家、法律、伦理问题的学说，必然与基督教神学有很大的差距。因此，托马斯作为一个基督教神哲学家，不可能真正接受亚里士多德的思想，从而不得不在一系列重大问题上从奥古斯丁哲学中汲取更多的内容。在一定的意义上，奥古斯丁主义的成分在此甚至占据了主导的地位。

托马斯追随亚里士多德，试图从人的自然本性出发解释社会团体和国家的起源。他和亚里士多德一样，认为人天然是社会的和政治的动物。这不仅是因为人只有通过群体生活才能满足自己的生活需要，而且还因为只有在社会生活中，通过分工合作，人们才能够得到所有必需的知识。此外，与其他动物相比，唯有人拥有语言能力，它使人们互相之间能够交流思想内容，为共同的社会生活提供了必要的基础条件。但是，人为了自己的生存，都只顾及自己的利益，而这种各不相同的私人利益与把社会团结在一起的公

---

① 托马斯·阿奎那：《神学大全》，I，85，3。

共利益是相互冲突的。为了避免社会的混乱和解体，社会必须拥有某种治理的原则和控制的力量。这样，就有了统治者和被统治者之间的划分。托马斯指出，就像在人身上体力从属于感性和智力、感官服从智慧一样，在社会中，“才智杰出的人自然享有支配权，而智力较差但体力较强的人则看来是天使其当奴仆”[①]。不过，从人的自然本性出发，托马斯又返回到君权神授的观点。他认为，人的自然本性本身就是上帝的创造物。上帝在创造这种自然本性的同时，也为人类社会安排了君王，授予这些君王统治尘世的权力。

因此，统治者被授予统治权的目的不是让他们谋求私利，而是让他们谋求自己所治理的区域的公共幸福。据此，托马斯区分了正义的政体和非正义的政体，指出：“如果一个自由人的社会是在为公众谋幸福的统治者的治理之下，这种政治就是正义的，是适合于自由人的。相反，如果那个社会的一切设施服从于统治者的私人利益而不是服从于公共福利，这就是政治上的倒行逆施，也就不再是正义的了。”[②] 根据统治者是由许多人或者几个人或者一个人来担任，托马斯区分了三种好的政体，即民主政体、贵族政体和君主政体，和三种坏的政体，即暴民政体、寡头政体和暴君政体。按照托马斯的主张，一个社会的幸福和繁荣就在于保全它的团结一致，即保全它的和平。政府的团结一致必然更有利于实现这一目的。但是，由多个人组成的政府，必须有一个协调一致的过程，而且最终也很难达到完全的团结一致，“所以，与其让那必须首先达成协议的许多人实行统治，还不如由一个人来统治的好”[③]。因此，君主政体是最好的政体。不过，托马斯也承认，这种理想的君主是不容易找到的。因此，实际上托马斯主张一种混合的政治制度，即“有限的君主制”。“在君主政治下，只有一人执掌政权；在寡头政治下，有许多人依据德行参加政府；在民主政治或平民政治下，统治者可以从人民中选出，而全体人民都有权选举他们的统治者——这些制度的适当的混合就造成最好的政体。这也就是神法所规定的一种政体。”[④]

不过，即使在最好的政体之下，也只能保证社会的成员达到世俗的目的。“但是，人在尘世的生活之后还另有命运；这就是他在死后所等待的上帝的最后幸福和快乐。……人类社会的最终目的不会与个人的最终目的有何不同。因此，社会生活的最终目的将不仅是德风广播，而且还要通过有德行的生活以达到享受上帝的快乐的目的。”[⑤] 由于这种最终目的是仅仅依靠人类的天然德性所无法达到的，因此，世俗的统治者在这方面显得无能为力。只有神的统治才能指引我们达到这个目的。这样的统治只能属于那既是人又是神的君主，即耶稣基督。基督又把它委托给了使徒彼得及其继承者历任罗马教皇。因此，“基督教世界的一切君主都应当受他的支配，像受耶稣基督本人的支配一样”[⑥]。至此，托马斯完成了他对封建等级制与教权至上论的论证和辩护。这些思想代表了罗马教会当时在与皇帝和各国国王争权夺势的斗争中的利益，后来成为罗马教会要求基督教世

---

① 托马斯·阿奎那：《反异教大全》，III，81。
② 托马斯·阿奎那：《论君主政治》，I，1。
③ 同上书，I，2。
④ 托马斯·阿奎那：《神学大全》，II，1，105，1。
⑤ 托马斯·阿奎那：《论君主政治》，I，14。
⑥ 同上。

界最高统治权的理论依据。

既然有了统治者与被统治者之间的区分，那么，法作为统治的重要手段就成为托马斯注目的一个中心问题了。托马斯认为，法是人们赖以导致某些行动与不做其他一些行动的准则和尺度，是从属于理性的东西。“它不外是对于种种有关公共幸福的事项的合理安排，由任何负有管理社会之责的人予以公布。”① 由此出发，托马斯把法划分为永恒法、自然法、人法和神法，并分别对它们的基本特征及相互关系进行了探讨。

托马斯认为：“宇宙的整个社会就是由神的理性支配的，所以上帝对于创造物的合理领导，就像宇宙的君王那样具有法律的性质……这种法律我们称为永恒法。”② 此法之所以永恒，乃是因为神的理性是超越一切时间的。正因为永恒法产生自神的理性或曰神的智慧，所以，它“不外乎是被认为指导一切行动和动作的神的智慧所抱有的理想”③。它是上帝创造世界、统治世界的范本。地上的统治者作为上帝的部属，其法律必须从永恒法产生，必须与永恒法或曰真正的理性相一致。因此，凡是符合真正的理性的人法，就具有法的性质；凡是违背真正的理性的人法，就被称为非正义的法律，就不具有法的性质。

在上述的意义上，世间的一切事物都是受永恒法支配的。不过，人作为一种有理性的动物，却以一种非常特殊的方式受永恒法支配。人拥有上帝所赋予的理性，不仅支配着自己的行动，而且也支配着其他动物的行动，从而成为神意本身的参与者。“所以他们在某种程度上分享神的智慧，并由此产生一种自然的倾向以从事适当的行动和目的。这种理性动物之参与永恒法，就叫作自然法。”④ 自然法涉及人所天然爱好的一切行动，其根本原则就在于行善避恶。在原则上，自然法对所有的人来说都是一样的，也是不会发生变化的。

人的这种自然倾向虽然是天然具有的，但却只有通过“某种锻炼”才能够臻于完善。为此就需要人们互相之间的帮助。对于那些禀性善良、有教养、由于神的帮助而自愿想过有德性的生活的人，只要有父辈的指导和劝告就够了。而对于那些性情乖戾、易于作恶的人，为了引导他们避恶行善，为了保证社会上其余的人享受太平生活，就必须用压力和恐吓手段使他们不再做坏事。这就需要制定法律，即人法。人法是从自然法推演出来的。就像科学的结论是从不言自明的原理出发推论出来的一样，“人类的推论也必须从自然法的箴规出发……达到其他比较特殊的安排。这种靠推理的力量得出的特殊的安排就叫作人法”⑤。正因为如此，人法是从属于自然法的。“一切由人所制定的法律只要来自自然法，就都和理性相一致。如果一种人法在任何一点与自然法相矛盾，它就不再是合法的，而宁可说是法律的一种污损了。”⑥ 由于人法只不过是从自然法推论出的特殊的安排，因此，它既不是普遍的，也不是不变的。

托马斯认为，除了永恒法、自然法和人法之外，还有神法，具体地说，就是基督教

① 托马斯·阿奎那：《神学大全》，II，1，90，4。
② 同上书，II，1，91，1。
③ 同上。
④ 同上书，91，2。
⑤ 同上书，91，3。
⑥ 同上书，95，2。

所谓上帝启示的“摩西十诫”。神法之所以必要，在托马斯看来一共有四条理由：（1）人注定要追求一个永恒幸福的目的，这超过了与人的天然才能相称的目标，因此，人必须不但接受自然法和人法的指导，而且还接受神所赋予的法律的指导。（2）人们对于人类活动往往做出极不相同的判断，由此产生不同的甚至相反的法律。因此，为了使人确凿无疑地知道他应该做什么和不应该做什么，就有必要使他的行动受神所赋予的法律的指导，因为神法是不会犯错误的。（3）由于人法所涉及的是可以加以法律判断的事实，即只涉及显而易见的外表的活动，不足以指导和规定人的内心活动，因此，就有必要加上一种神的法律。（4）人法不能惩罚和禁止一切恶行，因此，为了纠正这种弊端，就必须有一种可以防止各式各样罪恶的神法。

托马斯的法律学说自永恒法始，至神法终，其中心思想是强调神法高于人法，把基督教上帝的十条诫令抬高到规范人类生活的最高准则的地位，以便树立和保证罗马教会对世俗国家的优越地位。

在伦理学问题上，托马斯吸取了亚里士多德关于至善的理论，但把至善和上帝联系在一起。他认为，人是一种有目的的动物，人的一切行动乃至整个人生都在追求着某种目的、幸福或者善。伦理学的任务就是研究人生的理想和目的，即如何追求至善，获得最高的幸福。但是，至善和最高的幸福决不在物质世界中，也就是说，不在于财富、名誉、地位、权威之中，因为这些东西纵然对人们有益，但只能部分地满足人们的愿望，只能是有限的善。至善和最高的幸福甚至也不在科学知识或者理论知识中，因为一方面，知识只能实现人格的一部分，满足人的某些愿望；另一方面，知识本身也是有限的。人的至善和最高的幸福只能是精神上的满足，只能在于对无限的真善美的追求中。这种无限的真善美只存在于上帝之中。因此，人的至善和最高的幸福就在于承认上帝、信仰上帝、认识上帝、分有上帝。

由此出发，托马斯认为，人们的道德行为之所以受到称赞，是因为它们导向幸福。传统的“伦理德性”即柏拉图的四主德——智慧、正义、节制、勇敢——是四种最基本的德性，它们超越了其他一切德性，是人类社会生活的基本规范。但是，由于它们是基于人的自然本性的，必然具有某种局限性，不能指导人们追求存在的最终目的，即超出人们自己的存在的上帝。因此，在四种“伦理德性”之上，托马斯特别强调三种“神学德性”，即“信、望、爱”。在他看来，“神学德性”高于“伦理德性”。因为“神学德性”不仅注重培养人的良好社会习性，而且通过信仰上帝、把希望寄托于上帝、爱上帝，可以使人升华到道德的最高境界，达到至善，获得最高的幸福。

当然，在托马斯那里，三种“神学德性”之间的关系也不是完全平等的。“从产生的顺序来说，信仰先于希望，希望先于爱。但是，从完善性来说，爱比信仰和希望优越，因为它是一切德性的形式和根源。”① 于是，对上帝的爱成为基督教伦理学最崇高的德性，是一切德性的源泉和基础，一切德性都在对上帝的爱中完成和实现。没有对上帝的爱，就没有任何德性。只有爱上帝，才能使人生充实，人格完善，才能实现对最高的幸福的追求。

综上所述，我们可以清楚地看出，托马斯的社会政治伦理学说完全是围绕着上帝和

---

① 托马斯·阿奎那：《神学大全》，II，1，62，4。

人以及社会的关系展开的。上帝是人以及社会的创造者、统治者，是人的个人生活和社会生活追求的最终目的。遵从上帝的律法、信仰上帝、爱上帝，成为人类社会生活的最高准则。因此，尽管托马斯的社会政治伦理学说和亚里士多德的哲学思想有极深的渊源关系，带有一定的理想主义色彩，但在本质上却是以上帝为核心，以对上帝的信仰为最高哲学原则建立起来的。在这一点上，托马斯和奥古斯丁之间没有根本的区别。

托马斯以其大胆革新的精神和渊博的学识，为基督教建立了一个百科全书式的哲学体系，确立了亚里士多德主义在教会神学中的地位，对后世的神哲学的发展产生了深远的影响。不过，托马斯主义真正取得胜利，却是在他死后半个世纪的事情了。随着教会权威日趋没落，托马斯的地位不断上升。1323 年，他被封为圣徒，1567 年又被封为圣师。1879 年，教皇利奥十三世正式规定托马斯学说为罗马公教会的神哲学原理，直到 20 世纪亦有新托马斯主义流行于世。

第三节　经院哲学的解体

托马斯所代表的理性主义的胜利使经院哲学达到了空前的繁荣，但是这种胜利对于经院哲学来说却无异于饮鸩止渴。威尔·杜兰曾把亚里士多德哲学比作希腊人留给基督教的“特洛伊木马”，就此而论，正是托马斯把这匹木马拖进了经院哲学。随着欧洲文明的进一步发展，经院哲学的衰落已成为不可阻挡的趋势。还在托马斯时代，罗吉尔·培根就以其卓越的实验科学思想和哲学思想预示了新时代的曙光。后起的司各脱主义和奥卡姆主义则一方面发扬了唯名论思想，另一方面企图恢复奥古斯丁时代宗教的纯洁，把理性从神学中排斥出去，从而在客观上导致了理性的独立。而在德国，以爱克哈特为代表的神秘主义思潮则以另一种形式宣告了经院哲学以理性论证上帝这种企图的失败。所有这些因素的共同作用，再加上 14 世纪由意大利发端的文艺复兴人文主义运动，导致了经院哲学的衰落和解体。

一、罗吉尔·培根

罗吉尔·培根（Roger Bacon，约 1214—约 1292）出身于英国的一个富有家庭，起初在牛津，后来在巴黎学习哲学、神学、医学、数学、法学等当时科学的几乎所有学科，并参加了法兰西斯修会。1252 年他回到牛津任教，并从事各种科学实验。1257 年，他因异端思想被逐出学校，开始受到修会迫害。1278 年，培根以 60 多岁的高龄被关进监狱，在 14 年的囹圄生活中受尽折磨，释放后不久即离开了人世。培根一生酷爱自然科学，积极从事科学实验。他的主要著作都是写给教皇克雷芒的，有《大著作》《小著作》《第三著作》和未完成的《哲学研究纲要》。

（一）认识的四种障碍

培根是托马斯的同时代人，也是托马斯的激烈反对者。他的矛头直指经院哲学无视科学和经验、一味强调烦琐空洞的推理的思想方法。首先，培根指责托马斯就亚里士多德写了许多大部头著作，却不懂亚里士多德写作所使用的希腊文。他认为，过去的翻译，包括《圣经》的翻译，都是错误百出无法使用的，应当立即统统烧掉。因此，当务之急不是讨论逻辑学和拉丁文法，而是抓紧学习希伯来文、希腊文和阿拉伯文。其次，培根指责托马斯等人对数学不够重视，而数学是一切科学的基础，是极其重要而且有用的。最后，培根指责托马斯等人把一切问题诉诸权威，通过死板的逻辑演绎来解决，而完全忽视了作为一切科学之源泉的经验。

最使培根著名的是他提出了掌握真理方面的四种障碍，即“屈从于谬误甚多、毫无价值的权威；习惯的影响；流行的偏见；以及由于我们认识的骄妄虚夸而来的我们自己的潜在的无知”。“从这些致命的流毒造成了人类的一切罪恶。”① 人们丝毫没有意识到自己的无知，反而千方百计地进行掩饰。“最坏的是：他们虽然在错误的最浓密的阴影里，却自以为是在真理的充分照耀下。”② 他们把真理看作谬误，却反过来宣扬那些虚假的东西，在那些毫无价值的东西上花费自己的精力。因此，为了消除愚昧，认识真理，“首先必须认清这四个原因的暴行和毒害的一切罪恶，谴责它们，并将它们远远地排斥在科学考察之外”③。这是时代的头等大事。“危险莫大于愚昧……最有价值的事莫过于研究清除愚昧黑暗的学问，全世界的幸福都取决于此。”④ 罗吉尔·培根关于掌握真理方面的四种障碍的学说，显然是他的同姓人弗兰西斯·培根关于四假象的学说的先驱。

（二）知识的三个来源

培根认为：“知识有三个来源：权威、理性和经验。但是，如无理性作基础，权威是不完全的，没有这个基础，它会引起误解，而只是根据信仰接受〔真理〕，——我们相信权威，但不是通过权威来了解事物。而理性〔或抽象的推论〕不能单独区别辩论与真正的论证，如果它不能以经验证明自己结论正确的话。”⑤

盲目崇拜权威虽被培根列为真理四障碍之首，但培根并不简单地否定权威。他否定的是专横跋扈、沽名钓誉的权威，是没有理性的人诡辩的权威，总之，是有名无实的权威。对于教会和《圣经》的权威，培根强调了自己的信仰。他承认有一个完善的智慧，这个智慧就包含在《圣经》中。但他认为《圣经》的翻译错误百出，主张通过学习希伯来语，运用数学、地理学、历法进行研究。此外，培根还承认那些源于某些圣徒、完美的哲学家和其他科学家的个人的优越和尊严的权威。例如在哲学家中他列举了亚里士多德、阿维森纳、阿威罗伊等。不过，培根认为对于权威只能信仰，而不能通过它们来了解事物，这实际上是对权威作为知识来源，尤其是对经院学者们所宣称《圣经》已经穷尽了真理的说法的否定。因此接下去培根就抛开了权威，明确指出“获得认识有两种方

① 罗吉尔·培根：《大著作》，1，载北京大学哲学系外国哲学史教研室编译：《西方哲学原著选读》，上卷，第285页。

② 同上书，第286页。

③ 同上。

④ 周一良、吴于廑主编：《世界通史资料选辑》（中古部分），第220页。

⑤ 同上书，第221页。

法，即通过推理和通过经验”①。推理也就是理性。至于经验，培根认为有两种：第一种是外部经验，它是经由我们的外部感官获得的，包括直接的经验、借助人有目的地制造工具而获得的经验和来自他人的经验。但培根认为，单有这种经验仍不能对事物的有形的方面给予充分的说明，而且又根本没有触及事物的精神方面。因此还需要有内部经验。它来自内在的启发，共分七个阶段：来自“纯粹和科学有关的启发”、“德行”、“圣灵的七种礼物”、“至福”、“精神的感官”、“效益”和“极乐”。培根把科学、伦理学和宗教信仰混为一谈，显示了他思想的混乱。但值得注意的是他关于理性和经验之间关系的阐述。他认为，一方面，认识“只有推理是不够的，还要有经验才充分”，“没有经验，任何东西都不可能充分被认识”②。另一方面，自然的经验是不完善的经验，运用自然经验的是工匠，而不是科学家。科学家必须掌握进行实验的本领，这种本领高于一切思辨知识和艺术。培根这里所说的实验，也就是以特定的目的和手段进行的科学实验。他认为：“凡是希望对于在现象背后的真理得到无怀疑的快乐的人，就必须知道如何使自己献身于实验。”③ 培根自己也正是这样做的。他一生进行过许多次物理学、化学尤其是光学试验，提出了许多有价值的、给人以启发的科学设想，例如望远镜、轮船、潜水艇、机车、飞机等，成为近代实验科学的一位先驱。总的来说，培根在认识起源问题上的思想是混乱的，包含有不少糟粕，但他重视对自然本身的考察，重视科学实验在认识中的地位，从而以粗糙的形式体现了认识论的辩证法，这在一切知识以启示和信仰为准绳的中世纪是难能可贵的。

培根不同意“双重真理论”的提法。他不仅认为神学不妨碍和限制科学的认识，而且坚持哲学为神学服务，为神学做论证。哲学的意义就在于通过认识创造物而认识造物主。因此，没有哲学做根据，神学就无能为力了。值得一提的是，培根虽然主张科学为基督教信仰服务，认为基督教高于其他信仰，但他又认为基督教并不排斥其他宗教，基督教只是各种信仰中的一种。这种思想无疑是近代宗教宽容精神的前驱。

（三）对教会和封建社会的批判

在《哲学研究纲要》的《普遍的腐败性》一文中，培根激烈地抨击了教会和封建王公们的腐败。他写道：“在我们这个时代，充满了比以往任何一个时代都严重的罪孽。圣位成为不义的人们欺骗和虚伪的牺牲……傲慢成风，贪欲泛滥，妒忌吞噬着一切。放纵玷辱了整个教廷，奢侈统治了一切。……上层如此，下边又如何呢？看看那些高级教士们吧。看他们怎样搜刮财物，不关心人们的灵魂，提拔自己的亲族和其他俗界朋友以及那些出主意毁灭一切的狡诈的讼棍。……新修会也完全丧失了原来的尊严，整个教界都只热衷于纵欲、傲慢和贪婪。”俗界的状况也是如此。“诸侯王公和骑士们互相压榨，使其臣民们背上了无休无止的战争和赋税的沉重负担。人民痛恨折磨着他们的诸侯，只是被迫才向他们表示忠诚。上行下效，他们也互相压榨、欺瞒，这些我们到处都可以亲眼

① 罗吉尔·培根：《大著作》，6，载北京大学哲学系外国哲学史教研室编译：《西方哲学原著选读》，上卷，第287页。

② 同上。

③ 同上书，第288页。

看到。他们完全沉湎于纵欲和奢侈，堕落得难以名状。至于商人和手工业者则根本无法说，因为他们的言行中充满了虚伪、欺骗和奸诈。”培根充满感情地谈到了古典时代：“古代哲学家们尽管没有鼓励人们追求永恒生活的礼仪，但无论就其可敬的生活方式来说，还是就其对世俗以及一切情趣、财富和荣誉的蔑视来说，都无可比拟地优于我们。任何人都可以在亚里士多德、塞涅卡、图利乌斯、阿维森纳、阿尔·法拉比、柏拉图、苏格拉底等人的著作中看到这一点。”社会普遍堕落的根源就在于教会的堕落。因此培根的结论是：“必须纯洁教会，没有一个聪明人会对此有丝毫的怀疑。”① 培根把纯洁教会的希望寄托于统治阶级上层，认为需要公正的教皇和公正的国王一起，用物质的剑和精神的剑一起来纯洁教会。

在培根的思想中，我们看到了新旧思想的奇特结合，一些似乎无法相容的观点被他强行综合在一起。这一点吸引了后世史家的注意：究竟是培根本人思想混乱，还是他有意用假象掩饰自己新思想的锋芒？看来，这两者可能兼而有之。但无论如何，培根的思想动摇了基督教神学的原则，对后世哲学思想的发展产生了巨大的影响，这一点当是不争的事实。

二、邓斯·司各脱

随着托马斯主义日渐取得正统地位，坚持奥古斯丁主义的法兰西斯教派曾一度遭到严重的挫折，这就导致在该教派中普遍产生了排斥理性以纯洁信仰的情绪。这种情绪在邓斯·司各脱的哲学中获得了理论形式，以至于后世史家称以邓斯·司各脱为代表的晚期法兰西斯教派为司各脱主义。

邓斯·司各脱（John Duns Scotus，约 1265—1308）出生于苏格兰，巴黎大学神学博士，年仅 23 岁就成为牛津大学教师，后来又到巴黎和科隆等地执教。他因博闻强记、思维敏捷、论证有力而获得“精明博士”的称号。司各脱的重要著作《牛津论著》《巴黎论著》等都是由其学生根据讲课笔记整理发表的。

（一）哲学与神学的关系

司各脱反对用理性来思维上帝，他认为上帝不是形而上学的主题。他从数学出发，对证明提出了更高的要求，认为人们不能把适用于创造物的概念通过组合或类比加在上帝身上。我们通过理性只能知道上帝是一切原因的原因、一切本质的本质，知道上帝是永恒的。至于上帝在时间中创造世界，上帝以其预知鉴临一切，三位一体，等等，只能是信条，只能根据《圣经》和教会的权威信仰它们。如果我们要用理性思考上帝，那就会陷入不可解决的矛盾。一个定理在哲学看来是真的，但在神学看来就可能是假的，反之亦然。但哲学和神学不应该存在对立。神学并不是一门思辨的科学，而是实践的学科，它的使命是帮助拯救人的灵魂。我们虽然不能认识上帝，但可以信仰上帝、爱上帝，信仰和爱高于认识。司各脱是一个忠诚的基督徒，他意识到了理性对信仰的威胁，因此认

① Will Durant, *Die Geschichte der Zivilisation*, Vol. 7 (Bern: A. Francke Verlag, 1987), pp. 187 - 188.

为放弃通过理性证明信仰的企图更为明智，力图限制认识为信仰保留地盘，但在客观上却为哲学摆脱神学束缚创造了条件。

（二）意志与理性

与托马斯把理性看作灵魂的本质相对立，司各脱认为意志是灵魂的本质。固然，司各脱也承认意志是“盲目的能力”，承认只有当理性指明了目标时，灵魂才能有所意欲。但他认为最初的思维是通过灵魂与外界事物的共同作用，也就是通过外界事物的影像实现的，因而是混乱的、不定的。只有当意志注意到这些混乱的影像，使其变得清晰，它们才能成为一定的表象。因此，最终决定权属于意志。意志是自由的，是一切行动的唯一原因。思维仅是意欲的偶因，是意欲的仆人。在上帝那里也是如此，上帝的意志高于上帝的理性，上帝的活动全凭其意志决定，上帝愿意怎样做就怎样做，否则他就不是全能的了。上帝可以创造一个世界，也可以不创造一个世界，还可以创造一个完全不同的世界。世界的善完全在于上帝的意愿，只要符合上帝的意愿，什么事情都可以成为好事。正因为如此，上帝的本质是不可认识的，最高的善也不在于认识上帝，而在于信仰上帝、爱上帝。

（三）物质与思维

司各脱认为，上帝是最高的本质，而质料（物质）是最低的本质。原初质料意味着一种最初存在于一切事物中的取得了更高形式的可能性，形式则是事物的个体性原则，是使一事物成为该事物的原则。除了上帝之外，一切被创造的实体，包括精神实体，都是形式与质料的结合。因此，灵魂不是什么纯粹的形式，在灵魂中包含作为基质的物质。在此基础上，司各脱进一步提出了“假如上帝是万能的，他能否赋予物质思维的能力”这样的问题，这引起了马克思和恩格斯的高度重视。他们写道：“唯物主义是大不列颠的天生的产儿。大不列颠的经院哲学家邓斯·司各脱就曾经问过自己：‘物质能不能思维？’”但他们马上又指出司各脱并没有跳出神学藩篱，“为了使这种奇迹能够实现，他求助于上帝的万能，即迫使**神学**本身来宣扬唯物主义”①。

（四）个体性原则

在司各脱看来，质料是普遍的基础，而形式则是事物的个体性原则。他区分了一般的形式——“什么”（quiditas）和使个体互相区别的特殊形式——“这个”（haecceitas）。司各脱赋予个体更重要的地位。个体是完善的存在，是自然的目的，是直接的、独立的实在。因此，完善的知识不是一般的知识，而是个别的知识。知识来源于个别的感知，普遍的概念来自人类能动理智的抽象活动。司各脱也承认共相的客观存在，共相存在的基础就在于精神从类似的对象那里抽象得到的共同的本质，这种本质必定存在于个体之中，否则我们就不能通过感知和抽象得到它们。由此可见，司各脱的观点很接近于阿伯拉尔的“概念论”。

---

① 《马克思恩格斯全集》，中文 1 版，第 2 卷，人民出版社，1957，第 163 页。

司各脱英年早逝，但他从经院哲学内部给予经院哲学的打击却是致命的。在他死后，由他的信徒、学生形成的司各脱主义仍同托马斯主义进行了长期的斗争。

三、威廉·奥卡姆

威廉·奥卡姆（William of Ockham，一译“奥康”，约1285—约1349）出生于英国，早年加入法兰西斯修会，后在牛津大学学习和任教，因在辩论中机智敏捷而获得“不可战胜的博士”称号。1324年，奥卡姆因受指控讲授异端哲学而被召至阿维农教廷囚禁。1328年他逃往比萨，接受神圣罗马帝国皇帝巴伐利亚的路德维希的庇护。据说他曾对路德维希说：“你用剑来保护我，我用笔来保护你”。事实也的确如此。在这位皇帝的庇护下，奥卡姆写了许多为王权辩护的文章。他的重要哲学著作是《箴言注疏》和《逻辑大全》。

（一）唯名论思想

奥卡姆是唯名论的复兴者。他批判了唯实论者从共相出发推论出个体存在的思想方法。在他看来，个体而且只有个体是真实的存在。共相没有单独的存在，甚至在上帝的精神中也不存在“在物之先”的共相，否则上帝从无中创造了世界的教条就难以维持了。共相也不能“在物之中”。因为倘若共相是现实地存在于个体之中，又不同于个体，那么共相本身就应当是单一的物。但一种单一的物又怎能同时存在于许多物之中呢？因此，共相并不是一种实在的东西，并不是既不存在于灵魂中，也不存在于事物中，而是有其独立的客观存在的东西。共相是一种设想出来的东西，它仅仅存在于灵魂中。共相在物之后，是存在于理智中的一般概念，是符号，现实中没有与这种符号相应的实在的对象。现实中没有独立的联系，只有相互联系的事物，联系仅仅存在于人的意识之中；也不存在一个单独的多，而只有多的事物。在相互联系的事物之外设定一个联系，在多的事物之外设定一个多，只能使科学毫无意义地复杂化。这是违背逻辑和一切科学的基本原理的。在此基础上，奥卡姆提出了他的著名论断：“能以较少者去完成的事情，若以较多者去做，便是徒劳”。后人把它概括为“如无必要，勿增实体”。从这一原则出发，他认为像“实体形式”“隐蔽的质”“影像”之类都是多余的东西，都应当加以抛弃。哲学史上把奥卡姆这一思想形象地称为“奥卡姆剃刀”。

由唯名论原则出发，奥卡姆展开了他的认识论思想。他认为，一切知识的基础是从个体出发的经验。“在我们谈到认识的起源时，个别事物是感官的第一个对象；所以就知识的起源来说，个别事物才是首先被认识到的东西。”为了避免混乱，他指出，个别事物“不仅用数来表示不是一，而且也不是为许多东西所共有的某种自然的或约定的符号”。其次，“我们的问题只涉及一件个别事物真正的单纯的认识”。这就是“直观的认识”。“这种认识是第一位的……因为关于个别事物的抽象认识是以同一对象的直观认识为前提的。”[①] 抽象认识是关于一般的知识，是对许多东西的共同认识。因为一个“种”概念决不能仅仅从一个个体抽象出来。概念的产生在于重复的经验和记忆，例如我们多次看到石头，

① 北京大学哲学系外国哲学史教研室编译：《西方哲学原著选读》，上卷，第293页。

我们的理性根据重复了的感受，才做出了“石头”这个符号。同时，单纯的抽象认识只是对事物的一个方面的认识。例如“苏格拉底”是有一定形象、高度、宽度的苏格拉底，“如果你忽略了其中之一以外的所有单纯概念，你就不能借此记忆联系到苏格拉底”。“所以一个单纯的抽象认识并不是关于个别事物的真正的认识，而合成的认识才是对于一个个体事物的真正的认识。”[①] 奥卡姆认为认识的对象先于认识存在于心灵之外，认识来源于对个别事物的直观认识，意识到抽象认识是对大量感性材料的扬弃，这些都有合理之处。但他从极端唯名论立场出发，不能理解真正的抽象乃是对事物本质的把握，却未免失之偏颇。

（二）哲学与神学

奥卡姆的极端唯名论态度也直接导致哲学与神学在他那里的截然分离。既然我们的一切知识来源于对个体事物的感知，既然上帝是无法感知的，那么，我们对上帝的任何自然知识就都是不可能的。对上帝的存在不可能有任何直接的证据，因而神学也不可能是严格论证的科学。奥卡姆把整个神学都排除在理性之外，甚至像德尔图良那样认为，三位一体、道成肉身等信条不仅是超理性的，而且也是反理性的。在神学看来是正确的原理，在哲学看来就可能是错误的。所以理性对于信仰问题不仅无能为力，而且有可能动摇神学信条，因而必须放弃证明不能证明的东西。神学的基础不是理性，而是信仰，而信仰应当向启示寻求支持，《圣经》就是启示的真理。《圣经》决不会有错误。和司各脱一样，奥卡姆从维护信仰的主观动机出发，却造成了削弱信仰的后果，这也许是他们所始料未及的。

（三）教权与王权

中世纪是教权与王权激烈争斗的时期。由于自身特殊的经历，奥卡姆成为王权最坚定的支持者。他激烈地攻击了教会的世俗化和追求世界霸权的野心，认为人间的、世俗的一切事务的权力属于国家，教会的权力在于宗教事务。一般地说，教会不应干涉世俗事务，国家也不应干预教会。只有在特殊的情况下，教皇的全权才可以表现出来。而且，若有充分根据，教皇就不仅应当受到宗教的审判，而且也应当受到世俗的审判。

在政体问题上，奥卡姆持一种君主立宪主义的观点，其理论基础就在于他的“自然人”和“自然法”学说。他认为，最初的自然人是完全平等的，他们的一切财产是公有的，政权还没有出现，国家必须借助于“人类社会共同契约”来建立。国家的目的是扶植一切国家法律所许可的“共同福利”。这是国家的最高原则，它来自自然法。自然法包括合乎理性的东西和由于自然的正义性而必须遵守的、不倚赖于人类法律的东西。参与国家立法是每个社会成员的权利，当权者仅仅是人民的一个代表，人民能够自己确立法规，选举自己的领袖。皇帝权力只能在不违背共同福利的范围内起作用，皇帝只有为了共同福利才能管理自由的人们。如果他违背自己的义务，越出自己的权限，人民有权废黜他，甚至用宝剑杀死他。奥卡姆进一步把这个原则扩展到教会内部，认为教徒的团契

---

① 北京大学哲学系外国哲学史教研室编译：《西方哲学原著选读》，上卷，第 293 页。

本身及其所召集的宗教会议高于教皇，是最高的宗教机构。

与司各脱一样，奥卡姆思想的作用也主要是否定型的。他否定了宗教信仰的理性基础，为哲学和科学的独立洞开了门户；他否定了教权至上性，为近代独立的民族国家的形成提供了理论基础；他否定了王权的至上性，可谓是近代资产阶级民主革命的先声；他的唯名论不仅打击了唯实论，而且动摇了整个经院哲学的基础。

四、爱克哈特

在基督教哲学中，历来有神秘主义的传统。13—14 世纪，在德语地区出现了一股神秘主义思潮，史称“德国神秘主义”，其最重要代表就是有“德国思辨之父”称誉的爱克哈特大师。

爱克哈特（Meister Eckhart，约 1260—1327）出身于德国图林根的一个骑士家庭，青年时期加入多米尼克修会，曾担任过该修会在萨克森等地的分会长，后在巴黎与科隆等地讲授神学。由于他的神秘主义异端思想，晚年曾受到教会的迫害。其主要著作是《德语布道集》。

爱克哈特的学术活动是在经院哲学繁荣阶段的影响下开始的。阿尔伯特、托马斯师徒建立了神学与哲学的亲密联盟，不仅使哲学由于附属于神学而套上了枷锁，而且也把神学束缚在本质上是世俗学问的亚里士多德哲学上。如何把信仰和理性两者分离开来，就成为晚期经院哲学家们的主旨。在这方面，爱克哈特的神秘主义与司各脱、奥卡姆等人的思想有着异曲同工的妙用。

（一）论上帝

爱克哈特对上帝的理解明显地表现出脱离基督教神学正统的倾向。他首先在“神”（Gott）和“神性”（Gottheit）之间做出了严格的区分：“神和神性有天地之别。”[①] 爱克哈特所说的“神性”，指的是一种绝对超越的存在，这种存在不依赖于任何关系，甚至也不依赖于同自身的关系，或者说，它既撇开了与创造的外在关系，也撇开了三位一体的内在关系。因此，神性是不可认识、不可表述的。因为认识和语言都建立了一种关系，而这样一种关系在神性里面是根本不存在的。神性既不是圣父、圣子、圣灵，也不是善、完美，甚至也不是存在。对于神性来说，最适当的方式就是沉默。唯一谈论神性的可能性在于，否认神性具有被创造的、受限制的存在的任何属性，仅仅以否定的表述来谈论它，否认它有任何属性，有任何能够归属于造物的“谓词”。在这方面，爱克哈特明显地受到伪狄奥尼修斯的否定神学的影响。

然而，这个隐秘的、不可说、说不出的神性与基督教正统神学所说的三位一体的神是什么关系呢？如果它仅仅局限于认识自身，那么它对于世界又有什么意义呢？在爱克哈特看来，神性必须走出自身，而且它也能够走出自身，能够让多从自身涌流而出。一

---

① Meister Eckhart，*Deutsche Predigten und Traktate*（München：C. Hanser，1979），p. 272.

旦神性进入某种关系，它就成了神。神性是沿着双重的途径，即借助双重的关系成为神的。首先是借助一种内在的关系，从它产生出神的各个位格。神本身就是认识，神性由此分出了主客体。圣父是主体，他用来倾诉出自己的永恒之言则是客体，即圣子。联结圣父与圣子的爱就是圣灵。这样，爱克哈特在基督教三位一体的上帝之上又增加了一个自身是无的“原初神性”，三位一体的上帝就成为神性第一次流溢的结果。其次是借助一种外在的关系，从它产生出受造物，它由此而成为造物主。“在造物存在之前，神还不是‘神’。毋宁说他是他所是。但是，当造物出现并且接受自己被创造的存在时，神并不是在自身中是神，而是在造物中是神。”① 圣父在永恒中生育了他的圣言，在圣言中有所有被创造的存在物的原型，即理念。在这个阶段上，事物都存在于神里面。上帝认识到这些理念，从而创造了万物，上帝的认识也就是创造。一切事物都从上帝那里获得自己的本质。因此，上帝在一切之中，一切在上帝之中。一切都来自上帝，又都回归上帝。上帝无处不在，又不在任何地方。爱克哈特最终得出了世界和神同样永恒的结论。他写道：“有一次人们问我，为什么神不更早些创造世界，我回答说，他不能这样做，因为他还没有存在。在世界存在之前，他并不存在。此外，由于神是在他存在于其中的同一个现在里面创造世界的，他怎么能够更早些创造呢？因此，好像神在期待着某个未来的时刻，以便在这个时刻创造世界，这种观念是错误的。就在神存在并且生育与他同样永恒、完全和他一样的圣子的那个时刻，神也创造了世界。”② 爱克哈特由此陷入了与教会当局的对立。

（二）论灵魂

与关于神、存在、造物的本体论思想相结合，爱克哈特刻画了人在宇宙中占据的高贵地位。这种高贵的特性不言而喻在于，人拥有一个按照神的形象创造的灵魂。“灵魂在本性上是按照神塑造的。”③ 如同上帝是三位一体一样，灵魂也是由三种力量构成的，即记忆、理性、意志。记忆是一种保存的能力，它把其他能力交付给它的东西保存起来；理性是理解的能力，当理性的对象是上帝时，其他一切力量都必须协助它；意志则根据其意愿来提供和禁止一切。与托马斯一样，爱克哈特强调了理性的优先地位。理性的高贵在于把握我们当下不能触及的事物，而意志的高贵则在于自为地把握所有事物，特别是在理性束手无策的地方。但是，意志的力量需要其他力量尤其是信仰的辅助，而信仰又归根结底来源于认识。在强调理性优越地位的同时，爱克哈特对意志也做了一定的肯定。

爱克哈特把灵魂看作一种多层次的存在。在这些层次中，有一个特别深邃的层次，它直接地与灵魂自己在神里面的原型、与灵魂的理想的存在相联系。爱克哈特将这个层次称为“灵魂的火花”。凭借它，人以某种方式分有了神的本性。爱克哈特甚至赋予灵魂与圣子等同的地位。认为在上帝的“独生子和灵魂之间没有任何区别”④。

---

① Meister Eckhart, *Deutsche Predigten und Traktate*, pp. 304 - 305.

② Meister Eckhart, *Die Lateinischen Werke*, Vol. 1, trans. Konrad Weiss (Stuttgart-Berlin: Kohlhammer Verlag, 1964), p. 190.

③ Meister Eckhart, *Deutsche Predigten und Traktate*, p. 425.

④ Ibid., p. 208.

（三）神人合一

爱克哈特哲学的最高理想就是灵魂返回到自己的原型，返回到上帝，与上帝合一。为了从多样性退出，返回到统一性，灵魂的一个重要步骤就是摆脱一切被创造的东西，返回自身，聚精会神，力图在自身中，在内心的最深处，达到自己的原型。爱克哈特称这一过程为“隐遁”。所谓隐遁，并不是世俗生活的隐遁，而是心灵的隐遁，是灵魂不为尘世的万千景象所引诱。

首先，隐遁是彻底的遗忘，无论对象是造物还是它们在精神中引起的印象。“如果灵魂要观看神，它就不可盯住时间中的事物；因为只要灵魂自觉到时间或者空间或者此类事物的任何一种表象，它就绝不能认识神。”①

其次，隐遁是最终放弃任何个人意志。人要想追随神，就必须放弃任何追求，哪怕是最高贵的追求。爱克哈特所倡导的这种自我放弃甚至排除了祈祷。“隐遁的纯洁不能祈祷来，因为祈祷的人是企求从神那里得到某种自己想分享的东西，或者是企求神为他免除什么东西。隐遁的心灵一无所求，他也根本没有自己立意要摆脱的东西。”② 人就连力图自觉地践履神的意志也不可以，若不然，在他里面就还有一种特殊的意志，这种意志将妨碍他与神完全合一。

再次，隐遁是放弃一切概念认识。爱克哈特认为，没有任何概念认识——无论是关于造物的，还是关于自己本身的，还是关于神的——能够把人引向与神的神秘契合，这种契合处在一个完全超概念的领域。灵魂要想达到神，甚至要完全失去自身。“灵魂要想认识神，它就必须也忘掉自己，必须也失去自己；因为灵魂只要还看到和认识自己，他就看不到神、不认识神。但如果它为了神而失去自己，放弃一切事物，它就又在神里面找到了自己。当它认识神时，它就在神里面以完美的方式认识了自己和它所放弃的所有事物。”③

最后，人们还必须放弃神的任何特殊的表象，放弃神的任何概念。爱克哈特称之为“为神而清心”，或者称之为“失去神”。他说：“只要灵魂还有一个神，还认识一个神，还有一个神的概念，它就离神还远着呢。……因为如果神被称为神，这就是出自造物的意志。只有当灵魂成为一个造物时，它才会有一个神。如果它重新失去自己的造物性质，神才在自身中依然是其所是。灵魂向神表明的最大荣耀就是，它沉浸在自身之中，从神解脱。”④

这样，灵魂就达到了一种爱克哈特称为“真正的寂灭”的状态。这种寂灭，爱克哈特有时又称为灵魂的死亡，它直接汇入了神的本质，灵魂从而也就达到了与神契合的境界。此时，在神和人的灵魂之间已经没有任何区别。“你们看，灵魂怎样才能够达到其最高的完满：当神来到灵魂中时，就在灵魂中涌流出神的爱泉，它使灵魂又回到神之中，使人仅仅从事那属灵的工作。啊，每当我一想到灵魂与神的这种结合，我就感到无比的

---

① Meister Eckhart，*Deutsche Predigten und Traktate*，p. 325.

② Meister Eckhart，*Die deutschen Werke*，Vol. 5（Stuttgart：W. Kohlhammer，1963），p. 545.

③ Meister Eckhart，*Deutsche Predigten und Traktate*，pp. 325 - 326.

④ F. Jostes hrsg.，*Meister Eckhart und seine Jünger*（Berlin：Walter de Gruyter，1972），p. 93.

惊奇。神使灵魂恬美愉悦地从他自身中流溢而出，使灵魂对所有叫得出名的事物都不再感到满足了。确实，灵魂甚至对它自己也不感到满足了。神的爱泉充满了灵魂，使灵魂从自身中超拔出来，进入其最初的本源，这本源只能是神。在神里面，灵魂达到了其最高的完满。"① 在这种状态中，人的灵魂最终与神达到了完全的合一。

爱克哈特关于神和灵魂的思辨无疑深刻地影响了后世德国哲学的思辨精神。他把灵魂与上帝的契合纯粹看作个人的事情，看作内在世界的一个过程，也为即将到来的宗教改革提供了理论基础。他的神秘主义思想体系也与近现代神秘主义思潮有着密切的联系。谢林、黑格尔、海德格尔等思想家都曾给予爱克哈特的思想很高的评价。

从教父哲学的兴起，到经院哲学的解体，基督教哲学走过了十多个世纪的历程。早期基督教贬斥理性，但为了建立神学体系、争取信徒又不得不利用哲学的词句、形式乃至内容。所以，中世纪基督教哲学始终面临着理性与信仰之间的关系问题。尽管在基督教一统天下的形势下，仅仅给哲学留下了非常狭小的思维空间，但是哲学之为哲学归根结底要诉诸理性，因而哲学就以扭曲的形式顽强地从事着它的工作。就哲学家们的初衷而言，他们的确希望调和理性与信仰之间的矛盾，然而事与愿违，当他们用理性来保证信仰的时候，实际上等于从根本上承认了理性的优势，而将信仰置于理性的基础之上的结果，又势必破坏信仰的"纯洁"，威胁着信仰的生存。晚期经院学者主张理性不能保证信仰，他们企图纯洁信仰，但是信仰与理性的分离同样削弱了信仰，动摇了经院哲学的立身之本，结果便导致了信仰的危机和理性的衰落：理性不能证明信仰，说明信仰是成问题的；理性证明不了信仰，也说明了理性的无能。于是，人们越来越难以忍受经院哲学那种抽象烦琐、空洞无物的理性主义，一遇机会便反其道而行之，晚期经院哲学唯名论盛行一时，文艺复兴时期的人们诉诸感性，盖源于此。

实际上，尽管基督教哲学在本质上是为信仰服务的，但它毕竟是理性的活动。它"从科学的兴趣出发，鼓励和赞许自由的研究精神。它把信仰的对象变为思维的对象，把人从绝对信仰的领域引到怀疑、研究和认识的领域。它力图证明仅仅立足于权威之上的信仰的对象，从而证明了——虽然大部分违背它自己的理解和意志——理性的权威，给世界引入一种与旧教会的原则不同的原则——独立的思考精神的原则，理性的自我意识的原则，或者至少是为这一原则做了准备。……在当时旧教会精神的令人窒息的统治下，研究精神只能以这样的方式表现出来"②。基督教哲学在神学的框架下研究了无限与有限、绝对与相对、一般与个别等一系列哲学问题，深化了人们的认识，以曲折的、艰难的方式延续了人类理性思维的传统。

包括经院哲学在内的中世纪基督教文化是西方文化发展的一个有机组成部分。它把欧洲各野蛮民族相继纳入西方文明的轨道，扩展了文明世界的领域，为近代西方的兴盛打下了基础。奥古斯丁主义、托马斯主义两大哲学体系至今在西方社会仍有很大的影响。从一开始就存在于基督教哲学内部的泛神论倾向为近代哲学、科学摆脱神学的束缚提供

---

① Meister Eckhart, *Vom Wunder der Seele. Eine Auswahl aus den Traktaten und Predigten* (Stuttgart: Philipp Reclam jun., 1984), p. 15.

② 《费尔巴哈哲学史著作选》，第 1 卷，涂纪亮译，商务印书馆，1982，第 12 页。

了深刻的启迪。唯实论和唯名论的长期争辩是近代理性论和经验论的思想来源之一。而经院哲学晚期出现的重视自然、重视实验的思想更是近代哲学、科学的直接先驱。无论这些哲学家们的主观本意是什么，人类智慧的宝库无疑包含着他们的贡献。

当然，作为一种哲学形态，基督教哲学终将失去其存在的价值。事实上，在中世纪晚期就已经孕育了对人、对自然的强烈兴趣，并且终于导致了一个新的哲学形态的兴起，即文艺复兴时期的哲学。

思考题

1. 什么是“经院哲学”?
2. 唯实论与唯名论争论的问题是什么？简述它们的基本观点。
3. 简述安瑟尔谟关于上帝存在的本体论证明。
4. 简述托马斯·阿奎那关于上帝存在的宇宙论证明。

第六章

文艺复兴时期哲学

从立足于信仰的中世纪经院哲学到立足于理性的近代哲学，中间经历了一个过渡的形态，这就是文艺复兴时期哲学。

欧洲的14—16世纪，史称“文艺复兴时期”。在这段时期，欧洲的社会政治历史已经发生了重大的变化。中世纪欧洲社会的两大支柱，即罗马教廷和神圣罗马帝国，在经过激烈的权力争夺之后，已双双败下阵来。本来，教廷在与皇室的斗争中已取得了明显的胜利。经过历代教皇的长期努力，教廷终于击败了自己的德国宿敌霍亨斯陶芬家族。在经历了长达近二十年的大空位期之后，德意志民族的神圣罗马帝国新产生的哈布斯堡皇族再也无力与教廷互争短长了。教皇卜尼法八世于1302年颁布的《神圣一体》敕谕，则是罗马教会这种现实的胜利在意识形态上的反映。然而好景不长，民族国家的独立已成为不可阻挡的历史趋势。法国、英国、西班牙、葡萄牙以及北欧各国纷纷建立起王权专制。英王亨利与罗马教会彻底决裂，集政教最高首领于一身。法王腓力四世在与教廷的冲突中，干脆用暴力干预教皇选举，并把教廷迁至法国南部的阿维尼翁，使教廷处于法国控制之下近70年之久，史称“阿维尼翁之囚”。紧接着，教会内部所发生的“二皇并立”“三皇鼎立”的权力争夺，不仅使教皇失去了昔日凌驾于各国君主之上的威风，反而要靠君主们的支持才能与自己的对手一争高低，各国教会也实际上落入国王的控制。1414—1418年的康斯坦茨宗教会议虽然恢复了教会的统一，但教皇的威信已一去不复返，统治基督教世界的梦想不得不最后破灭了。与此同时，教会内部的腐败在此期间也达到了极致。面对教会内外有识之士的激烈抨击，教廷为了维护自身的统治，也标榜所谓的“贫洁生活”，并进行了一些改革，但已是积重难返，人们对教会的自行改革深感失望。1517年10月31日，德国教士、维滕贝格大学教授马丁·路德在城堡教堂大门上贴出他反对教廷兜售赎罪券的《九十五条论纲》，一场席卷欧洲各国的宗教改革运动由此开始。这场改革的直接结果是一批新教教会从天主教分裂出来，从而奠定了基督教三大教派（天主教、东正教、新教）的基本格局。

与旧势力的衰落形成鲜明对照的是新生力量的兴起。自 13 世纪以降，在西欧各国，随着生产工具和动力系统的改进，纺织、采矿、冶金、造船、军工等工业部门和商业都获得了长足的进展。封建行会和封建庄园经济逐步解体，欧洲地中海沿岸的一些城市和地区开始出现资本主义的生产方式，商品经济日趋繁荣。15 世纪末至 16 世纪初，新航路的开辟和地理大发现，引起了西欧商业的革命性变化，极其有力地刺激了欧洲各国生产力的发展和资本主义关系的形成。

新生的资产阶级要求有与自己的生活方式相适应的文化。在这一时期，占统治地位的意识形态依然是基督教及其经院哲学。然而，一个体现新时代的哲学——文艺复兴时期的哲学，却在旧意识形态的内部孕育、形成和发展着。经院哲学力图用理性论证神学，在思想上培育了新时代哲学的种子，延续着自由精神的传统。“现在，人重新在对自己精神的宏伟创造的观察中感觉到自身的存在，意识到自己的独立自主性，意识到自己在精神上的高尚优雅，意识到自己具有一种内在的、天生的、与上帝相似的东西，产生了对自然界的兴趣和研究自然界的兴趣，获得了观察的才能和对现实的正确观点……艺术和科学的精神只是表面上为否定性的宗教精神服务，它从宗教精神中创立了一个相反的原则，即纯粹人性的、自由的、自我意识的、博爱的、无所不包的、无处不在的、普遍的、有独立思考能力的科学精神。这种科学精神使否定性的宗教精神遭到贬谪，把它从世界统治的宝座上推下来，把它拘禁在处于历史急流彼岸的那个狭窄领域之内，而自己则成为世界的原则和本质，成为新时代的原则。”①

这是一场从 14 世纪到 16 世纪，起源于意大利继而发展到西欧各国的思想文化运动，由于其搜集整理古代文献的杰出工作，通常被称为“文艺复兴”（renaissance，原义为“再生”），而实际上它的实质是人文主义运动。

“人文主义”（humanism）一词起源于拉丁语的“人文学”（studia humanitatis），指与神学相区别的那些人文学科，包括文法、修辞学、历史学、诗艺、道德哲学等。到了 19 世纪，人们开始使用“人文主义”一词来概括文艺复兴时期人文学者对古代文化的发掘、整理、研究工作，以及他们以人为中心的新世界观。人文主义反对中世纪抬高神、贬低人的观点，肯定人的价值、尊严和高贵；反对中世纪神学主张的禁欲主义和来世观念，要求人生的享乐和个性的解放，肯定现世生活的意义；反对封建等级观念，主张人的自然平等。人文主义思潮极大地推动了西欧各国文化的发展和思想的解放，文艺复兴由于“首先认识和揭示了丰满的、完整的人性而取得了一项尤为伟大的成就”，这就是“人的发现”②。对古代文化的发掘和对人性的重视促成了富有人文精神的古典文化在某种意义上的“复兴”。“古代希腊思想家的每个学派，亚里士多德学派、柏拉图学派等等，都在那个时候找到它的信徒，但是与古代的信徒完全不同。”③ 由此可见，“文艺复兴”是这场思想解放运动的表现形式，“人文主义”才是它的实质。

对世俗生活的重视引起了人们对自然的浓厚兴趣和自然科学的发展。古代科学著作

① 《费尔巴哈哲学史著作选》，第 1 卷，第 13－15 页。

② 布克哈特：《意大利文艺复兴时期的文化》，何新译，商务印书馆，1979，第 302 页。

③ 黑格尔：《哲学史讲演录》，第三卷，第 338 页。

的翻译和介绍更进一步促进了这一趋势。在14—15世纪，对人体、天文、地理以及自然世界其他领域的研究普遍得到了加强。观察和实验日益成为科学研究的重要手段。数学和数学方法受到普遍重视，并逐渐与自然科学研究结合起来。这些发展为16世纪以哥白尼的天文学革命为代表的自然科学繁荣打下了基础，构成了文艺复兴的第二个历史功绩，即“自然的发现”。一些有远见的哲学家及时地汲取了新科学的成果，在此基础上提出了具有自然哲学倾向的新哲学体系，成为近代哲学的先驱。

第一节　人文主义运动和政治哲学

人文主义运动发端于13世纪末14世纪初的意大利，昌盛于15—16世纪的西欧各国。意大利之所以成为文艺复兴人文主义的发源地，这固然是因为它临靠地中海，地处交通商业要道，因而成为“第一个资本主义民族”①，但也是由于意大利在整个中世纪一直有着一定的人文主义传统。而由于与阿拉伯人广泛接触，意大利人较多地接触到了由阿拉伯人保存下来的古典文化。特别是15世纪君士坦丁堡的陷落，大批研究希腊文化的学者和希腊典籍进入意大利，极大地促进了人文主义的蓬勃发展。

人文主义运动是世俗知识分子所发起的思想运动。11—13世纪，随着城市地位的提高、市民阶级的形成与逐渐强大，出现了摆脱教会束缚的市民文化和一大批由城市创立的非教会学校，在此基础上形成了一个世俗知识分子阶层。当文风轻快、重视人、重视世俗生活、重视客观现实世界、学术相对自由的古希腊罗马文化传入西欧之后，立刻就与文风呆板、扼杀人性、提倡禁欲主义、敌视客观现实世界、禁锢思想的中世纪基督教文化形成了鲜明的对比，极大地吸引了这个世俗知识分子阶层。于是，在短短的时间里，迅速形成了一股复兴古典文化的热潮。无论是日益世俗化的教皇，还是积极争权夺利的诸侯王公，也在不同程度上意识到不可缺少世俗文化。人文主义正是在这样的基础上形成和发展起来的。到了15世纪，人文主义开始越出意大利国界，在西欧诸国获得了迅速的传播和发展。各个人文学科，尤其是文学和艺术达到了空前的繁荣，涌现出但丁、彼特拉克、薄伽丘、达·芬奇、米开朗琪罗、拉斐尔、斐微斯、拉伯雷、塞万提斯、莎士比亚、伊拉斯谟等文化巨匠。此外，布鲁尼的史学、马基雅弗利的政治学、莫尔和康帕内拉的空想共产主义也是这一时期人文主义运动的杰出成就。

一、人文主义运动的一般特征

人文主义思潮并不是一个统一的思想运动，其表现形式和思想内容复杂多样。这里只能就其最一般的特征做一些分析。

人文主义运动首先是一场文化运动，主要从事人文学科文化，尤其是古典文化的发掘、研究和传播。人文主义者首先面临的是语言障碍。为了能够直接欣赏、利用和研究

① 《马克思恩格斯选集》，3版，第1卷，人民出版社，2012，第397页。

古代文学，14—15 世纪，在意大利兴起了学习古希腊语的热潮。许多拜占庭学者在意大利讲授希腊语。到了 16 世纪，希腊语甚至成为大学和许多文科中学的必修课。与此同时，人文主义者还恢复了西塞罗时代的古典拉丁语，在一定程度上学习和研究了古希伯来语，从而为直接利用古典文化奠定了基础。文艺复兴时期的许多人文主义者都精通希腊语，瓦拉、伊拉斯谟甚至成为当时的语言大师。

在此期间，西欧社会搜集和收藏古代典籍蔚然成风。意大利学者、作家、商人，甚至贵族、君主、教皇都加入了这个行列。他们到各国搜集、购买、转抄古代作品。教皇尼古拉五世的藏书量达数千册，一些神职人员、贵族、巨富亦以藏书众多而著名。15—16 世纪，西欧其他国家也竞相仿效意大利，巴黎、慕尼黑、维也纳相继成为当时的藏书中心。据考证，这些藏书中心已拥有现代所拥有的全部古希腊文献。在此基础上，人文主义学者们进行了紧张的整理、翻译、注释、出版工作。大批的古希腊文学、历史学、哲学、自然科学作品被译为或重译为拉丁语。许多古希腊罗马作者或作品第一次为人们所知。柏拉图和亚里士多德的希腊语、拉丁语全集相继出版，卢克莱修的《物性论》也在此时被发现。古典文化借人文主义者之手在西欧土地上再次得到繁荣，这就是后世史家把这一历史时期称为“文艺复兴”的一个根本原因。人文主义者的活动使人们看到了古典文化的完整的、本来的面目。这不仅是对中世纪所歪曲、阉割了的古典文化的矫正和恢复，而且也为近代哲学和科学的兴起提供了一个坚实可靠的出发点。

不过，人文主义运动并不仅仅是古典文化的复兴，事实上，这只不过是中世纪崇拜古代权威的遗迹和新思想尚不成熟的一种表现。随着复兴和仿效古典文化，人们的目光开始由神转向了人。在文艺复兴早期，基于对经院哲学式的理性主义的厌恶，人们往往诉诸感性、情感的因素，因而这一转向大多是采用文学形式表现出来的，而且以文学艺术的成就为最高。在此期间，出现了词句优美、以反映市民生活和爱情为主题的抒情诗和小说，以及具有现实感的绘画、雕塑等艺术作品。在被誉为“佛罗伦萨早期文艺复兴文学三杰”的但丁、彼特拉克、薄伽丘以及瓦拉等人的作品中，已经充满了对人的尊严、人生的价值、人的世俗生活、人的真实欲望和情感、人的创造力和能动性的热情歌颂，对教会腐败、虚伪、扼杀人性的激烈批判。“我是人，人的一切特性我无所不有”，这句古老的箴言成为人文主义者的共同口号。

从思想内容上说，人文主义的实质就是强调人、人的尊严和人生价值。中世纪的宗教学说也曾对人有所研究。它认为人是上帝按照自己的形象创造的最高造物，是尘世的最高目的，尘世的一切都是以人为中心创造的。但是神学研究的重心是上帝，研究人是为了论证神，面对神圣的上帝，人的地位是卑贱的。文艺复兴时期的人文主义者们并没有发展到否定上帝至尊地位的程度，他们的一个突出特征就是避开上帝，把研究的重心从人神关系转移到人兽、人物关系，强调人与万物的区别，从而突出了人的优越地位。但丁认为，天赋的理性是人与禽兽的根本区别，是辨别善恶之光。只有遵从理性的指导，人才能达到至善之境，获得真正的幸福。“人的高贵，就其许许多多的成果而言，超过了天使的高贵。”①

① 北京大学西语系资料组编：《从文艺复兴到十九世纪资产阶级文学家艺术家有关人道主义人性论言论选辑》，商务印书馆，1971，第 3 页。

在这方面，西班牙人文主义者斐微斯的观点最具代表性。在《关于人的寓言》一文中，斐微斯热情地讴歌了人及其创造力。他指出，人有一个充满了智慧、精明、知识和理性的心灵。人足智多谋，单靠自身就创造出许多了不起的东西。在人的许多发明之中，最为出色的、特别使聪明之士赞叹不已的是：房屋的建筑、农作物的栽培、石器的制造、金属的冶炼、万物名称的制定。人用很少几个字母就可以拼成极其复杂的语言，用以记录知识，记忆力是人们储存知识的宝库。人几乎可以获得先见之明，具有预见未来的能力。文明不再是神的恩赐，而是人自己的创造，人由此摆脱了在基督教神学中的卑微地位，一跃成为众天神尊敬、羡慕的对象。英国人文主义者莎士比亚借《哈姆雷特》主人公之口对人的热情赞美，更是脍炙人口的名言："人是多么了不起的一件作品！理想是多么高贵，力量是多么无穷，仪表和举止是多么端正，多么出色。论行动，多么像天使，论了解，多么像天神！宇宙的精华，万物的灵长。"①

肯定了人生的价值，也就必然肯定人的现世生活。中世纪的伦理思想强调人的真正幸福在于达到上帝的真善美的本性，也就是说，只有来世或者彼岸的幸福才是真正的幸福。因此，人们在现世必须克制自己对财富和荣誉的追求，限制欲望的满足。人文主义者并不否定来世的幸福，但他们把这看作遥远的事情。人生在世，重要的是现世的幸福。彼特拉克就明确地宣布："我不想变成上帝，或者居住在永恒中，或者把天地抱在怀抱里。属于人的那种光荣对我就够了。这是我祈求的一切。我自己是凡人，我只要求凡人的幸福。"② 薄伽丘则进一步指出，人应当是全面发展的人，应当聪明、强壮、有感情、有教养。人应当有追求幸福生活的权利，应当在追求精神享受的同时也追求感官的享受。这是人的自然本性，是自然的力量，任何企图压抑这种权利的人都是妄自尊大、愚不可及。拉伯雷在其著名小说《巨人传》中，塑造了一个特来美修道院作为他心目中的理想社会形式。在这里，不存在高大的围墙，男女老幼都可以自由出入。修士修女不必单独分开，他们可以相敬相爱，甚至可以光明正大地结婚。修道院内没有任何清规戒律，也没有烦琐的宗教仪式，唯一的院规就是"想做什么就做什么"。因为人人都有一种趋善避恶的天然本性，如果压抑这种本性，只能激起人们的反抗。相反，如果顺应这种本性，人们就会得到全面的发展。拉伯雷所主张的人是博学的、全知全能的人，是勇武知礼的骑士和窈窕灵巧的淑女。拉伯雷很重视知识的作用，他相信人类可以用知识来武装自己，成为征服世界、征服自然的巨人。这正是处于上升时期的资产阶级理想的个人肖像。从市民资产阶级的立场出发，人文主义者们为人的自然平等大声疾呼。他们认为，人是天生一律平等的。人的贵贱不是以血统的高贵与否，而是以个人的才能和品德为标准。因此，人们应当积极地发挥个人的才能，建功立业，追逐名利，实现自我。在人文主义者的思想中，已经产生了一种世俗的新道德观念，人的自我意识和主体意识已经开始觉醒。

人文主义者在肯定人生价值的同时，也肯定了人性的自由，这就涉及上帝的预知或者天命。人文主义者大多承认天命，但要求给人的自由意志留下活动余地。但丁虽然相

---

① 北京大学西语系资料组编：《从文艺复兴到十九世纪资产阶级文学家艺术家有关人道主义人性论言论选辑》，第 58 页。

② 同上书，第 11 页。

信上帝为我们安排的命运，但命运并不是不可改变的必然性，否则劝善惩恶就不正当了。命运本身就包含了人所具有的自由意志的活动。人具有种种劣根性，诸如贪欲、野心、逸乐等等，稍不小心就会走上邪路，跌入罪恶的深渊，而其原因就在于人的自由意志。但是，如果人能够善用自由意志，就能达到良好的归宿。瓦拉也认为，上帝的预知与人的自由意志并不矛盾。上帝虽然能预见到人的某些将来的行为，但上帝的预知并不是事物发生的原因，事物的发生具有内在的必然性，所以上帝才能预知它们。在人类事物中，决定的因素是人的本性，是意志。上帝规定了各种可能性，但究竟哪一种可能性将得到实现，则是自由意志决定的。上帝的预知是建立在他对人的意志的了解之上的。斐微斯则用文学的方式歌颂了人的自由意志。他指出，人作为天帝的儿子，分有了天帝不朽的性格、智慧、精明和记忆力。就像天帝的权力及于一切一样，人也可以成为一切。整个世界就像一场戏，人可以扮演不同的角色，包括无感觉能力的简单生命、无理性的野兽、长于政治善于社交的人，甚至可以扮演人神之王天帝。这就意味着，在人身上具有成为一切的可能性。人可以凭自己的自由意志决定自己的生命形式，做自己命运的主人。

几乎所有的人文主义者都对教会与封建贵族的普遍腐败和虚伪进行了毫不留情的批判。薄伽丘的《十日谈》和伊拉斯谟的《愚人颂》是这方面的杰作。在《十日谈》中，上自教皇、主教，下至修士、修女都成了薄伽丘冷嘲热讽的对象。他指出，这些人虽然满口仁义道德，自称是上帝的代表，是清心寡欲的大圣人，是人们进入天堂的引路人，但骨子里却是最无耻、最荒淫的。他们过着糜烂的生活，满脑子考虑的是如何满足自己的钱欲和情欲，无恶不作，坏到了不能再坏的地步，根本不配去管别人。而伊拉斯谟则借用愚人的口吻，辛辣地嘲弄了教皇、神父、国王、贵族这些愚不可及的人物。他指出，教皇和主教们只知道热衷于权势和财富，钻营宗教的买卖，甚至不惜为此发动宗教战争。神父修士们标榜的是安贫乐苦，其实是为了沽名钓誉，他们在酒色面前决不会退让。他们用烦琐的三段论去论证神学教条，却不知道基督唯一的戒律就是要从事仁爱的工作。国王和贵族们热衷于卖官鬻爵，搜刮民脂民膏，寻欢作乐，争权夺利。这些人如果想一想他们所处地位的责任，如果他们是聪明人的话，就会良心不安，但愚蠢却使他们心安理得地做这一切。面对这种普遍的腐败，彼特拉克把教廷称作“恶毒的寺院”“谬误的学校”“谎言的熔炉”“阴谋的牢狱”。但丁在《神曲》中不仅把贪得无厌、作恶多端的教皇、主教扔进地狱的火窟之中，而且还大胆地在那里为尚在人世的教皇卜尼法八世预留了一个位子。不过，人文主义者所抨击的并不是神职人员对现世生活的追求，而是他们的虚伪，而这种虚伪的根源就在于中世纪所奉行的禁欲主义是与人性相冲突的。因此，在批判教会腐化堕落的同时，他们也都对禁欲主义进行了坚决的抵制。

人文主义者们的活动在人们面前展开了一个广阔的、被人遗忘了的精神世界，动摇了基督教思想的一家独尊局面。对人本身、对理性、对现世生活的肯定使人们不再甘心屈服于教会的淫威，促进了人的自我意识的觉醒。人文主义的一些研究成果，如瓦拉所证明的“君士坦丁赠与”之伪，则直接否定了教皇对西欧世俗政权的要求的理论依据。这些活动都起到了瓦解中世纪教会神权统治的作用。

但是，人文主义还没有发展到成为天主教教会竞争对手的程度。他们对教会的批判大多仅限于指出教会的腐败和虚伪，并没有触及基督教的基本理论及其赖以存在的根基。

而精神、文化的世俗化，对于一个在政治、经济、组织上已经世俗化了的教会，固然会妨碍它继续愚弄人民群众，但也可以为其穷奢极侈的生活提供借口和条件。人文主义活动要求必须有闲暇和财富，这就决定了它必然局限于上层知识界，并且依附于权贵阶层，因而也就不可能与封建势力彻底决裂。许多人文主义者与旧势力有着千丝万缕的联系，他们大多数至少在形式上保持着对天主教会的忠诚。他们与贵族、高级神职人员、国王、教皇来往密切，彼特拉克、瓦拉等人甚至成为教皇的宠信。伊拉斯谟曾多次向教皇表白自己的忠诚，莫尔甚至为维护天主教的统一不惜献出自己的头颅。而同时，封建统治阶级出于自身的利益，也能够容忍人文主义者的嬉笑怒骂，甚至成为他们的保护人。教皇尼古拉五世、庇护二世、利奥十世以及一些世俗统治者当时都是人文主义的著名积极赞助者。人文主义运动自身的这些局限在它进一步的发展中日益明显地表现出来，有些人文主义者成为咬文嚼字的学究，有些则沦为权贵们装潢门面的饰物。

二、马基雅弗利的政治哲学

文艺复兴时期是西欧各民族国家形成的时期，然而此时的意大利却在教廷和列强的干预下四分五裂。这种状况严重地阻碍了这个民族的发展。建立一个强大的、统一的中央集权制国家，就成为意大利有识之士的共同呼声。早在14世纪初，但丁就曾提出：为了人类的幸福，必须使世俗政权摆脱教会的干涉，建立统一的君主国。而更加完整地、系统地论述这一要求的，是马基雅弗利的政治哲学。

在人类思想史上，恐怕再也没有一位思想家像马基雅弗利（Niccolò Machiavelli，1469—1527）那样受到如此尖锐对立的毁与誉了。臭名昭著的马基雅弗利主义是阴险狡诈、口是心非、背信弃义、残暴无情的代名词。有人称马基雅弗利为“罪恶的导师”。然而，近代经验论的始祖、英国著名哲学家弗兰西斯·培根则认为，马基雅弗利等前人致力于观察人类曾做了什么，而不是强求人们应该怎样做，使后人获益匪浅。马克思认为，马基雅弗利使“政治的理论观念摆脱了道德”，而把“权力”“作为法的基础”①。恩格斯也曾特别指出：“马基雅弗利是政治家、历史编纂学家、诗人，同时又是第一个值得一提的近代军事著作家。”②

马基雅弗利是意大利佛罗伦萨人，出身在一个没落的贵族家庭，父亲是律师。由于家境贫寒，马基雅弗利未能受到系统的教育，只能自学成才。在当时的人文主义思潮影响下，他自幼便喜爱古代希腊罗马文化，尤其是古罗马历史。1494年，佛罗伦萨人民举行起义，驱逐美第奇家族统治者，建立了共和政府。马基雅弗利被任命为共和国的第二国务秘书，在执政的“十人委员会”的领导下负责军事和外交方面的工作，并曾多次衔命出使国外。多年的政治生涯，不仅使马基雅弗利亲眼看见了他国统一的王权为国家带来的兴旺发达，从而痛感意大利的分裂、软弱，激发了他的爱国热情，开始思考挽救祖国危亡的途径，而且也使他亲身体验了各国统治者之间尔虞我诈、玩弄阴谋诡计的种种

① 《马克思恩格斯全集》，中文1版，第3卷，第368页。

② 《马克思恩格斯选集》，3版，第3卷，第847页。

伎俩，积累了丰富的政治外交经验。美第奇家族复辟后，马基雅弗利失去了在政府中的职位，后又因涉嫌一项反对美第奇家族的案件遭到逮捕和刑讯。他获释后隐居乡下，埋首著述，其政治思想的代表作《君主论》、《论李维》以及军事代表作《战争的艺术》都是在此期间完成的。1520 年，他被美第奇家族授予佛罗伦萨史官，并奉命写成了历史学名著《佛罗伦萨史》。1527 年，佛罗伦萨再次发生起义，放逐美第奇家族，重建共和。马基雅弗利立即返回佛罗伦萨，企图指望当年的功绩恢复在共和国的职位，但却因曾讨好美第奇家族并曾受到美第奇家族菲薄的恩遇而遭到拒绝。在极度失望之余，他于同年忧郁病死。

马基雅弗利毕生奋斗的最高目标，就是祖国意大利的统一。作为当年共和国的要员，马基雅弗利在各种政体中更偏爱共和制。在他看来，共和制最符合平等和自由的要求，最能保证公共福利的增进，促进公民财富安全的增长。但是，实现共和制要求公民必须具有某种个人美德，必须在一个有秩序的社会中才能实行。而这种美德和秩序在当时的意大利已不复存在，这就有必要建立一个王权的绝对统治。马基雅弗利把自己的希望寄托在了美第奇家族身上。因此，在马基雅弗利的著作中，始终如一地贯彻着一个主题，即研究历史和当代政治斗争的经验教训，并上升为某种政治理论体系，为他心目中的理想君主进行统治提供借鉴。历史之所以可以为鉴，就在于未来的历史事件与过去的历史事件具有相似性。而情况之所以如此，乃是因为人的所作所为，一直是，而且将来也是由于人类相同的种种冲动的刺激，必然产生相同的结果。因此，人类永恒的共同本性，是马基雅弗利政治哲学的基础。关于人性，马基雅弗利曾做出具有代表性的描述：“关于人类，一般地可以这样说，他们是忘恩负义、容易变心的，是伪装者、冒牌货，是逃避危难、追逐利益的。”① 换言之，人性本恶，人是自私的。基于对人性的这种理解，马基雅弗利明确指出，进行统治的基础不是美德，而是权力，是统治者的才智、能力。

马基雅弗利把政治学的基础由道德移向了权力，从而在政治思想史上掀开了新的一页。在此之前，欧洲政治思想领域流行的是道德支配政治的观点。一代一代的思想家在正义、德性等观点的指导下设计出了一个又一个柏拉图式的“理想国”。然而，马基雅弗利却认为：“许多人曾经幻想那些从来没有人见过更没有人知道在实际上存在过的共和国和君主国。可是人们实际上怎样生活同人们应当怎样生活，其距离是如此之大，以致一个人要是为了应该怎样办而把实际上是怎么回事置诸脑后，那么他不但不能保存自己，反而会导致自我毁灭。”②

正是从这种现实主义的观点出发，马基雅弗利虽然认为，君主具有人们通常所说的那些美德，诸如诚实、慷慨、守信、仁慈等等，当然是值得赞扬的，然而君主之为君主，其首要的任务不是使自己成为一个有德之人，而是维护自己的政权和国家。君主拥有善良的品行受人赞扬固然是好事，但君主不可能也没有必要拥有所有善良的品行。君主固然应该避免那些可能导致亡国的恶行，但如果某些恶行可以挽救国家的话，君主完全没有必要担心它们可能受到责备而良心不安。例如，被人们称为慷慨固然是好的，但它并

---

① 马基雅弗利：《君主论》，潘汉典译，商务印书馆，1985，第 80 页。

② 同上书，第 73 页。

不适宜于君主。君主只有在慷他人之慨时，例如带军队出征，靠掳掠、勒索、敲诈来补给时，慷慨才是必要的。而在其他情况下，君主为了保有慷慨的名声，势必耗尽财力，额外增加人民的负担，使人民仇恨他。而当他翻然悔悟痛改前非时，又会立刻被人称为吝啬。君主最应避讳的就是被人轻视或憎恨，而慷慨则会带来这两者。再如残酷和仁慈这一对品质。残酷令人畏惧，仁慈则受人爱戴。所有的君主都会希望被人称为仁慈而避免残酷之名，但比起坐视混乱从而危害整个社会的过分仁慈来说，能够创造秩序和统一的残酷实际上要仁慈多了。君主也许想受人爱戴和令人畏惧两者兼备，但实际上很难做到。如果必须在两者之间做出取舍，则令人畏惧比受人爱戴要安全得多。因为人都是忘恩负义、趋利避害的小人，靠惩戒维系的畏惧比靠恩惠维系的爱戴更为有力。人们冒犯一个自己爱戴的人比冒犯一个自己畏惧的人更少顾忌。在分析守信问题时，马基雅弗利更是提出了著名的狮子与狐狸的比喻。马基雅弗利指出，笃守信义是值得赞扬的。但经验表明，那些曾经建立了丰功伟绩的君主却并不重视遵守诺言，而是最懂得运用阴谋诡计，并最终征服了那些盲目守信的人。君主应勇猛如狮子，狡猾似狐狸，两者缺一不可。在遵守信义于己不利的时候，他决不应该遵守信义，但他务必要装出遵守信义的样子。至于其他品质也是一样。君主必须会做一个伟大的骗子和伪君子。君主要显得慈悲为怀、笃守信义、合乎人道、诚实可靠、虔敬信神，但同时又要有精神准备，一旦需要便能够并且知道怎样改弦易辙。如果可能，君主还是不要背离善良之道，但一旦需要，他必须懂得如何作恶。所有这一切，都被概括为马基雅弗利的一句名言："目的总是为手段辩护"。

相对于道德和权术问题，马基雅弗利更注重的是实力。马基雅弗利谆谆告诫君主们，军事是君主的唯一专业。一个君主不仅要懂得用兵方略，而且要熟悉各地的地理形势，即使在和平时期也不能松懈。在他看来，一切国家的主要基础是"完备的法律和精良的军队"。而且，精良的军队比完备的法律更为重要，因为没有精良的军队就不可能有完备的法律，而有了精良的军队，就必能使法律完备。马基雅弗利从意大利多年来的经验教训出发指出，依赖于雇佣军和援军是意大利各国长期孱弱的一个主要原因。援军考虑更多的是本国的利益，而雇佣军的眼中则只有金钱。因此，雇佣军和援军非但作战不力，而且如果他们胜利则要受他们的侮辱，如果他们失败则会为他们所抛弃。临阵脱逃、阵前倒戈是司空见惯的事情。因此，聪明的君主总是拒绝这样的军队，而注意培植自己的军队。马基雅弗利甚至做出了极端的断言：聪明的君主宁可靠自己的军队失败，也不靠别人取胜。

马基雅弗利是一位历史学家，同时也是一位政治家、外交家，这使得他的观点有着丰富的历史经验和当代现实作为基础，具有很强的说服力，同时又充溢着强烈的爱国主义精神。本来，马基雅弗利这部著作是为佛罗伦萨当时的统治者洛伦佐·德·美第奇写作的。他期望这位统治者能够借此机会发现，他"是多么不幸地经受着命运之巨大而不断的折磨"，从而改变他不幸的命运。但更重要的是，他期望洛伦佐能够在他"从对现代事物的长期经验和对古代事物的不断研读"所获得的关于伟人之事迹的知识中汲取经验教训，从而领导意大利人民实现祖国的统一和富强。他甚至鼓励这位君主，不要被命运的说法束缚。因为命运之神的力量虽然非常强大，但却只能是外面半个行动的主宰，而其余一半或者几乎一半则归我们自己支配。命运就像一条泛滥的河流，只是在人们没有做好准备防范它的地方显示威力，而人们只要采取积极的措施，就可以制服它、驾驭它。人们只有成为命运的盟友，学会与命运密切合作，安抚它、制服它，才能取得成功。

马基雅弗利把政治学的基础从道德改换为权力和实力，在社会政治领域中排除了传统的神学观点，首先从人的观点出发来观察社会历史和政治斗争，并企图从中总结出带有规律性的东西，从而奠立了近代资产阶级社会政治理论的开端。然而，他的非道德学说毕竟在传统的思想看来是离经叛道的。更何况，马基雅弗利把一些做了说不得的事情统统说了出来，暴露于光天化日之下。他奉劝君主们伪善，但却亲手撕下了君主们的伪善面具，这就使他不可能取悦于统治者们。于是就出现了一个奇怪的现象，那些君主和政客一方面在做着马基雅弗利所说的事情，另一方面却一次又一次掀起批判马基雅弗利的浪潮。这正好说明，马基雅弗利的非道德政治学说的真正效果不是教唆，而是揭露。真正地理解了马基雅弗利的卢梭说："马基雅弗利自称是在给君主讲课，其实他是在给人民讲大课，马基雅弗利的《君主论》，乃是共和党人的教科书。"① 19 世纪末，在意大利要求自由和统一的政治革命中，马基雅弗利的思想重新得到了承认。著名的思想家和政治家道格拉斯·格里高利甚至指出，意大利只有遵循马基雅弗利的理论才能实现统一，走别的任何道路只能给国家带来失败，给人民带来灾难。

第二节　古典哲学的复兴

人文主义对古典文化的复兴在哲学领域引起了巨大的反响。在文艺复兴时期，几乎每一个古希腊哲学流派都得到了复活。当然，这些古典哲学的复兴者并不是简单地重述古典哲学，而是从哲学上对人文主义思想做出理论的阐述。这一时期最重要的代表人物有费奇诺、皮科、庞波纳齐、蒙台涅等。

一、佛罗伦萨的柏拉图学园

最早打出复兴柏拉图主义旗号的，是 1440 年在佛罗伦萨建立的柏拉图学园和该学园的两个中坚人物：费奇诺和皮科。

（一）费奇诺

马尔西略·费奇诺（Marsilio Ficino，1433—1499）是佛罗伦萨一个医生的儿子。他在青少年时代受到过良好的人文学科教育，曾在佛罗伦萨大学学习医学和亚里士多德的物理学。由于他精通希腊文，1462 年，佛罗伦萨统治者柯西莫·美第奇给他一所房子，让他翻译柏拉图及其他柏拉图主义者的著作，后来任命他为柏拉图学园的领导人。他一生翻译和注释了柏拉图、普罗提诺、波菲利、杨布利柯、普罗克洛、伪狄奥尼修斯等

① 卢梭：《社会契约论》，何兆武译，商务印书馆，1980，第 24 页。

人的大量著作。1482年发表了他的主要著作《柏拉图神学》，1495年出版了他的书信集，其中包含着许多重要的哲学论文。费奇诺的积极活动使他成为这个学园的核心人物和文艺复兴时期影响最大的柏拉图主义者，为柏拉图主义的复兴和传播做出了重要贡献。

费奇诺继承了新柏拉图主义和中世纪神学的宇宙等级观念并赋予其新的内容，提出了他的世界统一性思想。世界统一的基础是灵魂。宇宙是一个自上而下的体系，是一个由上帝、天使、灵魂、性质、物质构成的等级结构。在这个结构中，每个事物都有其固定的位置和级别。但它们不是简单地排列起来而是互相联系的。整个结构是一个连续的整体，在各等级之间，都有中间物存在。在这样一个等级世界中，灵魂以其认识和爱的能力具有特殊的作用。据考证，费奇诺第一个使用了“柏拉图之爱”这一概念，他把这种爱与基督徒对上帝的爱和人们之间的友谊联系起来，并进一步把它规定为世界统一的原则。当灵魂思考并且爱一个对象时，就和这个对象统一起来，对它发生作用。由此，灵魂成为联结理智世界和物质世界、联结整个宇宙的纽带，成为整个宇宙的中心。这种理智灵魂在费奇诺那里指的就是人，人的崇高和价值就是建立在这种认识和爱的作用之上的。

费奇诺哲学的一个基本概念是“沉思”。沉思是一种直接的精神体验。在沉思中，灵魂与肉体、与外界的一切事物脱离开来回到自身，深入自己的内在本质。在那里灵魂不仅发现了自己的神性，而且发现了理智世界、超验的理念以及构成这些东西的共同源泉和本质的上帝。基督教的上帝在这里代替了普罗提诺的一。沉思不仅是形而上学思辨的基础，而且还是真正的道德生活的唯一源泉。当我们回到内在的精神生活之中时，我们就避开了罪恶，避开了命运的干扰，仅仅服从于纯粹的认识和良知。因而沉思的生活应当是一切人追求的目标，是达到真善美统一的唯一道路。但沉思的这种目的只有少数智者的灵魂可以在今世达到，为了使它成为一个对所有人都适用的目的，就必须假设有来世的生活，假设灵魂的不死。

费奇诺的学说用思辨的方式表达了人文主义的思想，为人文主义奠定了形而上学的基础。他的思想在皮科那里得到了进一步的发挥。

（二）皮科

米兰多拉的乔万尼·皮科（Giovanni Pico della Mirandola，1463—1494）是米兰多拉伯爵的儿子，曾就学于博洛尼亚大学、费拉拉大学和帕多瓦大学。毕业后他周游各地，并参加了佛罗伦萨柏拉图学园，成为费奇诺之后的又一个中坚人物。皮科精通希腊语、拉丁语、多种欧洲语言和东方语言，熟悉古代文献和各种哲学学说，曾有“神童”之誉。他企图调和柏拉图主义和亚里士多德主义的对立，建立一个全人类的世界宗教，把希腊文化、犹太文化和基督教文化统一起来。1486年，他出资邀请各地著名学者齐赴罗马讨论哲学，并拟就了900个论题，但因其中多数具有明显的异端性质，遭教皇反对，讨论会最终搁浅，皮科本人亦因此遭到教会迫害，被迫流亡法国。他为这次讨论会所撰写的开幕式讲演稿，在他去世后以《论人的尊严》为名发表。

皮科进一步发展了费奇诺的宇宙等级论。但在皮科的宇宙等级结构中，人已不再占有一个固定的地位，宁可说人是在这个等级体系之外的。上帝在依其神秘智慧的法则建立起宇宙家庭之后，希望有某物来细细揣摩他的伟大工作的计划，爱它的美，惊异它的广大。这样上帝就想到了创造人。但是上帝已把一切列入最高等级、中间等级、最低等级了。他已经没有一件原型、一样遗产以及世界中的一个席位给他的新儿子了。于是，上帝决定使这个未能从它那里得到他本应得到东西的生物，具有每种不同生物所特有的一切。上帝把人暂时放在世界的中心，但没有决定他在世界事物等级系列中的地位，为的是让人可以按照自己的愿望、按照自己的判断取得自己所渴望的位置、形象和功能。上帝赋予人自由意志，使人不为任何限制所约束，可凭自己的自由意志决定自己本性的界限。人既不属于天堂，也不属于尘世，既非可朽，亦非不朽。作为自己的塑造者，作为一个自由的、光荣的匠师，人可以把自己造成任何模样，可以沦为低级的生命形式，即沦为畜生，也可以凭灵魂的判断再转生为高级的形式，即神圣的形式。人按照自己的意志选择自己在宇宙体系中的地位，人的本质和伟大就在于无限变化的能力。人在一个无限的过程中不断创造新的东西，从而实现自身，超出自身和世界。人感到自己是造物主，是地上的神。

根据人在宇宙体系中的特殊地位，皮科进一步提出了他的伦理思想。他认为，构成一事物本质的，不是其外部形式，而是它的内在本性。造成树木的，不是树皮，而是它无知无觉的本性；造成负重畜生的，不是兽皮，而是它无理性的感性灵魂；造成天空的，不是其球形形状，而是它不偏不倚的秩序；造成天使的，不是脱离肉体，而是他的精神的智慧。因而放纵食欲者无异于草木，为幻象所蒙蔽、为感性世界的诱惑所束缚者无异于走兽；能运用正确的理性推断的哲学家是天上的人；而不感觉到肉体，幽居心灵深处的纯冥思者则是穿着人类血肉外衣的更可敬的神灵。因此，人们应当不辜负自己的特殊地位，用道德哲学驯服情欲的冲动，用辩证法驱除理性的黑暗。这样，自然哲学的光辉就会照进我们平静纯洁的灵魂，使灵魂通过认识神圣的事物而达到完美。显然，皮科继承了费奇诺的沉思说，把灵魂摆脱肉体的束缚，摆脱情欲的影响，进入自我的反思视为达到至善的唯一途径。此外，他在维护人的价值和尊严的同时，也强调了人的道德责任感。

二、庞波纳齐的亚里士多德主义

在柏拉图主义复兴的同时，一些学者也开始对真正的、未被中世纪经院哲学歪曲的亚里士多德哲学进行研究。这种研究当时主要分作两派：一派和当年的拉丁阿威罗伊主义一样，追随阿威罗伊的观点，否定个人的灵魂不死，但却承认所有人共有的理性灵魂是不死的；另一派追随阿弗罗底的亚历山大（Alexander，公元 2—3 世纪）的观点，一概否认人有什么不死的灵魂。两派的争论又同强调灵魂不死的柏拉图主义的争论交织在一起。一时之间，灵魂问题成为人们讨论的中心。这一时期最杰出的亚里士多德主义者是亚历山大学派的主要代表庞波纳齐。

皮埃特洛·庞波纳齐（Pietro Pomponazzi，1462—1524）出生于意大利的芒托瓦城，就学于帕多瓦大学，其后在帕多瓦大学、费拉拉大学、博洛尼亚大学教授哲学和医学。

1513 年，拉特兰宗教会议正式把灵魂不死规定为基督教的教条。仅仅 3 年之后，庞波纳齐就发表了《论灵魂不死》一书，公开地、全面地否定了灵魂不死，这种无畏的精神是难能可贵的。

庞波纳齐从人文主义思想出发，肯定了人在世界体系中的中心地位。他认为，人是最完满的动物，在物质世界占据首位，因而是物质世界和非物质世界之间的中介。人是小宇宙或者小世界，在世界上不存在任何其本性不能与人一致的事物。“人是一个伟大的奇迹，因为它是整个的世界，并且能变成每一种自然状态，因为他已被赋予追随无论任何为他所喜好的东西之性质的能力。”① 但与柏拉图主义不同，在庞波纳齐这里，人的本质不在于理性的沉思生活，不在于灵与肉的分离，不在于彼岸生活，而在于现实的道德生活，在于灵与肉的结合，在于此岸世界。

庞波纳齐把人的灵魂的智力划分为三种，即理论智力、实践（或行动）智力和生产智力。理论智力是人们从事思辨和科学活动的能力。这种智力是神赠予人类的。虽然人人都具有理论智力，但并非人人都能正确地、完善地运用它，所以只有一小部分人能成为哲学家、数学家、物理学家。生产能力是人们从事生产借以维持生命的智力，它不仅为人类所普遍拥有，而且也为一部分动物所具有。唯有实践智力，即关于品性和处理公私事务的智力，才真正地、正当地叫作人的智力。根据理论智力和生产智力，一个人可能被称作好的形而上学家或好的建筑师，而只有根据实践智力才能被绝对地称作好人或者坏人。所以人类普遍的目的，是相对地分享理论智力和生产智力，完全地分享实践智力。人只有在实践生活中才能充分地体现出人之为人的本质。

由此出发，庞波纳齐否认了灵魂的不死。他认为，世界上的一切事物，都有其自身的目的，这个目的与它的本性相符合。我们不应超出事物的本性提出更高的要求。对于人来说亦复如是。必死的人不应当指望不死的幸福，因为不死的东西不适宜于必死的人。人的灵魂依存于人的肉体，不死的灵魂只是人们为了促进道德生活而提出的假设。不死的灵魂，甚至包括阿威罗伊所说的为所有人共有的理性灵魂，都是无法用理性证明的，也是与亚里士多德的原则相抵触的。

否认灵魂不死也必然导致否认来世赏善罚恶的性质。庞波纳齐认为，赏罚是存在的，但由于灵魂是必死的，所以赏罚不存在于虚无缥缈的来世，而是存在于今世。有两种不同的赏罚。一种是偶然的赏罚，它与德行或者恶行之间的关系不是必然的，而是可以分离的。另一种是本质的赏罚，即德行或者恶行本身，它们是必然的、不可分离的。德行使人稳定，使人摆脱一切骚乱，因此德行是最大的幸福。而恶行则使人不安，使人痛苦、不幸。所以有时即使偶然的赏罚没有出现，本质的赏罚也是不会缺乏的。同时，偶然的赏罚也会淡化德行或者恶行本身的性质。得到偶然的赏报，本质的善就会降低，不能保持其圆满了。同样，受到刑罚的恶行也没有本质的恶行那样恶劣了。所以，“与一个希图在德行自身之外得到一些报偿的人相比，一个按照良心的指示做事，除了德行自身之外不再希冀任何报偿的人，他的行为似乎要远为高尚、远为纯洁得多。而一个出于憎恶恶

① 周辅成编：《从文艺复兴到十九世纪资产阶级哲学家政治思想家有关人道主义人性论言论选辑》，商务印书馆，1966，第 60 页。

行的丑恶，并非因为惧怕对恶行的正当惩罚而拒斥恶行的人，似乎要比一个出于惧怕惩罚而避开恶行的人要更为值得赞扬”①。当然，否定灵魂不死和来世赏罚，并不是主张纵欲弃德。因为德行是最大的幸福，恶行是最大的不幸，从而德行比生命更可贵，犯罪比死亡更可怕，所以弃恶从善就是人们自愿追求的目标。那种认为宁可犯罪也比忍受死亡的痛苦好的观点，只是产生自人们不知道德行的优越和恶行的卑鄙。因此，对灵魂死亡与否的看法，与人们关于德行的主张并没有必然的联系。相反，由于主张灵魂必死的人是从德行本身出发的，所以似乎比主张灵魂不死的人更为有益于拯救德行的根基。在庞波纳齐的思想中，我们已经可以看到康德“善良意志”的某种萌芽。

三、蒙台涅的怀疑主义

法国哲学家米歇尔·德·蒙台涅（Michel de Montaigne，一译“蒙田”，1533—1592）出身于波尔多市的一个大富商家庭，自幼受到良好的人文主义教育，曾在波尔多大学、图卢兹大学学习法律，精通古代语言，熟悉许多古希腊罗马学者的作品。他曾先后担任波尔多市议员和市长，游历德国、瑞士、意大利等国，是文艺复兴后期人文主义的最重要代表。有的学者认为，人文主义在彼特拉克那里达到了第一次高潮，而其最后一次高潮则是以蒙台涅为代表的。蒙台涅的主要著作《随笔集》于1580—1588年分3卷在巴黎先后出版。

与其他人文主义哲学不同，由蒙台涅恢复的怀疑主义不仅试图推翻亚里士多德的哲学权威，而且试图否定包括经院哲学在内的一切哲学学说的价值。蒙台涅虽然也研究人，但更多地着眼于揭露和抨击人的弱点乃至弊端。在某种意义上，蒙台涅的哲学是对早期人文主义者的那种乐观主义的纠正。这种倾向突出表现在他对人的认识能力的分析上。

蒙台涅的一句格言就是“我知道什么”。他一反其他人文主义者积极讴歌人类的态度，认为人是渺小的，没有什么可夸耀的东西。日月星辰运行不息，主宰着我们的命运和祸福、德行和罪恶、才能和学问，甚至我们的理性也是上天赐予的。但是我们人类却由于一种灵魂的盲目性而自以为是，认为宇宙万物都是为我们自己设立的，自称是宇宙的主人；认为世界上唯有自己才具有理性，唯有自己才能够认识宇宙大厦的美及其组成部分，唯有自己才有权对宇宙大厦的建筑者表示感谢。人们把自己不知道的就看作不存在的，把月亮看作天上的一块土地，凭空臆想月亮上也有山脉河谷，梦想在那里建造人类的家园等等。“其实，人连宇宙的分毫也不能认识，更谈不上指挥和控制宇宙了。”② 相信存在有真正的知识，是人类最大的不幸。企图用我们有限的知识认识上帝和宇宙的一切努力都是徒劳的。人类应当抛弃这种自以为是的盲目性，回过头来认识一下自己。人类千百年来探索的结果并不是获得了某种新的力量和颠扑不破的真理，而是学会了认识自己的低能，肯定和正视了我们身上存在着与生俱来的愚昧无知。“人类经过了一切的尝

---

① 周辅成编：《从文艺复兴到十九世纪资产阶级哲学家政治思想家有关人道主义人性论言论选辑》，第60页。

② 北京大学西语系资料组编：《从文艺复兴到十九世纪资产阶级文学家艺术家有关人道主义人性论言论选辑》，第44页。

试和探索，在这纷纭复杂的知识和各种各类的事物之中，除了空虚之外，找不到任何坚实可靠的东西，因此就抛弃了自命不凡的心理，承认了自己本来的地位。”①

人类的无知根源于人的认识的相对性。这种相对性首先表现在人类的认识能力上。我们的知识建立在一个不可靠的基础之上。一切认识都来源于感觉，而感觉则可能是虚假的，是会欺骗我们的。感觉无法证实自身是否与现实相符合。所以，建立在感觉之上的理性也是不可靠的。每个人的感觉各不相同，但每个人又都确信自己的认识，这样就造成了无休无止的争论。人们相互之间永远也不会就一个问题达成一致的意见。甚至同一个人的看法也在经常地变动，今天的看法可能否定了昨天的看法，同时又可能被明天的看法否定。而事物本身也处在不断变化之中，因此我们对事物的认识就只能是相对的。所以，不存在任何绝对的知识和真理；固执己见，固守一种看法都是愚蠢的。

蒙台涅认为，认识到我们的无知并不妨碍我们的实践生活。知识的可靠性只涉及什么是真的，并不涉及我们应当做什么。关键性的东西不在于知识，而在于道德行动。生活的标准有两个：自然本性或者建立在自我认识之上的合乎自然本性的生活；超自然的启示即福音。由此可以看出，蒙台涅的伦理思想显然受到了斯多亚主义的影响。他主张，人应当有妻儿、财产、健康，但我们的幸福不应当依赖于这些东西，人应该保留一个一切属于自己、完全自由的退避场所，这就是返回自我。世界上最伟大的事情莫过于学会如何归依自己。他曾做出如下的自我表白：“多年以来，我的思想只以我自己为唯一的目标，我只研究和考察我自己；即使我研究任何别的东西，那也只是为了将它们直接应用于自己，或者宁可说，直接在自身之内应用。”② 蒙台涅据此嘲笑了基督教的伦理思想：“人们企图超出自身，却使自己变成禽兽。”③ 之所以发生这种情况，乃是因为人们缺乏自知之明，追求虚妄的、不属于自己的东西。相反，“一个能够真正地、正当地享受他的生存的人，是绝对地、而且几乎是神圣完善的”④。

同后来的法国启蒙思想家卢梭一样，蒙台涅在人的“自然生活”中看到了自己的社会理想。在那里，“没有买卖，不懂文学，没有数学，没有长官或政治家这种名称，用不着奴隶，没有贫富现象，没有契约，没有继承，没有分割，除坐食之外无所事事，只有对于父母的一般偏爱，不穿衣服，不从事农业，没有金属，不用酒类或五谷。表示虚伪、奸诈、蒙骗、贪婪、忌妒、诽谤、饶恕等等的字眼是从来没有听到过的”⑤。和薄伽丘一样，他认为人的价值标准不在一个人的出身门第、权势、财富，而在他自身的价值。国王、贵族、富人和农夫、平民、穷人之间的差别不过在衣服而已。

蒙台涅的哲学为近代哲学深入细致地研究人的认识能力的倾向开了先河。他的怀疑主义思想以理论的形式反映了哥白尼日心说等一系列科学发现和一系列地理大发现对中世纪教会旧观念的猛烈冲击，对促使人们从宗教神学和死背教条的注释哲学中解放出来

---

① 北京大学西语系资料组编：《从文艺复兴到十九世纪资产阶级文学家艺术家有关人道主义人性论言论选辑》，第47页。

② 同上书，第164页。

③ 周辅成编：《从文艺复兴到十九世纪资产阶级哲学家政治思想家有关人道主义人性论言论选辑》，第165页。

④ 同上。

⑤ 同上书，第140页。

具有积极的意义，并对后来的法国哲学和文学产生了深刻的影响。但是，蒙台涅无疑夸大了认识的相对性，使他的思想带有浓厚的相对主义和虚无主义的色彩。

第三节　宗教改革运动

在中世纪的欧洲，教会的权力达到了无以复加的地步。教会不仅是精神领域的统治中心，而且也要成为政治的中心，它的势力渗入了社会生活的每一个角落。然而，随着教会的世俗化，它也陷入了自上而下的腐败之中，引起了人们普遍的不满。席卷欧洲的人文主义运动虽然触动了教会的权威，但尚不能从根本上动摇它。当人们对于教会自行改革感到失望时，宗教改革在人文主义的影响下势不可挡地爆发了。16 世纪，最初在德国，接着在瑞士、英国、法国以及北欧诸国，掀起了一场声势浩大、震撼教廷的宗教改革运动，并且使本国教会最终脱离了罗马教会，自行成立了新教，经过长时间的斗争还取得了合法的地位。恩格斯称它为“第一号资产阶级革命”①。从思想上看，宗教改革是用活的灵魂来抗衡死的教条，使个人的权利与教会的专断分庭抗礼。在一定的意义上，可以把宗教改革看作人文主义在宗教神学领域的延伸，而且其影响甚至比人文主义更大更深远。

英国科学史家丹皮尔说：“宗教改革家有三个主要目标。第一，整顿由于有人滥用罗马会议，由于许多僧侣们生活放荡而遭到破坏的教律。第二，按照先前遭到镇压的某些运动的方针改革教义，并返回原始的质朴状态。第三，放松教义的控制，准许个人在一定程度上可以自由地根据《圣经》做出自己的判断。”② 宗教改革直接的要求是消解教会的权威，变奢侈教会为廉洁教会，而从哲学上看，其内在的要求则是由外在的权威返回个人的内心信仰。

基督教诉诸个人内心信仰的要求由来已久，实际上这原本就是基督教的根本精神，但是外在的偶像崇拜却逐渐流行起来，因为信徒们希望有实实在在的东西证明上帝在世间的存在。而教会为了追求排场大兴土木，大搞豪华奢侈的宗教仪式，也因其世俗化而背离了基督教的根本精神。曾经有一段时间人们疯狂地收集“圣物”，其中有圣徒的尸体、耶稣被钉上十字架后流下来的汗珠、童贞女圣玛利亚的乳汁，甚至有人收集有上帝创造亚当时剩下来的泥块，五花八门，无奇不有。然而，基督教毕竟是一种精神宗教，就其本质而言它必然会摆脱外在的东西而复归内心的信仰，而在黑格尔看来，这个由外在的东西返归内心信仰的过程早就开始了。当年十字军在宗教狂热的驱使下去“拯救”圣墓，当他们终于攻占了耶路撒冷之后，便试图打开圣墓，期望证明上帝在世间的存在，证明永恒而神圣的东西与有限的东西的结合。然而令他们大失所望的是，圣墓中空空如也。所以，基督教世界既夺回了圣地，又失去了圣地。但是黑格尔说，“它实际上是没有被欺；它带回来的结果是否定的一种：这就是说，它追求的世间生存只能够从主观的意识中寻求，不能从任何外在的对象中寻求；这里所说的那种确定的形式，表达着‘世俗

---

① 《马克思恩格斯全集》，中文 1 版，第 21 卷，人民出版社，1965，第 459 页。

② 丹皮尔：《科学史》，李珩译，商务印书馆，1975，第 169 页。

的东西’和‘永恒的东西’的结合，就是个人的‘精神的东西’自己认识的独立。人类世界便是这样获得了这种确信，知道人类必须在他自身内寻求那种属于神性的世间生存，主观性因此取得了绝对的认可，而在自己本身获得了对于神明的关系的决定”[①]。一句话，上帝并不在你之外，上帝就在你的内心之中。自觉地意识到这一点，正是宗教改革的功劳。于是，基督教世界当年在一个人的石墓里遍寻不到的东西，路德的宗教改革找到了，“他认为世间生存是在一切感官的和外在的东西的‘绝对观念性’的深处——是在‘精神’和‘心’之中——那颗心，它先前因为教会提出了最无聊和肤浅的手段，来满足最内在和深刻的欲求，受到了无从说起的创伤，它现在把绝对的真理关系被歪曲的地方，发觉得纤毫毕露，并且设法把这种歪曲彻底摧毁。路德简单的理论就是说，上帝的世间生存就是无限的主观性，也就是真实的精神性，就是基督并不显现在一种外在的形式里，而是根本属于精神的，只有同上帝和解后才能够得到—— 是在信仰和享受里”[②]。黑格尔的分析虽然不无牵强附会之嫌，但是他以思辨方式所概括的宗教改革精神无疑是有意义的。

在这一改革的浪潮中，以路德和加尔文的宗教改革最具代表性，他们的宗教哲学思想也是宗教改革的理论旗帜。

一、路德的“因信称义”说

第一个公开向传统教会提出挑战的是德国人马丁·路德（Martin Luther，1483—1546）。路德1501年进入爱尔福特大学攻读法律，1505年获硕士学位后突然遁入修道院研习神学。1507年，路德升任神父，1512年获神学博士学位，1515年任维滕贝格大学神学教授。1517年，他反对教皇以修建圣彼得大教堂为名在德国兜售赎罪券，在维滕贝格教堂大门上张贴了著名的《九十五条论纲》，由此揭开了宗教改革的序幕。教皇利用种种手段企图压制路德以及由路德在德国引发的反抗行为，而路德则在德国各阶层民众以及世俗诸侯的支持下，毅然与教廷决裂，继续发表了《致德意志民族的基督教贵族书》《教会的巴比伦之囚》《论基督徒的自由》三大论著。此外，路德还把《圣经》翻译成德语，不仅打击了天主教会的宗教垄断，而且对德语做出了杰出的贡献。德国农民战争爆发后，路德转而支持封建主镇压农民起义。

灵魂如何获救的问题是基督教的中心教义，也是路德宗教改革的核心问题。《圣经》说：“义人必因信得生”[③]。路德据此认为，获救只凭人的信仰，与善功、教会的中介作用没有关系。在《论基督徒的自由》一文中，路德全面系统地阐述了他的“因信称义”学说。

路德认为：“人有一个双重的本性，一个心灵的本性和一个肉体的本性。”[④] 就前者而言，人被叫作属灵的、内心的、新的人，是自由的。就后者而言，人被叫作属血肉的、外在的、旧的人，是受束缚的。因此，无论什么外在的东西，对于灵魂的义或不义、自

---

① 黑格尔：《历史哲学》，王造时译，三联书店，1956，第440-441页。

② 同上书，第461-462页。

③ 《新约全书·罗马书》，1，17。

④ 周辅成主编：《西方伦理学名著选辑》，上卷，第440页。

由或受束缚，都毫无影响。“内心的人，靠着无论什么外在的‘事功’、或苦修，都不能获得释罪、自由和拯救”①。“对于生命，对于释罪，对于基督徒的自由，有一样东西，并且只有一样东西是必需的：那就是上帝的最神圣的话，基督的福音。”② 有了它，灵魂就有了一切，而上帝的话是不能通过事功，而只能通过信仰来接受和承取的。因此，只有信仰才是获救的必要条件。非但如此，信仰和事功甚至根本不能并存。如果一个人“愚蠢到想凭借某些‘善行’而获得释罪，获得自由、拯救，并成为一个基督徒，他便会立刻失去信仰，以及信仰所带来的一切裨益”③。

不过，路德并非绝对否认事功。他指出：“我们凭信仰基督所要去除的，并非是‘事功’，而是对于‘事功’的迷信，是那种想凭‘事功’求得释罪的愚蠢想法。”④ 因为人同时也是外在的人，“肉体的意欲，努力要侍奉并追求它自己的满足。这是有信仰的灵魂所不能、也不愿容忍的”⑤。人必须通过事功来控制自己的行为，扬善避恶。但是，这只是信仰的结果罢了，就像好树结好果一样。因此，事功只需做到足以抑制情欲的程度就够了，童身、守贫等禁欲主义的戒律都是不必要的。1530 年圣诞节，路德为他的小儿子写了一首马槽歌，其中唱道：谁若不爱美酒、女人和歌，他就终身是个大傻瓜。显示了一个新教徒令人耳目一新的朝气蓬勃的世俗生活。

中世纪教会力图垄断拯救灵魂的权力。它提出上帝不与有罪之人交往，人要获救必须借助教士的中介作用。教皇是上帝在人间的代理人，掌管着拯救灵魂的大权。教会甚至禁止一般基督徒阅读《圣经》，唯有教皇才有解释《圣经》的权力。它把以教皇为首的教界人士称为“属灵等级”，他们高于一般信徒组成的“世俗等级”。路德针锋相对地指出，人与人之间的区别只在于信仰。只要受洗入教，心存信仰，人人都可以成为祭司，都属于“属灵等级”，都可享有与教皇、主教同等的权力。只有体现在基督身上的上帝的权威才是真正的权威，因此，只有记载基督言行的《圣经》才是永无谬误的。人人都有权阅读和解释《圣经》，并在其中与上帝交流。只是因为我们不能都来做执事并当众宣教，才有了专职的人来主持圣礼和传道。他们只是提供一种服务，是“执事、仆人和管家”，没有高于其他教徒的特权。

二、加尔文的“先定”说

路德掀起的宗教改革通过让·加尔文（Jean Calvin，1509—1564）又得到了进一步的深化。加尔文出身于法国的一个律师家庭。早年就学于巴黎，受到马丁·路德影响。由于法国政府对新教徒进行迫害，加尔文于 1535 年逃往瑞士巴塞尔，1536 年发表其主要神学著作《基督教原理》，同年抵达日内瓦，参与该自由市的政权建设，不久成为该政权的实际领导。1538 年因该市下层市民骚动而遭驱逐。1540 年，该市上层市民再度得势

① 周辅成主编：《西方伦理学名著选辑》，上卷，第 443 页。
② 同上书，第 441 页。
③ 同上书，第 454－455 页。引文个别有改动。
④ 同上书，第 475 页。
⑤ 同上书，第 458 页。

并请加尔文返回日内瓦。从此，加尔文定居日内瓦，并在那里建立新教教会，取消主教制，代之以资产阶级共和式的长老制，并与日内瓦城市政权结成政教合一的体制。与路德一样，加尔文也宣称教徒“因信得救”。但他主要是重新推出奥古斯丁的“先定”说，发挥了路德思想的宿命论方面。

加尔文把宇宙中的一切都归于上帝的永不更改的“先定”。上帝也预先安排好了对人的拯救。谁将得到拯救，谁将被遗弃，取决于上帝预先的拣选。这是上帝的恩典，是无条件的，秘而不宣的，并且不以人的善恶功罪为转移。况且“除非人受到神的恩典的帮助，而且是受到那赐给在再生中的选民的特殊的神的恩典的帮助，否则，人就没有做善事的自由意志”①。由此，加尔文也像路德那样，否定了罗马教会的救赎理论，认为善功对人的来世生活没有什么影响，并不能使灵魂得到拯救，它只不过是教会用以牟利、勒索钱财的手段罢了。教皇、主教们并不能代表上帝，《圣经》才是信仰的唯一权威，人人都可以通过阅读和信仰《圣经》而直接与上帝相通。总之，个人的功德和教会的存在都不能改变上帝的先定。不过，虽然人们无法得知自己是不是上帝的选民，尘世的行为也不能改变上帝的“先定”，但人们也不应当放弃现世的努力，而是应当坚信自己是上帝的选民，积极求取事业上的成功。因为上帝对其拣选的选民，必然给予充分的支持。而个人只要在事业上取得成功，就是实现了上帝所赋予的先定使命，也就是死后灵魂可以得救的可靠证明。“加尔文的信条正适合当时资产阶级中最果敢大胆的分子的要求。他的宿命论的学说，从宗教的角度反映了这样一件事实：在竞争的商业世界，成功或失败并不取决于一个人的活动或才智，而取决于他不能控制的各种情况。决定成败的并不是一个人的意志或行动，而是全凭未知的至高的经济力量的恩赐”②。

三、宗教改革的意义及其历史局限性

无论是路德的“因信称义”学说，还是加尔文的“先定”学说，都从原始基督教和奥古斯丁的宗教理论汲取了丰富的思想内容，并在“复兴”古代神学的形式下，注入了时代的新内容。在理论上，他们不仅否定了教皇和罗马教会的至上权威，而且甚至否定了教会存在的必要。在实践上，他们永久地结束了天主教内部的统一，结束了罗马教廷至高无上的统治。他们启迪人们的思考，肯定人们的世俗生活，肯定个人的权力、地位，争取个人的解放。可见，宗教改革与人文主义思潮是同一个时代精神在不同领域里的表现，甚至可以说，宗教改革是在人文主义的影响下发生的，是人文主义精神在宗教神学领域里的延伸。但从对天主教统治的瓦解和摧毁来说，宗教改革的作用却是人文主义所无法比拟的。这一点，从罗马教廷对待宗教改革和人文主义的不同态度就可以看得出来。宗教改革的矛头直接指向教会，因而它从一开始就遭到以罗马教会为首的天主教势力的反对、迫害和镇压。宗教改革的精神是新时代世俗精神的折光。虽然宗教改革并没有自己独立的哲学形态，但它对后世的社会发展和哲学发展所产生的影响却是不可低估的。

---

① 周辅成主编：《西方伦理学名著选辑》，上卷，第 499 页。

② 《马克思恩格斯选集》，3 版，第 3 卷，第 762 页。

许多史家甚至把路德、加尔文所代表的新教精神视为近代资产阶级进取精神的源泉。

不仅如此，宗教改革诉诸个人的内心信仰，在某种意义上为近代哲学之主体性的觉醒准备了条件。正如黑格尔所说："按照这个信仰，人与上帝发生了关系，在这种关系中，人必须作为这个人出现、生存着：即是说，他的虔诚和他的得救的希望以及一切诸如此类的东西都要求他的心，他的灵魂在场。"① 于是，永恒的东西或真理与有限的东西即个人的存在在"主观性"基础上得到了"和解"，因而宗教改革的根本内容就是："人类靠自己是注定要变成自由的。"②

但是，宗教改革毕竟只是在信仰范围之内进行的改革。他们的宗教哲学思想依然有着神学的深刻印记，是新教神学的理论基础。路德、加尔文的宗教改革在本质上具有浓厚的反理性反科学色彩，甚至就连他们所标榜的宗教信仰自由，最终也被对异端的残酷镇压淹没。哥白尼的日心说曾遭到路德的恶毒咒骂，而著名的西班牙人文主义者塞尔维特，在正要发现血液循环的时候，虽然逃离了罗马天主教会的监狱，却最终惨死在加尔文教的火刑架上。马克思曾经深刻地揭示了路德宗教改革的本质："路德战胜了信神的奴役制，只是因为他用信仰的奴役制代替了它。他破除了对权威的信仰，却恢复了信仰的权威。他把僧侣变成了俗人，但又把俗人变成了僧侣。他把人从外在宗教解放出来，但又把宗教变成了人的内在世界。他把肉体从锁链中解放出来，但又给人的心灵套上了锁链。"③ 这一精辟的分析也同样适用于加尔文。

第四节　新时代的曙光

文艺复兴时期"复兴"了古代文化，但"复兴"古代文化却不可能成为新时代哲学的实质和目的。事实上，复兴古代文化，只不过是中世纪崇拜古代权威的遗迹和新思想尚不成熟的一种表现，是用希腊罗马文化的旧瓶来装文艺复兴时期的新酒。随着人文主义运动的逐步深入，旧哲学的形式开始被逐渐地抛弃，新时代的曙光已经出现在历史的地平线上，人们开始从新的角度，用新的方式来思考上帝、宇宙、人及其认识的问题。

这一时期自然科学的发展进一步促进了这一趋势。文艺复兴时期有两个重要的发现，一是发现了人，二是发现了自然。一旦人们用感性的、实验的眼光重新观察它们，它们便展露出新的面貌。文艺复兴时期，自然科学的发展取得了一系列突破性的成果。哥白尼推翻了托勒密体系，实现了天文学的革命；开普勒发现了天体运动的三大规律，将建立在经验观察基础上的天文学变成一门严格精密的科学；伽利略发现了落体定理和惯性定理等，为近代物理学奠定了基础。此外，在动物学、植物学、医学、解剖学等学科都有一系列重大的发现。科学研究的精神和成果也都反映在这一时期的哲学之中，使其具有浓重的自然哲学色彩。

---

① 黑格尔：《哲学史讲演录》，第三卷，第 378 页。

② 黑格尔：《历史哲学》，第 464 页。

③ 《马克思恩格斯全集》，中文 1 版，第 1 卷，人民出版社，1956，第 461 页。

新时代哲学的先驱有两个重要代表，这就是德国思想家尼古拉·库萨和意大利思想家布鲁诺。

一、尼古拉·库萨

尼古拉·库萨（Nicolaus Cusanus，1401—1464）出生于德国特利尔城附近的库斯镇，少年时代被送到荷兰“共同生活兄弟会”举办的学校读书，后来在海德堡大学、帕多瓦大学和科隆大学接受了法学、数学、哲学、神学的教育。毕业后，库萨成为神职人员，先后担任过教皇特使、主教、枢机主教、教皇总助理的职务。他曾为东西方教会的合并积极活动，主张天主教内部的协调和统一，主张宗教宽容，并进行过教会内部的一些改革。他除了进行神学和哲学的研究外，还极为关注数学和自然科学问题，在数学和物理学领域都有一定的造诣。他第一个绘制了中欧和东欧的地图，并提出过改革历法的方案。他的主要哲学著作是《论有学问的无知》《论猜测》等。

库萨哲学思考的核心问题，依然是中世纪经院哲学的传统问题，即有限的人类理智如何认识和把握无限的真理即上帝。但在对这一问题的思考中，库萨继承古希腊毕达哥拉斯主义、新柏拉图主义以及中世纪神秘主义的一些思想，发挥人文主义精神，概括当时数学和自然科学的研究成果，提出了一个具有泛神论色彩的哲学体系。其中最为重要的是他关于上帝是“极大”、是“对立面的一致”、认识是“有学问的无知”的思想。

（一）论三种极大

在《论有学问的无知》一书中，库萨区分了三种极大：

第一种是绝对的极大。关于极大，库萨的定义是：“一个事物，不可能有比它更大的事物存在，我称之为极大。”[①] 这样的极大不是通过比较产生的最大，而是没有任何限制的极大即绝对的极大。“极大是绝对的一，因为它是一切；一切都在它里面，因为它是极大。由于没有任何东西与它对立，极小也同时与它一致；因此它也在一切之中。由于它是绝对的，所以它在事实上是一切可能的存在，不受任何事物限制，一切事物都受它限制。这一极大就是上帝。”[②]

上帝作为无限的一把一切有限者都包容在自身之内，但这种包容并不是整体对部分的包容，不是用多来构成一，而是多融化在一中，在一中一切都毫无差别地是一。因此，上帝是“对立面的一致”。这种一致既是万物的本原和本质，也是万物的归宿。在无限的一中，一切对立和差异都最终消逝，一切潜在都成为现实。正像在无限的图形中直线与圆、三角形等一切数学图形都没有区别一样，在无限的上帝里面万物也都没有区别。一切对立最终在上帝里面达到调和，达到和谐的统一。上帝把一切对立面包含在自身之中，自己却是无对立的统一。相比之下，对立普遍地存在于有限事物之中。“一切事物都是由程度不同的对立面构成的。在它们里面，这一方面多些，另一方面少些。通过一方压倒

① 《库萨著作集》，拉丁文版，第 1 卷，柏林，1967，第 3 页。

② 同上。

另一方，事物获得了对立面某一方的性质。”① 在有限事物中，不可能达到对立面的完全一致，有限事物是对立面的统一。

第二种是限定的极大，即宇宙。宇宙是存在者的普遍统一。但它的统一被限定在多中，离开了多它就不能存在，宇宙的存在也依赖于上帝。因此，宇宙不是绝对的无限，而是相对的无限，即时空上的无限，因为不存在任何把宇宙包入其中的界限。宇宙既然在时空上无限，它就时间来说也就是永恒的，就空间来说也就既无中心也无边界。因此，地球不是宇宙的中心，所谓的恒星天也不是宇宙的边界。地球和其他所有星球一样，是由同样的元素构成的，只不过是宇宙大家族中的普通一员。在哥白尼的天文学革命之前，库萨已经在哲学上宣告了“地心说”的破产。当然，库萨的结论并不仅仅出自哲学的思辨。库萨明确地提出，学者们应当走出书斋，到现世生活中去，“读上帝亲手写的书”，即读大自然这本书。他倡导对世界进行量的考察，认为试验的结果更接近真理。有学者指出：“对书本知识的严厉批判，要求在量上考察世界，并且怀着事物的特性是以可度量的和可计数的形式表现出来的这种信念来论证上述要求，所有这些都使人感受到经典自然科学的那种精神。这种经典自然科学是我们在伽利略、牛顿、惠更斯和其他科学家那里看到的，它的结果在短短几百年中要比在这之前数千年中许多伟大学者的工作都更为深刻地改变了世界。作为一个神学家、哲学家、数学家、政治家和罗马教会的枢机主教，尼古拉·库萨在自己的著作中主张对自然界采取这种态度，并且坚决地维护这种态度。人们不得不承认，库萨由此而对经典自然科学的产生和发展具有重要的意义。”②

此外还有第三种极大：既绝对又限定的极大。库萨认为，宇宙中没有任何事物能够成为自己那个类的极大，因为如果它达到这种极大，就会和上帝一样是无限的。但低级的事物即使成为无限，也不可能与上帝同一，因为它们缺乏完善性。例如，圆即使成为极大，也只不过是无限的数学图形罢了。唯有人类适宜产生这样的极大，因为人是万物之灵，是一个小宇宙或者小世界。人在自己的生命中结合了尘世的东西和神的东西，结合了物质、有机的生命、动物的生命和理性，像镜子一样反映了整个宇宙。但人类中只有一个个体能够达到类的极大，这就是既是神又是人的耶稣。耶稣由于是个体而是限定的极大，又由于与上帝同一而是绝对的极大。在库萨的哲学中，耶稣实际上是一个完善人性的代表。由此出发，库萨热情地歌颂了人的伟大。

（二）人及其认识能力

在库萨的哲学中，人是上帝的摹本或者人形的上帝，因为人和上帝一样具有创造力。“就像上帝是现实的事物和自然形式的创造者一样，人是以概念方式存在的事物和艺术形式的创造者。艺术形式无非是人的理智的摹本，就像上帝的造物是神的理智的摹本一样。因此，人有一种理智力量，这种力量就其创造活动来说，是神的理智的摹本。”③ 也就是说，人既创造了概念世界，也创造了艺术世界或人造世界。

---

① 《库萨著作集》，第1卷，第38页。

② A. 雅柯比编：《尼古拉·库萨哲学思想导论》，慕尼黑，1979，第126页。

③ 库萨：《猜测的艺术》，不来梅，1957，第324页。

人的创造力就在于人的理智或人的精神。人的精神是一个统一的整体，表现为感性、想象力、知性、理性这四种能力。“灵魂是无形的实体，是各种不同力量的力量，因为它自己就是感性，同时，它自己也是想象力、是知性、是理性。它在身体以内行使感性和想象力，在身体以外行使知性和理性。”① 感性是一切认识的开端，借助五种感官接受外部的刺激而形成感觉。想象力把各种感觉结合起来形成整体印象，并使精神最终摆脱对与事物接触的依赖。知性进行度量、比较、区分，创造出概念并进行判断和推理，还创造出自然所没有的艺术世界。但知性所遵循的是矛盾律，不能理解对立面的一致，不能认识无限。理性的功能是综合与直观。在理性的直观中，对立面互相融合在无限的统一中，灵魂与上帝达到一致，主客体的对立也消失了。但是库萨强调，感性、想象力、知性和理性的区分只是相对的区分，认识是精神整体的活动。较高的认识能力包含了较低的认识能力，并在较低的认识能力中发挥作用。较低的认识能力又是较高的认识能力的基础。例如，知性只有当感觉和想象力为它提供了感性形象时才能区分，理性也只有当知性为它提供了区分开来并需要加以综合的材料时才会综合。知性作为意识或者注意而在感官之中活动，理性的统一指导了知性的区分工作。不同的认识阶段不是各自孤立的认识功能，而是一个共同活动、互相依赖、互相促进的体系。

（三）认识是“有学问的无知”

库萨断言上帝作为无限是不可认识的，因此，人的认识是一种有学问的无知。

库萨的论证是从分析认识方式和认识过程开始的。他认为，上帝为每一种生物都配备了追求最佳生活方式的自然欲望以及与此相适应的功能和识别能力。对于人来说，这就是人的求知欲和理性。人的自然生活规律要求理性不知疲倦地研究一切事物，以便获得真理。但毫无疑问，我们只能把那些所有具有健康理性的人都不能否认的东西看作最真实的。而在其他情况下，“一切研究者都是在与预先确定的已知者的比较中，根据比例关系做出判断的。因此，一切研究都是比较，都以比例为媒介”②。认识就在于确立已知和未知之间的比例关系。如果两者之间可以直接进行比较，认识就相对容易；如果两者之间有许多中间环节，认识就相对困难；如果两者之间根本没有可比关系，认识就无从谈起。我们对极大的认识就属于这种情况。绝对的极大是无限，而无限与有限之间是没有比例关系的。“无限者作为无限的东西摆脱了一切比例关系，因此是无法认识的。”③ 我们的有限理智不能认识无限的上帝。因此，我们只能借助一种“非理解的方式”来把握上帝这个“不可理解者”，也就是说，从有限事物出发，以有限事物为符号，并超越它们的有限性，从而达到无限。在所有有限事物中，数学符号是最理想的符号。例如，根据圆弧扩大到无限就是一条直线，可以得知在无限中一切数学图形都没有区别，并进一步得知在上帝里面一切事物都没有区别，所以上帝是对立面的一致。对上帝的这种把握不是借助知性的逻辑演绎，而是借助类比和理性的超越实现的。就此来说，它是一种非理

① 库萨：《论球戏》，汉堡，1978，第 20－21 页。

② 《库萨著作集》，第 1 卷，第 2－3 页。

③ 同上书，第 3 页。

解的方式，在精确认识的意义上是一种无知；但它又是以人的知性认识为出发点，借助对数学符号的精确认识实现的，在这种意义上又是一种近似性的知，是有学问的。更何况，认识到上帝是无限的，是不能精确认识的，这本身就是对上帝的一种知，也是对我们自身认识能力的一种知。“有学问的无知”这一概念就是在这种意义上使用的。

库萨进一步把有学问的无知运用于对有限事物的认识。由于上帝是万事万物的本质，不认识上帝就不可能精确地认识事物的本质。而我们的理性所认识的也只是事物的共相和形式，而不是事物的本质。世界上不存在两个完全相同的事物，以比较为特征的认识必然具有相对性。因此，即便对有限事物的认识也是有学问的无知。在其他地方，库萨又在同样的意义上把对真理的认识称为“猜测”。

库萨虽然否认我们能够精确地认识真理，但又认为我们可以通过不断的猜测无限地逼近真理。绝对的真理虽然是“永不可及”的，但认识一方面是对真理的分有，包含着真理的成分，另一方面又是对真理的无限接近。认识的真谛就在于这种“永不可及”和“越来越近”的辩证统一。这也就意味着，人是可以在无限的过程中认识真理的。

库萨关于“有学问的无知”的思想深刻地揭示了绝对真理与相对真理的辩证统一，论证了精神的无限能力，使人及其精神成为哲学的最高主题。因此，一些哲学史家认为，只有库萨的哲学才真正在形而上的层面上体现了文艺复兴时期的精神，从而无愧于近代哲学的思想先驱。

二、布鲁诺

乔尔丹诺·布鲁诺（Giordano Bruno，1548—1600）出身于意大利那不勒斯附近诺拉镇的一个没落的小贵族家庭。在当地拉丁语学校毕业后，于1565年进入多米尼克修会的一家修道院。他因广泛阅读哲学和科学著作、对教规禁锢表示不满而受到院方监视，并面临被宗教裁判所拘捕的危险。为了逃避迫害，他流亡欧洲各地16年，在极其艰难的条件下从事讲学和著述活动，并到处受到教会当局的迫害，最终因被人出卖而落入宗教裁判所。在8年的狱中生活中，布鲁诺受尽折磨，但始终坚贞不屈，拒绝放弃自己的观点。1600年2月17日，布鲁诺被活活烧死在罗马鲜花广场。作为反封建教会的坚强斗士，布鲁诺正直的人格和对真理的执着追求一直是后世哲学家和科学家的楷模。布鲁诺的主要哲学著作有《论原因、本原与太一》《论无限、宇宙和众多世界》《论单子、数和形式》《灰堆上的华宴》《论英雄热情》等。

布鲁诺的哲学思想受到尼古拉·库萨的较大影响。布鲁诺自己在一次讲演中曾以崇敬的口吻谈到库萨：“哪里有能与那个库斯人媲美的人物呢？他越是伟大，就越是不被人所理解。倘若不是祭披有时遮掩了他的天才，我就会承认，他并不与毕达哥拉斯相同，而是比毕达哥拉斯伟大得多。”[①] 布鲁诺毅然抛弃了库萨的“祭披”，即源自神学的不彻底性，同时吸取了哥白尼的天文学成果，建立了一个泛神论的哲学体系。

---

① Karl Jaspers, *Nikolaus Cusanus*, eds. Tolga Ratzsch and Dirk Fonfara (München: Deutscher Taschenbuch-Verlag, 1964), p. 227.

（一）论世界的原因、本原和统一性

与新时代大多数哲学家一样，布鲁诺对受到经院哲学歪曲的亚里士多德哲学表现出极大的反感。他声称，自己之所以反对亚里士多德，就是因为“没有人比他更多地倚赖于空洞的幻想和更加远离自然”，而最好的哲学派别则是，“它以最方便、最高尚的方式表现人类理智的完善，并最符合自然的真理，它尽可能地与自然合作，推测……或判明规律，并改造风尚；它进行治疗或进行认识是为了生活更加幸福、更加神圣”①。由此出发，布鲁诺把关于自然事物的原因、本原和统一性的问题作为自己哲学研究的主要课题，展开了自己的哲学论述。

所谓本原，是指从内部促成事物的形成，并且作为该事物的基本要素，留存于该事物之中的东西。本原又叫实体。“必须承认在自然界中有两种实体：一种是形式，一种是物质。因为，第一，必须有一个最高的实体性的作用，它包含着万物的积极的潜能；第二，必须有这么一种最高的潜能和基质，它包含着万物的消极的潜能。在前者中有‘创造’的可能性，在后者中有‘被创造’的可能性。”② 形式是积极的潜能，物质（质料）是消极的潜能。形式与物质相结合而产生万物。精神、灵魂、生命处于万物之中，并按照一定的程度充满全部物质，因而是万物的真正形式，世界的形式就是“世界灵魂”。但形式不能离开物质独立存在。“形式离开物质，便没有存在，形式在物质中产生，在物质中消灭，来自物质和归于物质。”③ 除物质以外，的确没有别的任何东西是永恒的、常住的、配称本原的。“将自身包含的蜷缩东西舒展开来的物质，应该称作神物和最优秀的生产者，应该称作自然万物以及全部实体自然界的生育者和母亲。”④

所谓原因，是指从事物的外部促成事物的产生，并且自身留存在事物之外的东西。物理世界的作用因就是“普遍的理智”或曰“世界理智”。普遍的理智是世界灵魂内部的一种特有的能力，“是它使物质承受了所有的形式，是它根据形式的意义和条件，赋予物质以形状、塑造并形成万物，使万物处于这么一种惊人的秩序中”⑤。但普遍的理智并不是从外部将形式赋予物质，因为形式本来就包含在物质之中。“事物起源于物质，是通过分出的途径，而不是通过增添和接纳的途径。因此，与其认为物质没有形式，排除形式，倒不如说物质包含形式、囊括形式于自身之中。”⑥ 形式“被作用因唤起进行活动并处于物质之中”⑦。在这种意义上，世界理智“是自然万物的真正的作用因，这作用因不仅具有外部的、而且具有内部的性质”⑧。就它的存在不同于其产物的实体和实质而言，它是外因；就它也在事物之中起作用而言，它是内因。

作为原因的世界理智是作为形式本原的世界灵魂的一种能力，而作为形式的世界灵

① 布鲁诺：《论原因、本原与太一》，汤侠声译，商务印书馆，1984，第80页。
② 同上书，第68页。
③ 同上书，第76－77页。
④ 同上书，第109页。
⑤ 同上书，第44页。
⑥ 同上书，第109页。
⑦ 同上书，第47页。
⑧ 同上书，第45－46页。

魂又内在于作为物质本原的宇宙之中。于是，作用因、形式因、质料因完美地结合在一起。这个作为囊括一切的统一体的宇宙也就是“太一”。宇宙既是一，又是一切。由于它没有差异，所以是统一的；由于它无所不包，所以是无限的；由于在它之外没有任何可供移动的场所，所以是不动的。对于“太一”，我们什么也不能说，既不能说它是物质的，也不能说它是形式。有时，布鲁诺称宇宙为“神”。“神”在他那里只是一种称呼，既没有人格，也不是宇宙的主宰。因此，布鲁诺的哲学学说是一种比较彻底的泛神论。

（二）宇宙的统一和世界的众多

布鲁诺在讨论宇宙结构的时候，继续贯彻了宇宙统一性的原则。宇宙是一，一不仅表示宇宙内部的统一性，而且表示宇宙在数量上也是唯一的。宇宙只有一个，是“能生的自然”（natura naturans），而世界（各种天体系统）的数目则无限多，是“被生的自然”（natura naturata）。无限的宇宙不可能有任何边界和中心，太阳只是诸天体中的普通一员，太阳系属于一个更广大的系统，在无限的空间中有无数个这样的系统。包括太阳、地球、行星、恒星在内的所有天体，都是由同样的元素构成的，具有同样的形式、运动和变化。布鲁诺的研究还进一步深入了物质结构内部，认为宇宙是由不可分割的微粒即“极小”构成的。“极小”在物理学上就是原子，在数学上就是点，在哲学上就是单子。原子的不同结合、排列和搭配，构成了千差万别的事物。由于“极小”在自身中包含着成为一切的可能性，是它所能是的一切，所以和“极大”“太一”是一回事。原子自身就具有灵魂，有运动能力，因此宇宙不需要“第一推动者”。布鲁诺为了排除机械论世界观所必需的“第一推动者”，最终得出了“万物有灵”的结论。“一个东西，不管怎么纤小，怎样微不足道，其中总有精神实体的部分，这种精神实体，只要找到合适的主体，便力图成为植物、成为动物，并受理任何一个物体的肢体，这就是通常所说的有了生机。因为精神处于万有之中，任何一个最最微小的物体，都不能不包含着成为有生机之物的可能性。”①

（三）对立面的一致

布鲁诺继承了尼古拉·库萨的“对立面的一致”的思想，认为宇宙中一切事物都是由对立面构成的。“谁要认识自然的最大秘密，那就请他去研究和观察矛盾和对立面的最大和最小吧。深奥的魔法就在于：能够先找出结合点，再引出对立。”② 布鲁诺本人就是这样做的。他指出，不仅“极大”和“极小”吻合为一，而且在“极大”和“极小”自身中对立面也是归于一。在“太一”之中，不仅“极大”和“极小”没有差别，甚至直线与曲线、直线与圆周也是统一的。最小的弧和最小的弦、无限的直线和无限的圆周都是无差别的。值得注意的是，布鲁诺不仅在几何学中论证了对立的统一，而且将它放到实际生活中去验证。他指出，最少量的热和轻微的冷是一回事，向着冷的方向的运动就是从热出发的。医生在最好的情况下担心有坏的结局，有远见的人在最幸福的时刻感到

---

① 布鲁诺：《论原因、本原与太一》，第 52 页。

② 同上书，第 133 页。

特别畏缩。消灭无非是产生，产生也无非是消灭，等等。布鲁诺指责亚里士多德只看到对立面一致的可能性，却看不到它的现实性。把考察现实世界的矛盾和对立看作认识宇宙奥秘的途径，这是布鲁诺辩证思想的重大理论成果。

（四）真理与认识

与中世纪晚期和文艺复兴时期的大多数思想家不同，布鲁诺出自毫不妥协的个性、思想严格性的要求以及怀疑的原则，拒绝承认宗教真理，主张真理的根据不在于信仰、权威。他坚决反对“双重真理论”，只承认人类理智所揭示的“自然的真理”。自然下降而生育万物与理智上升而认识自然真理所遵循的是同一条道路。前者是由统一性展开成为无限多的个体，后者则是由无限多的个体上升到统一。这也就是说，认识是从具体事物开始的。

布鲁诺把认识划分为四个阶段：感性、知性、理性、心灵。感性是认识的开端，只能认识杂多的表面现象，不能认识事物的本质，而且时常给我们提供错误的印象，只是一个软弱无力的源泉，真理并不存在于感觉之中。知性的任务是运用抽象概括和推论的能力，从特殊中抽象出一般。理性的任务是主动地、积极地整理知性活动的成果，把知性得出的一般论断提高到原理原则，从而认识到事物的实体的统一性。心灵是认识的最高能力，是对普遍实体即神的直观。在心灵中，神或自然的本质生动地表现在认识面前，认识达到了对一切存在的本质，对统一的、无限的宇宙的最高认识。上述各个阶段的认识形成一个统一的认识过程。这个过程是不会完结的，因为智慧的力量永远不会停留在已被认识的真理上面，而总是向着尚未被认识的真理前进。

布鲁诺的哲学是文艺复兴时期新哲学思潮发展的最高成果。宗教裁判所可以用火刑架夺走哲学家的生命，可以用禁令销毁哲学家的著作，但却阻挡不了哲学家思想的广泛流传。他的思想在笛卡尔的理性论、斯宾诺莎的泛神论、莱布尼茨的单子论、德国古典哲学的辩证法思想中都得到不同程度的复现。

文艺复兴“是人类以往从来没有经历过的一次最伟大的、进步的变革，是一个需要巨人并且产生了巨人的时代，那是一些在思维能力、激情和性格方面，在多才多艺和学识渊博方面的巨人”①。

文艺复兴时期是孕育近代哲学的时期。体现新时代精神的巨人们与封建神学和经院哲学进行了艰苦卓绝的斗争，打破了封建神学的一统地位，动摇了天主教会对文化思想的垄断。人文主义思想家们重视和研究古代灿烂的文化与丰富的思想遗产，恢复了古典哲学的真实面目，为欧洲社会重新开启了这一伟大的思想宝库。它们恢复了人的价值和尊严，重新确立了人在哲学体系中的中心地位。古典文化的复兴和宗教的改革从不同的角度汇集成一股统一的思潮，把人从神的束缚中解放出来，把人的目光从超验的世界转移到感性的世界，转移到人的内心。这个时期的思想家们一般并不否定神，而是或者把神推向遥远的、与人不相干的彼岸，或者把神消融在自然中，把神的本质赋予人。人们开始意识到自己作为人、作为个人的存在，也意识到自己存在的价值和力量。文艺复兴

① 《马克思恩格斯选集》，3版，第3卷，第847页。

人文主义为近代哲学中的主体性原则以及接踵而至的启蒙运动、人道主义等思潮铺平了道路。

文艺复兴时期也是近代自然科学和自然哲学诞生的时期。自然科学和自然哲学不顾封建教会残酷的迫害和顽固的阻挠，发展了实验自然科学，揭示了一幅鲜为人知的世界图景，揭示了地理、天体、人体世界的奥妙，开拓了人类知识的新领域，同时也印证了人的力量。有远见的哲学家开始在自然科学的基础上建构自己的哲学体系，在科学刚刚开始独立、分化的年代就确立起哲学与科学的结盟，为近代哲学传统的主导精神奠定了坚实的基础。

但是，文艺复兴时期的哲学还不是一种成熟的哲学，仍然保留着不少旧的思想成分。新的哲学思想最初是以复兴古典哲学的形式在旧的神学体系中挣扎、反抗、脱胎而出的，从而必然还保留着古代哲学思想的一些成分和朴素性特征，以及旧的神学思想成分等等。急于摆脱旧经院哲学的新哲学也还来不及对经院哲学进行真正的反省和彻底的清算。文艺复兴时代提出的新任务、新问题，尚有待于后来者们的进一步深化和解决。

思考题

1. 简述文艺复兴的人文主义精神。
2. 简述马丁·路德关于“因信称义”的思想。
3. 简述尼古拉·库萨关于“有学问的无知”的思想。

本编小结

以基督教哲学为主干的中世纪哲学是西方哲学的重要组成部分，虽然这一时期的哲学思考受到了严重的限制，哲学因为是神学的婢女才得以苟存于世，但是基督教哲学也并非一无是处，它对西方哲学也有重要的贡献。在某种意义上说，西方近代哲学乃是希腊哲学与基督教哲学相互交融的产物，离开了任何一方都难以得到合理的解释。

那么，中世纪哲学对西方哲学有哪些贡献呢?

第一，以基督教哲学为主干的中世纪哲学为哲学带来了不同于希腊哲学的新的东西，主要是关于超验的存在的问题。在基督教信仰的绝对权威之下，世界被彻底地分裂为二，一个是尘世，一个是天国（其实还有第三个世界，即地狱），人们以否定现实世界的方式营建了一个无限完满的精神世界，它集中了人类一切最美好的理想，并且成了尘世之生存的精神支柱。

第二，中世纪哲学以其独特的方式突出了哲学的内在性。从教父哲学到宗教改革，哲学家们不仅试图调和理性与信仰，而且要求证明永恒神圣的存在（上帝）与有限的存在（人）的结合或统一。虽然这些都是不可能实现的理想，但是却使哲学转向了人的内在的精神世界，从而为近代哲学唤起主体性的觉醒准备了条件。

第三，中世纪哲学虽然以基督教哲学为主，从而明显地区别于希腊哲学，但是在某种意义上也是希腊哲学的延续，而且不仅是延续，也是以特殊的方式所进行的深化和发展。在教父哲学中，新柏拉图主义和斯多亚学派的思想发挥着极其重要的作用，而在经院哲学中则交织着柏拉图主义和亚里士多德主义的明争暗斗、相互交融。至于文艺复兴时期的哲学更是以复兴古代文献为其表现的形式。

第四，中世纪哲学对于近代哲学而言意义深远。一方面，中世纪哲学是近代哲学的批判对象，它的衰落乃是近代哲学兴起的前提。另一方面，近代哲学又在不同程度上继承了中世纪哲学的精神遗产。因此，这就决定了在近代哲学（除了特殊时期即 18 世纪法国哲学）中，大多数哲学家基本上都属于“两栖动物”，他们一只眼睛关注着尘世（自然），另一只眼睛却瞄着天国。这不仅是因为在这一历史时期内宗教势力仍然非常强大，而且是因为宗教的问题也是近代哲学必然要思考的问题，虽然它不一定非要表现为宗教信仰的方式。不恰当地讲，希腊哲学关注的是现实世界，中世纪哲学关注的则是超验的世界，现在近代哲学开始了调和两者的工作。

第五，中世纪哲学或基督教哲学一方面阻碍了科学思想的发展，另一方面却为近代科学的进步准备了某种条件。希腊人眼中的自然是神圣的、活生生的、有机的整体，他们只是要求认识自然而从未想要改造自然，那对他们来说几乎是不可想象的。而在中世纪的人们看来，自然失去了神秘性，它不过是上帝为人类准备的家园，因而虽然研究自然被看作没有出息的甚至是亵渎神灵的事情，因而严重地阻碍了自然科学的发展，但是它却以“祛魅”的方式消解了自然的神秘性，这就为近代科学和哲学的机械论自然观开辟了道路。

当然，如果没有文艺复兴人文主义和宗教改革这一过渡阶段，近代哲学的产生也是不可能的。它们一个从基督教的外部以世俗的方式，一个从基督教的内部以信仰的方式，破除了罗马教会的绝对权威，使哲学思考的对象从天上转向了人间。于是，经过它们的思想准备，近代哲学终于登上了历史的舞台。

第三编

近代哲学

引　言

近代哲学是继古代哲学和中古哲学之后西方哲学又一个新的历史阶段。按照西方学术界一般的划分方法，近代哲学是从文艺复兴时期开始，直到第二次世界大战以前，此后的哲学我们称作“现代哲学”（modern philosophy）或“当代哲学”。

近代哲学是在资本主义这一人类历史上规模空前的变革中形成的，它不仅是时代精神的精华，也是时代精神的塑造者。从 15 世纪开始，资本主义生产方式因素在封建制度内部产生了，它是新的先进生产力的代表。这个时期正是教权逐渐衰落，王权地位逐渐稳固，一系列民族国家形成的历史时期。就近代哲学产生的历史背景而言，我们可以用三个“发现”来说明其时代的基本特征。

首先是“世界的发现”，史称“地理大发现”。15—17 世纪新航路的开辟和新大陆的“发现”，一方面促进了欧洲工商业、贸易的迅速发展，使生产力的水平迅速提高，逐渐形成了资本主义的生产方式；另一方面亦使人们终于摆脱了中世纪那种狭隘的地域观念，一下子将人们的眼界扩展到了世界性的范围。于是，在欧洲人的面前，出现了一个充满了新奇事物，充满了魅力的广阔天地。人类交往的世界比过去任何时候都更深入、更广泛，各国相互联系和彼此依存比过去任何时候都更频繁、更紧密。正如马克思恩格斯所说：“各民族的原始封闭状态由于日益完善的生产方式、交往以及因交往而自然形成的不同民族之间的分工消灭得越是彻底，历史也就越是成为世界历史。”①

其次是“人的发现”。文艺复兴的人文主义精神和宗教改革的内在性原则将人们的思想目光从天国拉回了人间，从神转向了人。文艺复兴与宗教改革是近代哲学的思想准备，也是西方哲学从中古哲学走向近代哲学的过渡阶段。文艺复兴一方面通过搜集整理古代文献，使近代哲学与古代哲学接上了关系，从而有可能汲取古代哲学宝贵的精神养分，将哲学向深入发展，另一方面亦以其人文主义精神为近代哲学奠定了思想基础。而宗教

① 《马克思恩格斯选集》，3 版，第 1 卷，第 168 页。

改革则在基督教内部发动了一场革命，消解了它的外在权威，走向了人的内在性，从而为近代哲学的主体性原则和自由原则奠定了基础。无论是文艺复兴使神世俗化，还是宗教改革使世俗神化，它们都可以看作“人的发现”。

最后是“科学的发现”。这个时期正是自然科学迅速发展的历史时期，它的发展和进步不仅树立了理性的权威，而且为哲学提供了思想的材料和内容，为哲学解释和说明自然奠定了坚实的基础。人们从此不再用神学的态度而是用科学的目光看待自然，不再用神学的语言而是用科学的语言解释自然。

近代哲学就是在这样的历史背景下形成的。

近代哲学是希腊哲学与基督教哲学相互交融的产物，这是两种不同性质的哲学形态。一般说来，希腊哲学关注现实生活，其基本精神是人文主义、现实主义、理性主义和科学主义的。基督教哲学所关注的则是理性与信仰的调和，它在尘世之上开辟了一个超验的精神世界，并且把哲学的思辨统统贡献给了这个超凡脱尘的领域。近代哲学一方面继承了希腊哲学的精神，注重知识，发展科学，以自然为认识的对象，确立了理性的权威；另一方面亦继承了基督教哲学的内在精神，同样关注那个超验的精神世界。因而除了 18 世纪法国哲学，近代哲学家们都可以看作“伟大的两栖动物”①。于是，当近代哲学登上哲学的历史舞台时，摆在它面前的任务就是如何弥合这两个分裂的世界。

近代哲学也是一种不同于希腊哲学和基督教哲学的崭新的哲学形态。

首先，希腊哲学以朴素直观为其基本特征，而近代哲学则是“反思的”，它以主体性原则为其基本特征。作为最初的哲学思考，希腊哲学经历了艰苦卓绝的思维劳作，才从感性的具体内容中抽象出普遍的概念来，而近代哲学一开始就活动于抽象的观念之中。这既是近代哲学的长处，也是它的局限：思维的抽象性表明近代哲学更加深入了，但也使它固执于主观性之内，最终难以解决思维与存在之间的矛盾。其次，希腊哲学虽然崇尚知识，确立了西方哲学的科学思维方式，然而它毕竟是朴素直观的，既缺少自然科学的支持，也缺少认识论的深入研究。近代哲学就不同了，它是在自然科学迅速发展的背景下形成的，所以它的科学精神有其坚实的基础。另外，它们的自然观也是不同的：希腊人哲学视野中的自然是一个活生生的、有机的整体存在，而近代哲学中的自然则是一个机械的、非生命的自然，人们将它分解成部分而分别加以研究。在希腊人的心目中，自然是神圣的，他们只要求认识自然而从来没有想到要改造自然，而近代哲学则在认识自然的任务之上又增加了改造自然的任务，结果人从自然的一部分变成了自然的主人，从而对后世产生了积极与消极两方面的影响。

与基督教哲学相比，近代哲学以理性主义为其基本特征，这种理性主义当然与经院哲学的理性主义是不同的。经院哲学尤其是唯实论的思想的确可以称为理性主义，然而那是一种以神学为最高权威、以神学教义为研究对象、既抽象空洞又烦琐思辨的理性主义。而近代哲学的理性主义则试图取代神学的权威，以自然、社会和人类自身为研究对象，因而有丰富的思想内容和知识基础。我们可以说，近代哲学要做的工作就是在经院哲学的废墟上重新确立理性的权威，重建哲学的基础。当然，近代哲学并没有彻底抛弃基督教哲学的传统，这一方面表现在它不可避免地具有神学上的不彻底性，虽然哲学家

① 詹姆士·斯鲁威尔：《西方无神论简史》，张继安译，吕大吉校，中国社会科学出版社，1982，第 26 页。

心目中的上帝往往不是宗教式的人格神，而是至高无上的理性存在；另一方面近代哲学也在不同程度上受惠于基督教的某些观念，例如基督教视自然为可供人类任意支配的低级存在的自然观，就构成了近代科学和哲学的机械自然观的基本前提。

因此，在这样的历史背景之下，近代哲学的主要问题就表现为思维与存在的关系问题。由于近代哲学从笛卡尔开始通过主体与客体的分离而树立起主体性原则，注重对认识论问题的研究，这就使近代哲学在思想的深入、知识的丰富和体系的建构上取得了前所未有的成就，同时亦使它始终难以摆脱主体与客体之间的矛盾。在认识论主体客体二元框架的限制下，近代哲学的问题最初表现为理性与经验的矛盾，出现了经验论与唯理论之争，继而展开为主体与客体、知识与对象、理想与现实、自由与必然等和思维与存在有关的一系列问题。

近代哲学与自然科学的关系非常密切。在某种意义上说，近代哲学在继承希腊哲学的同时也继承了它的传统——许多哲学家也是科学家。近代自然科学的迅速发展不仅极大地促进了社会生产力的发展，为资本主义革命奠定了坚实的物质基础，而且为近代哲学的形成和发展提供了可靠的知识前提，同时亦向哲学提出了概括总结科学的成果，为之提供认识论和方法论支持的任务。因而哲学与科学之间的关系是：自然科学的发展进一步确立了理性的权威，而且向哲学提出了认识论的问题，而哲学在吸取科学知识的内容，对其成果进行概括和总结的同时，亦在世界观、自然观和方法论上对之形成了深刻的影响，所以它们是相互影响、相互促进的。总而言之，自然科学的发展给近代哲学打上了深刻的烙印。实际上，近代哲学早期的经验论与唯理论之争就和自然科学有深刻的关联。以哥白尼革命为例，当哥白尼提出日心说假说的时候，经验与理性之间的矛盾被激化了：从经验上看，我们都是按照太阳东升西落围着地球转的观念生活劳作的，然而理论却证明是地球围绕着太阳转。不仅如此，近代哲学像希腊哲学那样追求知识、崇尚科学，并且接过了使哲学成为科学的理想，梦想使之成为现实。使哲学成为科学，可以看作西方古典哲学的最高理想，这个理想直到黑格尔才得以实现，不过实现的结果却表明它归根结底只能是在思想中编织而成的美好梦想。

近代哲学是在人类社会一系列伟大变革的背景下产生的，它集中反映并且缔造了新时代的精神。作为时代精神的精华，近代哲学的基本精神，一言以蔽之，就是启蒙主义(enlightenment)。通常我们只是将18世纪法国哲学称为启蒙运动或启蒙主义，实际上启蒙主义不仅是法国哲学而且是整个近代哲学的基本精神。启蒙主义以理性为最高权威，以自由为至上的理想，反对宗教迷信、封建专制和愚昧落后，推重理性，提倡科学，推进知识，传播知识，教化大众，形成了人类历史上规模最大、持续时间最长、影响最广泛的一场思想解放运动。在某种意义上说，它的影响无论是积极的还是消极的，至今仍然在发挥着作用。

启蒙主义集中体现了近代哲学的基本精神，也集中体现了那个时代的精神，实际上两者是一回事，因为正是哲学体现和塑造了时代的精神。我们一般将弗兰西斯·培根与笛卡尔看作近代哲学的创始人：他们一位开创了经验论，一位开创了唯理论。然而严格说来，培根的思想仍然具有一定程度上的过渡性质，而笛卡尔所确立的主体性原则和理性主义精神则奠定了近代哲学的基本精神。我们之所以尊笛卡尔为近代哲学当之无愧的始祖，乃是因为他的方法论原则、“我思故我在”思想和对自然科学的贡献不仅重建了理性主义精神，而且象征着主体性的觉醒，为近代哲学的启蒙主义奠定了基础。

启蒙主义具有深远的理论意义和现实意义，但也有其自身的局限性。近代哲学所理解的理性主要是一种科学理性，理性主义与科学主义是一致的。因此，当哲学家们在自然科学伟大成就的鼓舞下，试图将科学的精神、理论和方法推广到自然、社会和人类自身的全部领域的时候，便形成了一种机械论的世界观。在这种世界观之中，人类和社会与自然一样统统服从于自然法则，人的本性就是他的自然属性，而这种决定论不仅否定了自由，也否定了人的价值和尊严。所以严格地说，希腊哲学至多奠定了科学思维方式的基础，近代哲学才是这种思维方式的缔造者。近代哲学的科学思维方式一方面取得了卓越的成就，另一方面也暴露了其自身的局限性，而其正反两方面的作用都对西方文明的发展产生了难以估量的影响。现当代西方哲学之所以对启蒙主义的科学思维方式采取了激烈的批判态度，原因就在于此。

总之，由于主体性原则的确立，反思的精神得以高扬，哲学思考向深入发展；自然科学的各门学科迅速发展成熟，为哲学提供了丰富的思想对象和内容，也为之提出了许多新的课题；由于文艺复兴和宗教改革的思想准备，哲学在新的基础上恢复了希腊人对自然的认识和对真理的探求，增加了改造自然的任务，并且将宗教情怀引向了内在的精神领域。如此种种，使近代哲学无论是在形式上还是在内容上都比以往的哲学更丰富、更完善、更富于体系性，亦对后来哲学的发展产生了更加深远的影响。

按照哲学形态的不同特征，我们将近代哲学划分为四个阶段，分别加以讨论。

其一，16—18世纪时早期近代哲学中的经验论与唯理论之争。近代哲学之初，认识论问题成为哲学家们关注的主要问题，他们围绕知识的种种问题展开争论，分成了经验论与唯理论两大派别。由于思想的片面性，他们各持一端，争执不下，最终因为难以解决问题而陷入了困境。

其二，18世纪的法国哲学。这一时期的哲学思想之所以自成一体，乃在于它别具一格地形成了机械唯物主义世界观和战斗的无神论，尤其在社会政治学说方面有很大的贡献，旗帜鲜明地掀起了反宗教、反专制的启蒙运动，为法国大革命奠定了理论基础，进行了思想的准备。

其三，德国古典哲学。经验论与唯理论在认识论问题上陷入了困境，法国哲学在实践方面所产生的不同影响，使德国哲学家将哲学思考引向了更深入的层面。他们既要解决现实向哲学提出的问题，同时亦要解决哲学自身所面临的问题，无形中开始了对近代哲学乃至西方整个古典哲学的概括和总结，形成了有史以来最庞大、最丰富、最系统的哲学体系，以至于后人称19世纪为“思想体系的时代”。以康德为创始人，以黑格尔为集大成者的德国古典哲学，最终在黑格尔哲学中实现了西方古典哲学使哲学成为科学乃至科学之科学的最高理想，同时亦使之走向了终结。

其四，黑格尔后的哲学。黑格尔之后，哲学家们开始重新思考哲学的性质、对象和方法等一系列基本的问题，并且从各个方面进行了深入的思考、探索和尝试。从康德、费希特、谢林、黑格尔到费尔巴哈的德国古典哲学成为马克思主义哲学的重要思想来源。马克思主义哲学的诞生成为西方哲学史和现代西方哲学的一个重要的划分标准，我们将马克思主义哲学之前的西方哲学称作西方哲学史，将与马克思主义哲学同时代的其他西方哲学流派直到20世纪西方哲学各个流派看作现代西方哲学。

第七章

经验论和唯理论

文艺复兴时期的哲学一反中世纪神学和经院哲学的正统观念，重新恢复了自然与人在哲学中的地位。从 16 世纪末到 18 世纪初，欧洲人从文艺复兴时期热情的躁动走向深沉的哲学思考，开始以理性为基础去面对大宇宙和小宇宙，形成了完全属于近代欧洲的崭新的哲学。这是西方哲学的又一个繁荣时期，出现了一大批思想巨人如培根、笛卡尔、霍布斯、洛克、斯宾诺莎、莱布尼茨、贝克莱和休谟等，他们提出了一整套本体论、认识论、方法论和社会政治学说体系。

这种新的哲学一开始就与新兴的自然科学紧密地联系在一起，哲学家们要求认识自然、控制自然，从而为人类自身谋福利，他们提出了“知识就是力量”，要做“自然的主人和占有者”等口号。与此相关，认识论问题成为这个时期哲学的重要内容。因此，有人说这个时期的哲学从古代以研究客体和本体论为中心转向了以研究主体和认识论为中心。尽管这种说法不一定准确，但是它多少反映了这个时期哲学的某些特点。

围绕着认识的来源和基础、真理的标准、认识的方法论等问题，哲学家们展开了激烈的争论，形成了两大对立的派别，亦即经验论（Empiricism）和唯理论（Rationalism）。[①] 两者的理论分歧大致有这样几个方面：首先是认识的来源和基础问题。一般说来，经验论者认为认识来源于感觉经验，一切知识必须建立在经验的基础上；唯理论者则主张认识来源于天赋观念，知识必须建立在理性的基础上。其次是真理的标准问题。一般说来，经验论者认为经验是检验知识的最基本的标准；而唯理论者则认为知识的真理性乃在于清楚明白、无可怀疑，亦即具有自明性和不矛盾性。最后是认识的方法问题。一般说来，经验论者认为最有效的方法是经验的归纳方法；而唯理论者则主张从不证自明的公理出

① Rationalism 通常译作“唯理论”，但是在汉语中“唯”字过于极端，似乎只讲理性，不讲经验，这并不符合这一哲学派别的实际情况，译作“理性论”可能更合适一些。从广义上讲，理性主义实际上构成了整个近代哲学的基本特征，经验论者也并不是不讲理性。此处，我们按照约定俗成的原则，仍然沿用“唯理论”这个译名，特做一说明。

发，经过理性的演绎方法，推导出结论。

我们之所以在说明经验论与唯理论之间的分歧时反复强调“一般说来”，是因为实际上既不存在“纯粹的”经验论者，也不存在“纯粹的”唯理论者，哲学家们的思想往往是非常复杂的，例如经验论者的思想中有唯理论的因素，唯理论者的思想中也带有经验论的痕迹。另外，这一时期的哲学家虽然有派别之争，但是他们的根本目标都是追求知识，探索真理，更何况他们还有共同的对手，那就是尽管已经衰败但却仍然不肯自行退出历史舞台的经院哲学。

经验论的主要代表人物有英国的弗兰西斯·培根、霍布斯、洛克、贝克莱和休谟；唯理论的主要代表人物有法国的笛卡尔、尼德兰（荷兰）的斯宾诺莎和德国的莱布尼茨。培根是经验论的创始人，笛卡尔是唯理论的创始人，他们通常被看作近代哲学的开端。从地域上看，经验论主要集中在英国，唯理论主要集中在欧洲大陆，所以习惯上亦称之为“英国经验论”和“大陆唯理论”。造成这种局面的原因是十分复杂的。首先，在英国有着悠久的唯名论传统，重视个别的感性经验的东西，而大陆则是正统的实在论占主导地位，重视普遍的、理性的东西。其次，与科学的发展状况有关，当时英国的实验科学非常发达，产生了波义耳、牛顿等注重观察和科学实验的科学家与培根、洛克等爱好实验、推崇经验归纳方法的哲学家；而当时的法国巴黎是欧洲的数学中心，并且许多哲学家本人就是数学家，如笛卡尔发明了解析几何，莱布尼茨发明了微积分，他们大多推崇理性的演绎方法。

经验论和唯理论的对立主要是认识论的对立，而不是哲学基本路线的对立。不能将经验论等同于唯物主义，将唯理论等同于唯心主义。他们在认识论和方法论上各执一端，各自包含有部分真理，而在长期的论争中又相互渗透、相互影响、相互补充，共同推动着人类认识的发展。

第一节 培根

培根是近代英国经验论的开启者。近代经验论哲学之所以在英国诞生有多方面的原因，例如英国有悠久的唯名论传统，中世纪后期唯名论哲学家罗吉尔·培根、邓斯·司各脱和威廉·奥卡姆等人都是著名的代表，他们的思想具有浓厚的经验论的色彩。

弗兰西斯·培根（Francis Bacon，1561—1626），出身在伦敦的一个新贵族家庭，其父是伊丽莎白女王的掌玺大臣。培根 12 岁进入剑桥大学三一学院学习，15 岁毕业后到英国驻法国使馆工作，1579 年回国学习法律，1582 年通过考试获得正式律师资格。1584 年被选为国会议员，1604 年被委任为国王詹姆士的顾问。此后他官运亨通，接连晋升为副检察长、检察长、掌玺大臣。1618 年任英格兰大法官并被封为维鲁拉姆男爵，1620 年加封圣阿尔班子爵。次年被指控受贿而被判刑并处巨额罚金。虽经国王干预而免于刑罚，但他从此结束了官宦生涯。此后，培根潜心哲学和科学研究，1626 年因病去世。

培根原计划写一部百科全书式的巨著《科学的大复兴》（又名《伟大的复兴》），包括六个部分，但只完成了前两部分，它们被分册出版，这就是他的两部主要哲学著作《论学术的进展》（又名《论科学的价值和发展》，中译本名为《崇学论》）和《新工具》。培根的其他哲学著作还有《论原则和本原》和《论古代人的智慧》，此外还有《政治和伦理论说文集》（中译本名为《培根论说文集》）和《新大西岛》。

培根哲学的根本目的就是要实现科学的伟大复兴，推进知识的发展，使人们能够按照自然的本来面目去认识自然，并且支配和利用自然，为人类自身谋福利。培根批判封建神学和经院哲学，崇尚新兴的实验科学，他所提出的著名口号“知识就是力量”，精辟地概括了当时的时代精神，他所提出的经验论的基本原则为后来英国经验论的形成和发展奠定了基础。

培根是近代第一个自觉地把知识和方法问题当作哲学研究的对象的哲学家，其哲学思想对近代哲学尤其是经验论有很大的影响，因而通常被看作近代哲学的创始人之一。关于培根在哲学史上的地位有两种不同的观点，一种观点认为，培根的自然哲学具有明显的过渡性质，他的思想主要来源于古代哲学，培根的唯物主义不同于近代机械唯物主义而具有一定的朴素性和辩证性。实际上，培根的知识水平远远落后于同时代自然科学的发展，他对数学和力学这两门对近代哲学影响最大的学科没有足够的知识，甚至不能理解当时伟大的天文学家的著作而否定哥白尼的日心说，而且对吉尔伯特和哈维所从事的科学实验亦不关心（虽然哈维是他的私人医生）。虽然培根处处以亚里士多德这位中世纪经院哲学的最大权威作为批判的对象，但是他的自然哲学无论是概念还是内容大多受益于亚里士多德。如此种种，使得他的思想很少机械论色彩而具有朴素辩证法的性质。另一种观点认为，培根提出了一种新的哲学精神，代表了新时代的声音，他提出了一套较为系统的、新的哲学形态，他对人与自然的关系做了一个全新的界定，强烈地预示了哲学和科学的复兴，就其开创新的哲学精神而言，培根当之无愧是近代哲学的先知。

一、四假象说

培根从世界观和认识论的高度对经院哲学进行了原则性的批判。他深刻地揭露和批判了宗教和经院哲学给科学研究活动所造成的危害，认为它们堵塞了科学发展的道路。培根指出，影响科学发展的“第一个原因可以适当地归之于有利于科学发展的时间极其有限”①。因为在基督教流行以后，绝大多数有才智的人都去从事神学研究，而经院哲学的争辩和空论则摧毁了科学。第二，在宗教神学和经院哲学的支配下，科学本身的目标没有摆正，科学研究的道路和方法不对头。过去的“科学”不是给人类提供新的发现和力量，而是为了猎取虚名，维护教条；不是联系实际，而是玩弄概念进行无谓的争论；不注重实验，而是沉溺于思辨玄想之中，这都是经院哲学造成的恶果。第三，“人们之所以在科学上不能进步，乃是由于像着了魔一样崇拜古代、崇拜哲学中的所谓伟大人物的权威”②。第四，“在每一个时代，自然哲学都曾经有一个很难对付的麻烦的敌人，这就是

---

① 北京大学哲学系外国哲学史教研室编译：《十六—十八世纪西欧各国哲学》，商务印书馆，1975，第 28 页。

② 同上书，第 32 页。

迷信和对宗教的盲目狂热”[①]。由于某些人的头脑简单和过分狂热，把宗教这种对于人的心灵有最大支配力量的东西拉来反对自然哲学，因而阻碍了自然哲学的发展。

培根在理论上对经院哲学进行的深刻批判主要体现在“四假象说”上。所谓假象（idols，亦译作“幻象”“偶像”），即盘踞在人的头脑中的一些错误观念，它们形成了成见或偏见，使人们不能正确地认识到真理，严重妨碍了科学的复兴。培根根据这些错误的不同来源把假象分为四类，即“族类假象”、“洞穴假象”、“市场假象”和“剧场假象”，并对它们进行了深刻的分析和批判。

“族类假象”是人类天性中普遍存在的缺陷。由于人类在认识事物时，不是以客观事物本身为尺度，而是以自己的主观感觉和成见为尺度，从而在对自然事物的认识中掺杂着许多主观的成分。“人的理智就好像一面不平的镜子，由于不规则地接受光线，因而把事物的性质和自己的性质搅混在一起，使事物的性质受到了歪曲，改变了颜色。”[②]

“洞穴假象”是由于个人的特性而产生的假象。因为每个人的心理和体质各有特点，所受的教育和成长的环境、阅读的书籍、崇拜的权威亦有不同，这就难免使自然之光曲折和变色，从而产生一些成见和偏见。

“市场假象”是由于人们在相互交往过程中语词使用不当而产生的假象。人们相互往来，如同市场上交际一样，必然会使用语言。如果对名称和概念的规定与理解不当，就会以假冒真，名实不符，造成错误的观念，形成假象。

“剧场假象”是从各式各样的哲学体系以及错误的论证方法中移植到人们心中的假象。培根说：“因为照我的判断，一切流行的体系都不过是许多舞台上的戏剧，根据一种不真实的布景方式来表现它们所创造的世界罢了。”[③] 如果人们误将哲学家精心制造的理论体系当成了现实，就会陷入“剧场假象”。

培根提出“四假象说”的目的是清算经院哲学所散播和灌输给人们的种种迷信谬说、偏见和怪癖、空论和诡辩，以及所编造的各种神学唯心主义体系。不仅如此，四假象说还深刻地揭示了导致人们认识主观性和片面性的种种认识论根源，因而具有重要意义，并产生了深远的影响。

当然，“假象”虽然危害很大，但却不是不能克服的。在培根看来，只要我们正确地使用理智，弄清错误产生的原因，找到正确的方法，就可以避免“假象”，获得可靠的知识。

二、自然哲学

在培根看来，哲学分为神圣哲学、自然哲学和人文哲学。即关于上帝的哲学、关于自然的哲学和关于人的哲学。哲学是人类理性的工作，自然是被直接认知，上帝则是通过万物而间接地被认识，人则是由反思而认识自身。在这三者中自然哲学最重要。自然

---

① 北京大学哲学系外国哲学史教研室编译：《十六—十八世纪西欧各国哲学》，第 36 页。

② 同上书，第 13 页。

③ 同上书，第 14 页。

哲学又分成探究原因的自然哲学和产生效果的自然哲学，前者是物理学和形而上学，物理学探求质料因和动力因，形而上学探究形式因和目的因；后者则是物理学和形而上学在科学和实践中的具体运用，在普遍知识的基础上建立起来的实用技术。

在近代哲学之初，培根恢复将自然作为科学研究对象的合法地位，建立了以“形式”为核心的唯物主义自然观。培根认为，除了上帝这个第一推动者之外，自然界自己就是自己的原因。世界在本质上是物质的，物质是万物的本原，这就是“原初物质”。所谓原初物质是一切事物的本原、一切原因的原因，但它本身不为其他本原所产生和决定。物质是永恒存在的，“无物生于无”和“无物化为无”是自然界的两条基本原则。“物质的绝对量或总数是保持不变，无增无减的”[①]，“任何火，任何重量即压力，任何强暴，以至任何长时间，都不能把物质的哪怕是极小极小的任何部分化为无，它永远总有在那里，永远总占着某些空间。”[②]

物质本身是能动的，运动是物质本身所固有的特性。“物体无论就整体或就部分说来是没有真实的静止而只有表面的静止的。”[③] 物质的特性是多种多样的，运动的形式也是多种多样的，培根不仅承认物质的广延、形状、位移等机械特性，而且也承认感觉、自发运动、生长、颜色、冷热等特性，运动的形态是多种多样的，并不只是单一的机械运动。培根在《新工具》第二卷中曾经列举了 19 种运动形态，除机械位移运动外，还有“同化运动”、“逃避运动”和“反感性”运动等等，这些论述虽然具有明显的朴素性和想象性，但却包含着物质能动性和运动形态多样性的可贵思想。

培根虽然激烈地批判了被经院哲学奉为最高权威的（当然其中也有被歪曲了的）亚里士多德哲学，但是亦接受了他的“四因说”中的一些思想，尤其强调认识事物的“形式因”。他认为，如果我们认识了形式因，那就把握了事物的本质和真理。由此，培根提出了他的“形式”学说。

“形式”是培根自然哲学的核心范畴之一，具有丰富的含义。一般说来，他所说的“形式”指的是事物运动的规律、决定物体的单纯性质的法则和事物的本质规定性：“当我讲到形式的时候，我所指的不是别的，正是支配和构成简单性质的那些绝对现实的规律和规定性，如各种物质中热、光、重量和能够接受这些性质的东西。因此，热的形式或光的形式和热的规律或光的规律乃是同一的东西。”[④] “形式”有许多重要的特征：第一，形式和物质不可分离。他批判了柏拉图把形式和物质割裂开来、把形式观念化的唯心主义的观点，肯定了形式不是抽象的而是具体的，与物质不可分离。第二，形式是事物的内在本质规定性。“因为既然一物的形式就是此物本身，而事物与形式的区别不过是表面的与内在的、外在的与内在的之间的区别。”[⑤] 第三，形式的普遍性。一个人如果熟悉了形式，“就能够在极不相同的实体中抓住自然的统一性”[⑥]。第四，形式是为数不多

---

① 培根：《新工具》，许宝骙译，商务印书馆，1984，第 224－225 页。

② 同上书，第 249 页。

③ 同上书，第 271 页。

④ 北京大学哲学系外国哲学史教研室编译：《十六—十八世纪西欧各国哲学》，第 56 页。

⑤ 同上书，第 54 页。

⑥ 同上书，第 47 页。

的、永恒的和不变的。第五，形式的效用性。“由于形式的发现，我们就可以在思想上得到真理而在行动中得到自由。”① 培根曾经以黄金的“形式”为例，说明他的形式学说的内容实质和效用。

尽管培根的自然观和“形式”学说具有浓厚的朴素性和幻想性，但是它们说明了物质的质的多样性，肯定了物质和运动不可分以及运动形式的多样性，并且他认为发现事物的形式就能在思想中得到真理从而在行动中获得自由，表现出朴素的辩证法的思想，这使培根的哲学与后来的机械唯物主义的观点有一定的区别。正如马克思恩格斯所说：“唯物主义在它的第一个创始人培根那里，还在朴素的形式下包含着全面发展的萌芽。物质带着诗意的感性光辉对人的全身心发出微笑。”② 当然，培根的自然哲学比较庞杂且不成体系，在与旧哲学决裂的同时亦不可避免地承袭了许多旧哲学的东西，并且具有神学上的不彻底性。

三、经验论的基本原则

培根在近代哲学中第一个提出了经验论的基本原则，主张一切知识都来源于经验，同时亦认识到了感觉经验的局限性，主张将经验与理性结合起来。所有这些，使他在近代哲学中为经验论的产生准备了基本的条件。

科学认识的对象是自然，认识的目的在于发现自然事物的“形式”即规律，而人们对于自然事物及其规律的认识在实质上是对客观存在的“世界模型”的“摹仿”。所以，“知识就是存在的表象”，存在的真理同知识的真理是一个东西，两者的差异亦不过如同实在的光线同反射的光线的差异。培根的这一论述可以说是近代唯物主义反映论的一个初步表述。

培根认为科学知识来源于对自然事物的感觉经验。一切认识都来源于经验，感觉表象是认识的起点。“既然全部解释自然的工作是从感官开端，是从感官的认知经由一条径直的、有规则的和防护好的途径以达于理解力的认知，也即达到真确的概念和原理，那么，势必是感官的表象愈丰富和愈精确，一切事情就能够愈容易地和愈顺利地来进行。”③

认识来源于感觉，但是感觉也有其局限性，因为感觉的领域是褊狭的，并且带有主观性。它的有些报道是虚妄的甚至是骗人的，因而不能达到事物的本质。不过，感觉的这些缺陷是可以弥补的。补救的办法是给感官提供工具和帮助，但主要是依靠科学实验。培根认为，“一切比较真实的对于自然的解释，乃是由适当的论证和实验得到的。感觉所决定的只接触到实验，而实验所决定的则接触到自然和事物本身”④。培根把科学实验引入认识论，不仅给唯物主义的认识论增加了新的内容，而且有实践是真理标准的思想萌芽。

当然，在掌握了实验的资料之后，还必须运用理智的能力对这些资料进行加工、分析，形成概念和公理，以求揭示自然事物的“形式”、规律性。所以完整的认识过程是，

---

① 北京大学哲学系外国哲学史教研室编译：《十六—十八世纪西欧各国哲学》，第 47 页。

② 《马克思恩格斯全集》，中文 1 版，第 2 卷，第 163 页。

③ 培根：《新工具》，第 216－217 页。

④ 北京大学哲学系外国哲学史教研室编译：《十六—十八世纪西欧各国哲学》，第 17－18 页。

“严肃地直接从感觉出发，通过循序渐进和很好地建立起来的实验进程，努力为人的理智开辟和建筑一条道路”①。培根主张从经验上升到理性，把经验和理性结合起来。他运用“蜘蛛、蚂蚁、蜜蜂”的著名比喻生动而深刻地概括了他对理性派和经验派的批判以及感性和理性联姻的重要主张。他说：“历来处理科学的人，不是实验家，就是教条者。实验家像蚂蚁，只会采集和使用；推论家像蜘蛛，只凭自己的材料来织成丝纲。而蜜蜂却是采取中道的，它在庭园里和田野里从花朵中采集材料，而用自己的能力加以变化和消化。哲学的真正任务就正是这样，它既非完全或主要依靠心的能力，也非只把从自然历史和机械实验收来的材料原封不动、囫囵吞枣地累置于记忆当中，而是把它们变化过和消化过而放置在理解力之中。这样看来，要把这两种机能，即实验的和理性的这两种机能，更密切地和更精纯地结合起来（这是迄今还未做到的），我们就可以有很多的希望。”② 在他看来，经验能力和理性能力的“离异”“不和”，给科学知识的发展造成了严重的危害。为了科学知识的发展，经验必须和理性联姻。“我以为我已经在经验能力和理性能力之间建立了一个真正合法的婚姻，二者的不和睦与不幸的离异，曾经使人类家庭的一切事务陷于混乱。”③ 当然，培根仅仅是提出了原则，并没有真的将其付诸实践。

四、经验归纳法

方法论问题在培根的哲学探索中占有极为重要的地位。在他看来，2500 年来科学很少进步的原因之一就是缺少正确的方法。理性如果没有正确的方法的指导，就如同黑夜行路缺少光亮，大洋航船没有罗盘一样，文明民族与野蛮民族之间的根本区别也在于方法。为此，培根在批判经院哲学旧逻辑的基础上提出了经验归纳法。

经院哲学的旧逻辑脱离经验和自然，专门玩弄抽象概念，不能帮助人们去发现真理。因而“现在所使用的逻辑，与其说是帮助着追求真理，毋宁说是帮助着把建筑在流行概念上面的许多错误固定下来并巩固起来”④。经院哲学广泛使用的三段论只能强人同意命题，而不能帮助我们发现自然的原因。三段论是由命题组成，命题由词语组成，而词语则是概念的符合，如果概念本身是混乱的或过于草率地从事实中抽出来，那么其上层的建筑物就不可能是巩固的。这样，培根在批判经院哲学的逻辑和方法时，把亚里士多德的逻辑、中世纪逻辑和经院哲学混为一谈，一概加以排斥，认为它们都已经陈旧了，必须代之以新的逻辑和方法论。培根认为，人们必须运用工具才能完成伟大的工作。针对亚里士多德的《工具论》，培根将他讨论方法论的著作称为《新工具》。与亚里士多德强调演绎法相对，培根提出了归纳法，即一种新逻辑和新方法论。

培根的经验归纳法由三大步骤组成：

第一步，收集材料。准备一部充足、完善的自然的和实验的历史。这是全部工作的基础。培根将他的归纳法区别于简单枚举归纳法，认为后者“是很幼稚的；它的结论是

① 北京大学哲学系外国哲学史教研室编译：《十六—十八世纪西欧各国哲学》，第 30 - 31 页。

② 培根：《新工具》，第 75 页。

③ 北京大学哲学系外国哲学史教研室编译：《十六—十八世纪西欧各国哲学》，第 8 页。

④ 培根：《新工具》，第 10 页。

不稳固的，只要碰到一个与之相矛盾的例证便会发生危险；它一般地只根据少数的、并且只是根据那些手边的事实来作决定"①。培根提出了以大量实验材料为依据的、比较全面深刻得多的经验归纳法。

第二步，运用"三表法"来整理材料。培根提出的三种例证表是：（1）"具有表"，把具有所要考察的某种性质的一些例证列在一起。（2）"接近中的缺乏表"，在这里列举出与上表中的例证情形近似可是却没有出现所要考察的某种性质的一些例证。（3）"程度表"或称"比较表"，在这里列举出按不同程度出现的所要考察的某些性质的一些例证。培根认为，列出了三个表，这只是做好了归纳的准备工作。

第三步，进行真正的归纳。培根所谓真正的归纳又分为三个小步骤：（1）排除法，即排除和拒绝这样一些性质：在有给定的性质存在的例证中不存在的；在给定性质不存在的例证中存在的；在这些例证中给定性质减少而它却增加，或给定性质增加而它却减少的。在进行这种排除的过程中已经为真正的归纳打下了基础。（2）根据三表所列示的事例，做一次正面地解释自然的尝试，就是通过排除之后得出正面的结论。（3）纠正解释偏差的几种帮助。培根列举了九种帮助，如"具有优先权的例证""归纳法的改正""按题目的性质改变研究方法"等。这九种"帮助"旨在校正以上程序中的失误，以求得到尽可能准确的结论。

培根的归纳法只是提出了归纳推理的基本原则，而没有明确制订归纳推理的形式和规则。他偏重机械的列表例证和片面分析，没有认识到归纳和演绎的辩证关系，在贬低演绎法和三段论的作用的同时，片面地夸大了归纳法的作用。

培根创立了近代唯物主义哲学，但是他的唯物主义仍带有朴素性和自发性；他提出了科学知识来源于感性经验的基本原理，强调经验的归纳法，开创了近代英国经验论的先河。不过，培根的唯物主义和经验论也具有神学上的不彻底性，他既承认科学真理，也赞同神学真理。他说，人的知识像水一样，有的是从天上落下来的，有的是从地上涌出来的，前者是由神的启示所感悟，后者是由自然之光所照耀。但是，培根的这种"二重真理论"的主旨在于把科学和神学分开，以便限制神学为科学争取地盘，使科学从神学的束缚下解放出来。

第二节　笛卡尔

笛卡尔是近代哲学的奠基者和唯理论的创始人，他既是哲学家，也是数学家和物理学家，不仅其哲学具有划时代的意义，而且在科学史上也有着非常重要的地位。

勒内·笛卡尔（René Descartes，拉丁语名字为 Renatus Cartesius，1596—1650）生于法国西北部都兰（Touraine）地区，祖父是一位医生，父亲和大哥都是雷恩地区不列塔尼议会的参议员。他10岁（一说8岁）进入耶稣会创办的拉·弗莱舍（La Fleche）公学学习，尤其对数学表现出强烈的兴趣。1614年离开拉·弗莱舍公学，1616年在普瓦提

① 北京大学哲学系外国哲学史教研室编译：《十六—十八世纪西欧各国哲学》，第44页。

埃（Poitiers）取得法律就业证书，1618 年在荷兰加入了拿梭的摩利士王子的军队。从 1619 年开始，笛卡尔专注于科学方法论的研究，经过九年的实践和总结，将他的方法写成《探求真理的指导规则》一书。1628 年移居荷兰，潜心研究学术。1637 年在荷兰莱顿出版了他的第一部哲学著作《谈谈方法》（完整的书名是《谈谈这种为了更好地指导理性并在各科学中探求真理的方法》，又译作《方法谈》），与《折光学》、《气象学》和《几何学》三篇论文一同发表。

笛卡尔的主要哲学著作《第一哲学沉思集》以拉丁语于 1641 年在巴黎出版（后来译成法语时题为《形而上学的沉思》），第一版里还附有六篇反驳和答辩。笛卡尔最初将书送给索邦神学院（La Sorbonne），试图借助它的权威以利于出版，而神学院的麦尔塞纳神父将该书分别送给一些哲学家、神学家（包括霍布斯和伽森狄）等专家学者征求意见，引起了来自神学家和唯物主义哲学家两方面的批评，由此组成了六组反驳。笛卡尔对它们进行了答辩，并将这些反驳和答辩与原书一同出版。他的著作还有《论世界》（1633 年写成，因伽利略遭到罗马教廷审讯而未发表）、《哲学原理》（1644）和《灵魂的激情》（1649）。

1649 年 9 月笛卡尔应瑞典女王克里斯蒂娜的邀请前往斯德哥尔摩讲学。由于气候寒冷和生活习惯的改变，笛卡尔患肺炎，于 1650 年 2 月 21 日逝世。

当笛卡尔登上哲学舞台之时，一方面是经院哲学一蹶不振，哲学百废待兴，另一方面是自然科学的迅速发展。因而摆在他面前的问题，就是如何在经院哲学的废墟上重新树立起理性的权威，重建哲学的基础。在这种理论背景之下，任何独断的或肯定的方式无疑是不会起作用的。于是，笛卡尔从头做起，采取了一种现在看来可能是最为行之有效的方法，那就是以否定的亦即怀疑的方式，去寻找不证自明、无可置疑的东西。他在近代哲学中第一个探讨哲学方法论和认识论，把“我思故我在”作为形而上学的第一原理，以主体性原则为近代哲学奠定了基础，确定了方向，因而他的理论学说堪称哲学的革命。

笛卡尔将他的哲学体系（亦即人类知识体系）比作一棵大树，它的树根是形而上学，树干是物理学，树枝是其他的科学（主要是医学、机械学和伦理学）。我们主要从三个方面来讨论笛卡尔哲学，这就是“方法论”、“形而上学”和“物理学”。

一、方法论和认识论

在某种意义上说，哲学问题的解决与方法有着极为密切的关系，因而历来的哲学革命大多与方法论的创新有关，笛卡尔也不例外。笛卡尔的哲学革命首先就是从方法论开始的。

哲学（形而上学）应该是一切科学知识的基础，然而事实上这个基础却是极不稳固的，就经院哲学来说，它的原理没有一个不是处于争论之中，没有一个不是令人怀疑的，在如此不稳固的基础上不可能建立起坚固的知识大厦。在笛卡尔看来，要想重建哲学的基础，关键在于科学的方法。笛卡尔认为，良知（bon sen，即良好的心智或理性）是世界上分配得最均匀的东西，我们的意见之所以不同，并不是一些人具有的理性比另一些人更多，而只是由于我们通过不同的途径来运用我们的思想。所以仅仅有良好的心智是不够的，主要在于正确地使用它，换言之，必须有正确而科学的方法。经过反复考察，笛卡尔发现了数学。数学（几何学）的特征是，当它确定了初始原理之后，从这一原理就可以演绎地、系统地得出所有其他的原理。如果初始原理是真实可靠的，那么整个知识体系也一定是真实可靠的。但是很可惜，这种方法一向大材小用，只是被用在机械技术方面研究抽象的符号而与知识内容无关，实际上它完全可以改造成为哲学的方法，为人类知识大厦确立坚实的基础。当然，旧逻辑（形式逻辑三段论）也不是一无是处，它的确能够使我们的推理严密而精确，只不过它只能分析已有的知识而不能获得新知识。于是，笛卡尔开始考虑创立一种包含几何学和形式逻辑这两门科学的优点同时又能够避免两者的缺点的新方法，既推理严密又能获得新的知识。为此，他在《谈谈方法》一书中首先确立了他的方法论原则。

（一）方法论原则

笛卡尔的方法论原则有四条。

第一条：决不把任何我没有明确地认识其为真的东西当作真的加以接受，也就是说，小心避免仓促的判断和偏见，只把那些十分清楚地、明白地呈现在我的心智之前，使我根本无法怀疑的东西放进我的判断之中。

第二条：把我所考察的每一个难题，都尽可能地分成细小的部分，直到可以而且适于圆满地解决的程度为止。

第三条：按照次序引导我的思想，以便从最简单、最容易认识的对象开始，一点一点上升到对复杂的对象的认识，即使是那些彼此之间并没有自然的先后次序的对象，我也给它们设定一个次序。

第四条：把一切情形尽量完全地列举出来，尽量普遍地加以审视，使我确信毫无遗漏。①

在这四条方法论原则中，笛卡尔首先确立的是普遍怀疑的出发点、理性的权威和衡量真理的标准。他要求对一切知识采取怀疑的态度，只接受那些被心智（理性）明确地认识为真的东西，而且确定了真理的标准，那就是清楚明晰、无可置疑。所谓“清楚”就是对象界限分明，与其他的对象判然有别，不混杂。所谓“明晰”就是对象明显地、位置适当地呈现在心灵面前，不暗昧，不模糊。② 在第二条原则中，他概括了分析的方法，亦即将那些复杂的对象或命题逐步分解为不可再分的简单对象或命题，弄清楚其内部的性质和结构。第三条原则概括了综合方法，即按照合乎理性的次序重新组合被分解开的要素，我们的认识从最简单、最容易理解的对象开始，逐步上升到最复杂的对象的知识。第四条原则类似完全列举或归纳方法。归纳是对直观的补充，当我们对某个事物的知识不能运用直观的时候，就只能用归纳了。笛卡尔的归纳不同于培根的归纳，它不是从个别上升到一般，而是列举出与问题有关的全部事实和详细目录，非常全面、精确，

---

① 参见北京大学哲学系外国哲学史教研室编译：《西方哲学原著选读》，上卷，第 364 页。

② 笛卡尔：《哲学原理》，关文运译，商务印书馆，1958，第 17 页。

无一遗漏，同时列举还应该准确和有顺序。通过有顺序的完全列举得出的结论尽管没有直观那么可靠但仍不乏确定性，得出的结论是可靠的。

（二）怀疑方法

笛卡尔以怀疑为武器给予已经漏洞百出的经院哲学毁灭性的打击。既然现有的哲学原则和观念都是不确定的，那么在真假难分的情况下，唯一妥当的办法就是对一切知识和观念都采取怀疑的态度，通过普遍怀疑来寻找无可置疑的真理，确立哲学的基本原理，作为推演科学体系的基石。笛卡尔的怀疑不仅是破坏性的，而且是建设性的。就像阿基米德要求一个牢固的支点来移动地球一样，笛卡尔要运用怀疑来寻求一个无可置疑的依据，以此为基础建立一座知识的大厦。所以，他的怀疑与怀疑论的怀疑有所不同：怀疑论以怀疑为目的，而笛卡尔的怀疑则是一种方法和手段。因此，他的怀疑“并不是模仿那些为怀疑而怀疑并且装作永远犹疑不决的怀疑派”，正好相反，他的“整个计划只是要为自己寻求确信的理由，把浮土和沙子排除，以便找出岩石或黏土来”①。

首先，我们一向当作真实可靠的感性知识是不可靠的。尽管感觉给予我们关于事物的许多报告，但是有时感官是会骗人的。例如同一个物体由于远近距离不同，在感觉上就变成了不同的东西。所以，对这些骗过我们一次的东西不要完全相信，肯定是谨慎的行为。

然而，尽管感官在事物远近、大小等方面有可能欺骗我们，但是在别的方面也许没有理由怀疑它。例如我坐在火炉旁，穿着冬袍，我怎么能够否定这双手、这身体是我的呢？然而这同样是可疑的。因为我是人，在睡觉的时候有可能做梦。我究竟是否坐在这里，是清醒还是在梦幻之中是不确定的，所以也是可以怀疑的。

既然如此，那么可以由此推论，一切依靠考察事物的科学如物理学、天文学、医学等等都是可疑的，因为它们的对象是否现实存在都是不确定的。笛卡尔的怀疑是如此之彻底，他甚至认为，他心爱的数学、几何学也是可疑的，因为人们在推理论证时经常会犯错误，而且创造世界的上帝也可能是个骗子，他有意让我们上当。不仅如此，甚至设想上帝并不存在亦是允许的。这样一来，我们的确很容易假设，既没有上帝、苍天，也没有物体，还很容易假设我们自己甚至没有手、没有脚，最后竟然没有身体。

正是运用这种“方法论上的怀疑”，笛卡尔开始了重建形而上学的工作。所以笛卡尔说：“如果我想要在科学上建立起某种坚定可靠、经久不变的东西的话，我就非在我有生之日认真地把我历来信以为真的一切见解统统清除出去，再从根本上重新开始不可。”②

（三）理性演绎法

按照笛卡尔的观点，哲学作为一切知识的基础，必须是从一个清楚明白、无可置疑的基本原理推演出来的严密的科学体系。所以，他以几何学为模型，将演绎法看作哲学的根本方法。

---

① 北京大学哲学系外国哲学史教研室编译：《十六—十八世纪西欧各国哲学》，第 146 页。

② 笛卡尔：《第一哲学沉思集》，庞景仁译，商务印书馆，1986，第 14 页。

一般说来，笛卡尔的理性演绎法包括两个部分，即直观和演绎。所谓“直观”既不是感性直观也不是神秘的直觉，而是“理智直观”，它是一个清晰而周详的心灵的无可置疑的概念，仅仅由理性之光突然而出，它比演绎本身更确实可靠。所谓“演绎”就是从业已确知的基本原理出发而进行的带有必然性的推理。由此可见，理智直观的作用是为演绎提供进行推理的基本原理，演绎就从这些基本原理出发，形成一个具有普遍必然性的推理过程，最终形成科学知识体系。笛卡尔认为，他的“演绎”与经院哲学的演绎法不同，是一种能够产生新的知识、形成科学体系的新方法。

因此，笛卡尔要求哲学的基本原理必须满足两个条件：第一，“它们必须是明白而清晰的，人心在注意思考它们时，一定不能怀疑它们的真理”；第二，“我们关于别的事物方面所有的知识一定是完全依靠那些原理的，以至于我们虽然可以离开依靠于它们的事物，单独了解那些原理，可是离开那些原理，我们就一定不能知道依靠于它们的那些事物”①。

（四）天赋观念

“天赋观念”是笛卡尔哲学乃至唯理论哲学的基础。

按照笛卡尔的观点，科学之为科学必须是由清楚明白、无可置疑的基本原理推演而来的科学体系。显然，这些清楚明白、无可置疑的基本原理不可能来源于感觉经验，只能是与生俱来的天赋观念。因为感觉经验是不可靠的，不足以充当科学知识的基础。以蜂蜡为例。刚从蜂房中取出的蜂蜡其颜色、形状和大小一望可知。但是当人们把它放在火边时，它的颜色、形状和体积就发生了变化。虽然是同一块蜂蜡，可是感觉一会儿告诉我们它是这样的，一会儿又告诉我们它是那样的，这说明感觉是变动不居的、靠不住的，只有理智才能认识事物的本质。

笛卡尔的“天赋观念论”包括天赋观念直接呈现说、天赋观念潜在发现说和天赋能力潜存说。

笛卡尔根据观念的来源不同把观念分为三类：“在这些观念中间，我觉得有一些是我天赋的，有一些是从外面来的，有一些是由我自己制造出来的。”② 这三类观念对应着三种心理功能，外来的观念依赖于感觉；虚构的观念借助想象；而天赋观念则出于纯粹理智。因此，天赋观念的特点是：首先，它决不能来自感官或想象，而是存在于理智中的，仅凭我们的理解得来的。其次，它必须是清楚明白、无可置疑的。一切清楚明白的观念就是天赋观念。最后，它是普遍有效的，是对事物的本质的认识，是永恒的真理。总之，所有一切不是来自感觉经验、不是来自主观的虚构，而只能来自纯粹的理性思维的东西都是天赋的。

笛卡尔的这种天赋观念直接呈现说在当时就受到许多哲学家如伽森狄和霍布斯等人的批判，为了使这一学说能自圆其说，笛卡尔又提出了天赋观念潜在发现说和天赋能力潜存说来加以修正。

---

① 笛卡尔：《哲学原理》，第IX-X页。

② 北京大学哲学系外国哲学史教研室编译：《西方哲学原著选读》，上卷，第374页。

天赋观念潜在发现说宣称，天赋观念是潜存在我们心中的，需要学习和训练才能把它们从其他观念的掩蔽和混杂中发现出来。这些观念完全展现在我们心中，但是它们受到肉体的干扰，婴儿、小孩和青年人的精神淹没在肉体之中，思想极其密切地固着于身体，只有成年人才能冲破身体的牢笼发现那些自明的真理。

天赋观念直接呈现说难以令人置信，天赋观念潜在发现说同样也不能使人信服。于是笛卡尔又提出了天赋能力潜存说。在他看来，天赋观念实际上是一种潜存的能力，一旦经验诱发它就能产生出这种观念。笛卡尔在《第一哲学沉思集》中对霍布斯的反驳进行答辩时写道："当我说，某些观念是与我们俱生的，或者说它是天然地印在我们灵魂里的，我并不是指它永远出现在我们的思维里，因为，如果是那样的话，就没有任何观念；我指的仅仅是在我们自己心里有生产这种观念的功能。"① 这种"生产观念的功能""思维的能力"并不是实在地存在而是潜在地存在着的。笛卡尔把这种潜在的能力、功能看作某种倾向或禀赋。他在这里并不完全排除经验，承认经验给我们提供了一个偶因或机缘，使我们的精神根据这种天赋的思维能力形成这些观念。

总之，天赋观念在笛卡尔哲学中具有举足轻重的地位和意义，它相当于"理性工具"、"逻辑形式"、"基本原理"或"基本观念"等，其中最重要的当然是哲学的基本原理了，因为它是整个哲学体系的出发点和基础。

二、形而上学

在西方哲学史上，笛卡尔的伟大贡献就在于，以"我思"作为形而上学的第一原理或逻辑出发点，由此出发来确立上帝存在和物体存在的原理，因而标志着西方哲学的一次重大转折，也可以看作形而上学史上的一次革命。在某种意义上说，这一次转折或革命为近代哲学打上了深刻的烙印，既奠定了其主体性原则和理性主义的基本特征，同时也使之始终难以摆脱二元论的限制。

（一）我思故我在

笛卡尔认为，在所有的知识真假难辨的情况下，我们可以采取的唯一妥当的方法就是来一次普遍的和彻底的怀疑，将一切稍有疑窦的意见清除出去，以便寻找清楚明白、无可置疑的知识作为哲学的基础和出发点。

当我们通过这种方式怀疑一切的时候，这个怀疑本身却表明了一条无可置疑的真理，即"我在怀疑"本身是无可置疑的。我可以怀疑一切，但是我不能怀疑"我在怀疑"。因为我对"我在怀疑"的怀疑仍然是我在怀疑，它恰恰证实了我在怀疑的真实性。在笛卡尔看来，怀疑也是一种思想。因此可以说，"我在思想"是一个无可置疑的事实。显然，我在怀疑，我在思想，必然有一个在怀疑在思想的"我"存在。因为说某个东西在思维着，而它在思维时却又不存在，这是自相矛盾的。换言之，怀疑必然有一个怀疑者在怀疑，思维必然有一个思维者在思维。因此，"我思故我在"（Cogito，ergo sum）乃是一

① 笛卡尔：《第一哲学沉思集》，第 190－191 页。

条真实可靠、无可置疑的真理，我们可以把它当作形而上学的第一条原理。

那么，“我”是什么呢？当我们怀疑一切的时候，唯有思想是无可置疑的事实。一方面当我否定所有的事物包括我们自己的身体的存在时，我因为怀疑或思想，仍然是存在的；另一方面如果我停止了思想，我就不存在了。所以，我发现只有一种属性属于我，与我不可分，这就是思想。因此，“严格来说我只是一个在思维的东西，也就是说，一个精神，一个理智，或者一个理性”①。“由此我就认识到，我是一个实体，这个实体的全部本质或本性只是思想，它并不需要任何地点以便存在，也不依赖任何物质性的东西；因此这个‘我’，亦即我赖以成为我的那个心灵，是与身体完全不同的，甚至比身体更容易认识，纵然身体并不存在，心灵也仍然不失其为心灵。”② 这就是说，“我”是一个心灵实体，这个心灵实体的本质乃是“思想”。笛卡尔所说的“思想”范围很广，它包括一切意识活动，诸如怀疑、领会、肯定、否定、愿意、不愿意、想象、感觉等等。

笛卡尔通过普遍怀疑的方法确立了形而上学的第一原理：“我思故我在”。为了维护这一命题作为第一原理的自明性，笛卡尔强调“我思故我在”并不是推论而是一个直观的真理。表面看来，这个命题似乎有一个假定的大前提“一切思维者都存在着”，因而是一个三段论的推论。笛卡尔则认为恰恰相反，这个所谓的大前提乃是“我思故我在”的结果。有的反驳者认为，确定“我”的存在用不着非要以思维事实为依据，“我散步”同样能够确定“我在”。笛卡尔答辩说，“我散步”有可能是梦境中的幻象，所以那个在散步的我也许并不存在。相反，只有当我怀疑“我在散步”的真实性时，才能证明“我在”。

实际上在笛卡尔之前奥古斯丁已经提出了类似的思想，但是这并不能动摇笛卡尔以其“我思”而开近代哲学之先河的地位。笛卡尔的“我思”具有划时代的重要意义，为近代哲学奠定了反思性、主体性原则和理性主义等基本特征，因而标志着近代哲学的开端。正因为如此，黑格尔对笛卡尔赞誉有加：“他是一个彻底从头做起、带头重建哲学的基础的英雄人物，哲学在奔波了一千多年之后，现在才回到这个基础上面。”③ 笛卡尔对哲学的伟大贡献就在于，他确立了主体的独立地位，并且以之为一切思想或认识的基础。笛卡尔在为近代哲学确立主体性原则的同时也留下了一道二元论的难题，使后来的哲学家们在解决思维与存在的同一性问题时始终难以摆脱困境。笛卡尔是通过将思维内容（客体）与思维形式（“我思”，主体）区分开的方式来确立主体性原则的，这样一来就使他难免二元论的困境。在他看来，心灵与物体是两个互相独立、没有关系的实体。心灵的属性是“思想”，物体的属性是“广延”。心灵没有广延，是不可分的；物体不能思想，是无限可分的。笛卡尔虽然确立了主体性原则，但是也造成了心灵与物体、心灵与身体之间的关系问题。

（二）关于上帝存在的证明

我们虽然可以通过怀疑来确定“我”的存在，但是这也表明“我”的存在是不完满

---

① 笛卡尔：《第一哲学沉思集》，第 26 页。

② 北京大学哲学系外国哲学史教研室编译：《西方哲学原著选读》，上卷，第 369 页。

③ 黑格尔：《哲学史讲演录》，第四卷，贺麟、王太庆译，商务印书馆，1978，第 63 页。

的。因为怀疑除了确定“我在”之外不可能确定别的什么，而认识显然比怀疑具有更大的完满性。由此可见，“我”是一个不完满的、有缺陷的实体。既然如此，在我的思想中怎么可能有比我更完满的观念例如上帝观念呢？我是从哪里得到这个比我自己更完满的东西的思想呢？在笛卡尔看来，无中不能生有，而且比较完满的东西不可能源自比较不完满的东西。就上帝这一表征着最完满的存在的观念而论，显然我不可能是它的原因，它只能源于一个更加完满的本性。所以，我们只能说有一个比我更加完满的存在将这个观念放进我的心灵之中，这个完满的存在就是上帝。① 笛卡尔还说，既然我并不是完满的，那么我就不是唯一存在的实体，必然有一个更加完满的实体作为我的依靠，而我的一切都来源于它。因此，“上帝是存在的而我的存在在我的生命的每一时刻都完全依存于他”②。

除了从上帝观念的来源证明上帝存在，笛卡尔还有另外两种证明方式，一种是从具有上帝观念的我的存在来证明上帝的存在，一种是用上帝的本质或本性来证明上帝的存在。③ 这三种证明与中世纪经院哲学家安瑟尔谟和托马斯·阿奎那关于上帝存在的证明是异曲同工的，不过笛卡尔心目中的上帝却与他们有所不同。虽然上帝是比我思更完满的存在，因而他的存在用不着假定我思的存在，而我思的存在的确需要上帝作为根据，但是证明上帝的存在却必须以我思的确定为前提。换言之，作为形而上学的原理，只有确定了我思，才能进一步确定上帝的存在。

笛卡尔说过他的方法的秘密在于顺序或秩序（order），在这里存在两种不同的顺序，从认识的顺序来讲，是先有我思才能认识上帝的存在和其他事物的存在；从存在的顺序来讲，得先有上帝的存在才能保证我的存在和我思的正确性。笛卡尔在《第一哲学沉思集》中遵循认识的顺序，他发现了一条道路，“顺着这条道路我们就能从深思真实的上帝（在上帝里边包含着科学和智慧的全部宝藏）走向认识宇宙间的其他事物”④。

（三）关于外部事物存在的证明

我们是通过普遍怀疑的方式来确定“我思”的，虽然这种怀疑方法卓有成效，但是也因此而造成了物质世界是否存在这一最大的怀疑。不过，当我们证明了上帝的存在之后，这个难题就迎刃而解了。

如前所述，上帝是一个最完满的实体，所以我也就确信上帝是决不会欺骗我的，决不会把我引入歧途，陷入谬误。因为欺骗和谬误这些非实在的东西与上帝这样一个绝对实在的完满属性不相符合。如果上帝给予我们的认识能力是贻误人生的，他使我们认假为真，那他就是一个骗子。现在，我们知道上帝是完满的，因而不可能欺骗我们，于是我们最大的怀疑便连根铲除了。这就是说，由于确信上帝的实在性和完满性，我现在也确信物质世界的存在。

笛卡尔在确定了“我思”实体之后，曾经提出了一条基本规则：“凡是我们十分明

---

① 参见北京大学哲学系外国哲学史教研室编译：《十六—十八世纪西欧各国哲学》，第149页。

② 笛卡尔：《第一哲学沉思集》，第55页。

③ 参见上书，第三个沉思和第五个沉思。

④ 同上书，第55页。

白、十分清楚地设想到的东西，都是真的”。在证明了上帝存在之后，这条规则便有了根据：它之所以是可靠的，“只是因为有上帝存在，因为上帝是一个完满的实体，并且因为我们所有的一切都从上帝而来。由此可见，我们的观念或概念，既然就其清楚明白而言，乃是从上帝而来的实在的东西，所以只能是真的”①。现在，笛卡尔亦由此来证明物质世界的存在。

我们的确有关于物质世界的清楚明白的观念，问题是，这些观念究竟是从哪里来的？由于心灵与物体是不同的实体，它们之间不可能相互过渡，所以这些观念不可能是我产生的。既然我们的观念就其清楚明白而言，都是从上帝而来的实在的东西，那么我们关于物质世界的观念也必然来自上帝，它们必然是真实可靠的。这就是说，上帝保证了我们的观念的实在性，保证了物质世界的真实存在，因而也保证了我们关于物质世界的认识的客观有效性。

上帝保证了我们心中清楚明白的观念的真实性，因而也保证了外界事物的实在性，同时亦保证了心灵与物体之间的一致性：上帝一方面把自然规律建立在自然之中，另一方面又把它们的概念印在我们的心灵之中。

笛卡尔从普遍怀疑出发，确定了心灵、上帝和物体三种东西的存在，他称之为“实体”。然而，“所谓实体，我们只能看做是能自己存在而其存在并不需要别的事物的一种事物”②。所以，真正符合这个实体定义的只有上帝，因为只有上帝是绝对独立的存在。因此，当我们说上帝、心灵和物体是三个实体的时候，并不是在同一意义上说的。从来源上讲，心灵与物体都依赖于上帝，不过它们仅依赖于上帝。而就本性而言，心灵之为心灵，物体之为物体，是依赖于自身而存在的，所以从相对的意义上说，它们也可以叫作实体。实际上，上帝只是心灵与物体这两个相互独立、各不相干的实体的逻辑根据和一致性的保证，因而是笛卡尔二元论必不可少的补充。

笛卡尔从“我思故我在”这个最为清楚明白、无可置疑的真理出发，来论证上帝观念是天赋观念，从上帝观念的完美性来论证上帝的存在。在论证完上帝的存在后，上帝又成为其他事物存在的保证、成为我们认识真理性的保证。为什么我觉得清楚明白、无可怀疑的就是真理呢？因为上帝会按照我理解的那样将其他事物产生出来，是上帝保证了思维和存在的统一。有人说笛卡尔在这里陷入了循环论证，也有人说这是笛卡尔分别从认识的顺序和存在的顺序两种不同的角度来看得出的不同结论。无论怎样，笛卡尔的上帝不能等同于基督教的上帝，而是理性主义的上帝，上帝是为他的理性主义服务的。

（四）心身关系

心身关系问题是笛卡尔哲学的核心问题之一，当笛卡尔将心灵和物体（身体）看作两种绝对对立的实体之后，他就面临着一个怎样说明两者的沟通和联系的难题。这既是一个本体论的问题，也是一个认识论的问题。

一方面，笛卡尔坚决主张心身二元论，即两者是相互独立、互不相干的实体。另一

---

① 北京大学哲学系外国哲学史教研室编译：《西方哲学原著选读》，上卷，第 369、377 页。

② 笛卡尔：《哲学原理》，第 20 页。

方面，作为科学家，笛卡尔清楚地看到，我们实际上是灵魂与肉体的联合体，两者虽然不同，但却是紧密地联系在一起的。当外界事物通过运动而影响我们的感官，使我们的身体发热或疼痛时，我们的心灵就产生了避开的念头。反之，当我想抬起手的时候，手就抬起来了。这是两个完全不同的过程，但是却如此协调一致，就好像在它们之间有一道桥梁连接着它们。笛卡尔反对亚里士多德灵魂驾驭身体、形式统率质料的观点，他认为，心和身的结合不像船长驾驭船只那样结合，而是更紧密得多，当船只受损时，船长还不能马上觉察出哪里出了问题，可是当锐利的物体锥扎我的肢体时我马上就会感觉到疼痛。笛卡尔对于心身关系的解释，时而认为心和身是整体的结合、与全部身体的结合，时而又认为心和身是在大脑中间的一个小腺体即我们一般称为松果体中结合。但是，腺体再小也是物质的、有形体和广延的，无形体和广延的心灵如何和有广延的形体结合是一个无法解决的难题。心身二元论与身心交感论或心身统一论的矛盾，构成了笛卡尔哲学的一个难题。

三、物理学

在笛卡尔哲学中，形而上学是基础，物理学（即自然哲学）则是主要的组成部分。笛卡尔不仅是一位伟大的哲学家，而且是一位杰出的自然科学家，例如他提出了运动量守恒定理，表述了惯性定律，发现了光的折射定律，创立了平面解析几何等，在科学史上也占有极其重要的历史地位。

在“形而上学”中，笛卡尔通过上帝来确定物质世界的存在，而在“物理学”中，他这样来说明物质世界的客观实在性：我们的知觉都是由异于我们的心灵的一种物象而来的，这种物象不以我们的心灵为转移，我们关于物体的观念就起因于我们心外存在的对象，而这个观念和那些对象在各方面都是相似的。在自然哲学的领域，笛卡尔持的是一种机械唯物论的立场。

（一）物体即广延

笛卡尔在形而上学中分别规定了心灵与物体的性质：心灵的本质属性是思想，物体的本质属性则是广延。他的物理学就建立在“物体是广延”这个基本规定上，并且发挥了相关的思想。

所谓“广延”指的是具有长、宽、高三向量的形体。笛卡尔之所以说广延是物质实体的根本属性，是因为物体有广延就存在，而无广延它就不存在。我们可以从物体中排除掉硬、重、颜色等性质，物体仍不失为存在。然而，如果我们排除掉它的长、宽、高三向量亦即广延，物体就不存在了。因此，感觉性状不是物体的本质，它的本质是广延。这是 17 世纪比较流行的物体两重性质的学说，笛卡尔是最早提出这种观点的哲学家之一。

笛卡尔承认物质世界的客观存在，认为物体的根本特性是广延性，它是占据空间的实体，因而广延与空间是同一的。所以，具有长、宽、高三向量的广延不但构成物体的本质，而且也构成空间的本质。两者的区别只在于：在物体中，我们是从个别特殊方面观察它们，认为它们随物体的变化而变化；而在空间中，我们则是从一般方面观察它们，认为广延具有概括的统一性。由此出发，笛卡尔认为物体和广延不可分割，虚空是不存在的。我们通常所说的“虚空”并不是指一个绝对没有任何事物的场所或空间，而是指在一个场所中没有我们假设为应有的东西，但还存在着别的东西。例如水瓶是用来装水的，当里面没有水时我们就说它是空的，其实里面仍然有空气这种物体。

既然物体的本性是广延性，广延性作为一种量的特性是可以分割的，因此我们也可以推断，不可分割的物质部分如原子是不可能存在的。“宇宙中并不能有天然不可分的原子或物质部分存在。因为我们不论假设这些部分如何之小，它们既然一定是有广延的，我们就永远能在思想中把任何一部分分为两个或较多的更小部分，并可因此承认它们的可分割性。……确实地说来，最小的有广延的分子永远是可分的，因为它的本性原来就是如此。”①

在笛卡尔看来，不仅微观世界无限可分，而且宏观世界也是无限延伸的。我们不论在什么地方设立一个界限，都可以想象在这个界限之外还有广延未定的许多空间，而无限的空间就意味着存在无限的物质实体。因此，我们可以推断，地和天是由同一物质组成的，而且纵然有无数的世界，它们也都是由这种物质构成的，因而多重世界是不可能的，世界是统一的，因为任何世界、任何空间、任何物体的本性只在于它们是一个有广延的实体。

（二）运动及其规律

笛卡尔在证明了世界的物质统一性之后，便进一步解释物质世界的多样性。笛卡尔曾豪迈地说：如果你给我物质和运动，我就给你建造世界。在他看来，“物质的全部花样，或其形式的多样性都依靠于运动”②。全宇宙中只有一种有广延的物质，而在物质方面我们所清晰地知觉到的一切特性，都是由它各部分的运动和被分割所造成的。

在笛卡尔看来，所谓运动乃是一个物质部分（或物体）由其紧相邻接的物体（或我们认为静止的物体）移近于别的物体，亦即“相对的位移”。显然，由于物体的本性是广延，因而物体的运动就只能是广延性的分解或组合的位置移动。因此，运动永远存在于可动的物体之中，它是可动事物的一种样态，因而它是实体的一种存在方式，而不是实体本身。除了单一的机械运动形式外，别无其他的运动。

运动和静止只是物体的两种不同样态，运动和静止不能与运动着和静止着的物体分开，而且产生运动所需要的力和产生静止或阻止运动、中止运动所需要的力是相等的。不过，运动是绝对的，静止是相对的，全宇宙中并没有真正静止的点，任何事物，除了在我们的思想中使之固定不变外，都没有恒常的位置。

笛卡尔在考察了运动的本性之后进一步考察了运动的原因，他认为运动的原因有两种，一是普遍原因，二是特殊原因。所谓普遍原因亦即“第一原因”，它是世界上所发生的一切运动的总原因或最高原因，即上帝。所谓特殊原因实际上是运动的现实原因，指

---

① 笛卡尔：《哲学原理》，第44页。

② 同上书，第45页。

的是物体的个别部分获得它们所没有的运动的原因，即物体之间的作用与反作用，我们在现实中所见到的运动都是由特殊原因引起的。笛卡尔认为，上帝在创造物体时也创造了运动和静止，而且由于上帝的参与，物质中始终保持着同他最初纳入物质的那么多的运动和静止。因此，世界中的物质与运动是恒定的，运动在物体间流转不已。因而，他实际上借助上帝论证了宇宙中运动量守恒的定理。像当时的许多哲学家和科学家一样，笛卡尔承认上帝是世界的创造者和运动的第一推动者，不过在他看来，由上帝创造的物质运动及其规律是恒定不变的，即使上帝创造出许多世界，也不会有一个世界不遵守这些规律。这实际上在自然中排除了神意的干涉，说明物质世界是按照其固有的规律而运动的。在这里笛卡尔持有自然神论的观点，在很大程度上和承认世界是物质的、物质是运动的、运动是有规律的唯物主义观点很接近。

（三）天体演化假说

世界是按照一定的自然规律运动的，因而现有的存在必须以形成过程为前提，必须以过去产生的东西为前提。笛卡尔假设，世界上本来只存在一些同类的微粒，由于彼此冲突而形成了旋涡运动，处于混沌的状态。后来在运动中，它们逐渐形成了土、气、火三种元素。在旋涡运动中，火状元素被掷在旋涡的中心，形成了太阳恒星；土状元素被抛离大中心而形成地球、行星和彗星；气状元素弥漫各处，形成天宇、太空。宇宙天体都是由这种旋涡运动形成的，大旋涡中又有许多小旋涡，每一个行星作为小旋涡的中心是静止不动的，但它却随着其他行星一起围绕太阳这个大旋涡的中心旋转。

笛卡尔的天体演化假说恢复了古代哲学的自然哲学传统，是康德-拉普拉斯星云假说的先驱，尽管带有很大的猜测性，但是它从发展的观点，从宇宙自身的运动来说明它的生成，蕴含着一定的辩证法思想。不过，他的物理学以广延为物体的根本属性，以相对位移的机械运动来说明一切自然事物和现象，将宇宙看作一架大机器，认为动物也是自动的机器，与灵魂不同的身体也是机器，从而为近代机械论的自然观奠定了基础，成为18世纪法国唯物主义的理论来源之一。

笛卡尔哲学是西方哲学史上划时代的里程碑，它以批判性的反思、科学方法和理性精神清理了经院哲学的废墟，重建了形而上学的基础，为近代哲学奠定了第一块基石，开辟了一条不同于以往的崭新的道路，缔造了以蓬勃向上的理性主义为核心的新的时代精神。

笛卡尔天赋观念论的提出，为唯理论与经验论围绕认识论问题的争论拉开了序幕。

第三节　霍布斯

托马斯·霍布斯（Thomas Hobbes，1588—1679）出身在英国南部威尔特郡的马尔麦斯堡一个乡村牧师家庭，因父亲离家出走，从小由叔父抚养。15岁考入牛津大学，攻读古希腊罗马哲学和经院哲学。1608年大学毕业，不久受聘于卡文迪什男爵，成为男爵的儿子的家庭教师，从此与这个贵族之家建立了终身的联系。在培根遭贬隐居时，他曾给培根当过秘书，并且帮助他将其作品译成拉丁语。他曾三次陪他的学生游历欧洲大陆各国，了解到了开普勒和伽利略的新的科学成果，并亲自拜访过伽利略，和他讨论了有关力学的问题，同时还结识了伽森狄和马勒伯朗士等著名哲学家。1640 年英国革命爆发，霍布斯随卡文迪什家族逃到巴黎避难。1646—1647 年霍布斯曾经给当时流亡巴黎的英国威尔士亲王（即后来的查理二世）当数学老师。1648 年在巴黎会见了笛卡尔。1651 年底，霍布斯经过 11 年的流亡生活之后，回到了克伦威尔统治下的英国，同年他在伦敦发表了名著《利维坦》。1660 年斯图亚特王朝复辟之后，霍布斯又宣布效忠国王，但由于他的专制主义立场同样危及了贵族们的利益而受到了王党的迫害，同时亦因为无神论的倾向遭到了教会的攻击。所有这一切使晚年的霍布斯避政治如水火，将兴趣转向了文学和历史，在 87 岁高龄时还把荷马史诗翻译成英文。他的主要哲学著作有：《利维坦》、《论物体》和《论人性》。

虽然霍布斯哲学以经验论为基本原则，但并不是典型的经验论。与培根相比，霍布斯具有丰富的科学知识，他依据并概括了伽利略的机械力学成果，也曾受到笛卡尔哲学的影响，并且非常重视几何学的方法（通常这是唯理论的基本特征），建立了一个典型的机械唯物主义体系。由于身处英国资产阶级革命时期，霍布斯非常关注政治问题，在其哲学思想中，他的政治哲学对后世影响最大，他自己也认为这一方面是他最大的贡献。

按照霍布斯的观点，哲学是关于物体的科学。物体可以分为两大类：一类是自然物体，它是自然的作品；一类是人工物体，即国家，它是由人们的意志和契约造成的。由此而区分出哲学的两个部分，即自然哲学和公民哲学。由于在自然物体和人工物体之间还有第三种特殊的物体亦即“人”，他既是自然的物体（作为自然的产物），又是人工物体（国家）的创造者和组成部分。所以《论物体》《论人性》《论公民》组成了霍布斯完整的哲学体系。

我们在讨论霍布斯哲学的具体内容之前，先来看一看他关于认识论和方法论的学说。

一、认识论和方法论

霍布斯的认识论思想一方面继承了培根的经验论原则，另一方面也受到了笛卡尔唯理论的影响。

对霍布斯来说，哲学的对象是物体，我们所有的知识都是由外部对象所引起的感觉获得的：“如果现象是我们借以认识一切别的事物的原则，我们就必须承认感觉是我们借以认识这些原则的原则，承认我们所有的一切知识都是从感觉获得的。”① 所以，“知识的开端乃是感觉和想象中的影像；这种影像的存在，我们凭本能就知道得很清楚”②。由此，他批判了笛卡尔的“天赋观念论”，认为观念只是有形物体的反映，它们只能通过感觉来自外界，“没有什么观念是从我们心里产生并且居住在我们心里的”③。上帝、灵魂、天使

① 霍布斯：《论物体》，载北京大学哲学系外国哲学史教研室编译：《西方哲学原著选读》，上卷，第 395 页。

② 同上书，第 387 页。

③ 笛卡尔：《第一哲学沉思集》，第 189 页。

等观念都不过是由人们的抽象思维对那些可见事物的观念进行推理得来的。

既然一切知识都来源于感觉，那么感觉是什么呢？霍布斯认为，“一切观念最初都来自事物本身的作用，观念就是事物的观念。当作用出现时，它所产生的观念也叫感觉，一个事物的作用产生了感觉，这个事物就叫做感觉对象”。因而，“‘感觉’是一种影像，由感觉器官向外的反应及努力所造成，为继续存在或多或少一段时间的对象的一种向内的努力所引起”①。由此可见，霍布斯一方面坚持经验论的基本原则，另一方面亦认识到感觉经验的局限性。在他看来，物体的性质并不像我们所感觉到的那样，感觉不过是我们认识物体的“方式”。他将伽利略的机械力学思想引入哲学，认为色、声、味等感觉并不是事物本身固有的特性，而是事物的某种运动作用于感官的结果。以声音的感觉为例。当我们听到铃声时，实际上钟锤没有声音只有运动，它在铃的内部产生运动。铃有运动而没有声音，它使空气振动。空气有运动而没有声音，它的运动通过耳和神经传到大脑。大脑有运动而没有声音，运动从大脑折回，沿着神经向外运动而成为在外部的显现，我们就称这种“显现”为声音。所以，“我们的感觉使我们觉得存在于世界上的任何偶性或性质，都并不在世界上，而只是外观与显现。真实存在于我们以外的世界上的东西，是引起这些外观的那些运动”②。于是，他认为一切感觉不是别的，只是外部事物的运动作用于我们的耳目及其他感官的压力而产生的原始幻影（fancy）。霍布斯关于感觉的思想对后来经验论的发展有重要的影响，洛克在“两种性质的观念”的学说中发展了这一思想。

在经验论哲学家中，霍布斯比较重视理性认识的作用。在他看来，一切知识来源于感觉经验，“但是认识它们为什么存在，或者根据什么原因而产生，却是推理的工作”③。他把理性认识划分为三个步骤：第一步，给概念所表示的事物命名并恰当地使用名称；第二步，把一个名称和另一个名称连接起来组成断言和命题；第三步，把一个命题与另一个命题连接起来，进行推论直到得出有关问题所属名词的全部结论，这就是科学知识。④ 霍布斯所说的推理活动并不是三段论法和演绎推理，而是“计算”：“我所谓‘推理’是指计算。计算或者是把要加到一起的许多东西聚成总数，或者是求知从一件事物中取去另一件事物还剩下什么。所以推理是与加减相同的。”⑤ 所以，只要运用这种加减的计算活动就能够揭示事物的因果联系，求得科学的知识。

霍布斯认为，哲学就是由因及果和由果溯因的推理的知识，哲学的方法就是“根据结果的已知原因来发现结果、或者根据原因的已知结果来发现原因时所采取的最便捷的道路”⑥。于是，他从推理即加减这一基本思想出发，断定哲学的方法就是分析和综合：推理就在于组合、分开和分解。“所以我们用来发现事物的原因的方法，除了组合法和分解法，或者部分组合法与部分分解法以外，没有什么别的方法。而分解法一般又称为分

① 北京大学哲学系外国哲学史教研室编译：《西方哲学原著选读》，上卷，第 396 页。
② 霍布斯：《论人性》，载北京大学哲学系外国哲学史教研室编译：《西方哲学原著选读》，上卷，第 397 页。
③ 霍布斯：《论物体》，载北京大学哲学系外国哲学史教研室编译：《西方哲学原著选读》，上卷，第 387 页。
④ 参见霍布斯：《利维坦》，黎思复、黎廷弼译，商务印书馆，1985，第 32 页。
⑤ 北京大学哲学系外国哲学史教研室编译：《十六—十八世纪西欧各国哲学》，第 61 页。
⑥ 北京大学哲学系外国哲学史教研室编译：《西方哲学原著选读》，上卷，第 387 页。

析方法，组合法又称为综合方法。”①

由上述霍布斯关于认识论和方法论的思想我们可以看到，他在继承培根关于一切知识和观念来源于感性经验原理的同时，也重视理性认识的作用，还承认了为培根所排斥的三段论法的作用；在他的方法论中包括了分析和综合、归纳和演绎。可见霍布斯的认识论和方法论并不像后来一些英国经验论者那样片面，包含有把认识论中的一些对立方面结合起来的合理思想，所有这些都是与他受到笛卡尔哲学以及几何学方法的影响分不开的。然而，霍布斯毕竟深受经验论的影响，他所谓的推理知识不过是加减计算而已，并没有认识到理性认识的本质，所以不可能真正做到感性认识与理性认识的结合，这就使他在认识论上陷入了唯理论与经验论的矛盾。

二、自然哲学

霍布斯依据伽利略机械力学原理，发展了培根的唯物主义，建立了系统的机械唯物主义自然观，亦即以“物体”概念为核心的“自然哲学”。

（一）物体

霍布斯所谓的“物体”，就是客观存在的、具有广延的东西。他给“物体”下的定义是：“物体是不依赖于我们思想的东西，与空间的某个部分相合或具有同样的广袤。”② 物体是有广延的东西即是有形体的东西，它是一切性质、一切变化的主体。③ “根据这种意义说来，实体一词和物体一词所指的就是同一种东西”④，物体即是物质实体。这就是霍布斯在欧洲近代哲学史上第一个明确提出的机械唯物主义的物质概念。霍布斯论证说，既然宇宙的全体和各个部分都是物体，而宇宙包括了一切，所以任何不是物体的东西都不存在；既然“有形物体的东西”与“物体”“物质实体”都是同一回事，那么，断言有所谓“无形体的实体”“非物质的实体”，那就是根本自相矛盾、毫无意义的空言。这样，霍布斯既驳斥了经院哲学家所谓同物体相脱离的“抽象的本质”“实体形式”之类的虚构，也批判了笛卡尔所谓与身体相脱离的、无形体的“思想实体”，而且排除了神学，得出了无神论的结论。霍布斯公开声言“哲学排斥神学”，他的无神论思想在 17 世纪独树一帜，“霍布斯主义”在当时成了无神论的代名词。

（二）偶性

霍布斯对物质特性的了解，表现在他关于“偶性”的学说中。他给偶性下的定义是：“某个物体借以在我们心里造成它自身的概念的那种能力。”⑤ 当我们说偶性存在于物体之中时，不要把它们的关系理解为全体和部分的关系，好像某种东西包含在那个物体里，

---

① 北京大学哲学系外国哲学史教研室编译：《西方哲学原著选读》，上卷，第 387 页。

② 北京大学哲学系外国哲学史教研室编译：《十六—十八世纪西欧各国哲学》，第 83 页。

③ 霍布斯：《利维坦》，第 308 页。

④ 同上。

⑤ 北京大学哲学系外国哲学史教研室编译：《十六—十八世纪西欧各国哲学》，第 83 页。

因为物体的部分仍然是物体，是某种东西，偶性不是物体，不是一种东西，它只是物体的一种能力。换言之，物体与作为物体能力的偶性是有区别的。物体是不依赖于我们的思想而独立存在的东西，偶性则是由物体之作用于我们的感官、因其表现的能力而言的。相对于认识者来说，偶性是“我们认识物体的方式”①。在这个意义上，霍布斯的“偶性”概念是一个关系范畴，它标明认识和认识对象之间的关系。

霍布斯把偶性分成了两大类：一类是一切物体普遍具有的性质，亦即广延和形状。所谓“广延”即长、宽、高的量度，是物体的根本特性。霍布斯虽然认为广延为物体所固有，无广延不成其为物体，但是他不同意笛卡尔把广延等同于物体的观点，认为广延只是物体的一种特性。在霍布斯看来，空间既不是物体，也不是物体的偶性，但它们却是为了理解物体所必须首先知道的。除广延外，物体还有另一类特性，这就是不为一切物体所共有，只为某些物体所特有的偶性，如动、静、色、声、味等。第一类偶性除非物体消灭了，它们才会消灭。第二类偶性则不同，它们可以产生和消灭，也可以被另外的偶性取代，但是物体并不消灭。

（三）运动

霍布斯所理解的运动只是机械性的位置移动：“‘运动’是不断地放弃一个位置，又取得另一个位置。”② 他把机械力学中“静者恒静，动者恒动”的原则引入哲学，认为运动并不是物体本身所固有的内在能力，而是外力推动的结果，所以运动不同于广延，它不是一切物体所共有的性质，而是为某些物体所特有的偶性。但是，霍布斯并没有将运动和其他特有的偶性等同看待，而是视运动为事物的一般原因，即一切事物的偶性所以产生和变化的一般原因。在他看来，世界上的一切都受机械运动原理支配，因而都可以用机械运动的原理来解释。

如前所述，霍布斯利用机械论的运动观来解释色、声、味等所谓“特殊的偶性”和“感觉性质”。他说：“我们通过感觉而觉察到的东西，像颜色、声音、滋味等的不同，除了运动以外，也没有别的原因。这种运动一部分在对我们的感官起作用的对象里，一部分在我们的自身里面，这种情况显然表明它是某种运动。”③ 霍布斯把一切运动归结为机械运动，因而不能正确地解释事物性质的多样性，最终否定了色、声、味等性质的客观性。他的有关思想来源于伽利略，与当时笛卡尔的解决方式也是一致的，对洛克产生了重要的影响。

（四）因果性

霍布斯认为哲学就是探求因果性的科学。他不仅像培根那样排斥了目的因，而且排斥了形式因，只保留下来质料因和动力因。当一个物体在另一个物体中产生和消灭某种偶性时，亦即一个物体作用于某个物体时，“动作者”的能力就是动力因，“被动者”的

---

① 北京大学哲学系外国哲学史教研室编译：《十六—十八世纪西欧各国哲学》，第 84 页。

② 北京大学哲学系外国哲学史教研室编译：《西方哲学原著选读》，上卷，第 394 页。

③ 北京大学哲学系外国哲学史教研室编译：《十六—十八世纪西欧各国哲学》，第 68 页。

能力就是质料因。两者之间的关系就是原因与结果的关系。

霍布斯揭示了因果关系的一些重要特征。第一，原因和结果是相互依赖的，“没有结果，就不能有原因；没有东西叫结果，也就没有东西叫原因”①。第二，“因果关系和结果的产生就在于某种连续的进程；因此当某个或某些动作者里面由于受到别的动作者的作用而发生连续的变化时，那些受到它们的作用的被动者中，也就连续地发生改变和变化”②。第三，因果的接近性。运动的原因只是在相接近着的运动的物体之中，如果两个物体相隔很远，而且它们之间的空间是空的，那么前一个物体就不可能成为后一个物体运动的原因。同样，如果在两个物体中间插上一个静止的物体，仍然不能使一物体运动。第四，因果的恒常性。同样的一些动作者和被动者，即使在不同的时候出现，只要他们以同样的方式结合起来，总是会产生相同的结果。霍布斯在近代哲学史上首先对因果关系做了比较详细深入的分析，对后来的哲学家包括休谟的因果学说有很大的影响。

霍布斯认为，因果之间的联系不仅是客观的而且是必然的，一切已经产生或将要产生的结果都在先行的事物中有其必然性，因而整个世界就是一个由原因与结果的必然联系所组成的锁链，所有事物都处于因果必然联系的链条之中。由此，霍布斯批判了神学家所宣扬的“天意说”和唯心主义的“自由意志论”。他认为人的意志做出的任何选择都是有原因的，都是人们权衡利害得失的结果，根本不存在任何超出因果必然性制约的所谓自由意志。霍布斯并不否认自由的存在，不过他所理解的自由只是按照必然性而无阻碍地活动，所以自由与必然是并存的，比如水向下流既有其向下的自由，也有其向下的必然，至于所谓“自由人”就是指在其力量和智慧所能及的范围内不受阻碍地做他愿意做的事情的人。因此，一个人的行为活动，就其不受阻碍地进行来说是自由的，而就其出于一定原因来说是必然的。

显然，霍布斯将因果性与必然性混为一谈了，他以为既然世界上的一切事物都是有原因的，那么一切事物就都是必然的，不存在偶然的东西。至于人们有时把某些事物看作偶然的，那只是因为他们还不知道这些事物的原因。他没有认识到必然性与偶然性之间的辩证关系。这种机械决定论在 17—18 世纪盛行于世，其中霍布斯的思想是很典型的。正是由于这种机械论的缘故，霍布斯难以将无神论的立场贯彻到底，从而走向了自然神论，因为他不得不在世界之外为之寻求“第一动者”，并且认为这就是人们所理解的上帝。

三、公民哲学

哲学的对象是物体。自然哲学研究“自然物体”，公民哲学研究“人工物体”即社会和国家，不过还有处于两者之间的“人”，他既是自然物体，又是人工物体的创造者和组成部分。因而哲学思考的逻辑顺序就是从物体到人性，然后是社会和国家，这就构成了

① Thomas Hobbes，*The English Works of Thomas Hobbes of Malmesbury*，Vol. 1（London：J. Bohn，1839），p. 122.

② Ibid.，p. 123.

哲学体系的三个部分：自然哲学、伦理学和政治哲学。由于当时的社会历史背景，政治哲学是霍布斯哲学的中心，也是他对后世影响最大的部分。霍布斯继马基雅弗利和格劳秀斯之后，在人性论的基础之上，依据自然法理论和社会契约论，制定了他的“公民哲学”，包括伦理学和政治哲学两部分。

（一）自然本性与自然法

人首先是一种“自然物体”，因而人的“自然本性”支配着人的思想和行动，决定着社会生活。这种“自然本性”不仅指各种自然的能力，也包括“自然情欲”如自我保存、趋利避害等。霍布斯继承了文艺复兴时期人文主义者关于“自保”既是物之本性也是人之本性的观点，认为一切福利中最大的福利就是自我保存，因为自然就是这样安排的。人们为了追逐私利，不惜否认真理，甚至连最简单的数学真理也敢于公然排斥。在他看来，每个人的天性中都包含造成互相争斗的根源：人们为求利而竞争，为安全而猜疑，为求名而侵犯别人。

在霍布斯看来，人的“自然本性”也就是人的“自然权利”。在国家产生之前或在国家之外，当人们在没有公共权力树立绝对权威的情况下完全按照自然本性而生活的时候，这种状态就叫作“自然状态”。在“自然状态”中，由于每个人都要去实现自己占有一切的自然权利，于是就发生了人与人之间的争斗，古罗马的谚语“人对人就像狼一样”就是这种状态的生动写照。因此，“自然状态”是“一切人反对一切人”的战争状态。在这种战争状态下，人人自危，因而占有一切的自然权利和欲望，就不得不让位于更为根本的“自我保存”的本性。于是，理性就指导人们，只有接受那些大家都必须遵守的共同的生活规则即“自然法”，才能避免战争，确保和平。

所谓“自然法”就是理性建立起来的道德法则，它是衡量善恶的一般标准，因而自然法的学说是真正的和唯一的道德哲学。霍布斯从自我保存的本性出发，推演了若干自然法则，例如正义、公道、谦让、慈悲等，总之就是“像我们愿意别人对待我们那样对待别人”①。如果人们要想确保和平和安全，就必须用“自然法”来约束“自然权利”。因而，“自然法”与“自然权利”是相互矛盾的。

（二）社会契约论

然而，“自然法”毕竟只有道德上的约束力，在没有一个强有力的公共权力的情况下，它是难以发挥作用的：“虽然有自然界的规律（任何人如果遵守这些规律就可以平安，他就愿意遵守它们，他就会已经遵守了），如果没有树立起权力来，或者权力之大不足以保护我们的安全，那么任何人就会并且可以合法地依仗自己的能力和技术防御别的一切人。”② 由此可见，仅仅依靠自然法，人们还是无法摆脱人人自危的困境。于是，人们为了达到自我保存的目的，便相互约定，把他们的自然权利转让出去，交付给一个人或由一些人组成的会议，把大家的意志变成一个意志，这种权利的相互转让就是所谓的

---

① 北京大学哲学系外国哲学史教研室编译：《西方哲学原著选读》，上卷，第 399 页。

② 同上。

“契约”。

实际上，当人们用自然法来约束自然权利的时候，那已经是权利的互相转让了，我们可以称之为第一次契约行为。但是由于这一次契约行为还没有建立起公共权力，因而和平仍然没有保障，人们并未真正摆脱自然状态。现在的契约行为则不同了，作为权利的第二次转让即第二次订约，每个人都放弃了管理自己的权利，把它授予一个人或一些人所组成的会议，于是便形成了一个统一的公共权力，这样联合在一个人格里的人群就叫作“国家”。

（三）国家

所谓“国家”“是一个人格，一大群人通过相互约定使他们自己每一个都成为这个人格的一切行动的主人，为的是当他认为适当的时候，可以利用他们大家的力量和工具来谋求他们的和平和公共的防御”①。霍布斯的“国家”定义表明：国家的产生是通过人们相互之间订立契约，把全部权利交付给一个人或一些人组成的会议而实现的。国家的实质就在于，它是担当起大家的人格的一个人格，集中了大家意志的一个意志，掌握了大家所交付的所有权利和力量的一个公共权力；它可以使用大家的力量和工具来谋求他们的和平和公共防御。因此，霍布斯借用《圣经》中的巨大海兽“利维坦”来比喻威力无比的“国家”，认为只有它才能保护我们，甚至称之为“有死的上帝”或“人间的上帝”。

与17—18世纪的社会政治理论相比，霍布斯政治哲学最突出的特点就在于他以社会契约论为专制主义的必要性和合理性做论证。国家的政体形式可以分为君主制、贵族制和民主制，其中君主制最为优越。因为权力集中于一人，有利于维护国家的统一和强大，防止内乱和混乱状态的发生，所以它是最强有力的统治形式。为了维护统治者的绝对权威，霍布斯主张统治者的权力一经建立就不可转让，人民也不能违背契约而收回权力，未经君主同意不得废除君主制，不得废除君主，将统治权转让他人。原因很简单：契约是由人们相互之间订立的，统治者并不是订约的一方，因此对他来说不存在违约的问题，他不论做什么都是正义的和合法的，他的臣民不能以任何借口不服从统治。霍布斯还坚决反对分权说，认为统治权不能转让，也不能分割，否则就会像英国那样陷入内乱而不可收拾。后来，由于政治形势的变化，霍布斯修改了他的观点。他认为，人民订约的目的是保护自身的利益，这就构成了统治者最根本的职责。如果统治者不能尽职，那么臣民就可以解除对原统治者的服从义务，以便寻求新的保护。不过，霍布斯一再说，人民只要臣服于一个新的统治者，那就必须做一个真正的臣民，不能破坏正当订立的契约。

霍布斯之所以尽心竭力地为专制主义做论证，是与当时英国的历史背景分不开的。在他看来，英国内乱不已的原因就是国家的统治权力不够强大。然而，他的政治哲学不仅与革命党人背道而驰，而且也为王党所不容，因为即使是国王的亲信也不能容忍极端化的王权，那同样会危及他们的利益。

霍布斯所制定的以人性论、契约说为基础的国家学说，以冷酷无情的理性分析揭开

---

① 北京大学哲学系外国哲学史教研室编译：《西方哲学原著选读》，上卷，第401页。

了笼罩在统治权力之上的“君权神授”的神圣面纱，对当时的社会政治理论产生了深远的影响，而且至今仍然是人们研究的课题。在他的政治哲学中，体现了一种极端个人主义与极端专制主义之间的巨大矛盾。专制主义的国家权力被看作解决个人之间矛盾冲突的唯一出路：由国家将形同散沙的个人集中在一起，以便消解个人之间的争斗，维护人们的安全。

霍布斯是继培根、笛卡尔之后一位富有开拓性的伟大的思想家。他在近代西方哲学史上建立了第一个典型的机械唯物主义哲学体系，同时也是近代资产阶级社会国家理论的创立者之一。

第四节　斯宾诺莎

巴鲁赫·德·斯宾诺莎（Baruch de Spinoza，1632—1677）是17世纪荷兰最伟大的哲学家，唯理论的著名代表之一，原名Bento de Spinoza（希伯来语学名），脱离犹太教会后改以拉丁语拼写，即本尼狄克特·德·斯宾诺莎（Benedict de Spinoza）。1632年生于荷兰阿姆斯特丹的一个犹太商人家庭，在一所七年制犹太教会学校接受了早期教育，这所学校的任务是培养犹太教的牧师——“拉比”，学习的主要课程有希伯来语、《旧约全书》和犹太经典。在这一时期，斯宾诺莎认真钻研了中世纪犹太哲学家迈蒙尼德等人的思想，受到了深刻的影响。斯宾诺莎毕业后学习了拉丁语和希腊语，广泛阅读了自然科学和哲学方面的著作，例如布鲁诺、培根、霍布斯特别是笛卡尔的哲学著作，逐渐形成了自己的哲学体系。由于斯宾诺莎产生了对神学教条的怀疑，他被视为异端邪说，但犹太教会用尽了各种手段也不能使他屈服，于是在1656年他24岁时教会采取了最极端的“大开除”惩处，迫使斯宾诺莎离开了阿姆斯特丹，隐居乡村，并多次迁居，靠磨制光学镜片为生，同时坚持研究和写作。1677年，斯宾诺莎在贫病交加中去世，年仅44岁。斯宾诺莎以道德高尚著称于世，罗素称他是“伟大哲学家当中人格最高尚、性情最温厚可亲的。按才智讲，有些人超越了他，但是在道德方面，他是至高无上的”①。

斯宾诺莎生前只出版了两部著作，一部是《笛卡尔哲学原理》（1663），另一部是匿名出版的《神学政治论》（1670）。斯宾诺莎去世之后，他的友人和学生将他的《伦理学》、《知性改进论》（未完稿）、《政治论》（未完稿），以及一部分书信收集出版，名为《遗著集》，不久即为荷兰当局查禁，直到19世纪初才重版问世。另外在19世纪的五六十年代，后世研究者经过考察、发掘和甄别，又发现了一部他大约写于1662年的早期哲学著作《神、人及其幸福简论》。在这些著作中，斯宾诺莎历经10多年完成的《伦理学》一书是他的代表作。

斯宾诺莎深受笛卡尔哲学的影响，他不仅继承了笛卡尔的哲学精神和方法，也继承了他的问题。在某种意义上说，他所面临的问题是如何消除笛卡尔的二元论，以几何学方法构造一个完整严密的哲学体系。

---

① 罗素：《西方哲学史》，下卷，何兆武、李约瑟译，商务印书馆，1982，第92页。

斯宾诺莎哲学具有浓厚的伦理学色彩，其哲学的目的在于道德上的至善，即达到人生最高的完满境界。他的哲学体系由本体论、认识论和伦理学三个部分组成，其中本体论是基础，认识论是手段，伦理学则是最高的目的。因此，斯宾诺莎将他的主要著作名之为《伦理学》。这部著作从定义和公理出发，再到命题，之后还有推论、解说等等，完全按照几何学的方法构造了一个哲学体系，真正使笛卡尔将几何学方法改造成为哲学方法的理想付诸现实，当然也妨碍了他直接提出并充分论证自己的思想。

有学者认为，斯宾诺莎的文化身份、哲学脉络和政治谱系相当复杂，斯宾诺莎思想来源的多样性决定了斯宾诺莎形象的多重性，有巴门尼德式的、迈蒙尼德式的、笛卡尔式的斯宾诺莎，也有谢林式的、雅各比式的、黑格尔式的和叔本华式的斯宾诺莎；有唯物论-无神论-决定论的斯宾诺莎，也有神秘主义-泛神论的斯宾诺莎。因此，应避免过多地从经验主义与理性主义的对立角度来理解斯宾诺莎，那样容易忽略其整体思想的丰富性。

一、实体学说

对于唯理论哲学家来说，本体论乃是哲学的重要组成部分，他们的本体论通常表现为关于实体的学说。笛卡尔曾经将实体定义为能自己存在而其存在并不需要别的事物的一种东西，然而他所说的实体——上帝、心灵和物体——与其定义是自相矛盾的。于是，斯宾诺莎进一步将唯理论推向前进，以一元论来消解笛卡尔哲学的矛盾，提出了他的实体学说。

斯宾诺莎的实体学说是其哲学的出发点、基础和核心，包括实体、属性和样式三个方面。

（一）实体

斯宾诺莎给实体下的定义是："实体（substantia），我理解为在自身内并通过自身而被认识的东西。换言之，形成实体的概念，可以无须借助于他物的概念。"① 这就是说，实体是独立自存的，它自己是自己的原因，是自己说明自己的。从这个定义出发，斯宾诺莎推演出了关于实体的一系列基本规定。

1. 实体是"自因"。所谓"自因"亦即自己是自己的原因，换言之，"它的本质必然包含存在，或者存在即属于它的本性"②。实体独立自存，自己是自己的原因，因而它在本质上就是存在，既不可能由别的东西所产生，也不可能受他物所限制，否则便与实体的定义相矛盾。

2. 实体是无限的。由于实体即自因，所以它不可能在某些方面不存在，因而是无限的。如果实体是有限的，那么就意味着它不是自因，不是在自身内而是在他物内，因而受别的实体所限制了。另外，如果说实体是有限的，也就是说它在某些方面是不存在的。但是实体是自因，它本质上就包含着存在，所以否定它的存在是不可能的，给它设定界

① 斯宾诺莎：《伦理学》，贺麟译，商务印书馆，1983，第3页。
② 同上书，第6页。

限也是不可能的。

3. 实体是永恒的。所谓永恒，即存在自身。由于实体即自因，存在属于它的本性，因此实体就不可能不存在，因而一定是永恒的。另外，实体既然是自因，其存在的原因就在自身之内而不可能由别的事物所产生，所以它的存在既没有开端也没有终结，必然是永恒的存在。

4. 实体是不可分的。如果实体是可分的，那么从实体中分出来的各个部分或者仍然保持着实体的性质，或者失去了实体的性质。然而，就前者来说，具有相同性质的实体只能是同一个实体，而后者则是根本不可能的，因为存在属于实体的本性。另外，如果说实体是可分的，那么等于说实体的部分是有限的，而这亦与实体的本性相矛盾，因而是不可能的。

5. 实体是唯一的。如果有多个实体，那么众多实体的属性或者相同，或者不同。如果它们的属性相同，实际上就是同一个实体。如果它们的属性不同，彼此之间就会相互限制，因而与实体的定义不符。因此，实体是唯一的。

斯宾诺莎在《伦理学》中经常称实体为神或自然，实际上，实体、神、自然是从三个方面对同一个东西的不同表述。

斯宾诺莎所说的“神”并非宗教神学意义上的人格神，而是以泛神论的方式表述了世界最高原因的统一性。他给神下的定义是：“神（Deus），我理解为绝对无限的存在，亦即具有无限‘多’属性的实体，其中每一属性各表示永恒无限的本质。”① 所以，神与实体是一回事。按照实体的定义，斯宾诺莎认为神是唯一的，宇宙间只有一个实体，除了神之外没有任何实体；一切存在的东西都存在于神之内，神是万物的内因，而不是外因。神只是出于自身本性的必然性而存在和动作，“万物都预先为神所决定——并不是为神的自由意志或绝对任性（beneplactius）所决定，而是为神的绝对本性或无限力量所决定”②。因而，所谓神的理智或力量也就是万物存在的原因和自然的规律或法则。斯宾诺莎的思想具有比较典型的泛神论性质。

斯宾诺莎也经常说实体即自然，不过他所说的“自然”有特殊的含义。在《神学政治论》中，他为此特别加了一个注：“注意，我在这里所谓‘自然界’的意义，不仅指物质及其分殊，而且也指物质之外的另一种无限的东西。”③ 因此，他所说的自然指的是包括物质和思想在内的大全。由于实体是自因，因而自然乃是原因和结果的统一。所以，斯宾诺莎像布鲁诺一样，将自然分为“能生的自然”与“被生的自然”，它们体现了同一个自然的两个方面：实体即自因，自然既是自己的原因，也是自己的结果。

（二）属性

斯宾诺莎给属性下的定义是：“属性（attributus），我理解为由知性（intellectus）看

---

① 斯宾诺莎：《伦理学》，第 3 页。

② 同上书，第 36 页。

③ 斯宾诺莎：《神学政治论》，温锡增译，商务印书馆，1997，第 91 页。

来是构成实体的本质的东西。”① 所谓“属性”即实体的本质。按照实体的本性，它的属性是无限的，但是“由知性看来”亦即就人的认识限度而论，我们只知道其中的两个属性，这就是思想与广延。因此，思想与广延之间的关系是既相互同一，又相互区别而独立存在。

首先，思想与广延是同一的，“观念的次序和联系与事物的次序和联系是相同的”。因为“凡是无限知性认做构成实体的本质的东西全都只隶属于唯一的实体，因此思想的实体与广延的实体就是那唯一的同一的实体，不过时而通过这个属性，时而通过那个属性去了解罢了。同样，广延的一个样式和这个样式的观念亦是同一的东西，不过由两种不同的方式表示出来罢了”，所以“无论我们借广延这一属性，或者借思想这一属性，或者借任何别的属性来认识自然，我们总会发现同一的因果次序或同一的因果联系，换言之，我们在每一观点下，总是会发现同样的事物连续”②。例如，就神是一个思想者来说，它是圆形的观念的原因。而就神是一个广延物而言，它亦是圆形的原因。

其次，思想与广延各自独立，是不能相互限制的。因为只有性质相同的东西才能相互限制，不同性质之间不能相互作用。“一个属性不能产生另一个属性，但每一个属性都来自表示这实体的实在性或存在。”③ 思想与广延是同一个实体的不同类的属性，所以相互之间不能发生直接关系，两者互不限制。“物体不能限制思想，思想也不能限制物体。”④

由此可见，斯宾诺莎试图通过将笛卡尔的思想实体和广延实体降低为实体的属性的方式，来化解他的二元论。一方面，思想与广延不是两个实体而是同一个实体的两个属性，因而两者是同一的；另一方面，由于两者性质不同，所以又是相互独立、互不限制的。斯宾诺莎以实体一元论来克服笛卡尔的二元论，但是由于他始终坚持不同性质的东西不能相互影响，因而思想与广延之间的矛盾并没有因此而得到彻底解决，仍然存在着二元论的残余。通常人们将斯宾诺莎的上述观点称为“心物平行论”，实际上称之为“心物两面论”或“心物同时发生论”可能更为恰当。⑤

斯宾诺莎由此出发来解决笛卡尔的心身关系问题。他既不同意笛卡尔的心身二元论，也不赞成他的心身交感论，主张心身两面论或心身同时发生论。他说：“心与身乃是同一的东西，不过有时借思想的属性、有时借广延的属性去理解罢了。不论我们借这个属性或那个属性去认识自然，事物的次序与联系却只是一个，因此我们身体的主动或被动的次序就性质而论，与心灵的主动或被动的次序是同时发生的。”⑥ 这就是说，心灵与身体是同一个体的两个方面，心灵不能决定身体，使之动或静，身体也不能决定心灵，使之思想。但是它们是同一物的两面，所以总是一致的。例如“手抬起来”这一身体活动，与“我想抬起手来”这一观念，相互之间并没有因果关系，它们是“同时发生的”。

---

① 斯宾诺莎：《伦理学》，第3页。
② 同上书，第49-50页。
③ 同上书，第10页。
④ 同上书，第3页。
⑤ 参见洪汉鼎：《斯宾诺莎哲学研究》，人民出版社，1997。
⑥ 斯宾诺莎：《伦理学》，第100页。

（三）样式

斯宾诺莎给样式所下的定义是："样式（modus），我理解为实体的分殊，亦即在他物内通过他物而被认知的东西。"① 按照他的观点，宇宙间只有一个实体，万事万物乃是这个实体的特殊表现形式，它们既相互区别又相互联系、相互制约，构成了一幅虽千差万别但又统一的图景。

如前所述，实体是自因，无限的、不可分的、永恒的和唯一的。与之相比，样式则是他因，有限的、可分的、暂时的和杂多的。一切都在实体之内，所谓样式亦即实体的属性的"分殊"，也就是具体存在着的个别事物。世界上的一切事物要么属于思维属性的样式如个别的思想、观念、情绪、情感等，要么属于广延属性的样式如一切具有广延的物质事物。

因此，实体与样式之间的关系，乃是一般与个别、原因与结果之间的关系。对斯宾诺莎来说，一般性是根本，个别性则是一般性的具体表现，不过两者又是不可分离的，一般性存在于个别性之中，个别性亦存在于一般性之内。实际上，我们可以把实体看作"能生的自然"，把样式看作"被生的自然"。不过需要说明的是，由于样式是有限的和他因的，它们具有规定性，因而包含着否定性，所以无限多的样式的总和并不就是实体。对样式的认识可以有两种方式，一是就事物本身去认识它，二是就其在实体之中，从更高的原因、更高的必然性去认识它。就事物本身去认识事物，只能认识有限的东西，而从实体的高度去认识事物，才能认识事物的本质，这才是真正的认识。

由于样式是在他物内通过他物而被认知的有限事物，因此样式与样式之间的关系是有限的因果关系。"每个个体事物或者有限的且有一定的存在的事物，非经另一个有限的、且有一定的存在的原因决定它存在和动作，便不能存在，也不能有所动作，而且这一个原因也非经另一个有限的，且有一定的存在的原因决定它存在和动作，便不能存在，也不能有所动作；如此类推，以至无穷。"② 换言之，自然之中，无一事物没有原因，因而万事万物都是必然的："自然中没有任何偶然的东西"，"一切事物都依必然的法则出于神之永恒的命令"，"其所以说一物是偶然的，除了表示我们的知识有了缺陷外，实在没有别的原因"③。

斯宾诺莎一方面将因果性理解为必然性，从而抹杀了偶然性的存在；另一方面由于强调实体的第一性，将万物归一，主张"整个自然是一个个体，它的各个部分，换言之，即一切物体，虽有极其多样的转化，但整个个体可以不致有什么改变"④。因此不仅从万物的普遍联系走向了机械决定论，而且面临着一与多、有限与无限之间的关系等难题。

据说斯宾诺莎曾经对来访的莱布尼茨说："一般哲学是从被创造物开始，笛卡尔是从心灵开始，我则从神开始。"⑤ 由此可见，斯宾诺莎哲学的基本特征是从宇宙整体出发，

---

① 斯宾诺莎：《伦理学》，第 3 页。

② 同上书，第 27－28 页。

③ 同上书，第 29、95、32 页。

④ 同上书，第 61 页。

⑤ 钟宇人、余丽嫦编：《西方著名哲学家评传》，第四卷，山东人民出版社，1984，第 342 页。

将实体确立为哲学的基础和核心，通过一元论克服笛卡尔的二元论，以几何学方法来建立完整严密的哲学体系。[①] 所以在某种意义上说，笛卡尔的哲学理想是由斯宾诺莎为之实现的。不仅如此，在斯宾诺莎哲学中还包含着许多深刻的辩证法思想，例如实体即自因、样式之间的普遍联系，规定即否定，等等。但是，斯宾诺莎毕竟不可能超越他的时代。由于他坚持思想与广延的区别，因而不可能彻底克服笛卡尔的二元论。另外，笛卡尔的机械自然观在斯宾诺莎这里呈现为更加系统的特征，以至于从严格的因果决定论走向了宿命论。而且他的辩证法思想似乎也只适用于样式领域，对实体是无效的。例如样式有运动和变化，实体则是不动不变的；"规定即否定"与样式有关，实体是无规定的，不包含否定。这样一来，斯宾诺莎就面临着实体与样式之间关系的难题。

二、认识论

在斯宾诺莎哲学中，实体是基础和核心，也是认识的对象。认识的目的是通过认识实体而达到至善的最高境界，因而是从有限进展到无限的桥梁。

斯宾诺莎的认识论以实体一元论和心物两面论为其前提。宇宙间只有一个实体，思想与广延是它的两个本质属性，而它们的特殊状态则构成了自然万物。因此，一方面，"人的心灵是神的无限理智之一部分"[②]，亦即有限的理智，因而是能够认识实体及其属性的；另一方面，尽管思想不可能影响广延，广延也不可能影响思想，但是两者作为同一个实体的属性是一致的，所以认识了观念的次序也就等于认识了事物的次序。斯宾诺莎就是以这种方式在思想与广延之间建立了同一性，从而保证了认识的客观有效性。

严格说来，实体是认识的唯一对象。我们对实体的认识有两条途径，一是从神圣的自然必然性去认识，即对实体本身的认识；一是从实体的样式，即具体事物去认识实体。作为唯理论者，斯宾诺莎主张我们的认识应该从最高原则出发去认识具体事物，所以第一种方式是最高的方式，不过他也不排斥第二种方式，因为"我们理解个别事物愈多，则我们理解神也愈多"[③]。

（一）知识分类

斯宾诺莎在《知性改进论》中把知识分成了四类：（1）"传闻知识"，即由传闻或者由某种任意提出的名称或符号得来的知识；（2）"泛泛的经验"，即尚未由理智所规定的经验知识；（3）"推论"，这是由于一件事物的本质从另一件事物推出而得来的知识，这种知识并不必然正确，因为推论有可能出错；（4）"直观"，即纯粹从一件事物的本质来考察一件事物。[④]

---

① 斯宾诺莎哲学的性质是一个有争论的问题。有人根据斯宾诺莎关于实体即自然的规定，称其哲学为唯物主义的唯理论，显然有欠妥当。因为斯宾诺莎不仅同样强调实体即神，而且他所说的自然不只是物理自然，也包括精神性的存在。实际上，斯宾诺莎的意图是以实体一元论来超越笛卡尔哲学中思想与广延的对立。

② 斯宾诺莎：《伦理学》，第 54 页。

③ 同上书，第 255 页。

④ 参见斯宾诺莎：《知性改进论》，贺麟译，商务印书馆，1960，第 24 页。

在《伦理学》中，斯宾诺莎又将这四类知识归结为三种：

第一种是“意见或想象”，包括前两类知识在内。这种知识是没有确定性的，更不能使我们洞见事物的本质。

第二种是“理性知识”，即由推论而得来的知识，如数学知识。

第三种是“直观知识”，这是由神的某一属性的客观本质的正确观念出发，进而达到对事物本质的正确知识。这种知识能够直接把握事物的本质而不会陷入错误，因而是最高的认识。

斯宾诺莎认为，“只有第一种知识是错误的原因，第二和第三种知识必然是真知识”①。他像笛卡尔一样贬低感性认识，抬高理性认识，将感觉经验归结为“泛泛的经验”或“意见或想象”，主张把它们排斥出科学的领域之外。至于后两种知识，斯宾诺莎更推崇“直观知识”，因为这种知识能够直接认识事物的本质而不至于陷入错误，并且为推论知识确立了出发点、前提和基础。于是，他改造了笛卡尔的天赋观念论，提出了“真观念”的学说。

（二）真观念

唯理论者认识到感性认识的局限性，认为科学知识不可能从感性认识获得，要求在理性自身中寻找认识的基本原则和概念，并且坚持这些原则和概念是天赋的。笛卡尔率先提出了天赋观念论，不过他的理论有许多模糊不清的地方。斯宾诺莎继承和发展了他的观点，提出了“真观念”的理论。

在斯宾诺莎看来，“真理本身、事物的客观本质（即思想中的本质）或事物的真观念”② 三者指的是同一个东西。所以，真观念就是关于事物的本质的真理性认识，它的特性是：“（一）真观念是简单的或由简单的观念构成的，（二）真观念能表示一物怎样和为什么存在或产生，（三）真观念的客观效果在心灵中，与其对象的形式本身相符合”③。虽然真观念是关于事物的本质的知识，但是真观念与事物的本质之间却并不存在反映与被反映的关系。因为按照斯宾诺莎的实体学说，源于同一个实体的事物与观念是相互独立、同时发生的，所以认识活动并不是从事物到观念，而是从观念到观念。当然，事物的次序与观念的次序一定是符合一致的，因此“观念与它的对象的符合”是衡量真观念或真理的标准，不过这只是“外在的标志”，更重要的是它的“内在的标志”，亦即真观念自身的清楚明白。斯宾诺莎还说，“除了真观念外，还有什么更明白更确定的东西足以作真理的标准呢？正如光明之显示其自身并显示黑暗，所以真理即真理自身的标准，又是错误的标准”④。

斯宾诺莎的“真观念”与笛卡尔的“天赋观念”有所不同，它们并不是与生俱来的，而是经过直观的认识活动而获得的。在他看来，“直观”和“推理”的能力是天赋的，我们由此而获得真观念，并且以真观念为前提进而获得了其他的真理。如果要追问真观念

① 斯宾诺莎：《伦理学》，第 80 页。
② 斯宾诺莎：《知性改进论》，第 30 页。
③ 同上书，第 50 页。
④ 斯宾诺莎：《伦理学》，第 82 页。

从何而来的问题，不应该陷入无穷的回溯，即从原因进一步寻求原因，以至无穷。这就像炼铁一样。要炼铁就必须有铁锤，要有铁锤又需要制造铁锤的工具，如此类推，这样的方式不可能解决问题。实际上，人最初利用原始的天然工具制造了简单的工具，又进而制造更精密的工具。认识也是如此。理智凭借天赋的力量自己制造理智的工具，再借这种工具充实它的力量来制造别的新的理智的作品，再由这种理智的作品进而探寻更新的工具或更深的力量，如此一步一步地进展，直至达到智慧的顶点为止。[①] 这就是说，我们凭借天赋的认识能力（直观和推理）在心中首先建立起一个“真观念”，作为我们的“天赋工具”，作为认识的原始起点，逐渐形成“作品”，再制造新的工具……这就构成了知识的进步。斯宾诺莎的“真观念”的确比笛卡尔的天赋观念更合理一些，不过尽管如此，仍然难以避免唯理论的局限性。

（三）方法论

斯宾诺莎的方法就是以几何学为模型的理性演绎法。他认为，“正确的方法就在于认识什么是真观念，将真观念从其余的表象中区别出来，又在于研究真观念的性质使人知道自己的知性的力量，从而指导心灵，使依一定的规范来认识一切必须认识的东西，并且在于建立一些规则以作求知的补助，以免枉费心思于无益的东西”，所以，“好的方法在于指示我们如何指导心灵使依照一个真观念的规范去进行认识”[②]。

因此，斯宾诺莎的方法就是首先建立一个清楚明白的、自明的普遍概念即真观念，然后按照规范或规律进行推论，构成观念的体系，也就是以几何学方法为模型的理性演绎法。作为唯理论的创始人，笛卡尔实际上只在他的物理学中使用了几何学方法，斯宾诺莎则在他的影响之下，使用几何学方法来构造整个哲学体系。例如他的代表作《伦理学》由定义、公理、命题、推论、绎理等组成，构成了一个严密的演绎系统，几乎就像是一部几何学著作。

斯宾诺莎哲学的根本目的是追求人的自由和幸福，以达到至善和神人同一的至上境界。因此，他的本体论是基础，认识论是手段，而其最终的归宿则是伦理学。在唯理论哲学家当中，浓厚的伦理学色彩是斯宾诺莎哲学的一大特色。

三、伦理学

斯宾诺莎的哲学体系由三部分组成，这就是本体论、认识论和伦理学。将讨论整个哲学体系的主要著作名为《伦理学》，将道德上的至善看作哲学的最高目的，表明斯宾诺莎承继了斯多亚学派的古风。

斯宾诺莎伦理学的主要问题是，既然自然中的一切事物都是“他因”的，都受严格的因果必然性支配，那么作为自然的一部分的人如何可能达到至善的道德境界呢？应该说，本体论和认识论已经为此指明了方向：由于人具有天赋的认识能力，能够认识万物

---

① 参见斯宾诺莎：《知性改进论》，第 28－29 页。

② 同上书，第 30－31 页。

的本质即实体或神，因而有可能摆脱单纯的样式状态，通达自由的境界。

（一）情感与理性

情感与理性是人类心灵的两大基本要素。人有情感，动物也有情感。情感主要表现为痛苦、快乐和欲望。每个人都根据他的情感来判断或估量善恶，快乐是善，痛苦为恶。但是，如果人完全由情感支配，等于完全受命运摆布，那么他和动物一样都是情感的奴隶。如果人的行为和欲望都由外在的力量所决定，那么也就谈不上道德不道德了。理性与情感不同，它能够使人认识神、知神、理解神，从而产生对神的理智的爱。换言之，唯有理性能够使人认识万物的本质，摆脱受奴役的状态。因此，仅仅受情感或意见支配的人与由理性指导的人之间的区别在于，“前者的行为，不论他愿意与否，完全不知道他所做的是什么，而后者的行为，不是受他人的支配，而是基于自己的意志，而且仅做他所认识到在他的生活中最为重要之事，亦即仅追求他所最愿望的对象。因此我称前者为奴隶，称后者为自由人”①。因此，我们通达至善而成为自由人的唯一途径就是对神的认识：“心灵的最高的善是对神的知识，心灵的最高德性是认识神”②。因为一切皆出于神，没有神，一切都不存在。而且心灵只有在理解时才是主动的，也唯有当心灵能理解时，“我们才可以无条件地说，它是遵循德性而行动。所以心灵的绝对德性就是理解”③。

由此可见，人生在世所追求的善可以分为相对的善和绝对的善。由情感所规定的善是相对的善，理性所追求的至善才是真正的善、绝对的善。人们通常认为最高的幸福不外乎三项：财产、荣誉和感官快乐。然而，这些东西不仅是相对的、暂时的，而且还会带来长期的痛苦，于是善就转化成了恶。当然，斯宾诺莎并不是要求人们完全放弃日常生活的快乐，把他看作禁欲主义者其实是一种误解。在他看来，当我们的欲望完全依附于可灭的事物以及我们不能完全理解我们的情感的时候，我们就成了激情的奴隶。所以，他主张用理性去理解和控制情感，我们对于情感理解的愈多，我们的欲望和欲求就愈不会过分，因而只有知识才能引导我们走向幸福，只有通过知识我们才能从激情的束缚中解放出来，从情感的奴隶而成为他的主人，成为自由人。因此，通过理性对激情的控制，通过理性的认识而达到对神的爱，认识神、理解神乃是最大的快乐，是至善，是最高的道德。

（二）至善

在斯宾诺莎哲学中，“至善”是认识的最高目的，人生的最高境界，也是它的最后归宿。

所谓“至善”是真正的善、最高的善，它是“一经发现和获得之后，我便可以永远享受连续无上的快乐”的东西，是“一切具有这种品格的个体都可以共同享受的东西”，“简言之，就是认识人的心灵与整个自然相一致”④。所以，“至善”就是一种常驻不变的、

---

① 斯宾诺莎：《伦理学》，第 222 页。

② 同上书，第 189 页。

③ 同上书，第 189 页。

④ 北京大学哲学系外国哲学史教研室编译：《西方哲学原著选读》，上卷，第 402、404－405 页。

永恒的、普遍的、最高的道德境界，这种境界是通过对神的认识而达到的。心灵的最高德性在于知神，而知神也就是认识人心与自然、实体或神的一致。

如前所述，“至善”是绝对的善，而不是相对的善。一般意义上的善恶只有相对的意义，这样的善指的是我们认为对自己有用的东西，这样的恶指的则是我们认为阻碍我们获得善的东西。如此说来，同一件事物在不同的观点下，不同的情况下，既有可能是善，也有可能是恶。与此相反，“至善”乃是永恒不变的，不论在任何情况下都是真正的善。

“至善”亦是普遍的，而不是个人私有的东西，否则它就是相对的、个别的和偶然的东西了。“至善乃是这样一种东西，人一经获得，凡是具有这种品格的其他人也可以共同享受的东西。”①

“至善”就是认识人的心灵与整个自然相一致，“自然”亦即实体或神，因而“至善”也就是从实体的高度认识万物的本质，按照神圣的自然法则而生活。

在某种意义上说，达到了“至善”也就意味着达到了自由。

（三）自由

在斯宾诺莎看来，自由就是出于自身本性的必然性而存在、行动和生活：“凡是仅仅由自身本性的必然性而存在、其行为仅仅由它自身决定的东西叫做自由。反之，凡一物的存在及其行为均按一定的方式为他物所决定，便叫做必然或受制。”②

一切事物包括人在内都是出于神，在神之内。然而，人作为一个偶然的、个别的和有限的存在物，当他不知道自己的本性的时候，当他只是盲目地、被动地为自然规律所驱使的时候，他就是被动的奴隶。而当他由理性所指导，认识了自己的本性之必然性，从而主动地生活的时候，他就成了一个自由人。因此，认识自身本性的必然性，乃是从奴隶而成为自由人的根本途径。换言之，依照理性的指导的人就是自由的。

所以，认识活动就构成了斯宾诺莎哲学中的重要环节。斯宾诺莎曾经将我们的知识分为三种，其中第三种知识即“直观知识”最重要。“第三种知识是从对于神的某一属性的正确观念而达到对于事物本质的正确知识。如果我们愈能依据这种知识来理解事物，那么我们便愈能理解神。因此，这就是心灵的最高德性，换言之，心灵的力量或本性或心灵的最高努力即在于依据第三种知识来理解事物。”③

斯宾诺莎哲学是一种严格的决定论，强调一切事物都出于神的必然性。不过，他实际上区别了两种必然性，一种是外在的、强制性的必然性，一种是内在的或“自由的”必然性。在某种意义上说，他所理解的自由就是对必然性的认识，当然不是对外在的必然性的认识，而是对自身本性的必然性的认识。世界上的一切事物都是在他物内通过他物而被认识的，处于“自然状态”的人也是如此。认识活动，尤其是直观知识，实际上就是使人从“在他物内”回到“自身内”，这就是自由。

黑格尔曾经说：“斯宾诺莎是近代哲学的重点：要么是斯宾诺莎主义，要么不是哲

---

① 北京大学哲学系外国哲学史教研室编译：《西方哲学原著选读》，上卷，第 404－405 页。

② 斯宾诺莎：《伦理学》，第 4 页。

③ 同上书，第 255 页。

学”，“要开始研究哲学，就必须首先做一个斯宾诺莎主义者”①。评价之高，无出其右。斯宾诺莎继承和发展了笛卡尔哲学，清除了其哲学中的二元论，在一元论的基础上，以几何学方法建立了一个严密的哲学体系，在某种程度上实现了笛卡尔的理想。在政治哲学上，斯宾诺莎也被看作最早赞成民主制的近代思想家之一，近代自由主义的先驱，启蒙运动的杰出代表。他的哲学思想在近代哲学中具有极其重要的历史地位，不仅对莱布尼茨有深刻的影响，而且尤其是德国古典哲学的理论来源之一。

第五节 洛克

在近代哲学中，洛克是第一个将经验论构造成为完整的理论体系的哲学家。通常我们将培根看作英国经验论的创始人，其实他只是提出了一些基本原则而已，霍布斯也不能算是“纯粹的”经验论者，真正使经验论的认识论理论化、体系化的是洛克。

约翰·洛克（John Locke，1632—1704）出生在英格兰南部林格通城，1652 年从伦敦威斯敏斯特中学毕业后，进入牛津大学的基督教会学院学习，大学毕业后，留校从事研究和教学工作。洛克和当时著名的科学家如波义耳、牛顿等人交往甚密，对新时代的科学有广博的学识。1668 年洛克被选为英国皇家学会会员。

1667 年洛克被聘为阿什利勋爵（1672 年被封为莎夫茨伯里伯爵）的家庭医生、家庭教师兼秘书，从此，洛克和这个贵族之家结下了不解之缘。阿什利是辉格党的主要领导人，洛克跟随他参加了政治活动，但同时坚持哲学和医学的研究，1671 年开始写作《人类理智论》。② 17 世纪 70 年代下半期，洛克在法国结识了笛卡尔主义者，深入研究笛卡尔的著作，亦与伽森狄的追随者贝尼埃过从甚密，深受其影响。洛克哲学思想的形成在某种程度上还要归功于笛卡尔哲学。他自己曾经说，是笛卡尔第一个把他从经院哲学的莫名其妙的谈话方式中拯救了出来，使他对哲学产生了兴趣。尽管后来洛克并不同意笛卡尔的观点，但是无疑从笛卡尔那里获得了深刻的启发。

1640 年开始的英国资产阶级革命经过几次反复，终于通过 1688 年不流血的“光荣革命”建立起议会制的君主立宪政权。洛克是这场革命的直接参加者和新政府的内阁大员，同时也是辉格党的重要理论家，是最早提出政治自由和分权原则等社会政治学说的主要代表之一。

洛克的主要著作有《人类理智论》、《政府论》和《论宗教宽容的书信》等。

洛克哲学的目的是探讨人类知识的起源、确定性和范围，以及信仰、意见、同意的各种根据和程度。他认为在知识领域存在着种种问题的情况下，“如果要想满意地解决人心所爱进行的各种研究，则第一步应当是观察自己的理解，考察自己的各种能力，看看它们是适合于什么事物的”③。于是，洛克用了 20 多年的时间来研究理智亦即我们的认识

① 黑格尔：《哲学史讲演录》，第四卷，第 100、101 页。

② 洛克的哲学代表作 *An Essay concerning Human Understanding*，中译本名为《人类理解论》，应译作《人类理智论》。

③ 洛克：《人类理解论》，上册，关文运译，商务印书馆，1997，第 5 页。译文有改动。

能力，把知识归结为观念，把观念归结为感觉经验，从心理学的角度说明认识论问题，这种研究方法后来被人们称为“心理论”的方式。

一、批判“天赋观念论”

在洛克的时代，“天赋观念论”十分流行。尤其在英国的封建王朝复辟时期，剑桥柏拉图学派鼓吹天赋观念论，认为上帝观念、道德原则、逻辑原则都是天赋的。洛克对天赋观念论进行了比较全面和深入的批判。

天赋观念论者的主要论据是所谓“普遍同意说”。他们断言，宗教、道德、数学和逻辑学中的一般观念和原则是人们所普遍同意的，这就证明它们在人们心中是天赋的。洛克指出，根本不存在全人类普遍同意的天赋原则，如逻辑中的“同一律”和“矛盾律”以及数学中的公理、定理等等，儿童和智力障碍者就不知道。不仅如此，道德的规范和宗教的信条在不同的时代、不同的民族、不同的地区亦各不相同，甚至大相径庭。

天赋观念论者辩解说：天赋观念论是潜存在人们心中的，尽管儿童开始并不知道这些天赋原则，但当他学会使用理性之后，就会把这些潜在的原则发现出来。洛克针对这种“潜存说”指出，如果说人的心灵具有天赋观念而不理解它，这是荒诞的。因为我们说心灵具有某些观念，就是说它们为心灵所理解，或者说这个观念“在理解中”。如果说在理解中的观念而不被理解，那是自相矛盾的。实际上，要知道或理解那些原则，必须经过一个学习的过程。

洛克还进一步驳斥天赋观念论者的理论前提——上帝观念天赋说。上帝观念也不是人人都有的，比如历来就有一些无神论者以及新近发现的许多民族，他们就没有上帝观念。即使信仰上帝的人，他们对上帝的观念各有不同，也不是普遍同意的，这都说明上帝观念也不是天赋的。

洛克揭露了天赋观念论的危害：“因为他们既然立了确有天赋原则这样一个教条，他们的门徒们一定不能不把一些原则当做天赋的，而加以接受。这样一来，就是他们的门徒们废弃了自己的理性和判断，并且不经考察就来轻易信仰那些原则了。在这种盲目信仰的情形下，他们的门徒们就更易于受他们的支配，更易于受他们的利用。”①

洛克以充分的事实材料和明确而清晰的推理，驳斥了天赋观念论者的种种“论据”，并且比较深刻地揭露了这种理论的危害，可以说是对当时流行的天赋观念论的一次总的清算。

哲学上的天赋观念论是为了解决认识问题的，而洛克则认为用不着假设天赋观念，我们完全可以合理地解决问题。实际上，“人们单凭运用他们的自然能力，不必借助于任何天赋的印象，就能够获得他们所拥有的全部知识；他们不必有任何这样一种原始的概念或原则，就可以得到可靠的知识”②。洛克的解决办法就是“白板说”。

如果没有天赋观念，我们的知识尤其是真理性知识从何而来呢？在洛克看来，“能力是天赋的，知识是后得的”，人类具有接受感觉、形成观念和知识的“天赋能力”，由此

---

① 洛克：《人类理解论》，上册，第65-66页。

② 北京大学哲学系外国哲学史教研室编译：《西方哲学原著选读》，上卷，第447-448页。

就可以说明我们的知识的来源。他假定人的心灵就如同一块“白板”(tabula rasa)，上面原本没有任何标记。后来通过经验便在上面印上了印痕，形成了观念和知识。所以，洛克哲学的基本原则是，心灵是一张白纸，知识源于经验。①

洛克的“白板说”与亚里士多德的“蜡块说”相似，构成了经验论的基本前提。在此基础之上，他把知识归结为观念，把观念归结为经验，全面系统地阐述了经验主义认识论思想。

二、经验

洛克指出：我们的全部知识是建立在经验上面的；知识归根到底都是导源于经验的。我们对于外界可感物的观察，或者对于我们自己知觉到、反省到的我们的心灵的内部活动的观察，就是供给我们的理智以全部思维材料的东西。“这两者乃是知识的源泉，从其中涌出我们所具有的或者能够自然地具有的全部观念。”② 这就是说，一切知识来源于经验，经验分为对外的感觉和对内的反省，我们思维的全部材料即观念都从这两者而来。这就是说，作为知识的来源的经验有两个方面，一是感觉，二是反省。

感觉也被称为“外感觉”。我们的感官在受到外部事物的刺激时，将对于事物的知觉传达到心灵里，于是我们就得到了关于外部事物的形状、运动、色、声、味以及一切可感性质的观念。我们的观念的大部分导源于感觉，即由外感觉传入心灵之中的知觉。

反省也被称为“内感觉”。我们在运用理智考察它所获得的那些观念时，我们还知觉到自己有各种心理活动。当心灵反省这些活动时，它们便提供给我们另一类观念，这些观念是不可能从外部获得的。这类观念有：知觉、思想、怀疑、信仰、推论、认识、意欲以及心灵的一切作用。

因此，感觉的对象是外界事物，而反省的对象则是内在的心理作用。它们是互相独立的两种知识源泉，正是这两种经验在心灵这张白纸上写下了观念的文字。所以，无论我们有多么丰富的想象力，都不可能超出感觉和反省所提供的那些观念。

洛克坚持了反映论的基本原则，认为在心灵中有感觉时才会有观念发生，而且在感觉与反省的关系上，他主张只有当感觉发动而产生了心理活动时才会有反省。不过，洛克的“白板说”是一种消极的反映论。不仅如此，洛克有时又将反省和感觉并列为观念的来源，这相当于在逻辑上承认心灵自身固有某种知识的来源，莱布尼茨就是因此而认为洛克也承认有独立的反省知识。

三、观念

一切观念来源于经验，经验就是对外部事物的感觉和对内部心理活动的反省，它们在心灵上留下的痕迹就是观念。

---

① 北京大学哲学系外国哲学史教研室编译：《西方哲学原著选读》，上卷，第450页。

② 同上。

“观念”（idea）是洛克哲学中的基本范畴，用以表示人的心灵所知觉、所思想的直接对象、材料、基本元素。他借鉴了笛卡尔对“观念”一词的运用，不过其含义更加广泛，既指人类思维的直接对象，也指知识的基本材料，我们的一切知识都是由观念构成的。

洛克把观念分为简单观念和复杂观念。

（一）简单观念

所谓简单观念，就是由外部事物及其属性直接作用于感官而产生的感觉观念和心灵对自身心理活动的直接反省而产生的反省观念。简单观念有两个基本特点，这就是被动性和单纯性。

简单观念是被动的。我们的心灵并没有自由构成简单观念的能力，它们完全是由于外部事物的作用或通过反省途径而被动地产生的。“这正如一面镜子不能拒绝，不能改变，不能涂抹它面前各种物象在它以内所印的各种影像或观念似的。我们周围的物象既然以各种方面来刺激我们的感官，所以心便不能不接受那些印象，便不能不知觉那些印象所引起的观念。”[①]

简单观念也是单纯的。物体的各种性质虽然在物体本身中是互相联系、不可分离的，但是它们是分别通过不同的感官进入我们的心灵的，或者说，我们的感官是分别通过不同的途径来接受物体及其属性所造成的感觉的。因此，简单观念都是单纯的，它们不能再分析为别的观念的观念，从而构成了认识的基本元素。

简单观念的产生不外乎四种途径：（1）有些观念是只通过一个感官而进入我们心中的，如颜色、声音和滋味；（2）有些观念是通过两个以上感官进入我们心中的，如空间和广延、形象、静止、运动等观念；（3）有些观念是通过反省得来的，如知觉观念和意欲观念；（4）有些观念是通过感觉和反省两种途径提供给心灵的，如快乐和愉快、痛苦和不快、力量、存在、统一等。

在洛克看来，我们的大部分简单观念来源于外部事物及其属性对我们的感官的直接作用，这就产生了一系列问题：首先，物体具有什么样的性质和能力可以引起我们的感觉？其次，物体属性的种类和本质是什么？最后，我们的感觉与产生它们的物体属性之间是一种什么样的关系？于是，洛克提出了关于事物的两种性质的观念的学说。

（二）两种性质的观念

在近代哲学和科学史上，从伽利略开始，继而有笛卡尔、霍布斯、波义耳等科学家和哲学家相继区分了物体的两类性质，一类是广延、形状、运动等性质，另一类是色、声、味等性质。洛克继承和发展了他们的思想，首先把问题分成了两个方面，一方面是物体中的性质，另一方面是由物体中的性质所引起的心中的观念：“心灵在自身中知觉到的东西，或知觉、思想、理智的直接对象，我称之为观念；那种在我们心中产生任何观念的能力，我称之为具有这种能力的主体的性质。例如，一个雪球就有在我们心中产生白、冷、圆等观念的能力，这种在我们心中产生这些观念的能力，作为在雪球中的东西，

---

① 洛克：《人类理解论》，上册，第 83 页。

我称之为性质；作为我们理智中的感觉或知觉，我就称之为观念；这些观念，如果我有时把它们说得好像是在事物本身里面，那我的意思就是指物体里面那些在我们心中产生这些观念的性质。”① 由此可见，事物的性质与它们在我们心中所引起的观念，既相互对应，又相互区别。

首先，洛克把物体的性质区分为第一性的质（primary qualities）和第二性的质（secondary qualities）。所谓第一性的质就是物体各部分的大小、形状、数目、位置、运动和静止。这是物体的根本性质，任何物体哪怕它小到人们不能感觉到它，它仍然具有体积、形象、数目、运动、静止等性质。这种性质是物体的“原始性质”或基本性质，在任何时候、任何情况下都是为物体所固有的、与物体不可分离的性质。不论我们知觉与否，这些性质都在物体之中，如果它们大到足以被我们知觉，我们就借它们而获得了事物本身的观念。所谓第二性的质则是物体中的一种“能力”，它可以借物体各部分的大小、形状、组织和运动等，在我们心中产生色、声、味等感觉。所以，我们所感觉到的物体的第二性的质其实并不是它们的真实存在方式，只不过是第一性的质的变形而已。这种性质依赖于第一性的质的变化，又叫作“附属性质”。

与物体的两种性质相对应，在我们心中也存在着两种性质的观念。物体的第一性的质在我们心中产生了体积、广延、形状、运动、静止、数目等简单观念，物体的第二性的质在我们心中产生了颜色、声音、气味、滋味等简单观念。这些观念都是借助同样的途径和方式形成的，它们都是由于物体有一种运动作用于我们的感官，经过神经以及身体的其他部分传达到大脑之中，从而在心中形成了观念。

两种性质的观念虽然产生的途径是一样的，但是它们之间却存在着本质上的区别。第一性的质的观念是对物体性质的真实反映，两者之间的关系是“原型”与“摹本”的关系。第二性的质的观念就不同了，这类观念尽管也是由物体中的运动刺激感官而产生的，然而在物体中却不存在它们的“原型”，所以只是心灵对物体性质的主观反映。换言之，物体中确实存在着第一性的质，但是并不存在色、声、味等第二性的质，与之对应的是引起色、声、味等感觉观念的“能力”。所以洛克说：物体的第一性的质的观念是和第一性的质相似的，它们的原型确实存在于物体里面，第二性的质在我们心中产生的观念则根本不与第二性的质相似。并没有什么与我们的观念相似的东西存在于物体本身之中。这些性质，在我们用它们来称呼的物体里面，只不过是一种在我们心中产生这种观念的能力；观念中的甜、蓝或温暖，只不过是我们称之为甜、蓝或温暖的物体本身里面的不可见部分的某种大小、形状和运动而已。② 当然，第二性的质的观念像一切简单观念一样，并不是心灵主观、任意的虚构，因为它们的确是由刺激我们感官的一些外界原因而产生的。

洛克关于物体两种性质的观念的学说代表了当时机械论物质观的典型立场，即只承认物体的机械性质，如大小、形状、运动等等，力图用数学和力学的观点解释自然，将物体的本质仅仅理解为量的规定。

---

① 北京大学哲学系外国哲学史教研室编译：《西方哲学原著选读》，上卷，第453页。

② 同上书，第456页。

（三）复杂观念

所谓“复杂观念”就是由几个简单观念所组成的观念。心灵虽然在获得简单观念时完全是被动的，但是它也有自己的作用：它能够以简单观念为材料和基础来构成其他的观念，这样组成的新观念就是复杂观念。

心灵利用简单观念来构成其他观念的能力和作用主要有三种：

（1）组合作用。理智可以把若干个简单观念结合成为一个复合的观念，这就形成了一切复杂观念。例如美、感激、人、军队、宇宙等等。

（2）比较作用。理智可以把两个观念（无论是简单观念还是复杂观念）并列起来，同时考察，这就得到了关于它们的关系概念。例如父子、兄弟、上下、因果等等。

（3）抽象作用。理智可以把一些观念与其他一切同时存在的观念分离开，这就造成了一切概括的观念，由此形成了一般观念。

由这三种作用而形成的复杂观念不论怎样分合，都可以分为三类：样式、实体和关系。洛克对其中的实体观念的考察具有重要的理论意义，体现了经验论的基本观点。

实体观念是由一些简单观念组合而成的复杂观念。我们的简单观念或是从感觉而来，或是从反省产生。理智注意到有些简单观念是经常在一起的，于是这些简单观念就被认为是属于同一个事物。人们把它们集合在一个“寓所”之中，用一个名词来称呼它，以至于后来就把它当作简单观念看。由于我们无法想象这些简单观念能够自己独立存在，因此就习惯于假设一种“基层”作为它们存在的根据，这就是所谓的“实体”。如果我们仔细考察实体观念就会发现，实体其实只是一种假设，假设一种莫名其妙的东西来支撑能给我们产生简单观念的那些性质。这就像一个印度人一样，他认为世界是由大象支撑着的。当人们问他大象由什么支撑着的时候，他回答说大象站在大龟上。人们再问他什么支撑着大龟，印度人回答不上来了，他只能说，反正有一种东西，不过我不知道是什么罢了。所谓实体也就是我们不知道是什么的东西。

洛克受笛卡尔的影响，认为我们有三种实体的观念：感觉使我们相信有凝固的、广延的实体（物体），反省使我们相信有能思的实体（心灵），追求完满性使我们相信有一个永恒的神明（上帝）。然而与笛卡尔不同，洛克认为这些实体实际上不过是主观的产物。因为所有的实体观念只是简单观念的集合体即复杂观念，而我们的一切知识都是由简单观念而来的，复杂观念则是心灵的组合作用的产物。因此，我们虽然假设有某种东西是简单观念所依托的“基层”，但是这种假设的东西究竟是什么，我们是不知道的。

洛克的唯名论立场还表现在他关于一般观念的学说上。他认为一般观念是人们通过抽象作用而形成的，亦即通过省略掉个体事物的复杂观念中的特殊成分，而保留其中的共同存在而形成的。例如，把“人”和“马”这两个复杂观念中有差异的特殊的成分去掉，把它们的共同的地方留下来就形成“动物”这个一般观念。在洛克看来，一般只是主观的东西，客观中不存在一般而只存在着个别。我们的语词之所以成为一般的，只是因为它是一般观念的标记，可以无分别地用到许多特殊事物上，观念之所以成为一般的，只是因为它们代表着许多特殊的事物，而各种事物自身并没有普遍性。不过他也承认，在事物之间有一种相似关系，它是理智借以形成“一般观念”的基础。

在洛克看来，如果我们了解了观念的性质，我们也就可以了解知识了，因为知识就是对于观念之间关系的认识。

四、知识

所谓知识就是理智对于两个观念的契合或矛盾的一种知觉，亦即对于两个观念之间关系的认识。因此，我们的知识只与我们的观念有关，观念是知识的对象。于是，洛克对观念之间的关系、知识的等级、知识的实在性和范围进行了深入的考察。

（一）观念之间的关系

知识是对关于观念之间关系的认识，而观念之间的关系有四类：

（1）同和异。理智在认识时的第一个活动就是知觉它的观念，并且在知觉的范围内来认识各个观念的同一性和差异性，即这一个不是那一个，如白不是黑，圆不是方。这种活动是必需的，没有它就没有知识和思想。

（2）关系。即理智对于任何两个观念之间关系的知觉。每个观念都是与自身同一而与其他观念相互排斥的。如果理智不能比较各个观念，知觉它们之间的关系，发现其契合或矛盾，我们就不可能形成任何肯定的知识。

（3）共存或必然联系。这是关于实体观念的，指的是我们在同一实体中知觉到的共存性或不共存性。例如在黄金观念中，稳定性、金黄色、比重和可溶性等观念是相互联合、共同存在的。

（4）实在的存在。即理智对于观念符合于现实的实在的认知，如上帝是存在的。

按照洛克的观点，理智就是根据上述这四种关系来组合知识的。

（二）知识的等级

理智按照观念之间不同的关系来形成知识，观念之间的关系不同，知识的清晰程度亦有所区别，这就形成了知识的等级。知识有三个等级，它们从高到低排列为直观的知识、证明的知识和感觉的知识。

（1）直观的知识。如果理智对于两个观念是否一致的认识，不必借助于其他的观念，而是直接就觉察到它们的符合不符合，这种知识就是直观的知识。直观的知识具有最高的确定性和可靠性，是我们的全部知识的基础，一切知识的确定性和可靠性都依赖于它。离开了直观的知识，我们就不可能达到任何知识和确定性。

（2）证明的知识。有些观念之间的关系不能直接认知，必须通过一系列中介观念进行推理来予以证明和确认，这就是证明的知识。这类知识也是确定无疑的，不过其确定性和可靠性都不如直观的知识程度高，我们对它的认可也不像对前者那样迅速。证明的知识在其推理的每一步中都必须以直观的知识为基础。如果它的每一步都达到了直观的确定性，那么推理的最后结论便同直观的知识一样确实可靠。

（3）感觉的知识。按道理说，知识的对象是观念，外界客观事物的存在并不是认识的对象，我们对它们的认识当然达不到直观的知识或证明的知识的确定性和可靠性。但是，这类知识毕竟超过了单纯的或然性，所以也可以看作一种知识。

显然，洛克关于知识等级的划分受到了笛卡尔的影响，与斯宾诺莎也大致相同。经验论者洛克在这一问题上之所以与唯理论者一致，一方面可能反映了当时人们普遍的看法，另一方面更重要的是洛克将知识局限在观念的范围之内的结果。

洛克主张我们大部分的观念来源于外部事物的作用，却又强调知识只是关于观念之间的关系，因而将知识限制在观念范围之内，其哲学中的这一内在矛盾在知识的实在性问题上终于暴露无遗。

（三）知识的实在性

如果我们的感觉观念来源于外部事物，那么知识的实在性标准就应该是观念与事物真相的契合。然而，由于我们心中只有观念，知识仅存于观念范围之内，我们怎样才能确定我们的知识与它的外部对象是符合一致的呢？当洛克从经验论的立场出发，在承认感觉经验来源于外部事物的作用的同时，坚持认为知识仅存于观念的范围之内时，他不可避免地遇到了这样的难题。"显然，人心并不直接认识各种事物，它必然要以它对它们所有的观念为媒，才能知道它们。因此，我们的知识所以为真，只是因为在我们的观念和事物的实相之间有一种契合。不过在这里，我们拿什么作为标准呢？人心既然除了自己的观念以外再不认知别的，那么它怎么能知道它们是和事物本身相符合的呢？这里虽然有一层困难，可是我相信，有两种观念确是与事物相契合的。"①

（1）一切简单观念都是与事物符合一致的。因为它们不是人心自己能够创造的，所以它们一定是各种事物通过自然途径在人心上产生了作用的结果，而各种事物之所以能够产生那些知觉，只是因为上帝凭借其智慧和意志，把它们造得特别宜于产生那些知觉罢了。即是说，由于简单观念不是我们自己想象的虚构，都是外部事物自然地、有规则地作用于我们的感官所产生出来的东西，所以它们一定与外部事物是符合一致的。可见，近代哲学从一开始就建立在心物分离的基础上，因而经验论也难免唯理论的二元论难题，洛克不得不像笛卡尔一样，请出上帝来帮忙。显然，他试图通过感觉产生的客观来源来证明观念的实在性，并由此证明知识与对象的一致性，这未免过于牵强。

（2）除了实体观念之外，一切复杂观念都是与自身相契合的。因为复杂观念是理智组合简单观念时创造的，所以不存在与外部事物是否符合的问题。"因为任何观念如果原来就不表象任何事物，而只表象其自身，则它便不会有错误的表象，它亦不会因为与任何事物不相似致我们陷于错误，而不能有真正的了解。"② 我们的一切复杂观念（实体观念除外）都是心灵自己的产物，它们自己就是"原型"，而不是其他什么事物的"摹本"，所以不存在与事物符合一致的问题。因此，我们在这些观念方面所得到的知识都是真实的，数学知识和道德知识就是这样的知识。

以上关于复杂观念的规定之所以不适用于实体观念，是因为实体观念作为复杂观念并非来源于外部事物，在外部事物中不可能有对应物，而是主观制造的东西，但是它又

---

① 洛克：《人类理解论》，下册，第555页。

② 同上书，第556页。

被人们看作规定外部事物存在的根据的东西，从而被人们看作来源于外部事物的简单观念，因而其实在性应该在于与外部事物相契合。因此，实体观念作为复杂观念仅仅与自身相一致是不够的，它应该与外部事物相契合，然而它毕竟不是简单观念，不可能有与之一致的外部事物。所以，一切观念都可以是真实的，唯独实体观念没有实在性。

（四）人类知识的范围

既然我们的知识是关于观念之间关系的认识，而观念之间的关系有四种，那么我们就可以根据观念之间的四种关系来判定知识的范围。

（1）同和异。我们对观念的同一性和差异性能够形成“直观的知识”。从原则上讲，这种直观的知识的范围与我们所有观念的范围一样广大，然而这种知识其实没有多大用处，因为它所肯定或否定的东西都是我们已经知道的东西。

（2）关系。除了实体观念而外，在观念的其他关系方面，我们有可能达到确定的知识，这是人类知识最大的领域，但是其范围很难确定。它取决于我们能否找到将不同的观念联系在一起的中介观念。显然，与此相关的证明知识不可能遍及一切观念的关系。

（3）共存或必然联系。所谓共存关系主要是关于实体观念的。由于集合在一个实体中的诸简单观念之间既没有必然的联系，也没有明显的矛盾，因此不能构成真正意义上的知识。

（4）实在的知识。我们对于自己的存在有一种“直观的知识”，对于上帝的存在有一种“证明的知识”，对于别的东西的实在存在有一种“感觉的知识”。

由此可见，我们的知识的范围是非常狭窄的。首先，我们的知识的源泉——感觉和反省——与广阔无垠的宇宙相比是微不足道的，这两个经验的“入口”太小太狭窄了。从宏观上说，我们所知觉的只是无限宇宙的很小一部分；从微观上讲，许多事物因为太小而隐而不显，而且我们也没有达到事物本质的特殊感官。所以，观念的来源本身就决定了知识范围的有限性。其次，我们的观念比经验的范围更狭窄，因为我们不仅对许多事物没有观念，而且对于观念之间的关系也缺少清楚明白的认识，更不可能考察清楚我们所有全部的观念。最后，我们的知识的范围比观念的范围更狭窄。因为“直观的知识”不可能遍及一切，我们无法考察所有观念之间的关系；“证明的知识”也是如此，在很多情况下难以发现中介观念；“感觉的知识”比前两者更狭窄，它不能超过当下所感觉到的事物的存在。

所以，不仅在知识与事物之间隔着观念的帷幕，而且从经验到观念再到知识，认识的范围越来越狭窄。这就迫使洛克不可避免地走向了不可知论：“我们的少些虚浮的事物观念，只是由感官从外面得来的、或是由人心反省它自身中的经验得来的，而且我们除了这些虚浮的观念而外，再没有其他观念，因此，再超过这个界限，则我们便一无所知，至于事物的内在组织和真正本质，则我们更是不知道的，因为我们根本没有达到这种知识的官能”[①]。所以，“科学的知识终究是可望而不可即的”[②]。固执于经验论的立场，洛

① 洛克：《人类理解论》，上册，第286页。
② 同上书，下册，第548页。译文有改动。

克一方面承认心外有物，另一方面又主张认识只局限在观念范围之内，因而不可能证明心与物的一致性，从而陷入了自相矛盾而难以自拔。当然，洛克在大多数情况下诉诸常识而尽量将上述矛盾降低到了最小的程度，而他的后继者贝克莱和休谟则从他所制定的经验论原则出发，走向了唯心主义和不可知论。

五、社会政治学说

洛克是英国"光荣革命"时期辉格党人的主要思想家。继格劳秀斯、霍布斯等人之后，他依据人性论，利用"自然法"理论，论述了国家的起源、本质和政府形式等问题，系统地制定了社会政治学说。在自然法、财产、契约、政府论等多方面的论述上，洛克都开创了近代自由主义的传统。

（一）自然状态

洛克像霍布斯一样通过自然状态说来解释社会和国家的起源，不过在他看来，人类最初的自然状态并非像霍布斯所说的那样是"一切人反对一切人"的战争状态，而是一种人人平等自由的和平状态。虽然没有政府和法律，但却不是放任状态，有一种人人遵守的自然法在起作用。所谓自然法也就是人类的理性，它规定了人的自然权利，如人人都拥有保护自己的生命健康、自由和财产不受侵犯的权利。"理性，也就是自然法，教导着有意遵从理性的全人类：人们既然都是平等和独立的，任何人就不得侵害他人的生命、健康、自由和财产。"① 谁受到了侵犯，谁就有权报复和惩罚。

虽然在自然状态下人们享有自由和平等的权利，但是这些权利是没有保障的。由于缺乏明确、公认的法律，也没有公共权力充当裁判者并保证正确判决的执行，因而在自然状态中就存在着违反自然法、侵犯别人的自然权利的现象。于是，人们便通过协商，订立契约，建立政府来保护公民的自然权利。国家由此而产生了。

（二）政府的性质

人们脱离自然状态而进入公民社会的唯一途径是同其他人订立契约即达成协议，联合成一个共同体，各自放弃他们单独行使的惩罚权力，交由他们中间被指定的人行使；而且要按照社会所一致同意的或他们的代表所一致同意的规定来行使。"这就是立法和行政权力的原始权利和这两者所以产生的缘由，政府和社会本身的起源也在于此。"② 人们订立契约，建立政府的目的是保护自己的自然权利，所以人们并不是像霍布斯所说的那样，将全部自然权利都交给专制的政府或君主，他们所放弃的唯一的自然权利只是维护自然法、惩罚犯罪者的执行权，政府的权力仅此而已，根本没有专断的统治权。按照洛克的学说建立起来的政府是一个以保护公民的自然权利为唯一目的的民主政府。

洛克的社会契约论与霍布斯也有所不同。霍布斯认为订约是人们把所有的权利，交给了统治者；而洛克则认为人们只出让一部分权利，还保留着生命、财产和自由等不可

① 洛克：《政府论》，下篇，叶启芳、瞿菊农译，商务印书馆，1983，第 6 页。
② 同上书，第 78 页。

转让的权利。人进入社会不是为了放弃自然权利，而是为了更好地实现生命权、自由权和财产权，以弥补自然状态中的种种不便。霍布斯认为，统治者不是缔约的一方，而是被授予权力的人，因而不存在违约的问题，人民永远不能解除对他的服从；而在洛克这里，统治者是参加契约的一方，是从缔约的人们中推选出来的，因此也受契约的限制，如果他们不履行契约，不能保障大家的权益，人民就有权反抗，甚至推翻他们，另立新的统治者。但是，对于一个没有违背人民委托的“合法”政府，是不能反对的，否则就是“叛乱”行为。

洛克在“光荣革命”之后，仍然大力宣扬人民主权的思想，他认为当政府与人民发生冲突时，人民是最高的裁判官。因为政府只是接受人民委托的受托人，其行为是否正当，是否适合于对他的委托，只有委托人即人民才是理所当然的裁判官。

（三）法制和分权学说

洛克认为，一个国家绝不能听任统治者凭个人意志实行专制统治，必须制定人人都要遵守的法律，统治者也只能根据法律进行统治。法律的性质是保障公民的自然权利，其目的不是限制自由，而是保护和扩大自由。

为了防止君主专制，洛克提出了政权分散、互相制约、三权分立的“分权”学说，主张国家的立法权、行政权和联盟权（外交权）分由不同的部门掌握，不要集中在政府和君主一人之手。其中立法权是最高的权力，根据立法权的所属，我们可以把政府的形式区分为民主制、寡头制和君主制。大多数人拥有立法权的政府是民主制，少数人拥有立法权的政府是寡头制，一个人拥有立法权的政府则是君主制。作为近代政治思想史上分权学说的主要代表之一，洛克讲的三权分立是立法权、行政权，几乎没有涉及司法组织，而是将司法功能视为行政权力的一部分，第三权是“发动战争和寻求和平，缔结同盟和联盟的权力”即“对外权”。洛克主张一种复合的政体形式，在这种政体形式下，议会掌握立法权，行政权归政府内阁，君主名义上行使外交权，这就是君主立宪制。英国“光荣革命”之后逐步完善起来的君主立宪制就是这一理论的真实写照。后来，法国启蒙思想家孟德斯鸠极力推崇这一学说，并且将其修改为立法、司法和行政三权分立说。几百年来，分权制已成为西方民主制度的一种普遍形式。洛克自由主义的政治哲学在现代政治生活中依然发挥着重要的影响。

洛克对哲学的最大贡献是他建立了近代哲学第一个完整、系统的经验主义认识论体系。我们虽然不能抹杀培根的历史地位，不过严格说来，洛克才称得上是近代经验论的第一人。他的认识论思想对 18 世纪英、法等国不同的哲学流派都有深刻的影响。当然，洛克的经验论是不彻底的，他一方面承认心外有物，另一方面受经验论立场的限制将知识局限在观念范围之内，因而又无法证明知识与外部事物是符合一致的，从而陷入了困境。在此之后，贝克莱和休谟都试图消除洛克哲学中的矛盾，不过他们却走上了不同的道路。

第六节　莱布尼茨

莱布尼茨是 17 世纪末 18 世纪初德国著名的哲学家和科学家。当时的德国在政治经济等方面与其他西欧各国相比要落后得多。作为宗教改革的发源地之一，新教精神在德国有着广泛而深入的影响，但是尖锐的宗教争端亦给德国带来了无休止的苦难，终于酿成了“三十年战争”（1618—1648）。这场由欧洲主要国家参与的战争被称为第一次欧洲战争，但却主要是在德国本土展开的，因而给德国造成了难以估量的损失，不仅没有形成统一的宗教，反而加深了封建割据，在政治上阻碍着德国的统一，在经济上则阻碍着资本主义生产方式的发展。

虽然德国在政治经济方面非常落后，但是在文化上却并非如此。由于德国在地理及文化上与当时的发达国家英国、法国及荷兰非常接近，在贸易上也有比较密切的往来，因此这些国家的先进思想和科学文化对德国人产生了较大的影响。与此同时，德国的落后状态也促使有识之士们向先进的国家学习，由于巴黎作为欧洲科学和艺术中心的地位，他们与法国文化非常接近。莱布尼茨继承和发展了笛卡尔哲学，他的主要著作都是用法语和拉丁语写成的。

哥特弗里德·威廉·冯·莱布尼茨（Gottfried Wilhelm von Leibniz，1646—1716）出生于德国莱比锡，父亲是莱比锡大学道德教授，他自幼就显示出非凡的天才，15 岁进入莱比锡大学学习法律，17 岁时获哲学硕士学位，后来就读于耶拿大学和纽伦堡的阿尔特多夫大学，21 岁获法学博士学位。毕业后，他兴趣广泛，把他罕见的天才发散到理论和实践的各个领域，在理论研究上，他对哲学、神学、法学、数学、医学、历史学和语言学都有很深的造诣；在实践活动上，他对采矿、政治改革、财政、立法、光学、运输问题等感兴趣，不仅研究哲学和自然科学，而且热衷于社会活动，曾出任外交官、宫廷顾问、汉诺威图书馆馆长。他是一位公共人物，穿行于各宫廷之间。他是新科学的最著名的倡导者和示范者之一，也到处筹建科学研究机构和学术刊物，他积极创办了柏林科学院，并且曾力促在圣彼得堡、维也纳和北京建立科学院，可惜这些努力都没有成功。

莱布尼茨是一位具有多方面才能的学者，在许多领域做出了卓越的贡献。他在数学上与牛顿同时创立了微积分，在逻辑上提出了充足理由律，改进了帕斯卡尔的加法器，创制了一种手摇式的计算机，提出了二进制，被人们称为现代计算机的思想先驱。莱布尼茨与当时的许多哲学家和科学家都有交往，如牛顿、惠更斯、费尔玛、霍布斯、马勒伯朗士和波义耳等，也曾到荷兰拜访过列文虎克和斯宾诺莎。莱布尼茨与大多数哲学家不同，除了一些发表在杂志上的文章外，他的许多哲学思想是在与人通信中阐发的，这些作品大多在他去世之后才得以问世。他的主要哲学著作有：《形而上学论》、《新系统》、《神正论》、《论自然与神恩的原则》和《单子论》等。《人类理智新论》是他与洛克论战的一部重要哲学著作，由于考虑到洛克已经去世而无法答辩，因而没有出版，直到莱布尼茨去世后半个多世纪才得以首次发表。

莱布尼茨的形而上学有三个核心主题：必然与自由；实体与物质世界；心灵与物体。当莱布尼茨登上哲学的历史舞台之时，17 世纪盛行的机械论自然观的局限性已经露出了端倪，经验论与唯理论各自的短长也逐渐明朗化了。他曾经在《神正论》中把哲学所面临的问题归结为两大“迷宫”：一个是自由与必然之间的矛盾，一个是不可分的点与连续性之间的矛盾。在某种意义上说，这两大难题或直接或间接都与机械论的局限有密切的关系。莱布尼茨哲学思想的发展是一个复杂的过程，在《新系统》中，他曾描述了自己思想的演变：早年受古代哲学的影响，也曾深入钻研过经院哲学，后来读了近代作家的作品之后，深为机械地解释自然的美妙方式所吸引，但是进一步研究机械论后，又发现仅仅用广延或量的观点看待物质有许多缺陷，需要重新召回经院哲学的“实体的形式”即质的观念，当然必须给予新的解释。于是，莱布尼茨的形而上学就是围绕上述三大主题，希图解决上述两大难题。

一、机械论的局限

在近代自然科学尤其是物理学的影响之下，17 世纪的哲学家们大多推崇机械论的自然观，他们将物体的本质规定为广延即单纯的量的规定，并且把物理学中作用与反作用的力学原理引入哲学，以因果关系作为自然界乃至人类社会的普遍规律。这种机械地解释自然的方式固然有其美妙之处，它整齐划一又符合当时的科学，但是当哲学使用这种机械论的实体观解释世界时却遇到了许多困难。

首先，机械论的实体观必然会陷入“不可分的点”与“连续性”之间的矛盾。当时笛卡尔一派认为物体乃广延实体，因而是无限可分的，不存在不可分的原子和纯粹的虚空。而伽桑狄等原子论一派则认为物体是由不可分的原子组成的，在原子之间存在着运动的场所即虚空。前者肯定了连续性而否定了不可分的点，后者肯定了不可分的点却否定了连续性。在莱布尼茨看来，两者都是错误的：实体的概念必然蕴含着统一性，因而应该既具有连续性，同时又是不可分的。所以，用可分的广延来规定实体与实体的不可分性是矛盾的，而以不可分的原子规定实体则无法说明实体的统一性。因此，无论是广延还是原子都不是实体。

其次，机械论的实体观无法解释许多经验事实，也不能说明生物的运动变化。机械论者所理解的运动只是作用与反作用的位置移动，因而物体不能自己运动，其运动的原因只能在它之外。换言之，所谓广延实体一定是被动的、僵死的东西，而这就与“实体”的概念不相符合了，因为“实体（物质的或非物质的）是不能光就它的没有任何能动性的赤裸裸的本质去设想的。能动性是一般实体的本质”[①]。所以说，广延不是实体，它还必须预先假定别的实体。

最后，机械论的实体观不仅仅难以说明物质世界的本质，更不能解释感觉现象和思想现象。有形体的物质是如何获得精神能力并且形成无形体的意识的，显然不可能用广延或物体的机械组合而得到合理的说明，物体既不能机械地产生理性，也不能机械地产生感觉。

莱布尼茨意识到，必须抛弃单纯从量或广延的角度说明自然事物的观点，应该从质的角度，从能动性的角度，寻求一种单纯的、无形体的永恒实体作为万物的基础。于是，莱布尼茨继布鲁诺之后，区分了三种“点”：(1)“数学的点”是不可分的，但是它没有广延，只是抽象思维的产物而没有现实的存在；(2)“物理学的点”具有现实性，不过它是无限可分的，因而不是具有统一性的实体；(3)“形而上学的点”是既现实存在又是真

---

① 莱布尼茨：《人类理智新论》，陈修斋译，商务印书馆，1982，序言，第 24 页。

正不可分的实体。这种“形而上学的点”就是“单子”。

与近代哲学家大多否定古代哲学权威的情况相反，德国哲学从莱布尼茨开始就试图利用古代朴素的辩证法思想来改造近代机械论，以弥补其缺陷。这构成了德国哲学的一个基本特征。

二、单子论

实体作为世界万物的本质，一方面必须是不可分的单纯性的，必须具有统一性，另一方面必须在其自身之内就具有能动性的原则。这样的实体就是“单子”。所谓“单子”就是客观存在的、无限多的、非物质性的、能动的精神实体，它是一切事物的“灵魂”和“隐德来希”（内在目的）。

（一）单子的特性

1. 单纯性。单子是单纯的精神实体。“单子”这个概念源于希腊语 monas，意即一个或单纯，毕达哥拉斯学派的“一”或“一元”就是这个概念。世界上的一切事物都是复合的，“既然有复合物，就一定有单纯的实体；因为复合物无非是一群或一堆单纯的东西”。所以单子不是别的，“只是一种组成复合物的单纯实体；单纯，就是没有部分的意思”①。既然没有部分，也就没有广延或形状，因而是不可分的。所以，单子一定是精神实体，莱布尼茨有时也称之为“灵魂”或“活的零”。单纯性是单子的基本规定，莱布尼茨由此而推演出了单子的一系列特性。

2. 复多性。单子是无限多的。因为世界上的事物都是复合的和无限的，因而组成这些事物的单纯实体就不是两个或三个（笛卡尔），也不是一个（斯宾诺莎），而是无数多个。

3. 永恒性。单子是单纯的实体，因而没有广延、形状或部分，所以是不可分的。这就是说，单子不会像自然事物那样通过各个部分的组合而产生，通过各个部分的分解而消灭。“单子是只能突然产生、突然消灭的，这就是说，它们只能通过创造而产生、通过毁灭而消失。”② 因此，单子的产生与消灭只能出于上帝的创造和毁灭，这无异于说单子是永恒存在的。

4. 单子之间相互独立。既然单子是单纯的，没有广延或部分，就不可能有什么东西可以进入其内部而造成变化，单子的“偶性”也不可能离开实体而进入其他的单子。所以，单子之间没有“物理的影响”，不存在任何真正的相互作用。莱布尼茨形象地说：“单子并没有可供某物出入的窗户。”③

5. 质的区别。单子是单纯的，没有广延，因而相互之间不存在量的差别而存在着质的差别。因为世界上的事物千差万别、多种多样，如果组成事物的实体即单子没有量的

---

① 北京大学哲学系外国哲学史教研室编译：《西方哲学原著选读》，上卷，第476页。

② 同上书，第477页。

③ 同上书，第477页。

差别，就必然具有质的差别。于是，莱布尼茨提出了一种“普遍差别原则”或“个体性原则”：“每个单子必须与任何一个别的单子不同。因为自然界中决没有两个东西完全一样，不可能在其中找出一种内在的、基于固有本质的差别来。”① 由于单子是单纯的精神实体，其本性在于表象或知觉，所以单子知觉的清晰程度不同就造成了它们在质上的区别。

6. 单子是自因。单子是单纯的，没有部分，因而它的变化和发展不可能来自外部，只能出于它的内部原因，这也符合实体独立自存而能动的原则。所以，单子一定是自身完满的“自因”：“我们可以把一切单纯实体或创造出来的单子命名为‘隐德来希’，因为它们自身之内具有一定的完满性，有一种自足性，使它们成为它们的内在运动的源泉，也可以说，使它们成为无形体的自动机。”② 既然如此，每个单子就都是“携带着过去”又“孕育着未来”，出于自身目的而活动的实体。

莱布尼茨将单子的这种内在的原则和能动的本性称为“力”，每个单子都是一个“力的中心”，它表现为“欲求”或“欲望”，单子就是在“欲求”的推动下自己实现自己的本性的。由此可见，莱布尼茨所说的“力”不同于机械论的外力，而是事物的内在目的。

（二）单子的等级

单子作为单纯的精神实体具有“知觉”和“表象”的能力，由于单子“知觉”的清晰程度有所不同，在单子之间存在着质的差别，因而整个宇宙可以看作一个单子的等级系列。

布鲁诺曾经将个体意识比作打碎了的大镜子的碎片，在无数个碎片中出现了无数个太阳。莱布尼茨也提出了类似的比喻。单子有“知觉”，能够凭这种能力像一面镜子一样反映整个宇宙。因此，自然是“大宇宙”，单子是“小宇宙”，它们是“宇宙活生生的镜子”。由于每个单子知觉的清晰程度不同，它们都以自己的方式表象宇宙，因而就构成了相互之间的质的区别。如此说来，单子在宇宙之中，宇宙也在单子之中，整个宇宙就表现为一个普遍联系的整体。

单子之间可以划分为无限多的等级，主要的等级有：无意识的无机物以至植物，它们的单子只有最不清晰的一些“微知觉”，莱布尼茨也称之为“原始的隐德来希”；动物的灵魂具有较清晰的知觉和记忆，可称之为真正的灵魂，当然还只是感性灵魂；人的灵魂具有更清晰的知觉和自我意识，即理性灵魂，有了“统觉”和“理性”；在人之上还有无数更高级的生物或单子，例如“天使”；最高的单子就是上帝，他是唯一的创造一切单子的单子，全知、全能、全善，因而是“单子的单子”或“太上单子”。

上帝是最完满的单子，其他一切单子为上帝所创造。“创造物有它们由于受上帝影响而得来的完满性，但是它们也有由于它们自己的本性而来的不完满性，所以不能没有限制，因此创造物与上帝的区别就在于这一点上。”③

---

① 北京大学哲学系外国哲学史教研室编译：《西方哲学原著选读》，上卷，第478页。

② 同上书，第479页。

③ 同上书，第483页。

（三）连续性原则

莱布尼茨根据单子的“知觉”和“欲求”以及相互之间的等级，提出了“连续性原则”。

从“单子的单子”上帝到最低级的单子，其间存在着无限多的等级，这些等级之间没有分离的间隔，因而整体是连续的。不仅如此，每个单子从一种知觉到另一种知觉的发展，也具有连续性。所以他说：“从我们本身开始到最低级的事物，这是一个下降的阶梯，是由极小的阶梯和事物的连续序列构成的，每一级和相隔一级的区别是非常小的”，因此“任何事物都不是一下子完成，这是我的一条大的准则，而且是一条最最得到证实了的准则，自然决不作飞跃”，这就是“连续律”。“这条规律是说，我们永远要经过程度上以及部分上的中间阶段，才能从小到大或从大到小……”[①] 这就是说，在单子与单子之间存在着无数等级的单子，因而在相邻的两个单子之间，一方面有差别，另一方面其差别又是无限小的。因而所有的单子就构成了一个从上帝这个最高的单子到最低级的“原始的隐德来希”的无限的连续的序列。每个单子都是“不可分的点”，而全部单子又构成了一个连续性的整体，莱布尼茨就是这样来解决机械论实体观的矛盾。

然而，问题还没有最终解决。上述宇宙图景只是一种静态的结构，然而每个单子都是自因的自动机，而且单子与单子之间没有相互的物理影响，所以任何单子的发展变化都有可能破坏整个宇宙的连续性的整体。为了解决这个问题，莱布尼茨提出了“预定的和谐”的理论。

（四）预定的和谐

“连续性原则”只能说明在静态条件下宇宙的连续性，而无法解释单子的动态的变化和发展。那么在动态的情况下，宇宙这个单子的无限等级序列如何协调一致呢？莱布尼茨的回答是，因为宇宙万物有一种“预定的和谐”。

上帝在创造每一个单子的时候就已经预见到了一切单子的全部发展情况，他在安排好了每个单子各自独立的变化发展的同时，也使其余的单子各自做相应的变化发展，因而全部单子的变化发展就自然而然地和谐一致，始终保持着整体的连续性。因此，整个宇宙就好像是一支庞大无比的交响乐队，每件乐器各自按照预先谱写的乐谱演奏不同的旋律，而整个乐队所奏出来的是一首完整和谐的乐曲。

莱布尼茨不仅用“预定的和谐”来说明由无限多的单子所组成的整个宇宙的和谐一致，而且以此来解决笛卡尔遗留下来的心身关系问题。

在心身关系问题上，笛卡尔最初持二元论的立场，后来又转向了心身交感论，其中存在着明显的矛盾。马勒伯朗士和以格林克斯为代表的荷兰笛卡尔学派以“偶因论”来解决问题，认为心灵与身体就像是两座钟，它们之间的和谐一致是由上帝来协调的，而它们各自都不是对方运动的原因，最多只是“偶因”或“机缘”而已。莱布尼茨认为，心身交感是不可能的，至于偶因论则等于把上帝看作“很坏的钟表匠”，自己制造的钟表

---

① 莱布尼茨：《人类理智新论》，下册，第335页；上册，第12页。

竟然必须随时亲自调整才能走时一致，这显然与上帝的尊严不相称。在他看来，上帝所制造的这两座钟应该自始就走得非常准确，而且相互之间又自然地彼此一致，这就是心身之间的“预定的和谐”：“灵魂遵守它自身的规律，形体也遵守它遵守的规律，它们的会合一致，是由于一切实体之间的预定的和谐，因为一切实体都是同一宇宙的表象。”①

莱布尼茨还以“预定的和谐”来证明现实世界是一切可能世界中最好的世界。至于在这个最好的世界中为什么还有恶的存在，他的回答是，一切可能世界中最好的世界并不意味着其中就没有恶，而是说在这个世界中善超过恶的程度比任何可能世界都更高。

既然一切都是上帝的预定和谐，那么应该怎样理解“自由”呢？从表面上来看，莱布尼茨的“预定和谐说”和机械决定论无异，必然与自由是对立的。但是，莱布尼茨对自由有一种特殊的理解。在他看来，自由不是意志的选择能力，而是从潜能向现实的自我发展。虽然单子被决定以某种特殊方式活动，但是，正是单子的内部本性而不是外部力量决定它活动，这就说明单子是自由的。或者说，自由是某物不受阻碍地变成它注定要变成的那种东西。对于人来说，“自由是自发性加上理智”。“自发性”是自由的必要条件，但光有自发性还不足以称为自由，自发性还必须加上理智才构成自由。一个自由的人应该能够认识到他为什么要做他所做的事。自由的行为就是“受自身理性决定”的行为。“被决定”是必然，但是，“被自身决定”就是自由。这样，莱布尼茨就把必然和自由统一起来了。

由此可见，在莱布尼茨的哲学中，“预定的和谐”既是宇宙整体的连续性秩序的基础，也是心身关系协调一致的保证，因而是其哲学中不可缺少的关键部分，构成了其哲学的最大特点。虽然上帝在这里扮演了“急救神”的角色，不过莱布尼茨主要是以“预定的和谐”这个最大的奇迹排除了所有其他的奇迹，也排除了上帝对自然过程的任意干预，所以他的上帝类似自然神论的上帝。

如果单子是精神实体，那么单子与物体之间是一种什么样的关系呢？莱布尼茨一方面与当时的哲学家们一样认为物体是僵死的、被动的广延，视精神为单纯的能动性的实体，所以单子是实体，物体只是形相、现象或外部表现。然而另一方面，单子与物体虽然有别，但两者又是不可分离的。除了上帝之外，既没有完全与形体分离的灵魂，也没有无形体的精灵，一切心灵、一切单纯的精神实体都永远和一个形体相结合。因此，尽管原则上物体是无限可分的，然而“在物质的最小的部分中，也有一个创造物、生物、动物、‘隐德来希’、灵魂的世界”②。当然，这并不是说灵魂与形体的结合是永恒不变的。实际上，“一切形体都在一个永恒的流之中，好像河流一样，继续不断地有些部分流出和流进”，因此“灵魂只是逐渐地和逐步地更换其形体，在动物中经常有形态的改变，而绝无灵魂的更替，绝无灵魂的轮回”，这就是说，“从来没有完全的生，也没有严格意义下的绝对的死存在于与灵魂的分离之中。我们所谓的生乃是发展和增大，而我们所谓的死乃是隐藏和收敛”③。

---

① 北京大学哲学系外国哲学史教研室编译：《西方哲学原著选读》，上卷，第490页。
② 同上书，第488页。
③ 同上书，第489页。

莱布尼茨的单子论是一个比较完整的客观唯心主义哲学体系，其最明显的特征是复活古代哲学中的辩证法因素和能动性原则来克服机械论的缺陷。首先，他将能动性引入了实体概念，认为独立自存的单子其本性以及运动变化皆源于自身内在的原因。其次，与当时自然观中盛行量的观点相反，莱布尼茨强调质的规定性，例如“普遍差别原则”或“个体性原则”将事物的差别和多样性归结为质的不同，与斯宾诺莎的整体性原则形成了鲜明的对比。再次，无论是“连续性原则”还是“预定的和谐”都体现了普遍联系的辩证思想。最后，关于一与多的辩证关系。每个单子都是一与多的统一：它是单纯的一，但又可以反映多。同样，整个宇宙也是一与多的统一，它是一个由无数多个个体组成的连续的整体。

当然，由于历史的局限性，莱布尼茨也不可避免地受到了形而上学思维方式的限制。例如他的出发点仍然是精神与物质的差别，视物质为僵死的、被动的存在，因而不可能彻底解决问题；他的单子是单纯的精神实体，各自独立而没有相互间的作用和影响；他将连续性原则极端化，主张自然从来不飞跃，并且把发展和变化都看作由上帝预先决定的等等。尽管如此，莱布尼茨哲学所倡导的能动性、个体性和内在性等原则的确具有重要的理论意义，对德国古典哲学产生了极其深刻的影响。

三、认识论

一般说来，莱布尼茨的认识论以单子论为基础和前提，或者说，他的认识论思想是单子论的组成部分，即关于人的心灵这种单子如何表象或知觉宇宙万物的学说。

莱布尼茨维护和发扬了笛卡尔所确立的唯理论的基本原则，与洛克展开了激烈的争论。洛克在《人类理智论》中全面地阐述了他的经验论原则，而莱布尼茨则写作了《人类理智新论》，逐段地对其进行了批判，阐发唯理论的认识论思想。可以说，这是近代哲学史上少有的不同流派哲学家之间的直接交锋。经过长期的争论，经验论与唯理论各自的立场连同它们所遇到的问题都日趋明朗化了。就莱布尼茨而言，他在继承笛卡尔唯理论的同时，既看到了经验论的局限，亦意识到了笛卡尔哲学的困难。因此，莱布尼茨在同洛克论战时，也在考虑如何吸取经验论的长处来弥补唯理论的缺陷。由于莱布尼茨的认识论思想基本上是在《人类理智新论》中与洛克论战时阐述的，所以我们就根据他与洛克争论的主要问题来讨论他的思想。

（一）对经验论的批判

首先，莱布尼茨揭示了感觉经验的局限性。他认为“人类的认识与禽兽的认识的区别”在于“禽兽纯粹凭经验，只是靠例子来指导自己，因为就我们所能判断的来说，禽兽决达不到提出必然命题的地步，而人类则能有证明的科学知识。也是因为这个缘故，禽兽所具有的那种‘联想’能力，是一种低于人所具有的理性的东西”①。经验主义者的联想能力与禽兽的纯粹联想一样，总以为过去发生的事情，在以后相似的场合下还会发

① 北京大学哲学系外国哲学史教研室编译：《十六—十八世纪西欧各国哲学》，第 503 页。

生。然而，经验是个别的、偶然的和有条件的，不具有必然性，当条件发生了变化，原有的经验就不适用了，如果固守过去的经验，必然就要犯错误。人之所以如此容易捕获禽兽，单纯的经验主义者之所以如此容易犯错误，便是这个缘故。莱布尼茨认为真理必须具有普遍必然性。他敏锐地看出，经验论和唯理论争论的一个根本问题就是："究竟是一切真理都依赖于经验，亦即依赖归纳与例证，还是有些真理更有别的基础。因为如果某些事件我们在根本未作任何实验之前就能预见到，那就显然是我们自己对此也有所贡献的。感觉对于我们的一切现实认识虽然是必要的，但是不足以向我们提供全部认识，因为感觉永远只能给我们提供一些例子，亦即特殊的或个别的真理。然而印证一个一般真理的全部例子，尽管数目很多，也不足以建立这个真理的普遍必然性，因为不能因此便说，过去发生过的事情，将来也会同样发生。"①

莱布尼茨的批评的确切中了经验论的要害。由此我们也不难理解，后来休谟为什么走向了怀疑主义。

（二）天赋观念论

莱布尼茨不仅没有从笛卡尔的立场后退，而且全面贯彻了他的天赋观念论。

笛卡尔认为人的心灵中有些观念是天赋的，洛克则反对天赋观念论，提出了"白板说"，认为心灵就好像一块"白板"，感觉经验在上面打上了印痕，从而产生了观念和知识。在莱布尼茨看来，正如绝对平整一色的白板不可能存在一样，人的心灵原本也不是空无所有的。在这个问题上，莱布尼茨一方面比笛卡尔走得更远，另一方面也吸收了经验论的一些原则。

首先，莱布尼茨的天赋观念论比笛卡尔更彻底，他从单子的单纯性和内在原则出发，主张我们的所有观念都是天赋的："我一向并且现在仍然赞成笛卡尔先生所曾主张的对于上帝的天赋观念，并且因此也认为有其他一些不能来自感觉的天赋观念的。现在，我按照这个新的体系（指单子论——引者注）走得更远了；我甚至认为我们灵魂的一切思想和行为都是来自它自己内部，而不能是由感觉给予它的。"②

其次，莱布尼茨也接受了洛克对天赋观念论的批评，放弃了"天赋观念直接呈现说"，而发挥了"天赋能力潜存说"。按照这种观点，真理或普遍必然的知识不是现成地存在于每个人心中或现实地呈现于每个人的心智之前的，"我们不能想象，在心灵中，我们可以像读一本打开的书那样读到理性的永恒法则，就像在'揭示牌'上读到裁判官的法令那样毫无困难，毫不用探求"③。观念和真理不是作为现实天赋在我们心中，而是"作为倾向、禀赋、习性或自然的潜能天赋在我们心中的"。在这个意义上，他把人的心灵比喻为具有天然花纹的大理石。每一块大理石的天然花纹不同就决定着它能够雕刻成不同人物的像，虽然人物的形象不是现成地存在于大理石之中的，但是可以说是潜在地存在于大理石之中的，经过人们的加工、琢磨，那些纹路就清晰地显示出来。人的天赋

---

① 北京大学哲学系外国哲学史教研室编译：《十六—十八世纪西欧各国哲学》，第 502 页。

② 莱布尼茨：《人类理智新论》，上册，第 36 页。

③ 北京大学哲学系外国哲学史教研室编译：《十六—十八世纪西欧各国哲学》，第 503 页。

能力与人的心灵是永相伴随并相互适应的，只不过我们常常感觉不到它们的作用而已。

既然在人的心灵中，天赋观念就如同大理石的纹路一样是潜在的，因而就需要“机缘”的帮助才能使它由潜在的而变为现实的，这种“机缘”就是感觉。“只要凭感觉所供给的机缘，集中注意力，就足可以在我们心中发现这些法则”。即使在数学中，“算术和几何学所见到的那些必然的真理……有些原则不靠举例便可以得到证明，也不依靠感觉的见证”，但是“没有感觉我们是不会想到它们的”①。只是在感觉经验的诱发之下，人们对心中的观念进行了反省，才使它们清楚明白起来。

由此可见，莱布尼茨为了解决知识的来源问题，在唯理论的认识论中亦引入了经验论的一些原则，肯定了感觉经验的一定作用。不过值得注意的是，莱布尼茨所说的感觉经验与经验论的规定是不同的，它并不是指感官对外部事物的知觉，实际上也是心灵内在的东西，亦即单子本身固有的“微知觉”。因为根据他的单子论，单子是封闭的，因而严格说来心灵并不是从外部获得知觉的，所以一切观念归根结底都是天赋的。

（三）两种真理

莱布尼茨站在唯理论的立场上来调和唯理论与经验论的思路，还体现在他的两种真理论上。既存在推论的真理、必然的真理，也存在事实的真理、偶然的真理。检验这两种真理有两个不同的原则，即矛盾原则和充足理由原则。

“我们的推理是建立在两个大原则上，即是：（1）矛盾原则，凭着这个原则，我们判定包含矛盾者为假，与假的相对立或相矛盾者为真。以及：（2）充足理由原则，凭着这个原则，我们认为：任何一件事如果是真实的或实在的，任何一个陈述如果是真的，就必须有一个为什么这样而不那样的充足理由，虽然这些理由常常总是不能为我们所知道的。也有两种真理：推理的真理和事实的真理。推理的真理是必然的，它们的反面是不可能的；事实的真理是偶然的，它们的反面是可能的。”②

当一个真理是必然的时候，我们可以用分析的方法找出它的理由来，把它们归结为更纯粹的观念和真理，一直到原始的真理。数学家们就是这样用分析法把思辨的定理和实践的法则归结成定义、公理和公设，也有一些公理和公设，一些原始的原则是不能证明也不需要证明的，这就是“同一陈述”或逻辑上的重言式，其反面包含显然的矛盾。在莱布尼茨看来，数学、逻辑学、形而上学、伦理学、神学及法学等学科中的原理都是必然的真理。

事实的真理是通过经验而认识的，它不是必然的，与之矛盾的对立命题是可能的，所以它们的真实性是偶然的。对于一个事实的断定，只有通过经验才能知道。如果一个事实是真实的或实在的，它必定有一个为什么这样而不那样的充足理由。充足理由存在于偶然的真理或事实的真理之中，亦即存在于散布在包含各种创造物的宇宙中的各个事物之间的联系中。宇宙间的事物无穷无尽，如果加以分析的话，在其全部的细节中包含着一些在先的或更细的偶然因素，这些因素又需要以一个同样的分析来说明其理由，如

---

① 北京大学哲学系外国哲学史教研室编译：《十六—十八世纪西欧各国哲学》，第 503、502 页。

② 同上书，第 488 页。

此类推，以至无穷。因此充足的理由或最后的理由应该存在于这个偶然事物的系列之外，所以事物的最后理由应当在一个必然的实体里面，这个实体就是上帝。

莱布尼茨的两种真理论具有综合唯理论与经验论的倾向。他关于推理的真理的思想，可以说是唯理论真理观的一个极好的理论总结，这种真理完全依赖于理智而不是来自经验的。但是，莱布尼茨并没有因此而完全否认事实的真理的存在，它尽管没有必然性，但仍然不失为一种真理。后来休谟像莱布尼茨一样，提出了两种知识的学说。

莱布尼茨对经验论的批判的确击中了要害，他试图调和唯理论与经验论的思路也是有意义的，例如将理性认识与感性认识结合起来，承认感觉的“机缘”作用，把认识看作一个从潜在到现实的发展过程，提出了两种真理论，等等。但是由于唯理论立场的限制，他的努力很难产生效果。表面看来，莱布尼茨似乎对经验论做出了让步，其实不然。因为他实际上并没有从唯理论的立场有所后退，在某种意义上说甚至还走向了极端。

有些研究者认为，莱布尼茨研究领域广泛，著述甚多，但是缺乏系统性，没有建立自己的哲学体系，因此对他的研究难度甚大。研究他的最好办法就是按照时间顺序研究他的全部著作、论文、书信和手稿，并结合欧洲近代早期哲学的整体背景来理解莱布尼茨的思想，避免过多地从经验主义与理性主义的对立角度来理解莱布尼茨，要注意从古代哲学与近代哲学、哲学与科学的综合者的角度来把握，否则容易忽视其整体思想的丰富性。

莱布尼茨哲学在西方哲学史上具有极其重要的历史地位。在他之后，沃尔夫（Christian Wolff，1679—1754）曾经把他的哲学系统化为独断论的形而上学体系，长期统治着德国哲学界，史称“莱布尼茨-沃尔夫哲学”，我们应该注意不要把它同莱布尼茨的哲学思想混为一谈。

第七节　贝克莱

贝克莱是英国经验论的主要代表之一，他继承了洛克的经验论思想，意识到了其哲学中所蕴含的内在矛盾，认为如果坚持心外有物的唯物论立场，必将导致怀疑主义和无神论的后果，因此他着重发挥了洛克哲学的主观主义因素，试图从经验论的立场证明上帝的存在。贝克莱曾经在教会中长期担任主教之职，所以人们也称他为“贝克莱主教”。

乔治·贝克莱（George Berkeley，1685—1753）祖籍英格兰，1685 年生于爱尔兰，15 岁进入都柏林三一学院学习，成绩突出，聪慧好学，1704 年毕业后留校任研究员，开始研究“非物质主义”学说。1709 年被国教会任命为“执事”，1710 年成为国教会“牧师”。为了加强新移民的教化并在土著民族中传播福音，贝克莱说服英国议会，筹划在北美百慕大创办大学，实施他的教育理想，1729 年到达北美罗德岛，后因政府拨款落空而放弃了计划，遂将所筹款项捐赠给哈佛大学和耶鲁大学等，于 1731 年返回英国。1734 年贝克莱被任命为爱尔兰克洛因地区的主教，担任此职近 20 年。1752 年他举家搬迁到牛津，次年病逝，葬于牛津大学基督教堂学院的教堂内。贝克莱很早就显示其哲学才华，他的主要哲学著作都是在 20 多岁时写成的，有：《视觉新论》（1709）、《人类知识原理》

(1710) 和《海拉斯与斐洛诺斯对话三篇》(1713)，他后期最有名也是争论最大的著作是《西利斯》(1744)。

在贝克莱看来，洛克哲学中的矛盾为怀疑主义和无神论留下了可乘之机，不仅对宗教信仰，而且对科学也产生了极大的威胁。因此他的目的十分明确，那就是清除洛克哲学中的唯物主义因素，以经验论的方式论证上帝的存在，为信仰服务。

一、感觉主义唯心论

贝克莱继承并改造了洛克经验论的基本原则，以此作为其哲学的出发点，不过其哲学的目的却不仅仅在认识论方面。

视觉理论既是贝克莱认识论的心理学基础，又是其认识论的历史和逻辑的起点，为其“存在就是被感知”的本体论所提供的最基本的“科学”根据。贝克莱的视觉理论强调：我们的眼睛是看不到事物的空间、距离、方位和运动等属性的，我们所能看到的只是光和颜色及其各种变状。贝克莱不仅重视经验对视知觉的作用，而且还突出判断的作用。当然，在这两种作用中，经验的作用是第一位的，因为“我发现，人们还承认，我们对很远的物象距离所作的估计宁是依据于经验的，而非依靠于感官的判断作用”[①]。当我们看到对象的模糊纷乱的现象时，一方面，想象力要把过去与之相联系的触觉经验提示出来；另一方面，人心要依据纷乱的程度借助经验对距离的大小做出判断。基于对视觉的研究，他得出了视觉对象不在心外存在的局部主观唯心主义结论。

贝克莱的主要哲学著作《人类知识原理》，表面上看来是关于认识论的著作，而实际上它要论证的却是非物质主义，最终目标则是证明上帝的存在。他的论证过程是，将可感事物与事物本身看作一回事，从观念的存在即被感知推到存在就是被感知，继而区分被感知的观念与感知观念的心灵，从而证明精神实体的存在。

（一）观念的存在就在于被感知

在我们的认识之中包含着两个因素，一是认识的对象即“观念”，二是认识的主体，某种认识或感知观念的东西，即心灵、精神或灵魂。像洛克一样，贝克莱认为人类知识的对象就是“观念”。根据来源上的区别，观念可以分为三种：“在任何一个观察过人类知识对象的人看来，显然这些对象或者是实实在在由感官印入的观念，或者是由于注意人心的各种情感和作用而感知的观念，最后，或者是借助于记忆和想象——即混合、分解或简单地表象那些由上述方法而认识的原始观念——而形成的观念。”[②] 这三种观念其实可以分为两类，一类是感觉观念（包括前两种在内），另一类是心灵通过组合与分解感觉观念而形成的观念。

然而，无论是哪一种观念都只存在于能感知的能动实体即心灵之中：“观念只存在于

---

① 贝克莱：《视觉新论》，关文运译，商务印书馆，2017，第 1 页。

② 北京大学哲学系外国哲学史教研室编译：《西方哲学原著选读》，上卷，第 502 页。

这个东西之中，或者说，被这个东西所感知，因为一个观念的存在，就在于被感知。”[①] 换言之，认识的对象是观念，观念只存在于心灵之中，它们不可能离开心灵而独立存在，因此观念的存在就在于被感知。

（二）存在就是被感知

在贝克莱看来，既然观念的存在就在于被感知，那就意味着感觉事物的存在就在于被感知，因而一切事物的存在就在于被感知。因为“具有一个观念与感知一个观念完全是一回事”，“事实上，对象和感觉原是一种东西”[②]。所以，事物的存在就是被感知，也可以说，存在即被感知。通常人们以为，我们所感知的事物在我们的心外有其客观的存在，是不依我们的意识而独立存在的，贝克莱则认为在这里有一个明显的矛盾：“因为，除了我们用感官所感知的事物之外，还有什么上述的对象呢？并且，在我们自己的观念或感觉之外，我们究竟能感知什么呢？那么，要说是任何一个观念或其结合体不被感知而存在，那岂不明明白白是背理的吗？”[③]

那么，我们为什么会一方面承认观念的存在就是被感知，而另一方面却又认为在观念之外有某种实在的存在物呢？在贝克莱看来，这完全是因为“抽象观念”在作怪，以为可感事物在心外还有实在的存在，就是由于抽象观念的作用。人们以为一切具体的事物都具有具体的可感性质，而抽象观念则是脱离了事物之具体可感性质的一般性质，贝克莱则从唯名论的立场出发，认为人心中只有各种特殊观念而根本不可能形成与特殊观念分离的抽象观念。既然只有特殊的可感观念是存在的，抽象观念并不存在，那么可感事物与它的被感知就是一回事，事物的存在就在于被感知。“正如我不能离开了对于一个东西的实实在在的感觉而能看到它或感触到它一样，我亦不能在思想中设想任何可感物可以离开我对于它的感觉或感知。真正讲来，对象和感觉是同一个东西。因此，两者是不能彼此分离的。”于是贝克莱宣称：“天上的一切星宿，地上的一切陈设，总之，构成大宇宙的一切物体，在心灵以外都没有任何存在；它们的存在就是被感知或被知道。”[④]

贝克莱把事物看作感觉观念的复合，因而观念的存在就在于被感知，等于说事物的存在就在于被感知。

（三）存在就是被感知和感知

如果按照“存在即被感知”的原则推论下去，肯定会导致极端的唯我论，不过贝克莱显然意不在此。在他看来，宇宙中的存在有三种：第一种是只存在于感知者的心中的观念；第二种是可以感知观念的被创造的精神，即我的心灵和其他所有人的心灵；第三种是永恒无限的精神，亦即上帝。

如前所述，在认识中有两个因素，一个是认识的对象即观念，一个是认识的主体，即感知观念的心灵。如果说观念是被动的，其存在就是被感知，那么可以说精神是能动

---

① 北京大学哲学系外国哲学史教研室编译：《西方哲学原著选读》，上卷，第503页。

② 贝克莱：《人类知识原理》，关文运译，商务印书馆，1958，第23、22页。

③ 北京大学哲学系外国哲学史教研室编译：《西方哲学原著选读》，上卷，第503－504页。

④ 同上书，第504页。

的，它的存在就在于能感知。“我们不能对一个灵魂或精神构成任何观念”，“精神或能动体本身，除了仅仅通过它所产生的结果，是不能被感知的，这乃是精神或能动体的本性”①。一个能动体的观念不能与任何观念相似或为任何观念所代表，意志、心、灵魂、精神这些词并不代表一些观念，或根本不代表任何观念，它所代表的东西与观念完全不相同。“这个东西既非观念，亦非与观念相似，而只是感知观念、意欲观念和论究观念的东西。所谓我自己，亦即‘我’这个词所表示的东西，乃是和灵魂或精神实体的意义一样的。”②

所以，贝克莱认为，心灵和观念的区别就在于：“心灵的一切不能思想的对象，都同样是完全被动的，而且它们的存在只在于被感知；至于灵魂或精神则是一个能动体，它的存在不在于被感知，而在于感知观念和思想。”③ 由此可见，“存在就是被感知”这条原则的更确切的表述应该是：“存在就是被感知和感知”。

因此，当我们说“存在就是被感知”的时候，指的并不是个别的心灵，而是指所有人的心灵。对于一个事物来说，如果我没有感知它，并不意味着它就不存在，因为还有别的精神在感知它。即使我们都没有感知它，世界上还有一个无限的心灵即上帝在感知它。表面看来，贝克莱似乎是以上帝的存在来避免唯我论的局限，而实际上他的目的就是要由此来证明上帝的存在。“存在就是被感知”并不意味着我感知它它就存在，我不感知它它就不存在。而是说，任何事物都具有可感性质，所以它们能够被我们感知，至于这些可感性质则并非我们的创造，而是上帝的作品。

由此可见，贝克莱之所以要否定事物的客观实在性，并不是为了证明主观主义和唯我论，而是为了维护观念的客观实在性。因为在他看来，承认物质的客观实在性，仅仅把观念看作主观的产物，是造成怀疑论、唯物论和无神论的根本原因。于是，他千方百计地清除洛克哲学中的唯物主义因素，致力于“非物质主义”的建设。

二、非物质论

贝克莱认为，一切怀疑论、唯物论和无神论的根源就在于物质概念：“关于‘物质’或‘有形实体’的学说，是‘怀疑主义’的主要支柱；同样，一切‘无神论’和‘不信宗教’的渎神的企图，也是建立在这个基础之上的”，“物质的实体从来就是‘无神论者’的至友，这一点是无须多说的。他们的一切古怪系统，都明显地、必然地依靠它；所以，一旦把这块基石去掉，整个建筑物就不能不垮台。因此，我们也用不着特别去考察每一个可鄙的无神论派别的荒谬之点”④。这就是为什么贝克莱竭尽全力地消解物质概念的原因。

（一）批判洛克关于两种性质的观念的学说

贝克莱利用洛克哲学中的矛盾为其唯心主义作论证。

如前所述，洛克认为物体有两种性质，心灵能够形成关于这两种性质的观念。第一

---

① 北京大学哲学系外国哲学史教研室编译：《十六—十八世纪西欧各国哲学》，第 550－551 页。

② 同上书，第 568 页。

③ 同上书，第 569 页。

④ 北京大学哲学系外国哲学史教研室编译：《西方哲学原著选读》，上卷，第 516 页。

性的质是物体固有的，关于第一性的质的观念与它们是相似的。两者之间是“摹本”与“原型”的关系。第二性的质则是借第一性的质而在我们的心中产生色、声、味等感觉观念的“能力”，这些“能力”固然为物体所有，不过它们所引起的观念却是主观的，并无“原型”与之相似。贝克莱对洛克的上述思想进行了批判。

首先，“观念只能与观念相似”，不相同的东西是不能相互结合的，因而观念不可能与存在于心外的不是观念的东西相似，一切可感事物之所以能够为感官所感知，就是因为它们本身就是观念。洛克认为第一性的质是存在于心外的一种不能思想的实体中的东西，第一性的质的观念是它的“摹本”，等于说观念可以与非观念的东西相似，这是矛盾的。

其次，第二性的质与第一性的质是不可分离的，我们不可能感知或想象一个物体的第一性的质而不涉及它的第二性的质。所谓广延、形状、运动等性质，若离开了一切可感性质都是不可想象的。第二性的质在什么地方存在，第一性的质也一定在什么地方存在。既然第二性的质只存在于心中，那么第一性的质也只是存在于心中。

最后，所谓第一性的质都是一些量的规定，而量的规定统统与感官相关，并无心外的存在。例如人们公认大、小、快、慢等等不是人心之外的存在，因为它们完全是相对的，随感觉器官的结构或位置的变化而改变。因此，存在于心外的广延既不大，也不小，既不快，也不慢，它们根本就什么也不是。

所以，所谓物体的性质不过是我们所感知的观念，在心外并没有独立的存在。

（二）物是观念的集合

人们通常以为存在于心外的自然事物，其实只是观念的集合，并无心外的存在。因为人们知道事物的存在，只有一个途径，那就是通过感官而感知它们。然而，人们所感知的只是观念，除此之外，别无他物。

我们实际上有两类观念，一类是可以由人们自己的意志使之产生或消灭的，亦即想象的观念；另一类则不同，它们是由外部原因引起的，这就是感觉的观念。后者有三个特点，首先，这些观念十分清晰、明确、固定，不能由我们的意志任意加以改变；其次，这些观念往往形成了某种固定的集合，它们同时出现，同时消失；最后，这些观念是稳定的和有秩序的。于是，人们就给它一个名称来标志它们，把它们看作与观念不同的东西，这就是所谓的“事物”。然而，观念就是事物，事物就是观念，两者实际上是一回事。例如樱桃是由红色、酸味等感觉观念组合而成的，物就是观念的集合。

贝克莱意识到人们肯定会对他的唯心主义观点提出批评，所以他预先就准备好了答辩。如果物是观念的集合，那不等于说我们是在吃观念、穿观念、用观念吗?！倘若如此，一切都将变成虚幻的存在，而没有客观实在性了。贝克莱辩解道，他之所以用“观念”而不用“事物”，是为了反对心外有物的唯物主义。如果你明白了这个道理，那么即使使用“事物”这个概念也无不可，只不过千万不要以为它们是独立的存在。他并不是想把事物变成观念，而是想把观念变成事物，亦即消解事物的客观实在性而维护观念的客观实在性。在贝克莱看来，他的理论将使常识与哲学结合起来。在日常生活中，人们都把感知到的事物看作真实的存在，而哲学家却认为那只是心中的现象，真实存在的是现象背后的本质。在某种意义上说，贝克莱是企图通过使现象客观化的方式来解决心物二元论的难题，以此来克服怀疑主义。

（三）物质是虚无

贝克莱的非物质论是以反对“抽象观念”为基础的。既然在现实中只存在特殊、个别，而不存在普遍、一般，那么一般的“物质实体”是不存在的。“如果我们研究一下最精确的哲学家们所谓物质的实体的意义究竟何在，我们就会发见，他们承认他们在那些声音上除了附加一个一般的存在观念并连带一个它支持诸偶性的概念外，并未附加什么别的意义。而在我看来，一般的存在观念，乃是最抽象、最不可思议的。”① 贝克莱认为“物质实体”只是一个抽象的名词，是没有意义的、不可思议的抽象，因为在外部世界中根本就不存在一般的存在，而只有具体的存在即外物的存在。而物质实体并不是外界的具体事物。

贝克莱反对洛克的“作为支持各种偶性的基质”的物质实体，他认为这种物质实体是无法通过感官感知的，既然我们无法感知到它，我们就不能断定它的存在。贝克莱说，他并不否认我们借感官或反省所能理解的任何事物的存在，我们用眼睛看到的事物和用手摸到的事物，都是真实地存在的，他对此丝毫也不怀疑。他唯一要否认为其存在的，乃是哲学家们所谓的“物质”或有形的实体。“物质”经常被人们理解为某种迟钝的、无感觉的、有广袤的、坚实的、有形相的、被动的实体，但是如果把广袤、形相、坚实性和运动等等可感知的观念排除出去，所谓“物质”就一无所有了。

所以按照贝克莱的观点，物质实体是一种莫须有的东西，既非实体，亦非偶性；既非精神，亦非观念；它是无活力的、无思想的、不可分的、不可动的、无广袤的、不在任何地方存在的东西。因此，“假如你愿意的话，你可以把物质一词用成和别人所用的无物（nothing）一词的意义一样，而这样一来，在你的文体中，这两个词就可以互用了”②。这就是说，“物质”等同于“虚无”，实际上是一种毫无必要的假设。有了这种假设，我们会陷入怀疑主义，而没有这种假设，我们一样可以说明观念的存在。“观念的产生，并无必要假设外物的存在；因为大家都承认，即使没有外物的协助，观念有时也产生出来，而且可能常常是按照我们目下所见到的秩序产生出来的”，因此“假如有外物的话，则我们不可能知道它，假如没有的话，我们亦可以有同样的理由相信我们仍会有现在所有的观念”③。

贝克莱致力于非物质主义的建设是为信仰服务的，不过他利用当时机械论的物质观无法解决物质与意识之间相互关系的局限性来否定物质的客观实在性虽然是根本错误的，但是的确击中了机械论的要害。如果我们将物质和意识看作完全不同的两类存在，那么就肯定无法解决两者的一致性问题，所以贝克莱试图以消除物质的方式来实现观念的一元论。当然，贝克莱的做法并没有摆脱机械论的局限，实际上他所根据的仍然是物质与

---

① 北京大学哲学系外国哲学史教研室编译：《十六—十八世纪西欧各国哲学》，第 546 页。

② 同上书，第 563 页。

③ 北京大学哲学系外国哲学史教研室编译：《西方哲学原著选读》，上卷，第 510、511 页。

意识完全不同的原则。另外我们也应该看到，贝克莱反对心外有物的观点不仅有出于宗教的原因，也有某种维护科学知识的成分。因为在他看来，洛克哲学就是由于承认心外有物而陷入不可知论和怀疑论的，这既危害了宗教信仰，同样也危害了科学。

三、科学与宗教

在早期近代哲学中，贝克莱哲学的鲜明特色就是为宗教信仰而服务，尤其特别的是他从分析观念产生的原因来证明上帝的存在。

如前所述，贝克莱把观念分为两类，一类是由心外的某种原因引起的感觉观念，另一类是可以由人心任意唤起的记忆或想象观念。显而易见，想象观念是不能离开心灵而独立存在的，它们是纯粹主观的，比较不规则、不活跃、不固定。而感觉观念就不同了，这类观念不仅十分活跃、十分清晰，而且较为强烈、比较有秩序、比较连贯，不论如何运用我们的思想，我们都会看到，凭感官实际感觉到的东西并不依赖于我们的意志，而是由心外的原因引起的。例如在白天时，我只要一睁开眼睛，就没有能力来自由选择看或不看眼前的事物，我们感觉什么并不是由我们自己决定的。因此，这类观念一定有某种心外的原因。

显然，这类观念不可能是由其他观念产生的，因为观念是被动的，它们的存在就在于被感知，所以观念不能成为其他观念的原因。同样，所谓的“物质”，即使作为某种假设，承认它们在心外存在，也不能说明心中的观念是由它们而产生的。因为物质不仅是被动的、无活力的，而且无感觉、无思维，因而不可能成为观念的原因。所以，唯一的解释是，观念的原因乃是一个无形体的、能动的实体或精神，亦即上帝。

贝克莱对上帝存在的证明是十分独特的。在他看来，只要我们取消了物质的客观存在，也就否定了感觉之外任何非精神的来源。于是，人们具有感觉观念这一事实，就成了上帝存在的证明。因为人心中的感觉观念既不是来源于客观的物质，也不是心灵主观的创造，同时它们作为被感知的存在又依赖于某种精神实体，那么答案就只有一个，它们是由人心之外的精神实体所引起的。正如“存在就是被感知和感知”这一命题所表述的意义，贝克莱实际上是从观念的可感性质来证明上帝存在的。在西方哲学史上，像贝克莱这样证明上帝的存在是很少见的。

贝克莱所处的时代正是理性和科学日益昌盛，逐渐取代宗教而居于统治地位的时代。在这种情况下，贝克莱要想维护宗教的权威，就必须解决科学与宗教之间的尖锐矛盾，所以他自觉地担负起了调和科学与宗教的工作，而他所采取的方法就是给科学划定范围，不使科学干涉宗教。这就是说，将科学纳入唯心主义的范围之内，使之与宗教和平共处。与正统的神学家们不同，贝克莱也提倡科学，鼓励观察和实验。在他看来，信仰上帝并不妨碍我们研究科学，“我们没有理由说自然史不应该继续研究的，各种实验和观察不应该继续做的”①。所以，虽然他激烈地攻击牛顿和洛克，但是反对的只是他们的物质学说，除此之外，他从未怀疑过那些科学思想的价值。

---

① 贝克莱：《人类知识原理》，第 69 页。

当然，贝克莱承认科学的价值的前提是它们必须建立在唯心主义的基础之上。按照他的观点，自然界的一切事物都是观念的集合，而观念与观念之间是不能相互作用和互为因果的。所以观念的规则即自然界的规律，乃是上帝把观念印入人心时所依据的一般规则。换言之，上帝凭他的意志确立并运用这些规则创造宇宙万物，使之呈现出一定的秩序。因此，贝克莱提出了一种“自然符号论”，认为“观念之间的联系，并不表示因同果的关系，它只表示一个标记与其所表示的事物的关系”①。例如我看到火，接触火时会感到疼痛，实际上火并不是疼痛的原因，两者之间并非因果关系。火只是一种预警的标记或符号。一切事物（观念）都是各种不同的符号，这些符号只是上帝出于其善意，用来警告和提示人们的行动的。于是，贝克莱给科学家规定了的任务“正是在于研究和了解上帝所造的那些标记（或那种语言），而不在于以有形体的原因来解释各种事物”②。显然，当贝克莱以取消物质的方式来克服怀疑论的难题时，像唯理论者笛卡尔一样，我们就不仅需要上帝作为自然规律的客观保证，也需要他作为知识和真理的保证。

当贝克莱在宗教信仰的基础上来调和科学与宗教的时候，他不仅需要证明自然科学与宗教是不矛盾的，而且也需要解释宗教之超自然的“神迹”的合理性。在他看来，自然规律只是上帝的意志，所以它们的存在并不是必然的，而是由上帝的自由意志决定的，上帝可以按照自己的意志随意地改变它们和取消它们，为此他坚决反对自然神论。如此说来，摩西的手杖变成了蛇，耶稣在加拿的婚宴上把水变成了酒，这些“神迹”并不是欺骗或幻觉，“在座的人如果都看到、嗅到、尝到并且喝到所谓酒，感到酒的效力，则我并不怀疑酒的实在性”③。因此，区别“实在”与“幻想”，认可“神迹”的标准，从主观上说是人们的普遍承认，从客观上讲则是上帝的自由意志。

贝克莱的晚期著作《西利斯》表现出一种不同于早期哲学的特征，坚持的是一种神中心论、万有在神论。《西利斯》强调精神是唯一的实体和本质，是具有能动作用的、能自由支配决定其他事物的运动变化的东西。神是万物产生的原因，是每一特定时空中的事物的运动变化，甚至是人的认识、实践活动的最终的、最根本的动力与原因。神为了善的目的将宇宙万物创造出来后，让它们和谐共存于自身之内，使它们各自按照一定的规律运动变化。因此神所创造的、躺在神的怀抱中的宇宙万物组成一个和谐的整体，宛如一协调完美的巨大机器或动物，万物存在于神之中，这就是著名的“万有在神论”。《西利斯》在唯心主义体系内还以一种神秘的形式包含辩证法的思想，即宇宙万物处于普遍必然的相互联系和转变之中，宇宙万物犹如一巨大的链条，通过一系列的环节、一环套一环地使精神与物体、精神与精神、物体与物体相互联系在一起。

贝克莱意识到了近代哲学机械论的局限，并且试图摆脱其二元论的困境，这些都有其合理性。然而，他从洛克的经验论出发，以非物质论的方式来消解其哲学的矛盾，通过将其中的主观主义因素客观化来贯彻一元论，甚至由此来证明上帝的存在，这显然是错误的。在某种意义上说，洛克与贝克莱都不是彻底的经验论者，因为他们一个承认心

① 贝克莱：《人类知识原理》，第 49 页。

② 同上书，第 50 页。

③ 同上书，第 57 页。

外有物，一个大讲精神实体，都有违经验论的基本原则。

如何给贝克莱哲学“定性”是一个有争议的问题。按道理说，感觉论的唯心主义应该是主观唯心主义，然而贝克莱哲学的目的自始至终都是为上帝存在做论证，这就意味着他的唯心主义是一种客观唯心主义。通常人们称贝克莱哲学为感觉论的唯心主义、主观唯心主义，也有人认为他是从主观唯心主义滑向了客观唯心主义，马克思则将贝克莱称为“英国哲学中神秘唯心主义的代表”[①]。

第八节 休谟

休谟是早期近代哲学中英国经验论的最后一位代表，他与贝克莱一样是从洛克的经验论出发的，不过他在经验论上比洛克和贝克莱更彻底，合乎逻辑地得出了怀疑主义的结论。罗素称他是英国经验论的“逻辑终局”[②]，康德则认为“自从有形而上学以来，对于这一科学的命运来说，它所遭受的没有什么能比休谟所给予的打击更为致命”[③]。休谟的怀疑论思想不仅使经验论的理想破灭了，而且也使唯理论的理想陷入了困境。

大卫·休谟（David Hume，1711—1776）出身在苏格兰爱丁堡一个没落贵族家庭。12 岁进入爱丁堡大学学习法律，由于家庭原因而中途辍学，以后在家中自学，对哲学产生了强烈兴趣。1732 年休谟刚满 21 岁就开始撰写他的代表作《人性论》。1734 年，他东渡法国，继续进行哲学研究和著述。在法国期间，休谟完成了《人性论》，于 1739 年至 1740 年在英国分卷出版，但是无人问津，他曾经沮丧地说：“它从机器中一生出来就死了。”[④] 究其原因，一方面此时的休谟不过是一个无名之辈，另一方面他在书中所提出的一些问题是当时英国思想界还没有意识到的问题，当然也有宗教方面的原因。好在休谟天性豁达，很快便恢复了自信，又写作了《道德与政治论文集》(*Essays*, *Moral and Political*)，出版后很受欢迎，同时也博得了怀疑论和反宗教的名声。休谟经过反省后认为《人性论》失败的主要原因是叙述不当，于是他将《人性论》第一卷“论人性”和第三卷“论道德”改写成《人类理解研究》和《道德原则研究》，分别于 1748 年和 1751 年出版，获得了广泛的影响。1757 年休谟出版了包括《宗教的自然史》在内的论文集，引起了轩然大波，罗马教会于 1761 年将他的全部著作列为禁书。

从 1752 年起，休谟担任爱丁堡苏格兰律师协会图书馆馆长，利用那里丰富的藏书写作了多卷本《英国史》，他生前在英国主要是以历史学家著称的。1763 年，休谟应驻法公使赫特福德邀请担任使馆秘书，在两年多的时间内与许多著名的法国进步思想家如卢梭、霍尔巴赫、爱尔维修、狄德罗等人交往密切。休谟在法国的声誉比在英国高得多，他的著作也在此广为流传。当卢梭受到政治迫害时，他曾邀请卢梭到英国避难，终因卢梭生性多疑而不欢而散。

---

① 《马克思恩格斯全集》，中文 1 版，第 13 卷，人民出版社，1962，第 69 页。
② 罗素：《西方哲学史》，下卷，第 196 页。
③ 康德：《任何一种能够作为科学出现的未来形而上学导论》，庞景仁译，商务印书馆，1982，第 5-6 页。
④ 休谟：《人类理解研究》，关文运译，商务印书馆，1981，“休谟自传”，第 2 页。

休谟一生独身，于1776年去世，终年65岁。他在遗嘱中委托亚当·斯密处理出版他的著作，其中《自然宗教对话录》一书的写作长达20年之久，终于在1779年出版问世。

休谟哲学所面临的问题与洛克甚至与笛卡尔也是一致的，他继承了洛克的思路，但比洛克更加深入，主张解决问题的关键在于对“人性”的研究。在休谟看来，哲学就是研究人性的科学，因为人性乃是一切科学的“首都或心脏”，所有的科学都或直接或间接地与人性有关，在不同程度上依赖于人，因而“在我们没有熟悉这门科学之前，任何问题都不能得到确实的解决”。至于如何来研究人性，休谟明确指出：“关于人的科学是其他科学的唯一牢固的基础，而我们对这个科学本身所能给予的唯一牢固的基础，又必须建立在经验和观察之上。”[①]《人性论》有一个副标题——“在精神科学中采用实验推理方法的一个尝试”，这表明休谟贯彻的是经验主义的方法和原则。

一、经验论的基本原则

休谟像贝克莱一样是从洛克经验论出发的，不过洛克和贝克莱称之为“观念”的东西，休谟则称之为“知觉”。知觉是知识的基本要素，包括感觉、情感、情绪、思维等所有的意识活动。知觉分为两类，一类是“印象”（impressions），一类是“观念”（ideas）。“两者的差别在于：当它们刺激心灵，进入我们的思想和意识中时，它们的强烈程度和生动程度各不相同。进入心灵时最强最猛的那些知觉，我们可以称之为印象；在印象这个名词中间，我包括了所有初次出现于灵魂中的我们的一切感觉、情感和情绪。至于观念这个名词，我用来指我们的感觉、情感和情绪在思维和推理中微弱的意象。”[②] 印象和观念的差别也就是感觉和思维的差别，不过按照休谟的理解，两者之间的差别在于强烈和生动程度不同，所以只是量的差别而已。

所谓印象指的是一切比较生动的知觉，包括“听见、看见、触到、爱好、厌恶或欲求时的知觉”，即当下所生的感觉、情感和情绪等生动活泼的知觉，它们是一切思想的来源和材料。印象又分为两种，一是感觉印象，二是反省印象。感觉印象是由于我们所不知道的原因产生于心中的，“反省印象只是在它们相应的观念之前产生，但却出现在感觉印象之后，而且是由感觉印象得来的”[③]。可见，洛克将反省与感觉并立为认识的两个来源，休谟则消除了这一矛盾，强调一切知识都最终来源于感觉。

所谓观念是印象在心中的摹本，在记忆和想象中的再现，即感觉、情感和情绪在思维和推理中的微弱的意向，或者说是当理智反省感觉运动时，我们所意识到的那些比较不生动、不活跃的知觉。印象最先产生，在心中留下一个摹本，印象停止以后，摹本仍然存在，我们就称这个摹本为观念。

因此，就印象与观念的关系而论，“我们的印象和观念除了强烈程度和活泼程度之

---

① 休谟：《人性论》，关文运译，商务印书馆，1983，第8页。

② 同上书，第13页。

③ 同上书，第19-20页。

外，在其他每一方面都是极为类似的。任何一种都可以说是其他一种的反映；因此心灵的全部知觉都是双重的，表现为印象和观念两者”①。

按照休谟的观点，除了印象和观念之外，我们的知觉（无论是印象还是观念）还有另一种区别，这就是简单与复合之间的区别。简单观念直接摹写简单印象，复合观念或是来自对复合印象的摹写，或是来自对简单观念的排列和组合。总而言之，一切观念或思想最终来源于印象即感觉经验。因此，“虽然我们的思想似乎具有这样无边无际的自由，如果我们加以比较切实的考察，则将发现它实际上是限制在一个狭隘的范围之内；人的精神所具有的创造力量，不外乎是将感官和经验提供给我们的材料加以联系、置换、扩大或缩小而已”②。例如，“金山”不过是将已知的“金”与“山”两个观念结合在一起，“有德性的马”不过是把“德性”与“马”两个观念结合在一起罢了。

于是，休谟提出了“人性科学”的两条基本原则。第一条原则可以称为“印象在先原则”，强调“观念是印象的摹本”“一切知识来源于感觉”，实际上是经验论的基本原则。第二条原则也可以称为“想象自由原则”，即是说，观念虽然由印象而产生，但是在心中却可以自由地结合，从而产生出印象中所没有的东西。当然，这种“自由”不能创造观念，因此观念无论多么荒谬，都可以在印象中找到根据。既然一切知识都来源于印象，休谟便以“感觉印象”作为衡量知识的标准。如果我们怀疑一个哲学名词是否有意义，只需考察那个假设的观念是由什么印象来的，要是找不到的话，那就说明它是没有意义的。

既然一切知识都来源于感觉，那么感觉是从何而来的呢？在这个认识论的根本问题上，休谟采取了存疑的态度，走向了“温和的怀疑论”。

二、温和的怀疑论

休谟把一切观念都归结为印象，而印象中最基础的又是感觉印象，那么感觉印象是从哪里得来的呢？在认识问题上，感觉经验最有发言权，但是在感觉经验自身的来源问题上，经验也只好沉默了，因为超出经验之外，我们没有了经验，不可能产生任何知识。所以休谟说：“至于由感官所发生的那些印象，据我看来，它们的最终原因是人类理性所完全不能解释的。我们永远不可能确实地断定，那些印象还是直接由对象发生的，还是被心灵的创造能力所产生，还是由我们的造物主那里得来的。”③ 洛克和贝克莱由于没有将经验论的基本原则贯彻到底，所以才主张感觉来源于外部事物或来源于作为精神实体的上帝。实际上，如果我们把经验论的基本原则贯彻到底，就必然在逻辑上使感觉的来源问题的回答成为不可能，休谟就是这样在这个问题上采取了怀疑论的态度。

休谟从彻底的经验论立场出发，认为唯物主义者（例如洛克）主张有一个独立存在的外部世界，我们心中的知觉是它的摹本或表象，乃是毫无根据也是无法证明的偏见。

① 休谟：《人性论》，第 14 页。
② 北京大学哲学系外国哲学史教研室编译：《西方哲学原著选读》，上卷，第 518 页。
③ 休谟：《人性论》，第 101 页。

首先，既然心外有物，而心与物是两个完全不同的实体，我们又如何知道心中的观念是外部事物的摹本呢？“在心灵前面呈现的，除了知觉以外，是根本没有别的东西的，它决不能经验到知觉与对象的联系。”① 其次，从“印象在先原则”可知，“物质实体”“外部世界”都是一些抽象观念或虚假观念，并没有与它们对应的感觉印象。最后，正如贝克莱对洛克的批评，事物的两种性质都只存在于心中，如果剥去了“物质”的所有属性，剩下来的就只是“一种不可知、不可解的东西，作为我们的知觉的原因”②。

在休谟看来，唯心主义者（例如贝克莱）将感觉的来源归结为心灵或上帝同样没有根据。所谓“上帝”这个最高的实体同唯物主义的“物质”一样超越了感觉经验，它们的存在都是悬而未决的，既无法认知，也不可能证明。不仅如此，“心灵”或“自我”也是超验的东西。我们只能感知到时刻变化着的、各种各样的特殊知觉，根本感知不到一个抽象的、一般的“自我”。所谓“心灵”或“自我”不过是“以不能想象的速度互相接续着，并处于永远流动和运动之中的知觉的集合体，或一束知觉”③。

因此，在感觉的来源问题上，休谟的回答既不同于唯物主义，也不同于唯心主义和宗教神学，而是采取了存疑的立场。应该说，不可知论是经验主义的必然结果，所以在洛克哲学中已见其端倪，终于在休谟这里得到了彻底的发挥。

然而，休谟首先是经验主义者，然后才是怀疑论者，而作为经验论者的休谟并不是一个彻底的怀疑论者，他称自己的怀疑论为“温和的怀疑论”。

首先，休谟在感觉的来源问题上的确持存疑的态度，认为我们的感觉究竟从何而来是不可能知道的。但是，他并没有因为感觉的来源是可疑的就不要感觉了，而是从经验论的立场出发退守常识，认为我们只要不去追问感觉的来源问题，能够合理地解释感觉经验就足够了，而且他自认为可以合理地解释感觉经验。所以，休谟虽然是一位怀疑论者，不过他也反对彻底的怀疑主义，认为这种怀疑主义一旦与我们的情感和感觉的实在物象相接触，一旦与我们天性中的有力原则对立，就会烟消云散，因为生活和实践乃是医治彻底的怀疑主义的良药。

所以，休谟的怀疑论不是一种彻底的怀疑论，而是“温和的怀疑论”。他认为这种温和的怀疑论不像彻底怀疑论那样有害，相反是有益于人类的，因为它将我们的研究限制在了最适合于人类理智这个狭窄官能的那些题目。为此，休谟为人类理智划分了界限：首先，想象力天然是崇高的，我们把这些崇高的论题留给诗人和演说家来润饰，或者留给僧侣和政治家来铺张。其次，正确的判断则与此相反，它必须避免一切高远的探求，使自己限于日常生活中，限于日常实践和经验的题目上。最后，哲学家尽可以继续他的研究，但是一定要知道，哲学的结论只是系统化地修正过的日常生活的反省，所以决不可以超越经验，因为一旦超越了经验，我们就没有任何可以判定为正确的知识。④

因此，“我们如果相信这些原则，那我们在巡行各个图书馆时，将有如何大的破坏呢？我们如果在手里拿起一本书来，例如神学书或经院哲学书，那我们就可以问，其中

---

① 北京大学哲学系外国哲学史教研室编译：《十六—十八世纪西欧各国哲学》，第666页。
② 休谟：《人类理解研究》，第137页。
③ 休谟：《人性论》，第282－283页。
④ 休谟：《人类理解研究》，第143页。

包含着数和量方面的任何抽象推论么？没有。其中包含着关于实在事实和存在的任何经验的推论么？没有。那么，我们就可以把它投在烈火里，因为它所包含的没有别的，只有诡辩和幻想”①。休谟这段脍炙人口的名言道出了他的不可知论的矛头所向，那就是宗教神学和形而上学。

三、因果观

如前所述，休谟经验论的第一条原则是“印象在先原则”，第二条原则是“想象自由原则”。虽然我们所有的观念最终都可以归结为印象，不过心灵也有它的作用，它可以通过联想自由地对观念进行组合或分解，由此便形成了复合观念和知识。显然，知识的形成一定是有规则的，否则就没有统一的知识。在休谟看来，想象组合观念的联想规则有三条，这就是（1）类似关系，（2）接近关系，（3）因果关系。在前两种关系中，“心灵都不能超出直接呈现于感官之前的对象去发现对象的真实存在或关系”，它们只是观念的组合或分解，并不涉及外在的对象。因果关系就不同了。“唯一能够推溯到我们感官以外，并把我们看不见、触不着的存在和对象报告于我们的，就是因果关系。”② 在17、18世纪哲学和科学之中，因果关系通常被看作自然界中最普遍的客观规律，甚至被视为社会和人性的必然法则。休谟对此表示存疑：既然我们的知识实际上被局限在感觉经验之内，那么我们有什么根据将因果关系推溯到感觉之外去呢？它能否为我们的知识提供客观性和必然性的基础？于是，他深入研究了因果观念。

（一）两种知识

休谟认为人类理智的对象可以自然地分为两种，这就是“观念的关系”和“实际的事情”。与此相应，知识也分为两大类：一类是关于观念的知识，另一类是关于事实的知识。

“关于观念的知识”包括几何、代数、三角等数学知识。“这类命题，只凭思想的作用，就能将它发现出来，并不以存在于宇宙中某处的任何事物为依据。纵然在自然中并没有圆形或三角形，欧几里德所证明的真理仍然保持着它的可靠性和自明性。”③ 因为这类知识只关系到观念自身的关系而与外部事物无关，所以只要它们与自身相符就是真理，因而是“必然的知识”。包括自然科学、自然哲学、历史学等在内的“关于事实的知识”就不同了，它们是“或然的知识”，不论真理性有多大，也不如关于观念的知识的真理性明确。“各种事实的反面仍然是可能产生的，因为它并不会包含任何矛盾，而且可以同样轻易明晰地被心灵设想到，正如那符合实际的情况一样。”④ 因为这类知识建立在经验的基础之上，而经验归根结底是或然的，例如“太阳明天将不出来”与“太阳明天将要出来”都是可能的，所以是没有矛盾的。

既然如此，人们为什么把物理学等看作普遍必然的科学知识呢？这完全是因为我们

① 休谟：《人类理解研究》，第145页。
② 休谟：《人性论》，第90页。
③ 北京大学哲学系外国哲学史教研室编译：《西方哲学原著选读》，上卷，第519页。
④ 同上。

的因果观念。关于事实的知识建立在因果关系的基础之上，而因果关系则被人们看作普遍必然的自然规律。然而，休谟对此提出了两个问题："第一，我们有什么理由说，每一个有开始的存在的东西也都有一个原因这件事是必然的呢？第二，我们为什么断言，那样一些特定原因必然要有那样一些的特定结果呢？我们的因果互推的那种推论的本性如何，我们对这种推论所怀的信念的本性又是如何？"① 换言之，休谟对因果关系的普遍性和必然性提出了质疑。在他看来，我们只有弄清楚因果知识的来源，才能解决这两个问题。

（二）因果知识的来源

我们关于因果关系的知识是从何而来的？

首先，发现因果关系不可能通过理性，而只能通过经验。因为每个结果都是与它的原因不一样的事情，因而不可能通过理性在其原因中发现出来。对于外部事物的认识必须通过经验，因果关系也不例外。我们不能想象，一种因果关系可以不依靠经验而先验地想象出来或推论出来。这一点在完全未知的事物方面最容易理解，例如没有人可以想象，火药的爆炸或者磁石的吸引可以用先验的论证来发现。

那么，经验是如何从过去推断未来、从已知推断未知、从个别推论一般呢？这实际上是一个归纳推理，它由两个命题所组成，一个命题是"我曾经见到这样一个表面上相似的事物经常有这样一个结果跟随着"；另一个命题是"我预见到别的表面上相似的事物也会有相似的结果跟随着"。一个是前提，一个是结论。休谟说："我承认一个命题可以从另一个命题正确地推断出来，而且我知道事实上它经常是这样推论出来的。"② 但是，这两个命题之间的联系既不是直观的，也不能由任何推理而得到证明。首先，它不能由解证的推理即必然的推理来证明，因为自然的发展途径和一切可感的性质经常变化，相反的事实总是经常发生，在这里没有逻辑的必然性。其次，它也不能由或然的推理即归纳推理来证明，因为休谟在前面已经说过，关于实际存在的论证是建立在因果关系上，因果关系观念是从经验中得来的，而经验不过是一个归纳推理，现在我们要求证明归纳推理的合理性，如果用或然推理即归纳推理来证明归纳推理的合理性，那就意味着把有待证明的东西作为前提，这样的论证就是循环论证。

由此看来，或然的归纳推理在逻辑上是得不到证明的，也就是说归纳推理如何从全体过渡到结论、从个别过渡到一般，即归纳的合理性问题，在逻辑上是得不到证明的，这就是休谟百思不得其解、不得不向公众提出来的著名的所谓"归纳问题"，现代西方哲学家称之为"休谟问题"。

因此，相对、个别和偶然的经验重复一万次仍然是相对、个别和偶然的经验，我们无论如何也不可能从中发现出必然性来，而且过去和现在的经验只对过去或现在有效，虽然可以推测但却不可能必然地推论出明天的结果。"由此看来，不但我们的理性不能帮助我们发现原因和结果的最终联系，而且即在经验给我们指出它们的恒常结合以后，我们也不能凭自己的理性使自己相信，我们为什么把那种经验扩大到我们所曾观察过那些

---

① 休谟：《人性论》，第 94 页。

② 北京大学哲学系外国哲学史教研室编译：《十六—十八世纪西欧各国哲学》，第 638 页。

特殊事例之外。我们只是假设，却永远不能证明，我们所经验过的那些对象必然类似于我们所未曾发现的那些对象。”①

（三）习惯是人生的伟大指南

既然经验不可能告诉我们原因与结果之间的必然联系，那么我们的因果观念是从何而来的呢？休谟认为，尽管经验不能提供因果之间必然联系的证明，多次重复的经验亦并不比单一例证提供更多的东西，但是它们却能够以一定的方式影响我们的心灵。当我们经常性地经验到事件 A 之后总有事件 B 相随时，这就使我们对事件 A 的经验与对事件 B 的经验之间产生了某种习惯性的联想，这就是所谓“必然联系”观念的来源。

因此，“习惯”乃是因果观念的基础。“因为任何一种个别的动作或活动重复了多次之后，便会产生一种倾向，使我们并不凭借任何推理或理解过程，就重新进行同样的动作或活动，我们经常说，这种倾向就是习惯的结果。不过我们虽然应用了习惯一词，却并不认为自己已经将这种倾向的最后原因揭示了出来。我们只是指出一种大家普遍承认的人性原则，这个原则是因它的结果而为人所熟知的。也许我们并不能把我们的研究更推进一步，或者将这个原因的原因揭示出来，然而我们必须满足于这个人性原则，把它当做我们所能认定的、一切由经验得来的结论的最后原则。”②

于是，休谟得出了结论：“根据经验来的一切推论都是习惯的结果而不是理性的结果”。因为经验的有效性就在于它能够使我们期待将来出现的一连串事件与过去出现的事件是相似的。假如没有习惯的影响，那么我们除了当下呈现在记忆和感觉中的东西之外，对于其他所有的事实都一无所知。这样一来，不但一切行动都无法开始，而且思想也难以进行了。正是在这个意义上，休谟强调说，“习惯是人生的伟大指南”③。

休谟的因果观，尤其是他所提出的归纳问题，在西方哲学史上具有极其深远的影响，它不仅启发康德建立了先验论的因果观，而且直到今天仍然是西方哲学和科学研究的重要课题。当然，休谟从极端的经验论立场出发，否认在因果关系中有什么“必然联系”，将其看作心理习惯的产物，因而否定了因果关系的客观性和必然性。但是，当休谟把因果关系理解为主观的习惯性联想时，他并不认为这就是最后的结论，而只是看作我们认识的界限。换言之，他并不否认在自然界中存在着某种“齐一律”，如果没有事物之间前后相随、相继出现的现象，我们就不可能产生任何因果观念，只不过我们无法知道这种前后相随、相继出现之间的必然联系罢了。

（四）因果关系的定义

休谟根据他对因果关系的考察，给因果关系下了两个定义。

第一个定义：原因是“先行于、接近于另一个对象的一个对象，而且在这里凡与前一个对象类似的一切对象都和与后一个对象类似的那些对象处在类似的先行关系和接近

---

① 休谟：《人性论》，第 109 页。

② 北京大学哲学系外国哲学史教研室编译：《西方哲学原著选读》，上卷，第 527－528 页。

③ 同上书，第 528 页。

关系中”[①]。这是从对象方面，从自然界的所谓“齐一律”出发下的定义。在这个定义中，休谟承认我们可以观察到对象之间的先行关系、接近关系和恒常联系，不过它们究竟是不是“必然联系”我们就无从知道了。

第二个定义：“一个原因是先行于、接近于另一个对象的一个对象，它和另一个对象那样地结合起来，以致一个对象的观念就决定心灵去形成另一个对象的观念，一个对象的印象就决定心灵去形成另一个对象的较为生动的观念”[②]。这主要是从认识方面或心理习惯的角度下的定义。当我们在某些事例中发现了事物之间的先行关系、接近关系和恒常联系的时候，心灵就不可避免地被决定去形成一种由此及彼的推移，我们宣称这样的两个事例是原因与结果的关系。

总之，就经验的限度而论，因果关系并不是具有客观性的必然联系，而是思想中的习惯性联想的结果。如此说来，休谟的不可知论不但使经验论的理想破灭了，而且使唯理论的理想陷入了困境。从培根开始，经验论者就试图通过经验来说明科学知识，然而休谟以强有力的论证证明了，建立在经验基础上的一切知识都只能是或然的知识。从笛卡尔开始，唯理论者则试图从理性所固有的一些不证自明、无可置疑的基本原则出发，推演出全部的人类知识来，使之成为一个严密的科学体系。然而休谟的两种知识理论却表明，虽然的确存在普遍必然的知识，但是这类知识只局限在观念的范围之内，与广阔的外部世界没有关系。于是，经验论与唯理论经过长期的激烈争论，由于各自的片面性而一同陷入了困境。

四、道德心理学和宗教怀疑论

在道德学上，休谟建立了一种以激情体系为基础的道德心理学，他比较详细和深入地论述了理性和激情与意志和行动的关系，认为理性自身单独不能成为意志活动的动机，理性不能与激情相反对而成为意志和行动的指导，自愿的或有意的行动不是理性的结果，而是激情的结果尤其是直接激情的结果。直接激情如欲求、厌恶、希望、恐惧、欢乐和悲伤等能够直接引起行动，间接激情如骄傲、谦卑、爱和恨等能够通过与直接激情的关联而间接引起行动。能够支配与统治意志和行动的不是理性，而是激情。休谟认为，人的心灵的主要动力或驱动原则是“快乐或痛苦”，正是某种特殊的快乐或痛苦构成道德区别和道德评判的根据。休谟揭示出的道德的原则主要是效用、快乐和同情。休谟把德性分成两类：自然德性和人为德性。自然德性是某个品格、品质、能力或行动就其对个人的有益趋向或后果而直接被称为德性，如心灵的伟大、骄傲和气概等，仁爱或仁慈的心理情感如慷慨、感恩、友爱等；人为德性则是某个品质或行动就其基于社会全体成员的协力合作和对整个社会的公共效用或利益而间接被称为德性，如正义、忠诚、忠实、遵守国际法、端庄、贞洁和良好作风等。

从休谟第一部著作《人性论》到他的最后一部著作《自然宗教对话录》，宗教问题始终

① 休谟：《人性论》，第 195 页。

② 同上。

是休谟思考的主要问题之一，而且他一贯对宗教持怀疑论的态度。当然，休谟不是无神论者（他甚至认为无神论实际上是不可能的），而是怀疑论者。这就是说，上帝的存在既不可能被证实，也不可能被否证。从这种怀疑论的立场出发，休谟批判了关于上帝存在的各种证明。

18世纪的神学家们继承了托马斯·阿奎那关于上帝存在的证明，以"始因论"来证明有一个上帝作为宇宙的"第一因"。休谟则认为，人是无法经验到上帝是宇宙的第一因的，我们也不可能在上帝这个"第一因"与宇宙这个结果之间形成"恒常联系"的习惯性联想，那要经过许多次重复才是可能的。因此，这一证明是不成立的。

神学家们也经常利用"神迹"来证明上帝的存在。而在休谟看来，"神迹"是完全违反"自然法则"的，而"自然法则"乃是经验所确立的，而且为经验所证实了的。人类历史上从来没有任何充分的证据可以证明"神迹"的存在。实际上，"神迹"不过是有人在欺骗而又有人"轻信"而上当受骗而已。休谟对《圣经》亦采取了怀疑的态度，他批评充满了"神迹"的"摩西五经""是一个野蛮而无知的民族提供给我们的，它是在他们更野蛮的时候写的"[①]。

在18世纪时，论证上帝存在的权威理论和中心支柱是"宇宙设计论"，亦即自然神论。休谟早年曾经赞同自然神论，后来则不厌其烦地对之进行了深入的批判。在他看来，宇宙设计论者证明上帝的存在所采用的是类比的方法，即从自然界中的事物与人工制造的东西类似出发，根据人工作品有其制造者这一经验事实，来推出自然作品的作者亦即上帝的存在。然而，宇宙设计论者犯了不当类比的错误，因为自然界中的事物与人工作品的相似程度"比太阳和蜡烛的相似程度还要小得多"[②]。人工作品只是宇宙中极小的一部分，从部分得出来的结论并不能就适用于全体。而且无限大的宇宙只有一个上帝做它的设计师，这与人工作品需要有许多设计师也是不同的。除非亲自感觉到、看到、经验上帝设计宇宙的全过程，否则我无从得到"上帝存在"的印象。然而经验是不能做到这一点的。我们可以根据经验和习惯推知某一建筑物必然有其设计者，但是要推论宇宙的设计者却是没有任何人的经验和习惯可以作为根据的。休谟不仅批判了关于上帝存在的种种证明，而且探讨了宗教产生的心理学原因，批判了宗教对人类社会的危害作用。

休谟对宗教的批判是近代哲学中经验论与唯理论哲学家中最杰出、最激烈也是最具水平的。恩格斯曾经指出："休谟的怀疑论今天仍然是英国一切非宗教的哲学思想的形式。……这种怀疑论的实践完全重复着法国的唯物主义……"[③] 当然，休谟毕竟不是无神论者，在他看来，我们既无法证明上帝存在，也无法证明上帝不存在，如果想从理性的角度证明上帝，其结果只会使宗教陷入困境。为此，他主张划清理性与信仰的界限，并且以某种"道德宗教"为理想的宗教。

休谟哲学是近代哲学史上第一个不可知论的哲学体系，在近现代西方哲学发展中起了很重要的作用。它不仅标志着英国古典经验论推到极端从而走向了终结，而且标志着近代哲学中经验论和唯理论的争论陷入了困境，由此启发康德走向了批判哲学。休谟哲

① 休谟：《人类理解研究》，第115页。

② 同上书，第129页。

③ 《马克思恩格斯全集》，中文1版，第1卷，第660页。

学是 19 世纪在英国和其他西方国家广泛传播的实证主义思潮的直接先驱，也是现代逻辑经验主义、实用主义、分析哲学等许多流派的重要思想来源。

16 世纪末至 18 世纪初西欧各国哲学的产生和发展，构成了西方哲学史的一个重要历史阶段，它排斥和批判了中世纪经院哲学，克服了文艺复兴时期哲学的不成熟性，形成了一套全新的世界观和哲学体系。与以往的哲学相比，这个时期的哲学具有以下鲜明的特点：

首先，哲学观发生了重大的变化。在古希腊时期，以亚里士多德为代表的哲学家们认为，哲学乃为“爱智慧”，其目的就是学以致知，不带有任何实用的目的。然而，以培根和笛卡尔为代表的近代哲学家们则公开地表明，哲学的目的不仅仅是认识世界，而且更要改造世界，以谋求人类的福利和幸福。所以，近代哲学从一开始就有着鲜明的务实性和功利性。这种观念无疑极大地促进了西方物质文明的繁荣和发展，但也是造成当今科技社会种种问题的根源之一。

其次，这个时期的自然观主要表现为一种机械自然观。哲学家们恢复了自然作为科学研究对象的合法地位，主要以数学和力学为依据，将自然科学的成果引入哲学之中，建立了以物体即广延为核心的机械自然观，而且在很多方面具有机械唯物论的特征。与古代朴素的自然观相比，近代机械论的自然观显然更富有成效，对自然的认识也更加深入和详尽，不过占主导地位的机械论思想亦妨碍了人们认识自然界中辩证的法则。

再次，经验论者和唯理论者通过长期的学术争论，深入探讨了认识的来源、认识的方法、知识的确实性和真理标准等问题。经验论和唯理论各自以经验或理性为原则，沿着不同的道路前进，分别把经验论和唯理论系统化，最终将其基本原则发展到了逻辑终点。当然，在这个发展过程中，两者又是相互渗透、相互影响的。但是，它们毕竟未能走向综合，从而为康德哲学留下了艰巨的任务。经验论和唯理论对于认识论和方法论的探讨，在哲学史上产生了深远的影响。甚至有人认为它使哲学的发展从以本体论为中心转向了以认识论为中心，标志着西方哲学的重要转折。

最后，这个时期的哲学以人性论为基础，创立了新的社会国家学说和伦理道德学说。许多哲学家制定了自然状态说和社会契约论，提出了诸如自然权利、人民主权、政府职责和权力分立等思想，这些社会政治学说成为 18 世纪法国启蒙运动的理论先声，并且对后世产生了极其深远的影响。

思考题

1. 简述培根的“经验归纳法”。
2. 简述笛卡尔关于“我思故我在”的思想。
3. 简述霍布斯的社会政治理论。
4. 简述斯宾诺莎的实体学说。
5. 简述洛克“白板说”的经验论思想。
6. 简述莱布尼茨的单子论。
7. 简述贝克莱关于“事物的存在即被感知”的思想。
8. 简述休谟的因果观。

第八章

法国启蒙哲学

正如恩格斯所说，18 世纪是“以法国为主角的世纪”①。作为人类历史上一次“光辉灿烂的黎明”②，法国大革命实践了法国启蒙思想的基本原则，从而使这个时代以“启蒙的时代”而著称于世。毫无疑问，18 世纪以法国大革命而永载史册，然而如果没有此前的法国启蒙运动，这场革命肯定是无法想象的。

法国启蒙运动兴起之时，正是法国封建专制制度由盛而衰的时期。路易十四时代（1643—1715）是法国中央集权制的鼎盛时期。路易十四为了维持专制统治和侵略战争，增强国家的实力，一方面推行重商主义政策，从而使资本主义经济得到了迅速的发展，另一方面又严格推行中央集权制，宣称“朕即国家”，为了抬高贵族的地位，取消了 1631 年以来资产阶级花钱买来的贵族称号，从而阻塞了资产阶级进入贵族等级的道路。这样一来，路易十四就造就了一个政治地位低下但是经济力量强大的资产阶级，为自己树立了一个日益强大的敌人。这一时期的法国社会可以划分为三个等级，第一等级是高级僧侣，第二等级是封建贵族，这两个等级是特权阶层，国王是他们的总代表，第三等级是包括资产阶级、手工业者、城市贫民、无产者和广大的农民等各个阶层，他们只有纳税的义务而没有政治权利。因此，尽管第三等级的人们属于不同的社会阶层，但是他们在政治上都属于最低的等级，因而有着共同的政治要求，这就使他们围绕着资产阶级形成了反对特权阶层的政治同盟。法国大革命是人类历史上的一次伟大壮举，因而人们认为 18 世纪主要是法国人的时代，这个时代在哲学和思想文化领域被称为“启蒙时代”，即开启人类思想的时代。

一般说来，思想革命往往是政治革命的先导，正是在这个意义上，法国启蒙运动为震惊世界的法国大革命提供了理论和思想的基础和前提。鉴于当时封建专制制度还比较

① 《马克思恩格斯选集》，3 版，第 3 卷，第 756 页。

② 黑格尔：《历史哲学》，第 493 页。

强大，法国思想家们采取了“釜底抽薪”的策略，首先将批判的矛头指向了与封建专制制度勾结在一起的宗教势力，继而把宗教批判扩大和深入为政治批判。

“启蒙精神”几乎成为“现代性”的同义词，在今天引起了广泛的讨论，在当时也的确产生了积极作用。在政治领域，它主张通过革命推翻封建制度的统治，争取人的自由和解放；在宗教领域，它反对中世纪以来的基督教神学的权威，主张无神论或理神论；在哲学领域，它批判一切旧的形而上学包括17世纪笛卡尔等人以理性为基础的形而上学，独树一帜地建立了彻底的无神论和机械唯物主义学说；在社会政治领域，倡导自由、平等、博爱、民主、法治、正义等，形成了资产阶级的核心价值观与资本主义制度的国家构架和治理体系；在历史领域，它把历史看作进步发展的、线性上升的有规律的过程，人性是可以不断完善的，相信随着历史的进步人类一定会从奴役走向解放、从黑暗走向光明。随着对“现代性”的反思，“何为启蒙?”的问题被后继的哲学家们不断地追问。

18世纪法国哲学可以看作法国资产阶级大革命的理论。贝尔、梅利叶、丰特奈尔是法国启蒙运动的开启者，他们掀开了反对封建专制制度和封建思想文化的序幕。孟德斯鸠、伏尔泰和卢梭等启蒙大师的社会政治哲学是资产阶级革命的理论武器，甚至成为全世界资产阶级的理论圭臬。拉美特利、孔狄亚克、爱尔维修、狄德罗、达朗贝尔和霍尔巴赫等人的唯物主义所揭示的全新世界观和认识论，为法国资产阶级认识世界开辟了一个全新的视野。

由于18世纪的法国思想家们自觉地承担起了反对封建专制、宗教迷信和愚昧落后，鼓吹自由、平等和博爱，高扬理性，提倡科学和进步，教化大众的启蒙任务，所以他们通常被称为启蒙思想家。贝尔的《历史的和批判的辞典》既是一部恢宏的哲学史诗，又是反对宗教神学和宗教迫害的锐利武器。梅利叶临死时写出的《遗书》发出了推翻封建制度甚至一切剥削制度的呐喊，号召人民起来解放自己，建立未来的理想社会。他对于宗教神学和封建专制制度的无情批判，使他成为法国启蒙运动的思想先驱之一。孟德斯鸠、伏尔泰和卢梭是最著名的启蒙思想家，他们是法国大革命的思想先驱，他们提出的三权分立、社会契约学说和自由、平等、博爱、民主、公正、法治等理念为资本主义的制度文明和思想意识形态奠定了理论基础。

由狄德罗主编的《百科全书》在法国启蒙运动中发挥了非常重要的影响和作用，所以人们也经常称这些法国思想家为“百科全书派”。然而，“启蒙思想家”和“百科全书派”这两派的划分是不严格、不科学的。实际上，像伏尔泰和卢梭等人也为《百科全书》写过大量的条目，不能把他们排除在“百科全书派”之外；同样，狄德罗、达朗贝尔、霍尔巴赫等人也是伟大的启蒙思想家。爱尔维修、孔狄亚克、毕丰等人并没有为《百科全书》写过任何条目，但是思想倾向与《百科全书》的作者们十分接近，毫无疑问他们也是启蒙思想家。但是实际上，法国的启蒙思想家们并不属于某一个统一的哲学流派，他们的观点各有不同，有时甚至是相互矛盾的，例如在宗教问题上，伏尔泰持自然神论的观点，而霍尔巴赫等人则主张彻底的无神论。事实上，作为那个时代的时代精神的塑造者，“启蒙运动”更好地体现了思想家们在主导精神上的一致性。当然，启蒙主义不仅是18世纪法国哲学的基本精神，而且是整个近代哲学的基本精神，不过法国思想家们在社会政治领域的贡献的确掀起了启蒙运动的高潮。18世纪法国哲学以17世纪哲学为其直接的思想来源，而对法国哲学影响最大的是洛克的经验论和笛卡尔的机械自然观。从孟德斯鸠、伏尔泰、卢梭到孔狄亚克、爱尔维修、狄德罗，无一不是深受洛克哲学的影响，伏尔泰甚至将洛克奉如神明。他们虽然将休谟看作反宗教的同道，但是似乎并没有注意到休谟怀疑论对经验主义的毁灭性打击，仍然以经验为基础来推进科学知识。丰特奈尔、拉美特利、霍尔巴赫等人的自然哲学是对笛卡尔机械唯物主义的发展，17 世纪的自然法理论、社会契约论则对法国启蒙运动的社会政治哲学产生了极其重要的影响。

第一节　孟德斯鸠

孟德斯鸠（Montesquieu，1689—1755）是 18 世纪法国著名的启蒙思想家，原名夏尔路易・德・色贡达，1689 年 1 月 18 日生于波尔多附近的布拉德雷贵族庄园。祖父是波尔多法院院长，由于父亲不是长子，由伯父继承了祖辈的爵位和封地，父亲在军队供职。他幼年在教会学校接受了传统教育，后在波尔多潜心研究法律，19 岁获法学学士学位，成年后也曾经营酿酒业。伯父去世以后，他继承了伯父波尔多法院院长职位和孟德斯鸠男爵的头衔，成为“夏尔路易・德・色贡达，拉伯烈德和孟德斯鸠男爵”。在十年的官场生涯中他目睹了路易十五时期的腐败朝政和种种社会流弊，同时作为一名工商业者他也切身感受到专制制度对资本主义经济的严重阻碍。在法院工作之余，他博览群书，吸取各方面的知识，除了研究自然科学外，亦以极大的热情和兴趣研究法律、历史、哲学和其他人文学科，探求社会的发展规律和改变法国社会状况的出路。

1721 年孟德斯鸠化名彼尔・马多发表了他的第一部著作《波斯人的信札》，在法国社会引起了极大的轰动，孟德斯鸠也因此蜚声文坛。1734 年他发表了历史哲学著作《罗马盛衰原因论》，第一次提出了政治法律制度是国家盛衰的决定性因素的理论。经过多年的研究，1748 年孟德斯鸠出版了他的代表作《论法的精神》，全面系统地展示了他的政治哲学体系。该书出版后受到了极大的欢迎，两年内连续印行 22 版，并很快被译成多种文字，伏尔泰称之为“理性和自由法典”。该书对封建专制制度和教会进行了揭露和批判，引起了反动势力和教会的极端仇视，曾被列为禁书。1755 年，孟德斯鸠因病在巴黎去世，终年 66 岁。

孟德斯鸠以法哲学的形式全面系统地阐述了他的社会政治理论。

一、法的精神

关于法的理论是孟德斯鸠社会政治学说的基础。在法语中，Loi 一词有法、法律、规律等多种含义。孟德斯鸠从广义上将“法”规定为“由事物的性质产生出来的必然关系”①，也就是贯穿于一切事物之中的必然性和规律性。就此而论，一切存在物都有它们的法：上帝有上帝的法，物质世界有物质世界的法，兽类有兽类的法，人类有人类的法。

① 孟德斯鸠：《论法的精神》，上册，张雁深译，商务印书馆，1987，第 1 页。

世界上一切事物的产生和存在都是必然的，存在着一个“根本理性”，而“法就是这个根本理性和各种存在物之间的关系，同时也是存在物彼此之间的关系”①。因此，孟德斯鸠试图通过对人类社会的法的研究，寻求治国安邦的良策。

虽然宇宙万物都有自己的法则，人类社会像物理世界一样有其永恒不变的规律，但是“智能的世界并不像物理的世界那样永恒不变地遵守自己的规律，这是因为个别的‘智能的存在物’受到了本性的限制，因此就会犯错误；而且，从另一方面来说，独立行动就是他们的本性。所以他们并不永恒地遵守他们原始的规律；而且，就是他们自己制定的规律，他们也并不老是遵守的”②。正因为如此，人类社会总是治理不善。

人类在进入社会状态之前处于自然状态之中，遵从“自然法”而生活，它根源于我们的生命的本质即自然本能。自然法有四条，即和平、寻找食物的意图、相互之间经常存在着自然的爱慕和过社会生活的愿望。这种从人类自然本性中派生出来的自然法就是人类社会固有的规律。由于人类不可能永远处于自然状态，在其本性中存在着过社会生活的愿望，于是便逐渐从自然状态过渡到了社会状态，也就产生了政府。政府为了维持社会安定，使人人都能依法办事，以便保证人的自由平等权利，就制定了处理统治者和被统治者关系的法律，这些法律就是“人为法”。人为法以自然法为基础，其目的是保障人的自由平等的天赋权利。因此，“一般地说，法律，在它支配着地球上所有人民的场合，就是人类的理性；每个国家的政治法规和民事法规应该只是把这种人类理性适用于个别的情况”③。这就是说，人类的一般法就是人类的理性，每个国家的政治法律等社会制度都是人类理性在特殊情况下的具体体现。法律制度不仅与国家政体的性质和原则有关，而且与各个国家的气候、土壤、面积大小等自然条件有关，与各国人民的生活方式也有关系。所有这些因素综合起来就构成了“法的精神”，只有符合这一精神的社会制度才是最好的制度。

因此，孟德斯鸠研究了历史上各种政体的性质和原则，以期寻找和建立一种符合“法的精神”的社会政治法律制度。

二、政体的性质和动力原则

按照孟德斯鸠的观点，一个国家的法律制度是从政体的性质和原则中引申出来的，政体的性质和原则决定着国家的各种制度。所谓政体就是国家政权构成的形式。“政体的性质是构成政体的东西；而政体的原则是使政体行动的东西。一个是政体本身的构造，一个是使政体运动的人类的感情。”④

在世界历史上存在过三种政体，即共和政体、君主政体和专制政体。这三种政体的区别是，“共和政体是全体人民或仅仅一部分人民握有最高权力的政体；君主政体是由单独一个人执政，不过参照固定的和确立了的法律；专制政体是既无法律又无规章，由单

① 孟德斯鸠：《论法的精神》，上册，第1页。
② 同上书，第2-3页。
③ 同上书，第6页。
④ 同上书，第19页。

独一个人按照一己的意志与反复无常的性情领导一切”[①]。共和政体的性质是人民拥有最高权力，它的原则是“品德”；君主政体的性质是君主拥有最高权力，不过他依据法律来行使权力，它的原则是“荣誉”；专制政体的性质是个人依据意志和爱好来治理国家，它的原则是“恐怖”。

孟德斯鸠认为共和制和君主制都是合理的政体，专制政体则是不合理的政体。在专制国家中，法律等于零，君主的意志统治着一切，这样的国家总是按照恐怖的原则实行残暴统治。不过，共和政体虽然好但并不现实，因为它只有在“古人的英雄美德”占优势的地方才能存在，要求现代人具有这样的品德显然是不可能的。所以，他推崇君主制。在他看来，君主制区别于专制制度的标志是它遵循固定的根本法进行治理，而这种根本法是不容许专横任性的。当然，孟德斯鸠并不是要恢复古典意义上的君主制。像 17、18 世纪的政治思想家们一样，他认为英国式的君主立宪制是最好的政体。

三、权力分立与政治自由

孟德斯鸠在分析了三种政体的性质和动力原则之后，进一步阐发了如何建立一个政治自由的国家的思想。自由是人的天性，但是在专制政体下无自由可言，有的只是恐怖。共和制度的国家实质上也不是一个自由的国家，政治自由只在宽和的政府中存在，也只有靠法律来保障。

真正的自由并不是任意胡为。“在一个国家里，也就是说，在一个有法律的社会里，自由仅仅是：一个人能够做他应该做的事情，而不被强迫去做他不应该做的事”；“自由是做法律所许可的一切事情的权利；如果一个公民能够做法律所禁止的事情，他就不再有自由了，因为其他的人也同样会有这种权利”[②]。由此可见，自由与法律是相辅相成的。

对于政治自由应该从两个方面去考察，因为它一方面和政治体制有关，另一方面又和公民有关。在前一种场合，“政治自由是通过三权的某种分野而建立的”。在后一种场合，“政治自由的关键在于人们有安全，或是人们认为自己享有安全”[③]。

从政治自由和政治体制相关联的角度讲，要实现政治自由，首先就要防止权力的滥用。一切有权力的人都容易滥用权力，这是一条万古不变的经验。“要防止滥用权力，必须以权力约束权力”[④]，好像给一种权力添加重量，使它能够和另一种权力相抗衡。于是，孟德斯鸠提出了权力分立、相互制衡的思想。

“每个国家有三种权力：（一）立法权力；（二）有关国际法事项的行政权力；（三）有关民政法规事项的行政权力”[⑤]，即立法权、行政权和司法权。立法权具体体现为制定临时或永久的法律、修正或废止已制定的法律；行政权体现为对外宣战或媾和、派遣或接受使节、维护公共安全，防御侵略；司法权表现为惩罚犯罪或裁决私人诉讼。这三种

① 孟德斯鸠：《论法的精神》，上册，第 8 页。
② 同上书，第 154 页。
③ 同上书，第 187 页。
④ 同上书，第 154 页。
⑤ 同上书，第 155 页。

权力必须分开，使它们相互独立，分掌于不同的人、不同的机关手中，且使它们相互制约，保持平衡，这样才能建立起政治自由的国家。

立法权力代表国家一般。在一个自由的国家里，立法权应该由人民集体享有，由人民自己来统治自己。人民通过他们的代表来参与立法。行政权是执行国家的意志，由国王一个人来执掌行政权，便于迅速处理国家事务。司法权应该归法院来行使，而法院不是一个永久性的团体，它不是固定的，而是每年由人民阶层选举出来的人员组成的。法院虽然不固定，判例则应该固定，以便做到裁判只能是法律条文的准确解释，而不是执法官的私人意见。

孟德斯鸠反复强调，以上三种权力必须分开，国家才有政治自由可言，否则君主政体就会蜕变为专制政体。首先，立法权和行政权必须分开。"当立法权和行政权集中在同一个人或同一个机关之手，自由便不复存在了；因为人们将要害怕这个国王或议会制定暴虐的法律，并暴虐地执行这些法律。"① 其次，司法权必须与立法权和行政权分开。"如果司法权不同立法权和行政权分立，自由也就不存在了。如果司法权同立法权合而为一，则将对公民的生命和自由施行专断的权力，因为法官就是立法者。如果司法权同行政权合而为一，法官便将握有压迫者的力量。"② 如果这三种权力集中在一个人或同一个机关之手，那将是一个十足的专制政体。

孟德斯鸠的三权分立理论比洛克的有关思想更周详、更合理，它的一些基本原则后来为许多不同政体的西方国家所采用。

四、地理环境决定论

孟德斯鸠对法进行了全面的研究，把法放在各种关系的总体联系中来考察，认为法和一个国家的政体、气候、土壤、生活方式、风俗习惯及宗教有密切的联系，所有这些因素的关系的总和就称作"法的精神"，只有体现了法的精神才是合理的法律。一个国家的法律必须与其特殊的法的精神相一致，不能机械地照搬他国的法律，"如果一个国家的法律竟能适合于另一个国家的话，那只是非常凑巧的事"③。

既然人类社会是有规律的，那么治理国家最有效的途径就是认识规律，按照规律来制定政治法律制度。由于一般的社会规律或法则必须在具体的不同环境下发挥作用，所以在不同的地方就产生了不同的体制。每个民族都受气候、宗教、法律、施政的准则、先例、风俗、习惯等因素的支配，这些因素紧密相连，综合而产生的结果就形成了"法的精神"或民族精神。孟德斯鸠从文化等诸多综合因素入手来考察社会政治制度，尤其强调地理环境的重要意义。在他看来，地理环境对于一个民族的性格、风俗、道德和精神面貌及其法律性质和政治制度具有决定性的作用。

在地理环境诸因素中，孟德斯鸠特别重视气候的影响作用。按照他的观点，居住在

---

① 孟德斯鸠：《论法的精神》，上册，第156页。

② 同上。

③ 同上书，第6页。

寒带地区的北方人体格健壮，但不大活泼，比较迟笨，对快乐的感受性很低。居住在热带地区的南方人体格纤细，但对快乐的感受性比较敏感。北方人精力充沛，自信心强，像青年人一样勇敢，吃苦耐劳，热爱自由；而南方人则心神萎靡，缺乏自信心，像老头子一样懦弱，懒惰，可以忍受奴役。“不同气候的不同需要产生了不同的生活方式；不同的生活方式产生了不同种类的法律”①。土壤与居民的性格之间，尤其是与民族的政治制度之间也有非常密切的关系。“土地贫瘠，使人勤奋、俭朴、耐劳、勇敢和适宜于战争……土地膏腴使人因生活宽裕而柔弱、怠惰、贪生怕死”②。同时，民族居住的地域大小亦与国家的政治制度有关：小国宜于共和政体，大小适中的国家宜于由君主统治，而大帝国则宜于由专制君主统治。

孟德斯鸠的上述思想被人们称为“地理环境决定论”。他在社会历史领域排除了神意的影响，将人的自然本性看作社会的根本法则，因而试图从自然因素中寻找决定社会制度的原因，这种观点在当时的确有积极的意义，但毕竟是错误的。地理环境虽然是人类社会不可缺少的物质条件之一，但是它既不能决定社会制度的性质，也不能决定社会发展的方向。

第二节 伏尔泰

伏尔泰（Voltaire，1694—1778）本名弗朗索瓦·马利·阿鲁埃（Fransois-Marie Arouet），1694 年生于巴黎。10 岁进入耶稣会办的大路易中学接受传统教育。毕业后迫于父命进入法科学校，后因学法律无成，沦为无业文人。由于写了两首讽刺诗嘲弄刚刚上台的摄政王和他的女儿而被逐出首都，不久又因为批评朝政被投入巴士底狱。在狱中他继续创作史诗《亨利四世》，并写出了他的第一部悲剧《哀狄普斯》，首次在剧本上署名“伏尔泰”。出狱后，该剧在巴黎上演大获成功，使伏尔泰赢得了“法兰西最优秀诗人”的桂冠。1725 年与小贵族德·洛昂发生冲突，因与其决斗之事事先被洛昂告知警察，于是伏尔泰再次入狱，一年后被驱逐出境，被迫流亡英国。

在英国流亡期间，伏尔泰考察了英国政治制度，研究了洛克哲学和牛顿物理学，他的第一部哲学和政治学著作《哲学通信》就是上述活动的总结。正是经他介绍，洛克的经验论成为法国哲学的重要来源之一。1729 年伏尔泰从英国返回法国，和情人夏德莱夫人一起生活的十多年，是他学术生涯中最为辉煌的时期，不仅写作了历史著作《查理十二世史》《路易十四时代》，哲学著作《形而上学论》《牛顿哲学原理》等，还创作了大量的诗歌和文学作品。夏德莱夫人去世之后，1750 年伏尔泰接受普鲁士国王腓特烈二世的邀请前往柏林，幻想辅佐开明君主实行开明君主制度，而实际上国王只不过想利用伏尔泰为他装潢门面而已，于是伏尔泰从失望到与国王反目，最后于 1752 年离开柏林回到法国，在法国和瑞士的边境凡尔那购置地产，定居下来，安享晚年。伏尔泰的别墅成为当

---

① 孟德斯鸠：《论法的精神》，上册，第 235 页。

② 同上书，第 282 页。

时启蒙思想家们的活动中心和反对封建制度及宗教迫害的圣地，他被人们尊称为“凡尔那教长”。这个时期他又出版了《风俗论》《共和思想》《无知的哲学家》等著作，以及哲理小说《老实人，或乐观主义》《天真汉》等文学作品。1774年对伏尔泰深恶痛绝的路易十五去世，1778年2月伏尔泰终于凯旋巴黎。3月30日伏尔泰出席法兰西学院大会，当选为法兰西学院院长，同年5月31日逝世。

伏尔泰的成就几乎遍及人文科学的所有领域，他的哲学思想是非常繁杂的。他继承了法国怀疑论的传统，批判宗教神学和形而上学，以洛克的经验论和牛顿的物理学为基础，阐发了他的启蒙思想。

一、经验论

伏尔泰继承了洛克的经验论，反对以笛卡尔为代表的形而上学。他对洛克推崇备至，甚至说“只有洛克才可以算是我们的时代胜似希腊最辉煌的时代的伟大榜样。从柏拉图到洛克，其间什么也没有。……只有洛克在一部满篇真理的书中阐明了‘人类理智’；其中所有的道理都很明晰，因而使这部书完美无瑕”①。伏尔泰认为洛克哲学已经穷尽了真理，是无法超越的，所以他自己的哲学不过是对洛克哲学的阐释和具体发挥而已。

伏尔泰的经验论思想是在批判以笛卡尔为代表的形而上学的过程中建立起来的。

伏尔泰首先批判了笛卡尔形而上学的核心“天赋观念论”。他坚持经验论的基本原则，认为根本就不存在什么“天赋的观念”，我们最初的观念乃是我们的感觉，复杂的观念亦是从刺激我们感官的东西得来的，它们保存在我们的记忆中，由我们的大脑对这些观念和知觉再进行加工、组合、整理，从而产生出全部的知识来。所以，如果没有感官知觉，也就不可能有观念和知识，感觉是我们的观念和知识的唯一来源。伏尔泰也不同意笛卡尔的心身二元论和灵魂不朽的思想，认为灵魂和肉体是统一的，人们的“感觉和思想的能力与他们的器官一同成长、一同衰退、一同消灭”②。

以感觉论为基础，伏尔泰提出了一种朴素的唯物主义思想。他指出，感觉最基本的含义是接触，而本来意义下的接触就是触觉，不用我们的其他各种观念，单凭触觉就能告诉我们物质的观念，触觉能使我们感到坚硬的东西的存在，而广袤和不可入性正是物体的本质。在社会生活中，人们是以外部对象的存在为前提的，他人也就是我的对象，如果怀疑论否认外界对象的存在，我就必须拒不承认这些先生的存在了。显然，伏尔泰把触觉作为证明物质世界存在的根本手段，不可能合理地说明世界的物质统一性。

由于机械论立场的限制，伏尔泰并不是彻底的唯物论者，而是比较典型的自然神论者。

二、自然神论

使伏尔泰走上自然神论道路的是牛顿。牛顿的物理学把世界理解为一个机械系统，

---

① 伏尔泰：《哲学通信》，高达观译，上海人民出版社，1961，第206页。译文个别词语有改动。

② 北京大学哲学系外国哲学史教研室编译：《十八世纪法国哲学》，商务印书馆，1975，第80页。

以物体之间作用与反作用的外在因素解释运动，因而最终不得不借助于超自然的原因即上帝来充当宇宙的第一推动者。伏尔泰像牛顿一样无法避免机械自然观所遇到的困难，认为“运动并不是凭自身而存在的；因此必须求助于一个最初的推动者。……整个自然界，从最遥远的星辰直到一根草芒，都应当服从一个最初的推动者”[①]。虽然伏尔泰承认上帝是宇宙的创造者和第一推动者，但是他从自然神论出发，认为上帝在创造了世界并对世界实施了第一次推动之后就不再干预世界，他在为自然界立法并使“世界机器”运转之后就永远休息了，于是世界就按照自身的规律运动着。这种自然神论被马克思和恩格斯看作唯物主义的一种形式，同样具有反宗教神学的意义。

不过，尽管伏尔泰承认上帝的存在，但是却认为上帝的存在是不可能得到证明的。在他看来，上帝是信仰的对象而不是理性的对象。在某种意义上说，伏尔泰的上帝并不是最高的精神实体或基督教中的人格神，而是道德生活和社会秩序的保证者。因为促使我们相信上帝存在的真正的和主要的原因并不是出于形而上学的理由，而是维系道德生活和社会秩序的必要前提。普遍相信有一个上帝可以赏善罚恶，能够防止人们作恶，防止人们在作恶之后不受良心的谴责。所以伏尔泰甚至说，“即使上帝不存在，也必须创造一个”。在伏尔泰那里，上帝在不同的领域有不同的作用：在宇宙的运动原因方面，上帝实际上只是一个逻辑上的假设，而在社会生活方面，上帝则是一个必要的信仰对象。

三、社会政治思想

与17、18世纪大多数政治思想家一样，伏尔泰的社会政治学说也是以自然法理论为基础的，不过他的观点有其自己的特色。

伏尔泰把自然法看作人为法的基础和根据，认为自然法就蕴含在人性之中。他指出，“一个社会要存在下去，就必须有一些规律。正如每种游戏必须有一定规则一样”[②]。尽管在不同的国家、不同的历史时期中，约定的法律、习惯和风尚不断地变化，而且人类历史充满了种种罪恶，但是基于人性的东西是永恒不变的。任何社会都把遵守法律的人称为“君子”，把违背法律的人叫作“罪犯”，可见无论在什么地方，善与恶都是对社会有利或有害的行为。确实存在着一些自然法则，它们是社会的永恒联系和根本的法律。因此，人为法越是接近于自然法，社会就越是公正与和谐。就此而言，法律是自然的女儿。

虽然伏尔泰与以往的近代思想家们一样从抽象的人性论出发来解释法律的本性，但是在社会和国家的起源问题上却有自己不同的看法。在他看来，国家并不是由契约而是由暴力产生的。在民族与民族之间必然会发生冲突，在战争中出色的领导人就自然而然地拥有了越来越大的权力，于是君主的权力发展起来，国家就产生了。

按照伏尔泰的观点，一个公正的社会秩序应该建立在自由、平等和财产的基础上。虽然在自然观上，他从机械论的立场出发否认自由而倾向于严格的决定论，但是在社会

① 北京大学哲学系外国哲学史教研室编译：《十八世纪法国哲学》，第71-72页。

② 同上书，第83-84页。

政治理论上他又把自由看作人的天赋权利。在《哲学辞典》“自由”条目中，他认为自由就是“试着去做你的意志绝对必然要求的事情的那种权利”[①]。作为天赋的权利，自由表现为人身和财产的自由、言论的自由、信仰的自由等，这种天赋的权利是神圣不可侵犯的，它只受合乎自然权利的法律的支配。同样，平等也是人的天赋权利，人是生而平等的，“一切享有各种天然能力的人，显然都是平等的；当他们发挥各种动物机能的时候，以及运用他们的理智的时候，他们是平等的”[②]。然而，这种平等只是抽象的天赋原则。由于拥有财产是人民群众中健全部分的标志，生活在社会中的人们不可能不分为富人和穷人两个阶级，所以“平等既是一件最自然不过的事，同时也是最荒诞不经的事”[③]。按照伏尔泰的观点，最好的统治应该是各种不同地位、不同身份的人都能得到法律平等保护的那种统治。这就是说，社会中存在着不同的阶级是合乎情理的，关键在于建立一种公正而且平等地保护他们的法律。

在国家政体问题上，伏尔泰在大量考察和比较了欧洲各国在不同历史时期的政治制度之后，认为“开明君主制度”是最好的政治制度。伏尔泰坚决反对封建专制，认为专制政体的本性是专断，国王是暴君，为所欲为，人民没有自由，所以是不合理的。共和政体虽然崇尚平等和自由，因而原则上是合理的，但是会引起无政府状态，甚至导致暴政，这种集体的暴政比一个专制君主的暴政还要坏得多。因此，最好的政府形式是开明君主制度或君主立宪制度。伏尔泰像孟德斯鸠一样，将英国的君主立宪制理想化，以之为一种政治制度的典范。在他看来，开明君主制度保存了专制政体中有用的部分和一个共和国所必需的部分，不仅制定有完善的宪法和法律，而且实行权力分立的制度，能够给予自由和平等根本的保证。

伏尔泰是法国启蒙运动的泰斗和灵魂，被启蒙思想家们公认为导师，他漫长的一生几乎跨越了整个启蒙时代，他利用其崇高的威望、广泛的社会影响和大无畏的斗争精神，推动着法国启蒙运动的发展并使其影响扩展到整个欧洲。

第三节　卢梭

让-雅克·卢梭（Jean-Jacques Rousseau，1712—1778）是法国启蒙运动中最激进的思想家，他的自由、平等和人民主权的思想成为法国大革命中雅各宾派的直接思想武器和战斗旗帜。卢梭虽然是启蒙运动的一员，但是当其他启蒙思想家为理性、文明和进步高唱赞歌之时，他却敏锐地意识到自然与文明的对立，揭示了人类社会不平等的起源和基础，从更深的层次对自然、社会和人生进行了冷峻的沉思。不仅如此，卢梭为克服不平等现象而提出的共和国理想亦对后世产生了多方面的深远影响。

卢梭 1712 年 6 月 28 日出身于瑞士日内瓦一个流亡的法国新教徒家庭，母亲在他出

---

① 北京大学哲学系外国哲学史教研室编译：《十八世纪法国哲学》，第 95 页。
② 同上书，第 88 页。
③ 同上书，第 91 页。

生几天后就去世了，父亲是一位钟表匠，在卢梭10岁时因与人发生诉讼纠纷而离家出走，他从此便失去了家庭的教养和温暖，走上了流浪的人生旅途。恶劣的环境使卢梭沾染了许多恶习，也使他了解到了民众的疾苦。他当过乞丐、学徒、仆役和管家，在20岁左右才开始涉猎各个门类的知识，阅读了贝尔、笛卡尔、洛克、莱布尼茨、孟德斯鸠和伏尔泰的著作。1742年卢梭来到了巴黎，先后结识了孔狄亚克和狄德罗等启蒙思想家，成为启蒙运动阵营的重要成员。1749年初他开始为狄德罗、达朗贝尔主编的《百科全书》撰写词条。同年，卢梭的论文《论科学和艺术的复兴是否有助于敦风化俗》获得了第戎科学院征文奖，第一次提出了自然与文明对立的思想，1755年他的第二篇论文《论人类不平等的起源和基础》出版，进一步发挥了有关的理论。卢梭由此蜚声文坛，成为法国著名的作家和思想家之一，也因此与启蒙思想家们发生了矛盾，以至于人们常常不把他看作启蒙运动的成员。1761年至1762年，卢梭接连发表了《新爱洛绮斯》、《社会契约论》和《爱弥儿》等三部著作。晚年他又写出了《山中书简》、《忏悔录》、《对话录——卢梭论让-雅克》和《漫步遐想录》等自传性著作，记载了他一生坎坷的生活经历和思想发展的轨迹，表达了他晚年因颠沛流离的生活而对人生的特殊理解和感悟。1778年7月8日，卢梭在孤寂中离开了人世。

卢梭在哲学上的主要贡献是他的社会政治学说，围绕着“社会不平等的起源和基础”与“克服社会不平等的途径”这两个主题，他通过《论人类不平等的起源和基础》与《社会契约论》阐发了独具特色的思想。在某种意义上说，卢梭开始了启蒙运动的自我反思和批判。

一、人类不平等的起源和基础

卢梭的社会政治学说以自然法理论为基础，揭示了“自然状态”与“社会状态”之间的矛盾。在他看来，要解决人类不平等的起源和基础问题，首先必须回溯到人类的“自然状态”，以展示人的本性，由此才能说明造成不平等的原因所在。当然，要从现代人身上追溯人的原始状态是非常困难的，而且这种“自然状态”也许从来就不曾存在，所以当我们分析这种状态的时候，与其说是历史的事实，不如说是某种逻辑上的“假设”。① 于是，卢梭使用抽象的分析方法，把“人所形成的人”即社会人与自然人加以比较，将剔除人的社会性之后所剩下的东西看作人的自然本性，由此来研究决定人的本性的自然规律，说明人类社会的基础和不平等的起源。

按照卢梭的分析，处在“自然状态”中的自然人或野蛮人是孤独的，相互之间没有交往和联系，因而不需要语言；两性的结合是完全偶然的，没有固定的居所，不存在家庭；没有农业和工业，没有战争，除了生理上的差异而外彼此自由平等，因而处在和平状态之中。这样的野蛮人的全部欲望表现为肉体的需要，这就是食物、交媾和休息。在自然人的心灵中有两个最原始的原则：自我保存和怜悯。自然法的一切准则都是从这两个原则产生出来的。人类在不知道社会、私有制和家庭，因而没有“你的”和“我的”

① 卢梭：《论人类不平等的起源和基础》，李常山译，商务印书馆，1962，第71页。

的观念的状态下度过了许多世纪。“在这种状态中，既无所谓教育，也无所谓进步，一代一代毫无进益地繁衍下去，每一代都从同样的起点开始。许多世纪都在原始时代的极其粗野的状态中度了过去，人类已经古老了，但人始终还是幼稚的。”①

人类后来之所以从平等的“自然状态”进入了不平等的“社会状态”，是因为他有一种独特的“自我完善化”的能力。因此，自然人具有理性、文明、语言、社会生活、道德和进步的潜在能力。动物仅仅服从于自然唯一的支配，人则由于这种能力而具有“自由主动者的资格”。当然，这种“自我完善化”能力只是人类进入“社会状态”的可能性，他自己是不能自发地发展起来的，必须借助于许多外部原因的偶然会合，才能使这种可能性成为现实。由于生存所迫，人们发展了不同的技能，学会了使用火，原本离群索居的个人之间增加了接触，形成了语言，智力越来越发达了，人们也开始定居下来，结成了家庭。更重要的是，导致人类不平等的根源，即私有制终于产生了。

“使人文明起来，而使人类没落下去的东西，在诗人看来是金和银，而在哲学家看来是铁和谷物。”② 私有制是人类“自我完善化”能力的必然结果，而引起这一变革的则是冶金术和农业。土地的耕种势必引起土地的分配，首先是劳动使人拥有了土地产品的权利，然后就拥有了土地本身。“谁第一个把一块地圈起来并想到说：这是我的，而且找到一些头脑十分简单的人居然能相信了他的话，谁就是文明社会的真正奠基者。”③ 当然，私有观念并不是突然之间在人类思想中凭空产生的，一定要取得很大的进步，获得许多技能和知识，才能最后达到这一自然状态的终点。总之，正是由于私有制的产生，人类从此便由自由平等的自然状态陷入了没有自由和平等的社会痛苦之中。

卢梭关于私有制是人类不平等的根源的思想是非常深刻的，他认为私有制并不是天赋的自然权利，而是历史的产物，它是人类一切灾难痛苦的罪魁祸首。然而在他看来，正是由于私有制是文明社会的基础，而我们又不可能重新退回到自然状态之中去，所以私有制是不可能被消除的，我们只能限制和约束它。

由此出发，卢梭描述了人类社会不平等的发展阶段。

二、社会不平等的发展阶段

在人类中有两种不平等，一种是自然不平等即生理上的不平等，另一种是社会不平等即精神上或政治上的不平等。人与人之间的自然差异在自然状态下是微不足道的，但是在社会状态下，不仅社会不平等，即使是自然不平等，也得到了巨大的发展。如前所述，私有制是文明社会的开端，一切社会发展的基础，而社会发展的结果就是社会不平等的产生和深化。社会不平等的发展过程分为三个阶段：法律和私有财产权的设定是第一阶段；官职的设置是第二阶段；合法的权力变成专制的权力则是第三也是最后阶段。

第一阶段是私有制的产生。私有财产的出现使原来微不足道的自然差异在劳动中产

---

① 卢梭：《论人类不平等的起源和基础》，第106－107页。

② 同上书，第121页。

③ 同上书，第111页。

生了不同的结果，有些人富了，有些人则难以维持生活。土地很快被瓜分完毕，大多数人成了没有土地的穷人。于是，富人与穷人便有了不同的性格：富人只想保持自己的财产，统治、掠夺和奴役穷人；而没有土地的穷人则基于自然权利把自己的需要看作对他人财产的权利，他们被迫不是接受就是掠夺富人的财产。由此，一方面产生了统治和奴役的关系，另一方面产生了暴力和掠夺的关系，社会陷入了可怕的战争状态。富人觉得这场战争对自己不利，终于想出了一个最深谋远虑的计划。他们对穷人说："咱们联合起来吧，好保障弱者不受压迫，约束有野心的人，保证每个人都能占有属于自己的东西。因此，我们要创立一种不偏袒任何人的、人人都须遵守的维护公正与和平的规则。这种规则使强者和弱者同样尽相互间的义务，以便在某种程度上，补偿命运的不齐。"① 就这样富人欺骗穷人订立契约，建立了国家政权。终于，富人对穷人的统治被合法地确立起来，他们的财产受到了政治法律制度的保障，这就是不平等发展的第二阶段。人们订立社会契约，建立公共权力和法律制度，目的是保障社会安定。但是，由于法律巩固了所有权，使巧取豪夺变成了合法的权力，结果是富人获得了新的统治力量。随着政治法律制度的发展，权力逐渐被固定下来，人们开始将公共权力托付给私人，这就为个人将国家占为己有创造了条件。政府腐化败坏的结果是合法的权力变成了专制的权力，统治者把自己看作主人，而将臣民看作奴隶，这就是不平等发展的第三阶段。

于是，伴随着人类文明进步的是不平等的深化和普遍的道德堕落。"这里是不平等的顶点，这是封闭一个圆圈的终极点，它和我们所由之出发的起点相遇。在这里一切个人所以是平等的，正是因为它们都等于零。臣民除了他自己的意志以外没有别的法律；君主除了他自己的欲望以外，没有别的规则。"物极必反，事物总是向对立面转化，人民必将以同样的手段来还报暴君。暴君一当他被驱逐的时候，他是不能抱怨暴力的。"以绞杀或废除暴君为结局的起义行动，与暴君们前一日任意处理臣民生命财产的行为是同样合法。暴力支持他；暴力也推翻他。"② 卢梭关于社会不平等发展阶段的分析中渗透着深刻的辩证法思想，得到了恩格斯的高度评价。③

三、社会契约论

自由和平等是卢梭社会政治哲学的最高目的。《论人类不平等的起源和基础》探讨了不平等的起源和基础，《社会契约论》所关注的则是如何实现社会平等的问题。由于人类不可能回归平等的自然状态，所以卢梭要解决的问题就是"在社会秩序中，从人类的实际情况与法律的可能情况着眼，能不能有某种合法的而又确切的政权规则"④。在卢梭看来，"人是生而自由的，但却无往不在枷锁之中。自以为是其他一切主人的人，反比其他一切更是奴隶。这种变化是怎样形成的？我不清楚。是什么才使这种变化成为合法的？

① 卢梭：《论人类不平等的起源和基础》，第128页。
② 同上书，第145－146页。
③ 参见《马克思恩格斯选集》，3版，第3卷，第395页。
④ 卢梭：《社会契约论》，何兆武译，商务印书馆，1990，第7页。

我自信能够解答这个问题”[1]。卢梭的目的是寻找一种真正合法的社会契约来取代以往以牺牲人的自由平等为代价的社会契约。

像近代政治思想家们一样，卢梭认为构成一切权利的基础的社会秩序并非源于自然，而是建立在约定之上的。自然与暴力都不能成为合法权利的基础，契约才是“人间一切合法权威的基础”[2]。所以，社会契约是合法权利和正常的政治制度的必要条件和前提。我们可以设想，当自然状态中不利于人类生存的种种障碍超过了个人所能应付的界限的时候，这种原始状态就不可能继续下去了，人类只有集合起来形成一种力量的总和，才能克服这些障碍。若要想既保存自己又不妨害自身，就必须“要寻找出一种结合的形式，使它能以全部共同的力量来卫护和保障每个结合者的人身和财富，并且由于这一结合而使每一个与全体相联合的个人又只不过是在服从自己本人，并且仍然像以往一样地自由”[3]。这就是社会契约所要解决的根本问题。

因此，合理的社会契约其要旨就在于“每个结合者及其自身的一切权利全部都转让给整个的集体”[4]。由于这种转让的条件对每个人都是同样的，因而每个人并没有把自己奉献给任何人，反而从所有订约者那里获得了自己转让给他们的同样的权利，所以每个人在订约后仍然只是服从自己本人，而且像以往一样自由。这样的社会契约可以简化为一句话：“我们每个人都以其自身及其全部的力量共同置于公意的最高指导之下，并且我们在共同体中接纳每一个成员作为全体之不可分割的一部分”[5]。所谓“公意”是公共利益的代表，它是从作为个人意志的总和的“众意”中除掉相异部分而剩下的相同部分，因而永远是公正的。“公意”在具体政治实践中表现为法律。法律就是作为立法者的全体人民对作为臣民的全体人民所做出的规定。所以，法律不仅保障公民的权利平等，而且是自由的基石，“唯有服从人们自己为自己所规定的法律，才是自由”[6]。因此，“我们无须再问应该由谁来制定法律，因为法律乃是公意的行为……也无须问法律是否会不公正，因为没有人会对自己本人不公正；更无须问何以人们既是自由的而又要服从法律，因为法律只不过是我们自己意志的记录”[7]。

于是，这一契约行为就产生了一个有道德的和集体的“共同体”，即由全体个人的结合而形成的公共人格，以往叫作“城邦”，现在称为“共和国”。共和国的主权即最高权力属于全体人民。在人民主权的国家中，每个人都具有统治者与被统治者的双重身份，统治者与被统治者在此只有相对的意义。卢梭反对洛克和孟德斯鸠等人关于权力分立的学说，主张人民主权至高无上因而不可分割。为了使社会契约不至于成为一纸空文，其中蕴含着这样的规定，即任何人拒不服从公意的，全体就要强迫它服从，对卢梭来说，这就等于说“迫使他自由”[8]。在近代思想史上，卢梭既不赞成专制制度，也不赞成君主

---

① 卢梭：《社会契约论》，第 8 页。
② 同上书，第 14 页。
③ 同上书，第 23 页。
④ 同上书，第 23 页。
⑤ 同上书，第 24－25 页。
⑥ 同上书，第 30 页。
⑦ 同上书，第 50－51 页。
⑧ 同上书，第 29 页。

立宪制度，而是独树一帜地拥护民主共和国。在他看来，只有在这样的社会契约之下，人类从自然状态进入社会状态所发生的变化才是合理的，“在他们的行为中正义代替了本能，而他们的行动也就赋予了前此所未有的道德性”①。虽然在社会状态下人失去了许多自然的东西，但是却使人们从中得到了巨大的收获，从一个愚昧的局限的动物一变而成为一个有智慧的生物，一个真正的人。更重要的是，这样的社会契约不但没有摧毁自然的平等，反而以道德和法律的平等代替了自然所造成的生理上的不平等，从而实现了人与人之间的真正的平等。

卢梭在《论人类不平等的起源和基础》中激烈地批判了现存的社会状态，表现出了一种回归自然的倾向。然而他也意识到，人类实际上是不可能再回到自然状态之中去的。于是，他在《社会契约论》中寻找一种在进入社会状态的时候不至于丧失自由和平等的社会契约，他自认为找到了，这就是人民主权的民主共和国。也正是因为如此，卢梭成了法国大革命雅各宾派的思想导师。在这个问题上，康德似乎比卢梭清醒。按照他的观点，卢梭幻想将立法与守法统一起来从而实现真正自由的政治理想是不可能成为现实的，我们最好把它当作一种道德理想。卢梭还是一位有争议的思想家，例如有人将他看作浪漫主义运动之父，亦视之为与传统的君主专制相反的伪民主独裁的政治哲学的发明人。②

的确，虽然卢梭通常被看作是18世纪法国启蒙运动的重要思想家，但是在他与其他启蒙思想家之间确实存在着巨大的分歧。正当启蒙思想家们为理性、文明、科学和进步而高唱赞歌之时，卢梭却敏锐地觉察到了现代社会所隐含的危险，他将自然状态与社会状态对立起来，揭示了自然与文明之间、道德与理性之间的深刻矛盾。卢梭的这些思想不仅启发了康德，使之更加自觉、深入地开始了对启蒙主义的反思，而且直到今天亦具有重要的理论意义和现实意义。

第四节　拉美特利

拉美特利（Julien Offroy de La Mettrie，1709—1751）是18世纪法国唯物主义最早的代表，出身于不列塔尼地区圣马洛的一个富商家庭。早年学习神学，后转学医学，1733年获医学博士学位，赴荷兰莱顿大学师从名医波尔哈维，波尔哈维的医学机械论对于拉美特利哲学思想的形成产生了决定性的影响。1735年他回到故乡行医，翻译了波尔哈维的一系列主要著作，并撰写了许多重要的医学论著，在医学界赢得了极高的声望。1742年他来到巴黎，成为格拉蒙公爵的私人医生，并经公爵推荐成为法兰西近卫军团军医。1745年他发表了第一部哲学著作《心灵的自然史》，1748年发表了代表作《人是机器》。这两部著作的出版，使作者遭到了教会的迫害和攻击，被迫逃亡普鲁士，经柏林科学院院长莫泊都依的举荐，拉美特利进入普鲁士国王弗里德里希二世的宫廷，担任国王的私人医生和侍读官，深得国王的宠爱。在所谓开明君主的保护下，拉美特利有了一个宁静

① 卢梭：《社会契约论》，第29页。

② 罗素：《西方哲学史》，下卷，第225页。

的学术环境，先后又发表了《人是植物》、《伊壁鸠鲁的体系》和《论幸福》等哲学著作。1751 年 11 月因食物中毒而死。拉美特利英年早逝招致他的论敌的攻击和中伤，他们污蔑唯物主义就是追求物质享受，以至于后来有许多唯物主义哲学家拒绝接受唯物主义的称号。

拉美特利是一位立场鲜明的哲学家。他明确宣称哲学具有两大对立的阵营，即唯物论和唯灵论，并且公开表明自己是唯物主义者。在宗教问题上，他激烈地批判宗教神学，为自然神论和无神论辩护。他的机械唯物论和无神论思想使之成为 18 世纪法国唯物主义的重要代表。

一、心灵和身体的关系

拉美特利认为，心灵和身体的关系问题是哲学的根本问题，他围绕着这一根本问题将哲学分为唯物论体系和唯灵论（即唯心论）体系两大类。唯灵论采取的是先天的方法，笛卡尔们、马勒伯朗士们、莱布尼茨们和沃尔夫们从上帝和精神出发的玄想和空谈，对我们没有任何益处。莱布尼茨的单子论将物质心灵化，而笛卡尔的二元论认为人身上有两种不同的实体，就好像他们亲眼所见并曾经好好数过一样，这是十分荒谬的。与此相反，唯物论采用的是后天的方法，即通过经验和观察从人体的器官中把心灵解剖分析出来。只有经验和观察才能作为我们的指导，在这个问题上只有医生才有发言权，所以在那些曾是哲学家的医生的记录里，处处都是经验和观察；而那些不曾作为医生的哲学家，一点经验和观察都没有；至于神学家们，他们的晦涩的学问正好歪曲了这个问题，把人们引向了各种偏见和宗教狂热上面去，使人们对于人体的机械作用一无所知。拉美特利本人既是医生又是哲学家，他力图用当时的先进医学知识来论证唯物主义，用生理心理学来说明心灵和身体的关系。

拉美特利试图通过经验和观察表明心灵的特性明显地依赖于身体的状况。在他看来，每个人个性特征的不同是由不同的体质造成的。身体有病，心灵也会出现疾病。他还考察了食物等于人的精神和性格的影响。每当用各种富有活力的养料、各种烈酒去喂一喂躯体，就会使心灵勇气倍增。年龄对于心灵也有必然的影响。因为身体随着年龄变化而变化，心灵随着肉体的进展而进展，年老体衰时，心灵也随之衰弱。气候也能影响人的精神状态，气候环境的改变会使人水土不服。拉美特利以此来证明心灵对于身体的依赖关系，从而说明了心和身的统一性。他的结论是："各式各样的心理状态，是和各种身体状态永远紧密地关联着的。"①

二、人是机器

按照拉美特利的观点，心灵依赖于身体，是身体的一部分和原动力，因而都是由物质构造的，都服从于机械运动的规律。

---

① 拉美特利：《人是机器》，顾寿观译，王太庆校，商务印书馆，1959，第 25 页。

拉美特利直接继承了笛卡尔的机械自然观。笛卡尔认为自然界的一切物质事物都服从于机械运动的规律，动物包括人的肉体是一种非常复杂的自动机，以机械的方式对外部刺激做出反应，因而提出了“动物是机器”的论断。但是，笛卡尔又是一位二元论者，他认为人的心灵是一种非物质性的东西，不服从于机械运动的规律。拉美特利反对笛卡尔的二元论，他把机械论的思想贯彻到底，继笛卡尔提出“动物是机器”之后，提出了“人是机器”的思想。

动物和人之间并没有根本的区别，它们在本质上是一致的。人和动物在生理构造上完全相似，人除了拥有语言之外，在性质上和其他动物没有什么区别。从动物到人没有剧烈的变化，两者之间没有先天的区别。动物和人一样有着相似的肌体组织，与人有着同样的活动，同样的情感，同样的痛苦，同样的快乐。它们知道自己的过错和我们的过错，懂得善恶，对自己的行动有所意识。如果说人和动物有什么区别，那只是因为两者在想象能力的大小、神经纤维的粗细和敏锐程度上有所不同罢了。如果我们认识到人和动物的一致性、相似性和共同性，那么从“动物是机器”就可以自然地得出“人是机器”的结论。人是一架机器，它比最完善的动物再多几个齿轮，再多几条弹簧，脑子和心脏的距离在比例上更接近一些，所接受的血液更充分一些，因而就产生了理性。除此之外再没有别的区别。

拉美特利与笛卡尔同样认为人体具有机械性，不过拉美特利更彻底的地方在于，他否认有独立的心理实体存在。在他看来，心灵只是一个毫无意义的空洞的名词，当一个思想严谨的人使用这个名词时，它只是指我们身体里那个思想的部分。拉美特利把心灵看作身体的一个部分，认为它也是物质性的东西。心灵是物质性的与心灵能够思想是不矛盾的，“思想和有机物质决不是不可调和的，而且看来和电、运动的能力、不可入性、广袤等等一样，是有机物质的一种特性”①。拉美特利把思想看作物质的一种特性，反对非物质的心灵，彻底地坚持了唯物主义一元论。

然而，拉美特利基于机械唯物论对于人的理解具有严重的局限性。首先，他否认了人和动物之间存在着根本的区别和剧烈的变化，甚至认为动物也有道德，最终把人等同于动物。其次，他将人的身体运动全部等同于机械运动，没有看到人体中还存在着热运动、新陈代谢、同化和异化、遗传和变异等生物的运动形式。最后，拉美特利还将人的思想、意识活动也说成机械运动，认为人的大脑之所以有理性活动，只是因为比动物多几个齿轮，多几根发条，脑子和心脏的距离成比例地更接近一些，把人脑也看成一架机器。事实上，思想是高度发展的物质器官——大脑的产物，思维运动是一种最高级的运动形式，人类的思维能力是在长期的社会实践中形成的，思想的内容是对客观世界的反映，因此思想并不是像钟表一样的机械活动。

三、无神论思想

拉美特利认为“自然界只有一个唯一的物体”②，那就是物质。万物有生有灭，而物

---

① 拉美特利：《人是机器》，第 67 页。

② 北京大学哲学系外国哲学史教研室编译：《十八世纪法国哲学》，第 212 页。

质却是永恒的存在，因为它凭自身而存在。他把物质元素称为“面粉团子”，声称植物、动物和人都是由它构成的，区别只在于它们是“面粉团子”以不同方式变化而成的。作为一个机械唯物论者，拉美特利用力学观点解释物质的特性，认为广延和运动力是物质的两种根本属性。在此基础之上，拉美特利激烈地批判了宗教神学。

拉美特利批判了关于上帝存在的目的论证明。自然界一切现象的原因就在自然之内。我们的眼睛之所以能看，“是由于它有这样的组织和生长在这样的位置上，只要一旦确定了自然在物体的发生和发展中所遵循的那些运动的规律，眼睛这一奇妙的器官就不可能有别样的组织，也不可能生长在别的位置上了”①。所以，一切有利于上帝存在的全部理由包括目的论证明，都不可能打倒一个真正的无神论者。

拉美特利驳斥了宗教神学强加给唯物主义和无神论的种种罪责，认为哲学是听从自然的，唯物主义作为对自然进行观察和实验的结果，是唯一的真理。事实上，历史上没有一个唯物主义者和无神论者是侮辱他人、背叛祖国、煽动战争的坏人。恰恰相反，这些人来自神学家的队伍。祭司们盲目地宣称自己的观点是确实可靠的，并且强迫人们相信它，皈依上帝。一遇到用理性来思考他们的观点的人，这些卫道士就使用种种残酷的方法进行迫害。但是，真理是封闭不住的，拉美特利勇敢地说出了他所想的东西，在反对封建专制和宗教神学的斗争中显示出了大无畏的革命精神。

拉美特利制定了18世纪法国唯物主义哲学的基本原则，从医学和生理学的角度来论证意识与物质的统一性，提出了机械唯物论和无神论的思想，对于法国唯物主义的发展有重要的影响。但是，他的哲学也明显地反映了18世纪法国唯物主义所固有的机械论的局限。

第五节　孔狄亚克

孔狄亚克（Étienne Bonnot de Condillac，1714—1780）是18世纪法国哲学的重要代表之一，对洛克经验论在法国的传播起了极其重要的作用。尽管他的哲学思想具有不彻底的特点，但是这并不妨碍他的思想构成了18世纪法国启蒙运动的重要组成部分。

孔狄亚克出身在法国南部格勒诺布尔的一个贵族家庭，他的哥哥是著名的空想共产主义者马布利。年轻时就读于里昂耶稣会专科学校，毕业于巴黎索邦神学院。在巴黎期间，结识了狄德罗等启蒙思想家，并为《百科全书》撰稿，积极参加启蒙运动。1752年获柏林王家科学院院士称号，1768年被选为法兰西语文学院院士。当过天主教神父，巴马公爵的家庭教师，修道院院长。晚年置身于激烈的哲学论战之外，从1772年起离开巴黎隐居乡村。主要哲学著作有《人类知识起源论》、《体系论》和《感觉论》等。

孔狄亚克深受洛克经验论的影响，他的哲学贡献主要是对17世纪唯理论形而上学的批判与对洛克经验论的发展和完善，这些工作对法国唯物主义的形成和发展具有积极的作用。

① 拉美特利：《人是机器》，第51页。

一、批判唯理论

孔狄亚克从洛克经验论的立场出发，批判了笛卡尔等人的唯理论，特别是天赋观念论。我们的一切观念都来自感觉，除此之外没有别的来源，天赋观念论明显是违背经验的。按照天赋观念论，我们只能在远离感觉的观念中获得关于自然的知识，必须相信清楚明白的观念是由一个不会欺骗人的实体即上帝铭刻在我们心中的。实际上，这不仅不能得到真正的知识，反而会产生一些荒唐可笑的意见。所以，我们应该抛弃天赋观念论的假设。

孔狄亚克也批判了莱布尼茨的单子论。莱布尼茨的单子是脱离了肉体的精神性实体，他用以说明单子的力和知觉也是不依赖于肉体的力和不依赖于感官的知觉。然而实际上，如果没有对象作用于感官从而造成印象，灵魂就不可能体验到任何东西。所以，莱布尼茨在单子问题上“什么也没有说明”，他的体系就“完全是儿戏”了。[①]

孔狄亚克亦从感觉论的立场出发，批判了斯宾诺莎的实体学说。像“实体”这样的抽象观念不过是存在于感觉观念中的东西的总和，并不能增加我们的知识。“我们在我们的认识对象上面觉察到的，是一些不同的性质……但是我们并不能发现那种作为它们的基础的东西”即实体，所以实体的本性是不可知的，将实体看作自因而且是万物的原因更是欠妥当。[②]

孔狄亚克虽然揭示了唯理论仅仅从理性出发寻求真理性知识的局限性，但是也暴露出了经验论的片面性。

二、感觉论

孔狄亚克继承了洛克的经验论思想，主张“我们的一切知识和一切能力……都来自感官，或者说得更确切一点，都来自感觉”[③]。与洛克不同的是，孔狄亚克否认反省是观念的来源。“洛克分别了我们的观念的两个来源：感觉和反省。只承认一个来源，要更确切一些：这一方面是因为反省在原则上只不过是感觉本身，另一方面是因为它与其是观念的来源，不如说是观念借以从感觉导出的途径。”[④] 可见在观念的来源问题上，孔狄亚克把经验论的基本原则进一步彻底化了。

孔狄亚克把观念分为单纯观念和复合观念两类，由某一感觉产生的观念如白色，就是单纯观念，由几个感觉组合而成的就是复合观念。一切观念都是通过感觉而形成的，不过第一次得到的感觉还不是观念，“当我正在尝到痛苦的时候，我是不会说我有痛苦的观念的，我只会说我感到痛苦”[⑤]，观念则是心灵通过反省活动而获得的，或者是现实的知觉，或者是由记忆保存下来的过去的知觉。孔狄亚克又称前者为感性观念，称后者为

---

① 北京大学哲学系外国哲学史教研室编译：《十八世纪法国哲学》，第 113 页。
② 参见上书，第 116、115 页。
③ 同上书，第 128 页。
④ 同上书，第 132 页。
⑤ 同上书，第 141 页。

理性观念。感性观念是知识的来源，理性观念则是知识的基础。而所有的观念，不论是单纯的还是复合的，不论是感性的还是理性的，都只是就事物与我们的关系来描绘事物，仅仅表象对象的性质，而不能说明事物的本性或本质。从这种经验论的立场出发，孔狄亚克得出了与贝克莱类似的观点："如果有人问什么是一个形体，就应当回答他说：这就是对象出现时你所摸到、看到……的那些性质的集合；当对象不出现时，这就是你摸到过、看到过……的那些性质的回忆。"[①] 当然，孔狄亚克并不同意贝克莱的唯心主义态度，他根据机械论的观点认为广延是物体的根本属性，我们只要能够确知广延，就可以证明外物的存在。然而，我们虽然通过感觉确知有外物的存在，但是却不可能认识事物本身：感觉观念"并不能使我们认识事物本身是什么，它们只是就事物与我们的关系来描绘事物，仅此一端，就可以证明哲学家们企图深究事物的本性实在是多余的"[②]。孔狄亚克像与洛克一样陷入了既承认心外有物，同时又坚持心中只有观念而不能认识事物本身的矛盾之中，从而走向了不可知论。

第六节　爱尔维修

克劳德-阿德里安·爱尔维修（Claude-Adrien Helvétius，1715—1771）是 18 世纪法国唯物主义的主要代表之一，出身于巴黎的一个医学世家，其父是宫廷御医。他深得王后宠爱，23 岁时，王后赐予他法国总包税官的职务，年薪丰厚。官场生涯使他目睹了官场的丑行，作为上流社会的一员也使他有机会接触出入于贵族沙龙的启蒙思想家，并且最终成为他们中的一员。1751 年 2 月爱尔维修辞去官职潜心研究哲学，成为与"百科全书派"并肩战斗的战友。1758 年他的著名的论著《精神论》正式出版，立刻就被罗马教会列为禁书。1771 年 12 月 26 日爱尔维修逝世，1772 年他终生创作并反复修改的哲学长诗《幸福》一书在伦敦出版，1773 年另一部重要哲学著作《论人及其智力和教育》一书也在海牙出版。

爱尔维修因其以利益为核心的功利主义伦理学而在哲学史上占有一席之地，他的哲学的目的是通过研究人心、人的情感和人的幸福，确立一种人学和道德学体系，即一种感觉论的人学和功利主义伦理学。研究人的精神、人心，考察人的各种理智能力，说明人的精神、美德和天才都是教育和环境的产物，寻求人达到幸福的途径，这就是《精神论》和《论人及其智力和教育》这两部著作乃至爱尔维修全部哲学的主题。

一、肉体的感受性

爱尔维修的功利主义以洛克经验论为出发点，他认为人身上有两种能力，一是接受外界对象在我们身上造成各种印象的"肉体的感受性"，一是保存外界对象在我们身上所

---

① 北京大学哲学系外国哲学史教研室编译：《十八世纪法国哲学》，第 142 页。
② 同上。

造成的各种印象的“记忆”。由于“记忆无非是一种延续的、然而减弱的感觉”[①]，所以我们的一切认识能力和知识最终都可以归结为感觉。像孔狄亚克一样，他修正了洛克的经验论，认为一切观念都来自肉体的感受性，并不存在什么反省经验。

爱尔维修将“灵魂”和“精神”明确地区别开来。在他看来，灵魂是一种物质性、肉体性的东西，人一生下来就有整个灵魂，但并不是生下来就有全部精神。灵魂在我们身上不过是感觉能力。精神是非物质性的东西，它是人的思想或认识活动。人直到死时才失去灵魂，而在人活着的时候则常常失去精神。但灵魂和精神并不是完全割裂的，精神依靠于灵魂。“我们的观念和精神的存在要以感觉能力的存在为前提。这种能力就是灵魂本身。我由此得出结论：如果灵魂不是精神，精神就是灵魂和感觉能力的结果。”[②] 爱尔维修坚持唯物主义的立场，主张物质性的灵魂不同于精神，但精神必须以灵魂为基础，是灵魂活动的结果。

爱尔维修像拉美特利一样认为人是一架机器，为肉体的感受性所发动，必须做肉体的感受性所执行的一切事。人的肉体感受性表现为感受快乐和痛苦，趋向和追逐快乐，厌恶和逃避痛苦。爱尔维修把趋乐避苦看作肉体感受性的本质特征或人的本性。在他看来，“肉体的感受性乃是人的唯一动力”，“人的推动力是肉体的快乐和痛苦”[③]。快乐和痛苦有两类：一类是肉体的快乐和痛苦；另一类是预期与记忆的快乐和痛苦。前者是现实的当下的快乐和痛苦，后者是对于快乐和痛苦的预期与回忆。有人避开当下的快乐是想得到预期的更大的快乐，如守财奴今天拒绝享受必需的东西，是希望有一天能享受更多的东西。预期的快乐不如现实的肉体的快乐那么强烈，然而它比后者更为持久，因为身体会衰退，想象却从不衰退。但是预期的快乐以现实的肉体快乐为基础，它是对现实的肉体快乐的期盼，因而以后者为目的。所以，“肉体的快乐和痛苦，这就是全部统治的唯一的、真正的枢纽。真正说来，人并不是爱荣誉、财富和爵位，而只是爱这种荣誉、这些财富、这些爵位所代表的快乐”[④]。

爱尔维修用肉体的感受性来说明道德伦理、政治法律和民族国家，把肉体的感受性看作我们各种活动、思想、感情以及社会人生的唯一原因，甚至是各个国家最有力的推动力。从这种感觉论的人性论出发，他建立了以利益为核心的功利主义伦理学，并且阐发了人是环境的产物、法律决定一切的社会历史观。

二、利益论

肉体感受性的本质特征是趋乐避苦，自爱的感情产生追求幸福的欲望，对幸福的追求导致对于一切利益的追求。因此，利益是衡量一切观念和行为的价值标准，利益支配着人的一切判断，利益在世界上是一个强有力的巫师。在哲学史上，爱尔维修第一次把“利益”作为一个重要的哲学范畴引入哲学，充分肯定了利益在人类社会生活中的作用，

① 北京大学哲学系外国哲学史教研室编译：《十八世纪法国哲学》，第 434 页。

② 同上书，第 494 页。

③ 同上书，第 496 页。

④ 同上书，第 498 页。

甚至把它看作人类一切活动和社会发展的决定力量，借此来说明人类社会的客观规律。

按照爱尔维修的观点，自爱（L'amour de lui-même）是肉体感受性的直接结果，自爱就是趋利避害，自私为己。爱尔维修把自爱看作人的本性或共同的人性，认为它是人所共有，与人不可分离的，因而具有永久性、不可改变性。“自然从我们幼年起就铭刻在我们心里的唯一情感，是对我们自己的爱。这种以肉体的感受性为基础的爱，是人人共有的。不管人们的教育多么不同，这种情感在他们身上永远一样：在任何时代、任何国家，人们过去、现在和未来都是爱自己胜于爱别人的。”① 因此，自爱是其他一切欲望和感情的基础。

人的一切行为都是从自爱出发的，爱邻人、同情和怜悯都只是自爱的结果。爱正义、爱权力、爱美德和爱真理也都是自爱的一种扩展和表现。人们表面上夸口尊重正义，其实他们心里只不过是尊重势力，目的还是维护自己的利益。“正义是维持公民的生命和自由的。人人都愿意享受他的各种所有物。因为人人都喜爱别人身上的正义，都愿意别人对自己正义。”② 个人和民族爱正义、公平，其实都是爱权力给他们带来的快乐和幸福，人们尊敬美德是因为它对人们有益。“人人都自称为了美德本身而爱美德。这一句话挂在每一个人的嘴上，但是并不存在于任何人心里”，“如果爱美德没有利益可得，那就决没有美德”③。即使是被人们宣称热爱最为圣洁的真理，也是因为它对人们的生活有益、对国家的治理有益，否则人们决不会追求和探索真理。由此可见，自爱必然导致利益原则。人们决不会为作恶而作恶，为行善而行善的。利益决定着我们的行动的价值取向，利益支配着我们的一切判断。爱尔维修将利益原则普遍化、彻底化，他要证明的是“无论在任何时候，任何地方，无论在道德问题上，还是在认识问题上，都是个人利益支配着个人的判断，公共利益支配着各个国家的判断；因此无论从公众方面说，还是从个人方面说，表示赞赏的总是喜爱和感激，表示轻蔑的总是厌恶和报复”④。

爱尔维修自认为他像牛顿发现了自然运动规律一样，发现了人类社会活动的规律。“如果说自然界是服从运动的规律，那么精神界就是不折不扣地服从利益的规律的。利益在世界上是一个强有力的巫师，它在一切生灵的眼前改变了一切事物的形式。”⑤“利益是我们的唯一推动力。”⑥ 因此，爱尔维修将追求利益看作人类社会发展的一条普遍和永恒的规律。

爱尔维修将利益区分为三种，即个人利益、小集团利益和公共利益或国家利益。爱尔维修强调利益原则、利益规律，但并不表明他是个人主义者或利己主义者。相反，他竭力倡导和维护公共利益、国家利益，强调以人民的共同性幸福为目标。他认为个人利益往往会使人利令智昏，贪得无厌，应该限制对个人利益无休无止的追求，个人的追求只有在符合公益，至少是不违背公益时才是合理的。必须彻底地捣毁与国家利益直接冲突的小集团利益。要想维护公共的利益，就必须打破温情脉脉的血缘关系和人道，甚至

① 北京大学哲学系外国哲学史教研室编译：《十八世纪法国哲学》，第501页。
② 同上书，第504页。
③ 同上书，第512页。
④ 同上书，第458-459页。
⑤ 同上书，第460页。
⑥ 同上书，第537页。

有必要为了团体的生存而牺牲和绞杀个体。为了公共的幸福，一切都变成合法的、道德的。但是爱尔维修并没有将个人利益看作绝对的恶，也并不认为为了整体的利益必须牺牲个人的利益，爱尔维修追求的是一种更高的境界，那就是一种以整体利益为目标的利益和谐。爱尔维修说："假如制定了良好的法律，这些法律将会让公民们顺着他们要求个人幸福的倾向，把他们很自然地引导到公共幸福上去。"① 这就是把个人利益与公共利益紧密地结合起来，在让人们自由追求个人利益的同时增进公益，由千千万万的个人利益的最终合力来推动公共的利益。爱尔维修由此而得出了一条普遍适用的准则："人民的福利是最高的法律（Salus populi suprema Lex esto）"②。公共利益是一条唯一的不可侵犯的法律，以这条法则为准绳就可以衡量国家的法律、道德、习俗的明智与荒谬，合理与不合理。同时这条法则也是一条道德学的准则，是对人民进行道德教育的信条，因为它可以启迪公民认识到自己对国家承担的义务，以往的道德学准则例如"己所不欲，勿施于人"在它面前只不过是第二性的、从属的准则。这样一来，爱尔维修就把公共利益、人民幸福看作神圣不可侵犯的最高法律和道德准则。

爱尔维修的功利主义在反宗教反封建的启蒙运动中发挥了重要的作用，不过在理论上亦存在着深刻的局限性。后世的哲学家们逐渐认识到，所谓公共利益、人民幸福亦即最大多数人的最大幸福通常只是一个空泛的规定，既难以确定，也不具备可操作性，而且往往会成为某些人满足自己私利的借口。

三、环境和意见

由于爱尔维修把人类的认识活动和社会活动最终归结为肉体的感受性，那么人和外部世界包括自然环境和社会环境的关系就是一种"刺激-反应"的关系或作用和应答的关系。外部事物对人发生作用，而人的精神对这些作用做出反应和应答，在爱尔维修看来，这就是教育。人的精神和一切才能都是在同外部世界发生这种关系的过程中发展和完善的。人身上的精神、美德和天才是教育的产物。爱尔维修在此所说的教育并非学校教育、课堂教育和家庭教育，而是指人的一切生活条件的总和及环境对人的影响。人周围的一切事物，人的一切际遇，人所遇到的一些事件，都是人的"教师"，人无处不在受教育，无时不在做学生。人和周围的环境（自然环境和生活环境）发生关系的过程就是受教育的过程，环境和教育是紧密地结合在一起的，因而说人是教育的产物，实际上也就是说人的精神和才能都是环境的产物。

因此，人与人之间、民族与民族之间的差异完全是不同的教育即不同的环境所造成的。不同的教育造成了野蛮人和文明人的区别；不同的教育造成了人的性格的差异；每一个民族、每一个国家都有其特殊的观察方式和感觉方式，这就是民族性格或国民性。民族性格或国民性的突变和渐变，是由政治形势和公共教育的突变和渐变决定的。总之，教育是万能的，教育造就一切。人的才能与美德，一个民族的才能与美德，乃至人民的

---

① 北京大学哲学系外国哲学史教研室编译：《十八世纪法国哲学》，第 537 页。

② 同上书，第 547 页。

幸福、民族的强大莫不是教育使然。爱尔维修说："要是我证明了人果然只是他的教育的产物，那就毫无疑问是向各国昭示了一项重大的真理。它们将会知道，自己手里掌握着强大和幸福的工具，要使自己幸福和强大，问题只在于改善教育的科学。"① 改善教育就是改善对人产生不良影响的环境，即要推翻法国的封建专制制度。爱尔维修的教育万能论中隐含了革命的结论。

爱尔维修坚持"环境决定意见"的观点，即把人看作环境和教育的产物，环境和教育决定着人的思想观念、风俗、性格、美德和幸福。不同的环境、不同的教育产生出人的不同意见。要改变人的意见，必须改善教育，改造环境，环境对于意见起决定作用。但是，由于爱尔维修认为在环境中最根本的东西是政治形式，在政治形式中最重要的是法律，"人的善良乃是法律的产物"②，良好的立法就会迫使人们有道德。所以，"各个民族的兴盛并不依靠它们的宗教纯洁，而是依靠它们的法律高明"③。那么，这种高明的法律是从何而来的呢？在爱尔维修看来，高明的法律必然是经验和一种开明理性的作品。"因为必须有天才，才能用好法律代替坏法律，也必须有勇气，才能使人们接受好法律。"④ 因此，要改变环境，只有靠少数具有开明理性和勇气的天才人物制定出良好法律，改革政治，并且将他们的正确意见推广给大众，形成社会公认的意见。这样一来，爱尔维修又得出了"意见支配世界"、意见决定环境的观点。

一方面，"环境决定意见"，环境产生的社会教育作用决定了人们的思想和精神；另一方面，"意见决定环境"，天才人物的正确思想和伟大精神通过立法而成为改变环境的决定力量。"人是环境的产物"与"意见支配世界"形成了一个"二律背反"。由此可见，爱尔维修的这两个命题虽然都有一定的合理内容，但是太绝对化和片面化了。一方面，当他说环境决定一切时，思想被看作毫无意义的东西；当他说法律决定一切时，却又夸大了社会意识的作用。爱尔维修在讲"人是环境的产物"时把人完全看成是一种被动的受体，否认人的能动性和创造性，没有看到环境也可由人创造，由人来改变的，因而是一种机械唯物主义。另一方面，当他讲"意见决定世界"时，又过分夸大了主观意识的决定作用，没有看到政治和法律这些上层建筑本来是由生产方式、经济基础决定的，而是把它们看作最终制约和决定一切的东西，视之为历史发展的最终决定因素，这就陷入了历史唯心主义。另外，这种观点还认为少数天才人物的理性决定着政治、法律的面貌，支配着世界，忽视了广大的人民群众是历史的创造者，是推动历史前进的决定力量，因而是一种英雄创造历史的英雄史观。

第七节　狄德罗

狄德罗是"百科全书派"的精神领袖，《百科全书》的主编和组织者，18世纪法国

---

① 北京大学哲学系外国哲学史教研室编译：《十八世纪法国哲学》，第479页。

② 同上书，第525页。

③ 同上书，第524页。

④ 同上书，第549页。

启蒙哲学的杰出代表。在哲学上，他经历了从自然神论到无神论的转变，将 17 世纪以来的唯物主义哲学发展到了一个新的阶段。他的唯物主义自然观力图超越当时的机械论和目的论，代表了 18 世纪唯物主义哲学的最高水平，并且对辩证唯物主义的形成产生了重要影响。

狄德罗（Denis Diderot，1713—1784）1713 年 11 月出身于法国郎格尔市一个小资产者家庭，10 岁时被送进耶稣会学校读书，学习希腊文、拉丁文和古代作家的著作，1728 年赴巴黎求学，在路得维克大公学院学习了修辞学、逻辑学、伦理学，其中数学和物理学的成绩尤为出色，特别是在此期间接触到了培根和霍布斯等人的经验论哲学。离开学校后，狄德罗在巴黎经历了十年自由文人的流浪生活，出入于沙龙和剧场，靠当家庭教师和卖文为生。

1745 年英国人约翰·密勒斯和德国人戈·塞留斯与书商勒伯勒东磋商将美国人钱伯斯主编的《百科全书和艺术与科学百科辞典》（1728 年出版，1745 年发行第五次修订版）译成法文出版，因与原译者发生了冲突，出版商重新物色译者，将狄德罗看作理想的人选。经协商，狄德罗同意接受翻译《百科全书》的工作，出版商正式聘请他为该书的编辑。然而，当他着手翻译之后发现，简单地翻译钱伯斯的辞典是不够的，因为该书中有些东西已经过时，有些东西是从法国人的著作中不加选择地吸取过去的，还有一些重要的方面却根本没有提及，例如缺少有关工艺技术方面的条目。狄德罗认为，该书编成后 15 年以来，各个思想领域都取得了巨大的进步，科学发展了，所以这个辞典也需要更新。如果将一些过时的、不完全的东西冠以一个新的书名出版，那将引起学者们的公愤。因此，狄德罗决心另起炉灶，重新编辑一本体现出人类知识体系、最新科技成就的百科全书。他提出了一个宏大的编写计划，自己担任主编，并且邀请当时在科学界已负盛名的青年数学家达朗贝尔担任副主编。一大批著名学者聚集在狄德罗的周围，支持他的《百科全书》的编写工作，撰稿人有 160 人之多，孟德斯鸠、伏尔泰、卢梭、孔多塞、魁奈、杜尔哥、伊丰长老等都为《百科全书》写过大量的词条。毕丰、孔狄亚克和爱尔维修等人也是这项工作的坚定支持者。狄德罗本人一共为《百科全书》撰写了 1139 个词条，内容涉及哲学、文学、道德、语言和科技，其中最为困难的关于工艺和技术方面的词条几乎全部由狄德罗编写。

狄德罗为《百科全书》的编写奋斗了 27 个春秋。《百科全书》的编写过程也是和封建专制制度斗争的过程。1750 年狄德罗发表了《百科全书》发刊词，1751 年 10 月《百科全书》第 1 卷问世，全名为《百科全书，科学、艺术和工艺详解词典》。该书问世之后立即遭到了反动势力的攻击和围剿，1752 年《百科全书》第 2 卷出版后，国民议会便立即下令禁止该书发行，并要求没收原稿。由于来自外部的打击，达朗贝尔辞去了《百科全书》副主编的职务。在极端困难的条件下，狄德罗独立坚持工作，在 1765 年终于完成了全书的后 10 卷。1766 年出版商勒伯勒东因秘密出版《百科全书》而被当局抓进监狱，狄德罗在随时都有可能被逮捕的险恶条件下，继续出版图版 11 卷。1772 年，狄德罗主编的《百科全书》全部出齐，文字部分 17 卷，图版 11 卷，共计 28 卷。后来又经他人补写了文字部分 4 卷，图版 1 卷，索引 2 卷，共计 35 卷，至 1780 年出齐。狄德罗主编的百科全书不是一般性的工具书，而是反对封建专制制度、反对宗教神学、启蒙思想的武器。

除了编写《百科全书》之外，狄德罗还写作了许多重要的哲学著作，如：《哲学思想录》（1746）、《怀疑论者的漫步》（1747）、《供明眼人参考谈盲人的信》（1749）、《对自然的解释》（1753—1754）、《达朗贝尔和狄德罗的对话》、《达朗贝尔的梦》（1769）和《关于物质和运动的哲学原理》（1770），另外还有哲理小说《拉摩的侄子》（1762）。

1784 年 7 月 30 日狄德罗走完了他为真理和正义奋斗的人生历程，在逝世的前一天，他留下了这样一句至理名言："迈向哲学的第一步，就是怀疑"。

一、物质世界的普遍联系和运动

狄德罗哲学代表了 18 世纪法国唯物主义哲学的最高水平，它力图超越当时占主导地位的机械论，尽力勾画出物质世界的普遍联系和自身运动，反对用孤立的、静止的、片面的观点看待世界。虽然狄德罗哲学的形成受到了拉美特利的影响，但是他的哲学和拉美特利极端的机械论有很大的区别。

狄德罗坚持唯物主义的一元论，认为世界的统一性在于物质性。物质世界是普遍联系的，各种事物和现象不可能是孤立的。自然界从来就不会产生单独的事件，自然界是一个整体，"如果现象不是彼此联系着，就根本没有哲学"①。不仅如此，他还吸收了古希腊哲学家赫拉克利特关于"流变"的思想，认为"一切都在变，一切都在过渡，只有全体是不变的。世界生灭不已，每一刹那都在生都在灭，从来没有过例外，也永远不会有例外"②。狄德罗认为运动和物质是不可分割的，物质本身就具有运动的能力，他吸收了莱布尼茨单子论中每一个单子本身都是一种活动的力、单子自动等思想，认为物质的分子本身是一种具有相互作用的活动力，以此来克服机械唯物主义的局限性，从而将唯物主义提高到一个新的水平。他在批判唯物主义机械论时说："根据有些哲学家的说法，物体就其本身来说，是没有活动也没有力的；这是一个可怕的错误，完全违反全部正确的物理学，全部正确的化学；物体就其本身来说，就其固有性质的本身来说，不管就它的一些分子看，还是就它的全体看，都是充满着活动和力的。"③ 在他看来，物质的分子有其内涵的、固有的、内部的力，也有其外部的力。这就引起了分子从内向外作用的活动和其他分子作用于它的活动，狄德罗将前者称为"激动"，将后者称为"移动"，亦即分子的自身运动和相互作用。根据这种物体自身运动、运动的动力来自物质分子内部的力的思想，狄德罗认为运动是绝对的，静止是相对的，运动和物质不可分割，运动是物质固有的性质。

狄德罗用物质的运动来解释世界的质的多样性。他吸收了莱布尼茨关于"普遍差别原则"的思想，认为"在这个物质的大洋里，没有一个分子和另一个分子类似，也没有一个分子有一刹那和自己类似；'Rerum novus nascitur'（万象日新月异）这就是它的永

---

① 《狄德罗哲学选集》，江天骥、陈修斋、王太庆译，商务印书馆，1983，第 106 页。

② 同上书，第 146 页。

③ 同上书，第 114 页。

恒铭文"[①]。莱布尼茨曾经说过，在同一个花园里找不到两片完全相同的树叶，找不到两滴完全相同的水珠。狄德罗则进一步指出，也许将来也永远不会有两片绝对一样的绿草。一切事物彼此差异，都处在变化之中。任何人如果不坚持在自己的头脑中考察事物，而是在宇宙中考察事物，那么他就一定会信服现象的多样性、基本物质的多样性、力的多样性、作用力与反作用的多样性和运动的多样性。

将世界的普遍联系和相互作用的思想贯彻到生物学领域，狄德罗提出了生物进化论的思想。他认为，无机物和有机物之间没有不可逾越的界限，在一定条件下是可以相互转化的。物质具有两种感受性，即"迟钝的感受性"和"活跃的感受性"，前者是无机物所具有的，后者是有机物所具有的，在一定条件下前者可以转化为后者。狄德罗具体说明了从只有迟钝感受性的大理石雕像过渡到有感觉有思想的人的过程，从没有感觉的鸡蛋过渡到有感觉和生命的小鸡的过程，认为它们都是一个从迟钝的感受性向活跃的感受性的进化过程。

狄德罗还认为在生物进化中亦存在着矛盾运动。首先，在生命运动中存在着作用和反作用的矛盾。按照他的观点，"生命，就是一连串的作用与反作用。…… 我活着，就以块体的方式作用与反作用……我死了，就以分子的方式作用与反作用"[②]。在狄德罗看来，矛盾的存在和运动是绝对的，矛盾永远不会消灭，只会转换形式，在生命运动中也是一样。其次，狄德罗还看到了在生物中存在着遗传和变异的矛盾。他特别强调遗传因素的重要性，他认为人的生理结构和遗传因素对人的精神和社会道德具有重要的影响。由于科学水平的限制，狄德罗不可能发现基因和DNA遗传物质，但是他把"有生命的活的细丝束"作为遗传的物质基础，认为"丝束构成一切动物种类之间的最初根本差异"，"一个物种的丝束的那些变异，造成这个物种的一切千奇百怪的变种"[③]。男人和女人在本质上是共同的，男人的各种器官女人也一一具备，只是细丝束上的差异造成了性别的特征和结构的差异。因此可以说，"男人也许只是女人的怪物，或者女人只是男人的怪物"[④]。最后，狄德罗认为在生物中存在着生存竞争，优胜劣汰。在各种生物中间存在的"自然淘汰"，那些太怪异的怪物和太矛盾的生物，生活中的弱者，将在竞争中被无情地淘汰掉。只有强者才能生存下来，"世界是强者的家"。不仅如此，狄德罗用进化论的思想反对当时盛行的"预成论"。他认为预成论的观点既违背经验，又违反理性。在自然中没有一成不变的东西，没有完全的重复，一切生灭不已，物种也是如此。

狄德罗的进化论是其辩证法学说中的一个有机组成部分。

二、观察、思考和实验

在认识论和方法论方面，狄德罗继承和发展了英国哲学家培根和洛克的经验论。首先，狄德罗坚持感官是观念的来源、感觉是对外部世界的反映的唯物论原则，反对贝克

① 《狄德罗哲学选集》，第146页。
② 同上书，第154页
③ 同上书，第164页。
④ 同上。

莱的感觉唯心主义。外部对象作用于感官，使我们形成了感觉、记忆和理智的注意，在我们心灵中形成了观念，而观念是相互联系的，一个观念可以唤醒另一个观念，在此基础上就形成了人的认识和思维活动。与洛克一样，狄德罗将外部感觉和内部感觉作为我们观念的来源，强调认识的先决条件是承认客观世界的存在和对我们的作用。“我们就是赋有感受性和记忆的乐器。我们的感官就是键盘，我们周围的自然弹它，它自己也常常弹自己；依照我的判断，这就是一架与你我具有同样结构的钢琴中所发生的一切。”① 他把贝克莱否认感觉是对外部物质世界的反映的唯心主义比作“一架发疯的钢琴，因为它不要人弹奏会自己响”，“在一个发疯的时刻，有感觉的钢琴曾以为自己是世界上存在的唯一的钢琴，宇宙的全部和谐都发生在它身上”②。狄德罗认为，认识不可能是主观自生的，钢琴没有人弹是不会自己响的，认识只能是对客观世界的反映。结论是自然本身做出的，我们凭经验去认识自然现象，对现象的联系加以表述，而唯心主义哲学家，“他们只意识到自己的存在，以及那些在他们自己的内部相继出现的感觉，而不承认别的东西：这种狂妄的体系，在我看来，只有瞎子那里才能产生得出来；这种体系，说来真是人心和哲学的耻辱，虽然荒谬绝伦，可是最难驳斥。这种体系既公开又明白地陈述在克罗因主教巴克莱博士的三篇对话里”③。贝克莱和狄德罗的哲学都来源于洛克，他们都承认感觉经验是我们认识的来源，不过对于“感觉经验是不是对于客观物质世界的反映”这个问题却做出了不同的回答。

狄德罗将哲学分为两种，一种是实验的哲学，一种是理性的哲学。相应地，哲学家也有两种。实验哲学家有很多仪器而很少有观念，他们毕生从事于聚集材料，是劳苦的工匠。理性哲学家有很多观念而根本没有仪器，他们是骄傲的建筑师，专门忙于设计蓝图，却让别人动手操作。实验哲学注意搜集新的事实，理性哲学则注重对照、比较和联系。因而，以上两种哲学都是片面的，我们需要将两者结合起来，让经验和理性联姻。理论和实验应该相互结合而不可偏废一方。狄德罗完全赞成培根关于哲学家既不应该是蚂蚁也不应该是蜘蛛，而应该是蜜蜂的比喻。不过，狄德罗比培根更前进了一步，提出了观察、思考和实验三结合的方法。他的名言是：“我们有三种主要的方法：对自然的观察、思考和实验，观察收集事实；思考把它们组合起来；实验则证实组合的结果。对自然的观察应该是专注的，思考应该是深刻的，实验应该是精确的。”④ 这三种方法结合起来才能形成正确的认识，而且认识最终还需要接受实验的验证和检验。狄德罗虽然没有提出实践是检验真理的标准的思想，但是他将实验看作检验认识正确与否的重要手段，亦是难能可贵的。

狄德罗哲学代表了18世纪唯物主义哲学的最高水平，它在一定程度上脱离了17、18世纪的机械唯物论而开始向辩证法进步，为德国古典哲学中的唯心主义辩证法和马克思的唯物辩证法的诞生提供了直接的思想来源。不过我们也应该看到，狄德罗毕竟还没有

---

① 《狄德罗哲学选集》，第129页。

② 同上书，第133页。

③ 狄德罗：《供明眼人参考谈盲人的信》，转引自北京大学哲学系外国哲学史教研室编译：《十八世纪法国哲学》，第307页。

④ 《狄德罗哲学选集》，第62页。

达到辩证唯物主义的水平，他的理论仍然带有朴素唯物主义和机械论的特征。

第八节　霍尔巴赫

霍尔巴赫是18世纪法国最激进、最彻底的唯物主义者和无神论者，他继承了17世纪以来的机械唯物主义和唯物主义经验论，尤其深受拉美特利、爱尔维修和狄德罗的唯物主义思想的影响，力图将唯物主义的现有成果系统化，确立起唯物主义的思想体系。霍尔巴赫在唯物主义理论体系的建设方面做出了伟大的贡献，他的无神论思想和反封建、反神学的彻底性在当时震撼了整个欧洲。但是与他的同时代人一样，霍尔巴赫亦未能逃脱机械唯物主义的窠臼，最终走向了决定论和宿命论。

霍尔巴赫（Holbach，1723—1789）祖籍德国，12岁移居法国。青年时代赴荷兰莱顿大学学习科学技术，并大量阅读了霍布斯、洛克和牛顿等人的著作。1749年学成回国后不久，他在巴黎结识了正在着手编写《百科全书》的狄德罗，并通过狄德罗结识了其他“百科全书派”的学者和启蒙思想家，与他们建立了亲密的友谊。霍尔巴赫是狄德罗编辑和出版《百科全书》的坚定支持者，他发挥自己精通多国语言与了解地质学、冶金学和物理学等方面最新科技成就的特长，为《百科全书》撰写了400多个条目，内容涉及地质、地理、矿藏、冶金、物理、化学、法律和语言等广泛的领域。1753年他继承了舅父的男爵称号和财产，改名为保尔·昂立·霍尔巴赫男爵，不久又继承了岳父“国王顾问团理事”的贵族头衔和每年的薪俸。霍尔巴赫虽然跻身于贵族的行列并且拥有巨大的财富，不过他却用这些财产来资助自由思想家们的学术活动，当时霍尔巴赫家的“沙龙”就是“百科全书派”集会的场所。

霍尔巴赫一生著述等身，内容包括三个方面：第一方面是翻译介绍国外先进的自然科学成果和为《百科全书》撰写自然科学方面的条目；第二方面是批判基督教，宣扬无神论的著作，为了防备教会和当局的迫害，它们大多是假托他人之名、匿名或是从国外翻译而来，主要有《揭穿了的基督教》（1761）和《袖珍神学：或简明基督教辞典》（1767）；第三方面是建立唯物主义哲学体系的著作，主要有《自然的体系：或论物理世界和精神世界的法则》（1770）、《健全的思想：或和超自然观念对立的自然观念》（1772）和《社会的体系：或道德学和政治学的自然原则。附：对于政府影响风俗的考察》（1773）等。

一、自然的整体性和必然性

霍尔巴赫把宇宙看作一切存在物的总汇，认为自然是物质的总体。“自然，从它最广泛的意义来讲，就是由不同的物质、不同的配合，以及我们在宇宙中所看到的不同的运动的集合而产生的一个大整体。”① 自然中的每一个存在物都是有别于其他存在物的一些特性、配合、运动或活动方式所产生的整体。人也是一个整体，因为它也是由某些物质

① 霍尔巴赫：《自然的体系》，上卷，管士滨译，商务印书馆，1964，第17页。

配合而成的，按照有别于其他存在物的方式而活动的。个别的事物和自然的关系是部分与整体之间的关系，个别存在于整体之中，依赖于整体，不能离开整体而独立。“它们的特殊本性，是依赖于那个大的整体的一般体系，是依赖于它们只是作为部分的那个普遍的自然的体系的，凡是存在着的事物必然与普遍自然的体系联系着。”①

如果说自然是由物质构成的整体，那么“物质”又是什么？霍尔巴赫的重要功绩之一就是提出了一个有史以来最完善的“物质”定义，对后来的辩证唯物主义具有重要的启发意义。他认为，“直到现在为止，人们对物质还没有给予一个令人满意的定义”②。以往的唯物主义对物质只有一些不完善的、泛泛的、肤浅的概念，他们把物质看作唯一的、创造的、被动的，不能运动、不能配合，什么也不能产生出来的一种东西。霍尔巴赫力图对“物质”做出新的定义，他的基本思路是：第一，从物质的特性来了解物质。我们虽然不认识物体的元素，但我们可以认识它的一些特性或性质。物质之所以被称为物质，是因为它是由这些特性构成的。“一切物质的共同特性是广延、可分性、不可入性、形状、可动性，或为某个物质的运动所引动的性质。”③ 第二，从物质作用于我们的感官、在我们身上产生的后果来了解物质，即从主体和客体的关系、我们对于物质的认识来了解物质。霍尔巴赫坚持可知论的原则，认为物质是作用于我们的感官，可以被我们所认识的东西。“因此，对于我们来说，物质一般地就是以任何一种方式刺激我们感官的东西；我们归之于各种不同物质的那些特性，是以物质在我们内部所造成的不同印象和变化为基础的。”④ 由此可见，霍尔巴赫对于物质特性的了解虽然比 17 世纪的唯物主义有所进步，但是他归之于物质的那些特性都是物质的力学性质，仍然停留在机械力学的水平。

霍尔巴赫的唯物主义比 17 世纪的唯物主义有所进步的重要表现之一，就是它肯定了运动和物质是不可分的，主张物质是自己运动的。他认为，“在自然的概念中必然包含运动的观念……自然只能从它本身得到运动……运动乃是存在的一种形式，它是必然地从物质的本质中产生的；物质由于它自己特有的能力而活动”⑤。运动在物质之内，它自行产生、自行增长、自行加速，并不需要任何外因的帮助。不仅如此，运动在宇宙间亦是普遍存在的，运动是绝对的，静止是相对的。“在宇宙中，一切都在运动。自然的本质就是活动。”⑥ 在自然里，一切都处在不断的运动中，“自然的各个部分没有一个是真正静止着的；总之，自然就是一个活动的整体，如果它不活动，或者是在自然里没有运动，那么，便什么也不能产生，什么也不能保存，什么也不能活动，而自然也就不成其为自然了”⑦。霍尔巴赫虽然肯定了运动的普遍性和绝对性，但是他只讲运动，而不承认发展，认为自然界没有发展，只有不断的循环。在他看来，一切存在物，“它们的运动是不间断

---

① 霍尔巴赫：《自然的体系》，上卷，第 17 页。
② 同上书，第 35 页。
③ 同上书，第 36 页。
④ 同上书，第 35 页。
⑤ 同上书，第 26 页。
⑥ 同上书，第 23 页。
⑦ 同上书，第 26 页。

地这一些由那一些产生出来；它们是更替地作着原因和结果；它们就这样地形成一个生与灭、配合与解体的巨大圆圈，这个圆圈既不能有开端，也没有终结”[①]。运动使宇宙不断地产生一些事物，将它们保存一些时候，然后又将它们毁灭掉，不过存在物的总和是不变的。

为了说明运动的因果联系和规律性，霍尔巴赫将因果性等同于必然性，把一切联系都看作必然联系，把一切运动和变化都看作必然的，最终否定了偶然性，将自然界看作一个完全由必然性支配的体系。霍尔巴赫承认自然事物的因果性，“一切原因都要产生结果，不能没有原因的结果”，“在自然内所能有的只是一些自然的原因和结果”，“在宇宙中一切事物都是相互联系的，宇宙本身不过是一条原因和结果的无穷锁链……我们所见到的一切都是‘必然的’，或不能不是现在这个样子；我们所看到的一切，以及超乎我们视觉以外的一些东西，都按照一定的法则而活动”[②]。宇宙间一切事物的活动都服从于一种铁的规律性，为一阵狂风所卷起的尘土旋涡中的每一粒沙土、暴风雨中的每一个水滴，它们都有占据现有位置的充足原因，它们没有一个不是严格地按照它们应当那样活动的方式而活动的。霍尔巴赫从自然界中一切都是运动的前提得出了“自然中一切都是必然的”结论：自然无论是从整体上还是从部分上都是必然的，一切事物都受制于必然的因果锁链。

霍尔巴赫完全否认偶然性的客观存在，认为宇宙间的秩序和混乱完全是人心主观自生的。他认为“秩序”和“混乱”只是人们观察事物的方式，是人从自己的利益出发而对事物做出的两种不同的判断，给人带来利益的事物称为秩序；危害人的福利的事物，谓为混乱。“自然的秩序和混乱其实是不存在的；我们在适合于我们生存的一切事物中找到秩序，而在相反于我们生存的一切事物中找到混乱。”[③] 霍尔巴赫并不否认自然确实有异常现象，如彗星的突然出现、地震、海啸、火山爆发、瘟疫流行等，然而他认为这些被人们看作混乱的东西其实也是必然的，都是自然原因按照一些固定的、自然的普遍本质所规定的法则而活动的。霍尔巴赫没有像人们通常所做的那样将这些奇异现象理解为神迹或上帝对于人的惩罚，坚持了无神论的唯物主义，但是他却将这一切都理解为必然发生的，从而完全否认了偶然性的存在。他说：“在这个自然中，没有偶然，没有属于意外的事物，也没有充足原因的结果，一切原因都遵循着固定的法则而活动”，“事实上，我们是把我们看不出原因相联系着的一切结果归之于偶然。所以，我们使用偶然这个词，不过是用来掩盖我们对于产生所见的那些结果的自然原因的愚昧无知罢了”[④]。

霍尔巴赫将他的机械决定论贯彻到人的活动领域，认为作为自然的一部分的人其活动和其他物质事物的活动一样，服从于同样的必然规律，人没有一刻是自由的。霍尔巴赫公然将自己的哲学体系称为“宿命论的体系”，并极力为宿命论辩护。他论证道：“人是自然的产物，存在于自然之中，服从自然的法则，不能超越自然。”[⑤] 人的活动都是他

---

① 霍尔巴赫：《自然的体系》，上卷，第33页。
② 同上书，第51页。
③ 同上书，第58页。
④ 同上书，第63页。
⑤ 同上书，第10页。

固有机械的本质和特性的必然产物以及客观环境作用的必然结果。霍尔巴赫的唯物主义从坚持客观世界运动的因果性和规律性出发，走向了把一切都归为必然，完全否认偶然的宿命论，使他在社会道德领域彻底否定了人的意志自由。

二、对宗教的批判

在霍尔巴赫哲学中，对宗教神学的批判与对封建专制制度的批判直接结合在一起，在当时的历史条件下具有非常重要的意义，他的战斗的无神论思想成了后来法国大革命的动员号。批判宗教，宣扬无神论是贯穿霍尔巴赫一生的主题。

霍尔巴赫之所以反复强化他的决定论，其中一个非常重要的目的就是要用物质世界自身的规律性和必然性来代替神迹和天意。既然自然界中的一切都是依照自然的必然性而活动的，上帝的存在就是没有必要的。人们之所以会陷入有神论，一个重要的原因就是未能对“物质”的“秩序”形成正确的认识。因为有些人将“物质”看作一个不能自己运动因而是被动的东西，由于无法说明宇宙万物的运动和变化，于是就设想出一个第一推动者或宇宙的最后动因。另外，人们为世界的和谐和秩序所折服，无法解释它形成的原因，因而设想出宇宙必定有一个设计者，由他来设计和安排这个精妙绝伦的世界，给它以秩序。霍尔巴赫认为，物质和运动是不可分割的，运动是物质固有的特性，物质无须一个推动者。世界上的一切事物都服从必然的规律，不需要一个设计者给他以秩序。在当时的情况下，霍尔巴赫的唯物主义机械决定论对于反对宗教、坚持无神论具有重要的意义。

霍尔巴赫分析了斯宾诺莎的“泛神论”，认为它反对到自然之外去寻找神，反对有一个超自然的神，是正确的，但是他把神融化在自然之中，把自然本身当作神，仍然保留了神的观念。虽然泛神论和自然神论都具有唯物主义的倾向，但它们的唯物主义都是不彻底的。

霍尔巴赫分析了宗教产生的认识论根源，认为宗教产生于对自然的无知。在遥远的古代，“散居的野蛮人，对于自然规律只是一知半解，或根本一无所知……整个自然对他们就是一个谜”①。某些自然现象不可能不是奇妙和可怕的，特别是各种自然灾害，如地震、洪水、风暴、瘟疫等等使他们陷入深深的恐惧之中，他们不知道这些灾难产生的原因，于是就把这一切都归于一个强有力的动因，设想有一种超自然的力量存在，从而形成了他们关于神的最初概念。神的观念实际上是人的一种虚构，人总是根据他的已知的客体去判断未知的客体。人“就是照着它自己，把一种意志、智慧、计划、打算、情欲，总之，一切与他自己相类似的性质，赋给所有他觉得在作用于他的未知原因”②。这也就是说，人是根据一种“拟人观”将人所具有的一切属性赋予神，从而设想神和人一样有人格、有智慧，有喜怒哀乐，有善恶良知的。根据这种“神人同形同性论”，人塑造出了一个人格化的神或上帝。实际上，不是神创造人，而是人创造神，神的本质不过是人的

① 霍尔巴赫：《自然的体系》，下卷，管士滨译，商务印书馆，1977，第9页。

② 同上书，第13页。

本质的一种投射。霍尔巴赫关于宗教异化的思想使他的无神论达到了那个时代的最高水平。

霍尔巴赫还分析了宗教产生的社会根源。宗教产生于无知和恐惧，而统治阶级出于统治的需要利用了人们的无知。“一切宗教都是由于渴求统治地位而产生的。各民族最初的立法者认为自己的目的在于奴役这些民族；达到这个目的的最容易的办法就是恫吓和愚弄人的理性；这些立法者把自己的信徒们引上了荆棘丛生的小径，以便使信徒们没有机会猜出他们的真正意图。”① 统治阶级的倡导，教会的传播，以及宗教的灌输，使人们在还没有获得独立思考的能力时，被宗教的偏见影响，被神学教条的谬论欺骗，因而在心中形成了难以消除的信念。宗教就这样世代流行，相沿成习了。

霍尔巴赫揭穿了宗教在道德、政治、科学、民族以及个人的幸福等多方面造成的种种危害。他指出，宗教败坏和消灭了人的道德，不是使人联合，而是使人分裂；神学观点上的争论，使得民族分裂、君臣相犯、父子兵戎相见、夫妻离异、亲属不相认。宗教也败坏了人的理性，使人屈从于没有理性的主人，它阻止人们解除蒙蔽、寻求真理。因而宗教是科学的大敌。宗教既不促进社会，也不造福个人，而只能有害于人类精神的进步。由此，霍尔巴赫得出了消灭宗教的必然结论。

以霍尔巴赫为代表的法国无神论者对宗教的激烈批判是启蒙运动的重要成果，在西方哲学史上写下了与众不同的独特篇章，不过这种批判也有其理论上的局限性。他们认识到了宗教的不良的社会后果，但是却没有看到宗教的产生具有深刻的社会和历史根源。

18 世纪的哲学家们将 17 世纪的理性主义变成一种现实的政治原则，理性主义成为它们反对宗教意识形态、勾画新的社会蓝图的标尺。理性成为衡量一切事物的标准，以往的一切都要在理性的法庭面前接受审判，传统的宗教、自然观、社会和国家制度等等都受到了无情的批判。理性代替了神的启示，人的理性——自然之光——代替了盲从和迷信。启蒙思想家们举起理性的大旗，反对封建统治阶级的意识形态和宗教神学。18 世纪的哲学家们不是自然神论者就是无神论者。

18 世纪的哲学以研究人和社会为重点，建立了比较系统、完善的社会政治理论，开启了历史哲学和文化哲学，这是它的主要贡献之一。启蒙思想家们以 17 世纪哲学家提出的人性论和人道主义、自然法和社会契约论等理论为出发点，对人和社会做了比较深入和全面的研究，建立了资产阶级社会国家学说的完备的理论体系，为资产阶级革命奠定了思想和理论基础，这是他们的巨大功绩。

在自然哲学方面，18 世纪法国哲学将机械唯物主义彻底化和完善化，建立了典型的机械唯物主义的理论体系。尽管在 18 世纪法国哲学中也有一些辩证法的因素，例如狄德罗将唯物主义和辩证法结合起来，力图揭示出物质世界的有机联系和整体发展，把世界看作一个相互联系和不断变化的过程，但是从总体上看，这是一个机械决定论盛行乃至登峰造极的时代。哲学家们继承和发展了笛卡尔在自然哲学领域中的成果，将其机械自然观进一步彻底化，用机械论的观点去解释自然界中的一切物体和人的思想活动，形成了一种机械决定论的世界观。这种世界观在批判封建专制制度和宗教神学的过程中发挥

① 霍尔巴赫：《健全的思想》，王荫庭译，商务印书馆，1985，第 27 页。

了极其重要的作用，但是其自身的局限性也是非常明显的。启蒙主义以理性和自由为其主导精神，然而哲学家们所理解的理性主要是一种“科学理性”，当他们试图将科学精神和方法贯彻到人和人类社会的领域的时候，便使理性与自由发生了矛盾，因为科学体现的是必然性和决定论。正是在这个问题上，卢梭开始了对启蒙主义的反思，通过自然状态和社会状态的对立，突出了自然与自由之间的矛盾，从而给以康德为开端的德国古典哲学提出了新的课题。

在认识论方面，18 世纪法国哲学继承了唯物主义的基本原则，使经验论的研究更加深入和具体化。伏尔泰、孔狄亚克、爱尔维修和狄德罗都是从洛克哲学出发的，同时又在一定程度上克服了洛克哲学的主观唯心主义和二元论的倾向，并且使经验论理论更加丰富。爱尔维修将经验论和感性论的原则运用到道德领域，提出了功利主义伦理学；狄德罗提出了要将经验、理性和实验三者结合起来的认识论原则，这些都比 17 世纪的经验论有所进步。然而，法国哲学家们似乎并没有重视或理解休谟的怀疑论问题，没有意识到经验主义必然导致不可知论的危险，尽管在批判宗教神学的战斗中他们是同一条战壕的战友。于是，正面回答休谟的挑战，就成了康德的一项重要任务。

思考题

1. 简述孟德斯鸠关于“法的精神”的思想。
2. 简述卢梭的社会契约论。
3. 简述拉美特利关于“人是机器”的思想。
4. 简述爱尔维修的利益论。

第九章

德国古典哲学

18 世纪末 19 世纪初这段时间是近代哲学乃至整个西方古典哲学的体系化时期，以康德、费希特、谢林和黑格尔为代表的德国哲学对西方哲学进行了集大成式的概括和总结，建立了一个又一个庞大的哲学体系，将古典哲学推向了最高也是最后的发展阶段。由于这一时期的德国哲学典型地体现了古典哲学的基本特征，并且将它的精神发挥到了极致，在某种程度上实现了它的理想，因而我们通常称之为“德国古典哲学”。

与当时欧洲其他国家相比，德国在政治、经济等方面都处在非常落后的境地。16 世纪的宗教改革诉诸内在性、主观性和个体性的倾向虽然对德国哲学产生了深远的影响，但是它毕竟具有浓厚的非理性倾向，而且由宗教争端而引发的战乱亦给德国造成了极大的破坏。当英、法等国经过资产阶级革命而相继确立了资本主义制度之时，德国仍然处在封建割据的状态，以至于黑格尔曾经悲叹德国还不成其为一个国家。然而，由于意识形态的相对独立性，由于德国始终处在欧洲文化的影响之下，所以尽管德国在政治、经济等方面极其落后，但是在文化领域却卓有建树，终于在 18 世纪末 19 世纪初时，走在了哲学领域的最前列。显然，德国哲学家们像其他近代哲学家一样，他们在思考深刻的哲学问题，构造形而上学体系的同时，亦肩负着启蒙的重任。在某种意义上说，德国古典哲学是近代启蒙主义的最高阶段。

德国古典哲学家们活动的时代正是世界历史发生着波澜壮阔的激烈变革的时代。伟大的德国诗人歌德曾经在一次谈话中这样说道：“我所以得天独厚，是因为我出生在世界大事纷至沓来、方兴未艾的年代。”① 这段话也适用于德国哲学家们，他们是 1776 年美国独立战争、1789 年法国大革命、拿破仑席卷欧洲以及他的失败等等世界大事的见证人。正如黑格尔所说：“哲学的任务在于理解存在的东西，因为存在的东西就是理性。就个人

① 转引自阿尔森·古留加：《黑格尔小传》，刘半九、伯幼等译，商务印书馆，1980，第 3 页。

来说，每个人都是他那时代的产儿。哲学也是一样，它是被把握在思想中的它的时代。”[①] 德国哲学家们作为时代的产儿，用他们的思辨语言把握并表现了那个伟大时代的精神。

当德国古典哲学家们登上哲学舞台之时，正是经验论与唯理论在认识论方面的争论陷入僵局，科学理性与自由发生冲突，形而上学名存实亡的时候，这些就构成了德国哲学家们所面对的哲学问题。

众所周知，近代哲学的启蒙主义精神集中体现在它的理性主义上，不过它所理解的理性实际上主要是作为认识能力的“科学理性”。近代哲学之初，哲学与科学之间的关系非常密切，哲学为科学提供认识论上的证明，科学则为哲学的理性主义提供证明。然而，由于经验论与唯理论之间关于认识问题的争论最终陷入了困境，结果不仅未能证明科学知识的普遍必然性，而且使理性自身发生了动摇，因为理性在证明科学知识的活动中显得无能为力，于是 18 世纪哲学表现出了浓厚的经验主义、怀疑主义的色彩和反形而上学的倾向。当然，哲学未能证明科学知识的普遍必然性在人们看来或许只是理论上的问题，因为 18 世纪的人们坚信我们的确有普遍必然的科学知识如欧几里得几何学和牛顿物理学，所以哲学未能证明科学只不过是哲学的无能罢了。与此相比，更严重的问题是理性与自由的冲突。

启蒙主义以理性和自由为其根本的主旨，理性是权威和基础，而自由则是最终的目的。然而卢梭却在启蒙主义的内部发现了矛盾：理性与其成果科学知识的发展和进步不但不能使我们逐步摆脱种种束缚与限制从而走向自由，反而与自由背道而驰，科学、文明越是进步，人类就越是不平等、不自由。理性与自由、科学与道德是相互矛盾的。

显然，自由的失落是近代哲学机械论的世界观的必然结果。启蒙运动致力于使理性成为最高的权威，由于人们所理解的理性主要是一种科学理性，因而理性统治世界的结果是，自然因果律成了放之四海而皆准的客观规律，它不仅是普遍必然的自然法则，而且是适用于人类社会以及人自身的根本法则，换言之，普天之下万事万物都服从于一种规律，那就是自然因果律。因此，几乎所有的近代哲学家都倾向于严格的决定论，从而使自由失去了存身之地，18 世纪法国哲学更是如此。这种将人及其人类社会自然化、物质化的倾向固然有反宗教神学的意义，但是其代价也是极其惨重的：不仅自由而且人本身并没有什么独特的价值和尊严，他们与任何自然物没有什么区别。

与此相应，18 世纪是形而上学衰落的时期，一方面是休谟的怀疑论，另一方面是 18 世纪法国唯物主义，形而上学如同宗教神学一样失去了往日的辉煌。

形而上学衰落的根本原因是它以超验的东西作为认识的对象——这一点与宗教是一致的，而在经验主义、怀疑主义和唯物主义看来，这些超验的对象或是不存在的，或是我们的认识能力无法企及的。尽管形而上学企图成为科学而且自认为是科学甚至是科学之科学，然而从形而上学诞生之日起它就从来也没有具备科学知识应该具备的普遍必然性。对于以科学作为衡量知识的有效性的 18 世纪哲学来说，形而上学不是科学这一事实无疑宣判了形而上学的死刑。自然科学的迅速发展反衬出形而上学的困境：科学越来越进步，而自称是科学之科学的形而上学却始终无法证明自己是科学。

① 黑格尔：《法哲学原理》，范扬、张企泰译，商务印书馆，1982，第 12 页。

当德国哲学登上哲学的舞台之时，古典哲学的潜力似乎尚未完全耗尽，哲学家们仍然相信所有的哲学问题终究要以形而上学问题的解决为其基础和前提，因而哲学家们把解决上述哲学难题的希望寄托在了形而上学身上，并为此而向形而上学的顶峰发动了一次最富有成效也是最后的冲击。由此，德国哲学家们建立了一个又一个辉煌的形而上学体系，试图一劳永逸地解决哲学问题。

形而上学问题的解决至少有两个前提：一个是形而上学对象的认识问题，一个是形而上学的科学体系问题。近代哲学所倡导的科学理性亦即“知性”已经被证明是无法通达形而上学的超验对象的，因为知性的作用是将事物分解开来，分别认识事物的种种属性，但却无法将这些属性综合起来，重新把握事物之活生生的生命。因而形而上学要求将宇宙万物构成一个统一的系统，形成统一的科学体系，显然是不可能的。所以，上述两个问题其实是一个问题。为了从根本上解决形而上学问题，康德采取了批判的立场，亦即对理性进行分析和考察，通过揭示我们的认识能力能认识什么和不能认识什么，来解决形而上学究竟是不是可能的问题。通过对理性的批判，康德以划界的方式将科学归于可以获得知识的现象的领域，而将形而上学转移到了伦理学的领域，因为在他看来，形而上学产生于人类理性要求超越自身的有限性而通达自由之境界的根本理想，而真正能够满足这一理想的不是理性认识而是道德实践。然而随后出现的问题是，我们如何将这两个领域统一起来构成一个统一的哲学体系。此后的德国哲学家们都在哲学体系的问题上下了很大的功夫，终于在黑格尔哲学中，以辩证法的形式，建立了有史以来规模最庞大、内容最丰富、包罗万象的形而上学体系，实现了使形而上学成为科学之科学的理想，也使以形而上学为核心的古典哲学走到了尽头。

与近代哲学的其他形态相比，德国哲学具有思辨性、辩证性和体系性等显著的特征。

首先，德国哲学具有思辨的传统，爱克哈特大师和伯麦（Jakob Böehme，1575—1624）的神秘主义、莱布尼茨及沃尔夫的唯理论，以及宗教改革的精神，都表现出了思辨性的特点。所谓思辨性作为思辨思维，亦即理论思维或抽象思维。虽然哲学都是理论思维和抽象思维的产物，但是德国哲学最突出、最鲜明地体现了思辨思维的特点。哲学的对象从来不是具体的而是抽象的，因而哲学的理论或学说通常总是抽象的，但是并不是所有的哲学理论都那样“纯粹”，许多哲学家有经验主义的倾向。德国哲学就不同了，它最纯粹地体现了哲学的思辨性，完全是“从概念到概念”的思想操作。其次，德国哲学的思辨性与它的辩证性是分不开的。哲学家们试图超越近代哲学的“知性思维”，主张以辩证法的形式从整体上把握事物的内在本质。于是，德国哲学“从概念到概念”的思想操作便形成了一种概念的辩证法，正是这种概念的辩证法使德国哲学表现出了鲜明的思辨性。最后，德国哲学的思辨性和辩证性为哲学体系的形成创造了条件，使得德国哲学创造了有史以来最庞大壮观的形而上学体系。

德国古典哲学不仅具有思辨性、辩证性和体系性，而且非常重视对古代哲学之传统的继承和发展，这也是德国哲学的传统，例如在早期近代哲学中莱布尼茨就试图以古代哲学的辩证法弥补近代哲学机械自然观的缺陷。因此，德国古典哲学家们的理论视野和历史感比以往的哲学家要开阔得多、深厚得多，正是这种开阔的理论视野和厚重的历史感使他们在近代哲学主体性原则的基础上恢复了古代哲学的辩证法思想和客观性原则，将西方哲学推向了新的发展阶段。

德国古典哲学在哲学史上留下了不可磨灭的丰功伟绩，它不仅是马克思主义的理论来源之一，而且对20世纪哲学的发展产生了极其深远的影响。当然，德国哲学在将古典哲学的观念发挥到极致的同时，亦彻底暴露了古典哲学的局限性，因而这个时期既是形而上学的体系化的时期，也是形而上学走向终结的时期。

第一节 康德

康德是德国古典哲学的开创者和奠基人，他的思想使哲学深入到了一个新的理论维度，不仅对近代哲学进行了一番彻底的清理，引发了蔚为壮观的德国古典哲学运动，而且对现代西方哲学产生了深远的影响。

伊曼努尔·康德（Immanuel Kant，1724—1804）出生在德国普鲁士王国东部的边陲城市哥尼斯堡（Königsberg），父亲是马鞍匠，他的家庭属于被称为“新教中的新教”的虔敬派，这对于他的道德思想产生了深远的影响。从1740年开始，康德在哥尼斯堡大学读书，由于家境贫寒，没有进行硕士学位论文答辩就离开学校到家乡附近做家庭教师。1755年6月，康德以一篇拉丁语论文《论火》获得了硕士学位，同年9月，第二篇拉丁语论文《对形而上学知识的基本原理的新解释》通过了答辩，康德由此而成为哥尼斯堡大学哲学系的编外（无薪）讲师，开始了长达41年之久的教学生涯。他勤奋好学，知识渊博，先后讲授过数学、物理学、自然地理学、人类学、逻辑学、形而上学、伦理学、自然神学、教育学等课程，甚至开设过要塞建筑术和烟火制造术。经过多次申请，康德终于在1770年成为逻辑学和形而上学教授。

康德1770年的教授就职论文《论感觉世界与理智世界的形式和原则》在他的哲学思想发展过程中具有极其重要的意义，通常人们以此为标志，将康德哲学划分为“前批判时期”和“批判时期”两个阶段，不过这一划分并不十分准确。实际上，康德的哲学思想经过了一个长期艰苦的探索过程，直到11年后《纯粹理性批判》发表之时，他的批判哲学才真正达到了成熟。在康德批判哲学的形成过程中，有两个人起了极其重要的作用，一个是休谟，一个是卢梭。康德在他们的启发下，形成了后来批判哲学的两大主题，这就是自然和自由。康德前批判时期的思想是“非批判的”，深受唯理论的莱布尼茨-沃尔夫学派的影响，在自然哲学方面有一定的成就，1755年匿名发表的《自然通史和天体论》就是这个时期的代表作。在这部著作中，康德运用牛顿力学的成果研究太阳系的起源，首次提出了天体演化的星云假说，史称“康德-拉普拉斯星云假说”，被恩格斯誉为打开了当时占统治地位的形而上学机械唯物主义自然观上的第一个缺口。在深入研读了休谟的著作之后，康德受到很大启发，开始走上了批判哲学之路。他曾经说：“我坦率地承认，就是休谟的提示在多年以前首先打破了我的独断主义的迷梦，并且在我对思辨哲学的研究上给我指出了一个完全不同的方向。”[①] 如果说休谟的怀疑论使康德深入到了科

① 康德：《任何一种能够作为科学出现的未来形而上学导论》，第9页。译文有改动。

学知识的基础问题，那么可以说卢梭对于启蒙主义的反思则使康德意识到科学知识的局限和自由问题的重要意义。为了阅读卢梭的著作，他甚至打破了多年以来由于体弱多病而为自己制定的严格的生活规律，放弃了一向准时得可以让周围邻居以此对表的下午散步，而且从此在康德的书房里多了一幅卢梭的肖像。康德终身未婚，享年 80 岁。

从 1781 年开始，康德陆续出版了《纯粹理性批判》（1781 年第一版，1787 年第二版）、《未来形而上学导论》（1783）、《道德形而上学原理》（1785）、《实践理性批判》（1788）、《判断力批判》（1790）、《单纯理性范围内的宗教》（1793）和《道德形而上学》（1797）等著作。

一、哥白尼式的革命

康德登上哲学舞台的时候，正是以启蒙主义为主导精神的近代哲学陷入困境之时。康德批判地继承了启蒙主义的基本精神，并且将启蒙主义推向了一个新的阶段。康德哲学被誉为哲学史上的一场革命，通常被人们称为"哥白尼式的革命"。哲学上的革命意味着哲学方向的转变，而康德的确扭转了哲学的方向。

（一）康德哲学的问题

康德所面临的哲学问题其实也就是德国古典哲学所面临的问题，这就是理性、自由和形而上学的问题，其中主要是形而上学问题，这个问题贯穿了他的全部哲学思考。

西方哲学从古希腊哲学开始形成了一种理性主义，我们只有通过理性的认识活动，对自然万物形成具有普遍必然性的知识，才能通达事实的真相，这种观念在近代哲学中终于演变成为一种科学主义精神，并且极大地推进了认识论的发展。认识论要解决的是我们关于事物的认识究竟是如何产生的，由此而形成的知识其普遍必然性或真理性从何而来，以及它所适用的范围等等问题。应该说，只要我们追求知识，这些问题就是不可避免的。不过对于古代哲学家们来说，这些问题尚未进入他们的视野。随着人们对世界的认识的逐渐深入，认识论问题越来越成了哲学家所关注的问题，在近代哲学那里终于成了哲学的主要问题之一。早期近代哲学家们为了解释科学知识的来源、确定性和范围等认识论问题而分成了两大派别，这就是英国经验论与大陆唯理论。

经验论从实验科学出发，主张一切知识都来源于感性经验并且以经验为基础，它试图通过对经验的归纳概括出自然法则来。唯理论则从理论科学出发，认为感觉经验归根结底是个别、相对和偶然的，因而不足以充当普遍必然的科学知识的坚实基础，所以知识乃是由一些理性固有的天赋观念推演出来的，非如此不能说明知识的普遍必然性。于是在认识论问题上，这两派哲学家各执一端，展开了激烈的争论，而他们的片面性则决定了谁也不可能最终解决问题，休谟的怀疑论就是近代哲学陷入困境的最好写照。他的怀疑论不仅使经验论企图通过对经验的概括归纳获得有关自然法则的知识这一理想最终破灭了，而且也使唯理论陷入了困境。休谟把知识分为两类，一类是关于观念之间关系的知识，一类是关于外在事实的知识。关于观念之间关系的知识与外在事物没有关系，只要符合自己的法则而不矛盾就一定是普遍必然的。关于事实的知识就不同了。由于关于事实的知识必须建立在感觉经验的基础之上，所以这类知识只能是或然的。由此可见，经验论的理想固然破灭了，唯理论的理想也一样陷入了困境：唯理论试图从理性固有的一些天赋观念推演出人类的全部知识，而休谟却证明理性所固有的观念仅与自身相关而与外在事物没有任何关系。

经验论与唯理论之争使哲学在认识论问题上走进了死胡同，其后果是十分严重的。近代哲学的启蒙主义以崇尚理性、提倡科学和推进知识为己任，然而经验论与唯理论之争却使这些理想出现了落空的危险。它意味着我们不仅不能证明科学知识的普遍必然性，而且作为科学知识之基础的理性本身也发生了动摇。因为科学知识是理性的产物，无论是科学知识的普遍必然性无法被证实，还是理性无法证实科学知识的普遍必然性，结果是一样的，那意味着理性本身成了问题。

当然，对于近代哲学来说，这还不是最严重的问题。更严重的问题是，在启蒙主义的基本精神内部发生了矛盾，这就是理性与自由之间的冲突。

由于近代哲学家们所倡导的理性主要是一种科学理性，这就使哲学在自然科学的影响之下形成了一种机械决定论的自然观。在蓬勃发展的自然科学的鼓舞之下，哲学家们试图将科学方法推广到人类知识的一切领域，他们相信无论是自然、社会还是人类自己统统服从于统一的法则，那就是自然的因果律，一切事物都可以由此而得到合理的说明。因此，人与自然万物没有什么不同，一样服从于共同的自然法则，他不过是一架更精密、更复杂的机器而已。结果，启蒙主义的两大支柱——理性与自由就发生了尖锐的矛盾：当哲学家们把科学理性贯彻于人类知识的所有领域的时候，不仅自由而且人本身的价值和尊严都成了问题。就此而论，法国思想家卢梭以其独特的方式揭示了启蒙主义的这一内在矛盾。当卢梭试图说明人类不平等的起源和基础的时候，他把自然状态与社会状态对立起来，认为人类原本生活在无忧无虑、自由平等的自然状态之中，而当他进入社会状态之时便失去了自由和平等。这意味着，当启蒙主义者鼓吹文明、科学和进步之时，卢梭则开始了对启蒙主义的深刻反思。

对康德来说，无论是知识问题还是自由问题，其实都与另一个更重要的问题相关，那就是形而上学问题。

形而上学诞生于古希腊哲学，繁荣于中世纪经院哲学之中，康德直接面对的是沃尔夫学派的“学院形而上学”，虽然有莱布尼茨的哲学影响，但是具有浓厚的经院哲学色彩。形而上学要解决的是宇宙万物统一的基础、本质和根据的问题，因而被人们看作解决一切哲学问题的基础和前提。由于形而上学一向标榜科学，或者说它的最高理想就是成为科学乃至“科学之科学”，因而对许多哲学家来说，如果形而上学不能被证明是科学，那么人类知识的大厦就面临着失去基础的危险，现在哲学家们面临的正是这样的危险。在形而上学问题上，哲学在哲学家们众说纷纭、莫衷一是的争论中，几乎变成了“一切人反对一切人”的战场，我们实在无法在它之中找到一丝一毫科学知识的特征。更严重的是，正是形而上学企图成为科学的理想缔造了一种科学思维方式，并且形成了科学万能的观念，尽管这种“科学世界观”促进了自然科学的进步和发展，但是它亦将我们迫入了有可能丧失自由、泯灭人性的困境之中。

这就是康德所面对的哲学问题，我们可以把他的问题概括为“在一个严格遵守自然法则的世界上，人究竟有没有自由，有没有独立的价值和尊严”的问题。由于这些问题都与知识有关，所以康德便从知识问题入手来解决这些问题。

（二）康德哲学革命

在认识论问题上，康德主张“调和”经验论与唯理论。他一方面同意经验论的原则——一切知识都必须来源于经验，另一方面亦赞同唯理论对经验论的批评——对科学知识来说仅有经验是不够的，它们的普遍必然性只能是先天的。但是这样一来，我们便陷入了两难的困境：如果知识必须建立在经验的基础上，知识就不可能有普遍必然性；如果知识有普遍必然性，它就必须是先天的而不可能建立在经验的基础上。康德用一句话把这个难题摆了出来：我们如何能够先天地经验对象？[①] 在康德哲学中，“先天的”（a priori）与“后天的”（a posteriori）是一对基本概念。“后天的”意即单纯经验的，就知识而言表现为个别、偶然和相对的。“先天的”意即独立于经验而且是经验的先决条件，就知识而言表现为普遍和必然的，康德因而也称之为“客观的”。显然，如若我们承认普遍必然性的科学知识是存在的，它们就必须同时具有经验和先天这两方面的因素，然而看起来后天的经验与先天的因素却是水火不相容的。

那么，我们如何能够先天地经验对象？如果按照形而上学关于知识的传统观念，亦即知识必须符合对象才能成为真实可靠的知识，我们永远也不可能证明科学知识的普遍必然性。因为我们既无法说明外部事物及其属性如何能够挪到意识之中来，更不能证明必须建立在经验基础上的知识如何具有普遍必然性。[②] 经过长时间的深入思考，康德形成了一种奇特的观念：既然当年哥白尼可以把地球与太阳之间的关系颠倒过来，设想不是太阳围绕着地球转，而是地球围绕着太阳转，从而提出了“日心说”假说，我们为什么不能按照这个思路考察知识问题呢？换言之，如果知识必须符合对象这条路走不通，我们不妨像哥白尼那样换一个角度，把知识与对象之间的关系颠倒过来，看一看让对象符合知识亦即主体固有的认识形式会有什么结果。在康德看来，问题由此便得到了完满的解决：一方面，我们的知识的确必须建立在经验的基础之上，但是另一方面，进行认识活动的主体本身亦具有一整套认识形式，由于这些认识形式在经验之先并且作为经验的条件而存在于主体之中，因而便使知识具有了先天性或普遍必然性。换言之，经验为知识提供材料，而主体则为知识提供对这些材料进行加工整理的形式，知识就其内容而言是经验的，但就其形式而言则是先天的。科学知识的普遍必然性由此就得到了证明。

这就是被人们称为“哥白尼式的革命”的康德哲学革命。它以独特的方式证明了科学知识的普遍必然性，突出了主体在认识中的地位、作用和能动性，但是与此同时也产生了极其严重的消极后果。

如果不是知识必须符合对象而是对象必须符合主体的先天认识形式，那就意味着事物对我们来说被划分成了两个方面：一方面是通过主体的认识形式所认识的事物，康德称之为事物对我们的“显象”（Erscheinungen），另一方面是未经认识形式限制因而在认

---

① 参见康德：《任何一种能够作为科学出现的未来形而上学导论》，第 40 页。

② 参见上书，第 41 页。

识之外的“事物自身”、“物自体”或“自在之物”(Dinge an sich)。主体先天的认识形式虽然构成了知识之普遍必然性的根据，但是亦限制了我们对事物的认识：我们只能认识事物对我们的显象而不可能认识事物本身。这样一来，不仅自然科学要求按照自然本来的面目认识自然的原则发生了动摇，而且更严重的是，形而上学企图超越自然的限制而把握宇宙自然之统一的本质和规律的理想注定是不可能实现的。这就是说，自然科学是可能的，而形而上学是不可能的。从这个角度看，“哥白尼式的革命”归根结底是对理性认识能力的限制，其结果完全是消极的。然而在康德看来，这个消极的限制完全可以转化为某种积极的成果。虽然认识形式的限制体现了认识能力的有限性，但是它也表明在我们的认识领域之外还有一个不受认识形式限制因而可能是无限自由的领域。于是，对理性的认识能力的限制就为理性的另一种能力亦即实践能力开辟了无限广阔的天地，因为实践理性或者说道德意志乃是以自由为其根据的。如果事物对我们来说不是表现为两个方面，我们可以认识事物自身从而形成普遍必然的科学知识，那就意味着一切都在认识形式的限制之下因而不可能有自由的存在。但是如果事物对我们来说划分为两个方面，结果就完全不一样了：事物划分为显象和事物自身两个方面，人亦如是。一方面人作为自然存在物服从于普遍必然的自然法则，在这个领域中他是没有自由的；另一方面人又是“人自身”，因而亦具有不受自然法则限制的一面。换句话说，人具有两重性，他是一种“有限的理性存在”。假如我们无限地扩张理性的认识能力，其结果势必把一切都变成了必然的东西而使人失去了自由。而当我们限制了理性的认识能力的时候，这就为自由保留了一片天地。所以，康德认为我们有必要明确知识的界限，以便为信念留出地盘。①

由此可见，康德哲学的革命应该包含两方面的内容：一方面它通过主体的先天认识形式来确立科学知识的普遍必然性，另一方面则通过划分认识能力的界限为自由开辟道路，而且这后一方面真正体现了康德哲学的根本精神。

正如哥白尼的日心说最初只是假说一样，康德的“哥白尼式的革命”也是一种假说。如果我们要证明它是正确的，那就必须考察理性本身，证明人类理性的确具有一些先天的认识形式，而且这些认识形式在认识中具有法则的作用。康德把这项分析考察理性的工作称为“批判”。

（三）批判哲学

在《纯粹理性批判》一书的第一版前言中，康德解释了“批判”的含义：所谓“批判”不是对书本或者理论学说的批评或驳斥，而是对理性之认识能力的“分析”，亦即根据理性具有普遍必然的科学知识例如数学和物理学——这是康德时代公认的两门科学，对理性的一般认识能力进行分析，其目的是最终确定形而上学的命运②，因此所谓“批判”也就是对理性的分析和考察。在康德看来，以往的形而上学错就错在它们通常只是武断地论定，当它们提出这样或者那样的理论教条时，没有去考察一下我们的理性究竟

---

① 参见康德：《纯粹理性批判（注释本）》，李秋零译，中国人民大学出版社，2011，第二版前言，第 10 页及以下诸页。

② 参见上书第一版前言，第 5 页。

有没有这样的认识能力。与这种“独断论”不同，康德主张在对事物下判断之前，先来分析我们的认识能力。

显然，表面上看康德直接的分析对象是我们的科学知识和认识能力，而实际上其最终的目的却是解决形而上学问题。康德像他的同时代人一样，相信数学和物理学是普遍必然的科学知识。尽管经验论与唯理论的争论最终没能证明科学知识的普遍必然性，但是科学知识是存在的，这是一个事实，我们只是没有能够从理论上证明这一点罢了，因此根本问题还是形而上学问题。康德的意图是通过对科学知识普遍必然性的来源的分析确立一种衡量知识是不是科学知识的一般标准，然后用这种标准来衡量形而上学，看一看它究竟有没有资格被称为科学。

康德对理性认识能力的批判是其哲学思想的基础，在此基础之上，他对理性的全部领域进行了考察，从而形成了由三大批判组成的“批判哲学”：第一批判《纯粹理性批判》主要考察理性的认识能力，康德称之为“理论理性”；第二批判《实践理性批判》考察理性的实践能力或者说意志能力，康德称之为“实践理性”；第三批判《判断力批判》考察的“判断力”则是理论理性与实践理性之间起沟通作用的中间环节。

二、理论理性

在我们分析批判理性的认识能力即理论理性之前，先来看一看知识。知识的基本单位不是概念而是判断，单个概念不能构成知识。我们可以把判断分为两大类：一类是分析判断，一类是综合判断。所谓“分析判断”指这样一类判断，在它之中判断的宾词原本就蕴含于主词之中，实际上是从主词中抽出来的，例如“物体是有广延的”。在 17、18 世纪的自然哲学中，物体的定义就是广延，所以当我们说“物体是有广延的”时候，“广延”原本就蕴含在“物体”之中。显然，这类判断具有普遍必然性因而是先天的，但是由于宾词本来就在主词之中，所以并不是严格意义上的知识，因为它并没有给我们的知识增添新的内容。所谓“综合判断”就不同了。综合判断指的是宾词是后来通过我们的经验加在主词之上的，例如“物体是热胀冷缩的”，其中的“热胀冷缩”并不是从“物体”中抽出来的，而是我们经验的结果。由于这种判断为我们的知识增添了新的内容，因而只有综合判断才是真正意义上的知识。但是，综合判断虽然是知识，却不一定就是科学知识，因为科学知识不仅要有经验添加的新内容，而且还必须具有普遍必然性。因此“综合判断”还可以划分为“后天的综合判断”与“先天的综合判断”，唯有“先天综合判断”才能构成科学知识。

那么，科学知识作为先天综合判断其中的“先天性”是从哪里来的呢？知识可以分为质料与形式两个方面。质料是通过后天的经验所获得的知识内容，使这些经验质料构成知识则是主体认识能力的工作，因而主体的认识能力就构成了知识的形式。如果科学知识具有普遍必然性，这种普遍必然性就只能有一个来源，那就是主体的先天认识形式。

因此在康德看来，科学知识的普遍必然性问题也就是“先天综合判断是如何可能的”问题，而解决这个问题的关键就在于证明理性的确具有先天的认识形式。康德把专门研究主体之先天认识形式的理论称为“先验哲学”。在康德哲学中，所谓“先验的”（transzendental）与“超验的”（transzendent）是相对的：“先验的”主要指的是关于先天的，关于先天认识形式的理论体系就是“先验哲学”；而“超验的”指的则是超出认识形式的形而上学对象，那是不可知的领域。

先验哲学的问题就是先天综合判断如何可能的问题，它具体分为“纯粹数学知识是如何可能的”、“纯粹自然科学知识是如何可能的”和“一般形而上学是如何可能的”三个问题。

《纯粹理性批判》一书考察理性认识能力的部分主要分为两个方面，一方面是“先验感性论”，它研究的是感性的先天认识形式；另一方面是“先验逻辑”，它又分为两个部分：其一是“先验分析论”，讨论的是“真理的逻辑”，研究知性范畴对于经验的立法作用，其二是“先验辩证论”，讨论的是“幻象的逻辑”，研究理性之理念超越经验的界限所造成的先验幻象。

（一）先验感性论

康德把研究感性先天直观形式的理论称为“先验感性论”。

我们的一切知识都是从感觉经验开始的。感性作为人类理性唯一的直观能力包括两个方面，一是经验直观，一是纯直观，前者是后天的质料，后者则是先天的形式。那么，感性的直观形式是什么呢？康德认为是空间与时间。通过空间，外部事物的经验被给予我们；通过时间，内心的意识活动为我们所经验。前者是外直观的形式，后者则是内直观的形式。

通常人们不是把空间与时间看作事物自身的存在方式（牛顿），就是把空间与时间看作事物之间的某种相对关系（莱布尼茨），唯有康德把空间与时间看作主体自身固有的认识形式。显然，这种观点与常识大相径庭，需要康德做出合乎逻辑的证明，这种证明包括“形而上学的阐明”和“先验的阐明”两个方面。

所谓“形而上学的阐明”要说明的是空间与时间不是经验的物理学概念，而是先天的直观形式。我们以空间为例。

第一，空间不是由外部经验得来的经验的概念。因为我们要想感觉外部事物及其相互之间的关系，必须以空间表象为前提。换言之，我们不能想象离开了空间还能经验外部事物。

第二，空间是一切外部直观之中必然的先天表象，即是说，空间不是经验的而是先天的。我们可以抽去所有事物而想象一个空无所有的空间，却不可能想象任何没有空间的事物。所以空间是不能经验的，相反，经验必须以空间为先天的条件。

第三，空间不是经验的概念而是纯粹的直观。因为经验概念乃是对于众多具有相同性质的事物的抽象，而空间却只有一个，并没有许多个空间。或者说，不同的空间不过是同一个空间的部分，都必须以唯一的空间为其前提。

第四，空间是一个无限的所予量。一切概念都有外延与内涵两个方面而不可能包含无限的表象，但是空间却能够包含无限的表象于自身之中。

上述证明中的前两个证明说的是空间不是经验的而是先天的，后两个证明说的则是空间不是概念而是直观，两方面加在一起就证明了空间乃是感性的先天直观形式。康德关于时间的形而上学阐明与此大致相同。

所谓“先验的阐明”，意在证明空间与时间乃是一切经验的先天条件，换言之，离开了空间与时间我们就不可能获得任何感觉经验。实际上，如果“形而上学的阐明”证明了空间和时间先天直观形式，“先验的阐明”就没有必要了，因为空间和时间作为先天直观形式当然是感觉经验的先天条件。因而康德变换了一种方式，证明空间和时间作为先天直观形式构成了数学知识的先天条件。数学可以分为几何学与算术。几何学是关于空间的科学，而算术则是关于时间的科学。作为普遍必然的先天综合判断，唯有将空间与时间看作先天的直观形式，它们才是可能的。现在，既然几何学与算术是先天综合判断，那么也就反过来说明空间与时间是先天直观形式了。

经过这一番证明，康德便得出了结论：空间与时间不是物自体的存在方式，也不是事物之间的现象关系，而是感性的先天直观形式。由此我们便说明了数学知识之普遍必然性的根据，不过同时也证明我们只能认识事物对我们的显象而不能认识事物自身。所以，康德主张空间与时间具有“经验的实在性”和“先验的观念性”：它们是经验的先天条件，因而对于经验具有实在性，不过这种实在性源于观念而不是事物自身。

也许我们不能同意康德将空间与时间纯粹主观化的观点，但是这并不意味着他的思想没有意义。与经验论把感觉看作消极地接受外部事物刺激的“白板说”不同，康德主张我们的感觉也有自己的形式，这无疑是正确的，他的错误在于把感觉的形式先天化了，而且无法解释我们为什么以空间与时间而不是别的什么东西作为直观形式。但是康德毕竟说明了即使是在感觉经验之中主体也具有主体能动性。与那些把感觉看作无条件地接受外部经验的观点相比，康德的观点一方面说明了主体在感觉经验中的能动作用，另一方面亦说明了感性认识的局限性。在他看来，我们人类理性只有一种直观形式，这就是感性直观形式——空间与时间，而没有理智直观的能力。换句话说，离开了感性直观形式就没有经验质料被给予我们，也就没有知识的发生。所以我们的感性直观形式虽然使进入其中的经验质料被安排在空间与时间的秩序之中而不是混沌一团，但是它同时也限制我们只能认识事物对我们的显象而不可能认识事物自身。

（二）先验分析论

所谓“先验分析论”亦即研究知性的先天认识形式的理论，它是“先验逻辑”的第一部分。

对于知识而言，仅仅有感性直观形式是不够的，它所提供的只是构成知识的材料——杂多表象，还必须有知性按照规则对这些材料进行加工整理的先天认识形式的参与才能构成知识。感性的作用是接受经验质料，知性的作用则是对这些经验质料进行综合统一以构成知识。因此感性的特点是接受性，而知性的特点则是构成性。感性之所司在直观，知性之所司在思维，思维无内容是空的，直观无概念是盲的，对于知识而言两者缺一不可。感性的先天认识形式是空间与时间，知性的先天认识形式则是知性纯概念，亦即“范畴”。

我们的知性有两方面的功能：一是逻辑功能，二是认识功能。前者在知识的基础上规定着思维的判断形式，不过与判断的内容无关，这是形式逻辑的范围；后者则为我们提供新的知识，这是“先验逻辑”的领域。形式逻辑自亚里士多德以来已经相当完备了，没有人怀疑形式逻辑的普遍必然性亦即“先天性”，因而提供知识内容的先验逻辑也一定是先天的，因为它是形式逻辑的基础。所以，形式逻辑与先验逻辑是对应的，在每一个判断形式的背后都有某种先验的要素作为它的基础，这种先验要素就是“范畴”。换言之，在形式逻辑的判断形式规范我们已有的知识之前，必须先由先验逻辑的范畴综合统一感性杂多表象而构成知识。如果知识的判断形式是先天的，那么范畴也一定是先天的。于是，康德对于形式逻辑的判断形式进行了重新整理，建立了由量、质、关系和模态四组十二个判断形式所组成的判断表，并且一一对应地建立了先验逻辑的范畴表[①]：

判断表

1. 判断的量
全称的
特称的
单称的

2. 判断的质
肯定的
否定的
无限的

3. 判断的关系
直言的
假言的
选言的

4. 判断的模态
或然的
实然的
必然的

范畴表

1. 量的范畴
单一性
复多性
全体性

2. 质的范畴
实在性
否定性
限定性

3. 关系的范畴
依存性与自存性（实体与偶性）
因果性与隶属性（原因与结果）
共联性（行动者与承受者之间的交互作用）

4. 模态的范畴
可能性——不可能性
存在——不存在
必然性——偶然性

康德借用法律上的一个概念，将关于范畴的证明称为“演绎”（deduction）。人们在

① 参见康德：《纯粹理性批判（注释本）》，A70/B95，A80/B106，第88、93页。

法律上常常要区分事实问题和权利问题：我事实上占有某物并不意味着我有合法的权利占有某物，关于权利问题的证明就被称为“演绎”。同样，我们每时每刻都在使用范畴，但是这并不意味着我们对范畴的使用都是合法的。所以，范畴需要“演绎”。在康德看来，证明范畴的先天性亦即所谓范畴的“形而上学演绎”并不困难，因为它们作为概念本来就是主体固有的认识形式，而且形式逻辑的判断表也可以看作一种证明。真正的困难在于说明属于主观范围的范畴对于经验如何具有客观有效性，亦即主观的范畴如何是经验的先天条件，这就是“先验演绎”。于是，康德就把研究的重心放在了“先验演绎”上，致力于证明范畴应用于经验的客观有效性。

《纯粹理性批判》一书是哲学史上最晦涩难懂的著作之一，而其中最难以理解的部分就是关于范畴的先验演绎，康德自己亦称之为形而上学史上最艰难的事业。它的困难在于知性范畴与感性经验毕竟是间接的关系，在通常观念中，即使没有范畴的参与我们一样可以形成经验，而康德要证明的却是范畴是经验的先天条件，换言之，离开了范畴我们就不可能形成经验。其困难的程度可想而知。

《纯粹理性批判》第一版中的先验演绎分为“主观演绎”和“客观演绎”。

所谓“主观演绎”的思路是通过说明形成知识的主观条件，进一步揭示知识的先天条件，说明知识之最高的先验根据。知识以判断为基本单位，所谓判断就是以某种形式把不同的表象或概念联结在一起，康德把这种联结称为“综合”。综合属于知性而不能来源于感性，因为感性是被动的接受能力而综合却是主动的思维作用。通过感性直观形式所接受的东西只是相互之间没有联系的“杂多表象”，唯有知性的综合作用才能把这些杂多表象联结为判断。在认识中，综合有三重作用。首先是“直观中把握的综合”，如果没有这一综合，我们就可能在抓住一个表象的时候丢失了其他的表象。其次是“想象中再生的综合”，如果经验过的东西不能再现出来，我们就不可能有关于对象的完整的表象。最后是“概念中认知的综合”，如果我们不能在概念上把众多表象“抓”在一起，就不可能形成关于对象的知识。当我们形成了关于对象的知识之后，我们就会问，这个对象究竟是什么？按照康德的观点，对象不可能是事物自身而只能是事物相对于我们的显象，因此“对象”在认识中实际上所起的作用就是把不同的表象结合于一身的同一性，亦即对象概念。然而由于对象不是外在的事物而是我们的表象，因此所谓对象的同一性归根结底乃是意识的同一性，而意识的同一性则必须以自我的同一性为基础和前提。所以一切认识之最高的根据就是先验主体的自我同一性，康德也称之为“先验自我”、“先验我思”或“先验统觉”。“统觉”有经验的和先验的区别。所谓“经验统觉”作为内知觉乃是变化不定的意识情状，即休谟所说的“一束知觉”。能够对这些多种多样、变化不定的意识情状有所觉察，就必须有一个自身始终保持同一性的不变的自我意识，这就是“先验统觉”。“先验统觉”是一切认识活动形式上最高的先验根据，不过由于它作为经验和知识的最高的先天条件，其自身不在经验之中，因而不是认识的对象。

《纯粹理性批判》出版以后，有人指责康德的上述思想是贝克莱式的主观唯心主义。康德为了避免误解，在出版该书的第二版时干脆删去了主观演绎，扩充并改写了客观演绎部分，我们在此主要讨论《纯粹理性批判》第二版中的客观演绎。所谓客观演绎，是从意识范围内的最高的先验根据出发，通过范畴与对象的关系证明范畴对于经验的客观有效性。在某种意义上说，主观演绎讨论的是知识的先天条件，客观演绎讨论的是认识对象的先天条件。实际上，主观演绎的重要意义并不低于客观演绎，虽然就康德的主题而论，客观演绎才是其最终的目的。

康德关于范畴的客观演绎是围绕着“我思必须能够伴随着我的一切表象”这个命题而展开的。感性与知性是两种不同类的认识能力，知识与经验对象源自杂多表象的综合，而综合不可能来源于物自体或感性，因为物自体不是认识对象，而感性属于被动地接受刺激的直观能力，因而综合来源于自发性的知性。康德的论证过程是，在“我思必须能够伴随着我的一切表象”中包含着先验统觉之分析的统一与直观中杂多表象的综合的统一。虽然统觉之分析的统一是最高的先验根据，但是它须以综合的统一为前提，不过由于所有表象只有当它们从属于“我”时才是我的表象，所以统觉之源始的综合统一性是“至上原理”，而使直观中杂多表象从属于先验自我乃是知性范畴的综合统一功能，由此而证明了知性范畴对于经验的客观有效性。

首先，作为判断的知识依赖于综合，而综合以统一性为其前提条件。由于我们所能认识的范围是事物对我们的“显象”，因而意识范围内最高的统一性是意识的统一性，康德称之为先验我思或先验的自我意识，因为我思构成了意识之最高统一性的先验条件，康德也称之为“源始的统觉”，即“通过产生出必然能够伴随所有其他表象并在一切意识中都是同一个东西的‘**我思**’表象而不能再被别的表象伴随的自我意识”。显然，任何直观中被给予的杂多表象如果不属于一个自我意识就不是我的表象，所以“它们必须符合唯一使它们**能够**在一个普遍的自我意识中聚合的条件”①。

其次，为我思所伴随的我的一切表象并非来自我思而来自直观，“这种能够先于一切思维被给予的表象就叫做**直观**。所以，直观的一切杂多在这种杂多被遇到的那个主体中与我思有一种必然的关系”②，否则就不会为我所知，或为我思所伴随。这个我思是先验的而不是经验的我思：“因为伴随着各种不同表象的经验性意识自身是分散的，与主体的同一性没有关系。因此，这种关系还不是通过我用意识来伴随任何表象发生的，而是通过我把一个表象附加给另一个表象、并且意识到这些表象的综合而发生的。因此，只有通过我能够把被给予的表象的杂多在一个意识中联结起来，我才有可能表象这些表象本身中的意识的同一性，也就是说，统觉的分析的统一性唯有以某种综合的统一性为前提条件才是可能的。”③ 因此，“我思必须能够伴随着我的一切表象”中所说的“伴随”根源于我对于杂多表象的综合统一，而这意味着，“我是就一个直观中被给予的表象的杂多而言来意识到同一的自己的，因为我把这些表象全都称为**我的**表象，它们构成一个表象。但这就等于是说，我意识到这些表象的一种先天的综合，这种综合就叫做统觉的源始的综合统一，一切被给予我的表象都必须从属于它，但也必须由一个综合来把这些表象置于它下面”④。问题是，如果统觉与直观异类，表象的先天的综合如何可能？康德的回答是：范畴。

---

① 康德：《纯粹理性批判（注释本）》，B132，第108页。
② 同上书，第107页。
③ 同上书，B133，第108页。
④ 同上书，B135，第109页。

最后，“我思必须能够伴随着我的一切表象”，虽然感性直观中的杂多表象先于思维而被给予，但是它们必须从属于统觉才能是我的表象，因而“直观的一切杂多在这种杂多被遇到的那个主体中与我思有一种必然的关系”，所以，“它们必须符合惟一使它们**能够**在一个普遍的自我意识中聚合的条件”。换言之，“在任何一个被给予的直观中**我的**一切表象都必须从属于这样一个条件，惟有在这个条件下我才能把这些表象作为我的表象归于同一的自己，从而才能把它们作为在一个统觉中联结起来的，用普遍的表述‘我思’总括起来”①。因而，“在一个感性直观中被给予的杂多必然从属于统觉源始的、综合的统一，因为只有通过这种统一，直观的统一才是可能的（第 17 节）。但是，被给予的表象（无论它们是直观还是概念）被置于一般而言的统觉之下所凭借的这种知性行动，就是判断的逻辑功能（第 19 节）。因此，一切杂多，只要在一个经验性直观中被给予，都是就进行判断的种种逻辑功能之一而言被规定的，也就是说，被这种功能带给了一个一般而言的意识。但现在，范畴无非就是这些进行判断的功能，如果一个被给予的直观的杂多就这些功能而言被规定的话（第 10 节）。所以，就连一个被给予的直观中的杂多也从属于范畴”②。

简言之，范畴作为先验自我之综合统一功能的体现，乃是自我与感性直观之间的“中介”。先验统觉是分析的统一（自身同一性），而感性直观接收来的则是杂多表象。范畴通过综合统一杂多表象的活动，一方面把先验自我的同一性带给每一个杂多表象，另一方面又把杂多表象带到先验自我之中。由此可见，知性范畴是形成经验对象的先天条件，如果没有范畴我们不仅不可能形成知识，而且也不可能形成经验对象。换句话说，感性提供给我们的只是杂多表象而不是经验对象，经验对象并非感性所予而是知性范畴的综合统一功能所形成的。由此，我们就证明了知性范畴对于经验的客观有效性，因为它是经验的先天条件。

那么，既然知性与感性不同类，知性范畴是如何通过综合统一感性杂多而形成经验对象的？康德认为是“先验想象力”的作用。康德将关于知识的综合称为“理智的综合”，而将关于经验对象的综合称为“形象的综合”，前者形成的是知识，后者形成的是经验对象，这种“形象的综合”根源于“想象力的先验综合”。“**想象力是即便对象不在场**也在直观中表象对象的能力”③。这里所说的想象力不是经验性的再生的想象力，而是先验的生产的想象力。感性直观之所予是杂多表象，仅此而论，感性自身不可能综合形成经验对象，但是经验对象又一定是在直观中形成的，而不是知性范畴单凭自身可以构造的。想象力一方面在感性直观中起作用因而属于感性，另一方面作为形成形象的能力而其综合直观杂多表象的规则根据的是范畴（唯有范畴提供综合的规则），因而想象力的综合是先验的综合。“这是知性对感性的一种作用，而且是知性在对我们来说可能的直观的对象上的最初应用（同时也是其余所有应用的根据）。”④ 就此而论，知识与对象实际上都是由知性范畴形成的，因而是符合一致的，只是由于想象力盲目地形成经验对象，所

---

① 康德：《纯粹理性批判（注释本）》，B132、138，第 107－108、111 页。

② 同上书，B143，第 113 页。

③ 同上书，B151，第 117 页。

④ 同上书，B152，第 117 页。

以我们把对象看作存在于我们之外的客观实在。

关于范畴的客观演绎至此得以完成，不过感性与知性如何结合的问题还没有彻底解决。感性与知性、直观与范畴是不同性质的认识能力，它们是通过什么具体方式而结合在一起的？换言之，先验想象力是如何沟通感性与知性的？显然，我们必须在这两者之间找到一个“第三者”作为连接的中介，这就是康德称为“先验图型”（Schema）的“时间”。“时间”既是内直观的先天形式，同时亦与知性相关，无论是感性经验还是知性概念都以“时间”为存在的条件，因而“时间”就成了沟通直观与范畴的桥梁。在某种意义上说，“时间”是沟通感性与知性两者的“翻译器”，范畴借助于先验想象力通过一定的时间图型而作用于直观杂多。

现在，我们可以展示知性在经验中进行综合统一时所采用的普遍原理了，这些原理作为“纯粹形而下的自然科学普遍原理”，乃是构成科学知识的最基本的四条原则，一切自然科学知识都必须以这四条基本原则为依据才能形成具体的科学知识，亦即“先天综合判断”。纯粹知性的先验原理是：

Ⅰ. 直观的公理

Ⅱ. 知觉的预先推定　Ⅲ. 经验的类比

Ⅳ. 一般经验性思维的公设

于是，我们就达到了先验哲学的最高峰：“知性为自然立法”。对康德来说，所谓“自然”并不是自然本身而是一切可能经验之表象的总和，这个表象的领域就构成了“现象界”，而连接表象的法则就是知性的法则，亦即范畴。在“现象”（Phaenomena）之外，就是“本体”（Noumena）。“本体”作为思想的对象首先是一个“界限概念”，它标志着不可知的领域，亦表明现象并非终极存在，而其积极的意义唯有在实践理性的领域才是可能的。康德一方面把科学知识的对象确定为现象从而证明了科学知识的普遍必然性，另一方面亦把认识限制在了现象之内，主张知性范畴只能在经验上使用而不能超验地用于物自体之上，这就在证明数学知识和自然科学知识的普遍必然性的同时，证明了以往知识类型的形而上学的不可能性。

既然范畴只能用于经验而不能用于超验的物自体，为什么以往的形而上学总要迫使范畴去做它不可能做的事呢？康德在“先验辩证论”中对形而上学进行了全面深入的分析批判。

（三）先验辩证论

我们的认识从感觉经验开始，通过知性范畴的综合统一而形成了知识。然而人类理性并不就此而满足，它还要使知识成为体系，追求知识的完满性，这就要靠理性的作用。

感性的先天认识形式是空间与时间，知性的先天认识形式是范畴，理性的先天形式则是“理念”。知性是判断的功能，理性则是推理的功能。康德曾经通过形式逻辑的判断表来确定先验逻辑的范畴表，现在他以同样的方式通过形式逻辑的推理形式来确定理性的理念。我们将三种推理形式——直言推理、假言推理和选言推理——推至极端，就得到了理性的三个理念，这就是灵魂、世界和上帝，它们分别代表着主观世界、客观世界和世界之全体的统一性。与感性和知性不同，理性的作用是“范导性的”，它与经验无关而只与知识相关，其作用只是引导知识进一步完善，将知识调整成为体系，而理性调整知识的工具就是理念。所以，理念的统一性只是“理想的统一性”而不是“现实的统一性”，它们只是调整知识的工具而不是知识的对象。然而，由于人类理性具有穷根究底的本性，它认识了经验还不够，非要去追问经验背后的根据是什么，并且认为只要我们穷尽了经验所及的现象就能够认识现象之整体背后的根据，这就使它错误地把理念之“理想的统一性”当作了“现实的统一性”，从而陷入了“先验幻象”。在康德看来，虽然每个表象都是经验，但是表象之全体却不能被经验，而且我们只有一种认识工具，那就是只能在经验中使用的知性范畴。因此，当理性要求认识现象背后的统一根据的时候，它就不可避免地迫使范畴做超验的使用，由于我们对此没有任何经验，所以不可能形成科学的知识。

形而上学家的错误就在于此。当一个天真幼稚的孩子站在开阔地带的时候，他放眼望去，在地平线之极处，天与地似乎是交融在一起的，于是他就以为只要走到那里便可以一步登天。殊不知他每向前走一步，地平线就会向后退一步，因而永远也不可能走到地平线的尽头。形而上学家们也是如此，他们以为只要我们认识了所有的现象，就可以由此而通达现象背后的东西，他们不知道，在我们与事物之间永远隔着一道经验的帷幕，而认识是无论如何也不可能超越经验的。

因此，康德把他对理性之理念的考察称为“关于幻相的逻辑”，其目的就是要揭示以往形而上学之所以陷入众说纷纭、莫衷一是之困境的原因，而“先验辩证论”中所讲的“辩证法”指的就是自相矛盾，因而是“消极的辩证法”。康德对形而上学根据三个理念而形成的“理性心理学”、“理性宇宙论”和“理性神学”进行了全面系统的批判，给予了传统形而上学毁灭性的打击。由于形而上学的错误在于迫使知性范畴做超验的使用，而范畴分为四组，因而我们可以从范畴的使用上对形而上学进行分析。

“理性心理学”以“灵魂”为认识的对象，它所陷入的先验幻相被称为“谬误推理”(Paralogismus)。谬误推理有四组，我们以第一组谬误推理为例。康德在此以笛卡尔的我思实体为批判对象，揭示了“理性心理学”陷入“谬误推理”的原因。

康德认为，当笛卡尔将我思看作实体的时候，他实际上是这样推论的：

> 其表象是我们判断的绝对主语而不能用作其他事物的宾语的东西，就是实体；
>
> 现在，我，作为一个能思维的存在者，乃是我的一切判断的绝对主语，而我自己不能用作任何事物的宾语；
>
> 所以，我作为能思维的存在者（灵魂），是实体。

这个推理犯了“四名词”的错误：大前提表述的是亚里士多德关于实体的基本规定，这里所说的“主语”指的是判断中的实际主语，而小前提中的“主语”说的却是下判断的逻辑主语。我说“地球是行星”，这个判断的实际主语是“地球”，它的逻辑主语则是“我说”。一切判断都是我思的判断，但是我思自身却不能成为判断的对象，因为我们对之无法形成任何经验表象。所以，我们没有任何根据称我思为实体。

“理性宇宙论”以“世界”为认识的对象，它的先验幻相被称为“二论背反”（Antinomie)。当理性要求认识世界之整体从而迫使范畴做超验使用的时候，由于没有经验的依据，所以对于世界之整体便形成了两种相互对立的理论，而它们各自却又是能够自圆其说的，康德就称这种理性的辩证法为“二论背反”。理性的“二论背反”有四组：

(1) 正题：世界在时间和空间上是有限的。
反题：世界在时间和空间上是无限的。
(2) 正题：世界上的一切都是由单一的东西构成的。
反题：没有单一的东西，一切都是复合的。
(3) 正题：世界上有出自自由的原因。
反题：没有自由，一切都是必然的。
(4) 正题：在世界因的系列里有某种必然的存在体。
反题：世界上不存在一个绝对的必然存在体，一切都是偶然的。

我们以第一组二论背反为例。康德使用的是“反证法”，他首先假设相反的论题是正确的，然后由此推出矛盾，从而证明被证明的论题的合理性。

先让我们来看正题：世界在时间上有开端，在空间上有界限。如果我们假定世界在时间上没有开端，那就意味着在当下这一时刻，一个无限的事物系列已经完成了。然而，如果世界在时间上没有开端，也就是说它是无限的，那么它就不可能已经完成而成为过去，因为当它在一瞬间得到完成之时，它就不是无限的而是有限的了。所以，世界不可能是无限的，它在时间上一定是有开端的。同样，如果我们假定世界在空间上没有界限，那么世界就是一个无限的整体，亦即由无限多的部分所组成的大全，这个大全是无限的，而它的组成部分当然是有限的，否则它就不可能成为一个无限的整体。但是，如果这个大全的组成部分都是有限的，它自身就不可能是无限的。所以，世界在空间上有界限。

反题的证明是这样的：如果我们假定世界在时间上有开端，那就意味着在世界的开端之前曾经有一段时间，那时世界尚未存在，它一定是空无所有的时间。然而，“无中不能生有”，在一个空无所有的时间中是不可能产生什么东西的。因此，如果说世界在时间上有开端，那就意味着这个世界根本就不可能存在。所以，世界在时间上没有开端。同样，如果我们假定世界在空间上有界限，那就意味着在有限的世界之外空无所有，没有什么东西存在。但是，所谓空无所有也就是没有界限，即是说，没有什么东西构成对世界的限制，因此世界一定是无限的。

理性的四组二论背反，前两组是“数学的”，后两组是“力学的”。在康德看来，“数学的”二论背反是不可解决的，而“力学的”二论背反由于涉及对象的两个方面，因而在区别现象与物自体的基础上是可以得到解决的。以第三组二论背反为例。它的正题是：仅仅用自然因果律是无法说明自然的，有必要假定自然有一个自由因。因为如果自然中的一切都服从于自然因果律，每个事物都有原因，而它的原因亦有原因，依此类推，以至无穷，那么这个因果系列就是永远也不能完成的。但是既然一切事物都有原因，这个因果系列本身也应该有一个原因，否则就会与因果法则相矛盾，所以有必要假定这个因果系列有一个原因，它自身是没有原因的，即一个自由因。反题是：没有自由，世界上的一切都服从于自然因果律。因为自然因果律说的是一切事物都有其原因，假如世界有一个自身不再有原因的自由因，那就会与自然因果律相矛盾。所以没有自由，一切都是必然的。康德认为，这组二论背反与其他二论背反一样是理性将不是认识对象的自然整体当作认识对象所造成的，但是如果我们在现象与物自体之间做出区别就可以解决这个相互矛盾的二论背反。当我们说自然中的一切都服从自然因果律因而没有自由的时候，它是对现象领域的规定。而当我们说有必要假定自然有一个自由因的时候，它指的则是物自体的领域。既然我们的表象归根结底是由外部事物的刺激而发生的，那么表象的系列就应该有一个原因，否则表象就可能是虚幻的。当然，我们无法从经验上证明自然界本身是否有一个自由因，但是的确有一种存在是可以用自由因来说明的，那就是“人类理性”。人类理性能够对自己发出应该做什么的命令，因而它事实上是可以有自由的因果作用的。自然中只有必然存在的东西，而“应该”则属于理性的能动作用。

自由与必然的二论背反在康德哲学中具有极其重要的意义，它是我们从理论理性过渡到实践理性的唯一可能的途径。因为这组二论背反的解决表明，我们虽然不可能认识自由，但是可以思维自由而不至于陷入矛盾。既然自由是可能的，那么以自由为其前提和基础的伦理学或者道德学说就是可能的。因而康德在《实践理性批判》中要做的工作就是证明道德和伦理学的可能性。

“理性神学”以“上帝”为对象，试图证明上帝的存在，它的先验幻相是“理想”(Ideal)。虽然理性的理念都具有理想性，但上帝理念更为特殊：“灵魂”和“世界”都是内外经验系列推至极端的结果，而“上帝”则纯然是超验的，所以它的先验幻相是“理想”。康德在此对有史以来关于上帝存在的各种证明进行了清理批判，这些证明包括关于上帝存在的本体论证明、关于上帝存在的宇宙论证明和关于上帝存在的自然神学证明。在康德看来，这些证明中最重要的是本体论证明，宇宙论证明与自然神学证明最终都要回到本体论证明，并且以本体论证明为基础。所以，我们主要复述康德对关于上帝存在的本体论证明的批判。

中世纪经院哲学家安瑟尔谟和近代哲学家笛卡尔是关于上帝存在之本体论证明的代表，他们在证明方式上虽然有所不同，但是在原则上是一致的，都是从上帝的概念推论出上帝的存在。康德认为，这种证明的错误就在于混淆了判断的逻辑必然性与事物的现实必然性之间的区别。

所谓判断的逻辑必然性，指的是在一个判断中主词与宾词之间有必然的联系，例如我们说“三角形有三个角”，无论事实上有没有三角形，这个判断都是合乎逻辑的，因为只要认可了三角形，三角形有三个角就是必然的。同样，当我们说“上帝是万能的”，只要我们承认上帝的存在，上帝当然就是万能的，因为上帝的概念中就包含着“万能”在内。这就是说，判断的逻辑必然性是一种分析性的必然性，宾词乃由主词中分析而来，因而如果否定宾词就会陷入矛盾。然而如果我们否定了主词，那么否定宾词就不会陷入矛盾：我承认上帝的存在却说“上帝不是万能的”，肯定不合逻辑，但是如果我不承认上帝的存在，那么我说“没有上帝是万能的”就不存在矛盾。

事实的现实必然性就不同了，它不仅需要满足主词与宾词之间的必然联系，而且还需要有某种“综合”，即经验上的依据。康德举例说，思想中的一百元与现实中的一百元都是一百元，因而看上去似乎没有区别，但实际上是不同的：思想中的一百元只要符合逻辑上的必然性就可以了，而事实上的一百元却要求我的口袋中确实有一百元，所以现实中的一百元实际上比思想中的一百元要多出一百元。显然，关于上帝存在的本体论证明从上帝的概念推论上帝的存在，正是混淆了思想的逻辑必然性与事实的现实必然性，正如我不能把思想中的一百元当作现实的一百元一样，我也不能说上帝概念中的存在就等于现实中的存在。

在西方古典哲学中，康德对形而上学的批判是最深刻、最系统和最全面的，以至于现代西方哲学在批判形而上学时经常引之为自己的同道。然而，康德与现代哲学家们毕竟不同，他批判形而上学的目的并不是要彻底摧毁形而上学，而是试图为形而上学寻找一条出路。因为在他看来，形而上学根源于人类理性要求超越自身的有限性而通达自由境界的最高理想，对人类理性来说这种理想无疑是合理的也是性命攸关的，因为这关系到它安身立命的根本问题，所以我们无论如何也要找到某种可能的方式来满足理性的需要。由此可见，康德批判形而上学的目的是说明以往那种以科学自居的形而上学不但不可能而且有毁灭理性最高理想的危险，而形而上学的出路不在科学知识而在道德自由之中。

三、实践理性

人类理性有两种功能，一是认识功能，二是意志功能，康德称前者为理论理性，称后者为实践理性。在近代哲学中，康德是把实践范畴引入哲学的第一人，不过他所说的实践还只限于伦理学的范围。

实践理性是自由的领域。如果说理论理性的法则是自然法则，那么可以说实践理性的法则乃是道德法则。

（一）自然法则与道德法则

对康德来说，人是有限的理性存在，他既是一种自然存在，又是一种理性存在。人的这种两重性就决定了他同时是两个世界——自然界和理性界——的成员，因而受两种法则——自然法则和理性法则——的支配。如果人只是自然存在物，那么他就只服从自然界的法则。如果人是纯粹的理性存在，那么他就只遵从理性的法则而活动。但是人却介于这两者之间，因而这两种法则都对他发生着作用，只不过它们发挥作用的方式不同罢了。人首先是自然界中的一员，而自然法则是必然的法则，所以他终其一生都始终在自然法则的限制之下。理性法则就不同了。理性法则只对人的理性发生作用，只有当人遵从理性法则而行动的时候，他才算得上是有理性的存在。所以自然法则是人不得不服从的法则，而理性法则则是人应该遵从但却不一定遵从的法则。

理论理性是必然的领域。虽然“知性为自然立法”，但是作为一种自然存在，我们自己也在知性法则的限制之下，换言之，作为现象界中的一员，我们也必须服从必然的自然法则，因而是不自由的。实践理性的理性法则就不同了。如前所述，人是有限的理性存在。作为一种自然存在，人与自然万物一样不得不服从自然法则的统治，而作为一种理性存在，他又可以遵从理性自身的法则行动。由于人终其一生都生活在自然界之中，所以他始终都不得不服从必然的自然法则的制约，而只有当他克服了感觉欲望的限制，完全按照理性的法则行动的时候，理性法则才能发生作用。因此自然法则是人必须服从的法则，而理性法则不是人必须服从而只是他应该遵守的法则。这并不是说理性法则弱于自然法则，而是说它们发挥作用的领域和方式是不同的。自然法则支配的是人的自然性的一面，而理性法则影响的则是人的理性。因此，理性法则作为人应该遵守的法则其表现方式与自然法则不同：自然法则体现为以“是”为系词的叙述式，而理性法则乃是由“应该”联结起来的命令式。换言之，理性法则对一切有理性者普遍有效，而对人这种有限的理性存在者表现为命令他“应该做什么”的道德法则。

康德的伦理学是典型的动机论。在他看来，一个行为是否具有道德意义是不能从结果或者行为本身来判断的，它只能以动机作为评判的标准。因为同一个行为可以有许多种不同的动机，而这些动机并不都是良善的。例如诚实而不说谎这个行为，我可能因为害怕失去信誉而不说谎，我可能迫于外在的强力而不说谎，我可能因为诚实会给我带来利益而不说谎，我也可能仅仅因为不应该说谎而不说谎。显然，只有最后一种行为是有道德意义的。商人经常标榜自己“货真价实，童叟无欺”，他虽然是诚实的，但是他这样做却不是为了诚实而是为了给自己带来利益。所以他这种行为虽然不错，却不能算是道德行为。

（二）自由即自律

《纯粹理性批判》的问题是究竟有没有独立于经验而且对经验具有法则意义的先天认识形式，而《实践理性批判》的问题则是究竟我们行动的动机完全受经验的限制还是有可能由理性自己来决定。换言之，我们有没有可能不受经验的束缚，完全出于纯粹理性自身的法则而自己决定自己的行动。实际上，这个问题也就是作为有限的理性存在的人究竟有没有自由的问题。

人的行动是由动机支配的，也就是说，人的行动是一种有目的的活动。作为我们行动的动机或目的的东西通常都具有经验的内容，都可以像自然的因果关系那样得到说明，例如我的所作所为都有可能是出于某种物质欲望，为了满足某些主观上的需要。18 世纪法国启蒙思想家们由此建立了一种功利主义的伦理学，他们主张人的本性与一切自然存在和动物的本性一样，都是趋利避害、趋乐避苦、自保自利的，这就是人乃至人类社会的存在基础。与这种把人看作机器，认为人完全受自然本能支配的因果决定论相反，康德试图证明人具有不同于一切自然存在的价值与尊严，证明人的自由。显然，这一证明的关键在于，我们行动的动机究竟能否完全不受经验的束缚而纯粹出于理性自身的决定。对康德而言，理性自身对意志动机的决定不可能是主观个人的，而只能是先天地普遍有效的，换言之，它必须是先天的法则，否则就只能是后天的经验。因此，问题就在于，究竟有没有决定意志动机的理性之客观的实践法则亦即道德法则。从理论上说，这乃是伦理学的根本基础，因而具有极其重要的意义。但是，从批判哲学的立场看，我们却不可能从认识论上对此加以证明，因为它不是经验性的认识对象。康德所采取的办法是，以自由作为道德法则的“存在根据”（ratio essendi），以道德法则作为自由的“认识根据”(ratio cognoscendi)。[①] 这就是说，自由虽然是不可认识的，但却是可以思想的，我们尽管不知道自由究竟是什么，却可以由自由而断定道德法则的存在。因为一种道德法则乃以意志自由为基础和前提，所以只要有自由，就可以有道德法则。然而，我们虽然可以以自由作为道德法则的存在条件，但是却不能从自由中推论出道德法则来，因为在确定道德法则“之前”我们还不知道自由究竟是什么，要想知道自由，只有在确定了道德法则“之后”才是可能的。于是康德就采取了一种“绕圈子”的办法来解决这个难题：因为有自由，所以道德法则是存在的；因为道德法则是存在的，所以自由是实在的。换言之，他是在自由的基础上说明道德法则，然后通过道德法则来印证自由的实在性。

那么，道德法则是否存在呢？康德对理性之第三组二论背反的解决表明自由是可以设想的，因为相对于必然的自然因果律，存在着一种自由因果律，亦即不受感性经验的限制单凭理性自身的原因而产生一个结果的因果关系。由此，我们就可以考察理性的实践活动，看一看在什么情况下意志能够排除经验的束缚，完全按照理性自身的法则行动。

意志可以按照两种方式决定自己的行动，其一是主观准则，其二是客观法则。当意志对自己的规定仅仅对其个人是有效的时候，这种规定就是主观准则；而当意志的规定不仅对其个人有效，而且对一切有理性的存在都普遍有效的时候，这种普遍的规定就是客观法则。因为一种实践的法则一定是普遍必然的，它是对一切有理性的存在者的意志都有效的客观法则，而依据经验不能提供给我们任何实践的法则，建立在经验基础上的实践原则只是个人的幸福原则，没有普遍必然性；所以一个有理性的存在必须把他的准则思想为不是根据经验质料而是根据形式而决定其意志的原理；这样一个完全以理性自身的纯粹形式作为自己法则的意志是一个自由意志，因为它意味着理性所遵守的是自己为自己确立的法则。因此，意志的“自律”是一切道德法则所依据的唯一原理，而纯粹实践理性的基本法则就是：要这样行动，使得你的意志的准则在任何时候都能同时被视为一种普遍的立法的原则。[②]

康德就是用这种方式来证明自由的实在性。在此之前，我们只知道有自由却不知道自由是什么，自由对我们来说只是一个“否定性”的消极概念——自由只是不受经验的限制，现在我们则发现了自由的积极意义：自由即自律。由此可见，自由与道德法则其实是一体的，所谓道德法则乃是理性自己为自己所确立的法则，理性自己立法自己遵守。因此，自然法则与道德法则之间的区别是：首先，自然法则作为知性的法则适用于经验现象的自然界而属于理论理性的认识领域，在这个领域一切自然存在物包括人自己在内统统服从于必然的法则；而道德法则作为理性为自己所确立的法则属于实践理性的实践领域，这是一个自由的领域。其次，自然法则作为科学的判断其形式是以“是”为系词和联结方式的叙述式，而道德法则的判断形式则是以“应该”为系词和联结方式的命令式。最后，自然法则是“他律性”的，而道德法则是“自律性”的。康德由此而突出了实践理性的“优先地位”。

康德的伦理学既是动机论的，也是形式主义的。在他看来，不仅理论理性的先天认

---

① 参见康德：《实践理性批判（注释本）》，李秋零译，中国人民大学出版社，2011，第 2 页注。

② 参见上书，第 29 页。

识形式对于经验现象有立法作用，而且实践理性的先天形式对于意志的动机亦具有立法作用。它们之间的区别是，在认识之中经验质料毕竟在先天形式之外有其来源，而在实践活动之中理性完全有可能将形式与质料统一起来，这就是意志自律的作用。一方是意志的主观准则，一方是实践理性的客观法则，当意志凭借自身之中的自律原则将自己的主观准则上升为对一切有理性者的意志都普遍有效的客观法则的时候，或者将对于一切有理性者的意志都普遍有效的客观法则当作自己的主观准则的时候，形式与质料就是同一的，我们不再像认识活动那样永远要受经验质料的限制，而是在自身之中就获得了自由。于是，康德便以意志自律的方式将自由与必然统一了起来。对他来说，自由不是任意而为，不是想做什么就做什么那样的自由。自由与行为的结果无关，如果就行为之结果而论，我们是不可能有自由的，因为行为一旦出现立刻就落入了经验的现象领域，从而不可避免地在自然因果律的统治之下，那是必然的领域。自由是纯粹先天的，同时又是有规律的，这就是理性自己立法自己遵守的自律。为了强调道德法则的普遍性，康德甚至很少讲“人”，而总是说“有理性的存在”。因为人不仅是有理性的存在，而且是有限的自然存在物，道德法则只对理性有效，而对自然是没有意义的。所以道德法则对人类理性表现为“应该”做什么的“命令”。作为法则，这种命令无疑具有普遍约束性和强制性，只不过这种普遍约束性仅对理性有效，而其强制性则是“自我强制性”。所以虽然同样是法则，道德法则与自然法则有着根本上的区别。

（三）定言命令

道德法则是一种命令式，然而并不是所有的命令式都是道德法则。我们有两类命令式，一类是假言命令，一类是定言命令。所谓“假言命令”是一种有条件的命令式，它以“如果……就……”为形式，例如“如果我说谎，就会失去信誉”，因此为了不失去信誉，我应该诚实。这就是说，我应该诚实在这里是有条件的，诚实不是目的本身，而是实现别的目的的手段。这样的诚实固然不错，但却算不上道德行为。所谓“定言命令”则是一种无条件的命令式，或者说，在这种命令式中，目的与手段是统一的。同样是诚实，当我不是为了别的目的而只是为了诚实而诚实的时候，即是说，我只是因为“你应该诚实”这一命令而诚实，这样的行为就是有了道德价值。

因此，道德法则作为定言命令是一种纯粹的形式规定。在康德看来，一切我们可以称之为道德法则的定言命令都具有这样一些形式上的特征。[①]

第一，“普遍性公式”：“要只按照你同时能够愿意它成为普遍法则的那个准则去行动”，也就是说，“要这样行动，就好像你的行为的准则应当通过你的意志成为普遍的自然法则似的”。这个“普遍性公式”是定言命令的最重要的公式，康德有时甚至称之为“唯一的定言命令”。这个公式所强调的是定言命令乃是对一切有理性者都普遍有效的道德法则。那么，究竟什么样道德法则能够对一切有理性者的意志普遍有效呢？

第二，“质料公式”：“你要如此行动，即无论是你的人格中的人性，还是其他任何一个人的人格中的人性，你在任何时候都同时当作目的，绝不仅仅当作手段来使用”。由于

---

① 参见康德：《道德形而上学的奠基（注释本）》，李秋零译，中国人民大学出版社，2013，第 40 - 55 页。

定言命令中包括三个因素——意志、准则和法则，所以定言命令只有成为意志的准则时才能起作用。所谓“质料公式”规定的就是究竟什么样的意志准则能够成为对一切有理性者普遍有效的客观法则。就意志准则表现为行动的目的而言，如果作为一种意志准则是对一切有理性者都有效的客观法则，它就必须能够成为一切有理性者的目的，而且是“自在的目的”。显然，这种对一切有理性者的意志都是自在目的的目的，只能是理性自身。因而，康德所谓的“人是目的”也就是说“理性是目的”。于是康德便由此引出了第三个公式亦即“自律性公式”。

第三，“自律性公式”：“每一个理性存在者的意志都是一个普遍立法的意志的理念”，从而“理性存在者必须在任何时候都把自己视为一个通过意志的自由而可能的目的王国中的立法者”。既然定言命令对一切有理性者普遍有效而且出于纯粹理性自身的目的，因而当我们按照定言命令而行动的时候，我们就是在按照自己制定的法则而行动，也就是说，我们作为有理性的存在，既是守法者也是立法者，这样一个纯粹理性的世界就是一个“目的王国”。

这三个公式并非意味着有三种定言命令，而是定言命令必须满足的三个条件：定言命令之为定言命令应该是对一切有理性者的意志都有效的“普遍法则”；应该是能够成为一切有理性者的意志的目的的“自在目的”；应该是一切有理性者的意志作为理性存在而自己为自己确立的法则。

康德有关意志自律的思想不仅在一定程度上解决了伦理思想史上自由与道德法则之间的矛盾，而且突出了实践理性的“优先地位”，论证了人之为人不同于任何自然存在的价值和尊严。

任何伦理思想和道德学说都必须以意志自由为其前提，如果没有自由，我们就不必为自己的行为负责，也就谈不上道德不道德。然而由于以往的伦理思想皆以形而上学为其基础，企图通过对宇宙自然之本体和根据的认识来规定人的本质，因而始终无法将道德法则与自然法则区别开，而道德法则也就成了某种他律性的命令，从而否定了自由。正是由于这个原因，历史上的思想家们大多持决定论的主张。现在康德把道德法则与自然法则区别开，以意志自律将自由与道德法则结合为一，真正使伦理学成了一门独立的学问。不仅如此，对康德来说，自由不只是伦理学的基础和前提，而且是整个纯粹理性体系的“拱顶石”。①

然而，当康德把理论理性与实践理性从功能上划分清楚之后，他立刻就面临着理性的统一性问题。理性是统一的，理论理性与实践理性是它的两种功能，但是如果它们各自为政，理性就无法统一。为了解决这个难题，康德确立了实践理性的“优先地位”。理性的统一性要求我们将理论理性与实践理性“综合”起来，由其中的一个居于优先的统治地位。显然，我们不可能让理论理性统治实践理性，因为那样一来就势必毁灭了自由，因此只能由实践理性来统治理论理性。由此可见，康德哲学的目的主要不是论证科学知识的普遍必然性，而是维护人类理性的自由，因为在他看来，唯有在实践理性之中，唯有在意志自由之中，才能体现出人之为人的价值和尊严。

---

① 参见康德：《实践理性批判（注释本）》，第1页。

（四）实践理性的公设

康德通过使意志的动机与行为的效果“划清界限”的方式来维护道德的纯洁性，但是这样一来就产生了另一个问题：如果一个人的意志可以遵从理性自身的法则行事，这种道德法则与经验无关亦与行为的结果无关，它属于纯粹理性的理智世界，而行为则不可避免地要落入由必然的自然法则所统治的现象世界，那就意味着动机与效果是完全分离的，它们分别属于两个不同的世界。既然如此，道德法则如何能够产生与之相应的行为效果呢？属于理智世界的目的如何能够在感觉世界之中得到实现呢？如果动机与效果完全是两回事，我们怎么知道一个人的动机是善良的而不是伪善的呢？不仅如此，如果人类理性属于两个世界，那么他在这两个世界中都应该得到满足，换言之，道德之德性只是无条件的善而不是“至善”，“至善”既包括德性，也包括幸福，它是以德性为第一要素的德性与幸福的统一。这一系列问题都需要康德说明理智世界与感觉世界之间的关系，为此他提出了实践理性的“公设”（Postulate）。人类理性由于敬重道德法则而向往一个无条件的对象即“至善”，“公设”就是这个由道德法则而成立的“至善”所必不可少的理论假设。

实践理性有三个“公设”，这就是“意志自由”、“灵魂不朽”和“上帝存在”。我们必须假设有一种摆脱了感觉世界的限制而依据理智世界的道德法则决定自己意志的能力即自由，否则实践理性就不能以“至善”作为它的最高理想；由于人类理性的有限性，我们在今生今世无论如何也不可能达到“至善”这一无限完满的境界，所以必须假设灵魂不朽，“至善”才有其实践上的可能性；最后，为了保证理智世界中的德性在感觉世界之中有其相应的效果，为了保证德性与幸福都能够得到实现，我们必须假设有一个上帝使这两个世界能够协调一致。表面看来，康德似乎开“后门”把被《纯粹理性批判》排除在外的那些超验对象又召唤回来，表现出了理论上的某种不彻底性。不过我们也应该看到，实践理性的“公设”只是道德实现的条件，而不是道德本身的条件。换言之，仅就道德法则而论，它是无条件的，并不需要灵魂不朽和上帝存在为其基础和前提，但是一涉及道德法则的实现，那就不是道德法则力所能及的范围了。显然，这是康德哲学二元论性质的必然结果。

二元论是康德哲学的基本性质，不过康德并不是因为无可奈何而走向二元论的，而是自觉地以二元论作为其哲学的基础和前提。如果没有显象与物自体、现象界与本体界、自然法则与道德法则、必然与自由、理智世界与感觉世界等等的二元对立，就没有康德哲学。我们可以说，康德正是从二元论的立场出发从事他的批判工作的。然而，二元论可以是康德哲学的出发点，但却不是康德哲学的最终目的，这就使他不得不面临理论理性与实践理性之间的协调统一的问题。

四、判断力

康德在哲学领域中所做的一项重要工作就是为理性的两种功能——理论理性与实践理性“划界”，目的是使它们互不侵犯，相安无事，各行其是，各得其所。然而，它们之间的界限固然分明了，两者之间的统一性乃至整个哲学体系的统一性却成了问题。就此而论，所谓实践理性的“优先地位”只是解决问题的一个原则，还需要具体的说明和论证。于是康德写作了《判断力批判》，试图以“判断力”作为中介来解决理论理性与实践理性的统一问题。

（一）作为中介的判断力

我们的全部理性能力有两个领域，即自然概念的领域和自由概念的领域。与此相应，哲学划分为理论哲学和实践哲学两大部分。作为一种先天的立法能力，理性的理论理性功能为自然立法，实践理性功能为理性自身立法，它们分别关涉同一个对象的不同方面，因而能够在同一个对象上面具有两种不同的立法而不会相互伤害。但是，由于这两个方面或两个领域界限分明、判然有别，这就在它们之间形成了一道鸿沟。如果我们不能弥合这道鸿沟，那将意味着理性本身是分裂的而不是统一的，整个哲学亦将分裂为毫不相干的两大部分而不是一个统一的体系。因此，我们必须在此架起一座“桥梁”，以便使由此及彼的沟通和协调成为可能。

毫无疑问，既然理论理性与实践理性同属一个理性，它们之间就应该是有联系的，不过由于两者的性质不同，因而它们的统一不能是“分析性”而只能是“综合性”的，亦即一种功能居于统治地位而另一种功能居于从属的地位。我们当然不能让理论理性统治实践理性，那将意味着只有必然的自然法则起作用而没有自由和道德了。反之，由实践理性居于统治地位却是可能的，因为理智世界的自由因在感觉世界中应该得到实现，这样设想两者之间的关系是合理的。然而，理智世界与感觉世界毕竟是两个截然不同的领域，前者服从于自然之必然的机械因果法则，后者则由目的性的自由因果规律所决定。倘若意志作为理智世界中的自由因在感觉世界中的确能够产生某种必然的结果，理性的目的在自然中的确可能得到实现，那么就必须满足一个最基本的条件：自然界的规律性至少与按照自由规律而实现目的的可能性是相互协调的，换言之，感觉世界或自然界也应该具有“合目的性”。只有这样，从自然领域过渡到自由领域，自由的目的在自然之中得到实现，才是可能的。因此，在理论理性与实践理性之间应该有一个连接两者的中间环节，这个“中介”虽然自身没有独立的立法领域，但是它的先天原理却是使理论理性的自然法则与实践理性的道德法则协调一致、相互过渡的“范导性法则”，这个中间环节就是“判断力”。

无论是思想还是认识，其表达方式都离不开判断，而判断则不过是特殊与普遍之间的关系，例如“这朵玫瑰花是红的”这个判断中的“玫瑰花”是特殊，“红”是普遍。所谓“判断力”就是把特殊包含在普遍之下进行思想的能力。判断力有两类，一类是“规定的判断力”，一类是“反思的判断力”。当普遍法则是给定的时候，将特殊归摄于普遍法则之下的判断力就是“规定的”，而当特殊的东西是所予的时候，判断力必须在缺乏概念的情况下为自己寻找一个借以判断的规律，它就是“反思的”。“规定的判断力”是将直观杂多归摄在知性所予之自然法则之下的认识能力，它本身没有特定的法则，而是在知性的先验原理之下工作的。但是知性的先验原理毕竟是最普遍最一般的法则，而自然中的事物却是千差万别、多种多样的，那些无限多样的特殊事物不可能统统由知性的一般法则规定出来，有时涉及某个特殊事物的特殊规律仅仅与这一个事物的一般可能性有关。虽然这些特殊规律只是偶然性的经验的法则，但是既然知性为自然立法，它就要求自然中的所有事物一无例外地服从它的先验法则，否则知性就不可能将一切可能的经验构成一个统一的自然秩序。于是，只有"规定的判断力"就不够了，知性还需要一种为特殊事物寻找特殊法则，谋求从特殊上升到普遍的判断力，而且为了保证无限多样的事物归属于统一的自然秩序，它亦需要一个先验原理作为反思这些事物的基础，这种判断力就是"反思的判断力"，它的先验原理就是"合目的性原理"。反思的判断力的"合目的性原理"使我们能够将自然看作一个无限多样的种类相互递属从低到高进展的目的系统，这可以解决自然与自由之间的沟通问题，不过这个原理只是主观的范导性原理而不是客观的构成性原理。我们在自然之中所能证明的只是严格的机械因果关系，或许永远也无法知道自然本身究竟是不是合目的的体系，但是这并不妨碍我们从理性自身的需要出发将自然看作是合目的的。

在康德哲学中，目的概念首先是实践理性的概念。在自然问题上，他一向反对神学目的论和外在目的论，主张自然只有一个法则，那就是机械的因果规律。然而早在前批判时期康德就发现，单纯用机械运动规律是无法解释有机界的起源和发展的，直到《判断力批判》他才找到了一种比较合理的解决办法，这就是不同于外在目的论的"内在目的论"。按照康德的规定，一个对象的概念，就其同时包含着这个对象的现实性的基础而言，就叫作"目的"；而一物若与诸物只是按照目的而可能的性质相一致，就是该物的"形式的合目的性"。所以，所谓目的就是一事物的概念（本质）之中包含着它自己的内在可能性的根据，因而它的形成与发展不取决于任何外在的因素而是凭其内在必然性实现的。当我们以这种内在目的论的方式看待完全服从机械运动规律的外在必然性的自然的时候，就会发现使自然过渡到自由的可能性。

自然的合目的性包括两个方面，一是"形式的合目的性"，二是"质料的合目的性"，亦即主观的合目的性和客观的合目的性，前者是自然合目的性的美学表象，后者是自然合目的性的逻辑表象。因此《判断力批判》相应地分为两大部分："审美判断力批判"和"目的论判断力批判"。

（二）美学

"审美判断力批判"研究的是"主观目的性"亦即自然在形式上的合目的性，由此，康德建立了一套美学体系，并且对后世产生了深远的影响，甚至可以说从他开始美学才真正成为一门独立的学科。然而令人感到惊异的是，康德在美学上的贡献似乎与他本人的审美经验无关，而完全是纯粹理论思辨的结果。实际上，康德研究美学问题并不是出于对美学的爱好，而是完全出于其哲学理论的需要。

在美学史上，康德是主张美的本质是主观的而且是纯粹形式的这一派的重要代表。对康德来说，审美判断与科学知识的逻辑判断不同，它基于美感而不是认识的概念或范畴。逻辑判断形成于概念范畴对于经验质料的综合统一，离开了对象给予我们的经验质料就不能构成一个逻辑判断，而审美判断所关涉的则是主体对于事物的纯粹形式的把握，与被把握的对象没有直接的关系。换言之，一个事物被称为美的，并不在于事物本身的性质，而是因为它符合了主体的某种形式，从而引起了主观上愉快的美感。当然，审美判断虽与概念无关，但由于其纯粹的形式亦具有某种普遍性。

那么，事物究竟在什么样的主观条件下才是美的呢？与“规定的判断力”的四组范畴相应，康德从质、量、关系和模态四个方面对美感进行了分析。

首先从“质”的方面看，美是无利害无功利的。如果一个事物满足了我的功利需要，这个事物与我就有了某种利害关系。而美感则与事物本身无关，一个审美判断只要夹杂一点儿利害关系就会有所偏爱而不是纯粹的欣赏了。因此美感与感觉快感和道德快感不同，后两者皆由对象的性质所决定，美感则不受对象性质的限制，完全是主观形式上的满足，因而是一种“自由的愉快”。

其次就“量”而言，美是一种没有概念的普遍性。概念的对象是普遍性，而审美判断则与感觉快感一样以单个具体的事物为对象，所以一切审美判断都是单称判断。但是审美判断又不同于感觉快感而要求普遍的赞同，这种普遍性并非来自概念，否则它就是逻辑判断而不是审美判断了，而是源于人人共通的“心意状态”。

再次从“关系”上看，美是没有目的的目的性。审美判断与其对象之间没有利害功利的关系，因而没有客观的目的。但是审美对象又的确符合了我们的主观意愿或目的，所以从主观的合目的性来看，它又是有目的的。这就是说，审美判断在内容上是无目的的，而在形式上却是符合目的的。因此美乃是单纯形式上的合目的性——无目的的合目的性。

最后从“模态”上看，美是没有概念的必然性。美的形象与美感之间有着某种必然的联系，只要我们面对一个美的形象就必然会产生审美的快感。显然，这种美感的必然性不是从逻辑上分析出来的概念必然性，也不是要求我们应该做什么的道德必然性，而是来自某种“共通感”的形式上的必然性。

康德对美的分析表明，美是纯粹形式的因而是先天的主观合目的性。一个对象既可以是认识的对象，同时也可以是审美的对象。作为认识的对象，事物服从于知性之必然的自然法则，而作为审美的对象，事物对我们来说是美的实际上与事物本身的性质无关，而仅仅是因为它符合了主观的目的性。因此，美感一方面的确是对自然的静观，但是由于它只是出于主观的形式而不受感官对象的限制，所以是一种对自然的无涉功利的自由观照，从而使它成为对于机械性之自然的必然性的认识与对于实践目的性之自由的自觉之间的中间环节。

当然，审美判断毕竟只是主观的合目的性，如果我们试图将自然与自由这两大领域统一起来，仅仅有主观上的合目的性是不够的，我们还必须说明自然不仅在形式上符合主观的形式，而且在“质料”上其自身就具有客观的合目的性，这就构成了“目的论判断力批判”的主题。

（三）目的论

自然在客观上的合目的性不能是“外在的目的”而只能是“内在的目的”。因为外在的合目的性所说明的只是事物之间的外在关系：在自然中一个事物的存在是另一个事物达到其目的的手段。以海洋、沙土与云杉之间的关系为例。[①] 从外在的合目的性来看，海

---

① 参见康德：《判断力批判（注释本）》，李秋零译，中国人民大学出版社，2011，第 187－188 页。

洋的退缩似乎以沙土面积的扩大为目的，而沙土面积的扩大又以松树的生长繁衍为目的。但是实际上任何一方都没有资格作为一个“终极原因”而充当真正的目的，这种所谓目的与手段之间的外在关系只不过是机械因果性的另一种表达方式而已。假如我们不想陷入目的与手段之间无穷无尽的推演，通常只有一个办法，那就是以某种超自然的存在亦即上帝来说明自然的目的性，然而这样的目的就变成了神学目的论而不是自然目的论了，而且也超越了我们的认识能力的界限。因此，如果我们把一个自然事物看作目的，那么就必须满足这样的条件，即这个事物所由之而起源的因果作用不是来自外在的机械作用而是由它自身的原因所决定的，而且这种原因的活动能力是由其概念预先规定的，唯其如此，这个事物才称得上是一个目的。这就是说，一个能够当作目的看的事物一定是自己规定自己的内在目的。这种内在目的乃是一种不同于机械因果关系的特殊因果关系，因为在这里原因与结果不是分离的两个事物而是内在地结合于一个事物之中，或者说一个事物同时既是自己的原因又是自己的结果，亦即“自因”。

那么，在自然中，究竟有没有这样的内在目的呢？显然，我们在自然中所能证明其存在的只有机械的因果规律，不过也的确存在着一种仅仅用机械因果关系无法说明而必须视之为自然目的的事物，这就是“有机体”。虽然在自然中有机体的存在只不过是一个特例，但是仅仅为了说明它的存在我们就有必要引入目的概念，这就为自然的合目的性原理提供了客观的基础。因为我们只有将整个自然亦看作一个有机体或目的系统，才能合理地说明有机体这个自然的特殊产物的存在必然性。至于机械因果性原理与目的性原理之间的矛盾，只要我们将规定的判断力与反思的判断力区别开，认识到合目的性原理不是认识的“构成性原理”，而只是我们看待自然的一种“范导性原理”，那就可以得到合理的解决。

然而，自然的合目的性原理毕竟只能用来解释自然中的事物，当我们把自然看作一个目的系统而追问它的最高目的是什么的时候，这就超出了自然的界限而关涉到某种超自然的原因，因而不是自然目的论所能说明的了，康德为此提出了一种“道德目的论”来解决问题。

显然，如果我们把自然看作一个从低到高的目的系统，那么我们不仅可以追问存在于其中的事物是为了什么目的而存在的问题，而且也一定会进一步追问自然这个目的系统本身的目的亦即自然的“最高目的”（letzter Zweck）是什么的问题。自然的“最高目的”应该是自然中的一切事物都为之而存在的目的，而且是自然目的系统的顶点，这个“最高目的”只能是人。因为在自然界之中人与众不同，他可以形成目的概念，以其理性将一切有目的的东西构成为一个目的体系，并且使它们从属于他的目的之下。那么，这个最高目的在人身上又体现在什么地方呢？在康德看来，自然的最高目的就是人的文化。人这种理性存在具有一种对于各种目的的普遍“适宜性”（Tauglichkeit），他可以使自己适合任何目的，利用它们为自己服务，而人对于任意目的的适宜性亦即自由的产物就是文化。换言之，文化是人自由地运用一切自然目的的能力的产物，它是人的主观形式在客观世界中的实现。因此，人的文化是自然的最高目的，亦是自然这个目的系统进化的最高层次，自然就在人的文化之中得到了充分的自我实现。

尽管文化作为自然的最高目的仍然属于自然的范畴，但是它毕竟是自然与自由相互结合的产物，所以构成了从自然向自由过渡的桥梁。不过问题到此还没有结束，因为我们不仅要追问自然是为了什么目的而存在的（最高目的），而且还必须追问这个最高目的又是为了什么目的而存在的，如果我们不想无休止地追问下去，那么就必须为自然的最高目的确立一个自身就是目的的目的，这就是创造的“终极目的”（Endzweck），唯其如此，我们才能使自然这个目的系统得到完满的说明。由于这个“终极目的”是无条件的，所以它必须一方面具有超自然的性质，另一方面又与自然中的存在相关。这就要求自然中有这样一种存在，它既是自然存在物，同时具有不受自然限制的自由，这种存在就是人类理性。由于人类理性的自由体现在它的道德活动之中，所以自然之“最高目的”中的“终极目的”就是人类理性的“至善”。“人就是创造的终极目的；因为若是没有这个终极目的，相互隶属的目的的链条就不会被完备地建立起来；而唯有在人里面，但也是在这个仅仅作为道德性的主体的人里面，才能发现目的方面的无条件立法，因此，唯有这种立法才使人有能力成为终极目的，整个自然都是在目的论上隶属于这个终极目的的。”[①] 因此，自然的“最高目的”与创造的“终极目的”之间的关系，就是文化与道德之间的关系。康德一方面在理论理性与实践理性之间做了严格的区别，另一方面亦试图使它们协调一致，从而全面地解决了卢梭的问题。在他看来，我们可以将文化（技能文化和教育文化）看作道德意识的必要条件，只有当人类充分文明起来之后才有可能超越自然而达到自由。所以文化与道德之间的关系应该是这样的：文化作为自然与自由结合的产物，构成了两者之间的“中介”，因而文化是道德的准备条件，道德作为文化的目的则规定着它的方向。显然，由于目的论的引入，从自然、文化到道德的“演进”，使康德原本主要是静态结构分析的批判哲学融入了某种动态的生成性因素：

知　性——自然的合规律性——自然人
|　　　　|　　　　|
判断力——自然的合目的性——文化人
|　　　　|　　　　|
理　性——创造的终极目的——道德人

由此可见，自然目的论对于解决自然与自由的结合问题是有意义的，然而它又是有局限的，当它达到了自然的“最高目的”即人的文化时就无法再前进了，如果我们企图通过自然目的论推论出自然的“终极目的”，以一种“自然神学”来解决问题，那是毫无意义的。因为我们没有任何根据从有限的、有条件的自然之中找到一个无限的、无条件的“终极目的”，这样的“终极目的”只能存在于以自由为基础的理性自我立法的道德法则之中，并且以一种“伦理神学”为其根据。而所谓人的文化的“终极目的”乃是“至善”，亦即幸福（自然）与德性（自由）的最高统一，这个问题已经超出了自然目的论的界限。为了给“至善”提供本源性的根据，康德认为有必要用一种道德目的论以及由它而形成的道德神学来回答自然目的论无法回答的问题。

如果说自然目的论需要道德目的论的补充是可以理解的，那么为什么道德目的论又

---

① 康德：《判断力批判（注释本）》，第251－252页。

必须以“伦理神学”为其根据呢？因为在实践理性领域，道德法则作为理性的自律的确是无条件的，但是实践理性引发出的“至善”问题却不是单纯由实践理性自己就能够回答的，它涉及理论理性的自然领域与实践理性的自由领域的协调统一问题。理性虽然是自律的，然而其自律仅仅在实践领域有意义，对它来说，自然无论如何是一个他律的世界，而任何一个道德行为都将不可避免地落入自然之中，从而不受实践理性自己的控制。在实践理性中，康德以“公设”的方式来解决这个问题，但那毕竟只是实践理性之实现所必不可少的假设，仅仅如此还不足以保证服从必然的因果法则的自然能够满足道德法则实现的条件。因此，“我们必须假定一个道德的世界原因（一个世界创造者），以便按照道德法则为我们预设一个终极目的”[①]，既然人是为这个终极目的而生存的，这个目的就要求有一位至上的道德理性是本着这个目的而形成了他这个人和这个世界的。唯有当这个道德性的世界原因亦即上帝是存在的，我们才有理由将自然看作一个完整的目的系统，并且与我们的道德目的符合一致。于是，我们就有了一种基于道德目的论的“伦理神学”。

康德的伦理神学无疑有其神学的不彻底性，他还不可能像尼采那样从“上帝死了”的角度来思考道德问题，但是这并不意味着康德的哲学原则发生了根本的变化。德国诗人海涅曾经称《纯粹理性批判》是“砍掉了自然神论头颅的大刀”[②]，从《纯粹理性批判》到《判断力批判》，康德反对自然神论的立场并没有改变，他以一种伦理神学来取代自然神论的地位并不是为了给道德提供根据，恰恰相反，道德法则乃是伦理神学的基础。这就是说，没有以神学为基础的道德，只有以道德为基础的神学。那么，既然不是为了神学的需要，康德为什么要建立一种伦理神学呢？显然，这是康德哲学二元论的基本特征所决定的。现象与物自体、理论理性与实践理性乃至人的两重性是康德哲学的基本前提，只有在这个基础上他才能使科学知识与道德自由界限分明，各得其所。但是康德虽然以此为前提，却并不希望以此作为哲学体系的结束，因为他不仅要保证理性的统一性，而且要建立一个统一的哲学体系。道德法则以自由为基础，为了道德的纯洁性，康德排除了一切经验因素的影响而一再强调它的无条件性，但也正是因为如此，我们被迫面对纯粹的道德如何在自然中得以实现的难题。于是，保证自然与自由的协调一致就成了伦理神学的任务。

尽管康德在体系问题上下了很大的功夫，但是实际上他的哲学体系并没有得到最终的完成。建立一个完整的哲学体系的基本原则已经有了，这就是以批判为前提、以自由为“拱顶石”和基础、以道德为“终极目的”、以目的论为形式的哲学体系。然而康德似乎只是分别完成了有关的证明，而没有将它们作为一个统一的体系来加以论证。于是，哲学体系的建构就成了康德的后继者们的一项重要的工作。

人们称康德哲学是进入哲学王国的桥梁和关隘，这就是说，康德以其理性批判深入哲学的基础和前提之中。哲学之为哲学，根本上乃是一种理性的理论思维活动。在康德之前，哲学家们有意无意地把理性看作哲学思考之自明的前提，而没有对它进行深入的

① 康德：《判断力批判（注释本）》，第 266 页。
② 海涅：《论德国宗教和哲学的历史》，海安译，商务印书馆，1972，第 101 页。

考察，即便是笛卡尔将“我思”视为形而上学的第一原理，也没有对这个“我思”做进一步的分析。康德对哲学的最重要的贡献之一就是使哲学深入理性批判的维度，他要求我们在以理性进行哲学思考乃至建立哲学体系之前，先将理性本身考察清楚，以免陷入独断论的困境。在他看来，如果没有对理性的批判，我们就不可能保证任何理论的有效性。康德在他的哲学思考中始终贯彻了这种批判精神，他从不回避、讳言或者掩盖自己所面对的问题，为后来的哲学家们树立了一个光辉的典范。

康德在对理性的批判过程中所使用的方法是排除一切经验的东西，寻找某种先验的因素。在解决科学知识之普遍必然性的问题时，这种层层剥离的科学方法就为他的认识论确立了坚实可靠的基础。尽管康德的认识论思想存在着种种局限，例如他对认识的分析以欧几里得几何学和牛顿物理学是普遍必然的“先天综合知识”为基础，主要是一种静态的结构分析，没有把认识看作一个发展的过程等等，但是他那一丝不苟的科学精神至今仍然使我们赞叹不已。不仅如此，康德所做的一项重要工作就是通过批判为理性的诸功能“划界”，他以限制科学知识的方式为自由、道德和形而上学留地盘，以此来解决人类理性如何在严格服从必然的自然法则的同时仍然能够保持其自由的问题。今天，当我们为科技社会的异化问题所困扰的时候，康德限制科学知识，以道德理想为人类文明确立某种绝对的价值方向的哲学精神无疑具有深刻的启发意义。

康德哲学的魅力不仅表现在他的批判精神和科学精神上，而且表现在他对人类理性终极关怀之理想的探索之中。如果说前者显示给我们的是一种无法抗拒的理论力量，那么可以说后者给予我们的则是某种令人赞叹的崇高的情感。在《实践理性批判》的结尾处康德留给我们这样一段脍炙人口的名言：“有两样东西，越是经常而持久地对它们进行反复思考，它们就越是使心灵充满常新而日益增长的惊赞和敬畏：我头上的星空和我心中的道德法则。”①

我头上的星空和我心中的道德法则代表了康德哲学的两大主题，这就是自然与自由、感觉世界与理智世界，它们都与我们的生存意识息息相关。自然从我在外部感觉世界中所占的位置开始，并把我在其中的联系扩大到重重世界、层层星系的无限空间之中，以及体现着它们的循环运动、生成与延续的无限时间之中。每念及此，不知有多么渺小的我们，无不对这个几乎难以用语言来描述的广阔无垠的宇宙产生出某种敬畏之情。自由就不同了。它开始于我的无形的自我和人格，并把我呈现在一个具有真正无限性的理智世界之中，尽管这是只有理性才能思想的世界，然而我发现，我和这个世界的联系不是单纯偶然的而是普遍必然的，而且可以通过这个具有本体意义的世界与所有那些有形世界发生关系。显而易见，这个理智世界更令我们赞叹不已。虽然这两个世界都与我的存在有着极为密切的关系，但是它们对我的意义却截然不同。就有形的感觉世界而言，我们作为自然中的一个成员与其他一切自然存在物一样，只不过是自然无穷无尽的因果锁链上的一环。在浩瀚无边的宇宙之中，我们的家园——地球——不过是沧海一粟，一粒微不足道的沙尘，我们自己则是活动于这粒沙尘上的微不足道的渺小生物。我们不知道自己凭什么被赋予了极其短暂的生命，也不知道自己究竟何时何地将交出生命，重新加

① 康德：《实践理性批判（注释本）》，第151页。

入自然之永恒的物质循环之中去。从这个意义看人类，他仅仅是有限的自然存在物，即使他有认识能力，可以认识这个宇宙的自然法则，甚至这自然法则就是由他的知性赋予自然的，那也无济于事，因为无论如何他都是一种自然存在物，其地位与一块石头或者一棵树没有什么两样。然而就那无形的理智世界而言，情况就发生了变化。因为这样一个超感觉世界向我们表明，人不仅是自然存在物，而且是理性存在者，而作为理智世界中的一员就无限地提高了他作为人格、理智的地位和价值。在人格中，道德法则的自律性呈现出某种独立于动物性，乃至独立于全部感觉世界的生存方式，它表明作为理性存在的人具有自己为自己立法，完全由其自身决定自己存在的真正的自由。当他遵从道德法则行动的时候，他就摆脱了仅仅作为一个"物件"的他律地位，而具有了超越于一切自然存在物之上，不受自然限制的自由和尊严。当然，我们不可能从认识上来确证这个理智世界的实在性，但是在实践领域它至少可以通过道德法则所引出的"至善"而推导出来，而且这个终结目的决不仅限于今生今世的条件与界限，它使我的存在指向永恒。①

这就是康德哲学的精神。

第二节 费希特

德国诗人亨利希·海涅曾这样形容康德之后的德国哲学："德国被康德引入了哲学的道路，因此哲学变成了一件民族的事业。一群出色的大思想家突然出现在德国的国土上，就像用魔法呼唤出来的一样。"② 费希特就是被这魔法唤起的第一位真正有创造性的哲学家，他继承并推进了康德所开创的事业，成为德国古典哲学承前启后的思想大师。

约翰·哥特利布·费希特（Johann Gottlieb Fichte，1762—1814）出身于德国上劳济茨（Oberlausitz）拉梅诺村的一个乡村手工业者家庭。由于天资聪颖，9 岁时在他人的资助下开始接受学校教育。从 1780 年开始，先后在耶拿和莱比锡大学学习神学，后因失去资助，大约在 1784 年开始断续辍学，靠做家庭教师维持生计。接触到康德哲学后，他深深为之吸引，并于 1791 年前往哥尼斯堡拜谒康德，在康德的推荐下，于次年出版了《试评一切天启》一书。这部以康德道德哲学为原则批判天启宗教的著作，由于当时没有署名，因而最初被误认为是期待已久的康德本人的宗教哲学批判。经康德澄清真相后，费希特声名鹊起，被人们看作康德的继承人。

1794 年 5 月费希特应邀赴耶拿大学，接任因普及康德哲学而闻名的赖因霍尔德留下的批判哲学教席，由此进入哲学创作的第一个高峰——耶拿时期（1794—1799 年）。在此期间，他建立和完善了自己的哲学体系，在康德之后略显平静的德国思想界"造成了一个革命"③。费希特激进的民主思想和开明的宗教态度招来了保守势力对其的攻击和迫害，终于酿成了 1798 年的"无神论事件"。当时，费希特担任责任编辑的《哲学杂志》

① 参见康德：《实践理性批判（注释本）》，第 151 - 152 页。
② 海涅：《论德国》，薛华、海安译，商务印书馆，1980，第 307 页。
③ 黑格尔：《哲学史讲演录》，第四卷，第 334 页。

发表了一篇宗教怀疑论的文章，这被反动势力利用来攻击他是无神论者，迫使他不得不于 1799 年离开耶拿，前往柏林等地求职，他的哲学思想亦随之进入了后期的发展阶段（1799—1814 年，或称柏林时期），在这一阶段，除 1805 年夏被任命为爱尔朗根大学教授及耶拿会战后曾追随普鲁士政府迁居哥尼斯堡（1806—1807 年）外，费希特基本上生活在柏林。拿破仑入侵德国期间，费希特勇敢无畏、热情激昂的爱国主义讲演为他赢得了全民族的赞誉。1810 年，柏林大学创建，费希特被任命为哲学系主任，并当选首任校长。1814 年，费希特的夫人在救护伤病战士时感染伤寒，费希特被传染后，不治辞世。

费希特生前发表的主要著作有：《略论知识学的特征》（1794）、《全部知识学的基础》（1794—1795）、《以知识学为原则的自然法权基础》（1796）、《知识学新说》（1797）、《以知识学为原则的伦理学体系》（1798）、《论人的使命》（1800）、《论锁闭的商业国》（1800）、《现时代的根本特点》（1804）、《极乐生活指南》（1806）、《对德意志民族的讲演》（1808）等。后期的费希特坚持认为，只有口传心授的私人讲课才能避免不必要的误解和指责，从而不再公开出版不断加以重新阐发的知识学。这样一来，其身后留下的十多种阐述知识学的手稿和听课笔记长期不被公众了解。随着 20 世纪 60 年代以后巴伐利亚科学院版《费希特全集》的陆续出版，人们才重新发现了"另一个费希特"的重要价值。

考虑到德国古典哲学的整体走势以及费希特哲学在当时的影响，我们在此主要讨论费希特耶拿时期的哲学思想，并且简单介绍他在柏林时期的哲学活动。

一、知识学的基础

费希特是康德哲学的继承者，他深为批判哲学所引起的哲学革命欢欣鼓舞，但是也对康德哲学二元论的不彻底性深感不满。因此，当费希特说他的哲学是康德哲学彻底发挥的结果的时候，这一方面表明他对康德的崇敬心情，另一方面亦含有对康德哲学还不够彻底的批评。对费希特来说，康德哲学的正确性只是在它的结论中，而不是在它的根据中。批判哲学是不完善的，理论理性和实践理性分属两个领域，各个知性范畴也是并行排列，没有构成一个统一的有机体系。康德不仅在自我之外设定了一个不可知的物自体，而且在自我的背后亦设定了一个不可知的"我自体"，这表明康德的批判也是不彻底的。按照康德的原则，知性范畴只在经验范围内有效，然而当他声称在自我之外存在着物自体的时候，这实际上是将因果范畴非法地使用在了经验之外。在费希特看来，我们根本没有必要假设物自体的存在，知识的形式源于自我，知识的质料亦同样可以从自我之中产生出来。一个严密的科学体系必须是以一个明确无误、不证自明的最高原理，按其内在的必然性而推演出来的有机系统。于是，费希特在康德关于实践理性优先地位的原则指导下，着手来解决康德哲学的难题。

按照费希特的观点，哲学的任务是说明一切经验的根据，因而哲学就是认识论，他亦据此而把自己的哲学称为"知识学"（Wissenschaftslehre），即"科学的理论"或"关于一般科学之科学"。在认识中有两个因素，一个是物，一个是理智。如果抽去了物，就保留下了一个理智自身。如果抽去了理智，就保留下了一个物自身。因而只有两种哲学是可能的，这就是独断论（它的极端形式是唯物论）与唯心论。两者争论的焦点是，究竟应当为了理智的独立性而牺牲物的独立性，还是反过来为了物的独立性而牺牲理智的独立性。由于独断论无法说明从物到理智的过渡，无法说明知识并且将其从一个最高原理中推演出来，而唯心论能够做到这一点，因此只有唯心论的立场是可能的。当然，这并不是说所有的唯心论都是可能的，真正合理的唯心论应该是从康德哲学出发的批判的唯心论或先验唯心论。

于是，费希特便为了自我的独立性而牺牲了物的独立性，将康德的理论理性和实践理性合为一体，形成了“绝对自我”的概念。所谓“绝对自我”既不是经验的自我，也不是超验的自我，而是所有的自我意识中的先验要素，即自我意识一般。这个“绝对自我”是一切知识、经验的实在性的根据和先验的源泉，因而也是知识学的最高根据和出发点。

由此，费希特将康德的理论理性和实践理性融为一体，赋予了自我行动的功能，他称之为“本原行动”。

（一）本原行动

费希特认为，知识学要确立一切具体科学之所以成为科学的最高原理，给人类的所有知识赋予必须共同遵守的法则，因而它自身不可能从具体科学中得到证明，而只能通过自身成为不证自明、绝对可靠的思维的起点。这一起点不可能从存在或经验出发，因为经验不能给予知识普遍必然的有效性，否则就会沦为独断论，所以知识学的出发点只能在自我意识中去寻找，换言之，必须把出现在意识中的唯一确定的东西作为出发点。当我们把出现在意识中的一切可以排除掉的东西加以排除之后，剩下的不可排除的东西就是排除活动本身。实际上，这种排除活动本身已经是一种思维活动，同时也是一种意志活动。费希特把这种“在完成抽象、撇开能加以抽象的一切所留下的东西”，即抽象者本身称为“自我”。自我这一容易引起歧义的概念并不等同于经验个体的人或作为类概念的人，就连人们称为自己的身体也是自我之外的某种东西。自我的自我性是意识做出区分之前，使意识得以可能的主客统一体，是使人与其他事物区分开来而作为人的存在的根据，它是指主体的绝对的自主性、独立性或能动性。费希特有时也称这一自我概念为理智（Intelligenz）、自我性（Ichheit）或理性。他认为，引导人们学会明确思考和理解自我概念的最容易的方式就是把思考者同时作为对象来进行思考，即“我察觉我自己”。在这样的反思中，我们会发现认识的对象不过就是认识的主体，而主体除了行动之外别无所有。对知识的再反思也就是自我返回自身的行动，理智力量的这种行动总是以自身为对象的，因而是自己规定自己的。这也就是说，在自我意识中出现的自我，本质上不是意识的事实（Tat），而是使意识及其对象得以可能的东西，是造成意识事实的行动（Handlung）。所以，费希特把自我看作某种“本原行动”（Thathandlung）：“它同时既是行动者，又是行动的产物；既是活动着的东西，又是由活动制造出来的东西；行动与事实，两者是一个东西，而且完全是同一个东西；因此，‘自我存在’乃是对一种本原行动的表述，但也是对整个知识学里必定出现的那唯一可能的本原行动的表述。”①

自我对于自己的绝对能动性的肯定是不能通过概念的推演得出的，而只能在一种理

① 梁志学主编：《费希特著作选集》，第1卷，商务印书馆，1990，第505页。

智直观中达到。“理智直观对所有哲学来说都是唯一的、牢靠的观点。从这个观点出发，就能解释意识中发生的一切。”[①] 在耶拿后期，费希特之所以尝试从理智直观出发来阐释自我或本原行动，是因为一切可以说明的东西都以某个不可说明的东西为基础，自我作为产生意识事实的行动，只能加以直观，而不能用概念来说明，也无须用概念加以说明，否则它就不是第一性的东西了。此外，理智直观是对于自我返回自身的行动的直观，对行动的直观不同于对感性存在的直观，它所直观的不是经验世界中的客观事物，而是对自我的绝对的能动性或本原行动的直接意识，行动是与僵硬的存在相对立而得到解释的，它是我由以得知某物的东西。最后，理智直观是以自我自身的本原行动为对象的，直观者与直观对象是同一个东西，具有同样的力量和本质，两者处在一种不言而喻的直接同一性中。在知识学中，理智直观所直观到的是自我意识得以可能的本原行动，亦即主客同一体，因而是“前反思”、“前思辨”或“前哲学的”。在这一直观中，主体与客体、行动与思维尚未区分开，它是反思前的我思、自我意识前的自我意识，因为从经验事实上说，它是人在浑然朦胧的世界中能够说“我”“我存在”的原初的自觉；从逻辑上说，它是意识得以可能的前提。所以，“自我”、“本原行动”和“理智直观”表达的实际上是同一个东西，因为如果没有本原行动，也就根本不会发生理智直观活动。理智直观所直观到的无非就是本原行动，本原行动在理智直观中发现了自身，本原行动或理智直观才称为自我。

（二）知识学的基本原理

如果人类知识是一个统一的体系，它就应该有一个绝对第一的和无条件的原理。如果它的确是绝对第一的原理，它就只能是不可证明和不可规定的。所以，这个第一原理是一种“本原行动”，即集行动与事实、原因与结果为一身的东西，它存在于意识之中，是一切意识的基础和出发点。那么，我们到哪里去寻找这个绝对第一的原理呢？看起来，我们面临着一个永远走不出去的圆圈：如果 X 原理是人类知识的第一原理，那么在人类知识中就有一个统一的体系；既然人类知识应当是一个统一的体系，那么 X 原理就是人类知识的第一原理。在费希特看来，我们必须承认这个圆圈，不要企图跨越它，因为我们不可能走出意识之外，也不可能用外在的东西说明知识。因此，我们只能通过反思和抽象在意识中寻求这个第一原理。如果这个原理是人类知识的第一原理，那么我们从知识的任何方面入手都应该可以回溯到它。

由此出发，费希特制定了知识学的基本原理。

第一原理：自我设定自己本身。

在进行反思的道路上，我们必须从任何人都毫无异议的某类命题出发。这类命题可能有很多，自由的反思从哪一点出发都是可以的，现在我们选择最直接、最简单也是距离我们的目标最近的命题，即 A 是 A（A=A）这个同一命题开始我们的反思。

命题“A 是 A”是直截了当设定了的、大家都毫无异议地认可的命题，承认“A 是 A”不需要也不可能有任何其他的条件和前提。然而，“A 是 A”所确定的只是形式而不

① 梁志学主编：《费希特著作选集》，第 2 卷，商务印书馆，1994，第 698 页。

是内容，它只是说："如果有 A，则有 A"，至于 A 是什么，这个命题并没有告诉我们。因此，"A 是 A"所说明的不过是"如果……则……"之间的必然联系。那么，在什么条件下才有 A 呢？任何判断或命题都是自我的判断或命题，自我是下判断的"逻辑主语"，因而"A 是 A"这个命题是自我按照必然联系所进行的判断，而这个必然联系就在自我或意识之中，只能是由自我自己提供给自己的。这就是说，只要"必然联系"被设定了，而这一"必然联系"与 A 有关，是关于 A 的必然联系，那么 A 也就被设定在自我之中了。换言之，当自我按照必然联系说"A 是 A"的时候，才能有 A。

设定"A 是 A"要求作为主词的 A 与作为宾词的 A 之间具有必然的联系，两者之间有同一性，而 A 与 A 自身的同一性是以自我的同一性为前提的。这就是说，除非在自我中有某种永远同一的东西，除非存在着自我同一性，否则我们永远也不可能说出"A 是 A"。这个永远同一的东西就是"我是我"。"我是我"与"A 是 A"在形式上相同，但在内容上却是不同的。如前所述，"A 是 A"只有形式上的确定性而没有内容上的确定性，"A 是 A"并不表示实际上有 A。而"我是我"不仅确定了形式，而且也确定了内容。所以，"我是我"是无条件有效的，它表明"我是"，"我在"，实际上有我。因此，"一切意识经验的事实的理由根据就在于，在自我中的一切设定以前，自我本身就先已设定了"[①]。

自我在自身的活动中直观到自身的存在，由此确立了知识学的第一原理：自我直截了当地设定了它自己的存在。所谓"设定"（setzen）就是在意识中摆放、确立起来。自我设定它自己，也就是在意识中确定了它自身的存在。"设定着的自己的自我，与存在着的自我，这两者是完全等同的同一个东西。"[②] 因为自我的自身同一是绝对无条件的，对于自身而言根本不存在的东西，决不可能是自我。"自我就是自我"是无条件地绝对有效的，人类的一切精神活动都是以这个绝对的自我为根据的，意识及其事实就是本原行动本身及其结果。在"自我设定它自己"的命题中，设定的主体与设定的对象在作为本原行动的自我中联系起来，它们在内容上是完全等同的，而从形式上说就得出了形式逻辑的同一律——"A＝A"。在费希特看来，正是知识学的第一原理在形式上的绝对性赋予了逻辑学的同一律普遍有效性："不是命题'A＝A'充当命题'自我存在'的根据，毋宁是反过来，命题'自我存在'充当命题'A＝A'的根据。"[③]

"A＝A"表达的是从在自我中设定的东西到这种东西的存在的转移，是本原行动展开的第一种方式，由此得出了"实在性"范畴。

第二原理：自我设定非我。

知识学的第二原理是"自我设定非我"。我们仍然从一个任何人都承认是完全明确和不容置疑的最简单的命题入手，这就是"非 A 不＝A"。有人可能说这一命题是从"A＝A"即同一命题推演出来的，费希特则认为，设定非 A 显然与设定 A 是一种不同的行动，差别不可能从同一中引申出来。当然，非 A 的确以 A 为前提：一说到非 A 就已经假设有一个 A 了。由此可见，"非 A 不＝A"这一差别命题在形式上是无条件的，但在内

① 梁志学主编：《费希特著作选集》，第 1 卷，第 504 页。

② 同上书，第 507 页。

③ 同上书，第 508 页。

容上是有条件的。

设定非 A 的行动不同于设定 A 的行动，它是“反设定”（Gegensetzen），也是一种本原行动。既然第一原理设定的是自我，那么“反设定”的出现就必须对自我进行直接的反设定。然而，对自我的反设定的结果只能是“非我”。所以，知识学的第二原理就是“自我设定非我”。

非我是对自我的否定和限制，这个非我就是作为对象出现在意识中的客观世界。然而非我却是由自我设定出来的。这就证明了费希特的观点：不仅知识的形式，而且知识的内容，都是由自我“设定”而来，康德的物自体是完全没有必要的假设。

抽掉“自我设定非我”的内容，就得出了否定性的范畴。在形式逻辑中，就是矛盾律。

第三原理：自我在自身中设定一个可分割的非我与可分割的自我相对立。

知识学的第三原理是由先行的两个原理规定的。

只要设定了非我就不能设定自我，因为设定了非我就否定了自我。但是另一方面没有自我就没有非我，因为只有在自我中设定了一个自我，才能设定一个与之对立的非我。于是我们发现，这两个原理既相互矛盾又相互需要。

那么，如何把自我与非我、A 与非 A、存在与非存在、实在与否定结合在一起加以思维呢？怎样才能保证这两个原理既扬弃又不扬弃自己呢？答案只能是：“它们彼此相互制约”[①]。

应该注意的是，虽然自我与非我是对立的，但是前两个原理中的自我是有区别的。第一原理中的自我是无条件的“绝对自我”，而设定了非我之后，与非我相对立的自我则受到了限制，因而只能是有条件的自我。所以，第三原理可以这样来表述：“绝对自我”在自身中对设一个有限的非我与有限的自我相对立。换言之，有限的自我与非我从属于绝对的自我，两者的对立是在意识的同一性中发生的，从而由绝对自我统一在一起。

因此，A 部分地是非 A，非 A 部分地是 A，它们互为根据。抽掉第三原理的内容，将对立双方通过限制性概念所达到的单纯形式保留下来，就得出了根据律或充足理由律的命题形式。

现在，康德关于“先天综合知识如何可能”的问题就得到了最令人满意的解决。第三原理中对设出来的自我与非我的可分割性，已经将相互对立的自我与非我综合起来了，而且是“先验地”综合起来的。这是知识中最高的综合，其他所有的综合都必然包含在这个最高的综合之中，因而它指出了知识学以后的发展演绎的道路。

知识学的三条原理为我们提供了三种活动，或者说是同一行动的三个方面。这就是正题、反题、合题，与之对应的是“实在性”、“否定性”和“根据性”三个范畴。在此，费希特做了一项非常重要的工作，他试图将康德的消极的辩证法改造成为积极的辩证法，并且使康德静态的范畴体系表现为一个相互推演的发展过程，知识学因而也就成为“人的精神的一部实用的历史”[②]。费希特的范畴演绎为黑格尔的逻辑学勾画了蓝图，黑格尔

① 梁志学主编：《费希特著作选集》，第 1 卷，第 519 页。
② 同上书，第 638 页。

把这项工作称作费希特的“大功绩”，“是世界上推演范畴的第一次理性尝试”[①]。费希特认为，从第三原理开始，全部方法将是综合的，即在最高的综合中寻找各种对立，并且通过新的关联把它们联合起来，而这个新的关联又包含着新的对立，于是又推演出新的关联……直到最后达到统一。但是在知识学中，自我与非我是性质上的对立，费希特解决矛盾的方法却是量的方法，他主要关注的是自我与非我之间“可分割性”的量的关系：自我多一分，非我就少一分；自我少一分，非我就多一分。这样一来，他永远在对立面之间插入中间环节，把矛盾推向无限的未来。

“非我”在费希特的知识学中具有重要的意义。它相当于意识中的对象、世界或自然。虽然绝对自我是知识的形式与内容的实在性根据，但是如果没有非我，自我就只是没有任何内容的空洞的东西。自我设定非我，这个非我乃是自我实现自己的自由的场所，作为自我的对立面或障碍（Anstoß），亦可看作自我实现自身的动力。

知识学的最高综合包含了两个相反相成的命题，即“自我设定自己是规定非我的”和“自我设定自己为被非我规定的”。规定非我的自我是“实践自我”，它构成了实践哲学的基础；被非我规定的自我则是“理论自我”，这构成了理论知识学的基础。由于到现在为止“非我”还是一个没有实在性的“无”，因此必须先来赋予非我实在性，然后才能限制和规定它。换言之，我们必须首先建立外在世界，然后再来规定它乃至超越它。

所以，知识学从理论知识学开始。

（三）理论知识学的基础

理论知识学亦即通常的认识论，它的基础是“自我设定自己是受非我规定的”。它的工作是建立世界，并赋予其实在性。

既然自我是一切实在性的根据，那么非我如何有实在性来规定自我呢？

绝对自我包含绝对全部的实在性，非我与自我之间的对立是发生在绝对自我之中的，因而在绝对自我中亦包含否定性。有实在性的自我与有否定性的非我之间的统一就在于，在第三原理中，自我部分地规定自己并部分地被规定。因此，它部分地具有实在性，部分地具有否定性。而它设定多少份否定性在自身之中，也就设定多少份实在性在非我之中。于是，我们便达到了一个新的综合：通过自我的实在性或否定性的规定，非我的否定性或实在性就同时得到了规定，反之亦然。这种“相互规定”就是康德的“关系”范畴中的“相互作用”。

然而，这又产生了新的矛盾。因为“非我规定自我”表明非我自身中就有实在性，但是非我却只是否定性，不可能有实在性。因此，这两个命题扬弃自己，但又因为意识的统一性而不扬弃自己。为了解决这个矛盾，费希特引进了“活动”与“受动”的概念。非我没有实在性，然而只要自我是受动的，根据相互规定的法则，非我就有实在性。所以，当且仅当自我受动的条件下，非我才有实在性。由于自我是受动的，因而非我就是活动的，这就形成了新的综合：因果性。活动的一方是原因，受动的一方是结果。

于是，自我在同一个活动中同时既是活动的又是受动的，它同时得到了实在性与否

① 黑格尔：《哲学史讲演录》，第四卷，第 322 页。

定性。这是一个矛盾。因为自我本来是无限的，现在却有了限制。实际上，自我的宾词所表示的就是对自我的限制。例如主词即自我是绝对的活动的东西或存在着的东西，通过宾词如我思想、我努力等等，这个绝对的活动就被关闭在一个有限的范围之内了。作为主词，无限的活动的绝对实在的东西就是“实体”，而宾词对主词的限制，有条件的偶然的东西，就是“实体中的一个偶体”。这就是“实体性”范畴。

综上所述，自我按其本性是全部实在性，非我的实在性只是由自我让渡给它的。非我的活动是它接受活动转让的结果，而自我的受动则是由于它的活动的外化。所以，自我受非我所规定，实际上是间接地受自己活动的规定。自我的受动性并非真的是由非我规定的，而是自我通过非我来间接地规定自己，因而是自我“设定”自己为非我所规定。因此，理论自我的活动一方面是无限的（完全能动的），另一方面又是有限的（受动的），因为它只要一活动就总与一个非我（客体）相对立。

理论自我的认识活动是如同光一样的一条直线：A→B→C……假定它在 C 处受到了阻碍，于是向前的光就会折回来，回到出发点“看到”自己的来源。然而，光要回到起点 A，A 也要有反作用才行。所以，当光从 C 折返到 A 时，同时亦产生了从 A 到 C 的反作用。于是，我们就在 A 与 C 之间有了一个双重的自己与自己相反对的自我运动。这就是活动与受动的统一。在 A 与 C 之间发生的折返式运动中，自我意识到了自己，不过也仅此而已，它还没有意识到自身之外的东西。它要感觉到自己，就应当碰到他物，不仅反思到自己原始的活动，而且要反思到自己的反思。显然，“光”的比喻表明，自我永远也不可能直接意识到自己的活动，只能以一定的基质或事物的形式间接地意识到这一点。因此，自我的认识活动总是先来产生某种东西，然后对之有所直观，有所反思。这一过程就是自我无意识地产生世界，然后去认识世界的过程。

理论自我的认识活动包括感觉、直观、想象力、知性、判断力和理性几个阶段。

自我永远不可能直接看到，而只能通过自己的产物间接地看到自身的活动。所以，要认识自己的活动，自我就需要第一个反思，这反思带来了限制，产生了受到强制、无能为力的情感，这就是感觉。自我的第二个反思是直观，即“一种沉默的无意识的静观”。直观是自我对感觉结果的反思。在直观中，感觉的结果呈现为外来的东西，自我对这仿佛是外来的东西进行反思。对直观进行反思、把直观的结果进行模拟和再造是由想象力来完成的，由此构造出客观事物或客观世界的图形。到此为止自我还处在无意识的状态。当自我对想象力的结果进行反思的时候，开始了有意识的思维活动，这就是知性，它把前此的认识结果固定下来。知性对业已设定的对象进行自由的反思的能力就是判断力。判断力既然可以对某一客体进行抽象，也就可以对一切客体进行抽象；抽掉了一切客体而反思判断力本身的自我就达到了理性。自我在判断力中发现自己是在与自己打交道，它意识到对象的意识就是自我意识，自我从根本上说是不受任何客体规定的。于是自我就创造出了自己不受非我制约的自由，成为自我意识。这样，理论自我就从它的终点回到了它的起点。

由此可见，与其说知识学中的基本矛盾是自我与非我之间的矛盾，不如说是绝对自我与有限自我之间的矛盾。绝对自我有限化自身而成为理论自我，现在终于回到了自身，不过它还没有实现自身，只有到了实践领域它才能实现这个目的。

（四）实践知识学的基础

理论知识学探讨的是如何获得合乎真理的认识，说明客观的、自在的东西如何成为主观的、为我的东西。实践知识学则探讨如何使真理性的认识变为现实，说明主观的东西如何实现为客观的东西。

实践知识学的规则是“自我设定自己是规定非我的”。在理论自我中，自我与非我之间的关系是因果关系，而在实践自我中，自我与非我之间的关系变成了目的与手段的关系。在理论自我中表现为认识对象的自然界，现在成了主体借以达到自己目的的手段。

实践自我是规定非我的自我，因而实践活动是涉及客体的客观活动，是主观见之于客观的活动。费希特把与可能的客体相联系的自我返回自身的活动称作“努力”(Streben)，这一概念构成了自我设定非我的前提，它是实践知识学的基本概念。自我是无限的又是有限的。就自我的“努力”而言，它是无限的，或者说，它“努力”成为无限的。但是努力本身就已经包含了有限性，因为努力如果没有反努力的东西就无从努力出来。所以，绝对自我要先来设定反努力的阻碍——非我，然后去克服这个非我，实现自己的努力。在费希特看来，尽管非我的反努力给自我的理想活动设置了限制，但自我本身有一种追求实在性的冲动，能够冲破依存于非我的限制。概言之，人的实践活动就是要不断地冲破客观的限制、使之与主观相一致的无限的活动。

实践活动的有限性与无限性在人的感觉中表现出来。作为感觉者，我觉察到在我之内存在着追求实在性的内在驱动力，因而把自己设定为自由的。自我追求实在性的冲动是要去创造一种自身之外的实在性，因此是对一种完全不知道的东西的冲动，由此产生渴望的感觉。如果人的实践行动是由追求实在性的冲动所决定的，渴望就实现了，油然而生的是满足的感觉。费希特指出，没有冲动对象的单纯形式的冲动会给厌恶的感觉的出现、行动与冲动的不和谐提供可乘之机，他主张一种合乎理想的冲动，以创造冲动与行动的和谐，达到渴望的感觉与满足的感觉的综合统一。

当渴望的感觉与满足的感觉综合统一起来的时候，自我就认识到，它自己本身包含了一切实在，充满无限。这说明实践理性的最后归宿就是知识学由以建立的起点，本原行动的过程是一个首尾相接的圆圈，在这个圆圈中，康德哲学中难以消化的自在物被知识学消解了。在知识学中，自在之物“就是像我们应该使之成为的东西那样”，理论知识学在实践知识学中“才获得自己的明确界限和牢固基础”[①]。不过费希特认为，实践自我所追求的客体与主体完全一致的目标在感性世界中是不可能达到的，它只能是一个无限的努力，人的使命就是在尘世中无限地接近这个目标。费希特通过人的实践活动来说明知识学的有效性，肯定了人在认识和改造世界中所具有的能动性，但他所谈论的认识与实践的对象实际上都是相对于主体来说的，也就是说知识学要说明的是它们是如何在意识的层面上成为人的知识的对象的，至于对象本身是怎样的则被排除在知识学的考察范围之外。这是因为在费希特看来，物质在本质上是永恒的，既不能将其消灭，也不能将其重新创造，我们只能赋予或改变物质的形式，知识学只能以表象形式——只能在它们

① 梁志学主编：《费希特著作选集》，第1卷，第709、490页。

被表象的程度和方式中——穷尽人类一切精神的行动方式。① 在这种意义上说，费希特的自我是“形而上学地改了装的、**脱离**自然的**精神**”②。

费希特耶拿时期的知识学虽然消解了康德的自在之物，但是这并不意味着知识学自身就不存在问题了。实际上，自我与非我之间的矛盾在知识学中是不可能得到最终解决的。因为自我的目的是实现自己、认识自己。然而，它要实现和认识自己，就必须产生出某种限制性的东西。这样一来，知识学就陷入了矛盾之中：没有限制性，自我就永远无法成为自我，而有了限制性，自我就不再是绝对自我，而成了有限的自我，仍然不能实现其自身。另外，更为致命的问题是，当费希特坚持从自我出发构建哲学体系的时候，这个为一切知识及其对象提供实在性根据的绝对自我其自身的实在性却成了问题，因为它不过是一个纯粹的逻辑根据。如此种种，就为日后知识学的演变埋下了伏笔。

二、法权哲学

按照费希特的最初构想，实践知识学不是单纯的形式的，而是包含了丰富的内容，在实践知识学的基础之上可以建立起美学、神学、自然法权学说和道德哲学等实在的哲学学科。从本质上说，实践知识学的根本目的就是说明自由是如何可能以及如何实现的，费希特在耶拿时期最为关注的也正是有关自由实现形式的法权哲学与伦理学，前者关涉的是外在的自由，后者关涉的是内在的自由。

早在前耶拿的青年时期，费希特就以康德哲学为基础，结合天赋人权理论和社会契约论的原则，无情地抨击了封建专制制度，倡导思想自由，批驳各种反动的言论，论证法国大革命的合理性。在耶拿时期，费希特则从已经确立的知识学的原理出发，系统地阐释了法权和伦理学思想。他在法权哲学中第一次推演出个体自我的概念，认为个体的人，作为理性的存在物，不但在本质上是自由的，而且具有一种自由的效用性，即具有从事表象活动和意志活动从而使客观物质世界发生变化的能力。一个具有自由能力的个体概念是法权哲学与伦理学得以建立的出发点。作为个体的自我既是具有物质躯体的感性存在物，又是具有意志决断能力的理性存在物，而个体追求独立性、实现自由的要求又是以其他个体的自由效用性为前提和界限的，因为“人（所有真正的有限存在物）只有在人群中间才成为人……如果确实应当存在着人，就必定存在着许多人”，“社会意向属于人的基本意向。人注定是过社会生活的”③。费希特在此揭示了人的社会本质，在他看来，承认他人的主体性地位是自我意识、自由意识得以产生的最高条件，法权关系与伦理关系所确立的是一种承认关系，它是通过作为社会成员和主体的各个个体相互限制、相互要求又相互给予自由来实现的。费希特并不把主体性单纯理解为自我意识，而是赋予它现实的能动性，从而把法权和伦理关系纳入社会关系中加以考察，突破了康德伦理学的形式主义局限，为法权哲学和伦理学充实了丰富具体的现实内容。

---

① 梁志学主编：《费希特著作选集》，第1卷，第488页。

② 《马克思恩格斯全集》，中文1版，第2卷，第177页。

③ 梁志学主编：《费希特著作选集》，第2卷，第296－297、18页。

个体或主体的相互作用是通过行动表现在感性世界当中的，因此法权概念涉及的是在感性世界中表现出来的东西。法权的规则是：你要依据关于一切与你有联系的其他人的自由概念，限制你的自由。为了确保共同体中的每个成员追求自由的现实活动不受侵害，个体之间就建立起法权关系，法权概念或法权规律允许人们但并不要求人们实现自己的原始权利，并以有形的强制力量保证它所允许的权利，从而确定每个社会成员自由行动的界限，把个人意志与共同意志统一起来，使社会构成一个自我保存的整体，这个整体就是国家。国家在建立财产、保护和联合三种国家公民契约的基础上建立起由民法、宪法等组成的法制体系。民法的目的是要保障每一个公民的生存以及与之相关的一切权利，这是在确立制定宪法的原则的基础上实现的。费希特从反对封建专制的立场出发，认为制定宪法的原则是人民主权、共和政体、行政权和监督权的分立与绝对一致的意见，一部宪法只有以这四项原则为依据，才是合乎理性、合乎法权的。按照这样的宪法建立起来的国家体制越完善，它在感性世界中的运作就越不明显，这是因为国家并不是人生活的最终目的，而只是一定条件下完善社会的手段。费希特甚至预言，有朝一日所有的国家组织都将成为多余的。他的法权与国家学说既是对康德哲学的发挥，又对黑格尔哲学和辩证唯物史观的创立产生了影响。

三、伦理学

法权领域和道德领域同时作为实践的领域，它们的规律都是从最高的知识学原理中推导出来的，前者包含的是权利概念，后者包含的则是义务概念。法权所约束的是个人的随意性而不是良心，道德规律则无条件地要求履行责任。对于自由的实现来说，道德是目的，法权不过是手段。

费希特区分了三种自由，即先验的自由、尘世的自由和政治的自由。所谓先验的自由，即第一独立原因的能力，也就是康德所说的绝对开始一种状态的能力亦即“自由因”。费希特认为，这虽然是一个出色的名词解释，但是对于我们认识自由并没有多少帮助。所谓政治的自由，是指在国家中人们除了在自己给自己制定的法律之外就不承认任何法律，但法律或政治的自由还只是否定性的、消极的、外在的，它只是保证了形式上的、以随意性为动力的抽象的自由原则，还没有考虑到自由的真正实现。至于尘世的自由，在费希特看来“是一切有限精神的最终教化目的”，而这种尘世的自由实质上就是指道德的自由。这表明伦理学在整个知识学的体系中占有极为重要的地位，“因为在我们的伦理学中既在最初的发生方面表明了经验自我起源于纯粹自我的过程，也在最后的结果方面整个从人提炼出纯粹自我”，所以“伦理学高于任何其他专门的哲学学科（因而也高于法权学说）”①。

费希特所说的道德的自由就是按照绝对独立性的概念自己规定自己的能力，而独立性概念包含两个环节：能力和坚定不移地使用这种能力的规律。自我自己规定自己的自由也就是自律，这也正是康德哲学的结论。但是在康德那里，“法权概念和道德概念的实

---

① 梁志学主编：《费希特著作选集》，第3卷，商务印书馆，1997，第265、226页。

在性缺乏推演，所有的说明都把我们已具有的这种概念假定为事实”①。费希特力图证明我们不但拥有为自由而自由的目的概念，而且还有指向客观对象、改变世界的自由能力，也只有通过对自由产物的认识，我们才能确证自由理念，展示伦理学丰富的现实内容。在费希特看来，人的自由能力，既不是单纯的自然冲动，也不是纯粹的精神冲动。通过前者，我只能用来自自然的力量拥有形式上的自由，比如我是某种物理现象的发动者。通过后者，产生了以概念为根据的实在因果性，但自然的序列出现了中断。用纯粹冲动干预自然冲动的行动才是实质的自由，它既不是一个“抽象的想法”，也不混同于自然的自发性，它自己决定自己，超自然而任自然。伦理冲动就是一种混合冲动，它从自然冲动中获取它所指向的内容，纯粹冲动选取自然冲动的一部分，使之产生一种不同于自然本身本然会出现的因果性。只有把纯粹冲动与自然冲动部分地结合起来，道德使命、伦理原则在其实际的执行中才是可能的。如果只执着于纯粹冲动，执着于伦理学的形式方面，而完全不顾及自然冲动和伦理学的内容，那样的伦理学是不会向人们证明任何积极的行动的。所有单纯形式的伦理学只关注纯粹冲动，必然会导致自我的不断否定，最终消失在神秘的上帝之中，这也是一切存天理、灭人欲思想的逻辑起点。在这里，费希特把自己的伦理学与康德的道德形而上学区分开来：“只着眼于高级欲求能力，就会单纯得到道德形而上学，它是形式的和空洞的。只有把高级欲求能力与低级欲求能力综合统一起来，才能得到一门伦理学，它必定是实在的。”②

在费希特看来，物质躯体和作为意志决断的理智力量是个体自我的两个条件，这两个条件都是以绝对独立性、道德自由为终极目的的，因而，人不但是目的，也是工具或手段。初看起来，这一思想似乎背离了康德关于人是目的的根本原则，而实际上康德人是目的的原则毕竟仅仅是一个抽象的人性论原则，费希特则试图将这一原则具体化和深化。费希特提醒人们注意他的思想与康德哲学的精神实质是并行不悖的，他强调人也是工具，其目的是将终极目的实现出来，为达到人是目的的原则找到一条现实的道路，并使之贯彻到人的行为的各个环节之中去。由此得出的必然结论是：人是目的的原则只能在与他人的关系中，在个人与社会的完全和谐一致中才能得到贯彻和实现。在此基础上，费希特把道德性的形式条件——你要永远按照对于你的责任的最佳信念去行动，或者说，你要按照你的良心去行动——赋予了实质性的内容，并具体规定了人对于生命的责任、对于他人的责任、对于家庭的责任和社会各阶层应尽的责任。费希特在实践理性至上性原则的指引下，丰富和发展了康德的伦理学思想。

虽然费希特的法权理论与道德学说带有时代的烙印和他自身思想的局限性（例如他对妇女的权利、社会地位和道德价值的歧视），但总体上说，耶拿时期的知识学是对自由概念的分析和论证。费希特明确表示：“我的体系是第一个自由的体系；正如法兰西民族使人摆脱了外部的枷锁一样，我的体系使人摆脱了自在之物、外部影响的枷锁，在自己的第一原理中把人视为独立不倚的存在者。”③ 如果说康德是启蒙思想的产儿和集大成者，

① 《费希特全集》，第Ⅲ辑，第 2 卷，斯图加特，巴伐利亚科学院版，1970，第 385 页。

② 梁志学主编：《费希特著作选集》，第 3 卷，第 135 页。

③ 《费希特全集》，第Ⅲ辑，第 2 卷，第 298 页。

那么费希特则是法国革命时代的哲学家，是狂飙突进精神在哲学上的代表。如果说启蒙精神是要人们敢于运用自己的理智，那么狂飙突进的精神则是要人们敢于运用自己的自由。张扬自由，向现实突进，是费希特耶拿时期知识学的突出特征。

四、知识学的演变

以 1798 年“无神论事件”为标志，费希特的思想发生了明显的变化。费希特后期思想的变化除外在因素的影响外，深层的、学理上的原因是源于耶拿时期思想的不完善及其唯心主义的内在矛盾。

（一）知识学的根据

费希特在回应雅各比和谢林等人的批评过程中逐渐意识到，自我作为“脱离了自然”的精神实体，诚然可以作为知识学用以说明一切知识的根据，但这个给予一切知识及其对象实在性的根据本身却缺少实在性的根据。耶拿知识学的基点是作为主客统一体的绝对自我，它是一种本原行动，行动恰恰是与存在相对立的，它只是把存在设定在意识中成为知识，但知识不是实在而只是知识，一切知识都不过是实在的图像或映像。这样一来，人们在知识中似乎无法把握存在或实在的东西，而只能让一些映像在眼前浮现。可见，知识并不能从根本上消除怀疑，不能使人有充分的自信在可信者和可爱者，即必然与自由之间做出选择。费希特后期认为，人的自由意志只是有限的意志，而有限的意志要以无限的、绝对的或神的意志为根据，人性本身并不具有绝对的价值。“我存在和我思维，两者都是绝对的；两者是由于一种更高的根据而相互和谐的。”① 自由因而不再是人的最高目的，而只是达到宗教信仰的可能条件。善良意志、道德规律不再是终极性的了，而只是把人引向超凡世界的指导。

在对知识学根据的进一步探讨中，费希特认识到，一切知识不过是图像，图像和事物本身是有区别的。我们诚然可以像在耶拿知识学原理中证明的那样，拥有关于绝对的自明性的知识，但是这种知识并没有超出认知而达到绝对。绝对之为绝对是无规定、无限制的，而对于绝对的知识却总是对绝对的规定和限制，所以也就不再是绝对的了。知识的对象原本是以自身为依据的绝对，但是当绝对以知识的形式进入我们的意识的时候，它就不再是绝对了。绝对是光，绝对知识是光的照亮作用。绝对是知识的原始根据，知识是绝对的表现或现象。费希特在不断改进知识学的过程中，先后把知识学的最高根据看作绝对知识、绝对存在，最终又把绝对等同于上帝，从而使得后期的知识学经由万殊归于一本的“真理论”和一本导出万殊的“现象论”而走向了“宗教学”。费希特认为他晚期的知识学可以用基督教的三位一体教义来加以说明。《约翰福音》一开始就说：“太初有道，道与上帝同在，道就是上帝。”费希特说：“我想用我的语言把这三段经文总结如下：上帝的在场同上帝的内在存在一样是原初的，前者是与后者不可分离的，甚至是完全一样的；上帝的这种在场就其固有的内容而言必然是知识；只有在这种知识中，世

① 费希特：《论学者的使命·人的使命》，梁志学、沈真译，商务印书馆，1984，第 77 页。

界与世界里存在的一切事物才变成了现实。”[①] 世界出于知识，而知识本于绝对，这就是知识学改进的结论，也是费希特为人们描画的世界的终极图景。知识学从此成为宗教哲学，成为《约翰福音》的哲学诠释。知识学在具有了“思辨的最高实在性”的同时，也就摘掉了主观唯心主义的帽子，披上了客观唯心主义的外衣。

（二）宗教哲学

在早期的思想中，费希特反对把上帝看作人格神或某种实体的蒙昧主义观点，坚持康德主义的宗教观，从道德的观点来把握宗教，将上帝看作能动的道德秩序，认为道德和信仰绝对是一回事，两者都是对超感性东西的把握，前者是通过行动，而后者是通过信念。然而，费希特在后期的思想中则不断重申，一切相对、有限的东西都是以一个绝对、无限的东西为根据的，它是生活和一切行动的源泉，因此生活的意义和目的就是去爱和思想作为绝对的上帝，认为这是人们通往极乐生活的唯一正确的道路。也就是说，“本真生活及其极乐，就在于同不变的、永恒的东西合而为一”[②]。据此他划分了五种世界观或精神生活发展的五个阶段：最低级、最蒙昧和最肤浅的观点是执着于感官世界的感性世界观；较为高级的是法律世界观；更高的阶段是道德世界观、宗教世界观和知识世界观。后三种世界观没有高低之分，它们都是以上帝为对象的，区别只在于：道德世界观是实践的、鼓励人行动的观点，后两者则是单纯注视和直观的观点，知识最终扬弃了宗教世界观信仰的局限，使宗教崇拜的对象上升为直观的知识。这样一来，知识学从本于人的自由能动性的伦理人类学就转向了以绝对或上帝为本的道德神学或宗教学。“在宗教学中，确切地说，在虔诚的宗教生活中，一切纯粹的伦理学和法学都消失殆尽。宗教学包含一切，它把一切都包含在自己里面。”[③] 于是，费希特曾经满腔热忱地加以论证的“太初有行”的时代精神，重又被他颠倒为太初有神的教条。

当然，费希特后期的思想并没有完全否认人的行动与自由的意义，只不过人的自由与行动要以绝对或上帝作为目的和根据。费希特所说的绝对存在或上帝完全是自在、自因、自为和能动的生命，神圣存在的生命力量是在人的自由行动中表现出来的。神其明之，存乎于人。“就像存在是在神圣的生命中展开和穷尽的一样，具体存在或神圣生命的表现也是在整个人的生命中展开，并通过整个人的生命穷尽的。于是，神圣的生命就在其表现中变成了一个无限地向前发展的、在内部活力的等级方面日益上升的生命。”[④] 这也就是说，人的自由行动、道德规律在费希特的后期思想中依然占据举足轻重的地位。

（三）国家学说

随着知识学立场的变化，费希特对于国家、社会的看法也趋于保守。在耶拿及其以前的思想中，费希特从激进的民主主义立场出发，把国家看作保障个人权利和自由竞争、自由发展的管理机构。而在 1800 年发表的《论锁闭的商业国》中，费希特更重视国家在

---

① 梁志学主编：《费希特著作选集》，第 5 卷，商务印书馆，2006，第 90 页。
② 同上书，第 20 页。
③ 《费希特全集》，第Ⅱ辑，第 7 卷，斯图加特，巴伐利亚科学院版，1989，第 381 页。
④ 梁志学主编：《费希特著作选集》，第 4 卷，商务印书馆，2000，第 346 页。

敦风化俗、增进精神力量方面的伦理意义。在他所设想的理性国家中，政府掌握全部的劳动组织权，调节各阶层之间的关系和数量。劳动是公民的基本权利和义务，国家要保证每个公民都有工作可做，每个公民都能从国家的全部收入当中获取他应得的劳动报酬。从事劳动的公民包括三个阶层，即农民、工人和商人，他们分别承担生活资料的获取、制作和流通的工作。他们各安其位，各尽其职，同时又有闲暇陶冶性情。国家不但控制生产，而且控制贸易，以保证生产资料的供应和产品的销售。在这样一个锁闭的国家里，个人的对外交往切断了，奢侈品的进口受到了限制，公共福利有了保障，饥荒消除了，国家的内外安全得到了巩固，民族精神因而也就得到了净化和凝聚。

费希特还揭示了国家发展的一般规律。他认为国家最初的形式是专制的，国家成员分为统治者和被统治者，他们之间是绝对不平等的。第二种形式是法治的，所有人在权利上是平等的，但还存在着许多现实的不平等。第三种形式是绝对的，所有人在权利和财产方面是普遍平等的。

虽然费希特的那种由国家来控制生产和贸易的国家观曾被视为社会主义的观点，但从社会发展的客观进程来看，随着资本主义的发展、壮大，这种闭关锁国的思想无疑是一种倒退。这是由德国落后的社会现实与德国资产阶级的软弱决定的。普鲁士在反击拿破仑的战争中的失败使费希特更加进一步强调国家的伦理性质。他认为军事上的失败虽然与德国经济落后、政治分裂、军械粗劣有关，但更主要的原因是精神的颓败和道德的堕落。因此，德意志民族国家统一和复兴的唯一出路在于，依靠自己的文化传统和道德信念，振作精神，奋发图强，只要精神上能够胜过敌人，就能够在其他方面取得胜利。这时，费希特把发展文化教育事业、提高国民的道德境界看作国家的根本任务。高尚、纯洁的道德在一个国家内部的实现又推及其他国家，最终就能实现伦理世界的秩序。费希特的这种观点既反映了当时德国现实的政治要求，也是从他的历史发展观中得出的必然结论。

（四）历史哲学

按照费希特后期知识学的观点，绝对或上帝是化育万物而自隐的，它本身是超越时空的，凭借着在时间中发展它所预设的对象来显现自身，人类的历史实际上就是运用自己的自由能力认识绝对知识或理性，从而展示神圣存在、神圣规律的历程。因此，“人类的世俗生活的目的，就是人类在这种生活中自由地、合乎理性地建立自己的一切关系”①。这就是费希特为历史哲学奠定的基石。以此为准则，他把人类历史的发展逻辑或宇宙蓝图的实现过程划分为五个基本时期：（1）人类无辜的状态。在这个时期，理性是通过自然规律和力量发挥作用的，人类按照这种不自觉的理性本能安排自己的内部关系，过着天真无邪的生活。（2）恶行开始的状态。少数强者的理性本能变成了外在的权威，他们制定各种思想体系，建立外在的强制机关，发号施令，要人们盲目信仰和服从。（3）恶贯满盈的状态。每个人都从自身出发，摆脱专制的权威，也摆脱理性本能，漠视一切真理，无拘无束。在这一时期，一方面，自私自利被视为美德；另一方面，活生生的理性

① 梁志学主编：《费希特著作选集》，第4卷，第437页。

开始以自觉的形式出现。（4）说理开始的状态。理性以科学的形态广播于世，真理作为至高无上的东西得到承认和喜爱。不过，理性在这一时期还缺乏有效的手段和娴熟的技艺。（5）说理完善和圣洁完满的状态。在这个时期，人类不仅掌握了理性科学提供的规律，而且发展出一套以理性为准则建立人类一切关系的技艺，国家自觉地、有计划地致力于完成理性提出的任务。这样，人类就以自由的、合理的行动建立起一个理想的社会。在这个社会里，大家都自由平等，人人为我，我为人人。费希特认为，如果人类实现了理想社会，实际上也就是复归到完全受理性控制的原始状态，只不过这是通过人类运用自己的自由力量自觉实现的。尘世生活的目的一旦达到，人类就将进入永恒的、超尘的世界。

费希特所勾画的历史发展逻辑是，人类文明的历史是从本能、盲目地运用理性到自由、自觉地运用理性的历史，也是理性由盛而衰又由衰而盛的历史，而介乎黑暗与光明、强制与自由之间的阶段就是第三个时期，费希特把自己所处的时代就归属于这样一个时期。他从德国的现实出发，严厉地批判了这一时期在科学上存在的狭隘的经验主义、政治上的封建主义、道德上盛行的自私自利的个人主义和对于宗教的幸福主义理解，号召人民奋发图强，向旧时代告别，实现民族解放与复兴。

费希特的一生及其思想是极其真诚的，充满了激情和使命感。尽管知识学存在着明显的变化，但自由原则始终是其思想的核心，只不过在后期的知识学中，自由的原则有了一个神圣的目标，而这个目标是通过自由原则实现的，因此在本质上是与自由原则相同一的。他所张扬的主体能动性，自由的、改造现实的精神，他为辩证法开辟的积极的方向，不但为“狂飙突进”运动做了哲学上的论证，得到了浪漫派的回应，更催生出了谢林和黑格尔的哲学。

第三节　谢林

弗里德里希·威廉·约瑟夫·谢林（Friedrich Wilhelm Joseph Schelling，1775—1854）出身于德国符滕堡莱昂贝格（Leonberg）一个新教牧师家庭。他少年早慧，15岁便获准破例进入图宾根神学院，与年纪较长的黑格尔和荷尔德林同窗。在这期间，法国大革命和康德、费希特哲学给予青年谢林非常大的影响。1795年毕业后担任家庭教师，并开始研究维柯和斯宾诺莎哲学。1798年受聘为耶拿大学编外教授，讲授自然哲学和先验哲学，他的哲学创作随之也进入了鼎盛时期，形成了自己的哲学思想。1803年至1806年任维尔茨堡大学教授，1804年发表了《哲学与宗教》，以此为标志，谢林的思想日益趋向宗教神秘主义。1806年迁往慕尼黑，被任命为巴伐利亚科学院院士和造型艺术科学院秘书长。1820年至1826年任爱尔兰根大学教授。1827年重返慕尼黑，被任命为国家科学中心总监和慕尼黑大学教授，并被推举为国家科学院院长。1841年应普鲁士国王的邀请前往柏林，执掌黑格尔逝世后留下的哲学教席，讲授神话哲学与启示哲学，并担任柏林科学院院士和普鲁士政府的枢密顾问官，1854年死于赴瑞士的旅行途中。

谢林一生的学术与政治生涯大体上可以分为对比鲜明的两个时期：充满理性主义激

情的真诚的青春思想和后期的宗教神秘主义哲学。谢林自己把他早期的思想概括为同一哲学，它包括阐释绝对从客观到主观的自然哲学和阐释绝对从主观到客观的先验哲学两部分，晚年主要讲授神话哲学与启示哲学。他生前发表的主要著作有：《自然哲学观念》(1797)、《论世界灵魂》(1798)、《自然哲学体系的初步纲要》(1799)、《先验唯心论体系》(1800)、《对我的哲学体系的阐述》(1801)、《布鲁诺：论事物的神神性原理和本性原理》(1802)、《哲学与宗教》(1804) 等。1809 年发表《论人类自由的本质及相关对象》之后，谢林再也没有公开出版过专门的哲学著作，这一方面是因为他对自己不断变化和修改中的哲学阐述一直不甚满意，以至于先后两次撤回了即将付印的《世界时代》；另一方面，他将大部分精力投入神话哲学、启示哲学及“哲学导论”和近代哲学史的授课活动中。包括《世界时代》的残篇及晚年关于神话哲学与启示哲学讲义在内的共计 14 卷的全集由谢林的儿子 K. F. A. 谢林于 1856 年至 1861 年编辑出版。

谢林最初是费希特的追随者，他同意费希特的观点，即哲学应该是从最高的统一原则出发按照逻辑必然性推演出来的科学体系，但是他意识到费希特哲学存在着很大的局限性。费希特消除了康德的二元论，抛弃了物自体，以绝对自我为基础和核心建立了一个知识学的体系，然而他的哲学体系缺少坚实的基础，因为在自我之外仍然有一个无法克服的自然或客观世界。在谢林看来，绝对自我不足以充当哲学的最高原则，因为它始终受到非我的限制。首先，费希特认为自我无意识地设定非我，这种观点是自相矛盾的。自我之为自我不可能是无意识的，如果它无意识就不是自我。其次，自我与非我是相互限制的，因而所谓绝对自我是有条件的，实际上并不绝对。一方面，没有自我就没有非我；另一方面，由于非我是自我实现自身的需要和场所，因而没有非我也就没有自我。按照谢林的观点，哲学的最高原则既不是自我也不是非我，既不是主体也不是客体，而是超越于自我与非我、主体与客体的“绝对”。于是，谢林改造了斯宾诺莎的实体学说，以自然哲学来弥补费希特知识学的缺陷，建立了一个客观唯心主义的哲学体系。

一、自然哲学

谢林虽然是作为费希特哲学的信徒走上哲学舞台的，但是从一开始他就有着与费希特不同的哲学旨趣和思想倾向，这种差异决定了谢林哲学的独特地位。正如德国现代哲学家海德格尔所说，从 1794 年发表第一篇哲学论文开始，在以后的十几年中，谢林每年都有一部或多部哲学作品问世，这些著作将费希特的唯心论带入了一个全新的领域，并将一般唯心论引向了一条崭新的道路。[①] 如果说费希特主要关注的是自我、主体或人的问题，那么对自然、客观世界的重视则成为谢林哲学的发源地与生长点，这也是谢林为德国古典哲学开辟的一个重要的领域。

青年谢林最初是沿着费希特“自我设定非我”的唯心主义路线来构想哲学的可能性的，他批判康德哲学的物自体，认为主体驾驭着客观世界。但是，斯宾诺莎的实体思想促使他认识到，知识学还不是全部的哲学，如果说它阐述了绝对在主观世界中的变化形

① 参见海德格尔：《谢林论人类自由的本质》，薛华译，辽宁教育出版社，1999，第 4 页。

态，那么另一个变化形态则表现在客观世界中。于是，谢林不再把非我看作由自我设定的，而是把自然看作与自我一样自身就具有实在性的东西。这样一来，自然哲学就成为哲学不可或缺的组成部分。自然哲学不像自然科学那样仅仅着眼于自然的表面与外在的客观事物，只考察自然界的局部现象，而是把自然看作一个整体，着眼于自然的内在的动力结构和普遍原理，探究自然之为自然的构成条件。因此，谢林把自然哲学称为“思辨的物理学”，它为自然科学提供前提和准则。

按照谢林的观点，自然是喑哑的或无意识的理智，即尚未成熟的理智，因而在它的现象中仍然无意识地透露出理智特性的光芒。一切自然科学的必然趋向是从自然出发而达到理智的东西，它们的最高成就就是把一切自然规律完全精神化，亦即形成科学的理论体系。所以，自然哲学乃是一个主观性不断增长的过程，它所阐述的是无意识的理智由“原始冲动”而两重化，在同一与差别的矛盾的推动下，从“质料”“无机物”到“有机体”，最终产生精神的发展过程。

因此，自然哲学并不是从现存的自然对象开始，而是从对象的构成亦即从创造性的构成活动开始的。在谢林看来，构成活动是一切客观东西的原则，也是自然哲学的思辨原理，具体的存在只是构成活动的一种特定形式或限制。自然仅就它是生生不息的构成活动本身而言，它是纯粹同一的；但在自然的这种创造性活动中包含着两种相互对立的趋向：肯定的趋向与阻碍它的否定的趋向，这就是自然的两极性。谢林通过同一性的两极性与两极性中的同一性来表达自然界中占统治地位的矛盾规律，它是构成自然界发展和创造的原则，从而使旧形而上学的超自然的“第一推动力”变成了没有必要的摆设。谢林在总结自然科学发展新成果的基础上，力图从自然本身出发来理解自然界，认为自然的发展经历了质料、无机物和有机体三个主要阶段，各种运动形式是相互联系并最终统一的，不存在孤立的运动形式，自然是普遍联系的整体。他明确意识到矛盾是运动的源泉，贯穿于整个自然中的是一种普遍的二元对立，“极性规律”或对立统一是“普遍的世界规律”，是自然哲学的第一原则：“对立在每一时刻都重新产生，又在每一时刻被消除。对立在每一时刻这样一再产生又一再被消除，必定是一切运动的最终根据。”①

在质料阶段，引力和斥力构成了天体起源和物质运动的动力。引力表现为客观、物质或自然的方面，斥力表现为主观、自我或精神的方面，两者不但是物质和精神的共同基础，而且还制约着人类精神活动的过程。引力把外在世界的运动变化凝聚到内在的感觉世界，构成内部经验，是时间的先天基础；斥力向外在世界运动，构成外部经验，是空间的先天基础。

二元对立推动着无机界向有机界运动和转化。“正是普遍的二元对立，从磁的两极性开始，经过电的现象，变为化学的异质性，最后又在有机自然界表现出来。”② 在磁的现象中，对立存在于同一个物体中；在电的现象中，对立存在于不同的物体中；化学现象是磁和电的统一，彼此对立的物体相互作用的结果是回复到同一，即物体的无差别性。

---

① 谢林：《先验唯心论体系》，梁志学、石泉译，商务印书馆，1976，第 148 页。

② F. W. J. Schelling, *Sämtliche Werke*, Vol. 3, hrsg. K. F. A. Schelling (Stuttgart und Augsburg: Cotta'sche buchhandlung, 1857), p. 258.

磁、电、化学现象构成了运动过程的上升的层次序列。

无机运动过程的完全实现就是有机过程的开始。有机生命并不是与其他物质现象并列的另一种物质现象，而是无机物发展的完善形式，它既具备了一切无机过程，又不同于无机过程。在谢林看来，无机物的特点是机械性，它受直线因果序列的支配；有机体的特点兼具机械性和目的性，是机械性和目的性的统一。因此，“这个自然界虽然是盲目的自然力量的产物，然而又是彻里彻外合乎目的的”①。谢林力图以此来解决康德试图调和的机械论与目的论的矛盾，因为在他看来，在有机体中，整体先于部分，部分是由整体产生的，自然的整体性在有机体中得到充分的表现。如此一来，康德在反思判断力中视为调整性原则的机械性与目的性的和谐一致，由谢林在自然界本身中找到了根据。

自然哲学的真正目的是赋予自然规律精神的意义，使之成为直观和思维的规律，在谢林看来，“完善的自然理论应是整个自然借以把自己溶化为一种理智的理论”②。谢林把整个自然看作一个巨大的生命有机体，贯穿其中的是一种统一的创造性力量，即“世界灵魂”，自然产物的持续进化正是“世界灵魂”从不自觉到自觉的表现。自然界的发展本身就是一个从客观向主观过渡和运动的精神化过程，从自然出发达到心智是自然哲学的必然趋势。自然哲学从客观的东西出发，在揭示自然本质的过程中，物质的外壳逐渐消失，留下的只是规律、形式等精神性的东西。谢林在自然哲学中明确表述了自然界具有能动性、创造性和变化发展的思想，认为“自然应该是可见的精神，精神应该是不可见的自然”③，自然界从一个阶段向另一个阶段的发展运动，是从无意识的东西向有意识的东西的逐步转化。物质只是自然实现自己过程中的低级阶段，它是死寂的、无意识的，是一种尚不成熟的理智；意识则是自由的、有意识地产生的理智，自然本身就孕育着生命与精神，生命与精神是自然界运动和发展的产物，并且自然借助理性或精神才第一次回复到它自身。谢林的自然哲学不再像知识学那样把自然、非我看作由自我设定的，而是把自然看作精神的无意识的阶段。

谢林的自然哲学以有机的和辩证的整体观念为一向由机械论占统治地位的科学界带来了一股清新的空气，不仅使科学家们发现了一种不同以往看待自然的全新方式，而且为浪漫派崇尚自然的情感提供了哲学基础。它补充和修正了费希特哲学忽视客观、自然的局限，成为德国古典哲学从主观性向客观性过渡的关键环节。更为重要的是，谢林运用概念、理性的形式来说明自然界多种多样和千变万化的本性，把自然界描绘成一个在对立发展中有机联系着的、逐级上升的整体，将普遍联系、对立统一的方法运用于对自然哲学的考察，从而第一次系统阐释了自然的辩证法，丰富和发展了辩证法思想，被黑格尔称为近代自然哲学的创始人。谢林自然哲学的独特价值还在于，尽管其自然哲学的辩证法思想为黑格尔所继承和发展，但是，黑格尔只是把自然看作绝对精神的异化形式，从而从根本上否定了自然界的发展变化；而谢林则是从自然本身出发，用普遍联系和矛盾对立的观点来看待自然界的发展。如此种种，使谢林的自然哲学受到了各界人士的热

---

① 谢林：《先验唯心论体系》，第 257 - 258 页。

② 同上书，第 7 页。

③ F. W. J. Schelling, *Sämtliche Werke*, Vol. 2, hrsg. K. F. A. Schelling (Stuttgart und Augsburg: Cotta'sche buchhandlung, 1856), p. 56.

烈欢迎，缔造了德国自然哲学的黄金时期。

当然，自然哲学只是哲学的一部分。哲学的另一个主要组成部分是先验哲学。

二、先验哲学

自然哲学从客观出发，描绘的是从自然到精神的历程。先验哲学从主观出发，研究的是精神生活的发展，即从主体到客体、从精神到自然的创造过程。

谢林把先验哲学称为“关于知识的知识”，而“一切知识都以客观东西与主观东西的一致为基础”①，也就是说，在先验哲学中，主观的东西与客观的东西是统一的，两者同时存在，是一个东西。这种直接的同一性存在于自我意识中，自我意识是先验哲学的出发点，对客观东西的意识不过是自我意识对自身活动的限制，“纯粹意识在用各种方式加以规定和限定时就得出了经验意识”②。因此，对先验哲学来说，“主观的东西是第一位的东西，而且是一切实在的唯一根据，是解释其他一切的唯一原理”③。在谢林看来，任何真正的哲学体系都必定在自身内具有自己存在的根据，先验哲学也不例外：“先验哲学家并不过问在我们的知识之外可能会有我们知识的什么最终根据，而是只问在我们知识自身内我们不能超越的最终东西是什么？他在知识之内寻找知识的原理。”④

按照谢林的观点，先验哲学的根据只能是这样一个“点”，在这个“点”内，同一的东西与差别的东西是同一个东西，如果知识中没有这样一个“点”，表象与对象就不可能符合一致。于是，谢林像费希特一样，首先从“A＝A”的同一命题入手来寻找同一与差别一样的“点”。

毫无疑问，“A＝A”或“A是A”是最简单的命题，它实际上只是从形式上说明了A与自身的同一性，但是并没有说明A的存在。那么，A是从何而来的呢？这个问题显然需要由一个更高的命题来回答。因为当我们说“A＝A”时，乃是以A的综合，即确定A的存在为前提的。在谢林看来，这个更高的命题就是“我＝我”或“我是我”。换言之，“A＝A”以“我＝我”为前提，亦即以“思维的同一性”为前提：当我说“A＝A”时，我是在把作为主词的A与作为宾词的A结合在一起，这要求思维与自身的同一性。于是，我们就找到了知识中的那个“点”，这个“点”就是“我＝我”，即“自我意识”。在费希特那里，“我＝我”只是自我设定自己的同一性命题，需要设定非我才能有差别命题。谢林则认为，在这个“自我意识”中就包含着同一与差别的统一，因为“我＝我”乃是自我以自身为对象，一方面有同一性，另一方面作为主词的我与作为宾词的我亦表现为差别性。所以“自我意识”本身就是同一与差别的统一，因而这个“同一命题”其实也是“综合命题”。

因此，自我意识就是知识中的最高原则，它是唯一可能的同一而综合的命题。所以，就像在自然哲学中自然的统一体表现为原始的两重性一样，在先验哲学中，自我意识在

---

① 谢林：《先验唯心论体系》，第6页。

② 同上书，第40页。

③ 同上书，第9页。

④ 同上书，第20页。

同一性中表现出一种原始两重性，反之，亦在原始两重性中表现出同一性，这就构成了先验哲学发展的内在矛盾运动。因而，自我意识是先验哲学的最高根据，一切先天综合知识都是从这个最高的综合中产生的。

先验哲学以主观的东西为对象，从考察理智活动开始，描述了自我意识的历史，它包括三个阶段：理论活动、实践活动和艺术活动。

（一）理论哲学

理论哲学的任务是说明“表象何以能够与完全独立于它们而存在的对象绝对一致”，谢林对此的解决是把认识活动看作自我意识内对立不断发生又不断同一的过程。在自我意识的纯粹活动中存在着两种对立的活动，一种是起限制作用的，一种是被限制的，前者构成了主体意识，后者构成了客体意识，两者在自我意识的综合活动中联系和统一起来。谢林把主体与客体的对立看作推动认识活动前进的动力，“假如自我中没有对立，那么它里面一般地就根本不会有运动，不会有创造，因而也不会有什么创造物了”[①]。在他看来，主体与客体的对立是绝对的，只有借助于第三种活动才能实现对立的统一，而认识正是主客对立不断发生又不断解决的无穷序列。谢林把在这一序列中主体返回客体的过程划分为三个阶段：从原始感觉到创造性直观，从创造性直观到反思，从反思到绝对意志活动。原始感觉、创造性直观和反思构成了认识的主要发展阶段。

感觉是最简单、最基本的认识活动，在感觉阶段的初始，主客的对立还没有明显地表露出来，这是认识的无意识的阶段。感觉是自我直观到自身受到限制，但处在感觉状态的自我并没有意识到这种限制是由自我意识活动产生的，只是在感觉中有了直观的自我与被直观的自我的二元对立。被直观就是被限制，感觉就是在限制状态中的自我直观。

感觉中的原始对立由第三种活动，即直观活动结合起来，谢林把这种直观称为比感性直观更高级的创造性直观，即一种理智的直观。在这一阶段，自我的创造活动是有意识地进行的，它是知识产生的关键。创造性的直观分为外直观和内直观，亦即“空间”与“时间”。在创造性的直观中，自我作为进行感觉的主体变成了自己的对象，这同一个对象在空间上就表现为“实体”，在时间上则表现为“偶性”。对象在空间与时间中的存在，即“实体”与“偶性”，本来是同一个对象的两方面。当我们把这两方面看作分离的时候，构成一个对象的活动，就是“原因”与“结果”。然而，如果两者不能相互作用，对象的两个方面就不能相互设定。所以，“因果性”并不是先设定一方再来设定另一方，而是同时设定，这就是“交互作用”。由此可见，谢林像费希特一样，试图将康德的范畴表改造成为一个逻辑推演的有机体系。

自我在创造性的直观中还没有达到对自身的直观，这一目的是在自由的反思活动中实现的。从知识的角度看，谢林在反思阶段推演出知识的基本概念和范畴，揭示了概念的起源；从实在的角度看，客观世界及其产物和现象的全部多样性作为中间环节存在于反思意识当中。反思的第一个条件是抽象，抽象是自我行动与被创造的东西的分离，由此产生了概念与对象的分离；分离的概念与对象在判断中，通过从感性上加以直观的范

---

① 谢林：《先验唯心论体系》，第 58－59 页。

式成为彼此等同的。意识与对象由此达到同一。

至此，知识的先天综合性就被演绎出来了：我们的知识既是彻底经验的，也是彻底先验的，因为它们是从自我之中由自我同时产生同时构成的。显然，在知识问题上，谢林的观点与康德不同，他不认为知识的先天性来源于先于认识的先天认识形式，而主张形式与质料、概念与对象乃是同时由自我构成的，因而带有费希特知识学的浓厚色彩。

反思活动中的绝对抽象是理智自己决定自己的行动，而“理智只有以意志活动为中介，才会自己成为自己的对象”①。这也就是说，认识的最高目标只能通过实践活动才能实现，先验哲学由此从理论哲学进入实践哲学。

（二）实践哲学

实践哲学是从这样一种原始信念出发的：“在我们心里不是必然地而是自由地产生的那些表象，能够从思想世界过渡到现实世界，并能得到客观实在性”②。如果说理论哲学说明的是按照世界的本来面貌认识世界，实践哲学则要说明按照主体的表象来改造和塑造客观世界。谢林接受了费希特的观点，认为理智活动是必然的和有限的，意志活动则是自由的和无限的，介于两者之间、构成从理论到实践的桥梁的是想象力。想象力所想象的对象总是有限的，但想象活动本身却是无限的，由此产生了理想与现实的冲突。理想与现实的对立直接产生了把实际存在的客体转化为应该存在的客体的冲动，因此，实践活动就是自我永远不断地谋求理想与现实相一致的活动，这一活动表现在时间中就是人类的历史。由于实践的目标永远不可能真正在现实中实现，因而人类的历史也就是一个无限地向目标逼近的进程。

谢林确信人类能够并且应该自己创造自己的历史，整个人类历史就是由人的自由行动构成的，自由是人的生命本质之所在。但自我按照理想改造和塑造客观世界的自由活动是在社会中进行的，“我的一切行动所指的最终目标，就是单靠个人不能实现，而只有靠整个族类才能实现的某种东西”；因为除了承认其他理性存在物的存在之外，没有人能够证实自己是理性存在物，“在各个理性生物之间通过客观世界的媒介所发生的相互作用还是自由的条件”③。这样一来，各个理性存在物追求理想的自由活动就要通过道德和法律来加以调节。虽然谢林坚持康德所确立的道德自律的实践理性原则，把道德看作人们自觉地调节相互之间自由与欲望的准则，但是他在这里把人的自由仅仅理解为主观行动的任意性。与此同时，他也认识到康德单纯形式主义的道德学说缺乏必然性的强制力量，因此特别重视法治的作用。谢林认为，当个人的行动超过了正当的限度，就要受到他人意志的约束和制裁，法律制度就是建立在意志的相互制约的基础之上的。法律的强制作用实际上只是限制自然人的私欲，而不是理性人的自由，法治恰恰是自然人向社会人、理性人、自由人过渡的手段。据此，谢林把法治称为人的意志在第一自然的基础上建立起来的第二自然，人类的历史就是法治逐步实现的历史，就是朝向完善的国家目标不断

---

① 谢林：《先验唯心论体系》，第189页。

② 同上书，第13页。

③ 同上书，第246、234页。

前进的过程。谢林不是把科学艺术的发展，而是把实现法治状态的程度看作衡量历史进步的标准，认为普遍的法治状态是自由的条件，从而把康德和费希特只能内在地（在道德领域）加以实现的自由外在化，为黑格尔做出“国家是自由的实现”这一论断提供了逻辑前提。在完善的国家中，一切人都是公民，人人自由平等。谢林继承了康德关于世界公民、永久和平的思想，认识到一个国家的法律制度不是孤立的现象，从而提出完善的国家只有在一个由所有文明民族组成的、共同服从同一个法律的国家联盟中才能实现。

普遍的法律制度如何产生的问题促使谢林认识到，人类的历史是必然性与自由的统一。普遍的法律制度是自由的条件，但这种制度又是依靠自由来实现的，这是一个矛盾。解决这个矛盾的唯一途径是把自由看作同时包含着必然性，也就是说，自由应该是必然的，必然性也应该是自由的。所谓自由是有意识的，而必然性则是无意识的；有意识的东西通过意志活动会产生出意志并没有企求过的、无意识的东西，这种结果甚至是通过意志活动本身永远不可能实现的。人的行动就其本身来说是自由的，但行动的最终结果又依赖于一种必然性，“这种必然性凌驾于人之上，甚至于操纵着人的自由表演”①。谢林没有简单地把这种隐秘的必然性归结为天意或命运，而是在人的行动的社会性中寻找自由与必然性相统一的根据，他清醒地认识到：“我的行动的成果不是取决于我自己，而是取决于所有其他人的意志”②。一方面，整个人类历史充满个人的各式各样的自由表演，任何事情的发生都是有意图和预期目的的；另一方面，期望的目的很少能够如愿以偿，往往事与愿违，并且许多预期的目的是相互冲突、彼此矛盾的。由此可见，人类历史的发展方向并非以个人的意志为转移，它最终是由各种相互作用的客观力量所产生的合力决定的。总之，支配人类历史发展的是一种以自由为目的的自然规律。谢林的历史哲学把人类历史理解为客观的自然过程，揭示了个人作用与历史规律、自由与必然、主观动机与客观效果的辩证法，不但是对德国古典哲学的巨大贡献，而且构成了唯物史观的理论来源。

然而，谢林的历史哲学毕竟是一种唯心史观。他认为，设想所有的人都抱有同一个理想是不可能的，关键是找到某种绝对客观的、无意识的东西，这种东西体现在所有人的一切行动中，上帝就是这种绝对的东西的代名词。如果反思作为自由与必然相和谐的根据的绝对，人们就会得出一种天意的体系，即宗教。这样，谢林在把人类历史的发展看作自由与必然的统一的同时，又以神学化的方式来完成所谓的最高的综合，把历史当成启示的不断显现，从而得出结论说：“人通过自己的历史，不断地做出上帝存在的证明，而这种证明也只能由全部历史来完成。”③ 先验哲学中这种神学的磷光终于在后来燃起了启示哲学的明火。

谢林所理解的绝对者启示自身的历史包括三个时期：第一个时期是指罗马共和国扩张版图之前的古代世界，无意识的理智作为一种完全盲目的必然性的力量支配着这一时期，冷酷地毁灭着最宏伟壮丽的事物，人在这一时期没有自由可言，只能听任命运的摆

① 谢林：《先验唯心论体系》，第245页。

② 同上书，第246页。

③ 同上书，第252页。

布。谢林称这是人类历史的“悲剧时期”。第二个时期指从罗马共和国扩张版图开始直到今天的现代社会，自发的任性占据主导地位，隐蔽的规律变成了明显的自然规律。人的自由在这一时期虽然得到了相当程度的发挥，但即使是企图征服与奴役他人的最放荡不羁的任性也被迫服务于合规律的自然计划。第三个时期是未来的时代，以前表现为命运和自然规律的东西将作为“天启”而得到发展和显示。“这个时期将在什么时候开始，我们无法回答。但是，当将来存在这个时期时，上帝也将存在。”①

（三）艺术哲学

理论哲学和实践哲学分别展示了如何以对象为准认识世界和如何以自我为准改造世界，而两者的综合统一是通过目的论乃至艺术哲学来完成的。谢林认为，要设想现实世界与观念世界之间存在着一种预定的和谐，就必须假定创造客观世界的无意识的活动与表现在人们自由行动中的有意识的创造性活动本来就是同一个活动。自然必将显现为一种被有意识地创造出来的产品，但同时也必将显现为最盲目的机械过程的产物。自然虽然不能用合目的性的观点加以解释，但又确实是合乎目的的，谢林以此把目的论当作理论哲学与实践哲学的联结点。

然而，目的论虽然肯定了创造自然的无意识活动与表现在意志中的有意识的创造性活动是同一的，但它并没有说明这种同一性究竟是属于自然还是属于人的有意识的活动。谢林认为，既是有意识的同时又是无意识的活动可以在主观的东西中，在意识本身之中加以指明，这就是以艺术作品为对象的审美活动。在他看来，“艺术的理想世界和客体的现实世界都是同一活动的产物；（有意识的活动和无意识的活动）两者的会合无意识地创造着现实世界，而有意识地创造着美感世界”②。艺术始于有意识的审美创造活动，终于把世界重建为无意识的艺术作品。艺术家在作品中除了表现自己以明显的意图置于其中的东西外，还合乎本能地表现出一种无限性、一种对无限矛盾的感受及其消除。因此，自由与必然在艺术中达到了最高的统一。

谢林追随康德等人的观点，认为艺术的目的不是功利、愉悦、道德或知识，而是美，而美的本质就是对无限的事物或绝对的表现。艺术是关于无限的事物或绝对的特殊经验，因而艺术哲学的目的就是在现实的、有限的、感性的艺术作品中展现绝对、无限的东西。由此，艺术哲学在先验哲学中就具有了极其重要的地位。在谢林看来，整个哲学发端于绝对，这个绝对单纯同一的东西是不能用描述的方法来理解或言传的，绝对不能用概念来理解或言传，对它只能直观。这个直观不是感性的而是理智直观，然而理智直观本身纯粹是内在的、主观的，因而缺少客观性。它只有通过第二种直观即艺术直观才能成为客观的。因此，艺术为哲学家打开了“至圣所”，它是“哲学的唯一真实而又永恒的工具和证书，这个证书总是不断重新确证哲学无法从外部表示的东西，即行动和创造中的无意识的事物及其与有意识的事物的原始的同一性”③。

---

① 谢林：《先验唯心论体系》，第254页。

② 同上书，第15页。

③ 同上书，第276页。

先验哲学从自我的原始同一性出发，现在又回到了原始的同一性，它在艺术的帮助下在理智直观中与绝对同一性融为一体，消除了有限性和差别性，终于回到了绝对的怀抱，回到了自己的家。当然，艺术与哲学的紧密结合并不是现实的，只是一种理想，而这理想的实现只能寄希望于世界未来的命运和历史进一步发展的过程。

谢林的艺术哲学不但为浪漫派的艺术崇拜和天才崇拜提供了哲学的论证，而且为黑格尔的美学观念提供了思想资源。黑格尔对谢林的艺术哲学给予高度的评价，他称谢林的艺术哲学达到了绝对的观点，“艺术虽然早已在人类的最高旨趣中显出它的特殊性质和价值，可是只有到了现在，艺术的真正概念和科学地位才被发现出来”[①]。黑格尔与谢林在艺术哲学上的差别在于：黑格尔把艺术的美看作绝对观念的感性显现，哲学高于艺术；谢林则认为，概念无法真正把握绝对、无限的东西，艺术哲学才是哲学的最高形式。在这里，谢林一方面忠实于康德哲学所开启的理性主义原则，另一方面又力图冲破理性传统的局限，这就使得谢林之后相互对立的哲学思潮都能在他的思想中找到各自所需要的论据。

在后来讲授的艺术哲学中，谢林联系艺术的历史来建立美学体系，他运用“实在的”与“观念的”、“自然”与“历史”等辩证的概念阐释了艺术从古代到近代的发展，论述了不同艺术形式的特征，并且得出了这样一个基本结论：“神话是一切艺术的必然条件和原始素材”。这些研究既是对德国古典美学思想的发展，也表达了谢林浪漫主义的人文情怀，并构成了向启示哲学的过渡。

三、同一哲学

谢林是从费希特哲学出发逐步走向自己独立的思想道路的。1797 年前后，谢林为了完善知识学，着力研究自然哲学，并把它当作先验哲学的一部分。到了 1799 年，谢林第一次用“自然哲学”为自己的哲学学说冠名，以表示其思想的独立性，从而区别于康德的批判哲学和费希特的知识学，自然哲学遂成为相对独立的哲学学科。1800 年发表的《先验唯心论体系》则表明，谢林构想的哲学体系包括自然哲学与先验哲学两个部分，由这两部分构成的统一体在 1801 年正式被谢林称为“同一哲学”。

谢林认识到，自然哲学和先验哲学的相加还不能构成全部的真理，将两者统一起来的最彻底的方式是绝对的同一。谢林把费希特的哲学看作主观的，因为作为知识学最高原理的自我是主观的主客同一体；自然哲学的出发点则是客观的主客同一体，因而具有客观的意义。此时，谢林要把两者综合到一个更高的统一体中，即主体与客体的绝对同一。他认为，哲学必须发端于一个绝对同一的本原，它既不是主体，也不是客体，更不能同时是这两种东西，而只能是绝对的同一性。而所谓绝对的同一性实质上是指主体与客体尚未分离的本原，是绝对的理性或精神，主体与客体、观念与实在不可分地结合在这种绝对理性之中，它就是宇宙大全本身，无物存在于理性之外，万物都在理性之内，理性是派生主体与客体的唯一本原。所以，哲学的观点就是理性的观点，哲学的知识就

① 黑格尔：《美学》，第一卷，朱光潜译，商务印书馆，1979，第 78 页。

是关于事物本来是怎样的知识，也是事物在绝对或理性之中是怎样的知识。绝对同一的精神本原由于自身不自觉的原始冲动，产生出原始对立，从而一分为二，其中无意识的精神活动构成了自然，有意识的精神活动构成人的认识与意志活动。自然和精神在时间上和逻辑上没有先后之分，它们的发展构成了两个不同的“级次”，发展的最高级次是绝对，绝对同一既是哲学的起点，又是哲学的终点。因此，自然哲学与先验哲学都是有局限的，都没有达到绝对的同一，两者不过是从不同的方向对这一绝对同一性所做的或客观或主观的描述。

谢林坚持认为绝对是超越于有差别的、有条件的东西的，亦即超越于主体与客体。因而对于绝对的、无差别的同一性的认识是不能通过任何有限的规定性或中介达到的，它只能是一种直观的知识。这样一来，原来曾经出现在斯宾诺莎哲学中的问题现在又出现在谢林哲学之中了，这就是无差别的实体与有差别的世界之间的关系问题。实际上，当初谢林批判费希特而设定了一个超乎自我与非我、主体与客体之上的绝对同一性时，这个问题就已经潜伏于其中了。在先验哲学中，谢林是通过艺术直观来克服差别的，但那只是主观性内部的事情，现在我们必须在哲学上说明绝对同一性与有差别的世界之间的关系：首先是绝对无差别的同一性如何产生有差别的世界的问题，其次是我们究竟如何从认识上把握这个绝对无差别的同一性。然而，由于谢林坚持认为绝对是绝对无差别的同一性，这就使他陷入困境而难以自拔。

从先验哲学到同一哲学的演进，是谢林试图把他自己的哲学置于与斯宾诺莎并列、介于斯宾诺莎和费希特之间努力的结果。虽然，谢林力图超越唯物论和唯心论，认为“思维不是来自存在，存在也不是来自思维。唯心论的错误在于，它把一种级次变成了原因”①，但是，这一超越最终产生了又一个唯心主义的变种。同一哲学关于主客观相统一的观点直接影响了黑格尔，促使德国唯心论发生了从主观倾向向客观倾向的转化。不过，作为哲学开端和终点的无矛盾、无差别的绝对同一也受到了黑格尔的批判，被称为“空洞的无底深渊”；浪漫而神秘的理智直观在黑格尔看来也不过是一种像手枪发射一样的突如其来的灵感。自然哲学中的某些辩证法成果在同一哲学中丧失了，自然的发展问题、无机界向有机生命转化问题、思想意识的历史主义观点都悄然不见了。实际上，如果把谢林 1801 年至 1804 年的哲学著述看作摆脱自然哲学与先验哲学的片面性、上升到原则的同一性的狭义的同一哲学的话，那么自然哲学、先验哲学、艺术哲学甚至是后期以神话哲学和启示哲学为主要内容的“肯定哲学”都可以看作广义的同一哲学的不同方面或发展阶段，因为归根结蒂，“肯定哲学”的根本任务就是尝试采用不同的方式阐发“一”与“多”、“存在根据”与“存在”、绝对者与大千世界及其演化之间的辩证法，从而证明绝对无差别的同一既不是精神，也不是自然，既不是观念的东西，也不是现实的东西，而是作为两者的原始根据的神性存在。可见，尽管谢林后期思想“缺少静息和发展的恒定性”，但在他一生的哲学探索中依然贯穿着一条连续的主线，正如海德格尔所说的那样，“很少见一个思想家像谢林那样从自己最早时期起就如此热情地为自己唯一的立场进

① F. W. J. Schelling, *Sämtliche Werke*, Vol. 4, hrsg. K. F. A. Schelling (Stuttgart und Augsburg: Cotta'sche buchhandlung, 1860), p. 135.

行斗争”[①]。

四、启示哲学

同一哲学消除一切对立与差别的诉求和浪漫主义的情怀，促使谢林的思想在他不满30岁时发生了重大的变化，忠实于康德哲学的理性主义逐渐让位给了雅各比·伯麦式的宗教神秘主义。

谢林认为，康德以来唯心论的理性主义哲学本身（包括谢林本人前期的思想在内）存在着不可克服的局限性：唯心论是从思维推导出存在来，逻辑证明的结果只能是世界存在的概念，而不是世界存在本身，这表明理性哲学揭示的永远是事物的概念或观念，但却不能证明事物的实际存在；它虽系统地展开某种确实的、肯定的东西，但却还是封闭的逻辑体系，还不能真正把握现实。谢林由此感叹道：“人类及其行动还远没有使世界变得可理解，人类自己就是最不可理解的东西……恰恰是他，人类，把我推向那个最终的、充满绝望的问题：究竟为什么有某物存在，为什么无不存在?”[②] 这样一来，以自身为中介的理性建构本身也变成了不可把握的，这一否定性的认识同时带来了一个肯定性的结论，即理性预设的原始根据虽不出现在思想中，但却是理性的思维与活动的前提和条件。在此意义上，谢林把以黑格尔逻辑学为代表的先验理性主义哲学称为“否定（negative）哲学”，因为“逻辑学里面没有任何能够改变世界的东西”[③]，它只与可能性打交道，它所要认识的一切都独立于现实而存在于思想当中。谢林在此确实击中了唯心主义的要害，然而他不是从理性知识的立场，而是借助于宗教神学来改造理性主义哲学的。他认为黑格尔的理性哲学是未完成的、尚待重新建构的哲学，只有服从他现在着手建立的“肯定（positive）哲学”，它才能成为哲学的一门学科。肯定哲学力求知道整体的东西、包罗万象的东西和完善的东西。肯定哲学采取的是与否定哲学完全不同的方向，它不是先验地从思维引出存在，而是根据经验从存在到思维，因此它是“形而上学的经验主义”。谢林断言，思维并不先于存在，而是存在先于思维，所以肯定哲学必然从存在出发。作为出发点，存在必须是必然性的存在，但又不能像否定哲学那样，仅仅具有逻辑的或思维的必然性，而是必须能够被经验到的。在谢林看来，这样的存在只能是行动着的、向人的经验启示自身的人格上帝，一个有生命活力的神。如此一来，一切现实的经验事物都是这个人格神的启示，上帝的存在和启示而不是理性成为哲学思辨的对象，肯定哲学也就变成了宗教哲学，它主要由两部分构成：未完成的宗教哲学和已经完成的宗教哲学，即神话哲学和启示哲学。

谢林宗教哲学所要解决的第一个难题就是恶的存在或自由意志问题。同一哲学中无差别、无矛盾的绝对在宗教哲学中被等同于上帝的本质本身，上帝是唯一真实的存在，它具有无限的创造力，把一切可能都变成现实，一切有限都化为无限，整个世界以及本

---

① 海德格尔：《谢林论人类自由的本质》，第9页。

② 谢林：《启示哲学导论》，王丁译，北京大学出版社，2019，第47-48页。

③ 谢林：《近代哲学史》，先刚译，北京大学出版社，2016，第184页。

质的一切划分又都复归于上帝的绝对同一。但是，肯定哲学是从能够经验到的存在出发的，现实的世界是有限的，在有限的世界中存在着恶，上帝的观念与恶的存在如何能够协调一致呢？按照谢林的观点，如果自由意志只是为善的能力，那么承认人的自由和承认上帝是万物的根源是不矛盾的，因为上帝是全善的，人之为善尽管是个人自由意志的选择行为，但最终的根源还是在上帝之内。然而，自由意志是既可为善也可为恶的能力，上帝却是不会作恶的，因而人的自由就应该有一个独立于上帝的根基。但是上帝是大全的和万能的，上帝之外什么也不存在。那么，这种外于上帝的根基又是如何可能的呢？这一矛盾只能这样解决："就是让事物以那个在上帝自身之内、却不是上帝自身的东西为根据，亦即以上帝的实存的根据为根据。"[①] 在这里，上帝自身是指上帝的本质，即爱和善，而那个包含在上帝中，又与上帝不同的上帝实存的根据，就是上帝中的自然。在谢林看来，上帝自身不是恶的根源，恶有独立于或外于上帝的根源，而上帝之外无物存在，因此恶的根源在于上帝的实存根据中，即上帝的自然性中。这样一来，谢林就既使上帝成为整个世界的一元论根据，一切莫不源自上帝，同时又为人既可为善又可作恶的自由意志留出了空间。也就是说，上帝身上有一种不是上帝的东西，一种还处于混沌状态的本原。一旦理性开始起作用，就发生力的分化，将光明和黑暗区分开来，在每一新的分化阶段都产生新的心灵更完美的存在者。在人身上，这种两极分化达到了善恶对立的程度。不论是在原始混沌之中，还是在上帝本身之中都不存在恶，因为各种原则都没有分化出来。恶在上帝的自然性中有其根源，但自然本身并不是恶，所以上帝无须为人的恶行承担责任。既然恶来源于上帝的自然性，那么它就不是人的一种偶然性的缺乏或过错，而是一种带有必然性的积极力量，因为只有人这种完善的造物才有作恶的能力，它是人的自由意志的表现。

善和恶一样都是人的自由的产物，是不可消除的。但是善恶并不是原初就有的对立，两者之间可以相互转化。一方面，人的意志面对生命力生存的需要，根据现实原则要指向个人的特殊利益；另一方面，人的意志面对生命力爱的需要，根据理想原则要实现普遍的意志和福利。这两个方面本无善恶之分，都是合理的。当关注自我的特殊意志服务于普遍意志的时候，自由的内容就是一种善；当特殊意志统治普遍意志的时候，就出现了恶。因此，要使人弃恶从善，从罪恶中解脱出来，关键在于让理想原则统治现实原则。于是，谢林不再遵循康德哲学的原则，把善战胜恶的可能性归结为理性的自律，而是归结为人与上帝的亲缘关系。在谢林看来，上帝不愿看到人永远沉沦下去，他要以他的启示，以他的全部爱和善，把人引向极乐至福的天国，因为人是上帝创造的与他自己相像的造物，上帝只有在人类中才能爱世界，上帝启示的道在自然和其他生物中都是黑暗的、未说明的，只有凭借人类的精神才得以表现出来。人的本性在于领悟上帝的启示，把自己的私人意志限制在一定的限度内，让神的爱在人身上显现出来。这也就是说，只有爱才能使恨和恶变得软弱无力，爱高于一切，能够克服一切矛盾，它是亘古以来就有的，是涵盖一切的。"在精神里面，实存者和实存的根据合为一体；在精神里面，二者同时是现实的，换言之，精神是二者的绝对同一性。然而精神之上还有起初的'非根据'，它虽

① 谢林：《论人类自由的本质及相关对象》，先刚译，北京大学出版社，2019，第35页。

然不再是无差别性（平衡），但也不是两个本原的同一性，毋宁说，它是一个普遍的、对所有东西一视同仁，但又不被任何东西掌握的统一体，一种不依赖于所有东西，但又贯穿所有东西而发挥作用的善行，一言以蔽之，它是爱，爱是一切中的一切。”[①] 这样一来，谢林成了经院哲学之后的经院哲学家，他称自己的哲学的真正名称是基督教哲学，并且把宗教当作衡量哲学的尺度。

肯定哲学要从纯粹的存在发展出上帝的概念。谢林所理解的上帝不是一位静观的上帝，而是一位行动的上帝，如果世界可能存在的话，它只是上帝把完全内在于自身的东西即他的意志变成现实而已。上帝的创造过程也就是上帝自我限制的过程，他通过实在的东西与观念的东西的对立，最终扬弃一切差别和对立来启示自身。这一切都是按上帝的自由意志发生的，在上帝那里，绝对的自由就是绝对的必然，自由和必然的和谐是在整个历史中表现出来的。虽然谢林在这里所说的历史是道成肉身和基督升天的历史，“但是按照谢林的自由概念的理解，人的自由是哲学的中心”[②]。谢林在论述人性与神性的关系之时，人性并没有被完全抹杀，因为上帝必须在他的创造活动中并通过确实作为伙伴的人来生活、言说、行动和启示自身。在谢林看来，上帝是具有人性的，他自由地肯定人，自由地参与人、支持人，甚至放弃神的形象化身为人，为人受难、牺牲，不具有人性的上帝是虚假的上帝。谢林在此为揭示宗教的本质完成了一项否定性的准备工作，他从相反的方面肯定了人是宗教的本质，人类的自我意识是世界史哲学的基础，“它才是最高启示，人对人的启示”[③]。

谢林认为宗教意识的发展经历了三个阶段，即原始的一神教—多神教—基督教的一神教（天启宗教）。照他看来，一神教是自古以来人类本性所固有的。与多神教相当的是神话学，谢林特别重视神话，因为在他看来，神话的原则本质上就是启示宗教的原则，神话中的神与启示宗教中的神都是具有人格的、无限创造性的神，只不过在神话中的宗教是盲目的，它是一个必然过程中产生的不自由的、非精神的宗教。神话宗教必须通过基督教成为自由的宗教。尽管在谢林的启示哲学中，三位一体的轮廓已经透过神秘的天幕明显地暴露出来，但是谢林并不是当时教会的辩护者，而更可能是教会的批判者。他力图超越已知的所有宗教形式，认为天主教是已经过时的宗教，新教是过渡性的宗教，新的、未来的基督教是包罗万象的，它把一切民族团结起来。

显然，30 岁以后的谢林开始从理性精神的自觉追求者和热情鼓吹者变成了理性的批判者和反对者，从渴望和追求人的自由转变为对万能的上帝顶礼膜拜，从法国革命的欢呼者退化为君主制的拥护者。与前期思想相比，谢林后期的哲学表现出明显的倒退，这其中当然有欧洲时局的动荡、文化氛围的变迁以及爱妻早逝等诸多因素的影响，但它在哲学上并不是毫无意义的。首先，谢林对自己前期学说的背叛源自他对唯心主义弊端的清醒洞见，他对理性的自我建构的可能性进行了更为深入和彻底的追问，从而动摇了以黑格尔为代表的唯心主义的权威，费尔巴哈的唯物主义为此要向谢林表示真诚的敬意[④]，

① 谢林：《论人类自由的本质及相关对象》，第 96 页。

② 海德格尔：《谢林论人类自由的本质》，第 248 页。

③ 《马克思恩格斯全集》，中文 1 版，第 41 卷，人民出版社，1982，第 268 页。

④ 参见 A. B. 古雷加：《德国古典哲学新论》，沈真译，中国社会科学出版社，1993，第 290 页。

恩格斯称谢林和费尔巴哈分别从两个方面批判了黑格尔，从而宣告了德国古典唯心主义的终结。其次，谢林最终宣告了理性的自我中介本身是不可把握的，这种把理性非理性化的努力直接影响了克尔凯郭尔，开启了现代非理性主义思潮的先河，为被黑格尔的逻辑体系封闭的哲学打开了活生生的人生领域，增添了丰富多彩的现实内容，使理性扩展为包括无意识、本能、直觉、体验和想象等非理性内涵在内的精神。[①] 海德格尔正是从存在哲学的角度，把谢林生前发表的最后一部重要著作《对人类自由的本质及与之相关联的对象的哲学探讨》看作西方哲学史上最深刻的著作之一，认为谢林是通过神学推回到存在论的，从而澄清了哲学基本问题的问题域，揭示了关于存在的真理性问题。雅斯贝尔斯更是明确地把谢林称为存在主义的先驱。此外，谢林后期思想中亦不乏积极合理的因素，比如，他强调人在历史中的自由创造，恶是不可消除的积极力量，他对理性的批判现在已经被看作对工具理性和技术统治的反驳，曾一度被黑格尔哲学掩盖的谢林哲学日益被重新赋予了当代意义。谢林哲学的这些方面还有待人们进一步认识、分析和批判。

当然，在谢林生前，他的这些思想注定是不可能为人们所理解的。就在谢林为绝对与世界之间的关系深深地苦恼，从哲学走向了神学的时候，黑格尔则从神学走向了哲学。

第四节　黑格尔

作为德国古典哲学最后也是最大的一位代表，黑格尔不仅从其哲学立场出发对德国古典哲学进行了概括和总结，而且也被看作古典哲学的集大成者。当然，这里所说的“集大成者”并不是像黑格尔所说的那样将前此以往的哲学统统包容于自身之中，而是说，黑格尔哲学将古典哲学的基本思路发挥到了极致。就此而论，我们也可以说，黑格尔哲学不仅标志着德国古典哲学的终结，而且标志着古典哲学的终结。

1770年8月27日，格奥尔格·威廉·弗里德里希·黑格尔（Georg Wilhelm Friedrich Hegel，1770—1831）生于德国维滕贝格公国的首府斯图加特市，1788年进入图宾根神学院学习，在神学院中与两个同学结下了诚挚的友谊，一个是与他同时进入神学院的荷尔德林，今天被人们看作与席勒和歌德比肩并列的伟大诗人，一个是1790年入学的谢林，后者在黑格尔还默默无闻时就已经名扬天下的哲学家。1789年的法国大革命受到了德国进步势力的热烈欢呼，虽然黑格尔后来与大多数同情革命的德国人一样，并不赞成雅各宾派所实行的恐怖行动，不过他终生都没有改变对法国革命的肯定态度。1793年黑格尔以优异成绩从神学院毕业后做了几年家庭教师，1801年通过论文答辩成为耶拿大学哲学系的编外讲师。从1802年开始，他与谢林一道主编《哲学评论杂志》。1807年他的第一部成熟的哲学著作《精神现象学》出版，标志着黑格尔哲学正式登上了历史舞台。1816年黑格尔迁居海德堡，任海德堡大学哲学系教授，此后从1818年开始任柏林大学哲学系教授，1827年主编《科学评论年鉴》，以他为中心形成了黑格尔学派。柏林时期是黑格尔事业的鼎盛时期，他在1830年当选为柏林大学校长，1831年因病

---

① 参见瓦尔特·舒尔茨：《德国观念论的终结》，韩隽译，中国人民大学出版社，2019，“第四部分”。

逝世。

黑格尔生前正式出版的哲学著作有4部：《精神现象学》(1807)、《逻辑学》(1812—1816)、《哲学全书》(1817，1827年第二版，1830年第三版）和《法哲学原理》(1821)。其中《哲学全书》与《法哲学原理》都是教学纲要，只有《精神现象学》和《逻辑学》是严格意义上的哲学著作。为了区别起见，人们一般将《逻辑学》称为《大逻辑》，而将《哲学全书》中的“逻辑学”部分称为《小逻辑》。黑格尔去世之后，他的友人和学生编辑出版了《黑格尔全集》，其中包括根据学生们的听课笔记整理而成的一系列黑格尔讲演录，有《历史哲学讲演录》、《美学讲演录》、《宗教哲学讲演录》和《哲学史讲演录》等。目前《黑格尔全集》德文版有六个版本，其中反映了最新研究成果的是第六个版本《黑格尔著作集》(历史评论版)。[①]

黑格尔在哲学史上堪称百科全书式的哲学家，他对当时的各门学科多有精通，并且将它们纳入自己的哲学之中，形成了一个包罗万象、博大精深的客观唯心主义哲学体系。黑格尔哲学与众不同之处不仅在于它的思辨性、辩证性和体系性，也在于其深厚的历史感，他不仅试图通过恢复古代哲学的客观性原则来弥补近代哲学自笛卡尔以来高扬主体性的局限，而且自觉地站在哲学史的高度来看待哲学和自己的思想。因此，他不是把他的哲学看作自己的独创，而是看作整个哲学史发展的必然结果，换言之，他把他的哲学看作整个哲学史的概括和总结。在某种意义上说，黑格尔哲学标志着古典哲学的终结，他以其独特的方式实现了形而上学成为科学之科学的最高理想，也使曾经统治西方哲学长达2000多年之久的形而上学走向了终结。的确，黑格尔将古典哲学以形而上学为核心和基础的哲学形式淋漓尽致地发挥到了极致，以至于后来的人们发现，除非超越黑格尔，除非扭转哲学的方向，否则谁也无法进一步推进哲学的发展。

一、精神现象学

黑格尔哲学发端于他的第一部成熟著作《精神现象学》。在《精神现象学》中，黑格尔首次尝试使用一种辩证的方法来阐述他的哲学思想。与以往的哲学家们不同，黑格尔没有使用“理性”而是使用“精神”这个概念来表示人的本性。“精神”(Geist) 不同于理性或意识，不是单纯的认识能力，也不只是自我意识或个体主体，而是能够包容一切的具有实体性、历史性、社会性的能动性主体。当人们一谈到自我意识、主体或理性的时候，通常所指的乃是区别于外部世界的主观性的领域，而黑格尔意义上的“精神”其本性却是当它超出自身时仍然保持着自己的同一性，因而“精神”不仅是真正的能动性的力量，而且是客观性的实体性因素。在他看来，“精神”超出自身的过程实际上也就是“精神”成为它自己的过程，其结果就是“精神”将涵盖一切而成为“绝对精神”。对黑格尔来说，这同时亦是“绝对即精神”的最好也是唯一的证明。

《精神现象学》所描述的是人类精神经过艰苦漫长的认识活动从关于现象的知识而通达关于本质的知识的过程，这个“一般科学或知识的形成过程”也就是“关于意识的经

---

① 参见张慎主编：《西方哲学史》(学术版)，第六卷，凤凰出版社、江苏人民出版社，2005，第423-424页。

验的科学”：“意识在这条道路上所经过的它那一系列的形态，可以说是意识自身向科学发展的一篇详细的形成史。”[①] 由于人类精神认识绝对的过程同时也就是绝对自己成为绝对精神的过程，因而《精神现象学》亦可看作绝对精神之形成过程的生成史或“史前史”。

黑格尔晚年时曾经将《精神现象学》称为他的“探险旅行”，实际上他要再现的亦是人类精神的“探险旅行”，在它之中包含着黑格尔哲学的起源和基础。马克思在《1844年经济学哲学手稿》中把《精神现象学》看作“黑格尔哲学的真正诞生地和秘密”[②]。的确如此。《精神现象学》不仅第一次提出了黑格尔哲学的基本原则，体现了黑格尔特有的辩证法，展示了黑格尔哲学的体系雏形，而且揭示了黑格尔哲学的起源，因而是我们理解黑格尔哲学的入门书，也是破解黑格尔哲学的秘密的一把钥匙。

《精神现象学》是西方哲学史上最为晦涩难解的哲学著作之一，也是一本前所未有的奇书。就通常的理解而言，这部标志着黑格尔哲学成熟的著作是很难归类的。黑格尔以恢宏的气势将从古至今的人类历史、思想史、文化史统统纳入了他的视野之中，把哲学、认识论、伦理学、历史学、心理学、文学、美学、宗教、政治、经济等等熔为一炉，再现了人类精神的发展过程，以其强烈的历史感和深邃的辩证法来解决哲学所面对的难题。

在某种意义上说，黑格尔哲学直接面对的问题是康德哲学的问题，更进一步讲是近代哲学的问题，而从更广阔的意义上说则是全部哲学的问题。

（一）黑格尔哲学的问题

作为德国古典哲学的开创者和奠基人，康德以其批判哲学将事物划分为表现和物自体两个方面，一方面证明了科学知识的普遍必然性，另一方面亦通过限制知识而为自由、道德和形而上学保留了一片天地，确立了理性和自由这一德国古典哲学的基本原则。然而，由于其哲学所特有的二元论特征使康德始终无法建立一个完满的哲学体系，这就给他的后继者们提出了一个亟待解决的难题。应该说，康德的后继者们所关注的并不是体现着自然必然性的理论理性，而是体现着自由的实践理性，甚至在某种程度上说，他们的思想都是从实践理性出发的。青年谢林在给黑格尔的一封信中说，“朝霞伴随着康德升起”，“自由贯彻全部哲学而始终”[③]。青年黑格尔亦从康德的实践理性中看到了人的自由、价值和尊严，他认为“人类自身像这样地被尊重就是时代的最好标志，它证明压迫者和人间上帝们头上的灵光消失了”，并且把理性和自由看作永恒的口号。[④] 当然，尽管费希特、谢林和黑格尔无不对康德表示由衷的敬意，但是他们也都意识到康德哲学是不彻底的，如果要想将哲学推向前进，那就必须超越康德。

第一个向康德哲学发难的是曾经被人们看作康德哲学继承人的费希特，其矛头直指康德的二元论。在费希特看来，康德哲学中的物自体或自在之物不仅是多余的，而且与批判精神相互矛盾。按照康德的观点，因果范畴只能用于经验的现象领域而不能做超验

---

① 黑格尔：《精神现象学》，上卷，贺麟、王玖兴译，商务印书馆，1979，第19、66、59页。

② 马克思：《1844年经济学哲学手稿》，人民出版社，2000，第97页。

③ 黑格尔：《黑格尔通信百封》，苗力田译，上海人民出版社，1981，第40、41页。

④ 参见上书，第43、38页。

的使用。然而当康德将自在之物看作感觉经验的外在原因时，恰恰是将因果范畴非批判地使用于超验的领域。为了消解康德哲学的二元论，费希特主张哲学应该是从一个最高的原则出发而推演而来的严密的体系，而这个最高的原则就是“绝对自我”。在他看来，不仅知识的形式是主体自身先天所有的，而且知识的质料（内容）同样是由主体从自身之中所产生的，由此费希特便建立了一个以“绝对自我”为核心，通过“自我”与“非我”之间的矛盾运动而展开的“知识学”体系。谢林最初是费希特的追随者，他一方面为康德哲学而欢呼，另一方面则认为康德虽然为哲学做出了结论，但是还没有前提。[①] 后来他意识到费希特哲学的局限，认为自我与非我是相互限制的、有差别的和有限的，两者都不足以充当哲学的最高原则，只有超越于自我与非我的无差别的绝对同一性才是哲学的基础和出发点，然而亦在这个无差别的绝对与有差别的世界之间的关系以及关于绝对的认识等问题上陷入了困境。黑格尔正是在这样的理论背景之下登上了哲学的舞台。

由此可见，黑格尔哲学所面临的直接的问题是如何消解康德的自在之物，将哲学建立为一个完满的有机体系，而就近代哲学而言，也就是思维与存在的同一性问题，更进一步说则是实现形而上学成为科学之科学的最高理想的问题。自笛卡尔以来，近代哲学在确立主体性原则，高扬主体能动性的同时，亦陷入了思维与存在的二元论困境而不能自拔。康德试图以彻底的主体性而将哲学限制在纯粹主观性的范围之内，从而避免认识论的难题，但是他却不得不承认自在之物的存在。康德之后，费希特和谢林都试图克服康德的自在之物，但是他们并不成功。费希特的知识学实际上是绕过了自在之物，由于谢林无法解决绝对的认识问题，因而也没有完成这个任务。当费希特面对知识学的基础问题时，他只好诉诸信仰；当谢林面对绝对的认识问题时，他也只好诉诸神秘性的理智直观和艺术直观。现在，黑格尔着手来解决这个难题。实际上，从《精神现象学》的“导论”看，这本书最初的目的就是解决康德的问题。

（二）理性的自我批判

康德主张在认识之前先来分析理性的认识能力，这种思路固然不错，但也存在着问题。批判哲学的基本精神是反对独断论，主张在把认识的基础问题搞清楚之前不要武断地妄下判断。然而当我们通过批判去分析理性的认识能力时，这种批判存在着一个不可忽视的漏洞。经过批判的理性认识能力固然因为批判而避免了独断论，但是批判本身却难避其嫌：如果我们承认批判也是理性的活动，那么批判本身亦同样需要接受批判，否则就难以保证批判的批判性亦即非独断性。这就意味着如果批判是可能的，那么批判就应该是理性的自我批判。然而，按照通常的观点，似乎理性的自我批判是无法进行的。知识的真理性就在于它与对象符合一致，但是由于我们只能认识意识范围之内的“为意识的对象”而不可能认识对象自身亦即“自在的对象”，因而永远也无法超出自身去比较知识是否与意识之外的对象符合一致，康德就是因为这个难题退回到了主观性的立场。黑格尔却从知识与对象之间的差别看到了解决问题的可能性：由于在认识之中存在着知识与对象之间的差别，我们就完全有可能根据这一差别来考察知识。当我们发现知识与

---

① 参见黑格尔：《黑格尔通信百封》，第 34 页。

对象是不相符合的时候，通常我们就必须改变知识以符合对象，从而形成了新的知识。然而原来的知识毕竟是根据相应的对象而形成的，现在知识发生了改变，这就意味着对象也与知识不再相当了，它同样需要改变自己以适应新的知识。因此，认识不仅是改变知识的过程，同样也是改变对象的过程，在认识活动中，不仅出现了新的知识，而且也出现了新的对象。这就是说，原来在认识中未被我们意识到的对象现在成了为意识的对象，而对象的改变就意味着原来被意识为“自在的对象”的对象，现在变成了为意识的对象：

知识——新知识——新知识……
　|　　　　|　　　　|
对象——新对象——新对象……

以认识的最初阶段“感性确定性”为例。“感性确定性”属于直接性的认识，不过它仍然可以区别为感性的对象和“意谓”两个方面。感性认识的对象是“这一个”个别的具体事物。认识以对象为真理，它要求在对象中确证“这一个”。“这一个”可以分为“这时”和“这里”。当意识企图在对象中找到真理的时候，它却发现，无论“这时”还是“这里”都是消逝着的：“这时是上午”，一转眼，“这时”就变成了中午；同样，“这里有一棵树”，一转身，“这里”就变成了一块石头。于是意识发现，“这一个”的内容处于变化之中，唯一不变的是“这一个”本身，因而它不是个别性的东西，而是一个共相。当意识在对象中找不到真理的时候，它只好转向了自身，在“意谓”中寻求真理。然而它最终发现，“意谓”的内容同样是变化着的，唯一不变的是“意谓”本身，因而“意谓”也是一个共相。于是以“这一个”个别事物为其对象的感性认识就走向了以共相为对象的知性。

因此，认识活动本身实际上是自己考察自己、自己改变自己的发展过程，所谓批判并不是我们站在理性之外对理性的考察，而是理性自己考察自己，这个理性自己考察自己的过程就是理性的自我批判，也就是理性的辩证法或辩证运动。正如黑格尔后来在《小逻辑》中所说的，“考察思维形式已经是一种认识历程了。所以，我们必须在认识的过程中将思维形式的活动和对于思维形式的批判，结合在一起。我们必须对于思维形式的本质及其整个的发展加以考察。思维形式既是研究的对象，同时又是对象自身的活动。因此可以说，这乃是思维形式考察思维形式自身，故必须由其自身去规定其自身的限度，并揭示其自身的缺陷。这种思想活动便叫做思想的‘矛盾发展’（Dialektik）”[①]。

由此可见，黑格尔扬弃康德的自在之物的关键在于他把认识看作一个由知识与对象之间的差别和矛盾推动的发展过程。康德对理性认识能力的批判基本上是一种静态的结构分析，而黑格尔则认为认识是一个由于其内在的矛盾而运动发展的过程。如果认识是一个过程，那么我们就得承认，认识不是一成不变的，而认识的发展变化不仅表明知识处于变化更新的过程之中，而且表明对象也一样处于变化更新的过程之中。

如果我们接受黑格尔关于理性的自我批判的思想，如果我们像他那样把视野提高到

---

① 黑格尔：《小逻辑》，贺麟译，商务印书馆，1980，第118页。

本体论的高度来看待认识的辩证运动，那么我们就会发现，发生在认识之中的知识与对象之间的不一致实际上不仅是主体自身内部的问题，同样也是本体论的问题。这就是说，知识与对象之间的矛盾并不是发生在实体之外的主体自身的问题，它意味着实体自身亦与其自身处于矛盾之中。换言之，在我们的认识中发生的知识与对象之间的矛盾，表明这个世界本身还处于不统一不和谐的状态，于是认识的辩证运动就获得了本体论的意义：当认识扬弃了自在之物而达到了自身统一的时候，通过它的活动世界本身达到了和谐和统一。黑格尔的《精神现象学》所展示的就是这个过程，它通过人类精神认识绝对的过程，表现了绝对自身通过人类精神而成为现实，成为“绝对精神”的过程。换句话说，人类精神的认识活动归根结底乃是绝对精神的自我运动，因为人类精神就是绝对精神的实际存在（Dasein）或“代言人”，它所履行的乃是绝对精神赋予它的任务。

通常我们认为康德哲学是批判的，而黑格尔哲学则是独断的。其实黑格尔哲学也讲批判，他的《精神现象学》就类似康德的《纯粹理性批判》，只不过《精神现象学》是把人类精神的一切认识活动都纳入了其中的某种理性的“自我批判”罢了。

（三）精神的“探险旅行”

《精神现象学》讨论的是认识问题，不过黑格尔意义上的认识论与通常的认识论不同，它不仅讨论感性、知性和理性的认识活动，而且将社会、历史、生活、实践、文化以及各种意识形态统统纳入其中，因而可以说是一种“广义的”认识论。从结构上看，《精神现象学》以上述认识的矛盾运动为基本形式，分为“意识”“自我意识”“理性”三大部分，其中“理性”又分为“理性”“精神”“宗教”“绝对知识”，分别描述了个体精神的认识活动、社会精神的认识活动和关于绝对的认识活动，相当于后来“精神哲学”中的“主观精神”“客观精神”“绝对精神”三大阶段。

《精神现象学》中的“意识”这一章讨论的是个体主体的认识活动，包括“感性确定性”“知觉”“知性”三个部分。经过知识与对象之间的矛盾运动，意识从最初的感性认识深入了事物的内部，把握了事物的本质和规律。于是它认识到，事物的本质和规律作为认识的对象其实就是普遍性的共相或概念，它们与我有区别，但是又与我同一因而是没有区别的，所以意识认识事物其实就是在认识它自己，而且对于事物的意识只有对于一个自我意识才是可能的。于是“意识”就由此而进展到了“自我意识”。

关于“自我意识”的章节尤其是其中的“主奴意识”是《精神现象学》中最引人入胜的篇章之一。黑格尔在此提出了一个十分重要的思想：一个自我意识只有在另一个自我意识之中才能得到满足，才能认识并且成为它自己。因此黑格尔就为认识活动融入了人与人之间关系的社会历史性的因素。一个自我意识要求通过另一个自我意识确证它自己的存在，它最初所采取的方式是对待物的方式，亦即消灭对方。然而当它视对方为物而加以消灭的时候，它自己是不可能由此而得到确证的，这就是说，自我意识的确证只有在相互承认的情况下才是可能的。于是自我意识不再以消灭对方为目的，它征服对方但保留对方的生命，把对方变成自己的奴隶，以此来证明自己的存在。主人役使奴隶为自己服务，奴隶从事劳动以满足主人的需要。然而，主人与奴隶之间的关系却由此发生了倒转：主人由于依赖于奴隶而失去了自己的独立性，而奴隶在劳动中则通过对事物的加工改造或“陶冶”（bilden）而意识到了自己的独立性。随着自我意识的进一步发展，它终于把对于他物或对方的否定态度转化为一种肯定态度，从而在相互承认中实现了自由。这就使它进展到了“理性”的阶段。

在《精神现象学》中“理性”下面又划分为四个阶段：“理性”、“精神”、“宗教”和“绝对知识”。作为“理性”的一个环节的“理性”既不是单纯主观性的态度，也不是单纯客观性的立场，而是两者的统一。因而“理性”就是意识确知它自己即是一切实在这个确定性，因为意识认识到一切实在就在它自身之内。在这一章中，黑格尔通过“观察的理性”亦即理论理性、理性的自我意识亦即实践理性和自在自为的理性亦即前两者的统一，描述了理性意识到它自己就是一切实在的过程。当“理性”意识到它自身就是它的世界、它的世界就是它自身的时候，“理性”就变成了“精神”。

黑格尔在“精神”这一阶段所讨论的是人类社会的发展史。他把社会看作主体与客体的统一体，这个统一体是一个从潜在的统一到分化而展开，最后又重新回到自身统一的发展过程。与此相应，“精神”分为三个阶段：“真实的精神（伦理）”、“自身异化了的精神（教化）”和“对自身具有确定性的精神（道德）”。在“宗教”这一阶段，黑格尔通过“自然宗教”、“艺术宗教”和“天启宗教”讨论了人类精神实现主体与客体之间的真正的统一，实现个人与普遍的社会的统一的过程。然而在他看来，这一切只有在哲学中通过对“绝对”的概念式的把握才能最终得到实现。于是我们就在“绝对知识”之中结束了精神的“探险旅行”。

对黑格尔来说，这个艰苦漫长的“探险旅行”既是精神的“伊利亚特”，也是精神的“奥德赛”：它不仅是人类精神远赴他乡，寻求关于绝对的知识的征程，同时亦是精神回归其自身，认识自己的还乡归途。因为人类精神认识绝对的过程就是绝对自己成为绝对精神的过程，所以人类精神并不在绝对之外，不如说它就是绝对的代言人，因而当它认识了绝对之时，也就回到了自身之内。从这个意义上说，《精神现象学》也就是对于“绝对即精神”的认识论证明。

在《精神现象学》完成之后，黑格尔意识到由于它的内容过于丰富，很可能使人们难以理解其哲学的基本精神，于是他又为这部晦涩难解的著作加上了一个“序言”来阐述其哲学的基本原则。虽然黑格尔一向轻视序言一类的东西，认为任何序言都不可能代替哲学思想的具体内容，但是《精神现象学》这篇序言却是不容忽视的，因为它与其说是《精神现象学》的序言，不如说是全部黑格尔哲学的序言，或者说，它是黑格尔向世人宣告其哲学登上哲学舞台的正式宣言。

黑格尔哲学的基本原则就是“实体即主体”。

二、实体即主体

《精神现象学》的结果是人类精神经过艰苦漫长的辩证运动终于达到了“绝对知识”，亦即认识了绝对，实际上这个过程也就是绝对自我认识、自我完成的过程。换言之，绝对在人类精神的认识活动中获得了自我认识，从而成为现实的绝对亦即“绝对精神”。由此，黑格尔便证明了其哲学的最高也是最基本的原则——“实体即主体”，黑格尔所有的哲学原则都与这个原则有关，或者说，都是从这个基本原则推演而来的。

（一）实体即主体的基本原则

黑格尔在《精神现象学》一书的序言中说道："照我看来，——我的这种看法的正确性只能由体系的陈述本身来予以证明——一切问题的关键在于：不仅把真实的东西或真理理解和表述为实体，而且同样理解和表述为主体。"① 这就是黑格尔著名的"实体即主体"的基本原则。

通常我们将黑格尔关于"实体即主体"的思想看作他的独创，其实第一个提出这一思想的并不是黑格尔而是亚里士多德。亚里士多德在《范畴篇》中曾经从逻辑判断的角度为实体（ousia）下了一个基本规定："实体，在最严格、最原始、最根本的意义上说，是既不述说一个主体，也不存在于一个主体之中。"② 在这里，"主体"即主词或主语，因而他的意思是说，所谓实体就是只能充当命题判断中的主词而不能充当宾词的东西。当然，当黑格尔宣称"实体即主体"的时候，无论是实体还是主体在概念上都发生了深刻的变化。从笛卡尔开始，"我思"这一自我意识原则就集中体现了近代哲学主体性的觉醒，主体已经不仅仅是判断中的主词，而是更多地被用于人类理性尤其是认识能力。但是，由于近代哲学通过与客体之间的差别来确立主体的地位，这就注定了它不可能从根本上解决两者的同一性问题。现在黑格尔提出这个原则，其目的就是在近代哲学主体性原则的基础上重新回到亚里士多德，将近代哲学的主观性原则与古代哲学的客观性原则融为一体。因此与亚里士多德相比，黑格尔考虑更多的是实体本身的能动性。在他看来，实体不仅是客观的，而且其自身就是能动的，这样的实体就是"活的实体"。

近代哲学从笛卡尔开始便陷入了二元论的困境。斯宾诺莎的实体固然强调了实体一元论，然而却缺少自我意识的能动性原则。康德和费希特倒是发扬了主体的能动性原则，然而由于他们坚持思维就是思维，因而始终无法扬弃外部世界的坚硬的现实。谢林第一个要求超越思维与存在之间的对立，但是其哲学赖以为基础和出发点的"绝对"由于超越于一切差别和矛盾，所以又陷入了无差别的绝对与有差别的世界之间的矛盾而不能自拔。与他们相比，黑格尔则主张"实体即主体"，因为实体自身就蕴含着运动发展的能动性的内在动力。所以他说：实体作为"活的实体""只当它是建立自身的运动时，或者说，只当它是自身转化与其自己之间的中介时，它才真正是个现实的存在，或换个说法也一样，它这个存在才真正是主体。实体作为主体是纯粹的简单的否定性，惟其如此，它是单一的东西的分裂为二的过程或树立对立面的双重化过程，而这种过程则又是这种漠不相干的区别及其对立的否定：所以唯有这种正在重建其自身的同一性或在他物中的自身反映，才是绝对的真理，而原始的或直接的统一性，就其本身而言，则不是绝对的真理。真理就是它自己的完成过程，就是这样一个圆圈，预悬它的终点为目的并以它的终点为起点，而且只当它实现了并达到了它的终点它才是现实的"③。

---

① 黑格尔：《精神现象学》，上卷，第10页。
② 亚里士多德：《范畴篇》，2a13，载苗力田主编《亚里士多德全集》，第一卷，秦典华译，第6页。
③ 黑格尔：《精神现象学》，上卷，第11页。

在黑格尔看来，实体唯有在自身中就蕴含着运动发展的内在动力，它才可能展开自身而成为现实。换言之，实体并非无差别的同一性，而是在其自身内部就蕴含着否定性和矛盾：由于实体自身就具有能动性，所以它自己否定自己而成为发展出来的现实。因此，只有当我们把实体同时也理解为主体，理解为自己展开自己的运动的时候，才能说明它的现实性，而实体作为主体的能动性就表现在它自身之中就包含着纯粹的否定性，因而它是单一的东西自己否定自己从而分裂为二，将自己树立为对立面，然后扬弃自身中的矛盾和对立，重建自身统一性的过程。由于实体就是主体，其自身就具有能动性，因而实体的运动过程乃是它的自我运动，世界就是它的外化和展开。于是实体的运动就成了以终点为目的的自己展开自己、自己完成自己的“圆圈”，而且只有当实体真正成为主体，从潜在展开自身并且重建自身同一性的时候，它才是现实的。所以在黑格尔看来，真实的存在或真理并不是现成存在的所予对象，而是一个发展的过程，由于这个发展过程是其自己展开自己的自我运动，而且只有当它达到了终点时才能成其为现实，因而真理乃是将所有一切展开了的因素包容于自身之内的“全体”。

因此，单纯的实体还只是潜在的因素，当它展开自身而外化为世界时，也仍然不是真正的现实，只有当实体展开为世界并且扬弃一切差别重建自身的同一性的时候，它才是真正的现实，而这个重建自身同一性的工作就是通过人类精神对于绝对的认识活动来实现的。换言之，绝对通过它的代言人——人类精神——而认识了自己，最终成为绝对精神。所以，在黑格尔哲学之中，“绝对”与“绝对精神”是有区别的：前者是潜在的，后者则是现实的。当马克思说《精神现象学》是黑格尔哲学的诞生地和秘密的时候，这不仅意味着《精神现象学》第一次公布了其哲学的基本原则和体系的雏形，而且意味着它揭示了绝对精神的秘密：绝对精神其实就是人类精神的绝对化和本体化。在此，黑格尔把康德关于知性为自然立法的思想推到了极端：不是知性为一切可能经验的自然立法，实际上自然法则根本上就是精神的法则，因为“实体即主体”“绝对即精神”“存在即思维”。黑格尔就是这样以辩证的客观唯心主义的方式来解决近代哲学的问题。

在《小逻辑》中，黑格尔亦通过关于思想的客观性的规定来说明其哲学的基本原则。①

（二）思想的客观性

黑格尔把关于思想的客观性的规定总结为三种观点：唯物主义认为客观性就是不以人的意识为转移的外在事物，康德认为所谓客观性就是与主观的感觉的东西相区别的普遍性和必然性，实际上也就是纯粹主观性，而黑格尔则认为“客观性是指思想所把握的事物自身”②，他也称之为“客观思想”。

就人的具体认识过程来说，感觉、表象在先，思想、概念在后，而且只有通过表象人的心灵才能达到对于事物的思维地认识和把握。但是，由于我们认识的是事物的本质，而事物的本质唯有思想、概念才能把握，因而从逻辑上讲，思想、概念才真正是在先的：

---

① 参见黑格尔：《小逻辑》，第68-93页。

② 同上书，第120页。

"我们以为构成我们表象内容的那些对象首先存在，然后我们主观的活动方随之而起……这种想法是颠倒了的。反之，宁可说概念才是真正的在先的，事物之所以是事物，全凭内在于事物并显示它自身于事物内的概念活动"①。因此，黑格尔把哲学规定为"对于事物的思维着的考察"②。由于事物的本质就是思想，所以，哲学也就是我们的思想去思想内在于事物的客观思想。

黑格尔通过思想的四个特点阐述了他的有关思想。

首先，思想是能动的普遍性。思想的普遍性不仅是说思想本身具有普遍性，而且是说思想并不是与感觉和表象并列的一种认识能力，而是贯穿于整个认识之中的本质性因素。其次，思想是对事物的"反思"（Nachdenken）③。事物的本质并不是直接呈现在我们面前的，要想认识它就必须深入事物的背后，对它进行反思，这就是"反思"即"跟随在事实后面的反复思考"。再次，思想对事物的"反思"必然使之发生形态上的改变，不过这并不意味着思想所把握的东西是主观的，恰恰相反，只有借助于"反思"去改造直接的东西，才能真正认识事物的本质。最后，思想"反思"的产物不仅是客观的，而且作为思想的能动性的体现，也是自由的产物：从形式上说，思想是我的思想，而我是独立自由的；从内容上看，思想把握了事物的本质，从而摆脱了一切个别偶然的东西的限制，是无条件的普遍的东西。

在黑格尔看来，具有上述这四个特点的思想，即把握了事物的本质的思想，就不仅是我们的主观的思想，而且就是事物的本质，因而可以称之为"客观思想"。换言之，思想是能够深入现象而把握事物的本质的，而当思想把握了事物的本质，事物的本质也就变成了思想，当然不仅是我们的思想，而且是"客观思想"，于是思想就统摄一切而成为思想和存在的共同基础了。当然，说事物的本质是思想，并不是说自然事物是有意识的东西。应该说，自然事物是潜在的思想，或者说，是一个"没有意识的思想体系"，唯有通过人类精神的思想活动，才能使蕴含于自然之中的客观思想"解放"出来，使之具有真正的普遍性的形式。于是，"思想不但构成了外界事物的实体，而且构成精神性的东西的普遍实体。……当我们把思维认为是一切自然和精神事物的真实共性时，思维便统摄这一切而成为这一切的基础了"④。

当黑格尔把客观性规定为"思想所把握的事物自身"的时候，它意味着所谓客观性既不是指事物自身，也不是指单纯的思想。因为当事物自身尚未被思想认识时，它还只是潜在的，其本质还不具备本质应该具备的形式，即普遍性的形式。只有当思想把握了事物自身时，我们才能说达到了真理，或者说，真理自身才真正成为现实。

由此，黑格尔重建了"思维与存在的同一性"原则。

---

① 黑格尔：《小逻辑》，第 334 页。

② 同上书，第 38 页。

③ 在黑格尔哲学中，通常译作"反思"的实际上有两个不同的概念，一是 Reflexion，一是 Nachdenken。前者有两种含义，其一是借助于光的反射来说明概念之间互相反映的关系，其二指与辩证思维相对的知性思维，即我们所说的形而上学思维方式。后者就是黑格尔所说的"对于事物的思维着的考察"的哲学思维。

④ 黑格尔：《小逻辑》，第 80－81 页。

（三）思维与存在的同一性

黑格尔将思维与存在之间的关系问题看作近代哲学的中心问题。哲学家们无一不是力图达到思维与存在的“和解”，但是因为固执于二元论的立场，都不可能真正解决这个难题。黑格尔从“实体即主体”的基本原则出发，认为思想不仅是思想的实体，也是存在的实体，这种思想就是“客观思想”。在此基础上，黑格尔论证了思维与存在的同一性。

首先应该注意的是，黑格尔所说的“思维”不仅指我们的思想，而且主要或首先指的是存在于我们的思想之外的“客观思想”：“思想不仅是我们的思想，同时又是事物的自身，或对象性的东西的本质”①。所谓“存在”也不是指自然或事物，而是最普遍最抽象的共相，亦即事物的本质。因此一般说来，所谓思维与存在的同一性问题有两重含义：一方面，在本体论意义上，思维与存在的同一性指的事物与其自身的概念相一致，即是说，思想、概念是事物的本质，所以一事物成其自身就在于与自己的概念相符合，换言之，事物只有符合蕴含于自身之中的概念才具有实在性。“通常我们总是以为我们的表象与一个对象相符合叫做真理。这说法预先假定有一个对象，我们的表象应与这对象相符合。但反之，从哲学的意义看，概括地抽象地讲来，真理就是思想的内容与其自身的符合。”② 另一方面，在认识论的意义上，思维与存在的同一性指的是我们的思想能够把握存在于事物之中的本质。实际上，本体论与认识论这两个方面，在黑格尔哲学中是统一的，本体论、认识论、辩证法、逻辑学的一致性，乃是黑格尔哲学的一条基本原则。

通常人们以为思维与存在的同一性问题是一个认识论的问题，这个问题的存在说明我们的知识究竟能否与对象符合一致是成问题的。然而在黑格尔看来，知识与对象之间的差别其实不仅仅是认识论的差别，也是本体论的差别：我们的知识与对象不相符合并不是发生在实体之外的事情，根本上说，也是实体性的差别。换言之，当我们没有认识事物的本质的时候，这说明这个世界与其自身还没有达到完满的和谐，而当我们认识了事物的本质，这世界亦消解了自身的矛盾。因此，如果我们证明了思维能够认识存在——黑格尔认为他的《精神现象学》是最好的证明，那么认识的活动所行使的就是本体论的功能。正是在这个意义上，黑格尔把人类精神认识绝对的过程称为绝对认识自己的过程。

显然，黑格尔是在全新的基础上来解决思维与存在的同一性问题的。在他那里，思维与存在的同一性问题不仅是一个认识论问题，而且首先是一个本体论问题。所以黑格尔从实体即主体这一原则出发，将思维与存在之间的关系首先看作事物与其自身之间的关系，而这就意味着思维是事物的本质，事物是思维的表现，而事物归根到底总要符合自己的本质，因此思维与存在在本体论上是同一的。其次，人类精神的认识活动是可以认识存在于事物中的思想的，因为我们的思想能够思想存在于事物中的客观思想。最后，本体论与认识论是统一的，人类精神履行的乃是绝对精神的工作。思维与存在的符合一致是一个过程，这个过程是通过人类精神对事物的认识来实现的。即是说，事物的本质虽然是思想，但是作为事物的本质的思想毕竟被限制在有限的事物之中，它虽然是思想

---

① 黑格尔：《小逻辑》，第120页。

② 同上书，第86页。

但却还不具有思想的形式，这种尚未成为现实的思想只是潜在的。“自然界不能使它所蕴含的理性（Nous）得到意识，只有人才具有双重的性能，是一个能意识到普遍性的普遍者”①，“哲学的最高目的，就在于确认思想和经验的一致，并达到自觉的理性与存在于事物中的理性的和解，亦即达到理性与现实的和解”②。

于是，我们便理解了黑格尔为什么主张“凡是合乎理性的东西都是现实的，凡是现实的东西都是合乎理性的”③。因为按照他的观点，理性不仅是主观的理想性，而且是事物的本质，而事物归根结底要符合自己的本质，所以合乎理性的东西一定会成为现实。但是，并不是随便什么东西都可以被称为现实，只有真正合理的东西才能称为现实，因而一切现实的东西当然就是合理的。其实，合理性与现实性之间的这一辩证的关系亦可看作黑格尔哲学的主题，或者说，黑格尔哲学的全部内容就是围绕着合理性与现实性之间的辩证关系而展开的，其目的就是要达到合理性与现实性的“和解”。

由此可见，黑格尔乃是在本体论、认识论、辩证法同一的基础上解决思维与存在的同一性这一难题的，也正是在这个问题上陷入了唯心主义。尽管与以往的哲学家不同，黑格尔不是在思维与存在的差别的基础上，而是从思维与存在的同一性出发来解决思维与存在的同一性问题，但是他并没有从根本上克服思维与存在的二元论，因为在他看来只有思想能够认识思想，只有精神能够把握精神。如果思想把握了事物的本质，那么事物的本质就是思想。换言之，如果我们证明我们的思想认识了事物的本质，那么事物的本质也就像我们所思想的那样，所以事物的本质就是思想即“客观思想”。然而，即使我们能够证明我们认识了事物的本质，也没有权利说，事物的本质就是思想。其实，黑格尔在最根本的问题上，仍然未能摆脱形而上学思维方式的限制，从而陷入了循环论证的困境：事物的本质是共相，而共相也就是概念或思想，所以我们能够认识事物的本质；反之，我们能够认识事物的本质，因而这就证明了事物的本质也就是思想。显然，他仍然未能跳出唯思想才能认识思想的教条，所以不可能最终解决思维与存在的同一性问题。

黑格尔通过他的《精神现象学》解决了康德的认识论问题，也确立了“实体即主体”的基本原则。如果说在黑格尔那里，《精神现象学》完成的是人类精神“从现象到本质”的认识过程，那么可以说现在黑格尔着手进行的是“从本质到现象”，即从《精神现象学》的成果回过头来重新解释我们的世界了。

三、逻辑学

黑格尔在《逻辑学》第一版序言中指出，近25年以来——按时间推算应当是康德《纯粹理性批判》第二版出版以来，“那种被叫做形而上学的东西，可以说已经连根拔掉，从科学的行列里消失了”；“科学和常识这样携手协作，导致了形而上学的崩溃，于是便出现了一个很奇特的景象，即：一个有文化的民族竟没有形而上学——就像一座庙，其

---

① 黑格尔：《小逻辑》，第81页。

② 同上书，第43页。

③ 黑格尔：《法哲学原理》，第11页；《小逻辑》，第43页。

他各方面都装饰得富丽堂皇，却没有至圣的神那样”①。虽然康德批判形而上学的目的并不是清除而是重建形而上学，但是由于他对形而上学的批判影响太大了，以至于重建形而上学不仅对康德而且对他的后继者们都构成了一个难上加难的难题。现在，历史的重任就落到了黑格尔的肩上。于是在《精神现象学》之后，黑格尔便着手写作《逻辑学》。

黑格尔的《逻辑学》与他的《精神现象学》一样是一部独一无二的哲学著作，不过它所体现的是黑格尔完全不同的另一种风格。如果说《精神现象学》是一部才气喷涌、充满激情的作品，那么可以说《逻辑学》则是一部简洁明快、推理缜密的著作。在《精神现象学》中，不仅我们甚至黑格尔本人的思想航船都在辩证法之强力的推动下身不由己而一发不可收拾。而《逻辑学》在某种意义上则是远离激情的：“学习这门科学，在这个阴影的王国中居留和工作，是远离感性直观和目的、远离感情、远离仅仅是意见的观念世界的。”② 显然，不仅是因为《逻辑学》所处理的对象不同于《精神现象学》，而且此时的黑格尔对于辩证法的使用也已经得心应手、驾轻就熟了，他冷静地处理面前的对象，恰如其分而且有条不紊。

《逻辑学》以《精神现象学》为其前提：“意识，作为显现着的精神，它自己在途程中解脱了它的直接性和外在具体性之后，就变成了纯知，这种纯知即以那些自在自为的纯粹本质自身为对象。它们就是纯思维，即思维其本质的精神”③。所以，《精神现象学》乃是“纯科学概念的演绎”，而《逻辑学》便以这些“纯科学概念”作为它的研究对象。

在黑格尔哲学中，“逻辑学”相当于传统哲学中形而上学或本体论的地位。

（一）历史与逻辑

黑格尔的逻辑学与通常意义上的逻辑学不同。对他来说，逻辑学就是本体论。

表面看来，黑格尔把逻辑学等同于本体论，与通常的观念大相径庭，然而实际上他的思想却的确符合形而上学的内在精神。在近代哲学中，通常逻辑学亦即形式逻辑所研究的只是单纯主观的思维形式，而古代哲学却有所不同。古代的形而上学主张“唯有通过思维对于事物和在事物身上所知道的东西，才是事物中真正真的东西；所以真正真的东西并不是在直接性中的事物，而是事物在提高到思维的形式、作为被思维的东西的时候。因此，这种形而上学认为思维及思维的规定并不是与对象陌生的东西，而毋宁是对象的本质，或者说，事物与对事物的思维”，因而“思维在它的内在规定中，和事物的真正本性是同一个内容”④。作为形而上学的创始人，亚里士多德从范畴入手来解决存在问题，通过以实体（ousia）为中心的十个范畴确立了“存在之网”或世界的逻辑结构。后来经过中世纪哲学的改造乃至到了近代哲学那里，实体才从范畴体系中独立了出来，成了本体论所研究的最高对象。康德对亚里士多德的范畴体系做了调整，提出了四组十二个范畴作为知性为自然立法的根据，以将范畴主观化、内在化的方式，有条件地确立了世界的逻辑结构。现在黑格尔要做的工作就是恢复亚里士多德哲学的传统，重新赋予范

① 黑格尔：《逻辑学》，上卷，杨一之译，商务印书馆，1977，第 1、2 页。
② 同上书，第 42 页。
③ 同上书，第 5 页。
④ 同上书，第 26 页。

畴客观性的意义。

黑格尔的逻辑学不仅与本体论是同一的，而且与认识论、辩证法也是同一的。

逻辑学讨论的是思维规律和纯粹的思想规定，因而也可以说就是认识论。然而对黑格尔来说，所谓思维规律或者纯粹的思想规定不仅仅是主观范围内的事情，它们同时亦是事物的客观规律和本质规定。无论是逻辑学还是认识论从根本上都是以辩证法为其基本形式的。所以，黑格尔与众不同之处就在于，他以独特的方式将所有的哲学部门熔为了一炉。

在《精神现象学》之后，黑格尔首先做的一项工作就是建立世界的逻辑结构，亦即对纯粹本质性的因素进行深入的研究，以期为哲学奠定基础。这些就构成了他的《逻辑学》的内容。当人类精神达到了“绝对知识”之后，整个认识过程便纯化成了范畴，《逻辑学》就以此作为它的对象。在黑格尔看来，人类精神对绝对的认识是一个艰苦漫长的过程，这个过程亦是一个由浅入深、从简单到复杂、从抽象到具体的过程，而哲学史恰恰就是这一过程的最高体现。在哲学史中，每个哲学体系都有它自己独特的哲学原则，它们都代表着人类精神认识绝对的一个阶段，因而看似相互对立、杂乱无章的哲学史实际上乃是“一个”哲学的发展过程。这就是说，只有一种哲学而没有许多种哲学，不同的哲学体系不过是这一种哲学在不同阶段上的表现，它们独特的哲学原则就凝结为范畴，构成了范畴体系上的诸多环节。所以黑格尔主张历史与逻辑是一致的，他所做的工作无非是将人类精神认识绝对的哲学史纯化为一个有着内在联系的、有机的范畴体系。

（二）阴影的王国

如果说《精神现象学》是黑格尔哲学的导言，那么可以说《逻辑学》就是黑格尔哲学的基础。黑格尔的逻辑学既不同于形式逻辑，也不同于康德的先验逻辑：它所研究的既不是空洞的思维规律，也不是主体的先天认识形式，而是事物的纯粹的本质性因素——纯思想规定。因此，黑格尔的逻辑学与康德的先验逻辑一样都是具有认识论意义的逻辑，但是它同时亦消解了康德先验逻辑的单纯主观性和静态结构的局限性，因而不仅是一个动态的过程，而且具有本体论的意义。黑格尔说：“逻辑须要作为纯粹理性的体系，作为纯粹思维的王国来把握。这个王国就是真理，正如真理本身是毫无蔽障，自在自为的那样。人们可以说，这个内容就是上帝的展示，展示出永恒本质中的上帝在创造自然和一个有限的精神以前是怎样的。”[①] 根据这段话，人们完全有理由认为黑格尔哲学是极其荒谬的，他似乎主张绝对精神在外化为自然和人类精神之前，首先在某个地方进行着逻辑推演，然后才由这种纯粹的思想规定产生出自然和人类精神来。其实这是一种误解。作为一个唯心主义者，而且是有史以来最大的形而上学家，黑格尔所讲的“以前”并不是时间意义上的在先，而是逻辑意义上的在先。从时间上讲，黑格尔承认自然在人类精神之前就已经存在了。但是从逻辑上讲，就本质而言，精神则是真正在先的，因为它所体现的乃是决定世界之为世界、自然之为自然的本质和根据。当然，黑格尔把本质性的东西看作精神性的存在归根到底是错误的。

---

① 黑格尔：《逻辑学》，上卷，第 31 页。

黑格尔的逻辑学虽然以纯思想规定为其研究的对象，然而他并不认为脱离现实脱离具体内容的“纯粹思想”是某种现实的存在。正如他所说的，“逻辑的体系是阴影的王国，是单纯本质性的世界，摆脱了一切感性的具体性”①。实际上，逻辑学是从“一个方面”即本质的方面来展示真理，因而逻辑的理念还只是“幽灵”而不是活生生的灵魂，或者说，还不是现实的真理。

逻辑学以纯思想规定为其研究的对象，也就是以范畴作为它的研究对象。当我们说范畴是具有本体意义的本质性因素的时候，这并不意味着范畴是什么高不可攀的神秘的东西，其实它就存在于我们的思想和语言之中。黑格尔说：“思维形式首先表现和记载在人的语言里。人兽之别就由于思想，这句话在今天仍须常常记住。语言渗透了成为人的内在的东西，渗透了成为一般观念的东西，即渗透了人使其成为自己的一切；而人用以造成语言和在语言中所表现的东西，无论较为隐蔽、较为混杂或已经很明显，总包含着一个范畴；范畴的东西对人是那么自然，或者不如说它就是人的特有本性自身。”② 所以，哲学不需要特殊的术语。然而这并不是说逻辑学是一项十分容易的工作，其困难之处乃在于如何使“熟知”纯化为“真知”，亦即将人们日常使用的语言纯化为哲学的概念。

黑格尔的逻辑学是一项崭新的事业，他一方面要总结人类精神对于绝对的认识史——这已经由他的精神现象学完成了，另一方面要把人们的日常语言纯化为哲学概念，另外还要改造传统的逻辑学，使概念“流动”起来，使“逻辑的枯骨”通过精神成为有血有肉的实在。通过努力，黑格尔终于将亚里士多德的形而上学观念付诸实现，为世界确立了一个完善的逻辑结构。

（三）世界的逻辑结构

黑格尔的《逻辑学》（大逻辑）分为“客观逻辑”和“主观逻辑”两大部分，其中“客观逻辑”分为“存在论”和“本质论”，“主观逻辑”是“概念论”。《哲学全书》中的逻辑学部分（小逻辑）则没有区分“客观逻辑”和“主观逻辑”，而是直接划分为“存在论”、“本质论”和“概念论”。

按照黑格尔的观点，“客观逻辑”部分地与康德的先验逻辑相一致，而更重要的是它取代了传统的形而上学或本体论的位置。康德的先验逻辑本身就是“内在形而上学”，因为它有条件地以范畴体系确立了世界的逻辑结构，而黑格尔所要做的就是在此基础之上重新恢复形而上学的客观性原则。“主观逻辑”所讨论的是传统的形式逻辑的内容，当然经过了黑格尔的改造。不仅如此，这一部分甚至处于逻辑学的最高阶段，因为在黑格尔看来，“概念”乃是“存在”和“本质”的真理。显然，黑格尔的逻辑学仍然给形式逻辑留有一席之地，那种认为辩证逻辑排斥形式逻辑的看法是错误的。黑格尔其实并不否认形式逻辑在认识中的作用，他只是认为形式逻辑是有局限的，仅仅停留在此不可能把握事物活生生的生命。

如前所述，“客观逻辑”包括“存在论”与“本质论”，“主观逻辑”就是“概念论”。

---

① 黑格尔：《逻辑学》，上卷，第42页。

② 同上书，第7-8页。

因此逻辑学的具体内容划分为三编：

第一编“存在论”研究的是直接性的认识阶段，在这一部分中范畴推演的特点是“过渡”，亦即从一个直接性的东西过渡到另一个直接性的东西。在这个阶段，概念还处在“自在的”或潜在的阶段，其内容是尚未展开的。“存在论”包括“规定性（质）”、“大小（量）”和“尺度”三个阶段，它以“存在”范畴作为开端，从一个范畴过渡到另一个范畴，最后扬弃了自身的直接性而进入了间接性的领域，由此而过渡到了“本质论”的领域。

第二编“本质论”研究的是间接性的认识阶段，在这一部分中范畴推演的特点是“反映”（Reflexion），亦即成双成对的概念既相互对立又相互映现自身，这是“自为的”或处于展开过程中的阶段。“本质论”包括“作为反思自身的本质”、“现象”和“现实”三大阶段，反思概念以在他物中映现自身的方式展开自身，最终扬弃了直接性与间接性之间的矛盾，成为一个统一的概念的诸多环节，从而进入了“概念论”的领域。

第三编“概念论”研究的是直接性与间接性的统一、自在与自为的统一，相互对立的概念现在消融为一个概念，在这一部分中范畴推演的特点是“发展”，这是逻辑学的最后也是最高的阶段。“概念论”包括“主观性”、“客观性”和“理念”三大阶段，黑格尔在此讨论了概念、判断和推理，机械性、化学性和目的性，以及生命、认识的理念和绝对理念，最终扬弃了一切差别和对立，将所有的范畴融合为一个有机的整体，这个整体就是“绝对理念”。

黑格尔在正式进入逻辑学的内容之前，首先说明了科学为什么以“存在”作为开端的理由。由于他的逻辑学就是形而上学或本体论，所以巴门尼德的“存在”理所当然地成了逻辑学的开端。在黑格尔看来，他的逻辑学所确立的范畴体系并不是他自己的独创，而是对哲学史这个关于绝对的认识史的概括和总结，所以他的工作就是以所有哲学的基本原则亦即范畴为“原料”形成一个统一的逻辑系统，而所有这些范畴作为“绝对”的诸多环节都被安排在恰当的位置之上，由此而形成的即是一个完整的“绝对”。当然，这里所说的“绝对”还不是现实的绝对精神而只是绝对精神的“骨架”或结构，只有到了“精神哲学”之中绝对精神才真正成为现实，所以黑格尔称之为“绝对理念”。不仅如此，由于人类精神对于“绝对”的认识就是“绝对”对其自身的自我认识，因而“绝对”的范畴体系实际上并不是我们推演的结果，而是它自己扬弃自己、自己推演自己的自我运动。众所周知，黑格尔逻辑学中的范畴推演不乏牵强附会之处，不过从总体上看的确具有极其严整的逻辑必然性。只要我们从它的第一个范畴“存在”开始进入这个逻辑系统，立刻就会身不由己地融入其中，感受到辩证法那种不可抗拒的强大力量。

黑格尔哲学是西方哲学史上公认最富于内在逻辑性、形式上最完善的哲学体系，他的逻辑学尤其如此。然而黑格尔自己并不认为他的逻辑学已经完善了。在他看来，这是一项新的事业，因而需要长时间的研究探讨。黑格尔不仅曾经在课堂上反复尝试过不同的范畴推演方式，而且在临去世之前还在修改《逻辑学》。在去世前一个星期，1831 年 11 月 7 日，黑格尔在《逻辑学》第二版序言中写道，想到柏拉图曾经七次修改《国家篇》，一部现代包含着深刻内容的哲学著作就应该修改七十七次才对。由此可见，黑格尔始终没有停止过对其哲学体系的探索。

四、《哲学全书》体系

通常我们所说的黑格尔的哲学体系就是《哲学全书》的体系。黑格尔对于哲学体系的思考由来已久，因为这乃是康德、费希特和谢林试图解决而没能最终解决的难题。在他看来，哲学是科学，而唯有当它是一个体系的时候才真正称得上是科学。所以在黑格尔出版发表了《精神现象学》和《逻辑学》之后，如何将哲学构成为一个科学的体系就成了摆在他面前亟待解决的问题。

（一）《哲学全书》的出版

1816年当黑格尔在海德堡大学准备讲课的时候，他不想像康德那样使用现成的教材而希望使用自己编写的教学纲要，因为没有任何一部现成的教材适合他的哲学体系。于是黑格尔一边以口授的方式讲课，一边着手编写新的教学纲要，这就形成了《哲学全书》。在1817年这部教学纲要出版之时，黑格尔写道："为了适应我的哲学讲演的听众对一种教本的需要起见，我愿意让这个对于哲学全部轮廓的提纲，比我原来所预计的更早一些出版问世。"① 与此同时，黑格尔强调说，由于该书采取的是纲要形式，因而它不仅未能依照理念的内容予以详尽发挥，而且它的系统推演的发挥也是特别浓缩的。所以作为纲要，《哲学全书》一方面是对哲学体系之轮廓的概括，另一方面亦表明其内容的发挥还有待于口头的讲授。

《哲学全书》于1817年出版了第一版，1827年出版了第二版，内容比第一版增加了一倍，1830年第三版问世，虽然篇幅增加不多，但文字的改动数以千计。显然，黑格尔对其下了很大的功夫。黑格尔去世之后，人们在编辑他的著作时把学生听课的笔记补充进去作为该书的"附释"，对于人们一般地理解黑格尔的思想很有帮助，然而专家学者们却宁愿让这本书保持原样，把那些学生笔记依时间的顺序整理出版，后来《黑格尔全集》出版批判版的时候就采取了这样的方式。

我们通常所说的黑格尔的哲学体系就是这个《哲学全书》的体系。就此而论，我们既不应该因为它只是纲要而忽视其意义，同时也不应该认为《哲学全书》的体系就是黑格尔定了型的哲学体系。显然，比较这本书的不同版本我们就会发现，黑格尔哲学体系的框架大致如此，而内容和细节则始终处于变化之中。

（二）逻辑、自然和精神

《哲学全书》分为三大部分："逻辑学"、"自然哲学"和"精神哲学"。"逻辑学"是研究理念的自在自为的科学，它讨论的是纯粹的本质性因素亦即纯思想规定或范畴；"自然哲学"是研究理念的异在或外在化的科学，它讨论的是理念外化自身而成为自然亦即理念的外在表现；"精神哲学"研究的是理念由它的异在返回它自身的科学，它讨论的是理念通过人类精神重新获得自己的形式，从而成为真正的现实的过程。

---

① 黑格尔：《小逻辑》，第1页。

《哲学全书》中的“逻辑学”部分（小逻辑）基本上是《逻辑学》（大逻辑）一书的概要，不过在形式、内容和细节等方面有许多差异。在“逻辑学”的结尾处是从“逻辑学”到“自然哲学”的过渡。从本体论上说，当逻辑理念在“概念论”中达到了“绝对理念”亦即自在自为的真理之时，“按照它同它自己的统一性来看，就是直观，而直观着的理念就是自然”①。这就是说，“绝对理念”扬弃了一切差别和矛盾而实现了自身统一性，这个直接的统一性就是一个简单的事实，一个消解了所有间接性的现成的东西，这个东西就是“自然”。从宇宙论上看，这个达到了自身统一性的直接性（直观）的理念由于返回自身而享有绝对的自由，因而它便自由地决定将自身中的特殊规定和诸环节“释放”出来，将其自身作为它自己的反映，自由地外化为自然。换言之，现在“存在”在这里成了“存在着的理念”，而存在着的理念也就是“自然”。显然，从逻辑理念到自然的过渡具有某种神秘主义的色彩，不过这里的“过渡”不应该理解为时间意义上的过程，而应该看作逻辑上的关系：逻辑理念是自然的本质性因素，自然乃是逻辑理念的外化和表现。

与近代哲学机械论的自然观不同，德国古典哲学的自然观将自然看作一个有机的整体，以渗透于自然之中的内在的精神活动来解释自然的运动，将自然理解为历史性的运动发展的过程。这种思辨的自然哲学经过谢林的发扬光大，在当时的科学家们中间曾经引起了热烈的反响，他们在谢林的自然哲学中发现了一种不同以往的理解和说明自然的新的方式。与谢林相比，黑格尔的自然哲学显然更系统、更完善，但是当他建立自己的自然哲学的时候，由于思辨的自然哲学已经为科学家们所厌倦，所以其影响反而没有谢林大。

在黑格尔看来，“自然界是自我异化的精神。精神在自然界里一味开怀嬉戏，是一位放荡不羁的酒神。在自然界里隐藏着概念的统一性”②。绝对外化它自己而成为自然，自然不过是绝对的表现。然而也正是因为如此，绝对还不是现实的它自己，换言之，绝对还不是绝对精神。因此，黑格尔给自然哲学提出的课题是“扬弃自然和精神的分离，使精神能够认识自己在自然内的本质”③。他把考察自然的方式规定为“概念的认识活动”，它是理论态度与实践态度的统一，其目的是把握事物的内在本质。在这种认识活动之中，我们强迫像希腊神话中那位千变万化的海神“普罗丢斯”一样的自然界停止它的变化，在我们面前显现和说明自身。

黑格尔把自然界划分为三个领域，这就是“力学”、“物理学”和“有机学”。“自然哲学”中的第一篇“力学”考察的是空间和时间、物质和运动以及天体的运动。“自然哲学”中的第二篇“物理学”考察的是表现为必然性纽带的隐蔽概念，在差别和对立中相互反映的个体性，分为“普遍个体性”、“特殊个体性”和“总体个体性”。在总体个体性的“化学过程”中，无机自然界达到了最高的顶峰，向有机界这个更高的领域过渡。“自然哲学”中的第三篇“有机学”考察的是达到了其实在性的概念，作为充实的、自我性

---

① 黑格尔：《小逻辑》，第427页。

② 黑格尔：《自然哲学》，梁志学译，商务印书馆，1986，第21页。

③ 同上书，第20页。

的、主观的总体，这就是“生命”。生命有机体划分为“地质有机体”、“植物有机体”和“动物有机体”，其终点就是精神的诞生。

“自然哲学”以从自然向精神的过渡作为它的终点。自然发展到了这样的阶段，它在有生命的东西中得到了完成。因此，“精神是在自然界中发展出来的。自然界的目标就是自己毁灭自己，并打破自己的直接的东西与感性的东西的外壳，像芬尼克斯那样焚毁自己，以便作为精神从这种得到更新的外在性中涌现出来”①。因此，精神与自然之间的关系是，两者在根本上是统一的：精神是自然的本质，自然是精神的异化或表现。所以精神既可以说在自然之后，也可以说在自然之前：精神是从自然界中发展出来的，因而自然在时间上是在先的；然而就精神是自然的本质，精神是自然的真理性和最终目的，是理念的真正现实而论，精神则是真正在先的。“自然并不是一个固定的自身完成之物，可以离开精神而独立存在，反之，唯有在精神里自然才达到它的目的和真理。同样，精神这一方面也并不仅是一超出自然的抽象之物，反之，精神唯有扬弃并包括自然于其内，方可成为真正的精神，方可证实其为精神。”② 于是，我们就从自然哲学进展到了精神哲学。

“精神哲学”是黑格尔《哲学全书》体系中的最高阶段。如果说绝对理念在“逻辑学”中是潜在的，在“自然哲学”中是异在的，那么可以说它在“精神哲学”中则是现实的。因而“精神哲学”中所讨论的精神的发展过程既是人类精神认识绝对的过程，也是绝对成为绝对精神的过程，这两者是同一个过程。正是通过人类精神等于绝对的认识过程，绝对达到了自我认识从而成为真正的现实。

“精神哲学”划分为三个阶段：“主观精神”、“客观精神”和“绝对精神”。当精神还只是处在它的尚未展开的概念中，还没有使它的概念成为有客观性的东西的时候，精神就是“主观精神”，也就是个体精神。“主观精神”分为“灵魂”、“意识”和“自我规定着的精神”三个环节，分别是“人类学”、“精神现象学”和“心理学”的研究对象，其结果是“自由意志”的形成。“客观精神”以自由意志为前提，它是个人之内在精神的外部表现，也就是现实的人类精神所创造的社会、国家、政治法律制度、风俗习惯和伦理道德等等的世界，所以它讨论的是普遍的精神。“客观精神”的三个发展阶段是“抽象法”、“道德”和“伦理”。精神在“抽象法”阶段表现为抽象的自由，自由意志尚处在外在化、客观化的阶段；“道德”所体现的是主观的自由，内在的良心；而“伦理”所体现的则是自由的充分实现，达到了内部与外部、主体与客体之间的统一。这一部分主要体现了黑格尔的法哲学和历史哲学的思想。

在某种意义上说，黑格尔可以看作历史哲学创始人之一，许多人了解黑格尔都是从他的历史哲学开始的。从“实体即主体”的原则出发，黑格尔主张世界历史是一个合理性实现自身而成为现实性的过程，也就是自由成为现实的过程，因为自由乃是精神的本性：“世界历史无非是‘自由’意识的进展”，整个世界的最后的目的就是精神对其自身

---

① 黑格尔：《自然哲学》，第617页。

② 黑格尔：《小逻辑》，第212-213页。

的自由的意识，亦即自由的现实。[1] 然而，自由毕竟只是内在的观念或原则，就其本身而言还不是真正的现实。所以内在的观念必须通过外在的手段加以实现，而驱使人们行动的原动力就是人们的需要、本能、兴趣和热情。于是黑格尔提出了著名的“理性的狡计”理论：就个人的行动而言，需要等等是他的直接动力，而观念和原则则是间接的动力。换言之，精神、观念和原则是通过利益、需要和热情来决定人的行动的。表面看来，每个人都是为自己的需要而行动的，而实际上他们的行动所实现的乃是理性自身的原则。显然，黑格尔看到了在个人行动背后的历史动因，以唯心主义的方式表达了历史规律的决定作用，但是他的历史哲学看似提高了个人在历史中的作用，但实际上将个人的行动当作了理性实现自身的工具和手段。这种过分强调整体性、普遍性原则的思想在现代哲学中尤其受到了人们的批评。

“精神哲学”的第三部分也是它的最高阶段是“绝对精神”。“绝对精神”经过了“艺术”、“宗教”和“哲学”三个阶段。在黑格尔看来，艺术、宗教和哲学都达到了无限性的境界，它们都以“绝对精神”作为认识的对象，所不同的是它们把握“绝对”的方式。“艺术”在直接性中把握“绝对”，它以感性形象化的方式把真理呈现于意识，因而是对绝对精神的具体的直观。“宗教”以表象的方式把握真理，它通过人对上帝的认识而呈现“绝对”。至于“哲学”则是“艺术”与“宗教”的统一，它以概念的方式把握真理，其形式是绝对精神的自由思想，从而真正使绝对精神成为绝对精神。

（三）哲学体系

《哲学全书》虽然是黑格尔哲学思想最成熟时期的作品，但是它毕竟只是供教学使用的纲要，还有待他去展开和发挥。虽然体系的框架有了，但是黑格尔在世之时并没有以哲学著作的形式全面详尽地阐发他的哲学体系，我们不知道如果他写作了这样的哲学著作，其内容和细节会有怎样的改变，因为即使是教学纲要，《哲学全书》亦始终处于变化之中。譬如哲学体系的开端问题。哲学究竟应该以什么作为开端？在黑格尔看来，哲学不像一般科学那样总有其假定的前提，它是一个自己证明自己，自己创造自己的对象，自己返回自己的“圆圈”，因而哲学没有一般科学意义上的起点。

通常我们把黑格尔哲学体系的顺序理解为“逻辑学”、“自然哲学”和“精神哲学”，实际上在黑格尔看来，他的哲学体系不止这一种排列方式，作为自我运动的“圆圈”，哲学可以从任何地方开始。在《哲学全书》的结尾之处（第 575、576、577 节），黑格尔分别以逻辑、自然和精神为“中项”提出了三个推理[2]：

> 第一个推理：逻辑理念——自然——精神。自然作为逻辑理念与精神的“中项”展开于这两个极端之间，它是直接性的存在，在时间上在先的东西。“逻辑的东西变为自然，而自然变为精神”。
>
> 第二个推理：自然——精神——逻辑理念。精神作为自然与逻辑理念的“中项”，是自然的预定目标，因而是先于自然的，它能够在自然中认识到逻辑理念，从

[1] 参见黑格尔：《历史哲学》，第 57、58 页。

[2] 参见黑格尔：《哲学科学全书纲要（1830 年版）》，薛华译，北京大学出版社，2010，第 416 页。

而使自然得到提升而返回自己的本质。

第三个推理：精神——逻辑理念——自然。逻辑理念作为精神与自然的“中项”，乃是这两者的绝对实体，它把自己区分为自然与精神，将它们规定为自己的显现。因而逻辑理念在逻辑上是真正在先的。

《哲学全书》以绝对精神成为真正的现实而告结束。据此人们经常指责黑格尔狂妄自大到了极点，自以为自己可以而且确实穷尽了所有的真理。黑格尔确实说过：“那在时间上最晚出的哲学体系，乃是前此一切体系的成果，因而必定包括前此各体系的原则在内；所以一个真正名副其实的哲学体系，必定是最渊博、最丰富和最具体的哲学体系。”① 然而我们也不应该以通常的观点来理解黑格尔为哲学所确立的终点。《哲学全书》的最后一句话是这样的：“永恒的自在自为地存在着的理念，作为绝对精神，永恒地实现自己、产生自己、享受自己。”② 黑格尔的《精神现象学》也是以类似的方式结尾的，在那里黑格尔引用了席勒的两句诗：“从这个精神王国的圣餐杯里，他的无限性给他翻涌起泡沫。”③ 由此可见，哲学并不因为认识了绝对精神就停滞不前了，它还在运动着，只不过这种运动与以往不同，它是一种永恒的、无限的运动。

在《哲学全书》的结尾，黑格尔对亚里士多德表示敬意，他照搬了亚里士多德《形而上学》中的一段希腊原文作为其哲学体系的结束：“就其自身的思想，是关于就其自身为最善的东西而思想，最高层次的思想，是以至善为对象的思想。理智通过分享思想对象而思想自身。它由于接触和思想变成思想的对象，所以思想和被思想的东西是同一的。思想就是对被思想者的接受，对实体的接受。在具有对象时思想就在实现着。这样看来，在理智所具有的东西中，思想的现实活动比对象更为神圣，思辨是最大的快乐，是至高无上的。如若我们能一刻享到神所永久享到的至福，那就令人受宠若惊了。如若享得多些，那就是更大的惊奇。事情就是如此。神是赋有生命的，生命就是思想的现实活动，神是现实性，是就其自身的现实性，他的生命是至善和永恒。我们说，神是有生命的、永恒的至善，由于他永远不断地生活着，永恒归于神，这就是神。”④ 显然在黑格尔看来，亚里士多德这段话中所体现出来的思想也是他的哲学基本原则。的确，黑格尔理应对其哲学思想的这位古代先驱表示敬意，亚里士多德哲学中的许多东西在黑格尔哲学中得到了充分的发挥。在古典形而上学史上，亚里士多德与黑格尔形成了两座遥相呼应的里程碑。

将一个包罗万象的宇宙构成为一个统一的形而上学体系，体系的构成原则至关重要，这就是黑格尔著名的辩证法。

五、辩证法

黑格尔的辩证法是其哲学的一大特色。黑格尔站在近代哲学主体性原则的基础上恢

① 黑格尔：《小逻辑》，第55页。
② 黑格尔：《精神哲学》，杨祖陶译，人民出版社，2006，第399页。
③ 黑格尔：《精神现象学》，下卷，第275页。
④ 亚里士多德：《形而上学》，1072b19－31，载苗力田主编《亚里士多德全集》，第七卷，第278－279页。

复了古代哲学的辩证法传统，用辩证法来克服近代哲学机械世界观的局限，以辩证法为结构，第一次使形而上学形成了一个科学的体系。因而在某种意义上说，辩证法乃是黑格尔解决哲学问题的关键所在。然而，辩证法既是黑格尔对哲学的伟大贡献，同时也是其哲学中受到人们批评最多而且遭到人们误解最多的地方。譬如我们现在专门讨论黑格尔的辩证法，黑格尔本人肯定会不以为然。因为他的辩证法与他的哲学体系是密不可分、融为一体的，毋宁说辩证法就是他的哲学体系。所以，我们实际上既不可能脱离辩证法来讨论黑格尔的哲学体系，也不可能脱离他的哲学体系来讨论他的辩证法。换言之，理解黑格尔的哲学首先应当理解他的辩证法，而理解黑格尔的辩证法又必须把握他的整个哲学。因此，只是为了叙述和解释的方便，我们在此专门讨论黑格尔的辩证法。

（一）方法问题

哲学问题在某种程度上也就是方法问题。由于哲学要求超越有限具体的事物而把握其普遍的本质，所以在哲学诞生之初就存在着方法问题。哲学的对象不同于科学，它是某种普遍的、无限的东西，当我们要求通过认识来获得对它的知识的时候，这就意味着任何把握这样的对象的方法都不可避免地带有有限性的特点——因为认识所通达的知识归根结底是确定性的，然而只要知识是确定性的，它就不可能是无限的。所以从希腊哲学开始，哲学就始终面临着有限的方法与无限的对象之间的矛盾。为了解决这个矛盾，哲学家们苦心孤诣地力图找到能够把握无限的对象的新方法，而哲学往往就在方法的变革之中发生着深刻的变化。

黑格尔登上哲学舞台的时候，正是近代哲学在方法问题上陷入困境之时。在古代哲学中并不存在认识方法和建构体系的方法这样的区别，因为“作为思维和作为存在是一回事”（巴门尼德），存在的意义就是范畴（亚里士多德）。然而在近代哲学中就不同了。当笛卡尔将“我思”确立为形而上学的第一原理的时候，主体性固然建立起来了，但是主观性与客观性之间却出现了难以弥合的鸿沟。在黑格尔看来，近代哲学的困境源于其思维方式的片面性。

在《精神现象学》的序言中，黑格尔分析对比了古代人的思维方式与近代人的思维方式之间的差别。古代人的思维方式的特点是朴素性和直观性。当人类精神开始认识活动之时，它还没有现成的抽象观念可以利用。对古代人来说，首要的问题是如何从感性经验中抽象出普遍的共相。不知费了多大的工夫，经过了多长时间的艰苦思考和探索，他们才形成了抽象的概念。“古代人的研究是真正的自然意识的教养和形成。古代的研究者通过对他的生活的每一细节都作详尽的考察，对呈现于其面前的一切事物都作哲学的思考，才给自己创造出了一种渗透于事物之中的普遍性。但现代人则不同，他能够找到现成的抽象形式；他掌握和吸取这种形式，可以说只是不假中介地将内在的东西外化出来并隔离地将普遍的东西（共相）制造出来，而不是从具体事物中和现实存在的形形色色之中把内在和普遍的东西产生出来。”[①] 黑格尔称这种固执于思维规定之差别的思维方式为“知性思维”。第一个揭示知性思维的局限性的是康德，他通过对理性的批判指出了

---

① 黑格尔：《精神现象学》，上卷，第 21 - 22 页。

以知性范畴为基本形式的科学思维方式的局限性，认为这种思维方式只能运用于现象而不可能把握事物自身，并且通过理性的辩证法证明了这一点。康德的本义是通过揭示思维的辩证性来说明形而上学不可能成为科学，然而黑格尔却从康德的消极辩证法中看到了使哲学成为科学的一线曙光。在他看来，思维的辩证性为我们扬弃固定的概念，打破它们之间的界限，重新再现事物的整体生命提供了可能性。因此，现在的工作就在于扬弃那些固定的思想，从而使普遍的东西成为现实的有生气的东西。然而我们必须认识到，要想使固定的思想取得流动性比将感性存在变成流动的要困难得多，唯一的途径是辩证的思维：扬弃固定的思维形式，使它们流动起来，克服自身的片面性，再现事物之活生生的生命。

黑格尔将辩证法称为真正的科学方法。近代哲学在近代自然科学所取得的伟大成果的鼓舞下，试图将科学的方法应用于哲学，使哲学成为科学。然而黑格尔则认为，科学其实并不是真正的科学，因为任何一种科学总是从某些不证自明的前提出发的，所以它们都有着这样或那样的局限性。哲学就不同了。由于哲学研究的是最高的对象，因而哲学是没有前提和条件的，它是自己证明自己、自己完成自己的。就此而论，唯有哲学才是真正的科学，而哲学自己证明自己的方法或真正的科学方法就是辩证法。

一般说来，辩证法诞生于古希腊哲学。当黑格尔试图克服近代哲学的局限性，站在近代哲学的主体性原则的基础上恢复古代哲学的客观性立场的时候，古代哲学朴素天然的辩证性思想便为他提供了扬弃近代哲学之“知性思维”的极其有效的可能方式。黑格尔曾经将赫拉克利特、芝诺和苏格拉底等人称作辩证法的创始人，虽然他们的思想很少共同之处，但是无论是赫拉克利特的自然辩证法、芝诺的概念辩证法，还是苏格拉底探索事物“是什么”的对话方法，都对黑格尔的辩证法思想的形成产生了深远的影响。当然，最直接的影响是康德的消极的理性辩证法与费希特和谢林对康德辩证法的积极的改造。

辩证法（Dialektik）这个概念源于希腊文，原义是“对话”。在某种意义上说，黑格尔的辩证法乃是将苏格拉底通过两个人对话而追问事物的本质的方式进一步深化为思想自己与自己的“对话”，因而它是一种概念辩证法。不过在黑格尔看来，思想不仅是我们的思想，而且是事物本身的本质规定，所以思想从根本上说乃是“客观思想”。于是，当黑格尔将思想看作是宇宙万物共同的根据和基础的时候，他的辩证法就不仅是一种认识的“方法”，也不仅仅是建构哲学体系的方式，而且是世间一切事物共同的运动方式或客观规律。换言之，辩证法与本体论是同一的。

由此可见，将黑格尔的辩证法单独拿出来进行描述不仅是十分困难的，而且也肯定不会得到黑格尔本人的认可，因为他的辩证法与他的哲学体系是不可分割的。然而如果不能对黑格尔的辩证法有所了解就贸然进入他的哲学体系，我们就很可能陷入其庞大繁杂的体系之中而难以自拔。所以我们只好从原则上对黑格尔的辩证法做一些简单的描述。

在黑格尔看来，真正的科学方法亦即辩证法的本性，“一方面是方法与内容不分，另一方面是由它自己来规定自己的节奏”[①]，这两个方面可以看作其辩证法的基本特征。如

---

① 黑格尔：《精神现象学》，上卷，第 39 页。

前所述，黑格尔认为辩证法不仅是方法，而且是事物自身的客观法则。因而真正科学的方法并不是像唯理论所推崇的数学方法或康德的先验认识形式那样外在于内容，方法不是外在的形式或我们认识事物的某种方式，而是事物内在的生命、灵魂和运动方式。所以黑格尔说，科学方法“正是内容本身，正是内容在自身所具有的、推动内容前进的辩证法”①，“方法不是外在的形式，而是内容的灵魂和概念”②。我们的任务并不是去发现一种用来说明事物的方法，而是去发现事物自己运动的内在方式，也就是让事物自己展示自己内在的运动规律。要想做到这一点，关键就在于对否定性的辩证的理解。

马克思曾经将黑格尔《精神现象学》的伟大成就概括为“作为推动原则和创造原则的否定性的辩证法”③。的确，在对待否定性的态度上，黑格尔区别于任何一位近代哲学家，其辩证法的核心就是对于否定性的辩证的理解。

（二）辩证的否定

近代哲学通常是站在主体与客体之间差别的基础上来谋求两者的统一的，由于知性思维的限制，它在要求获得具有确定性的科学知识的同时，对否定性的东西、有差别的东西或矛盾采取了排斥的态度，这就使它在将事物分解为各个部分和方面的同时，难以保持住事物的活生生的生命和内在的统一性。在黑格尔看来，事物本身是一个结合了诸多有差别的属性在自身之内的统一体，这种差别既不是仅仅存在于我们的认识之中的主观差别，也不是事物之外在的差别，而是“内在的差别”：“在一个作为内在差别的差别里，那对立的一面并不仅仅是两个之中的一个，——如果那样，那差别就不是一个对立的东西，而是一个存在着的东西了；——而乃是对立面的一个对立面，换句话说，那对方是直接地存在于它自身之内”④。所以，事物之中的差别是“对立面的统一”。

从知性思维的立场看，事物之中包含着差别意味着事物自身的瓦解，因而差别和否定性乃是死亡的因素。黑格尔则认为，否定性不仅不是死亡的因素，而且是真正的生命的力量和原则，因为正是否定性构成了推动事物运动发展的内在动力。

事物之中存在着差别，所以事物之中包含着否定性的因素。在通常观点看来，差别就是否定，就是事物与其自身的不同一，所以是不真的。如果我们不能消解这些差别，事物自身就会消解为虚无。但是，与这种将否定仅仅看作否定的观念不同，黑格尔认为“否定的东西也同样是肯定的”，或者说，自相矛盾的东西并不消解为抽象的虚无，而是消解为它的特殊内容的否定，而这样的否定并不是全盘否定，而是自行消解的“被规定的事情的否定”，因而是“规定了的否定”。这就是说，否定从来不是抽象的否定，而总是具体的特殊的否定，所以否定的结果也总是有内容的或有规定性的。因此，否定的结果其实是从否定之中而产生的有内容的东西，由于它在否定了先前内容的同时亦将其内容以新的形式包含于自身之内，这就使事物发展为更高、更新、更丰富的阶段。⑤ 黑格尔

---

① 黑格尔：《逻辑学》，上卷，第37页。

② 黑格尔：《小逻辑》，第432页。

③ 《马克思恩格斯全集》，中文1版，第42卷，人民出版社，1979，第163页。

④ 黑格尔：《精神现象学》，上卷，第109页。

⑤ 参见黑格尔：《逻辑学》，上卷，第36页。

将这种辩证的否定称为“扬弃”。

在德文中，“扬弃”（aufheben）这个概念本身就富含辩证性：“它既意谓保存、保持，又意谓停止、终结”①。因此我们可以说，扬弃或辩证的否定包含着三个环节：一是否定，二是在否定中对有价值的东西的保留，三是向更高的阶段的过渡。列宁十分恰当地把它概括为“联系的环节”和“发展的环节”。的确，通过“规定了的否定”即扬弃，前一阶段中有价值的东西保留了下来，外在的形式被克服了并且发展为新的阶段，于是这种辩证的否定就使两个阶段“联系”起来，从而使事物成为一个“发展”的过程。

因此，“辩证的否定”乃是黑格尔辩证法的核心。在他的哲学体系中，前一阶段中的差别和矛盾的运动产生了后一阶段，在后的阶段是在先阶段矛盾运动的必然结果，亦是对在先阶段的继承和发展，因而前一阶段中的合理因素就保留在后一阶段之中，成为它的构成因素或环节。于是，整个事物过程就成了一个相互联系的、发展着的、具有内在必然性的有机整体。由于“实体即主体”，在实体中就包含着纯粹的否定性，它自己否定自己，将自身树立为自己的对立面，然后扬弃自身，恢复自身的同一性，由此而成为现实。这样一个过程就是绝对的自我运动、自我完成、自己实现自己、自己成为自己的过程。所以，绝对精神乃是由于其自身内在的矛盾而自我运动的，在它的发展过程中，每一个阶段、每一个环节都是有限的、暂时的和有缺陷的，然而它们之间的相互扬弃以及继承和发展，又使它们构成了整体的必要环节。在《精神现象学》中，黑格尔形象地把绝对精神的自我运动比喻为“酒神的宴席”：所有人都加入了欢庆酒神节的宴席之中，每个人都在这场豪饮之中一醉方休，但是这场宴席却不会因为我或者你的醉倒而告终结，而且也正是因为我或者你以及我们大家的醉倒而成其为酒神的宴席。我们都是这场豪饮不可缺少的环节，而这场宴席本身则是永恒的。

所以在黑格尔看来，真理是全体，哲学是一个“圆圈”。

（三）哲学的圆圈

黑格尔辩证法的独特之处就在于他把宇宙万物看作一个由于其内在矛盾而自我运动的过程，从而把真理理解为过程、结果和全体，理解为一个自己完成自己的“圆圈”。以往的形而上学总是企图在最初的、原始的开端中寻求真理，并且在不同程度上将它看作独立于我们之外的现成的存在。黑格尔则把绝对精神看作一个自我生成、自我发展的过程。在这个过程中，越是在后的阶段或环节越具有现实性和真理性，黑格尔称它们是在先的东西的“真理”或“本质”，因为它们是前此阶段或环节“扬弃”自身的结果，因而克服了自身的缺陷并且保留了合理的因素，而最后的结果就是一个把前此一切阶段和环节都包容于自身之内的整体之大全。所以，黑格尔把这个过程看作“前进-回溯”的辩证运动：“前进就是回溯到根据，回溯到原始的和真正的东西；被用做开端的东西就依靠这种根据，并且实际上将是由根据产生的”，因而“离开端而前进，应当看作只不过是开端的进一步规定，所以开端的东西仍然是一切后继者的基础，并不因后继者而消灭”，于是哲学之整体就是一个圆圈，在它之中，开端与终结、起点与终点乃是目的与目的的实现

---

① 黑格尔：《逻辑学》，上卷，第98页。

这样一个自我完成、自我实现的关系。[1]

黑格尔的辩证法以“三一式”为其形式，亦即“正题”、“反题”与“合题”。一般说来，正题是肯定的环节，它表明矛盾此时还处于潜在的阶段，黑格尔也称之为“自在的”阶段；反题是否定的环节，此时矛盾的双方得到了展开，黑格尔称之为“自为的”阶段；合题则是“否定之否定”的环节，它是正题与反题的对立统一，黑格尔称之为“自在而自为的”阶段。黑格尔的哲学体系就是由许许多多这样的正题、反题与合题的“圆圈”所组成的一个巨大的“圆圈”。有时人们把黑格尔的这种“三一式”就称为辩证法，实际上并不十分恰当，因为它毕竟只是某种形式。虽然黑格尔自己往往为了体系的缘故过于注重形式而使其哲学的内容经常有牵强附会之嫌，但是仅仅把他的辩证法理解为“三一式”毕竟只是抓住了辩证法的皮毛而没有理解它的精髓。

黑格尔对否定性的辩证理解是人类思想史上最为大胆的思考之一。差别、对立和矛盾问题自哲学产生以来就是人们十分关注的难题，对此古希腊哲学提出了极其深刻的辩证思想，但是由于它的朴素性和直观性，这些深刻的思想没有得到全面深入的阐发。由于近代哲学家们固执于科学思维方式的知性思维，因而无论他们怎样追求客观性的科学知识，都最终因为主体与客体之差别的二元认识论结构而无法将有差别的东西结合统一在一起。在这个问题上，黑格尔的确与众不同。在他看来，在自然万物之中，否定性是死亡的力量，任何事物都将由于它而自我瓦解，失去自身的存在，但是精神的生活却是敢于承当死亡并在死亡中得以自存的生活，而且只有当它在支离破碎的瓦解之中保持其自身时它才是真正的存在。“精神在否定的东西那里停留，这是一种魔力，这种魔力就把否定的东西转化为存在。”[2] 实际上精神自身就是否定性，它否定自己而变成了对象，在对象中仍然保持着自身的同一，从而使它能够扬弃对象成为真正现实的自己。未经否定的精神只是潜在的精神，不敢面对否定的精神还不是真正的精神，唯有投身于否定仍然保持着自身的同一性并且扬弃了否定的精神才是真正现实的精神。显然，黑格尔在此以形而上学的思辨语言阐发了主体的能动性。

六、传统形而上学的终结

毫无疑问，黑格尔是有史以来最伟大的形而上学家，他一方面使自亚里士多德以来哲学家们所怀抱的让哲学成为科学的理想最终得以实现，另一方面亦使形而上学这一古典哲学曾经走了2000多年的哲学之路终于走到了尽头。形而上学的观念在黑格尔哲学中得到了淋漓尽致的发挥，但亦像一个人临终之前的回光返照一样，不过是走向了最后的辉煌而已。我们可以说黑格尔既是最好的形而上学家，也是最坏的形而上学家：他是最好的形而上学家，因为没有哪个哲学家能够像他那样建立起如此恢宏、如此庞大乃至如此“合理”、如此严密的形而上学体系；然而由于传统形而上学这条路最终被历史证明是根本不可能的，所以这个最好的形而上学家当然也就是最坏的形而上学家。总而言之，

---

① 参见黑格尔：《逻辑学》，上卷，第55－56页。

② 黑格尔：《精神现象学》，上卷，第21页。

黑格尔哲学标志着形而上学的完成，同时亦标志着形而上学的终结。20世纪西方哲学的众多流派大多从反形而上学起家，它们以黑格尔哲学为靶子，猛烈地批判形而上学。

那么，黑格尔哲学的局限性主要体现在什么地方？

首先是黑格尔哲学的理性主义和唯心主义。在古典哲学中，理性主义往往也就是唯心主义，因为它的根据和基本原则建立在宇宙的合理性之上，这个原则用黑格尔的话说就是"理性统治世界"。在当代哲学看来，黑格尔企图穷尽绝对真理实在是狂妄自大，而他将宇宙自然的本质或实体看作精神或理性更是没有根据的。唯心主义者如黑格尔一方面认为我们能够认识事物的本质，另一方面又据此而主张事物的本质即是共相因而也就是概念、理性或精神，这不过是一种循环论证。因此，无论黑格尔哲学看上去多么精致，无论它体现了怎样美好的理想，归根结底是建立在虚幻的基础之上的。由于当代哲学一般地排斥形而上学的研究对象，放弃了理性统治世界这种乐观的理性主义立场，因而黑格尔哲学即使不被看作美丽的谎言，最好的结果也就是某种美丽的梦幻而已。

其次是黑格尔哲学的普遍主义和整体主义。其实这并不是黑格尔所独具的特色，形而上学作为形而上学通常都有这种特性，因为它以宇宙之统一的本质或根据作为研究的对象，只不过黑格尔哲学表现得最典型而已。对于当代哲学来说，最令人难以容忍的就是黑格尔把人类精神看作绝对精神实现自己的手段，把个人看作世界历史进程的工具，以至于有人甚至视黑格尔哲学为国家主义、纳粹主义的理论根据。20世纪的哲学家们大多坚持个人的不可通约性，所以他们不仅放弃了古典哲学乐观的理性主义，而且对那种以普遍抽象的人性来规定个人的观念，尤其是黑格尔将个人淹没在绝对之汪洋大海之中的理论学说深恶痛绝。

最后是黑格尔哲学晦涩思辨的辩证法。据说黑格尔生前就曾抱怨说人们甚至包括他自己的学生都不理解他的思想，情况确实如此。哲学家们的思想一向被人们认为是晦涩难懂的，黑格尔的思想尤其如此，以至于许多哲学家都指责他故意将简单的东西弄得复杂化了，认为黑格尔是在故弄玄虚。虽然黑格尔关于联系和发展的观点，关于事物自身的矛盾运动的思想已经成了人们的认识活动自觉或不自觉的基本观念，但是他那种将所有一切事物牵强附会地统统纳入严格规整的辩证法的做法确实是难以为人们所接受的。在人们看来，黑格尔不是从事物本身出发，而是从自己的思辨方法出发来说明和解释事物的，因而他所谓的科学不过是一种伪科学。

人们对黑格尔哲学的批判还有很多，这些批评和指责有些确实击中了黑格尔的要害，但是也有一些是源于对他的误解，而且即使这些批评都是正确的，我们也不应该因此而彻底否定黑格尔哲学在哲学史上的贡献和意义。不仅如此，批判黑格尔的前提条件是真正理解黑格尔。所以借用黑格尔的一个术语，我们对待黑格尔哲学应该采取"扬弃"的方式。就此而论，黑格尔哲学至今尚未被我们"扬弃"，这仍然是摆在我们面前的一项艰巨的工作。

在某种意义上说，黑格尔哲学之所以既是古典形而上学的完成也是古典形而上学的终结，其中最重要的原因莫过于古典哲学的基本观念遭到了人们的质疑。哲学诞生之初，古希腊人试图说明宇宙的本原，追求关于自然的知识，而这一哲学旨趣的萌生乃基于一系列未经审查的观念：宇宙自然是一个有规律、有秩序、有统一根据的合乎理性的有机整体，这些基本观念在哲学的发展过程之中相继受到了质疑。如果古希腊人一开始就因为质疑其基础而放弃哲学思考，或许哲学根本就不可能诞生。然而从哲学的批判精神来看，哲学的这些基本观念不可避免地会受到人们的质疑。如前所述，黑格尔哲学的全部工作意在论证合理性与现实性的统一，整个宇宙被解释为一个合理性展开为现实性的过程。如果人们对于这些基本观念仍然坚信不疑，那么黑格尔哲学就是不可超越的顶峰。然而，当人们终于发现，我们无论如何无法证明盲目、偶然的外在宇宙是一个合乎理性的存在，由此便注定了黑格尔哲学的命运。

黑格尔逝世之后，随着黑格尔学派的解体，哲学陷入了“混乱”的局面，哲学家们都在探索新的方向，他们的探索活动在某种意义上为20世纪西方哲学扭转哲学的方向做了思想准备。

思考题

1. 试述康德的哲学革命。
2. 试述康德关于“知性为自然立法”的思想。
3. 试述康德关于自由即自律的思想。
4. 简述费希特早期知识学的三个基本原理。
5. 简述谢林前期的同一哲学。
6. 试述黑格尔关于“实体即主体”的思想。
7. 试述黑格尔关于思维与存在的同一性思想。
8. 简述黑格尔《哲学全书》的哲学体系。

第十章

黑格尔之后的哲学思潮

黑格尔之后的19世纪，哲学陷入了重新寻找方向、重新检查基础，甚至重新确定问题和对象的混乱局面，哲学家们广泛深入的探索为20世纪西方哲学开辟了道路。

从思想史来看，19世纪的首要标志就在于知识的学科化和专业化，即创立了以生产新知识、培养知识创造者为宗旨的永久性制度结构。多元化学科的创立乃是基于这样一个信念：由于现实被合理地分成了一些不同的知识群，因此系统化研究便要求研究者掌握专门的技能，并借助这些技能集中处理多种多样而又相互独立的现实领域。[①] 认识论立场的分化使各学科扇形展开，一端是数学和以实验科学为基础的自然科学（物理学、化学和生物学），另一端则是人文科学，其中哲学的地位最高，其次是对形式艺术实践的研究（包括文学、绘画、雕塑、音乐）。介于人文科学和自然科学之间的是研究社会现实的诸学科，其中史学更接近前者，而刚刚分化出来的社会科学则以后者为标准。在这样的知识状况下，人文科学和自然科学的紧张关系至少在认识论和方法论上强化了，而哲学（尤其形而上学）与其他学科的关系也因为后者的成熟和独立而日益紧张。

19世纪是一个社会生活和理智生活发生了巨变的时代。从世界历史的角度看，1763年至1914年，欧洲在政治、经济和文化上都逐步确立了霸权地位，成为全球的主宰。[②] 就欧洲本身而言，19世纪在政治上始于拿破仑执政，这位马背上的“世界精神”以战争和征服在欧洲贯彻了法国大革命的一些基本原则，而终止于维多利亚时代（1837—1901）流金岁月的褪色。请看那些引人注目的时代变化：19世纪早期的浪漫主义运动，这场充满诗意的革命要求以情感反抗理性的桎梏；工业革命成熟了，它一方面生产出庞大的商品堆积，另一方面也造成了数不清的社会悲剧，社会改革的哲学思潮由此应运而生；

---

① 参见华伦斯坦等：《开放社会科学》，刘锋译，三联书店，1997，第一章。

② 参见斯塔夫里阿诺斯：《全球通史：1500年以后的世界》，吴象婴、梁赤民译，上海社会科学院出版社，1992，第560页。

1848年革命是阶级分裂的标志，“资产阶级”和“无产阶级”的对立首次植根于欧洲人的意识当中；民主政治的观念已开始深入人心，但专制政府及其社会控制也同时得到了强化；最后，达尔文掀起了生物学革命的澎湃浪涛，生物进化的思想引起世人的强烈关注。结果，浪漫主义运动深深影响了德国的唯心主义体系和非理性主义的哲学家；经济的混乱、社会的动荡和阶级的冲突使英国功利主义的社会改良哲学和马克思的革命学说呼之即出；而达尔文主义的进化发展观则为马克思主义、斯宾塞的综合哲学以及美国的实用主义提供了必备的条件。

因此，19世纪向哲学提出了新的问题，同时也向它提供了新的观念。这些新问题、新观念导致了哲学思潮的巨大分野。文艺复兴时期理智生活中的主要事实是数学与自然科学的兴起，哲学的主要任务是决定它们在此后两个世纪中的发展方向；而启蒙运动时期哲学则转向了对心灵特征的分析，探讨心灵何以能够成功地把握自然界，从而引发了理性主义者与经验主义者之间的激烈争论，直到康德实现了伟大的综合才告一段落。到了19世纪下半叶，理智生活的巨流则剧烈地分化为诸多哲学流派之间声嘶力竭的争论乃至意识形态冲突，从而出现了一系列鲜明的对立，例如实用主义对抗唯心主义、实证主义对抗非理性主义等等。有学者认为19世纪下半叶的德国哲学是近代哲学最富于创造性和革命性的时期之一，只是学术界研究不够而已，实际上这一时期的哲学开始重新定义自身，重新思考哲学的基本问题，同时伴随着历史主义的兴起和德国哲学与犹太-基督教传统遗产的决裂。①

尽管19世纪哲学纷繁复杂，主线不清，我们还是可以勾勒出19世纪哲学的大致轮廓。它可以分为早、中、晚三个阶段：早期占统治地位的是德国唯心主义哲学，其代表人物是康德（虽然他的理智活动主要在18世纪，其影响却是贯穿整个19世纪的）、费希特、谢林和黑格尔。中期最具特色的一是40年代以降对以黑格尔的体系哲学为中心的德国唯心论的反叛，以费尔巴哈、马克思、克尔凯郭尔为代表，二是哲学恢复了对科学及其方法的兴趣，产生了孔德的实证主义和穆勒的逻辑学，三是以穆勒为代表的自由主义和以马克思主义为代表的科学社会主义。晚期则发展出三条主要线索，其一是古典哲学的再度复兴，其中新黑格尔主义在英国以格林、布拉德雷和鲍桑葵为代表，在欧洲大陆则以克罗齐等人为典范，德国的新康德主义则打出了“回到康德去”的口号；其二是实证主义的进一步发展，其中以马赫主义为代表；其三是皮尔斯和威廉·詹姆斯的实用主义在美国生根发芽，成为这一新生国家的思想根基。尤为突出的是，这一世纪自始至终贯穿着非理性哲学思潮，其中有三位极具个性的思想家堪与其他伟人分庭抗礼，他们就是叔本华、克尔凯郭尔和尼采。也许可以说，19世纪的哲学一方面是“意识形态”（ideology）的时代，它不仅充斥着各种思想体系的纷争，而且充满了意识形态的冲突，民族主义（国家主义）、自由主义和社会主义形成了三支巨流，其他各种意识形态数不胜数；另一方面则是反“意识形态”的时代，是生命意志在理性的自负、体系的桎梏和意识形态的钳制下奋力冲撞的时代。虽说20世纪西方文明的基本概念在17世纪就已具雏形，

---

① Frederick C. Beiser, *After Hegel: German Philosophy, 1840 - 1900* (Princeton: Princeton University Press, 2014), pp. 2 - 4.

但我们的基本观念和理想的冲突是在 19 世纪奠定的。

值得注意的是，哲学史并不是纯粹观念推衍的历史，也不是遵循某种逻辑秩序整齐划一的链条。比如英国的新黑格尔主义与其说是唯心主义的再度复兴，倒不如用詹姆斯的话说是英国古老的粗疏思维转向最初来自德国的理性主义①；虽说达尔文主义理论上是美国实用主义的必要前提，但后者根本上乃是土生土长的美国精神。哲学总是植根于社会生活和个人体验中的。因此，哲学也许和艺术一样，既需要理智的沉思和阐发，也需要心灵的领悟和洞见。这对把握纷繁复杂、冲突动荡的 19 世纪哲学思潮来说似乎尤为必要。

本章讲述的是黑格尔之后的 19 世纪西方哲学，主要讨论后两个阶段的哲学思想。由于篇幅所限，我们的讨论只能是简略式的概览，难免挂一漏万。这一时期的哲学思想深刻地影响了 20 世纪哲学，不过有些思潮例如美国的实用主义思潮产生于 19 世纪末 20 世纪初，但却盛行于 20 世纪上半叶，所以它们不在本书的讨论范围之内。

第一节　黑格尔学派的解体和费尔巴哈

1831 年，黑格尔与世长辞。对他的那些最忠诚的信徒来说，哲学也应该很自然地终结了。福斯特（Friedrich Forster）在黑格尔墓前的颂词中把他比作理智世界中的亚历山大大帝，要他的追随者们去“确证、宣传和加强”他们刚刚从“思想王国”中继承的财富。另一位信徒则断言，今后的哲学家只有两种选择，要么成为黑格尔的掘墓人，要么去为他树碑立传。② 他们说的都没错。亚历山大病亡之后，他的帝国立即陷入了混战和分裂状态。黑格尔之后，他的信徒们亦立刻分裂为老年和青年两派。这两派都认为黑格尔哲学业已终结，只是老年黑格尔派恪守师教，不敢越雷池一步，而青年黑格尔派则最终成了他的掘墓人。从某种意义上说，这一分裂验证了黑格尔的辩证法：其思想本身就包含了对立面的冲突，既然不能被超越，就必然被扬弃。结果，鲍威尔的自我意识扬弃了上帝；费尔巴哈的人本学扬弃了绝对精神；施蒂纳的“唯一者”扬弃了费尔巴哈的“类哲学”；马克思则转向了实践的唯物主义，更为激进地扬弃了黑格尔头脚倒置的精神辩证法。

一、青年黑格尔派

我们可以用黑格尔本人的名言“凡是现实的都是合理的，凡是合理的都是现实的”作为划分的原则：老年黑格尔派认为存在的现实是合理的，而青年黑格尔派则正好相反。前者被贴上了“右翼”的标签，因为其代表人物力主以哲学式的“宁静”去适应现存的世界，认为一切都将趋于完善，世界中的恶不过是表面上的附带现象（epiphenomena），

---

① 参见威廉・詹姆斯：《多元的宇宙》，吴棠译，商务印书馆，1999，第 3 页。

② Simon Critchley and William Schroeder (eds.), *A Companion to Continental Philosophy* (Maiden: Blackwell Publisher, 1998), p. 107.

合理性就潜伏在它们之下。这是一种解读黑格尔的方式，或许亦符合黑格尔的观念，因为他曾经这样比喻哲学："密纳发的猫头鹰要等黄昏到来，才会起飞"[①]，这暗示哲学家不适合做历史时代的改革者或预言家。这种观念历史悠久，一直可以溯源到古希腊哲学"静观"（positive quietism）的理论态度。加之30年代早期，黑格尔、歌德、施莱尔马赫相继去世，伟大人物的时代业已过去的压抑气氛相当浓烈。不过，更重要的是逝去的大人物（the mighty dead）同时也是后来者思想创造的沃土。

正如青年马克思所指出的，问题在于"改造世界"，在于行动。切什考夫斯基在1838年的《历史学引论》中为思想和行动的综合铸造了一个后来非常有影响力的词——"实践"（praxis）。今后哲学的作用是"成为一种实践的哲学，更确切地说，要成为实践活动的哲学，'实践（praxis）'的哲学，对社会生活施加直接影响的并且在具体活动范围内发展未来的哲学"[②]。赫斯常常引用这本书。卢格在1841年的《德意志年鉴》中总结道："在其历史发展的早期，黑格尔哲学就已表现出与以往体系本质上不同的特征。这种哲学第一次宣称哲学只是其时代之思想，而且第一个承认自己便是其时代之思想。在以往的哲学那里不自觉的、抽象的东西，在它这里是自觉的、具体的东西。因此，可以说以往的哲学只是思想，而且一直只是思想；但黑格尔哲学，虽然将自己描绘为思想，但不会永远只是思想……而是必定要转化为行动。……在这个意义上，黑格尔哲学是革命的哲学，是所有哲学中最后的哲学。"[③]

因此，对于青年黑格尔派来说，世界的现存状态如同法国的君主专制一样，是真实的但不是合理的；黑格尔的思想不能仅仅作为对现存政治和文化形态的合理化方式的理论基础，不能仅仅是静观，而且应当是哲学式的"行动论"（activism）。青年黑格尔派之间的区别在于合理化方式的不同，而他们基本的共同点则表现为激进的人道主义的无神论，因为"对宗教的批判是其他一切批判的前提"[④]，所以黑格尔派的分裂首先发生在宗教生活方面。

最初的老年黑格尔派主要包括戈舍尔、加布勒和埃尔德曼等学院派人物，他们大多参加了《黑格尔全集》第一版和第二版的编纂工作。这些人关心的是如何保持住黑格尔的传统，他们所补充的充其量是对继承下来的伟大著作字斟句酌的评论。结果，作为哲学家，这些人的名字现在已被人遗忘，对哲学史的影响也微乎其微。

1835年，老年黑格尔派的宁静一下子被打破了，青年黑格尔运动正式出现，因为施特劳斯（David Friedrich Strauss，1808—1874）出版了引起轩然大波的《经过批判处理的耶稣生平》（简称《耶稣传》）第一卷。这是第一部超出了正统黑格尔学说的著作，它的出发点是黑格尔的理性观念，而不是神学观念。施特劳斯一方面用因果关系（自然律）来检查福音故事，另一方面指出福音故事的逻辑矛盾，把历史上的耶稣与基督教信仰中的耶稣基督区别开来，认为基督的形象完全来自期盼弥赛亚（即所谓救世主）的神话。

---

① 黑格尔：《法哲学原理》，第14页。

② 麦克莱伦：《青年黑格尔派与马克思》，夏威仪、陈启伟、金海民译，商务印书馆，1982，第12页。这本书是关于青年黑格尔派研究的简明扼要之作。

③ 哈贝马斯：《现代性的哲学话语》，曹卫东译，译林出版社，2004，第59-60页。译文有改动。

④ 《马克思恩格斯选集》，3版，第1卷，第1页。

耶稣当然实有其人，不过他只是在拿撒勒长大并在那里创立了一个教派的历史人物。历史上的耶稣的确伟大，但与耶稣基督的伟大不是一回事。而前者之所以最终变成了后者，是因为宗教团体的无意识创造或捏造："首先是由于当时流行着一种期待弥赛亚降世的思想。我曾说，当首先少数人，接着越来越多的人，认为耶稣就是弥赛亚的时候，他们会认为，凡是根据《旧约》的预言、预表和他们流行的解释，可能期望于弥赛亚的事情，在耶稣身上一定都与之符合一致。……摩西，人民的第一位拯救者曾经行过神迹，耶稣既是最后的拯救者，弥赛亚，必然也行过神迹。……耶稣作为弥赛亚所必然行过的神迹，就已经详细地被人们知道了。就这样，在最古教会的记载中，神迹就产生了；其实他们不可能不被编造出来，而且那些编造它们的人，很可能并未意识到自己是在编造。"因此，耶稣作为救世主的神话不是个别人有意识的、故意的虚构，而是整个民族或宗教团体的共同意见的产物。①

《耶稣传》的意义是双重的。一方面，如果耶稣不过是施特劳斯所指出的那样一个并无神奇之处的人，如果《圣经》上记载的耶稣基督那个"神人"并没有历史的真实性，那么整个基督教信仰就没有历史根据，整个基督教就不能以历史事实作为基督教真理的证明，而基督教如果没有了历史真实性的耶稣就如同天堂没有了创造世界的上帝一样不可思议。同样，黑格尔论证过，普鲁士这个基督教国家的君主政体与耶稣基督的独特性、完满性和绝对性是相符的，因而两者分别是绝对精神在政治和宗教两个领域内的体现。如果历史上的耶稣与世俗的历史人物了无二致，那么不但耶稣基督的神性消失了，普鲁士君主政体的整个神学基础也丧失了。这恰恰是施特劳斯的宗旨：在想方设法使人们的精神摆脱宗教的谬见和对人民进行真正文明的教育之前，政治的进步，至少在德国，不能认为是有保障的。因此，虽然施特劳斯遭到了基督徒的口诛笔伐，并丧失了去苏黎世大学任教的机会，却掀起了青年黑格尔派的宗教批判运动。

另一方面，《耶稣传》暴露出黑格尔思想中保守的和革命的双重因素。施特劳斯认为他的著作受到了黑格尔思想的激发。他确实是因为听黑格尔的课才转到柏林大学的，虽然只听了几个小时的课，授课人就病逝了。他也曾深入钻研过黑格尔的笔记，深受《精神现象学》的影响，然而得出的结论却与黑格尔大相径庭。于是，正统的神职人员昔日对黑格尔思想的潜在危险的怀疑一下子得到了证实，保守的老年黑格尔派不得不极力辩白，说施特劳斯认为黑格尔曾提出基督的历史不过是添枝加叶的神话是毫无根据的，并与神学家一起对施特劳斯痛加讨伐。黑格尔学派开始分裂了，施特劳斯本人在随后发表的《黑格尔学派在基督论方面的各种派别》(1837) 一文中，仿照法国议会的做法，把黑格尔学派分为左中右三派，其中罗森克兰茨（Karl Rosenkranz）被称为中间派，甘斯(Eduard Gans) 被视为右翼。同年，卢格在一篇文章中提出了"老年黑格尔主义原则"，引起轩然大波。②

面对施特劳斯的宗教批判，老年黑格尔派不得不予以回击。后来倒戈为青年黑格尔

---

① 施特劳斯：《耶稣传》（第一卷），吴永泉译，商务印书馆，1981，第211-215页。

② Wolfgang Bunzel and Lars Lambrecht. "Group Formation and Divisions in the Young Hegelian School", in *Politics, Religion, and Art: Hegelian Debates*, edited by Douglas Moggach (Evanston: Northwestern University Press, 2011), p. 27. 该文还把青年黑格尔派运动分为五个阶段，可供参考，见第28-30页。

派主力的布鲁诺·鲍威尔（Bruno Bauer，1809—1882）当时就是正统派中最极端的代表，虽然他当年只有26岁。鲍威尔是19世纪德国思想史上的重要人物，一生著述等身，在哲学、宗教、神学、历史、文化乃至社会政治学科诸多领域皆有所成。他于1836年创办的《思辨神学杂志》，后来成为老年黑格尔派的机关报。然而，在他批判施特劳斯的同时实际上也参加了由后者展开的宗教批判活动，尽管他在批判过程中始终贯穿着黑格尔精神和老年黑格尔派的情调，但他却更为彻底地推进了宗教批判，以至于他后来的无神论观点比施特劳斯的泛神论观点还要激进。

鲍威尔反对施特劳斯用宗教团体这一神秘实体的无意识创造来解释神话的产生，因为这无疑会使福音书乃至社会历史都为一种盲目的力量所支配。相反，他认为只有主体，即个体的自我意识才能使《圣经》的内容具体生动，色彩鲜明。具体地说，福音故事是怀有一定宗教目的的人的创作。尽管福音故事并不意味着历史事实，但它们既然是个体的创作，就必然或多或少地体现了作者所处的时代状况和历史背景。因此，他转而研究基督教产生、形成和发展的历史，着力研究在基督教中结成了一种体系的这些表象和思想究竟是从哪里来的，以及它们是怎样取得世界的统治地位的。1838年鲍威尔在《启示的历史批判》（两卷本）的导言中已经详细谈到基督教与犹太文化、希腊文化与罗马文化之间的关系，并且指出这三种文化协同促进了基督教教条的形成。继《约翰福音批判》（1840）之后，他又出版了最重要的著作《同观福音作者的福音史批判》（1841—1842）。

在某种意义上，黑格尔关于“实体即主体”的思想构成了施特劳斯与鲍威尔之争的共同来源：前者发挥了黑格尔的“实体”概念，后者则钟情于黑格尔的“主体”概念。鲍威尔的“自我意识”是世界和历史的唯一力量，而历史除了具有自我意识的产生和发展的意义之外并无其他意义。自我意识是能动的，只有它才是有生气的、创造的、行动着的，它的具体体现就是批判。在纯粹批判面前，自由的人的无限自我意识不容许把任何东西放置在绝对有效的地位，一切事物一旦被肯定，马上就不再是真的了。谁想要肯定的真理，谁就去皈依宗教。因此，宗教意识就像异化的人一样，与自由的人对立着。神学的东西都是真正非人的东西，所以只有当自然、家庭、国家、世界统治权等等都被否定而不再被尊为真起作用的神力了，而被奴役者的精神锁链还用家庭利益和国家利益的花朵装点起来的时候，宗教才得以实现；只有当宗教的抽象精神的吸血鬼把人类的血都吸光了，只剩下枯槁憔悴的自我作为仅存的力量，而人的精神还无力识破他的本质即与他对立的上帝这一幻想时，宗教才得以实现。基督教就是如此。当纯粹批判揭穿了这一切幻想，而已经异化的宗教意识就复归于自身成为自由的人的自我意识的时候，宗教也就完结了；当宗教意识达到自我意识的自由境界的时候，宗教便上升为无神论。后来，鲍威尔甚至连无神论的概念都弃之不用了，因为无神论还包含着那个已经被否定的对象，即异化的宗教意识所假定的神。既然不仅是宗教和教会，而且一切国家形式、伦理机体都无法幸免于批判，那么在批判进一步批判的对象的时候，就已经不再是对某一具体对象的批判，而只能是无对象的抽象批判，即纯粹批判。如此纯粹的批判比施特劳斯更加激进，只能使鲍威尔分享与施特劳斯和费尔巴哈相同的命运：1842年，他被赶出波恩大学讲坛，此后与大学无缘。

1839年，当鲍威尔转向青年黑格尔派之后，以他为首的柏林大学“博士俱乐部”与卢格的《哈雷年鉴》（后改为《德意志年鉴》）联手，逐步成为这一运动的主力。施特劳斯的神学批判、鲍威尔的纯粹批判、卢格的历史批判、费尔巴哈的哲学批判和马克思的法哲学批判共同推动了轰轰烈烈的青年黑格尔运动。

二、费尔巴哈

路德维希·安德里亚·费尔巴哈（Ludwig Andreas Feuerbach，1804—1872），是青年黑格尔派的批判运动中的佼佼者，他的人本学哲学对马克思恩格斯的思想具有重大的影响。

费尔巴哈曾经说过："我的第一个思想是上帝，第二个是理性，第三个也是最后一个是人。神的主体是理性，而理性的主体是人。"① 在家庭和学校的影响下，少年费尔巴哈决意把宗教作为自己一生的目标和事业，并于1823年来到德国最古老的海德堡大学神学系读书。在攻读神学的同时，他对黑格尔哲学产生了浓厚的兴趣，决心转到柏林大学去，但这一去就发生了思想的一次巨大转变，从信仰转向了理性。在柏林，他为黑格尔思想的广博和深邃所倾倒，把黑格尔看作自己思想上的"第二个父亲"。不过，虽然黑格尔哲学启迪了他的智慧，但它那抽象玄虚的色彩却常常使他感到迷惘。因此在他转学爱尔兰根大学之后写作博士论文的时候，就肯定了个别事物的实在性，而否定了一般概念的实在性；强调了限定人类活动的理性，却没有提到在人类活动之外的理性。1829年费尔巴哈留校任教，他用黑格尔的理性概念去批判基督教的教义，撰写了《关于死亡与不朽的思想》一书。他驳斥了灵魂不灭、个人不死的观点，强调应当消除人类由来已久的关于此岸和彼岸的矛盾心理，使人类致力于现实生活。他的友人在他事先不知道的情况下匿名出版了此书，结果立刻就遭到了宗教人士的强烈谴责，书被当局没收，作者身份也被揭露，亦断送了他在大学执教的前途。但是，费尔巴哈并未因此放弃自己的学术研究，1833年出版了《从培根到斯宾诺莎的近代哲学史》，受到广泛的好评，后来相继出版了《对莱布尼茨哲学的叙述、分析和批判》（1837）和《比埃尔·培尔》（1838），这预示着他将以独立的哲学家的身份活动于德国哲学论坛。1837年末，他与心爱的姑娘贝尔塔·列夫结为终身伴侣，一同居住在弗兰根中部的布鲁克堡，在这远离德国科学文化中心的穷乡僻壤度过了近25个年头。

1839年，费尔巴哈在《哈雷年鉴》上发表了一篇宣言式的论文《黑格尔哲学批判》，正式与黑格尔的思辨哲学决裂。1841年，他出版了最著名的代表作《基督教的本质》，"直截了当地使唯物主义重新登上王座"，从人本学的观点出发把宗教批判和无神论思想提高到一个新的高度，大大超出了施特劳斯和鲍威尔等人的争论水平，促进了青年黑格尔派的解体。恩格斯回忆道："这部书的解放作用，只有亲身体验过的人才能想象得到。那时大家都很兴奋：我们一时都成为费尔巴哈派了。"② 此后，费尔巴哈致力于建立他的哲学体系，1842年写出《关于哲学改造的临时纲要》，次年又出版了《未来哲学原理》，

---

① 《费尔巴哈哲学著作选集》，上卷，李金山译，商务印书馆，1984，第247页。

② 《马克思恩格斯选集》，3版，第4卷，第228页。

第一次对自己所建立的人本学和自然主义做了纲领式的论述。青年马克思在《1844 年经济学哲学手稿》中，肯定了费尔巴哈的三点伟大功绩，其中特别重要的是：创立了真正的唯物主义和实在的科学，因为费尔巴哈使社会关系即“人与人之间的”关系也同样成为理论的基本原则。[①]

19 世纪 50 年代的费尔巴哈埋头研究古代宗教，沉寂了近十年。他的晚年十分凄苦，1860 年迁居纽伦堡附近的雷亨堡之后，过着极为贫困的生活。但他在朋友的帮助下，顶着贫穷的压力，依然努力从事著述。1868 年他带着极大的热情阅读了马克思的《资本论》，并于 1870 年加入了德国社会民主工党。[②] 1872 年 9 月，贫病交加、坎坷一生的费尔巴哈与世长辞。德国社会民主工党人为他举行了一次隆重的葬礼，参加葬礼的主要不是学者，而是工人。

（一）黑格尔哲学批判

1828 年，24 岁的费尔巴哈曾经致信黑格尔，把黑格尔的思想赞誉为“纯粹逻各斯的化身（incarnation）”，但他对自然和人的钟爱与黑格尔理念论的抽象性如同信仰与理性之间的冲突一样，始终无法合拢，因而最终与黑格尔的唯心主义决裂了。

在费尔巴哈看来，有生命的个体是在一定时间和空间中生存的，他的哲学也必然是时代的产物，而不可能是人类认识的终点，真理毕竟是时间的女儿。那种认为黑格尔哲学是绝对真理的谬论，不过是企图创造出“类”在一个个体中得到完满实现的主观妄想。同时，哲学对象也不是黑格尔的绝对理念或绝对精神。“哲学上最高的东西是人的本质”，“哲学是关于真实的、整个的现实界的科学；而现实的总和就是自然（普遍意义上的自然）”[③]。人的肠胃是这个自然的产物，人的思维器官即最高贵的头脑也是自然的产物。但自然不仅是产生了人和包含了人的自然，而且作为哲学的对象，也是人所意识到的自然，是对象化了的自然，或对象化为“客观理性”的自然。这样，费尔巴哈就与黑格尔把自然看作绝对观念的外化的唯心主义分道扬镳了。

按照费尔巴哈的观点，“感性的、个别存在的实在性，对于我们来说，是一个用我们鲜血来打图章担保的真理”[④]。因此，黑格尔借助语言表达一般的这一规定来否定感性事物的实在性，无非是确认自身就是真理的那种思想同自然意识要的把戏。作为哲学开端的“存在”只能是现实的感性存在的抽象，而不能是黑格尔式的不确定的纯粹的存在，即“无”。但黑格尔的哲学体系是以绝对理念为根基的“封闭圆圈”，开端即终结。绝对理念通过一系列中介展示自己的前进过程，也就是表达和证明自己的过程。但黑格尔在假定绝对理念时，已经设想到它的对方，即它的外化，而这只不过是一种伪装和表演，只是在嘲弄对方。因此绝对理念在证明自己之前，就已经证明了这种证明，仅仅以自身提供的证据来证明自身，这至多是一种形式上的证明，并不是由经验所产生和证明的。黑格尔的整个体系是理性的绝对自我外化，是理性神秘论。

---

① 《马克思恩格斯文集》，第 1 卷，人民出版社，2009，第 200 页。

② Marx W. Wartofsky, *Feuerbach* (Cambridge: Cambridge University Press, 1977), p. xx.

③ 《费尔巴哈哲学著作选集》，上卷，第 83、84 页。

④ 同上书，第 68 页。

费尔巴哈以人本学的基本原则为武器，批判了黑格尔的思辨哲学，这是他由理性到人的决定性一步。青年恩格斯在《英国工人阶级状况》中对此给予高度评价：由于德国的理论家对现实世界了解得太少，以至于在公开主张改革“丑陋现实”的代表人物中，“几乎没有一个不是通过费尔巴哈对黑格尔思辨的克服而走向共产主义的”[①]。然而，他虽然打破了黑格尔的体系，却又把它简单地弃置一旁，而没有从它的本来意义上“扬弃”它，也许费尔巴哈并未真正理解黑格尔的辩证法。

（二）人本学

费尔巴哈曾把他自己的学说概括为人和自然这两个词，他的“新哲学将人连同作为人的基础的自然当作哲学唯一的、普遍的、最高的对象——因而也就是将人本学连同自然学当作普遍的科学”[②]。在他看来，“自然界这个无意识的实体，是非发生的永恒的实体，是第一性的实体”[③]，因而是有形体的、物质的、感性的实体。空间与时间是自然界一切感性事物的存在形式，空间是现实实体的第一个标记，因为任何一个感性实体或自然事物总是首先据有一定的空间位置，而时间则是现实事物变化、发展和连续的标记。因此自然处于恒久不息的运动和变化之中，同时一切事物都在相互影响，一切同时既是效果又是原因。时间披露了一切秘密，它告诉我们，在自然界里没有什么神的统治，有的只是自然的必然性、力量和法则。不过，自然虽然在时间上是第一性的实体，但在地位上则不是第一性的。人作为自然界发展到一定阶段的产物，在时间上是第二性的实体，但在地位上却是第一性的。人不仅是哲学的对象，而且也是历史的、国家的、法律的、宗教的和艺术的本质。由此可见，人本学是费尔巴哈哲学体系的核心。

费尔巴哈人本学的基点是，人是现实存在的感性实体。人作为最现实的、最真实的存在，是有血有肉的人。人不是抽象的思辨的精神实体，也不是一架比较复杂的机器，而是有生命的实体，达到了“物质的东西和精神的东西的真实的、非臆造的、现实存在的统一”[④]。当然，生命源于自然，自然是人类的母亲。但直接从自然中产生的人，只是单纯的自然人，而不是人。人是人的作品，是文化和历史的产物。由此，费尔巴哈就把认识论意义的感性提升到本体论意义的感性存在，赋予感性真和现实性的意义，从而把自然界当作一切感性的实在事物的总和，建立了人本学的感性哲学。

人本学作为以人为研究对象的唯物主义学说，首先把批判的锋芒指向了唯灵主义，肯定人是灵魂与肉体的相统一的实体，人的精神、意志、思想和情感等属于灵魂的东西，依赖于肉体的存在。费尔巴哈认为，作为精神活动中枢的大脑是物质的东西，是自然发展到高级阶段的产物，因此大脑只有与人的整个身体联系在一起，才是思维器官。人必须先吃饭而后思维，而不是相反。同时，他又指出，大脑活动具有生理活动和心理即认识活动的二重性。就其生理活动来说，它可以成为别人的对象，但永远不能成为自己观察的生理学和解剖学的对象；就其心理活动而言，它只是我的对象而不是别人的对象，

---

① 《马克思恩格斯文集》，第 1 卷，第 386 页。
② 《费尔巴哈哲学著作选集》，上卷，第 184 页。
③ 《费尔巴哈哲学著作选集》，下卷，李金山译，商务印书馆，1984，第 523 页。
④ 同上书，第 514 页。

思维的对象就是思维活动本身。所以，精神活动既不像消化食物的肠胃，也不像看东西的眼睛，能够成为人的感觉所直接把握到的活动，它是一种隐蔽的、非感性的甚至是“非对象性”的活动，是纯精神的、非物质的活动。就此而言，他与那些把精神活动物质化的生理学唯物主义分道扬镳了。

费尔巴哈力图从人本学出发来讨论人的感觉和思维能力。他认为人作为具有认识能力的感性实体，感官或感觉就是人的第一个可以信赖的东西，是人打开世界同时又是自己向世界开放的窗户，既是最初的，又是最直接可靠的窗户，既是科学的导师和鼻祖，也是一切怀疑和争论的审判者。而人的感觉之所以异于动物，乃是因为人的感官对象包含人和自然在内的一切现象，人的各种感官都得到了完全均衡的发展。除了感觉之外，人也具有理性和思维。思维是哲学的对象，新哲学就是“以饱饮人血的理性为基础的”①。人乃是理性的尺度，不是理性在思维，而是人在思维。思维虽以感官为前提，但感觉所把握的是个别，而理性认识的是一般，是感觉的综合和统一。思维的功能是运用概念进行分析综合和判断推理，从现象中寻找一般性的规律。费尔巴哈深受黑格尔的影响，因而充分注意到了理性和思维的能动性。人一方面可以自在自为地考察现实的对象，获得真知识，另一方面也赋予认识的客体主体的因素，实际的自然本质就变成了人化的自然本质。同时，人对自身的认识也以二重化的方式表现出来，即一方面人把自己的个体当作对象，摆脱自己主观的个人本质，将自己上升到类，另一方面又把自己的类、类概念、类本质自身当作对象去认识和思维。这种认识的二重化也蕴含着人与自己的本质发生分裂的种子，即有限的个体把类的本质部分地或整个地对象化、异化，继而使之成为客观的本质或独立存在的精神实体。

由此出发，费尔巴哈认为，“思维与存在的统一，只有将人理解为这个统一的基础和主体的时候，才有意义，才有真理”②。因为只有对具有理性和意识的人来说才有思维与存在的同一问题，而同一的基础和主体之所以是人，还在于人作为认识的主体能够认识自然，思维能够反映存在，即感觉、思维的内容是客观的，思想、真理是外界事物和对象的反映。这就是说，思维通过感性直观而确定自己、修正自己，而不是作为封闭的思维，因而也就反映和把握了现实的实体和客观事物，从而是真实的、反映客观的思维——具有客观的真的思维。费尔巴哈从经验论出发进一步指出，人的感性直观和生活实践是检验思维是否反映了存在的标准。一方面，“直观是生活的原则”③，它直接依靠自己而无须借助任何中介来证明自己的确实性；另一方面，人与人的交往，即人类共同具有的直观乃是真与普遍性最基本的原则和标准，类是真理的最终尺度。

费尔巴哈进而探讨了人的意志和有目的的活动。他指出，自然没有意志，而人所特有的意志是同人的生存愿望与追求幸福的愿望紧密相连的。生命是人最高贵的宝物。追求幸福是人首要的和基本的愿望，而追求幸福就是追求自由。同时，人的情感、理性和意志也是有机地联系着的。感觉是意志最首要的条件，但理性也是意志的前提，知识是

---

① 《费尔巴哈哲学著作选集》，上卷，第 180－181 页。
② 同上书，第 181 页。
③ 同上书，第 111 页。

能力的基础，理性使愿望上升为意志，而意志要通过活动实现出来，人的活动因此也就是有目的的活动。与唯心主义不同，人本学的意志自由是在自然界的规定之内的，也受到人的能力的制约。而且，自由也是时间的女儿，是具有历史性的。

基于以上的讨论，人本学从各个方面解释了人的本质，如感性是人的本质，爱是人的本质，我欲故我在，人就是他想吃的那个东西，生命是人的最高本质，类是人的本质，团体性、共同性和统一性是人的本质，理性、意志、情感是人的绝对本质，人的存在就是人的本质，等等。但人的绝对本质却只能是精神，即理性、意志和情感，这才是人性，是人的根本的、异于动物的标志。人的绝对本质就是类或类本质。类作为一般概念，舍弃了感性的存在，是抽象的；但当它作为人的本质，在至少两个人才得以实现时，作为类的体现者的个体，就是一个感性存在。类本质是无限的，在空间上表现为世界主义，包含了各民族、各地区、各个国家的个体，在时间上表现为通过种族繁衍而在时间中无限的延续。类即人的绝对本质是完善的，一方面人的本质即人的生存目的，是人的价值所在，另一方面人的本质在对象中显现出来，确证和肯定自己，而这种确证和肯定就是自我意识，自我意识是完善的存在者所特有的标志。因此，人本学所规定的“人的本质只是包含在团体之中，包含在人与人的统一之中，但是这个统一只是建立在‘自我’和‘你’的区别的实在性上面的”①。费尔巴哈通过对类、交往和社会性的强调来规定人的本质，无疑比17—18世纪的思想家关于人是孤立的原子的思想深刻得多。但正如马克思所批评的，费尔巴哈的“类”不过是“一种内在的、无声的、把许多个人自然地联系起来的普遍性”而已；“因此，费尔巴哈没有看到，‘宗教感情’本身是社会的产物，而他所分析的抽象的个人，是属于一定的社会形式的”②。

（三）宗教批判

宗教和神学是费尔巴哈一切著作中从未放过的论题。当他走出信仰和理性的人生阶段之后，他发现基督教与时代是多么不相容，因为时代要求以不信仰代替信仰，理性代替《圣经》，政治代替教会和宗教，工作代替祈祷，物质的享受代替地狱，地代替天，人代替基督。“只有当你放弃基督教，那么，你才能得到共和国的权利。”③ 他明确宣布，人的本质不仅是宗教的基础，更重要的是，它也是宗教的对象和本质；宗教是人的本质的异化，神学的秘密就是人本学。

从心理根源上讲，人由于对自然力的恐惧和崇拜而产生的依赖感是宗教的基础，而意志与能力之间的对立则是宗教出现的前提。因为当人的生存受到威胁、愿望无法满足的时候，就会借助想象力而创造出人之外的、或自然或精神的东西来实现或体现自己的意图和目的，于是就产生了自然神和精神宗教。因此，神的意志不过是人的意志的虚幻反映和对象化。由此可见，与18世纪法国无神论者相比，费尔巴哈的高明之处在于，他以人的本质及其异化来进一步说明宗教的产生和本质。他指出，无论是自然宗教的神还

① 《费尔巴哈哲学著作选集》，上卷，第185页。
② 《马克思恩格斯选集》，3版，第1卷，第135页。
③ 《费尔巴哈哲学著作选集》，上卷，第100页。

是基督教的上帝，都是想象、幻象的产物，都是人按照自己的形象创造出来的。“并非神按照他的形象造人……而是人按照他的形象造神。”①

上帝作为人的本质的异化，是不真实的、从人的本质中分裂出去的、独立的精神本质，然而它却反过来变成了支配人、奴役人、统治人的力量。人和作为自己的创造物的上帝处于对立和矛盾之中。人越是虔诚地信仰神，也就越失去对自己的爱。因此，他主张为了“铲除自古至今人类所遭受的种种伤心惨目的不公不平的事情”，“我们必须拿对人的爱当作唯一的真正的宗教，来代替对神的爱”②。

正如马克思所说，费尔巴哈是从宗教上的自我异化，从世界被二重化为宗教世界和世俗世界这一事实出发的。他做的工作是把宗教世界归结于它的世俗基础。在此基础上，费尔巴哈还批判了基督教神学的理论、教义、教条和仪式等宗教神学的内容，揭露了教会的社会的政治作用。这对宗教神学确实是有力的冲击，对思辨的德国进行了法国式的启蒙。

三、青年黑格尔运动的终结

青年黑格尔派运动的兴起标志着黑格尔学派的解体，而就思想史而言，对费尔巴哈人本学的超越则标志着青年黑格尔运动的终结。如果说1848年革命毫不客气地把全部哲学都撇在一边，连费尔巴哈本人也被挤到后台去了，那么思想上的批判和超越早在1845年就完成了：起先是施蒂纳的虚无主义的、个人主义的批判，最终是马克思的唯物主义的实践哲学。

1845年，施蒂纳（Max Stirner，1806—1856）发表了《唯一者及其所有物》一书。他直接批判了费尔巴哈哲学中两个最受瞩目的观点，即对宗教和黑格尔哲学的双重否定的颠倒。费尔巴哈认为只要将宗教和上帝颠倒过来，我们就会得到人：我们将黑格尔思辨哲学颠倒过来，就能得到唯物主义感性优先的真理。这一点正是大部分左翼青年所肯定的自然唯物主义和人本主义。而施蒂纳则指出，将主词与谓词颠倒过来并没有解决问题，因为这种颠倒只是一种概念的替换：用“人”的概念代替神的概念，用“感情”的概念代替“精神”的概念，仅仅如此，神与绝对观念就仍然存在，并且“固定得更加令人困惑”，因为“如果只将神驱逐到人的胸中，并以不可消除的内在性相赠，于是这就意味着：神的东西即是真正的人的东西”。所以，“关于‘人的本质’问题、关于‘人’的问题，在刚刚剥去旧宗教的蛇皮之后，却又重新披上一层宗教的蛇皮”。③

在施蒂纳那里，真实存在的“我”“唯一者”，“既非神亦非人”④。在“我”之外的任何事物都是非现实的、虚幻的，唯一者的行为准则就是利己主义。从这一点出发，施蒂纳要反对一切现实的个人之外的形形色色的“类”、“普遍”和“总体”的压迫。因此，他几乎与当时欧洲存在的和正在发生的所有思潮论战，包括基督教神学、启蒙精神、经

---

① 《费尔巴哈哲学著作选集》，下卷，第691页。

② 同上书，第786页。

③ 施蒂纳：《唯一者及其所有物》，金海民译，商务印书馆，1989，第51页。

④ 同上书，第35页。

济学的市民意识、激进的人道主义乃至共产主义；他把所有意识、宗教、道德、法律、真理、国家、社会、人民、民族、祖国、人类乃至世界本身统统打倒，他要让“我”彻底地自我解放，“回到你自己那里去”。

施蒂纳的“我”击败了费尔巴哈的“人”：“费尔巴哈认为：如果他把神的东西人化了，那么他就找到了真理。不，如果说神折磨了我们，那么‘人’就有能力将我们压榨得更加残酷。”[①] 西方学者一般认为，正是施蒂纳的批判使费尔巴哈的进一步影响走到了尽头。但是几年之后，施蒂纳本人也被更激进的左派们抛弃了，因为他的“自我崇拜”也是一种改头换面的宗教，而彻底的无神论者是完全不需要信仰的。

施蒂纳文风玄奥怪诞，同时又锋芒毕露，犀利逼人。他的许多批判是相当深刻的，但他所倡导的许多理论又是十分荒唐的。他的利己主义、虚无主义、无政府主义对“自我”的凸显，使他成为尼采的“思想武库”，并成为许多存在主义哲学家的思想先驱。

真正超越了费尔巴哈的是马克思，而马克思的超越又与施蒂纳不无关系。施蒂纳对青年马克思的批判是后者从哲学上最终告别人本主义类哲学的直接原因之一。因此，马克思在《德意志意识形态》中以十分之七的篇幅回应并批判了施蒂纳。施蒂纳从绝对自我出发批判了费尔巴哈的人本学，而马克思则从革命的、实践批判的活动和唯物史观出发超越了费尔巴哈和施蒂纳。他们的影响以各自的方式一直延续到下个世纪，但随着社会形势的急剧变化，青年黑格尔运动就此终结了。正如恩格斯所说：“1848年的革命毫不客气地把全部哲学都撇在一旁，正如费尔巴哈把他的黑格尔撇在一旁一样。这样一来，费尔巴哈本人也被挤到后台去了。”[②]

1866年，老年黑格尔派的历史学家埃尔德曼曾经半带幽默地称自己是“最后一个莫希干人”。很明显，到了这个时候，所有的黑格尔派，无论是老年的还是青年的，都一去不复返了。黑格尔学派的解体不仅仅是一个学派的衰落，更标志着整个古典哲学的终结。黑格尔生前肯定想象不到，他自以为洞悉了绝对精神的永恒奥秘从而苦心孤诣建立起来的哲学大厦，在他去世之后不过十几年的光景就土崩瓦解了。此后相当长的时间内，他就像被中世纪经院哲学树立为权威的亚里士多德一样，不得不充当形而上学的替罪羊。

第二节　非理性主义思潮

非理性主义思潮在19世纪终于汇聚成一股巨流，与思辨哲学、实证主义三分天下，分庭抗礼，进而直接影响了20世纪思想、文化和艺术领域的许多流派，其中涌现出三位著名人物：叔本华、克尔凯郭尔和尼采。他们所关注的是人，直面的是人的生命。他们并不嘲笑因仰观天象而堕入井底的泰勒斯，却悲悯出于好奇和求知而仰观天象的泰勒斯。他们敏感而悲观地透视了19世纪人的生存状况，勾画出痛苦、恐惧、颓废等等抗拒着一切理性乐观主义的人生的常态。他们似乎“发现”了个人的肉体、欲望和意志的不可遏

---

① 施蒂纳：《唯一者及其所有物》，第187页。

② 《马克思恩格斯选集》，3版，第4卷，第229页。

止的力量，也觉察到思辨理性、日常伦理和流行信仰的软弱与空洞。简言之，他们洞察到“本能冲动造反逻各斯”这一现代性的本质，由此痛恨一切蔑视个人、扩张理性、驯顺肉体的思想体系。

在他们看来，理性的乐观并没有让人摆脱芦苇般的脆弱，理性的进步反而凸现了灵魂深处的焦虑和不安。思辨理性的自负往往蜕变为冷酷无情的夸张，工具理性的扩张常常把个体变成了可以拆卸和操控的机器乃至机器上的部件，价值理性的律令倒使个人的生命无力负载如此沉重的崇高。但他们又不曾停留在单纯本能的发泄之上，他们分别试图以真正的虚无、真正的信仰和真正的超人实现各自的理想。在他们之中并没有人自称是“非理性主义者”，因为他们试图重建人类理性，重估一切价值，因为理性只是手段，而生命才是目的。在这个意义上，“非理性主义”（irrationalism）并不否定理性，否定的其实是“理性至上主义”。[①]

19 世纪的非理性主义思潮并不是空穴来风，它不仅是当时欧洲社会、经济、政治、文化和价值观念等领域的深刻危机的反映，而且在西方哲学的传统之中亦有其根源，例如被视为非理性主义者的法国思想家帕斯卡，只不过理性主义主流和基督教传统的浪涛声掩盖它的低语罢了。现在，随着黑格尔哲学的解体，形而上学日薄西山，原本涌动于理性主义历史长河下面的“暗流”终于冲到了光天化日之下，非理性主义夺得了发言权，堂而皇之地登上了历史舞台。其中最重要的就是年轻的叔本华。

一、叔本华

阿图尔·叔本华（Arthur Schopenhauer，1788—1860）生于但泽自由市，后因普鲁士吞并但泽而迁居汉堡，父亲出自富商世家，母亲约翰娜·特洛西纳后来成为歌德在魏玛圈子里的知名人物和享誉德国的浪漫派小说家。叔本华和父亲都热爱英法两国文化，而对普鲁士民族主义怀有恐惧。不幸的是，1805 年，父亲的死（可能是自杀）使叔本华成为“世界商人”的热望彻底落空了，也使叔本华和母亲的隔阂日益加深，最终关系破裂，但父亲的遗产使这位未来的哲学家终生过着衣食无忧的生活，同时，他也“彻头彻尾地继承了父亲的恐惧感……并竭尽全力与之抗争”[②]。

1809 年，叔本华进入哥廷根大学跟随舒尔策（G. Schulze）学习，熟悉了“神明般的柏拉图和奇迹般的康德”以及谢林的思想。后来柏拉图与康德之间的联系成为他整个哲学的关键主题。随后，他离开哥廷根前往柏林，聆听施莱尔马赫和费希特的演讲。尽管经过多次努力，叔本华还是很难与费希特的反思哲学产生共鸣，他对德国思辨哲学的厌恶也从此产生，并且与日俱增。他在博士论文《充足理由律的四重根》（1813）中把康德关于知性的学说简化并改造为空间和时间形式之后的第三种直观形式，形成了他独具

---

① 关于所谓非理性主义，较简明的著作参见：巴雷特：《非理性的人——存在主义探源》，段德智译，上海译文出版社，2012；*The Cambridge Companion to Existentialism*，edited by Steven Crowell（Cambridge：Cambridge University Press，2012）。

② 萨弗兰斯基：《叔本华与哲学的狂野年代》，钦文译，商务印书馆，2010，第 15 页。这部思想传记将叔本华哲学与生平和时代结合得非常好。

特色的认识论基础。他凭借这篇论文获得耶拿大学的哲学博士。但在当时，人们期待从理性那里获得一切：自然的力量（谢林）、历史的力量（黑格尔）、德性的力量（费希特）和信仰的力量（雅各比），因此叔本华贬抑理性功能的理论不会引起什么反响。歌德是此文的第一批读者之一，他对叔本华注重直观和他的科学素养颇为赏识，但也看出了叔本华正在形成中的悲观主义，并告诫他，你若爱你自己的价值，那你就必须给世界以价值。歌德邀请他参与《论颜色》的写作，叔本华完成了《论视觉与颜色》，因与歌德的思想有所偏离，出版后歌德反应冷淡，后来两人分道扬镳。但叔本华对歌德评价极高，视之为堪与康德在时代精神上相对而相俦，并将德国精神提升到超越古人的高度。[①]

1814 年，叔本华迁居德累斯顿，在理智的孤独中撰写了代表作《作为意志和表象的世界》。书中不但有柏拉图和康德的双重影响，还把他通过东方学者马耶尔（Friedrich Majer）从印度名著《奥义书》中汲取的悲观主义思想融入自己的体系，一般认为他在这方面是西方思想家中的始作俑者。但这部书的命运和他以前的作品一样，几乎无人问津。

完成这部巨著之后，1820 年，叔本华在以哲学教授黑格尔为首的教师面前试讲之后，如愿以偿获得柏林大学执教资格，不过在 50 岁的教授和这位 32 岁的年轻人之间围绕“动机”概念还小有争论。虽然他的任命并未受到黑格尔的阻碍，叔本华却试图与之一决高下，选择与这位声望正如日中天的哲学家同时开课。结果可想而知，课堂上只有五个学生，不久就空无一人，他还没有正式上场，就已经退隐了，凄凉地离开了柏林大学。1833 年，他最终迁居美因河畔的法兰克福，在那里埋头读书、写作和翻译。1837 年，他促成了康德《纯粹理性批判》第一版的单独出版，使他成为公开指出第一版和第二版差异的重要性的第一人。1841 年，他把前两年出版的《论意志的自由》和《论德性的基础》合为《伦理学的两个基本问题》一书，并指出这是对《作为意志和表象的世界》一书第四卷的补充，正如《自然中的意志》是对第二卷极为重要的补充一样。[②]

1844 年，《作为意志和表象的世界》的第二卷与新版的第一卷同时出版，这是该书的第二版，购者仍然寥寥无几，但第二卷的篇幅和重要性绝不亚于第一卷。流行的观点认为，黑格尔学派的解体和 1848 年革命的失败给了叔本华一个契机，使德国人一下子把目光转向了这个悲观主义者，而这个人在革命爆发的日子里，不过是只想着如何维护自己财产的、进行哲学思考的食利者而已。1851 年完成的《附录和补遗》作为“人生智慧箴言”终于引起了世人的注意。叔本华终于成了名人，连著名音乐家瓦格纳也在 1854 年把歌剧《尼伯龙根的指环》献给叔本华，虽然他创作这部歌剧时，尚未读过叔本华的著作。于是，1859 年《作为意志和表象的世界》第三版受到了空前欢迎。但是这一切并没有改变叔本华孤独的生活。1860 年，叔本华因肺炎恶化去世。临终前他跟朋友说：“他的身体不久将被虫子吃掉，这不会让他生气；可一想到他的思想会被‘哲学教授们’滥

---

① David E. Cartwright, *Schopenhauer: A Biography* (Cambridge: Cambridge University Press, 2010), p. 240.

② 叔本华德文著作的标准版是 *Sämtliche Werke*, ed. Arthur Hübscher (3rd edn., Wiesbaden: Brockhaus, 1972; 4th edn., 1988, 7 vols.)。英文版可见剑桥大学出版社的叔本华著作集（*The Cambridge Edition of the Works of Schopenhauer*），其中《作为意志和表象的世界》第一卷和《附录和补遗》已经出版。叔本华主要著作的中译本也已由商务印书馆和上海人民出版社出版，但《作为意志和表象的世界》第二卷尚未译为中文。

用，他就不寒而栗。”[①] 19 世纪末 20 世纪初，中国学者王国维一度醉心于叔本华哲学，并用于解读中国传统文学，无论是《人间词话》，还是《红楼梦评论》，都带有叔本华的烙印。叔本华的哲学在王国维看来最终或许属于“可爱者不可信”之类，但这是中西哲学交流中的一段佳话。

（一）作为表象和意志的世界

“这世界的一面自始至终是表象，正如另一面自始至终是意志。”[②] 叔本华在《作为意志和表象的世界》第一篇第一节中就点出了他的基本论题。这一篇论述的是作为表象的世界，意在说明由充足理由律支配的世界、作为经验和科学的对象的世界，都属于表象的世界。他开宗明义地指出：“‘世界是我的表象’：这是一个真理，是对于任何一个生活着和认识着的生物都有效的真理；不过只有人能够将它纳入反省的、抽象的意识罢了。”[③] 反省和抽象意识就是哲学的思考。这样人会清楚而确切地明白，他不认识什么太阳，什么地球，而永远只是眼睛，是眼睛看见太阳；永远只是手，是手感触着地球；就会明白围绕着他的世界只是作为表象而存在的，这世界的存在完全只是就它对一个其他事物的，一个进行“表象者”的关系来说的。

在叔本华看来，这条真理比任何其他真理都要普遍和绝对，它是一切认识的真理的前提。因为任何认识和真理都必然要预设主客分立这个共同而基本的原则，而主客分立则意味着客体必以主体为转移而存在。“客体主体分立是这样一个形式：任何一个表象，不论是哪一种，抽象的或直观的，纯粹的或经验的，都只有在这一共同形式下，根本才有可能，才可想象。因此，再没有一个比这更确切、更不依赖其他真理、更不需要一个证明的真理了；即是说：对于‘认识’而存在的一切，也就是全世界，都只是同主体相关联着的客体，直观者的直观；一句话，都只是表象。……一切一切，凡已属于和能属于这世界的一切，都无可避免地带有以主体为条件［的性质］，并且也仅仅只是为主体而存在。”[④] 叔本华承认，这个真理决不新颖，它已包含在笛卡尔由之出发的怀疑论观点中，贝克莱是断然地把它说出来的第一人，从而为哲学做出了不朽的贡献，在印度的吠檀多哲学中也早已作为根本命题出现了；而康德首先的一个缺点就是对这一命题的忽略，因为他还假定了自在之物的存在。

叔本华的这一观点早在他的博士论文《充足理由律的四重根》中初露端倪，在《作为意志和表象的世界》里更做了进一步发挥。所谓充足理由律的四重根，指的是我们先天意识到的、构成整个现象世界的表象的四种联系形式。他认为，任何一个客体都不是以完全孤立和分散的形式呈现于人的表象中，我们关于对象的表象都以一定的形式与其他表象相联系。科学知识总是表象之间的联系的知识，它表示一个已知对象的系统，而不只是表象的集合。这意味着必然存在着作为这种联系的充足理由。充足理由律是支配关于现象世界的知识的基本原则。叔本华把人的表象能力分为四种：直观表象能力、思

---

① David E. Cartwright，*Schopenhauer：A Biography*，pp. 546 - 547.

② 叔本华：《作为意志和表象的世界》，石冲白译，商务印书馆，1983，第 28 页。

③ 同上书，第 25 页。

④ 同上书，第 26 页。

维表象能力、感性想象表象能力、独立表象能力。由此产生四类表象，充足理由律也由此有四种表现形式：第一类是直观的、经验的表象，即主体按照时间、空间及因果性等先天的感知形式所构成的关于物理世界的对象；第二类是由抽象概念构成的表象，其相应的联系形式为判断，即概念的综合；第三类是时空的纯直观的表象，它们是数学的对象；第四类对象只有一个，即作为意愿的源泉和主体的自我。它们分别由生成的、认识的、定律的、动机律的充足理由律所支配，分别是物理的、逻辑的、数学的和伦理的理由。这些充足理由律是主体所先天具有的，它不依赖客体（对象），而任何客体则都是主体运用其固有的表象能力、按照同样为主体所固有的充足理由构成的。叔本华的这种观点显然是对康德关于主体利用先天的感性形式（空间和时间）和知性范畴来建构对象的观点的改造，而主要不同之处在于他清除了康德的自在之物。

以此为基础，叔本华一再号召人们摆脱“自然的和朴素的实在论”的支配，因为这种观点的错误在于把认识的条件实体化了。任何认识都是主体对于对象的认识，但是这种分立并没有本体论的意义。肯定认识过程中与主体相对立的对象存在并不意味着肯定对象可以离开主体而独立存在。因为对象总是由主体以一定的观点和角度所观察的对象，是被主体加工和“过滤”过的，被主体用其先天的范畴构造出来的。它们不是实体，不是实际存在着的事物，不是“自在之物”，而只能是现象。叔本华从同样的立场出发批判了德国思辨哲学。他认为，以费希特、谢林和黑格尔为代表的理性派哲学的根本错误在于把认识论的概念和范畴本体论化。由于这种被当作存在本身的绝对自我、绝对观念已超出了认识论的界限、经验的界限，必然是根本不可能被认识的东西，所以为康德所禁止谈论。

让世界作为表象意味着叔本华必须要消解康德的自在之物，而要对表象世界之外的自在之物问题做出回答，就必须重新考察世界和人的本质、它们的相互关系、人的活动的意义和价值等问题。如果使哲学局限于主客分立的认识论范围内，所达到的世界就只能是作为对象而存在的世界，即表象世界，而不可能是自在的世界。因此只有抛弃主客分立这种认识论的形式，才能达到真正存在的东西本身。对叔本华来说，这种真正存在的东西只能是意志，自在之物的世界就是意志世界。

叔本华首先指出，人的真正存在是意志。现象世界虽必然是杂多的，但又都以单一的主体作为其支柱，即它们是作为主体的表象而存在的。主体本身又是表象世界中的一个个体，它必须有身体作为其凭借。就人本身来说，人最根本的东西是情感和欲望，也就是意志。这样就“给了这主体理解自己这现象的那把钥匙，才分别对它揭露和指出了它的本质、它的作为和行动的意义和内在动力”①。因此，人的理性、知识就其起源和实质而言，都是服从于意志的。理性不过是意志雇用的向导。意志好像是一个勇猛刚强的盲人，而理性则不过是由他背负着给他指路的亮眼的瘸子。理性的目的不是其本身，而是作为满足欲望的手段。而且人的记忆、性格、智慧等等一切心理意识现象，甚至连人的肉体的活动，都是由意志所决定的。叔本华进而指出，人是宇宙的一部分，既然人是有意志和欲望并由意志和欲望来支配其一切的，那整个宇宙也必然是这样的。意志是无

① 叔本华：《作为意志和表象的世界》，第151页。

所不在的，它既是每一特殊事物的内在本质和核心，也是全部事物的实质和核心，它既表现于盲目的自然力中，也表现于人的自觉的行为中。因此，世界只是这个意志的一面镜子。

“自在之物”是一种意志，在这一意志尚未把握其自身之前，它已经存在了。这个世界是意志的世界，而自我意志对于这个世界而言则是跳动的心脏。我们从来就是整体，而整体则是荒野、抗争、焦虑。最关键的是，整体没有意义，没有目的。意志作为“自在之物”是无意识的，是一种盲目的、不可遏止的冲动。它的基本特点就是求生存，故可称之为“生命意志”（will to live）。万物最珍贵的就是生存，因此利己主义乃是人类的天性，万物的本质。生存的反面是死亡，为了求生存就必须战胜死亡。战胜死亡的办法是繁衍后代，因此生命意志必伴有生殖意志。人的两性关系、爱情、婚姻无非是实现生殖意志的工具，也是生命意志的工具；而个人的生存、生殖则是整个种族生存、生殖的工具。

叔本华在柏拉图的理念论的基础上，用生命意志来说明具体事物何以存在和自在之物的世界如何通向现象世界。生命意志即宇宙意志，它之表现为世界上各色各样的不同等级的事物，是通过不同等级的理念来实现的。理念就是意志的“恰当的客观化”，是真实的存在；意志的客观化有许多确定的等级，通过它们意志的本质逐渐清晰而完备地表现于表象。这些柏拉图式的理念是永恒不变的，是处于时空之外的，不受支配现实事物的充足理由律的制约。它们与现实世界的关系，是原型与摹本的关系。因此在空间和时间中的事物，即对应于个人的实在世界，只是虚幻的、梦呓般的存在。处于最高等级的理念是人的理念。人与其他东西不同，他能够发现自己，知道自己既是意志，又是表象，也知道世界同样如此。人与世界是同一的，但只有天才在其直观（艺术的直观）中才能认识到这一点。天才超越了一切时间、空间、因果关系等现实关系，他是作为理念的人，他就是人的理念。他作为认识的主体是纯粹的主体，就是意志本身，而作为他的认识对象的事物也不再是现实事物，而是事物的理念，即意志本身。作为认识主体的意志与客观的意志是同一个意志，它们实质上已融而为一。因此所谓意志世界就等于主体的、“我的”意志世界，从而世界也就是我的意志。意志并不是一种具有某种固定的性质和特征的东西，对它根本无法做出任何确定的判断。它毋宁说只是作为一种纯粹的倾向，而没有任何原因和根据，也不服从任何目的，只是一种绝对自由的意愿。

对意志世界只能通过非理性的、非科学的方式去认识，而科学所运用的理性的、概念的或逻辑的认识，其对象仅仅是现象世界。理性认识永远不能透过外部达到事物的实在本质，除了影像和名称之外，它永远不能接触到任何东西。理性的主要作用是实践性的，即充当生命意志维持其继续生存的工具。如果要达到主体本身，领悟人的绝对自由、自发性、随意性，领悟人的存在的价值和意义，就必须借助非理性的直观。直观的认识在时空之外，并超出了经验和思维的认识。这就要求把全部精神力量赋予直观，使自己完全沉浸在直观中，并让自己的整个意识充满着对于当下的自然客体的静观。这种静观的结果是物我两忘、物我合一，而主体成了理念、永恒的形式、意志在这个阶段上的直接的客观化。

（二）从悲观走向虚无的人生哲学

“意志既然是自在之物，是这世界内在的涵蕴和本质的东西；而生命，这可见的世界，现象，又都只是反映意志的影子；那么现象就会不可分离地伴随意志……”[①] 而意志的本质就是盲目的欲望和永不疲倦的冲动，其本身就意味着痛苦。因为欲望、冲动是无穷无尽的，而它的满足却总是暂时的、有限的。欲望得不到满足便是痛苦；而一种欲望得到了满足，新的欲望就会继之而起，永无满足，亦是痛苦；纵然欲望得到了完全的满足，所带来的又是孤寂、空虚、厌倦，同样也免不了痛苦。可意志现象愈完善，痛苦也就愈显著。植物是没有痛感的。最低等动物的痛感很微弱。脊椎动物因为有了完善的神经系统，痛感能力就较高。到了人，痛苦就达于顶峰。对于人来说，也是智力越发达，痛苦越深重，因此天才最痛苦。“于是任何人生彻底都是在欲求和达到欲求之间消逝的。”[②] 人生就是在痛苦和无聊之间来回摆动的“钟摆”。在这个意义上，如果我们对人生做整体地考察，如果我们只强调它的最基本的方面，它实际上总是一场悲剧，只有在细节上才有喜剧的意味。然而，弥漫于人类生活的恰恰是意志的肯定，欲求总是常驻的。因此，人们越是抱有某种理想和目的，越是为实现这种理想和目的去进行认识和行动，越是在自己的行动中取得成功，那就意味着他们的意志越是强烈，从而也意味着更大的痛苦。因此，陷入悲观主义的叔本华强烈抨击了一切历史的乐观主义，认为它如果不是“低陷的天庭后面除空话外不装着什么的人们，没有思想的谈论，那就不只是作为荒唐的想法而且还是作为一种真正丧德的想法而出现的，是作为对人类无名痛苦的恶毒讽刺而出现的”[③]。

生命意志的肯定是痛苦的源泉，悲观的基础。要消除痛苦就必须否定生命意志，抑制人的欲望，摆脱一切世俗的利益和要求，去除一切现实生活和现实的理想和目的，抛弃一切理性和科学的观念以及以理性为基础的一切道德规范，而进入无我之境。我们虽然可以研究哲学，也可以在艺术直观中达到“自失”境界，或者到佛教中寻求涅槃境界，从而进入意志世界。但是，要得到永久的解脱，就必须使生命意志自我扬弃，达到无欲这一人生的最后目的。无欲之路也必须以直观为先导，从理念中体会作为意志的世界的本质，使这种认识成为意志的“清静剂”。具体的禁欲行为包括自愿放弃性欲、甘于痛苦和死亡寂灭。

首先，叔本华认为性欲是生命意志最坚决的表现，性欲的满足等于延长个人有限的生存时间，等于把生命肯定到死亡之后，肯定到无限期，结果新的生命又犹如一架上紧了发条的“人生之钟”，重又开始了痛苦的历程，如此循环不息，因此性的满足犹如写给生命的一张“卖身契”。所以自愿放弃性欲就是否定生命意志的第一步。其次，叔本华认为痛苦是一个净化炉，人只有在痛苦的炉火中经过不断的煎熬，终于感到绝望，从而转向内心世界，苦思冥想，认识了自己和世界，才能达到超脱一切痛苦的神圣境界。这就需要不断地忏悔，不断地自苦，以此来抑制、降低直至灭绝意志，最终以死来达到彻底

① 叔本华：《作为意志和表象的世界》，第 377 页。
② 同上书，第 429 页。
③ 同上书，第 447 页。

的绝欲，达到“不可动摇的安宁”，达到“寂灭中的极乐”。但这种死不是自杀，因为自杀无异于是对身体的肯定，是对生命意志的肯定。

叔本华的人生哲学所强调的，是从对有的否定达到对无的肯定——否定的是意志及其痛苦，肯定的是心如死灰和虚无寂灭。“我们既然认为世界的本质自身是意志，既然在世界的一切现象中只看到意志的客体性，又从各种无知的自然力的不带认识的冲动起直到人类最富有意识的行为止，追溯了这客体性，那么我们也决不规避这样一些后果，即是说：随着自愿的否定，意志的放弃，则所有那些现象，在客体性一切级别上无目标无休止，这世界由之而存在并存在于其中的那种不停的熙熙攘攘和蝇营狗苟都取消了；一级又一级的形式多样性都取消了；末了，那些现象的普遍形式——时间和空间，以及最后的基本形式——主体和客体也都取消了。没有意志，因而也就没有表象，没有世界。”随之而来的是“那高于一切理性的心境平和，那古井无波的情绪”和“那深深的宁静，不可动摇的自得和怡悦”。因此，“对于那些意志已倒戈而否定了它自己的人们，则我们这个如此非常真实的世界，包括所有的恒星和银河系在内，也就是——无”①。

虚无主义是叔本华哲学的归宿，但不是他的归宿，也不是哲学的归宿。至少尼采就从他曾深深眷恋的叔本华式的悲观中超拔出来，以权力意志和超人梦想从“虚无”走向了“超越”。在他看来，叔本华式的人物是这样的：“对于自身和自身的福祉，有着某种奇特的泰然自若；其认知，则是一团强烈的、吞噬的火焰，与那些所谓科学人的冰冷和可鄙的中性格格不入；其观察和思考，远远超越了只是怏怏不乐和阴郁发脾气；把自己永远作为第一份祭品献给所认识到的真理，并且深深地意识到自己的诚实所必然带来的痛苦。确实，由于他的勇敢无畏，他葬送了自己的尘世幸福；他必然地成为了他所热爱的人民的敌人，成为了他所成长其中的机构、制度的对头；他不可以宽容和体谅人或事——尽管对其受伤，他也心怀恻隐；他将受到误解，并长期被视为他所憎恶的力量的同盟；……他的意志（意欲）在其整个一生中饱受挫折和屈辱，而最终在涅槃中熄灭，因为他的不懈努力和勤勉，换来的是甚微的成效和世人的毫不领情、毫无感恩。”②

二、克尔凯郭尔

索伦·克尔凯郭尔（Søren Aaby Kierkegaard，1813—1855），丹麦哲学家，出身富商家庭。父亲出身贫寒，白手起家，成了哥本哈根的暴发户。他虽笃信宗教，但深深的负罪感使他生活在恐惧与颤栗之中，并且将这一切也传给了克尔凯郭尔。父亲严酷的宗教教育使克尔凯郭尔从很早的时候起就和一个又一个痛苦紧紧地联结在一起，始终处在内心的忧郁之中。他爱上了一位姑娘，但订婚之后他的忧郁和痛苦让他放弃了这唯一的一次爱情，然而放弃之后却又终生无法释然。他继承了大量遗产，有钱、有闲、有才情，更有忧郁和不安；他著述浩繁，但大量作品又采取与上帝间接沟通的方式，以假名出版，欺骗性地引导人们成为上帝的羔羊；他笃信基督教，却又激烈地攻击丹麦教会，甚至临

① 叔本华：《作为意志和表象的世界》，第563-564页。

② 尼采：《教育家叔本华》，韦启昌译，上海人民出版社，2016，第45-46页。

死之前也拒绝从神职人员那里领受圣餐。

这就是克尔凯郭尔："我是具有两副面孔的雅努斯；我以一副面孔笑，以另一副面孔哭。"[①] 这正如他的姓原义为"教堂园地"，而现代丹麦文中则指"坟场和墓地"——他在坟墓般的人间嬉笑，却在上帝的教堂中哭泣。克尔凯郭尔的"哭泣"使他成为存在主义之父，而他的两副面孔却让研究者琢磨不透。

克尔凯郭尔著述宏富，生前发表的著作达20多种，去世后经人整理出来的《日记与笔记》手稿近万页，写满大约60个笔记本和活页夹。他以非常危险的高速从事写作，这使得他的许多作品都存在着种种间断与转换、调向与转折、旁白与隐喻，时常令读者们陷入迷津。不过，最大的问题在于，他的作品在内容上包括美学、哲学和宗教三类，但在形式上则既有间接沟通，也有直接沟通。一般而言，前者用假名，后者用真名。克尔凯郭尔说，假名著作是我写的，但其中没有一句话是我的。这些著作主要包括：《非此即彼》、《恐惧与颤栗》（一译《畏惧与颤栗》）、《重复》、《恐惧的概念》、《生活道路的诸阶段》、《论怀疑者》、《哲学片断》、《对〈哲学片断〉所做的最后的非学术性附笔》（简称《附笔》）和《作为一个作家我的观点》等。真名著作包括早期的"基督教谈话"和后期的直接批判、直接布道的作品。[②]

历史至少提供给我们四种描述克尔凯郭尔思想的方式。从19世纪40年代来看，他的思想与费尔巴哈和马克思一样都属于对黑格尔的造反；就20世纪上半叶来看，他的思想深刻而直接地影响了神学和哲学中的存在主义的出现；现在，在世纪和千年的转折点上，他对现代社会的批判使他成为批判社会理论的对话者，而他对理性的批判则使他逐渐成为后现代主义攻击理性中心主义的同盟军。这就是说，我们可以让克尔凯郭尔扮演四种角色：反黑格尔主义思想家、存在主义者、社会批判理论家和后现代主义者。不过，在这里我们只能简略地叙述一下他的核心思想。

（一）"那个个人"

一般认为，克尔凯郭尔的哲学思想开始于对黑格尔主义的批判。在19世纪30年代，当克尔凯郭尔在大学求学期间，黑格尔主义无论在德国或在丹麦都居于统治的地位。在《恐惧与颤栗》《哲学片断》《恐惧的概念》《附笔》等著作以及在这一时期的《日记》中，克尔凯郭尔对黑格尔的批判达到了高潮。

克尔凯郭尔的基本立足点是："对于实存的个人来说，其自身伦理的现实性是唯一的现实性；对于其他一切现实性，这个人只有关于它们的知识，而真正的知识是向可能性的转换"[③]。

---

① Søren Kierkegaard, Niels J. Cappelørn, and George Pattison. *Kierkegaard's Journals and Notebooks*, Vol. 2 (Princeton: Princeton University Press, 2008), p. 86.（雅努斯是罗马守护门户的两面神。）

② 关于克尔凯郭尔的著作，中文版可参考中国社会科学出版社出版的《克尔凯郭尔文集》（十卷本），包括《论反讽概念》、《非此即彼》（上下卷）、《哲学片断》、《最后的、非科学性的附言》、《〈畏惧与颤栗〉〈恐惧的概念〉〈致死的疾病〉》、《爱的作为》、《陶冶性的讲演集》以及演讲集选和日记选等。英文版可参看普林斯顿大学出版社出版的《克尔凯郭尔作品集》（*Kierkegaard's Writings*），共26卷。日记与笔记可见该社出版的《克尔凯郭尔日记与笔记》（*Kierkegaard's Journals and Notebooks*），目前已出版11卷。

③ Søren Kierkegaard, *Kierkegaard's Writings: 12 Concluding Unscientific Postscript to Philosophical Fragments*, Vol. 1. Edited by Edna H. Hong and Howard V. Hong (Princeton: Princeton University Press, 1992), p. 316.

个人的实存（existence）只有作为主体的个人才能体会到。这种存在是绝对不可思考的，它是非理性的，可能有逻辑的体系而不可能有存在的体系。因此，克尔凯郭尔对作为思想家的黑格尔始终抱有敬意，但对黑格尔主义深感不满，首先就是因为它强调普遍而轻视个别，认为人只有超出自己的个别性而成为普遍的东西的一个环节才能实现其真正的本质，所以不能给个人以真正的实在地位，而只能提供关于生活的幻影，这就好像是向一个饥饿的人朗读烹调书一样。在《日记》里，他还用形象化的比喻讽刺那些黑格尔派的哲学家：他们建造了巨大的宫殿，自己却满足于居住在附近的窝棚里。克尔凯郭尔指出，如果黑格尔在写了整部《逻辑学》以后，在前言中说明它只不过是一种思想的实习，那么他可能就是有史以来最伟大的思想家了，而现在他却是令人可笑的。① 克尔凯郭尔用非理性的个人的存在来对抗黑格尔的具有内在逻辑必然性的整体。在他看来，由黑格尔主义所造成的时代的谬误之一就在于过分夸大了对世界历史的哲学沉思，而把个人降低为袖手旁观的消极的观察者，实际上个人却是存在的唯一的例证。这种“不正常的历史意识”阻碍了伦理的存在，而黑格尔哲学由于不能规定自己和存在的个人的关系，从而破坏了生存。克尔凯郭尔为了个人遭到这种“蔑视”而极为愤慨，他认为“集体观念”越来越统治普通的意识，使人不能成为个别的人，而沦为群众的一分子，在“类”中丧失了自身。

于是，克尔凯郭尔把个人（den Enkelte，单一者）这个概念作为“自己的范畴”，认为他的使命就是重新阐明做一个个人究竟是什么意思。他认为，现在普遍性的概念几乎统治一切，人们总是说“我们”“我们的时代”“19 世纪”等等，个别存在的人简直算不了什么，当今时代的不道德的根源即在此。如果说每个时代都有它自己特有的邪恶，那么我们时代的邪恶恐怕不是享乐、放纵或荒诞，而毋宁说是对个人的一种放荡的泛神论式的蔑视。人们对时代的成就感到欢欣，其中却夹杂着对个人的蔑视，似乎每个事物都必须附属于某种运动以便成为它的一部分，人们也必须参与世界历史，沉陷在整体之中。没有人愿意成为一个个人，因为人们害怕如果成为个别存在的人，他们就会消失得无影无踪。克尔凯郭尔把这归咎于黑格尔哲学，他大声疾呼要求提高个人的地位，为保卫个人而斗争。

与此同时，克尔凯郭尔认为个人的最高的自我实现不是像黑格尔所说的那样在于普遍的绝对思维的发展，而在于个人和上帝的关联之中。因此，重要的不是理智而是信仰。虽然克尔凯郭尔以近乎热病似的理智差不多把每条经验都转化成反思，一口吞下其所有者的生命。但是，他预先发出警告，要提防他的理智那种精巧、贪婪的劫掠。他知道，他的理智的力量同时也就是他的十字架。理智是永远提供不出信仰来的；然而，要是没有信仰，他就会死在自己的心灵里面，成为一个病弱、瘫痪的哈姆雷特。

（二）主观真理论

既然克尔凯郭尔以个人为其思想的立足点，那么，人是什么？克尔凯郭尔断言，人是精神，精神给人以生命，指向自我的存在。它要求人远离感性的直接性和思辨，去追

① 参见彼得·P. 罗德：《克尔凯郭尔日记选》，姚蓓琴、晏可佳译，商务印书馆，2014，第 127 页。

求个体的精神目标。忧郁是克尔凯郭尔一生的基本气质和精神重负。这种忧郁表现为精神的不安，而基督教是生存的最深刻的不安，因为上帝不希望人拥有平静。克尔凯郭尔区分了精神和欲望，认为欲望及其表征的美感生活是精神的失落。而最高的精神关系是个人与上帝的关系，个体精神的顶点只能在宗教激情中才能达到。因此，人成为精神的过程就是走向基督徒的旅程，两者是一回事。

克尔凯郭尔认为，如何成为一个基督徒的问题是主观性的问题，而他所谓的主观性所关涉的是生存而不是思想。“我最主要的想法是，在今天这个时代，知识极大丰富，我们因而忘了生存（exist）意味着什么，也忘了专注于自身（inwardness）是什么，明白了这一点，就可以解释思辨哲学和基督教之间的误解。……如果人们已经忘了以宗教的方式生存意味着什么，他们大概也就忘了以人的方式生存意味着什么。”[①] 生存构成了个体的最高兴趣，每一个个体都必须倾力于自己的生存，正是这种生存关系构成了个体的现实。然而这种现实不是事实性的，而是伦理的现实，即生存的可能性，是如何以生存的态度对待与自己、与他人和与上帝的关系。在这个意义上，真理也不是事实性的、客观的，而是生存性的、主观的；或者说，不是认识论的，而是本体论的。克尔凯郭尔由此提出了他的主观真理论。

克尔凯郭尔首先批判了两种真理的符合论：或是将真理经验地界定为思维对存在的符合，或是思辨地界定为存在对思维的符合。前者所理解的存在是经验的，而经验的认识只是一种趋近，其起点无法绝对地设定，结论因此也是有欠缺的。后者所理解的存在是具体经验的抽象化，将真理视为抽象地完成了的东西。这种抽象取消了生存个体对于真理的意义。这两种符合论都无法达到真正的符合，除非上帝才能做到。因此个体应当把精力转向主体内部，转向专注自身，把真理理解为一个生存的精神的生存依据。

克尔凯郭尔强调，真理不是说什么或做什么，而是如何说或如何做。“如何”所关涉的是个体关系的性质。在这里，问题不在于“个人是否与某个客观地真实的东西有关系”，而在于“这种关系是不是真实的关系”。在《附笔》中，克尔凯郭尔提出了使思维成为主观的任务，他说：“从客观的方面说，我们只是不断谈论着问题本身；从主观的方面说，我们则要谈及主体和主观性；并认识到这种主观性就是问题本身。以下这一点必须时刻坚持，即：主观的问题并不是关于问题本身的某种东西，而就是主观性本身。因为问题本身要求做出决断（decision），而一切决断都植根于主观性，所以重要的是必须在客观上不存在任何问题本身的痕迹，因为就在这一刻，主观的个体想要逃避某种决断的痛苦和危机，即想让问题在某种程度上成为客观的。”[②] “主观的思维”关心的不是客体，而把注意力转向主体，它把一切事物都放到过程中去，并且省略结果，它希望在这种内心的紧张中去实现真理。在进行“客观的思维”时，当客观性一旦成为存在，主观性便消失了。同样地，在进行“主观的思维”时，主体的主观性便成为最后的阶段，而客观性则成为消失的因素。它时刻不忘，主体是一个生存着的个人，而生存则是生

① Kierkegaard, *Concluding Unscientific Postscript to Philosophical Fragments*, p. 249.

② Ibid., p. 129.

成的过程。哈姆雷特说："存在还是不存在，这是个问题。"克尔凯郭尔接着说，这问题只具有主观性的意义。① 因此，客观性的重点在于说了什么，而主观性的重点则是怎么说。②

克尔凯郭尔举例说明了"真理是主观性"这一著名的命题。有一个基督徒，他虽然在知识方面具有关于上帝的真实的概念，并来到真的上帝的礼拜堂里，但却以虚伪的精神来祈祷；而另一个人生活在盛行偶像崇拜的社团里，虽然他的眼睛看着偶像，但却带着无限的激情来祈祷。那么，在这两个人中间，在谁那里有最多的真理呢？克尔凯郭尔认为，显然是后者而不是前者，因为后者虽然崇拜的是一个偶像，但却是真正向上帝祈祷，而前者则虚伪地向一个真的上帝祈祷，因此他实际上崇拜的是一个偶像。这就是说，只要个人与上帝的关系的方式是真的，那么即使与个人有关系的东西不是真的，个人也仍然掌握了真理。因此，"一种客观不确定性，当其被最富于激情的自我专注的占有行为紧紧抓住的时候，就是真理，就是一个存在着的个人所能达到的最高真理"。而这样的真理就是信仰的真理："没有冒险，就没有信仰。信仰正就是专注自身的无限激情和客观不确定性之间的矛盾"③。

那么，人成为精神、走向基督徒的旅程是怎样的呢？克尔凯郭尔区分了精神或生存的层次、阶段、境界或人生观。

（三）精神之旅

克尔凯郭尔在早期的巨著《非此即彼》中把生存分为两个阶段，即美感的和伦理的；而从《生活道路上的诸阶段》一书开始，他又正式加上第三个也是最高的阶段，即宗教的阶段。

美感生活指日常生活，或相对于基督徒生活的异端的生活。要么做基督徒，要么做异端；要么让精神失落，要么让精神升华。两者必居其一，不可能"既……又"（both…and），只能"非此即彼"（either…or）。揭示这一生活阶段的主要是《非此即彼》一书中的《诱惑者日记》和《生活道路的诸阶段》中的《酒宴记》。美感生活就是日常的感性生活和物质生活，这是精神的直接性阶段。它主要表现为欲望：从幻想出对象的渴求（dreaming）到发现了多样性的寻求（seeking），最终达到了理想与现实结合在一起的欲求（desiring）。莫扎特歌剧中的《唐璜》就是其典型的代表。唐璜无疑也在寻求发现，更主要地则是去征服和拥有。唐璜是肉欲的人格化，他沉湎于欲望的满足，而一旦满足了，他就寻找新的目标，绝无止境。唐璜的征服所凭借的是感官的天赋，因为感官天赋具有强烈的诱惑力，即肉欲和性爱的强大力量。另一位"诱惑者"约翰尼斯说，男人在内心深处都是诱惑者，而女人都渴望被诱惑。对前者来说，只有死于非命，性爱才被道德战胜；对后者来说，伦理性的婚姻是诱惑的终结者。

然而，美感生活又是忧郁的。一旦太阳的余晖褪尽，黑暗就成了人间的主宰，忧郁

---

① Kierkegaard, *Concluding Unscientific Postscript to Philosophical Fragments*, p. 193.

② Ibid., p. 202.

③ Ibid., pp. 203 - 204.

总会在尘世生活的喧嚣和骚动之后潜入人的心灵。忧郁带来的是不幸。“有人会在其内心的宁静中秘密地抱着这样的想法，他是人群中最不幸的人。”[①] 生是不幸而痛苦的，坟墓中却有着安宁和解脱。这就是美感生活的终局。之所以如此，是因为这种生活是精神的失落。它追求无限，但这是“坏的无限”；它尽情享受，可是它却从来没有确定的形式；它的基本命题是：“此时此刻就是一切”，但这就等于说“它就是无”，因为此时此刻作为时间的一个原子是不断地消逝的。处在美感生活中的个人只能是焦虑而绝望的。焦虑是人面对虚无和自由时产生的一种眩晕，而绝望则是一种致命的精神疾病，它表现为自我关系的一种失调：个体对自我的人格表示怀疑，它使人陷入虚无和沉沦。但如果在绝望中渴望拯救，投身上帝，精神也会从绝望中解脱出来。这就是精神的后两个境界。

对伦理阶段的考察表现在《非此即彼》第2卷和《生活道路的诸阶段》中的《关于婚姻的各种考察》以及《恐惧与颤栗》中。克尔凯郭尔认为，人作为主观的生存者，他唯一的现实即伦理的现实，因此，个体对理想目标的追求可以在伦理范畴内完成，可以成就人性的自我。但他又认为，道德理想被赋予人们的习惯结构取代了，以便适应特定的时代，但事实上习惯是一种消磨人的意志的、使人堕落的力量。而他心中的伦理则是一种既有强制性，又促动主体性，并推动人格发展的力量。他指出：“伦理的就其本身是普遍的，并且作为普遍的，它对每一个人都是有效的，这一点从另一方面可以这样表述：它在每一个瞬间都是有效的。它内在地立足于自身，任何它自身之外的东西都不能作为它的目的，相反它自己是一切它之外的东西的目的。”[②] 这显然就是黑格尔的典型观点。伦理的普遍性体现在婚姻、对邻人之爱和悲剧英雄中。如果说唐璜是美感阶段的典型，那么苏格拉底就是伦理阶段的典型。伦理的人有自己信奉的原则，有为原则而牺牲的英雄气概，因此可能产生克尔凯郭尔称为悲剧英雄的人物。悲剧英雄为了表现那普遍的东西而抛弃他自己。伦理境界的一个最重要的表现是进行选择，无论什么地方只要存在着严格意义上的非此即彼的问题，那里也就存在着伦理的东西。唯一绝对的非此即彼，就是在善恶之间进行选择，这是绝对的伦理选择。但克尔凯郭尔又说，非此即彼首先意味着选择善恶还是排除善恶。在这样的选择中，善与恶的范畴在人的生活中便具有绝对的意义。因此，归根到底，基本的伦理的选择就是选择自我。古希腊德尔斐神庙里的铭文是“认识你自己”，克尔凯郭尔则提出“选择你自己”。伦理在本质上是“普遍与特殊的综合”，义务是要求人去做普遍的东西，我的义务又是专对我一个人来说特殊的东西，我完成义务就把两者统一起来了。伦理的意识相信自己在道德上的自足性，但它只是用一般方法去解决个人问题，在碰到例外情况时，它就无能为力了，甚至无法找到一个行为规则。当伦理的人意识到自己不能满足道德律的要求，缺乏自足性，因而感到自己有罪时，就不可能再停留在伦理的阶段上了。“只有当我选择自己是有罪的时候，我才绝对地选择了我自己”，有罪是“存在的最具体的表现”，是“存在最强烈地自我肯定的表现”[③]。罪的事实对

---

① Søren Kierkegaard, *Either/Or*: Part I. Edited by Howard V. Hong and Edna H. Hong (Princeton: Princeton University Press, 1987), p. 219.

② Søren Kierkegaard, *Fear and Trembling & Repetition*. Edited by Howard V. Hong and Edna H. Hong (Princeton: Princeton University Press, 1983), p. 54.

③ Søren Kierkegaard, *Concluding Unscientific Postscript to Philosophical Fragments*, p. 528.

伦理是不可克服的障碍，使伦理丧失了理想性。在罪面前，伦理毫无办法，只能导向忏悔。这样，就必须离开伦理的境界而进入存在的第三个阶段——宗教。

克尔凯郭尔主要在《恐惧与颤栗》、《重复》和《生活道路的诸阶段》的第三部分《有罪还是无罪?》等著作里，描述了宗教阶段的生活思想。伦理与宗教都是精神生存的真正领域，都把主观生存放在首位，而抛弃思辨与客观性。但两者也存在着差异：伦理使个体关注自己，宗教使个体关注上帝；伦理强调普遍性，而宗教强调孤独个体。宗教生活才是精神得以实现的最高领域，因此，要寻找真正的自我，个体必须以宗教悬搁伦理。个体只有在宗教意义上才是真正独立存在的。因为作为罪人，个体只能独自地面对上帝，大众解救不了他。

克尔凯郭尔认为，宗教的目的无疑是要为个体确定永恒的目标，而个体对此必须既情感又辩证地对待，这就是他所谓不同于一般宗教的超越宗教。在超越宗教中，个体达到了内向性的最高层次——坚信。他在日记中写道："对于基督教真理的一切世俗-历史的争吵、辩论和证明必须统统抛弃；唯一的证明只是一个信字。如果我信（诸君知道，这是灵魂的一种内在的决定)，那么，我的信在我总比理性为强。事实上，信念是支撑理性的，而不是相反。"① 因为基督教和人冲突的真正根源在于基督教是绝对。基督不是爱，至少不是人类意义上的爱；他是真理，是绝对真理。因此，他不仅能替人们的行为辩护，而且他不得不让人们为他的死担当罪过。而基督教仅仅和罪的意识有关，内心的罪带来了痛苦，它要求基督徒表现某种绝对的东西的存在。"基督徒是绝对"②。但是，"对一切痛苦来说，做一个基督徒是最可怕的痛苦；做一个基督徒，就是要在今生今世经历地狱之苦，其痛苦的原因即在于此"③。而基督徒必须于生活在世俗社会的同时，证明自己是一个基督徒；而"生活在凡俗的目的就是要使我们进入最高层次的厌世"④。因为只有那些被引入厌世境界的人才能够在上帝圣恩的帮助下，坚信上帝依着爱行事，所以在他们的心中的最幽深处，对于上帝是真爱，不存在丝毫的怀疑。他满怀感激之情，把一切归于上帝，他不信自己，只信上帝。只有这样的人才是成熟的，才可以进入永恒之境。这也就是克尔凯郭尔的宗教归宿。

关于这三个阶段之间的关系，克尔凯郭尔认为，伦理的境界只是一个过渡的境界，因此它的最高表现乃是作为一种消极行动的忏悔；审美境界是直接性的境界，伦理的境界是要求的境界（这种要求是如此无限，以致会让个人破产)，宗教的境界则是满足的境界。在另外的地方，他又换了一种说法指出，审美的存在本质上是享受，伦理的存在本质上是斗争和胜利，宗教的存在本质上则是痛苦。除了上述的三个存在的境界之外，克尔凯郭尔还承认有两个中间地带："反讽"是审美境界和伦理境界之间的中间地带，而"幽默"则是伦理境界和宗教境界之间的中间地带。"反讽"对审美的生活表示异议，但还没有进入伦理的范畴。"幽默"和"讽刺"并无本质上的不同，幽默家发现自己人格中的道德冲突，认识到罪，但他还没有依据宗教激情去保持和上帝的关系。

---

① 彼得·P. 罗德：《克尔凯郭尔日记选》，第230页。

② 同上书，第211页。

③ 同上书，第281页。

④ 同上书，第283页。

克尔凯郭尔曾有一个愿望，就是在他将来的墓碑上刻上这样的墓志铭："那个个人"。的确，从普遍性返回个体，从大众回归个人，正是他留给后人的最重要的启迪，从而使他成为20世纪存在主义的先驱。

三、尼采

尼采的思想具有一种无比强大的力量，它改造了许多构成西方思想遗产的观念和价值——例如理性、自然、上帝、时间、宗教和德性等等。雅斯贝尔斯说尼采和克尔凯郭尔给西方哲学带来颤栗，而此颤栗的最后意义尚未被估价出来。[①] 伽达默尔在90岁的时候曾评论道，20世纪初的整整一代思想家和艺术家都在尼采的著作中找到了那些激发了他们富于创造性的作品的观念和意象。[②] 弗洛伊德、雅斯贝尔斯、萨特、海德格尔、福柯、德鲁兹和德里达都是深受尼采影响的大陆哲学家。而他直接影响的文学家也可以开出一长串名单：茨威格、托马斯·曼、萧伯纳、黑塞、里尔克、纪德、鲁迅……在英美，他的著作逐渐被广泛接受，尤其是在第二次世界大战之后，人们发现第三帝国完全不知羞耻地歪曲了尼采的著作，纳粹对他的哲学所做的解释是令人无法容忍的误读。不过，除了许多认真细致的诠释之外，有些误读也扩大了尼采的影响。人们一直把他的思想看作一种过程形而上学，并把他和柏格森、怀特海和新达尔文主义者相比较。他还被解读为一位伦理学家，一位以权力意志取代了上帝的奇怪的神学家。他的哲学更通常被理解为虚无主义的，只是一大堆无从确证的信念和洞见，支撑着生存的希望和信心。

但是，尼采不是一位形而上学家、道德学家、神学家，在这些词的通常意义上也不是虚无主义者。他的思想力度已经穿透并超越了那些构成宗教、道德和哲学传统的价值、观念，同时又开启了一种思考和评价的新方式。尼采哲学与其说主要是在致力于构造一个完美的思想体系，并加以不断的修正、补充和捍卫，倒不如说是一个生命的自我超越的过程。正如尼采借查拉图斯特拉（旧译苏鲁支）之口所说的："这便是生命亲自说给我听的秘密：'看呵'，他说，'我便是那必须时常超过自己的东西。……'"[③]

弗里德里希·尼采（Friedrich Wilhelm Nietzsche，1844—1900）生于普鲁士萨克森州的洛肯（Röchen），这里临近莱比锡，既是新教改革的中心地区，也是巴赫、亨德尔的故乡。他生在一个乡村牧师家庭，却称自己的远祖是波兰贵族，为自己的高贵血统而自豪（见《瞧，这个人》），这当然是无稽之谈。尼采自幼身体孱弱，但勤奋好学，极具语言和音乐天赋，且生就了特立独行的性格和浪漫主义的气质。1865年，尼采转入莱比锡大学攻读古典语言学，与叔本华的《作为意志和表象的世界》一见而为之倾倒。叔本华的思想可以看作尼采哲学思考的起点，但叔本华是从生命意志（will to live）走向了虚无，而尼采却是把权力意志（will to power）塑造成超人。1867年，尼采又着迷于瓦格纳的音乐。

1869年，年仅25岁的尼采被聘为瑞士巴塞尔大学古典语言学教授。这在别人看来

---

① 雅斯贝尔斯：《理性与存在》，载考夫曼编《存在主义》，陈鼓应译，商务印书馆，1987，第167页。

② Simon Critchley，William J. Schroeder，*A Companion to Continental Philosophy*（Oxford：Blackwell Publisher，1998），p. 153.

③ 尼采：《苏鲁支语录》，徐梵澄译，商务印书馆，1992，第113页。

无疑是功成名就的开端，但这时尼采却已不再钟情于语言学，而是开始步入了哲学的殿堂。他也没有像别人想象的那样发表一部才华横溢的语言学著作，而是于1872年出版了《悲剧的诞生》。在这部伟大的作品中，尼采批判了西方理性和思辨传统之父苏格拉底，因为苏格拉底所代表的纯粹学者的节制与欢愉是希腊衰颓的开端，它使昔日表现于马拉松的雄壮体魄和心灵，为多疑寡断的文明所凌夷，体力和心力一天天趋于贫弱了。《悲剧的诞生》不但是他反叛生涯的诞生之日，也是他人生悲剧的发端之时。

大失所望的学术界保持了克制的沉默，但尼采所崇拜的大音乐家瓦格纳（Richard Wagner，1813—1883）却对此书赞不绝口，而尼采也喜爱瓦格纳音乐中所体现的狄奥尼索斯（Dionysus，古希腊神话中的酒神）精神和革命气质。他们开始了信任、欢愉而深沉的交往。然而亲密的友谊不久就出现了裂痕。尼采与瓦格纳的关系是思想史上的一桩公案，但关系破裂的基本原因却不难索解：尼采的批判锋芒和超越精神一天天锐利起来，瓦格纳却向尼采所鄙视的一切东西一天天沉沦下去。在瓦格纳宣布自己已经是一个基督徒之后，尼采无法忍受这种堕落，在《人性的，太人性的》（1878）一书中毫无掩饰地批判了瓦格纳。这时尼采的健康状况不断恶化，对教授生涯也厌倦了，遂于1879年辞去了巴塞尔大学的教职，开始了十年的“漫游者”生涯。

在这十年中，他游历了温暖而美丽的意大利，经历了爱情的欢愉和失恋的打击，同时也掀起了一浪高过一浪的创作热潮。1883年，他仅用10天时间就完成了《查拉图斯特拉如是说》的第一部分。1888年，他用半年的时间完成了《瓦格纳事件》《偶像的黄昏》《敌基督》《瞧，这个人》《尼采反对瓦格纳》等五部重要著作。

1889年，在都灵的大街上，发生了悲剧性的一幕：尼采抱住一匹正在受马夫虐待的马的脖子，最终失去了理智。或许这时的尼采也已不堪疯狂的理智的虐待了。虽然直到11年后的1900年他才最终与世长辞，但哲学家狄奥尼索斯的儿子弗里德里希·尼采在那一刻就已经死了，当时才45岁。

一般把尼采的哲学活动分为三个时期：第一时期从1870年至1876年，这段时间他主要在研究古希腊悲剧和哲学，批判苏格拉底，而崇尚叔本华和瓦格纳；第二时期为1877年至1882年，这是他超越叔本华和瓦格纳，向着怀疑主义突进的精神彷徨期；第三时期为1883年至1889年，这时他的思想穿透了怀疑和虚无，重估一切价值，建立了以权力意志为核心的超人哲学。他的主要著作还有：《快乐的知识》（1882）、《善恶的彼岸》（1886）、《道德的谱系》（1887），死后由其妹妹整理出版了《权力意志——重估一切价值的尝试》（1905）。[①]

---

① 尼采的著作德文全集，目前的标准版是科利和蒙狄纳里主编的校订研究版《尼采著作全集》（*Kritische Studienausgabe*，15卷，简称KSA或科利版）。KSA的基础是KGW，即校订版《尼采著作全集》（*Kritische Gesamtausgabe*，Berlin and New York：Walter de Gruyter，1967ff）。斯坦福大学基于KSA陆续出版19卷英文版全集（*The Complete Works of Friedrich Nietzsche*），目前已出版6卷。剑桥大学出版社“剑桥哲学史文献丛书”（Cambridge Texts in the History of Philosophy）中的尼采著作英译本更适合学生阅读。中文版也有多部尼采文集已出版或正在出版中，其中包括孙周兴主持的《尼采著作全集》（商务印书馆）、刘小枫主编的《尼采注疏集》（华夏出版社等）、杨恒达主译的《尼采全集》（中国人民大学出版社）、漓江出版社的《尼采文集》（2000）等，其他各种版本不计其数。需要说明的是，尼采哲学在相当长的时间内被看作纳粹的思想基础，希特勒也的确对他表示过敬意。但据考证，这在很大程度上是尼采的妹妹——一位狂热的反犹分子——对他的著作的删改所造成的。

尼采著作的论述范围之广、立意之深，少有人企及，而他那言若古井、意若飘风的文风更令人神往。他将哲学的深邃、批判的锋芒、诗歌的浪漫、音乐的震撼、心理学的精细、语言学的广博以及颠覆性的思维融为一体，独具风姿，自成一家。虽然他的思想中也有相当多的糟粕，要加以批判清楚，但总体而言，他为后人留下的思想财富是极其宝贵的。

（一）重新估价一切价值

叔本华的意志哲学可以说是尼采哲学的起点。尼采认为，叔本华的伟大之处，就在于他能站在人生之画面前，将它的全部画意解释给我们听。而每一种伟大的哲学所应当说的话是：这就是人生之画的全景，从这里来寻求你自己的生命的意义吧。尼采一生的工作主旨就是展开人生的全景图，撕开遮蔽在上面的矫饰，让生命的激情绽开。它可以简化为两个词：重估与超越。尼采在自传中说："重估一切价值：这就是我用来表示一种人类至高的反省行为的公式，这种行为已经成为我身上的血肉和天赋了。"① 因此，尼采一度把"重估一切价值的尝试"定名为他未完成的总结性著作《权力意志》的副标题。他所重估和消解的主要是理性主义与基督教传统中的思想、文化和道德观念。

尼采在第一部著作《悲剧的诞生》中就向西方理性主义传统发动了猛烈的攻击。据他自己说，这本书有两个根本性的革新：一是他对古希腊人的狄奥尼索斯现象的认识，把这一现象视为古希腊艺术的根据之一，并首次对此进行了心理学分析；二是他首次认识到苏格拉底主义是古希腊消亡的工具，是典型的颓废派。因为苏格拉底用理性对抗本能，而尼采则坚决主张理性就是埋葬生命的危险的暴力。尼采把苏格拉底作为代表理论乐观主义者的原型，他深信万物的本性皆可穷究，认为知识是真正的万灵药，而错误本身即是灾祸。深入事物的根本，辨别真知灼见与假象错误，在苏格拉底式的人看来是人类最高尚甚至是唯一的真正使命。因此，从苏格拉底开始，概念、判断和推理的逻辑程序就被尊崇为在其他一切能力之上的最高级的活动和最可赞赏的天赋。甚至最崇高的道德行为和灵魂的宁静，在苏格拉底及其志同道合的后继者们看来，都可以由知识的辩证法推导出来，因而是可传授的。谁亲身体验到苏格拉底式的认知的快乐，谁就必定感觉到，世上没有比编织牢不可破的知识之网这种欲求更为强烈的求生的刺激了。这种人被苏格拉底式的求知欲束缚住，妄想知识可以治愈生存的永恒创伤，但最后只是"随身拖曳着一大堆不消化的知识石块"而看不见人格。②

尼采对这种理性主义做了这样的概括："哲学家们，对表面、痛楚、死亡、肉体、感官、命运、束缚和一切无目的的东西，都抱有成见。他们相信：1. 绝对的认识；2. 以认识为目的的知识；3. 美德和幸福联姻；4. 人的行为是可以认识的。"③ 他认为，这种由理性主义支配的思想和文化的一个根本错误就是限制和扼杀了每一个人所独特具有的非理性的生命和本能。在理性主义的支配下，以往哲学的几乎所有概念（如主体、对象、实

---

① 尼采：《瞧，这个人》，载孙周兴编译《尼采著作全集》，第6卷，商务印书馆，2016，第473页。

② 参见尼采：《历史对于人生的利弊》，姚可昆译，商务印书馆，1998，第24页。

③ 尼采：《权力意志——重估一切价值的尝试》，张念东、凌素心译，商务印书馆，1993，第134页。

体、意识、认识、真理等）都是虚构和谬误的结果，不能用来确定人的使命，估价人的事业。因此，为了使人的本能不受束缚，为了使人的生活和道德行为具有真正的价值，必须摧毁被理性主义神圣化的旧观念，以本能冲动造反逻各斯，以肉体崇拜取代精神崇拜，并把它们当作人的意识和行为的出发点的新观念。为此，尼采发现了古希腊神话中的酒神狄奥尼索斯。酒神和日神（阿波罗）共同塑造了古希腊艺术的气质。日神代表造型艺术，酒神代表音乐舞蹈；日神代表幻想、追求、理性、道德，而酒神则代表真实、破坏、疯狂、本能。虽然它们都植根于人的至深本能，但后者的精神比前者更重要。尼采把酒神的激情转化为哲学的激情，使之体现了一种无穷无尽的生命力，意味着人的一切原始冲动都获得解放，而不受任何理性观念或原则的约束。酒神的世界是一个狂醉的世界，这是个人的生命与世界的生命融为一体的世界，人性的本能在其中得到了充分表达，人的生命感受也最强烈。真正的哲学就应是酒神的哲学。尼采说："我是哲学家狄奥尼索斯的门徒，我更愿做萨蒂尔，也不像做圣徒"①，"但愿人们不只是永久地必须听着一切夸张的夸张，这个字：世界、世界、世界，因为每个人究竟应该正直地谈论人、人、人！"②

不愿当圣徒的哲学家要让哲学成为伦理意义上的实践哲学，肯定价值而消解真理。"创造了这个有价值的世界的是我们！……崇敬真理乃是虚幻假象的结果。"③ 真理就是这样一类错误，要是没有它，某一类生物就活不成。价值对生命来说，才是最终决定的东西。既然人永远不会同实在本身发生联系，而只与由人赋予意义的实在发生关系，任何概念、判断、表象都是出于需要、激情和本能，那么从外表上来看，由人们的表象、概念、判断等理性形式所表达的世界是一个理性的世界，但其实这个世界是由人的创造精神亲手造就的世界，所谓真理无非是主体用来满足自己的某种目的的工具、手段，即"作为保存的手段，作为权力意志"④。因此，"哲学的迷误，就在于不把逻辑和理性范畴看成一种手段，用来使世界适应有用的目的（'从原则上说'是有用的伪造），而认为可以在其中找到真理的标准，实在的标准。'真理的标准'其实只是这样一种原则上是伪造的体系在生物学上的利用。……是把相对性绝对化了"⑤。

"狄奥尼索斯是反对被钉上十字架的那个人的（即耶稣）。"⑥ 狄奥尼索斯的弟子尼采也对基督教以及以之为核心的道德观念进行了猛烈的批判。在尼采看来，包括道德观念在内的欧洲文化是基督教观念的统治的产物。它们正是从基督教取得诚实、服从命运、同情和怜悯弱者、不相信自己的力量等观念。它们扼杀每一个人所独特地拥有的生命力和原始的本能冲动，扼杀人的个性、自由和创造性，使人消沉颓废，麻木不仁。在《善恶的彼岸》中尼采发现了两种主要道德类型，即主人道德和奴隶道德，并在《道德的谱

---

① 尼采：《瞧，这个人》，第 320 页。译文有改动。萨蒂尔（Satyr）是古希腊神话中的牧神和酒神的随从，在古希腊神话中兼醉汉与色鬼于一身。

② 尼采：《历史对于人生的利弊》，第 58 页。

③ 尼采：《权力意志——重估一切价值的尝试》，第 116 页。

④ 同上书，第 115 页。

⑤ 同上书，第 14 页。

⑥ 尼采：《瞧，这个人》，第 485 页。译文有改动。

系》等著作中做了进一步的阐发。他指出，首先，基督教源出于嫉妒与仇恨，是一种对高贵价值的统治的大反叛；其次，良知并非人心中的上帝之声，而是残忍的本能；最后，禁欲主义理想、教士理想是灭绝意志的颓废理想，它们之所以有力，只是因为没有发现比它更好的东西，没有遭遇查拉图斯特拉。

尼采认为基督教伦理所奉行的是奴隶道德，即他比作群畜的普通人、下等人所遵奉的道德。这些人缺乏旺盛的生命力和激情，没有奋发有为的生活理想和自我创造的愿望，他们把获得功利当作生活和行为的准则，把怜悯、同情、仁慈、宽恕等品性赞为美德，把强者和具有独立个性的个人当作危险人物、恶人。他们害怕、嫉妒、仇视强者，企图通过把他们自己所遵奉的畜群道德原则当作绝对的东西来对抗强者，要求强者接受这种道德原则，抑制自己的旺盛的生命力，怜悯、同情、爱护弱者，而不要为了满足自己的个人欲望去压迫和牺牲弱者，也就是消灭强弱之间的差别，实现普遍的平等。而理性主义思想家、民主主义者乃至社会主义者所宣扬的平等、自由、博爱等原则正是据此提出的。以这种道德为标准的文化必然是颓废的文化，而欧洲文明的堕落、颓废也正是这种道德原则支配的产物。尼采所偏爱的主人道德，则是高级的人、上等人所奉行的道德。他们的生命和本能得到了充分的表现，他们不受任何确定的、被认为是普遍的道德原则的约束，超出于奴隶道德的善恶标准之外。他们完全以自己的意志为尺度来创造价值、制定道德观念。高贵的人把一切高尚的、威严刚毅和值得骄傲的东西，即把一切能发挥个人的内在的生命力和本能，发挥个人的创造性、能动性的东西当作善，而把一切卑劣的、柔弱平庸、循规蹈矩、没有创新精神的东西，一切乞求同情、怜悯之类的东西当作恶。因此，上等人、强者应当有这样一个基本的信念：整个社会不是为了其本身，而是为了他们而存在，即充当上等人、贵族为了提高其地位，履行其职责的基础和脚手架。基于这种信念，尼采认为必须重建等级制，"上等人有必要向群众宣战"。把抬高下等人的一切活动"整个拉到光天化日之下，拉到法庭上去"①。

尼采对基督教伦理的洞察和对人性的两极的反思自有其深刻之处，但他浓厚的贵族等级情结、非道德主义和对个人意志的过分强调导致了过分激烈的理论反弹，因此，他能够被纳粹别有用心地加以利用也就无足怪了。

（二）权力意志与超人哲学

在尼采看来，基督教衰颓的道德观念导致了悲观主义和虚无主义。不过，虚无主义有双重意义：消极的和积极的。前者可视为叔本华的归宿，而后者则是尼采的目标，即它可以作为强力的象征，表现权力意志。权力意志是尼采的理论基点，它把人的生命理解为一种冲动、冲创和创造力，一个不断自我表现、自我创造、自我扩张的活动过程。当生命意志是表现、释放、改善、增长内在的生命力的意志时，它就是权力意志（Der Wille zur Macht）。这里的权力是广义的，它指的是人不断地改善、扩大、增长、超越自身的生命力，而不能仅仅归结为追求政治权力的意志。具体说来，"权力意志专门化为谋生图存，谋求财产、工具、奴仆（俯首听命者），谋求当统治者：人体就是例证。……除

① 尼采：《权力意志——重估一切价值的尝试》，第 125 页。译文有改动。

了为意志而意志之外，根本不存在别的什么因果关系，用机械论是解释不了的”①。人是权力意志，世界也是如此：永远在自我创造、永远在自我摧毁的酒神世界，双重销魂的秘密世界，无目的的超出善恶的世界……

尼采指出，在不同等级的人当中，权力意志的表现是不同的：（1）在被压迫者和各种奴隶那里表现为争取“自由”的意志，目的似乎仅仅是解放，从道德和宗教意义上说，是仅仅对自己的良心负责、福音的自由等等；（2）在比较有力、正在向权力迈进的人当中，是作为争取超等权力的意志；（3）在最有力、最雄厚、最独立和最有胆量的人当中，作为对“人类”、对“人民”、对“福音”、对“真理”和“上帝”的“爱”，作为同情、自我牺牲等等，作为征服、俘虏、役使的活动，作为参与一种可以受自己指挥的巨大权力的本能活动：这是英雄、先知、恺撒、救世主、耶稣。②

尼采用权力意志勾画出一幅永恒轮回的世界图景，以排除基督教对某种绝对的、彼岸的目标的追求，而肯定现实的世界和人生。他认为这是对他的学说及其理论前提和结果的阐述，亦是其证明。他以物质不灭和能量守恒的学说为佐证，认为权力意志不会永远停留于某种状态中，除了不断地流动、不断地变化本身以外，它没有任何永恒的东西。因此，“世界就是：一种巨大无匹的力量，无始无终；一种常驻不变的力量，永不变大变小，永不消耗，只是流转易形，而总量不变……一个奔腾泛滥的力量的海洋，永远在流转易形，永远在回流，无穷岁月的回流，以各种形态潮汐相间，从最简单的涌向最复杂的，从最净的、最硬的、最冷的涌向最烫的、最野的、最自相矛盾的，然后再从丰盛回到简单，从矛盾的纠缠回到单一的愉悦，在这种万化如一、千古不移的状态中肯定自己，祝福自己是永远必定回来的东西。是一种不知满足、不知厌倦、不知疲劳的迁化”③。

在权力意志的永恒轮回当中，“‘人类’不是目的，超人（overman）才是目的!”④在欧洲的虚无主义杀死了西方文化中的上帝之后，人就必须自我超越，成为超人，真正的哲学应当成为超人哲学。这便是尼采哲学的旨归。

尼采敏锐地感到，虚无主义已经站到欧洲的大门口，由苏格拉底和基督教肇始的西方文明导致了悲观主义，而悲观主义又发展为虚无主义，这意味着人类的日益堕落和退化。真正富有创造性的文化一片凋零，市侩文化充斥一切场合，随之而来的是人的生命力和本能冲动被压抑和扼杀，人们处于一种麻木的、无目标、无标准的状态。于是，尼采呼唤像查拉图斯特拉这样的超人出现：“一切天神皆已死去；如今我们希望超人长生。”⑤

在《查拉图斯特拉如是说》中，尼采将超人与末人对立起来。末人的个性被泯灭了，他们按照习惯的、传统的思想方式和道德规范来思想和行动；他们缺乏创造性和自主性，一切摹仿别人或听别人指使，亦步亦趋、人云亦云，因而庸庸碌碌、苟且偷生。总之，

---

① 尼采：《权力意志——重估一切价值的尝试》，第148页。

② 参见上书，第238页。

③ 同上书，第700-701页。译文参见洪谦主编《现代西方哲学论著选辑》，上卷，商务印书馆，1993，第19页。

④ 尼采：《权力意志——重估一切价值的尝试》，第347-348页。

⑤ 尼采：《苏鲁支语录》，第76页。

末人是缺乏旺盛的权力意志的人，是为理性主义和基督教传统所产生的奴隶道德所支配的人，现实生活中的普通人莫不如此。而超人的根本特色就是权力意志得到了充分的发扬，冲破了一切传统的思维方式和道德规范的束缚。他们是具有鲜明的个性和创造性的人，是具有超群的智力、坚强的意志、绝对的自主性、高昂的激情的人。超人好像大海，抛起猛浪，吞没浊世和一切污行；超人好似狂风暴雨，震慑一切。现实人类卑微懦弱，而超人则勇猛刚强，他们逾越一切、重估一切。超人是自然和社会的立法者，本身不受任何法律约束，超人是道德和真理的准绳，本身不受任何道德和真理的制约。尼采曾经区分了三种人生境界：第一种是“你应”，即无条件的服从，无论是斯多亚主义、基督教，还是康德哲学都在这样要求；更高一级的是英雄人物的“我要”；比“我要”更高一级的则是“我是”，这是古希腊诸神的境界。[①] 超人无疑就是达到了“我是”境界的人。但“我是”什么？是狄奥尼索斯的本能冲动？是权力意志本身？是大地的意义？都是。但超人是无法界定的，超人的价值就体现在他对一切价值的重估上，体现在他不断地自我超越上。超人不是“什么”，超人“是”。

“现在我教你们丢开我，自己去寻找自己；当你们皆否认我时，我将向你们回转。”[②] ——查拉图斯特拉如是说。

“谁若想在善与恶中成为一个创造者，他就必须先成为毁灭者，必须先打碎价值，所以至高的恶归属于至高的善，而这种善却是创造性的善。”[③] ——查拉图斯特拉如是说。尼采如是说。

1900 年，尼采离开了人世，尽管在此之前他实际上已经死了。尼采的死就像是一种标志，标志着旧世纪的过去和新世纪的来临。在某种意义上说，尼采哲学的意义主要体现在它的破坏性上，它对西方哲学的影响如此之深，至今仍然难以估量。

第三节　实证主义及其发展

实证主义虽然理论上说也是对德国唯心论的拒斥，但事实上是两种思想传统之间的分歧。如果说经验主义的和科学的传统在德国是相对沉寂的，那么在当时的法国和英国则是十分活跃的，孔德和穆勒便是其中的重要代表。实证主义的开山鼻祖法国哲学家奥古斯特·孔德以 12 年时间苦心写作出版了六卷本巨著《实证哲学教程》，虽然他深受培根和整个英国经验论的影响，也受到 18 世纪杜尔哥和孔多塞历史进步观的影响，但直接的思想来源是圣西门。至于英国哲学家穆勒则是从培根到休谟的英国经验主义地地道道的传人，他从幼年起就在其父老穆勒的审慎保护下，接受了一种严格系统的理智训练，最终融经验主义哲学、联想主义心理学、功利主义伦理学、归纳主义逻辑学、自由主义政治学和古典经济学于一身，堪称英国哲学传统的集大成者。

---

① 参见尼采：《权力意志——重估一切价值的尝试》，第 118 页。

② 尼采：《苏鲁支语录》，第 75 页。

③ 尼采：《瞧，这个人》，第 474 页，转引自《查拉图斯特拉如是说》第二部第 34 节“自我克服”。

通常我们称孔德和穆勒为第一代实证主义者，称马赫等人为第二代实证主义者。在某种意义上说，马赫主义像一座桥梁，它在科学上促进了从古典物理学向现代物理学的突破，为20世纪科学革命的范式（paradigm）奠立了基础，在哲学上则沟通了以孔德和穆勒为代表的老实证主义与以维也纳学派为代表的新实证主义。

19世纪末的古典物理学在许多物理学家看来已臻完善，似乎牛顿力学、电动力学、热力学和统计力学就足以解释一切自然世界的奥妙，物理学大厦的主要构架已经搭起，剩下的只是提高精度和推广应用的问题了。然而实验的发展却使这一过早的乐观陷入了危机。[①] 马赫以其精深敏锐的科学洞见，“坚不可摧的怀疑态度和独立性”[②]，打破了古典物理学的“力学神话”：用力学来解释一切自然现象是一种偏见，甚至任何特殊类型的自然现象的规律都没有资格作为解释其他现象的基础，而应该寻求对各种现象的统一解释。马赫进而提出了他的要素一元论的哲学思想，对现代物理学，尤其对爱因斯坦的狭义相对论产生了相当大的影响。彭加勒继承了马赫的科学哲学传统，他作为“20世纪初的科学全才”“敏锐而深刻的思想家”，在世纪之初就洞察到物理学的危机，危机在他看来恰恰是物理学革命的前兆，而要摆脱危机就必须在新的实验事实的基础上改造和重建物理学。由此他提出了约定主义，一方面把实验作为真理的唯一源泉，另一方面又注重自由创造、大胆假设。他的约定主义和马赫的经验主义无疑为新实证主义即逻辑经验主义开辟了道路。

不过，问题并不仅仅出在古典物理学的危机上。马赫和彭加勒的科学背景使我们强调了科学范式的危机，但他们之所以与阿芬那留斯的经验批判主义不期而遇，关键在于“拒斥形而上学”这一实证主义的基本特征。无论是奥斯特瓦尔德的唯能论、维歇特等人的电磁自然观等自然哲学，还是福格特、毕希纳、海克尔等人粗疏的唯物主义，抑或是奥伊肯等人的生命哲学，都是应予以拒斥的形而上学。因此，从科学和哲学这两个方面看，从休谟和康德转向批判的经验主义或实证主义，是不可避免的。

一、孔德

法国哲学家奥古斯特·孔德（Auguste Comte，1798—1857）被誉为实证主义的创始人和社会学之父，他所创立的实证主义学说是西方哲学由近代转入现代的重要标志之一。孔德的主要著作包括：《实证哲学教程》六卷（1830—1842），这部哲学史上罕见的长篇巨著，揭开了长达一个半世纪的实证主义运动的序幕；《实证政治体系或论建立人道宗教的社会学论文》四卷（1851—1854），这是他一生中最重要的学术著作，一部集孔德哲学和社会学思想之大成的百科全书式的著作，前两卷论述实证主义哲学思想，第三卷论述社会静力学思想，第四卷讨论了社会动力学思想，全书贯穿了孔德倡导的实证主义宗教思想——人道主义宗教或人道教。其他著作还有《论实证精神》（1844）、《实证主义总

---

① 参见董光璧、田昆玉：《世界物理学史》，第四篇“概述”，吉林教育出版社，2009。

② 这是爱因斯坦对马赫的评价。见《爱因斯坦文集》，第1卷，许良英等译，商务印书馆，2010，第11页。当然，爱因斯坦接着说：“在我年轻的时候，马赫的认识论观点对我也有过很大的影响，但是这种观点今天在我看来是根本站不住脚的。”

论》(1851)、《实证宗教教义问答》(1852) 和《主观的综合》(1856) 等。

(一) 实证主义的基本原则

在《实证哲学教程》中，孔德明确提出了“拒斥形而上学”的口号。相对于各自的时代，历史上那些形而上学体系如同历史上的神学体系一样，都有它们存在的合理性，它们乃是该时代唯一可能的哲学。但是，历史发展到了19世纪中叶，人类的理性已经相当成熟，实证的经验科学已经相当发展，那些以空洞的和虚构的思辨来代替科学的实证研究的臆测和幻想，就成为不合理的、荒谬的和虚伪的了。“拒斥形而上学”的根据来自孔德的实证主义原则：除了观察到的以事实为依据的知识以外，没有任何真实的知识；我们只能获得关于现象的相对知识，不能获得关于现象背后的实体或第一因的绝对知识。

在否定了传统的形而上学之后，孔德指出，哲学只有作为实证哲学才有存在的权利，它的任务是通过对科学知识的综合实现统一科学的目标。“实证哲学的基本性质，就是把一切现象看成服从一些不变的自然规律；精确地发现这些规律，并把它们的数目压缩到最低限度，乃是我们一切努力的目标，因为我们认为，探索那些所谓始因或目的因，对于我们来说，乃是绝对办不到的，也是毫无意义的。”① 简言之，哲学就是实证，哲学知识就是实证知识。孔德所谓的“实证”(positive)，大体包含四层意思。一是指真实的而不是虚幻的；二是指有用的而不是无用的；三是指肯定的而不是犹疑不定的；四是指精确的而不是模糊的。在他看来，实证主义的一切本质，都可以概括在“实证”这一词中。因此，实证主义只研究真实、有用、肯定和精确的知识，即关于完全可由经验加以实证的现象的知识。只要人类精神并不钻进那些根本无法解决的形而上学问题之中，而只在完全实证的现象范围内进行研究，人们仍然可以为自己找到取之不尽，用之不竭的知识源泉。

(二) 人类智力发展的三个阶段

人类智力发展的三阶段论，是孔德社会动力学的重要内容之一。这是孔德依据实证主义的基本精神，重新考察人类思想或智力发展的基本历程时所发现的“一条伟大的根本规律”。

孔德指出，根据实证主义的基本学说，我们所有的思辨，我们的每一种主要观点，每个知识部门，无论是个人的或是群体的，都不可避免地先后经历三种不同的理论阶段：神学阶段（大约在公元1300年之前）、形而上学阶段（公元1300年至1800年）和19世纪以后进入的实证阶段，也可分别叫作虚构阶段、抽象阶段和科学阶段。这三个阶段相继使用了三种性质不同甚至相反的哲学方法：神学方法、形而上学方法和实证方法。由此便产生了相互排斥的三类哲学，或三种说明一切现象的总的思想体系。

神学阶段是人类思辨的第一次必然的飞跃，从各方面看它都是人类智力或思想发展过程中不可缺少的，尽管它纯然是临时性的和预备的阶段。在这个连最简单的科学问题还不能解决的时代，人类智慧便贪婪地、近乎偏执地去探求万物的本原，探索各种现象

① 孔德：《实证哲学教程》，载洪谦主编《现代西方哲学论著选辑》，上卷，第25页。

的终极原因，以及产生这些现象的基本方式，一句话，就是探求绝对的知识。这种情况乍看上去似乎难以解释，其实是与当时我们智力的最初的真实状况完全相符的。人类智慧的这种原始需要，只能在这种可能得到满足的范围内得以满足。神学阶段具体表现为三种形式或阶段：拜物教、多神教和一神教。它为后来更为完善的人类思辨和逻辑体系做好了准备。随着科学的进步和人类知识的积累，智慧的人类头脑不断试图揭开自然和社会的奥秘。于是，人类的思想或智力便逐渐进入形而上学阶段。

在形而上学阶段，人们仍然像神学阶段那样，主要试图解释存在物的深层本质和万事万物的起源，并解释产生所有现象的基本方式。不同之处在于，形而上学并不使用真正的超自然因素，而是越来越以“实体”或人格化的抽象物等“本体论”的解释来代替神学的解释。在这种形而上学思维方式中，既不是纯粹的想象居于操纵地位，也不是实在的观察凌驾一切，而是推理获得充分发展，并以萌芽的方式隐约地酝酿着真正的科学运作。就其性质而言，形而上学只能自发地进行精神方面的尤其是社会方面的批判行动或摧毁行动，而绝不能建立任何属于自己的东西。这种模棱两可的精神，在根本上是自相矛盾的。它还保留着神学体系的全部基本原则，但却失去了其活力和稳定性。因此，它实际上是神学阶段的某种延续。我们可以把形而上学视作一种慢性病，它是我们个人或集体从童年至成年的精神演化过程中天然固有的。

终于，这一段必然的漫长开端最后把我们的智慧引导到最终的理性实证阶段。在实证阶段，人们完全抛弃了神学的思维方法和形而上学的思维方法，人类智慧放弃了对绝对知识的追求，而把精力放在迅速发展起来的真实观察领域。孔德指出：“真正的实证精神主要在于为了预测而观察，根据自然规律不变的普遍信条，研究现状以便推断未来。”[①] 这是真正能被接受而且切合实际需要的各门学科的唯一可能的基础。根据这种实证原则，人们只是借助观察和推理方法去发现观察可以企及的实际现象之间的规律。一切可以由经验观察加以确证的现象才是实在的现象，一切可以由经验现象加以确证的知识才是真正确定和可靠的知识，才是实证的知识。在这个阶段，人类不仅将通过实验和观察所得的经验知识用于理解自然界，而且还将用于理解和建立更为完善的社会。孔德指出，19世纪的欧洲工业社会就是人类发展到实证阶段的典范，欧洲工业社会最终将成为全人类的社会，这个社会是由企业家和学者统治的。

（三）社会静力学和社会动力学

根据实证哲学的基本精神和各门科学不同性质的研究对象，孔德把科学分为六类，并按照历史的和学理的、科学的和逻辑的序列把它们排列为：数学、天文学、物理学、化学、生物学和社会学。他在《论实证精神》第三部分中明确讲道，作为第一门科学的数学是独一无二的出发点，而最后一门科学即社会学则是整个实证哲学的唯一基本目标。因此，孔德借用现代物理学的基本概念，创造性地提出了“社会物理学”概念，并分为两个方面，即“社会静力学”（Social Statics）和“社会动力学”（Social Dynamics），以观察方法、实验方法、对比方法和历史方法等实证方法研究人类社会，试图从社会联系

---

① 孔德：《论实证精神》，黄建华译，商务印书馆，2011，第12页。

中把握社会的总体以及社会发展的基本规律。

所谓社会静力学，就是静态地分析研究人类社会的组织、结构及其关系的学说。它大体上相当于生物学中的解剖学。它的目标主要是研究“人类社会的自发秩序”。[①] 其基本观点和主要内容是，从社会有机体理论出发，认为对社会的解剖首先应当从社会的基本元素——家庭着手。因为家庭是缩小了的社会，社会是放大了的家庭。社会的秩序和美好前景来自家庭的和谐。家庭关系包括两性、亲子、兄弟或姊妹关系等，它实际上体现了人性中利己与利他两重性的统一和和谐，这种和谐关系若能延伸到社会，就可以实现社会的和谐与秩序。

随后，孔德又进一步分析了阶级或种族。他从社会和谐的原理出发，认为社会越进步越发展，阶级、组织和机构就越复杂，也就越需要更好地协调各组织之间的关系。为此，社会各阶级应当安于自己的职业，相互合作。社会之所以会产生工人起义、市民暴动等社会骚乱现象，乃在于各种社会组织之间不能彼此协调。因此，政府和国家应当注意致力于社会秩序的和谐与秩序，超越于各阶级或种族，主持公道。国家和政府用于调节社会组织之间关系的手段有两个，一是精神手段，一是物质手段。前者是用宣传和教化的方法统治社会和协调社会矛盾；后者是用军队和宪兵等暴力手段统治社会，解决社会矛盾。当然，仅仅这两个方面还是不够的，还需要运用宗教的力量。因此他创立了所谓人道教，即关于“人类之爱”的宗教。这种宗教不崇拜全知全能的神或上帝，而以人为对象，它的崇拜对象是人，但不是某个具体的个人，而是古往今来所有的人，即人类。崇拜人、信仰人和对人以爱，是全部人道教的教义。按照这种人道教的主张，社会要进行全面的改组。社会学将成为这个被改组后的社会中的各门科学的女王，如同神学在中世纪的地位一样。社会学将能全面地解释人类知识的发展，解释社会秩序和社会发展的规律，因此，可以把所有其他学科归入这一类。社会学还将建立一个包罗万象的道德体系，这个体系将把所有人团结起来，崇尚人性，为不断发展所必需的社会秩序提供保证。

所谓社会动力学，研究人类生活的自然过程，即动态地研究人类社会的组织及其关系发生、发展的规律的学说。它大体上相当于生物学中的进化论。孔德继承了启蒙运动所发扬的理性推动历史进步的观念，以动力学的观点观察和研究社会。他认为，人类社会的组织和结构不是静止不变的，而是一个有规律的演进过程。如同人类思想的发展一样，人类社会的发展也经历了三个阶段，即神学阶段、形而上学阶段和实证阶段。

在人类社会发展的神学阶段，家庭是社会的主要单位。人们崇拜神灵，尊奉政治的绝对权威，其政治体系通常是君主专政，维持社会秩序的主要是军事类型的社会组织。因此，这一阶段是权威的时代。在人类社会发展的形而上学阶段，人们用自己的理性去怀疑一切，批判一切，政治上追求“天赋人权”“平等”等抽象原则，国家政体转向了共和制。在社会中占统治地位的是“法学家”，因而这个时代也可以称为法制时代。民族国家是这一阶段社会组织的主要形式。形而上学社会发展阶段的主要特点是工业的发展与巩固，它渗入西欧各国政治之中，为西方社会向实证阶段过渡奠定了基本的条件。在社

---

① Auguste Comte, *The Positive Philosophy of Auguste Comte*, Volume 2, translated by Harriet Martineau, in The Cambridge Library Collection (Cambridge: Cambridge University Press, 2009), p. 127.

会发展的实证阶段，工业在社会中的统治取代了军事统治，社会把注意力从剥削其他社会转向了开发大自然，开始实行实证政治统治。在这一阶段，前两个阶段业已存在的家庭和民族国家将扩大到全人类，人类社会的秩序将达到完成阶段。

孔德的实证主义思想直接影响了穆勒和斯宾塞，对马赫主义以及逻辑实证主义亦有深远的影响。

二、穆勒

穆勒（John Stuart Mill，1806—1873，亦译作“密尔”）是19世纪英国著名哲学家、思想家。他博学多才，在许多领域都取得了令人瞩目的成就，我们一般可以称之为哲学家、社会科学家和人文主义者。穆勒在前两个领域取得了多方面的杰出成就，而人文主义则是他内心世界中更为深沉而基本的情怀。前者在某种程度上要归功于老穆勒把他训练成一架第一流的思想机器，而他经久不衰的魅力则在更大程度上源于他深厚的人文素养。因而，穆勒只是在次要的方面才属于实证主义。

穆勒的主要著作包括《逻辑体系》（1843）、《政治经济学原理》（1848）、《论自由》（1859）、《代议制政府》（1861）、《功利主义》（亦译《功用主义》，1861）、《威廉·哈弥尔顿爵士的哲学研究》（1865）、《奥古斯特·孔德和实证主义》（1865）、《宗教三论》（1874）等。[①]

穆勒的认识论思想继承了自贝克莱和休谟以来的经验主义，他断言我们只能认识现象，认识现象就是认识我们自己的感觉经验。因此，除了感觉的真实性之外，在我们的经验中找不到也不可能找到其他任何真实性。

我们关于外部世界的知识是穆勒着重考察的问题。和休谟一样，与其说穆勒在证明，不如说是在解释：为什么我们被给予的只是经验而我们却相信一个由恒久对象组成的外部世界。穆勒从心理主义（psychologism）出发，认为我们是根据联想主义（associationism）的原则从个体经验中构造出世界的。他的立场是极端的现象论（phenomenalism）。他认为，事物纯粹是感觉的恒久可能性。当我们去感知物理对象时，所获得的仅仅是一束感觉，但我们又通过记忆、期待和联想认识到，在同样的情境下，能够依照感觉上曾经出现的序列使之重现，而且这是一种恒久的可能性。而这种恒久的可能性既非先天，亦非先验，而是产生于经验的后天的信念，是观念联想的产物。由此出发，穆勒同意孔德的观点。他将孔德的实证主义精神概括如下：“按照孔德的观点，真正的哲学的根本理论——也是他用来界定其实证哲学特征的理论——是这样的：我们不知道现象以外的任何东西，我们关于现象的知识也是相对的，不是绝对的；我们不知道事实的本质，不知道事实产生的真实模式，只知道事实通过相继或相似而与其他事实发生的关系，这些关系是恒常的，在相同环境下是相同的。恒常的相似性把现象联系在一起，恒常的结

---

① 穆勒著作标准版是：John Stuart Mill，*The Collected Works of John Stuart Mill*，33 Vols.（Toronto：University of Toronto Press，1963—1991）。中文版可参见商务印书馆“汉译世界学术名著”丛书中收录的著作，包括《论自由》《功利主义》《政治经济学原理》等。

果将它们作为前因后果联结起来，就叫做它们的法则或规律。现象的法则，就是我们关于现象所知道的全部。而它们的本质属性、终极原因，无论是致动因还是目的因，对我们来说既不可知，亦不可思议。”[①] 穆勒与孔德十分相似，都认为规律只是感觉或现象之间的先后相继和相似关系，我们借助联想使之联系起来而已。在社会现象中甚至连这种先后或相似的重复关系都没有，因此他否认存在所谓社会规律。

如果事物是感觉的恒久可能性，那么感觉又是如何可能的呢？穆勒在此问题上的立场与康德有相似之处。他区分了现象界和本体界，认为后者是感觉经验的原因，不仅不依靠我的意志而存在，而且独立存在于我的身体器官以及我的心灵之外。但是，既然我们关于外部世界的知识是来自经验和感觉的，自然就无法获得关于本体界的知识。同样，所谓“自我”或心灵也是如此，因为我们对于一个心灵的概念，也只知道它是这些感觉的一个不可知的接受者，或者说是知觉者，它虽然也可以知觉到这些感觉，也可以察觉到我们其他一切感知，但是正像我们把物质或外部世界理解为心灵知觉的某种神秘的东西一样，我们也把心灵理解为能够发生感知和进行思维的某种不可思议的东西。

既然知识源于经验，那么任何新知识都必然来自经验的归纳而不是演绎。由此穆勒提出了归纳主义的逻辑学。他认为演绎不是科学发现的逻辑，因为就内容来说演绎推理是同义反复，其结论就包括在前提之中；就形式而言则是“窃取论据”[②] 的，即其结论要依靠正确的前提以保证其有效，而要论证其前提的正确，又必须以另一个前提的正确性为保证，这就会导致“无穷后退”的困境，除非“窃取”一个未经论证的论据。但归纳也有一个致命的弱点，即它是从个别到一般、从过去到将来、从有限到无限的推理，无法保证知识的普遍必然性，所谓“休谟问题”即源于此。穆勒为解决归纳逻辑的可靠性问题，提出了著名的“归纳五法”，包括：（1）合同法（The method of agreement），（2）差异法（The method of difference），（3）同异并用法（Joint method of agreement and difference），（4）共变法（The method of concomitant variation），（5）剩余法（The method of besides）。以剩余法为例，如果根据已经知道的全部条件，都不足以说明现象X变化的原因，则必有其他某个或某些条件是现象X变化的原因。如科学史上海王星的发现。科学家们发现天王星轨道有不符合引力理论的偏差，法国人勒威耶（U. le Verrier）与英国人亚当斯（J. Adams）就推测天空中必有某颗尚未发现的行星，其引力导致天王星摄动的发生，后来果然发现了海王星。

穆勒的归纳五法是对培根以来科学家们运用归纳方法所获成果的总结，它发展了科学发现的归纳逻辑，不过归纳逻辑本身的可靠性问题至今仍悬而未决。

虽然对伦理学的兴趣在穆勒心中占有突出的位置，但他的有关思想主要表达在《论自由》和《功利主义》这两本薄薄的小册子中。穆勒追溯边沁的功用主义，以功用（utility，也译功利）作为道德的基础，以幸福作为伦理学的鹄的，但“这里所谓的功用必须是最广义的，必须是把人当作前进的存在而以其永久利益为根据的”[③]，而“所谓幸福，是指

---

① John Stuart Mill, *Auguste Comte and Positivism*, in *The Collected Works of John Stuart Mill*, Vol. 10. *Essays on Ethics, Religion, and Society* (Toronto: University of Toronto Press, 1969), p. 265.

② “窃取论据”，又称“预期理由”或“丐辞”（petitio principii）。

③ 穆勒：《论自由》，程崇华译，商务印书馆，1959，第11页。

快乐和免除痛苦；所谓不幸，是指痛苦和丧失快乐”，所以“人们原本并不欲求美德，也没有欲求它的动机，但它有利于产生快乐，特别是有利于抵御痛苦。由于美德与快乐和痛苦具有这种关联，人们会感到它本身就是一种善，并且会像欲求其他任何善那样强烈地欲求它”①。穆勒倡导“最大多数人的最大幸福”的伦理学原则，赋予了边沁的思想以人文主义和个人主义的倾向，从而使个体道德的自我完善成为穆勒伦理学中的终极价值。他认为功用主义的本性既不是利己的，也不是注重感官享受的，因为它既把一切人的快乐看作同等重要的，也承认理智、艺术和社会的快乐与感官快乐相比具有更高的价值，因此快乐不仅具有量的差别，更具有质的差别。穆勒的功利主义与葛德文（William Godwin）、边沁（Jeremy Bentham）、西季威克（Henry Sidgwick）等人一起成为古典功利主义的代表人物。

穆勒在《论自由》中着重探讨了公民自由或社会自由，即探讨社会所能合法施用于个人的权力的性质和限度，严复曾译之为《群己权界论》，庶几达意。穆勒在扉页处引用了威廉·冯·洪堡《论国家的作用》中的一句话：“本书阐发的每一个论证，都直接而集中地指向一项崇高的主导原则：让人类在最丰富的多样性中发展，具有绝对、本质的重要意义。”② 穆勒认为，“唯一实称其名的自由，乃是按照文明自己的道路去追求文明自己的好处的自由，只要我们不试图剥夺他人的这种自由，不试图阻碍它们取得这种自由的努力”③。这也可以视为古典自由主义的共同取向。人类自由的适当领域，既包括良心、思想、信仰、言论表达的自由，也包括趣味和旨趣的自由，即有自由制定自己的生活计划以顺应自己的性格，有自由照自己所喜欢的去做，当然也不规避随之而来的后果；此外还有个人之间相互联合的自由。

从他的自由观念出发，穆勒坚决反对“多数人的暴虐”（the tyranny of the majority），即社会作为集体而凌驾于构成它的个别个人，把它自己的观念和行事当作行为准则来强加于所见不同的人，以束缚任何与它的方式不相协调的个性的发展，甚至阻止这种个性的形成，从而迫使一切人都按照它自己的模型来剪裁他们自己。干涉个体自由的唯一理由只能是为了自我防卫，或防止对他人造成危害。除此之外，“人们不能强迫一个人去做一件事或者不去做一件事，说因为这对他比较好，因为这会使他比较愉快，因为这在别人的意见认为是聪明的或者甚至是正当的；这样不能算是正当”④。人们可以规劝、争辩、恳求，但就是不能因此而强迫。“在仅只涉及本人的那部分，他的独立性在权利上乃是绝对的。对于本人自己，对于他自己的身和心，个人乃是最高主权者。”⑤

套用现代著名思想家以赛亚·柏林（Isaiah Berlin）所区分的两种自由概念⑥，穆勒倾向于“消极的”（negative）自由概念，即“免于……的自由”（liberty from），而不是

① 穆勒：《功利主义》，徐大建译，商务印书馆，2019，第8、46页。

② 洪堡的原文见：Wilhelm von Humboldt，*The Limits of State Action*，edited by J. W. Burrow（Cambridge：Cambridge University Press，1969），p. 51。

③ 穆勒：《论自由》，第13页。

④ 同上书，第10页。

⑤ 同上。

⑥ Isaiah Berlin，“Two Concepts of Liberty”，*Four Essays on Liberty*（Oxford：Oxford University Press，1969）.

“积极的”（positive）自由概念，即去过一种已经规定的生活形式的自由。这就是说，自由的维护，存在于排除干涉的“消极”目的中。穆勒的自由理念极大地影响了自由主义思潮，具有深远的思想意义。

三、斯宾塞

赫伯特·斯宾塞（Herbert Spencer，1820—1903），英国社会学家、哲学家，进化论的早期倡导者，英国实证主义的代表人物之一。他有影响的主要成就是对知识的综合，并且提倡个人优先于社会，科学优先于宗教的观点。斯宾塞的代表作是《综合哲学》，这部完成于1896年的多卷本综合性著作论述了生物学、心理学、伦理学和社会学的原理。其他著作有《社会静态学》（1850）、《进化的假说》（1852）和《社会学研究》（1873）等。

斯宾塞是维多利亚时代最好辩也最有争议的英国思想家之一。强烈的科学取向，使他极力强调以科学方法考察社会现象的重要性。他坚信自己思想的所有方面构成了一个极为融贯而有序的体系。他认为，科学与哲学支持并促进了个人主义和社会进步。不过，虽然把他视为维多利亚时代乐观主义的代表人物是很自然的，但他也绝不是没有遭遇不时笼罩在维多利亚式的自信之上的悲观主义阴霾。例如，他认为进化之后必然是解体，即退化，而个人主义只有在社会主义和战争消亡之后才能盛行。

斯宾塞把哲学视为关于具体科学的基本原理的总结，是取代中世纪“神学大全”的“科学大全”。他从发展的角度思考科学的统一，其哲学的整个框架实际上是由生物物种进化观暗中支撑的。在《综合哲学》的第一部《第一原理》中，他认为科学和秩序均以现象为研究对象，即都是研究有限的、有条件的、相对的和可分类的东西。但现象又是无限的、无条件的绝对存在的意识表现，而这种绝对的存在则是独特的、不可分的东西，超出了现象的范围。斯宾塞有时从牛顿的经典物理学出发而称之为“力”。这种绝对的“力”是恒久存在的，是一切现象的终极原因，是最高的实在。人们所能感觉到的力只是这种绝对的“力”的符号，它本身是什么则是不可知的。事实上，“不可知论”（agnosticism）这个词就是他发明的。

在斯宾塞看来，事物的基本规律是“力的恒久性规律”（the law of persistence of force）。任何事物在这种力的规律的作用下，都不可能保持其自身的同质（homogeneous），因为外在的力对事物某一部分的影响必然不同于其他部分，任何继续作用于同质事物的力都必将引发其不断地变化。在他看来，这一“作用效果的增值规律”乃是理解整个宇宙和物种演化的线索，他也将这一规律归于一种未知亦不可知的绝对的力。值得注意的是，斯宾塞关于物种进化的观点发表在达尔文和华莱士之前，不过他那时认为进化是由获得性特征的遗传引起的，而达尔文等人则把进化归之于自然选择。斯宾塞后来接受了自然选择理论，把它作为生物进化的原因之一，并熔铸出了“适者生存”（survival of the fittest）这一名言。

在社会学或社会哲学方面，斯宾塞在《社会静态学》中首次反思了人类社会，提出了普遍的进化框架。他认为社会进化是不断个性化（individuation）的过程。在从无差别游牧部落向复杂的文明社会的发展过程中，劳动的不断分化促进了人类社会的进化。从社会学的角度来看，基本的社会分类是军事社会和工业社会，在前者中人类的合作是通过暴力，而在后者当中，合作是自愿、自发的。

进化并不是斯宾塞唯一应用到社会学理论中的生物学概念。他详细地比较了动物有机体和人类社会，发现两者之中都有调节、维持和循环分配三个系统，在动物中分别是中枢神经、营养和静脉动脉，在社会中分别是政府、工业和道路、电报、商业等手段。据此他又把社会成员分为三等：一是从事生产职能的工人和农民，二是从事“分配与循环”职能的商人、企业家和银行家，三是从事“调节”职能的政府管理人员、官吏。他断言这三种人同时并存是由社会有机体的本性决定的，他们互相合作，各司其职，以维护社会的平衡和秩序。同时，在动物和社会有机体之间也存在着重大的差异：在前者中，只有一个与整体相关的意识，各个器官是为着整体的生存而生存的；而在后者中，每一个成员都具有意识，整体是为了它的各个部分的存在而存在。社会是为了其成员的利益而存在，而不是其成员为了社会的利益而存在。

对于试图理解斯宾塞全部著作的人来说，这种个人主义乃是打开其思想宝库大门的钥匙。军事社会与工业社会的对立实际上就是专制主义与个人主义之间的对立，前者是原始的、坏的，后者是文明的、好的。斯宾塞相信在工业社会中能够产生秩序，这种秩序虽然不是某人有意设计出来的，但能够微妙地调节各个团体的需要。他在《人对国家》（1884）一书中写道，英国的保守党一般来说喜欢一种军事的社会秩序，而自由党则热衷于工业的社会秩序。然而事实上，19 世纪下半叶的自由党人，随着政府通过了关于工作日、酒类许可证、卫生设施和教育等方面的立法之后，他们发展出一种“新的保守主义”，并在为即将到来的奴役之路做准备。对斯宾塞来说，过去的自由主义的功能在于限制王权，未来真正的自由主义的功能应当限制议会的权力。

当斯宾塞强调变化和分化的时候，他无意中用 19 世纪的语言重复了斯宾诺莎和莱布尼茨在 17 世纪勾画出的自由主义的形而上学。斯宾诺莎认为“神或自然”具有无限的属性，任何一种可能性都是在其中实现的，莱布尼茨则认为神的完满性体现在宇宙的无限多样性之中。不过，他们两人都不认为时间是实在的根本特征，而斯宾塞则把对时间的实在性的信念和对任何可能的多样性存在的最终现实化的信念结合在一起。他就这样给多样性的自由主义原则以形而上学的支撑，并据此认为一个分化和发展的社会比一个单一而静止的社会更可取。

斯宾塞试图综合各种科学的雄心壮志是无法重复的，因为他所欢迎并预见到的学科分化，已经发展到他无法设想的地步了。他的社会学虽然促进了对社会的研究，但事实上已经被从他的时代发展起来的社会人类学取代了。当 T. H. 赫胥黎（Thomas Henry Huxley，1825—1895）说斯宾塞关于悲剧的观点是“一个被事实枪毙了的推论”时，他是想提醒人们，斯宾塞作品中的构造体系这一基本特征，引导他去寻找那些可以确证其理论的东西，而忽略了或重新解释了那些与其理论相冲突的东西。尼采曾引用了斯宾塞的两句话：“逻辑必然性就是道德必然性。”“一条定律的真理性的最后试金石乃是：对此定律的否定是否不可思议。”并斥之为“悬挂在现代疯人院门上的匾额”[①]。尼采的话虽然

① 尼采：《权力意志——重估一切价值的尝试》，第 544 页。译文有改动。

过于尖刻，但不失深刻。

四、马赫主义

马赫主义是19世纪下半叶至20世纪初流行于德国、奥地利等欧洲一些国家的哲学流派，因其创始人马赫而得名，主要代表人物有马赫、阿芬那留斯和彭加勒等。为了区别于孔德、穆勒和斯宾塞等实证主义者，人们通常称他们为第一代实证主义，而称马赫主义为第二代实证主义。与第一代实证主义者有些不同，马赫主义的代表人物都是著名的科学家。

（一）马赫

恩斯特·马赫（Ernst Mach，1838—1916），奥地利物理学家、心理学家和哲学家，马赫主义的创始人，出身于摩拉维亚的图拉斯（Turas，现属捷克）的一个教师家庭。摩拉维亚后属奥地利的一部分，也是夸美纽斯、孟德尔、弗洛伊德的故乡。1867年起，马赫任布拉格大学物理学教授，并曾两度出任该校校长。1895年起主持维也纳大学为他设立的归纳科学的历史和理论讲座，马赫由此被认为是现代西方最早的科学哲学家之一。他的主要哲学和科学史著作有：《力学及其发展的批判历史概论》（1883）、《感觉的分析》（1885）、《认识与谬误》（1905）等。

马赫对科学史的贡献，不仅在于他在物理学的各个学科上所取得的卓越成就（以至有不少术语以他的名字命名，如马赫数、马赫带等），也不仅仅在于他把物理学应用于生理学、心理学、生物学研究，并取得了富有创造性的成果，还在于他批判地考察了科学史（主要是物理学史），否认了牛顿的绝对时空观，认为时空总是随着经验条件的变化而变化，惯性来源于物体与宇宙其余部分的相互作用等，这些思想为爱因斯坦相对论铺平了道路，为即将到来的20世纪科学革命奠定了基本范式。

马赫在思想史上的贡献在于他把科学哲学和科学史整合起来，贯彻为他所奉行的彻底的经验论原则、坚决的反形而上学倾向和建立统一科学的构想，这些贡献直接启发了以维也纳学派为核心的逻辑实证主义。1929年发表的"维也纳学派宣言"指出："马赫特别致力于澄清经验科学（首先是物理学）中的形而上学思想。我们记得他对绝对空间的批判（这一批判使他成了爱因斯坦的先驱），他反对关于物自体和实体概念的形而上学和根据所谓终极要素（即感觉材料）构造科学概念的研究。"[①]

马赫在《感觉的分析》第三版序言中说："我的认识论的物理学研究和我选择对于感官生理学的研究，都是以同一个观点为依据，这就是：一切形而上学的东西必须排除掉，它们是多余的，并且会破坏科学的经济性。"[②] 在该书的第四版序言中他进一步指出："科学的任务不是别的，仅是对事实作概要的陈述。现在逐渐提倡的这个崭新见解，必然会

---

① 纽拉特等：《科学的世界概念：维也纳学派》，载陈启伟主编《现代西方哲学论著选读》，北京大学出版社，1992，第436页。

② 马赫：《感觉的分析》，洪谦译，商务印书馆，1986，第Ⅲ页。

指导我们彻底排除掉一切无聊的、无法用经验检验的假定，主要是在康德意义下的形而上学的假定。”[①] 由此出发，如果我们将“感觉”看作一切可能的物理经验和良心经验的共同“要素”，并把这种看法作为我们最基本的和最明白的步骤，而这两种经验不过是这些要素的不同形式的结合，是这些要素直接的相互依存关系，那么一系列妨碍科学研究前进的假问题便会立即销声匿迹了。这就是马赫提出的“要素一元论”。

所谓“要素”（elements）不能完全认为就是感觉（sensations），更确切地说，只有当要素处于联系或关系之中时才是感觉。因为感觉已经被片面化、主观化了，而要素更能表现出它是非心非物、超乎心物对立的中性的东西，是一种假定或函数关系。马赫认为，“不是自我，而是要素（感觉）是第一性的。……要素构成自我。自我感觉到绿色，就说绿色这个要素出现于其他要素（感觉、记忆）构成的某个复合体中”[②]，而“所谓的物质是各个要素（感觉）之间的某种合乎规律性的联系”[③]。“关于物质、关于世界，我们只知道它是一种人或种种不同人的感性要素的函数联系。凡是不能在一定条件下对这个人或那个人的感性要素、意识内容发生影响的东西，都是不实在的。”[④]

马赫把要素分为三类，即物理要素、生理要素和心理要素，分别用 ABC……与 KLM……和 αβγ……表示。整个世界即存在于这三类要素的相互联系之中，其中生理要素是其他两种要素的中介。但这种划分实则是实用的和约定的。同一种要素，在一种联系上是物理的东西，在另一种联系上又会是心理的东西。例如当要素 A（如树叶的绿色）与一定的空间感觉、触觉和光线等要素相结合，发生依存关系的时候，A 就是物理要素；当 A 与构成人眼的视网膜的要素发生依存关系的时候，它就成了心理要素。但无论在哪种依存关系中，A 的本性并无变化。“因此，我所见到的并不是心理的东西和物理的东西的对立，而是这些要素的简单的同一性。”[⑤] 这样一来，自我与世界、感觉（现象）与物体的对立就消失了，而只需考虑 αβγ……ABC……KLM……这些要素的联系，因此那种对立只不过是对于这种联系的不完全的表示而已。“照这样看，我们就见不到物体和感觉之间、内部和外部之间、物质世界和精神世界之间有以前所指的那种鸿沟了。”[⑥] 于是，在此基础上就形成了一种统一的、一元论的宇宙结构，同时摆脱了引起思想紊乱的心物二元论。

马赫所谓的依存关系应该被理解为我们看待要素的方式。但马赫首先假定了中立的要素，然后又假定了它们可以被解释为物理的或心理的对象。这就必然引出一个问题：所谓的中立要素作为上述解释的根据，其本身的属性是怎样的？对这一问题的大多数解答都是把要素视为感觉材料，从而把马赫归于唯心论乃至唯我论，虽然马赫自己认为唯心论和唯我论是“最令人难以置信的系统”[⑦]。但如果我们理解了马赫的科学论，问题也

---

① 马赫：《感觉的分析》，第Ⅳ-Ⅴ页。
② 同上书，第 18 页。
③ 同上书，第 255 页。
④ 同上书，第 287 页。
⑤ 同上书，第 35 页。
⑥ 同上书，第 13 页。
⑦ 鲁道夫·哈勒：《新实证主义》，韩林合译，商务印书馆，1998，第 52 页。

许就容易解释了。马赫认为，科学是对感性事实的经济描述；理论应该尽可能少地超越于经验，除非在绝对不可避免的时候；理论的科学性是与它和经验的直接关联的多少成正比的；理论应该尽可能迅速地被证实、确认或被检验；作为间接描述的理论并不具有完备观察指称的术语，它应该被还原为直接描述（事实的语言报告）。这就是马赫的思维经济原则。

思维经济原则是马赫主义认识论的基本思想之一。在阿芬那留斯那里，它被称为"费力最小的原则"。阿芬那留斯认为哲学就是按照费力最小的原则对世界的思维。按照这一原则，他把客观物质世界、客观必然性、因果性等都从经验中"清洗"掉了，剩下的只是没有被这些东西玷污的所谓纯粹经验。马赫与之殊途同归，并在阿芬那留斯之前，就已在《功的守恒定律的历史和根源》（1872）中明确提出了思维经济原则，后来又继续贯彻下去。

马赫说："我的思维经济概念是从我作为教师的经验，从实际的教育工作发展起来的。"① 所谓思维经济原则，简单说来就是用尽可能少的思维取得尽可能多的效果。"由于人的生命短促，人的记忆能力有限，任何一项名副其实的知识，如果没有最大限度的思维经济，都是不能得到的。因此，可以把科学看成一个最小值问题，这就是：花费尽可能少的思维，对事实做出尽可能最完善的陈述。"② 马赫认为，科学和人类认识的作用在于摹写和预测经验事实，以代管经验、节省经验。一种科学理论越是能代替更多的经验事实，越是简便和经济，就越有利于人适应环境，就越是符合生物学的经济原则，即思维经济原则。换言之，思维在摹写、预测经验事实上的简便性、经济性，是评价科学和认识活动的主要标准，也是思维经济原则的主要内容。显然，要素一元论就是这种原则的"本体论承诺"。

这样，科学的任务就需要按照思维经济原则对感觉经验范围的事实及它们之间的相互联系加以描述，也就是把必然性、因果性等联系当作要素的依存关系来描述。也许是出于数学的普遍性和经济性的考虑，马赫把这种依存关系称为函数关系，并试图以之澄清人们对他的误解。就原因概念来说，马赫认为陈旧的传统因果性概念有点僵死的性质：一定量的原因产生一定量的结果。而函数概念比原因概念优越，它的优越性在于它能按照研究事实的需要而任意加以伸缩，并追求精确性，而不带有原因概念的不完整性、不确定性和片面性，无论是在物理学还是在生物学范围内都能发挥其积极作用，也能合乎它们的一切要求。它还可以科学地解释世界的固定不变性。所谓世界的固定不变性，并不是如哲学家或科学家所假设的那些原子，而是我们用以描述要素之间的依存关系的那些数学函数或公式。也就是说，世界的固定不变性不是"形而上学的物质实体"，而是描述自然事件的依存关系或函数的不变性，或者说是"自然规律"。自然规律的不变性是属于经验范围内的，可以用经验证实的。实体的不变性则是"形而上学"的，无法用经验来证实。

马赫的思想影响是十分深远的。爱因斯坦在1916年悼念马赫逝世的文章中说："我

① 马赫：《力学及其发展的批判历史概论》，李醒民译，商务印书馆，2014，第560页。

② 同上书，第556页。译文有改动。

甚至相信，那些自命为马赫的反对派的人，可以说几乎不知道他们曾经如同吸他们的母亲的奶那样吮吸了多少马赫的思考方法。”① 1928 年 11 月，维也纳学派部分成员建立了以马赫名字命名的“马赫学会”，它意味深长地表明了该学会的基本方向。马赫学会的纲领是：促进和传播科学的世界概念，为现代经验论铸造一种塑造公共生活和私人生活所必需的思想工具。不过，逻辑实证主义者虽然在整体上超出了马赫的思想，但却缺乏马赫融哲学与科学于一体的广博和深邃。他们是思考科学的哲学家，而马赫则是作为哲人的科学家。马赫不仅影响了自然科学和科学哲学领域，在医学领域，他影响了维也纳医学学派和心理分析（弗洛伊德）；在文学领域，他影响了“青年维也纳”文学团体和穆齐尔；在政治领域，他影响了阿德勒、奥地利马克思主义者和维也纳成人教育；在艺术领域，他影响了未来主义和极简抽象派艺术（minimal art）；在社会科学领域，他既影响了熊彼特、哈耶克等自由主义一派，也影响了经验性的社会研究；他对于美国实用主义者（如威廉·詹姆斯）和法国约定主义者（杜恒、彭加勒）也有极大影响。② 因此，费耶阿本德喊出“回到马赫去”的口号，恐怕是不无道理的。

（二）阿芬那留斯

理查·阿芬那留斯（Richard Avenarius，1843—1896），德国哲学家，出身于法国巴黎一个书店老板家庭，自 1877 年起一直在苏黎世大学担任哲学教授。除了教学和著述，他一生很少从事其他活动。他的主要哲学著作有：《哲学——按照费力最小的原则对世界的思维》（1876）、《纯粹经验批判》（1888—1900）、《人的世界概念》（1891）、《关于心理学对象的概念的考察》（1894—1895）。阿芬那留斯在 1877 年创办了刊行 40 年之久的《科学哲学季刊》，对于促进经验批判主义的流传起了很大作用。把他和马赫联系在一起的，是一系列新的观点，如批判的实证主义、实在论的经验主义、现象主义（phenomenalism）、中立一元论（neutral monism）、内在性哲学（philosophy of immanence），以及最重要的经验批判主义（empiriocriticism），强调思维系统的整体性。阿芬那留斯称他的哲学是一种尊重经验的哲学，不过他既不把经验看作客观对象的主观映像，也反对把经验看作纯粹的主观内省，而是要对以往哲学的经验概念进行批判，由此他的哲学被称为经验批判主义。

阿芬那留斯的经验批判首先是要清洗掉夹杂在经验概念中的一切与经验无关的内容，使经验成为“纯粹经验”或“完全的经验”。被清除的非经验内容包括两类：一类是伦理和美学的评价，另一类是对自然的拟人化解释，因为两者都被误认为对象本身的属性。他在《纯粹经验批判》中认为，纯粹经验的综合概念是一种陈述的综合概念，在这种陈

---

① 《爱因斯坦文集》，第 1 卷，第 129 页。

② 1966 年，美国科学促进会组织了马赫逝世五十周年纪念会，出版了《马赫：物理学家和哲学家》论文集。2016 年，维也纳学圈研究所（Vienna Circle Institute）组织了马赫逝世百年纪念会，出版了《马赫：生平、著作与影响》论文集。两部文集完整全面地总结了马赫的成就与影响。*Ernst Mach，Physicist and Philosopher*，edited by R. Cohen and R. Seeger，Boston Studies in the Philosophy of Science 6（Dordrecht：D. Reidel Publishing Company，1970）. 该书中文版由商务印书馆 2015 年出版。*Ernst Mach，Life，Work，Influence*，edited by Friedrich Stadler. Vienna Circle Institute Yearbook 22（Zug：Springer Nature Switzerland AG，2019）.

述的所有构成部分中，只有环境构成部分才能是这种陈述的前提。阿芬那留斯继而要求从经验中“清洗”掉物质、因果性、必然性等超乎经验的、形而上学的东西，因为它们只能是一种空洞的或先天的抽象，不应包括在经验概念之内。具体说来，在清洗过的“完全的经验”内部没有“物理”的东西，即没有形而上学的绝对概念的“物质”，因为这个概念下的“物质”不过是一种抽象；实体只是主体用以联结各种变化的“理想的点”，而不是什么独立存在的东西；必然性、因果性也是这样，我们既然感觉不到某种引起运动的力量，也就感觉不到任何运动的必然性，我们所感觉到的一切，就是现象间的接续，既然因果性的概念要求力量和必然性作为决定结果的不可分割的组成部分，所以因果性的观念也就和它们的命运一样了。

阿芬那留斯称其经验批判主义的世界观为“自然的世界概念”：我在一定的环境中与自己的思想和感觉同在，这一环境是由具有各种各样相互依存关系的各种各样的组成部分构成的。在这个环境中也包括与我接近的人以及他们的多种多样的言语：他们所说的话在大多数情况下都同这个环境发生一定的依存关系。此外，他们也像我一样说话和行动。这些接近我的人也像我一样是实体，而我自己也像他们一样是实体。我在最初的哲学思维中所发现的世界就是这样的，它是某种存在着的、牢固的、众所周知的、习惯的、可以理解的东西。进一步说，无论是环境还是自我，都是同时由我的经验（思想和感觉）发现的某种现成的东西，两者在本质上是相同的。

阿芬那留斯认为自然的世界概念包含了两种要素，即经验和假说。经验的内容指已被发现的东西，即自我、环境及其组成部分（包括他人）、经验各部分的依存关系。这一要素实际上指的是自我的经验。假说所指的主要是自我对周围的人的运动（例如说话）所赋予的那种意义。换言之，我必须假定周围的人也像我一样同这个环境发生依存关系，同我一样说话和行动。因而他们同我一样具有其各自的自我及环境的经验。自我和他人在这方面在原则上是完全平等的。因此，自然的世界概念对我和对周围的人都同样适用。凡是对我来说是正确的东西对他人来说也是正确的，反之亦然。因此，研究自然的世界概念，既可以从自我出发，也可以从周围的任何人出发。

基于经验批判和自然的世界概念，阿芬那留斯进一步提出了原则同格论。原则同格是指经过“清洗”后的“完全的经验”中或者是自然的世界概念中的主体和客体的关系。其基本观点就是认为作为主体的自我以及作为对象的环境处于不可分割的同格关系，即相互依存关系之中。他把自我叫作同格的常在项或者中心项，把环境叫作同格的对立项，而两者总是被一起发现的。正像自然的世界概念中的经验不只是个人的经验，也包括他人的经验一样，作为原则同格的中心项的也不只是个人的自我，还包括他人的自我。从原则同格论出发，阿芬那留斯认为，如果把主体和客体（自我和环境）的关系看作从属关系，无论是使自我、精神从属于客体、环境，还是使客体、环境从属于自我、精神，都是对自然的世界概念的歪曲。

阿芬那留斯对所谓嵌入论的批判表现了他对传统认识论的否定。所谓嵌入，就是把关于对象的感觉、思想、观念置于（嵌入）人的意识中。阿芬那留斯指责当时“流行的心理学”以及与之相关的传统哲学犯了一个共同的错误，即把知觉（感觉、思想、观念）和知觉的对象（事物、现象）分离出来，把后者当作意识以外的东西，而把前者置于意识之中。例如，当人们看到一棵树时，人们便把对树的知觉与树本身相分离而置入（嵌入）人的头脑或意识中。因此这种嵌入论必然导致主体与客体、心与物的二元分离，分离的结果就是各种形式的唯心主义。总之，阿芬那留斯批判了把心理学视为特殊领域，视为内省的退化器官的观念，主张要从对个人的特别是对大脑的依附性出发来定义心理学，假设全部心理内容并不相互依赖，而是依赖于大脑活动，因此采取生理学的进路来说明心理生活就是十分必要的。[①]

（三）彭加勒

朱尔·昂利·彭加勒（Jules Henri Poincaré，1854—1912），法国著名数学家、天文学家、物理学家和科学哲学家。1854 年出身于法国南锡世家，自幼受到良好的家庭教育，很早就对自然、历史和经典名著表现出极大兴趣。15 岁时，他深深地爱上了数学，10 年后获得数学博士学位。1881 年，年仅 27 岁的彭加勒登上了巴黎大学的教授讲坛，1888 年入选巴黎科学院。虽然彭加勒仅活了 58 岁，但他在数学、天文学、物理学和科学哲学等领域都做出了开创性的贡献，撰写了将近 500 篇科学论文和 30 部专著，这还不包括颇受欢迎的科学哲学著作和趣味盎然的科普著作（为此他被认为是法国的散文大师）。这一切使他成为当时世界上最有智慧、最有影响的科学家之一。彭加勒被熟悉他的工作的人誉为“理性科学的活跃智囊”“起统帅作用的天才”“20 世纪初唯一留下的全才”，也赢得了无数世界性荣誉。

在数学方面，彭加勒堪与高斯比肩，被认为是 19 世纪末 20 世纪初的数学主宰，对数学及其应用具有全面知识的最后一人。在天文学方面，彭加勒的研究方法在当时十分先进，以至在 40 多年后还没有几个人能够掌握他的这一锐利武器。他的《天体力学的新方法》（三卷本）被认为是开辟了天体力学的新纪元，可与拉普拉斯的《天体力学》并驾齐驱。在物理学方面，他在理论物理学的所有分支上都是第一流专家，而且对物理学革命做出了巨大的直接贡献。

彭加勒在 20 世纪初就洞察到物理学的危机，并对它进行了系统分析和论述。他认识到科学的进步动摇了过去以为牢固建立起来的甚至被视为基本的物理学原理。不过，物理学危机又是物理学发展的必经阶段，它预示着一种行将到来的变革，是物理学革命的前夜，是好事而不是坏事。他正确地指出，要摆脱危机，就要在新的实验事实的基础上重新改造物理学，使力学让位于更为广泛的概念。他一再肯定经典理论的固有价值，针锋相对地批判了“科学破产”的错误观点，对科学的前途充满信心。这些论述，对物理学家清醒地认识物理学面临的大变革形势，澄清一些风靡一时的糊涂观念不无裨益。

作为科学家，彭加勒颇具哲学头脑，思想敏锐而深刻，他研究和探索的问题往往超出了一般科学家的视野。作为思想家，彭加勒学识渊博，心胸开阔，他在论证自己的哲学观点时，不仅大量引证了他所精通的数学、物理学、天文学方面的材料，而且也旁及化学、生物学、地质学、生理学、心理学等领域，他所掌握的材料之丰富绝非纯粹哲学

---

① C. Russo Krauss，*Wundt*，*Avenarius*，*and Scientific Psychology*（London：Palgrave Macmillan，2019），p. 59.

家所能企及。作为一名学者，彭加勒在临终前三周（1912年6月26日）抱病发表的最后一次公开讲演中说："人生就是持续的斗争"，"如果我们偶尔享受到相对的宁静，那正是我们先辈顽强地进行了斗争。假使我们的精力、我们的警惕松懈片刻，我们就将失去先辈为我们赢得的成果"①。正是深刻的思想、渊博的学识和顽强的意志造就了这样一位伟人。

彭加勒的哲学著作包括：《科学与假设》（1902）、《科学的价值》（1905）和《科学与方法》（1908）。逝世后遗著被编辑为《最后的沉思》出版（1913），这是彭加勒所期望的第四本科学哲学著作。他在这些著作中，通过对他的科学研究的总结和对当时科学成就的深思，在科学哲学上提出了不少富有启发性的新思想。他捍卫"为科学而科学"的准则，认为"只是由于科学和艺术，文明才具有价值"②。他承认科学的目的是寻求真理，即使科学原理（有别于定律）也要由实验来最终裁决，因为实验是真理的唯一源泉，唯有实验能够告诉我们新东西，给我们可靠性。他充分肯定了科学的固有价值，认为科学发展具有连续性和继承性，在科学理论的更迭中，真实的关系将通过融入更高级的和谐而得以保留。

彭加勒通过对科学的哲学反思看到，无论是康德的先验论还是马赫的经验论，都不能说明科学理论体系的特征，为了强调在从事实过渡到定律以及由定律提升为原理时，科学家应充分享有发挥能动性的自由。于是，他提出了约定主义（conventionalism）。彭加勒认为，在数学及其相关的学科中，可以看出自由约定的特征。当我们将数学中的一个证明分析为其原初的运算，检验它们并确定其为正确无误时，我们实际上并没有理解是什么给予了该证明统一性。因为总是存在着更多的且多种多样的方法和可能以达到同一个目标。我们用来推导一个结论的推演的种类当然可以是不同的。因此，只要结果一样，逻辑程序的内容是无关宏旨的。同样的话也适用于几何学：如果我们不能确定内容的正确性是与实在的一致，那么我们也就不能有意义地断言它。我们只能给出实用的论证，它们向我们解释一个构造优于另一个构造的地方。在彭加勒看来，几何学的公理既非康德式的先天综合判断，亦非实验事实。它们是约定；我们在所有可能的约定中进行选择，要受实验事实的指导；但选择依然是自由的，只是受到避免一切矛盾的必要性的限制。因此，尽管决定公设取舍的实验定律仅仅是近似的，但公设能够依然严格为真。换句话说，几何学的公理（这里不谈算术的公理）只不过是隐蔽的定义。因此欧几里得几何学是否为真的问题是毫无意义的，这好比问米制是否为真，旧制是否为假；笛卡尔坐标是否为真，极坐标是否为假。于是彭加勒断言："一种几何学不会比另一种几何学更真；它只能是更为方便而已"③；"几何学的第一批原理只不过是约定而已；但是，这些约定不是任意的，如果迁移到另一个世界（我称其为非欧世界，而且我试图想象它），那我们就会被导致采用其他约定了"④。

在彭加勒看来，约定是我们精神自由活动的产品。我们在所有可能的约定中进行选

① 彭加勒：《最后的沉思》，李醒民译，商务印书馆，1995，中文版译者前言，第vii页。

② 彭加勒：《科学的价值》，李醒民译，商务印书馆，2007，第11章第8节，第176页。

③ 彭加勒：《科学与假设》，李醒民译，商务印书馆，2006，第47页。

④ 同上书，第3-4页。

择时，要受实验事实的引导，由它来指导我们辨明最方便的路径；但它仍是自由的，只是为了避免一切矛盾起见，才有所限制。约定主义既要求摆脱狭隘的经验论，又要求摆脱先验论，它反映了当时科学界自由创造、大胆假设的要求，在科学和哲学上都有其积极意义。不仅如此，作为一个温和的约定论者，彭加勒坚持认为，对事实的约定不是任意的，科学家不能自由而随意地构造科学的事实。换言之，真理即约定，是一种迷惑混乱的观念，恰恰是约定主义所反对的。约定作为法令虽强加于我们的科学，但并没有强加于自然界。其实，无论是马赫还是彭加勒都没有将定义在逻辑上的任意性混同于实在指涉的认识论上的必要性。因此，正如马赫通过引入思维经济原则而将描述概念相对化一样，彭加勒也反对极端约定论的观点。约定必须参照经验的指引，有时还要进行实验。一个物理学家无论是抛弃一个假设（约定也是假设）或采用一个假设都不是随便的。约定是精神的自由活动所颁布的法令，而这些法令不是任意的，否则它们就是无效的了。"因此，我们的法令如同一位专制而聪明的君主的法令，他要咨询国家的顾问委员会才颁布。"①

从约定论出发，彭加勒认为科学仅仅是一种分类方法，是把表面上孤立的事实汇集到一起的方法，尽管这些事实被某些自然的和隐秘的亲缘关系约束在一起。换言之，科学是一种关系的体系，唯有在关系中才能找到客观性。而且科学作为分类方法不会为真，而只是方便的。但所谓方便的就为真，这种为真应对所有人包括对子孙后代都为真。

彭加勒的约定论与实在论和经验论都有一定的冲突。就实在论而言，它要求陈述的真假要按其是否和它所断言、所解释或预言的事实的一致相一致；而对于经验论者特别是具有实证主义倾向的经验论者来说，他们认为只有经验才是我们建立并检验假说和自然律的占主导地位的出发点。面对这些困难，彭加勒采取了调和的立场。他承认，用以定义真理的那种一致性（符合性）仍然作为证实标准而存在，而且经验也仍然是我们的规定、规则和定义之适当性的准绳。这也就是说，即使一种约定论的立场也能接受一个经验上毋庸置疑的基础——"粗糙的事实"。然而，这种接受亦因此而导致了该立场的内在矛盾，因为困难在于：如果不放弃对理论构造的经验性解释，如何解释其严格的有效性和相对的经验独立性呢？显然，这个问题仅从约定论上是无法得到完全解决的。

彭加勒借助约定论在事实的描述和科学的普遍原理之间的鸿沟上成功地架起了桥梁②，与马赫的思想一起为逻辑实证主义的兴起奠定了基础，同时也开启从彭加勒到杜恒、卡尔纳普和蒯因等人的约定主义之先河。

---

① 彭加勒：《科学的假设》，第2页。

② 李醒民教授将约定论的内涵或主题概括为八个方面：（1）断言在科学理论中存在约定的成分，这尤其体现在基本原理和基本概念中；（2）指出约定对于非约定的（准经验的）陈述所起的作用；（3）把认识论地位的改变，从而把约定的改变归因于科学共同体的决定；（4）宣布所谓的判决性实验不可能，这个主题现在往往被称为杜恒-蒯因论题；（5）揭示出理论的经验内容在约定变化的条件下是不变量，它保证了科学的客观性、合理性以及科学进步的连续性；（6）哈密顿-赫兹-彭加勒理论观或彭加勒的理论多元观，于是与约定有关的理智价值评价介入理论选择的过程之中；（7）隐含着本体论的约定性和真关系的实在性；（8）断言物理几何学本身的约定性。约定论具有重要的认识论和方法论意义，并融入现代科学哲学的各个流派的发展中。（李醒民：《彭加勒》，商务印书馆，2013，第93-134页。）

第四节　古典哲学的复兴

所谓 19 世纪“古典哲学的复兴”，指的是德国古典哲学的复兴，具体说来，就是黑格尔主义和康德主义的复兴，我们一般称之为“新黑格尔主义”和“新康德主义”，以区别于黑格尔和康德的哲学。

黑格尔去世之后，德国哲学一时陷入了茫然失措的混乱局面。虽然西方哲学始终处在众说纷纭、莫衷一是的状态，但是在黑格尔前后，人们对这种状态的理解是不一样的，因为黑格尔哲学标志着形而上学的完成和终结。在此之前，哲学家们从来也没有放弃过使形而上学成为科学的理想，他们毕竟有一个统一的目标。现在，这个目标不存在了，而人们似乎对此还很不习惯，新黑格尔主义便应运而生了。正如文德尔班所说，对世界观的渴求使黑格尔迷住了青年的一代。

虽然在时间上新黑格尔主义要稍早于新康德主义，但是在德国，首先走上哲学舞台的是新康德主义。既然哲学家们要求重新审视哲学的对象、问题和方法等等，那么没有什么比回到康德去批判理性是最好的办法了。当然，新康德主义并不是康德哲学的翻版。康德哲学复兴的主要原因是人们希望有一位哲学大师出来收拾残局，当在世的哲学家们做不到这一点，而人们又不想回到形而上学的时代的时候，自然就想到了康德。另外，也许是更重要的原因是，康德哲学中有许多东西构成了 20 世纪哲学的基本观念，以至于人们将康德哲学看作进入哲学王国的桥梁和关隘。实际上，虽然新黑格尔主义不仅在德国，而且在英国、美国、法国和意大利等地亦产生了重要的影响，而新康德主义则主要局限在德国本土，但是真正对 20 世纪哲学产生深远影响的还是康德。新黑格尔主义之后肯定是更加激烈地反黑格尔、反形而上学的热潮，而新康德主义则最终在胡塞尔的现象学中脱胎换骨，给 20 世纪的德国哲学乃至整个西方哲学打上了深深的烙印。

一、新黑格尔主义

新黑格尔主义以“复兴黑格尔”为口号，表明它是 19 世纪末古典哲学复兴的一场运动。由于它发轫并首先流行于英、美，因而标志着思辨传统对经验主义传统的渗透。新黑格尔主义者大都是通过研究、评述和解释黑格尔哲学的某些方面来论证自己的理论。他们继承了黑格尔的一些基本思想，但又有新的发挥和发展。而另外一些学者，他们的著作根本不是对黑格尔哲学的研究和讲解，甚至很少提及黑格尔，但他们的基本倾向和基本思路还是黑格尔式的，虽然不免也有许多偏离。下面两位新黑格尔主义者的话也许会透露出新黑格尔主义的一点秘密：“历史的精神食粮从休谟那里经过转化，被康德所接受，又从那里终于转化到黑格尔这里；但是我们这几代人还没有从康德、黑格尔那里吸收到养料。”“而他的哲学，却是迄今为止最深刻的、最渊博的。可以说因其最深刻、最渊博，所以同时也是最需要的。”“黑格尔主义的铁，要以黑格尔的方式锤炼成黑格尔主义的钢，那个绝对的高山要提取出它的精华!”①

“黑格尔在他那时代的整个意识内容里贯彻了宇宙的精神性和合理性的思想，贯彻了自我意识着的自我的无限自由的思想，亦即贯彻了在精神之中的至尊人格的思想；就此而言，他将永远保持为系统思维的巨匠和典范。”②

按历史年代说，英国新黑格尔主义形成最早。1865 年，苏格兰人斯特林（J. Stirling，1820—1909）在访问德国之后出版了《黑格尔的秘密》，这是英国第一部系统地论述黑格尔哲学的长篇巨著，标志着英国新黑格尔主义初露端倪。而新黑格尔主义能够取代经验主义而居于主导地位，首先要归功于牛津大学道德哲学教授格林（Thomas Hill Green，1836—1882）。其他还有凯尔德兄弟（E. Caird 和 J. Caird）以及瓦莱士（W. Wallace）、里奇（D. Ritchie）等人。在英国新黑格尔主义者中，声望最高、影响最大的领袖人物是牛津大学麦尔登学院的布拉德雷。此外还有与之大体同时的鲍桑葵（B. Bosanquet，1848—1923）和剑桥大学的麦克泰格特（John McTaggart，1866—1925）。与其他各国相比，英国新黑格尔主义最有势力，影响也最大。在 19 世纪末至 20 世纪初的 20 年间，新黑格尔主义者把持了英国各主要大学的哲学讲坛。

美国复活黑格尔之风起源于 19 世纪 60 年代，当时哈里斯（W. Harris，1835—1909）和布罗克迈尔（H. Brockmeyer，1826—1906）等人创立了所谓圣路易斯哲学学派，他们着重研究和翻译黑格尔的著作，介绍其思想。美国新黑格尔主义的典型形式是 19 世纪末 20 世纪初由罗伊斯（J. Royce，1855—1916）、克莱顿（J. Creighton，1861—1924）等人建立起来的。其中罗伊斯影响最大，他试图论证普遍的、无所不包的精神性存在的绝对或上帝，追求将一切个人的目的融合在一起的理想社会。然而，新黑格尔主义者在美国占统治地位的时间并不长。另外，在两次世界大战之间以及第二次世界大战以后，在美国出现过一些黑格尔研究者，他们有时也被认为是新黑格尔主义的新的一代，其中影响较大的是布兰夏尔德（B. Blanchard，1892—1964）。

相对说来，德国新黑格尔主义出现较晚。生命哲学家狄尔泰（Wilhelm Dilthey，1833—1911）1905 年出版的《青年黑格尔》一书对德国新黑格尔主义的形成起了推动作用。在 20 世纪 20 年代，克罗纳、格洛克纳（H. Glockner，1896—1979）以及以编辑出版黑格尔著作出名的拉松（G. Lasson，1862—1932）等人成了德国新黑格尔主义的主要代表，其中克罗纳影响最大。

意大利也曾是黑格尔主义的重要流行地区。意大利新黑格尔主义的主要代表是克罗齐和秦梯利（Giovanni Gentile，1875—1944）。但秦梯利不仅公开而直接地利用其哲学为法西斯主义做论证，在政治上也投靠法西斯，充当了墨索里尼政府的教育大臣，后被处决。

法国的新黑格尔主义主要代表有华尔（J. Wahl，1888—1974）、依波利特（J. Hyppolite，1907—1968）等人，后者于 1930—1940 年翻译出版了法文版的《精神现象学》。

---

① 斯特林：《黑格尔的秘密》，载张世英主编《新黑格尔主义论著选辑》，上卷，商务印书馆，1997，“初版序言”（1865），第 43、33、11 页。

② 拉松：《什么是黑格尔主义》，载张世英主编《新黑格尔主义论著选辑》，上卷，“引论”，第 656 页。

限于篇幅，我们准备择其要者，介绍布拉德雷、克罗纳和克罗齐的主要思想。从时间上说，他们应该属于 20 世纪。但是因为与黑格尔的关系，我们把他们放在这里集中讨论。

（一）布拉德雷

弗兰西斯·赫伯特·布拉德雷（Francis Herbert Bradley，1846—1924）是“盎格鲁-黑格尔派”的领袖，在某种意义上也是其终结者。1846 年出身于英国萨里郡克拉彭（Clapham）的一个牧师家庭，1865 年进入牛津大学学习。1870 年，在默顿（Merton）学院任研究员，从此他专心致志从事哲学研究。按照传统，默顿学院研究员的在职期以结婚为限，而他终生独身，故直至 1924 年病逝，他再也没有离开过该学院。

1871 年，布拉德雷患了肾炎。这一终生痼疾以及由之引起的孤寂生活和落落寡合的性情，对他的影响极大。从此以后他不得不过着一种半隐居的生活，限制自己的活动，专注于哲学思考。他的全部哲学著作，都是在他病后写成的，以至于他病后的五十余年生涯，几乎可以只用一张著作目录来概括。他多才博学，文笔卓绝，一生著述颇丰。他的著作给人一种“奇特混合物”的感受：雄辩而又谨慎，辛辣而又谦虚，大胆而又精细，在目标上雄心勃勃而在结论上却踌躇不前。他对英国经验主义传统的批判深刻、犀利而有力，对细节的处理却特别地谨慎和精细。他的研究方向从伦理学到逻辑学，再到形而上学的步步进逼，表明他在思想目标上颇具雄心，始终一贯。

自《伦理学研究》（1876）和《逻辑原理》（1883）发表之后，他就被拥戴为“盎格鲁-黑格尔派”的领袖，各种社会荣誉也随之纷至沓来。1924 年，英国国王颁发给他一枚功勋勋章，在英国历史上他是第一个得享此等荣誉的哲学家。也是在这一年，布拉德雷因病与世长辞。

布拉德雷的主要著作包括：《批判的历史之前提》（1874）、《伦理学研究》（1876，1927）、《逻辑原理》（1883，1922）、《现象与实在》（1893，1897）、《真理与实在论文集》（1914）和《论文集》（1935）。

布拉德雷首先考察的是伦理学，继而涉足逻辑学，最后在《现象与实在》一书中系统地阐述了自己在哲学上的根本见解，即形而上学的第一原理。虽然如此，他却不无幽默地说：“形而上学是为我们本能所生的信仰寻找糟糕的理由，然而发现这些理由却非我们本能之所为。”① 无论理由会如何糟糕，这种对“第一原理”或“终极实在”（ultimate reality）的探讨是必要的。“我要奉劝各位，应该睁开眼睛，思考人类的本性。难道人能逃避对宇宙的思考吗？”“形而上学肯定人性中的这一方面，即肯定人有要求思考和理解实在的欲望。”“凡是强烈地感受到形而上学存在之日，即是形而上学自我证明之时。”② 由此可见，布拉德雷的形而上学就是要用理智的方式来论证对实在或神性的神秘感觉，这种以理智了解宇宙的努力发端于个人试图经验神性的冲动。布拉德雷已预先暗示了他的最后结论：我们作为有限的理智，在“经验神性”方面只能获得极其有限的成功。

---

① 布拉德雷：《现象与实在》，载张世英主编《新黑格尔主义论著选辑》，上卷，“第一版序言”，第 161 页。

② 同上书，第 164、165、166 页。

布拉德雷的形而上学是围绕思维与实在的关系这一核心问题展开的。他区分了有或在（being）的两种形态：实在（reality）是在的高级形态，存在（existence）是在（being）的低级形态；而“有”本身，则是两者的抽象。作为低级形态的“存在”是直接的在，是实在在时空中的直接呈现（presence），其内容是经验，而且只是经验。所谓主体或自我与客体或对象，实际上是依赖思维进行抽象之后的产物。在直接经验中，这种抽象则尚未发生。实在之呈现为直接经验，是通过诸多的有限经验中心，而这些中心自身当然也只是经验。因此，这种原初的感觉实际上是完全不可描述的。可直接经验并非抽象同一，它包含了诸多方面，而这些方面又不可分割地成为一个整体。布拉德雷亦将这个整体称作感觉团（mass of feeling），不过在他看来，感觉是现象而非实在。直接的存在好似具有无穷的参差不齐的毛边，暗示着撕扯着它的其他存在，同时也就暗示着它与它们的关联。但这些关联却不可能被直接呈现，我们不可能通过感觉自身在时空中的单纯扩大来达到无限的整体；而有限的感觉团又由于与其他存在有无穷的关联而无法坚持自身的直接性，即无法取得个体性。因此，感觉不可须臾停留，势必自身瓦解，发展为依赖抽象的思维。思维将感觉团的诸多方面析解为诸多的质，这诸多的质坚执自身与他物的差异。而差异意味着区别，区别则意味着关系。于是，在感觉中未曾呈现的关联，在思维中则表明为抽象的关系，存在向实在的发展采取了一条曲折的道路，布拉德雷称之为“关系之路”。因此，他将感觉团称作低于关系的阶段，而将思维的活动叫作关系的阶段。

就关系的本性而言，关系与关系项互为前提，彼此依赖而又互相对立。关系若全然落在关系项之外，则同为不可理喻的空洞辞令；若其是在关系项之内，作为关系项的属性，则关系项立即取得两重性格：既为关系的承担者又为关系本身，于是同样不可避免地在其内部发生两重性格之间的关系问题。在内外两个方向上都必然是无穷进展、循环不已。换言之，关系无法找到一个坚实的终点为其承担者，却又不可能使关系项完全消失于关系之中。此种矛盾为关系本性所固有，而它必推动思想要求关系的内在扩展，最终指向对关系阶段的超越。这种超越，同时意味着“思想的自杀”。因为思想一旦摆脱了关系，臻于“超关系阶段”（supra-relational stage），思想自身也就消溶于另一个更高的整体之中。“关系的矛盾—扩展—超越”这个原理，就是布拉德雷著名的“内在关系说”，是理解其哲学思想的钥匙。

可以看出，感觉由于包含了有限与无限的冲突而瓦解，于是便发展为思想；而思想力图通过“关系之路”达到实在，却又陷入不可调解的矛盾之中。两者因此皆被斥为现象。布拉德雷认为，我们不应就此承认实在完全不可知，因为我们虽然不可能在一切细节上穷尽实在整体，但却能取得关于它的一般本性和主要状貌的观念——某种积极肯定的知识。首先，当我们将一切自相矛盾因而不能自身一贯的东西斥为现象时，就已经立即提出了一个正面的结论：实在是自身一贯的。更进一步说，实在不是抽象同一的物自体，而是包容了所有千差万别的现象于一身的个体。因此，实在是一个个体或一个系统，它有两个二而一的主要特征：自身和谐而又无所不包。换一个角度说，现象之外无实在，一切现象终将超越自身的有限性，实现自身为一全体。而这将所有现象一以贯之的全体，就是实在。布拉德雷的结论是，感知经验就是实在，此外则无所谓实在。他又声明必须避免将此误解为贝克莱的名言："存在即被感知和感知"。因为只有一个实在，它贯通复多，合多为一，其内容则除却经验别无其他。因此，布拉德雷称之为"绝对经验"。其所以绝对，是因为无物能在它之外，无冲突能留在它之内。不只如此，它还再度取得了直接性，成为唯一的个体。

这就是布拉德雷关于实在的"一般本性和主要状貌"的概述。我们由此已获得某种关于实在的一般观念，虽终究不免为一种抽象，但却具有确实肯定的内容。布拉德雷继而指出，"绝对经验"不为我们任何人所经验或所能经验，它是通过思维"想出"（think out）来的，而一经"想出"，思想也就自杀了。这就是说，它虽为思想的结果，但却不再是思想。或者说"绝对经验"之作为经验，在性质上与"直接经验"并不是两个根本不同的东西，而是与给予和呈现的事实相同之物。而思维所做出的贡献，是将"直接经验"逻辑地扩大，使它从时空中的有限，变成超时空的无限。但作为有限的存在，我们不可能详尽地认识（realize）绝对的存在。于是全部问题就转到了"知"的意义上："知"可以获得真理，却不可能达到实在。这样，布拉德雷用思维构想出"绝对经验"，却要求我们停在他所指出的思维的界限上。实在的本体被思维构成了，思维对它的认识却是可望而不可即。"绝对经验"因而远离了一切感知方式，成了超经验。

布拉德雷认为，实在是具体的，因此必为"彼"（that）与"何"（what）两方面的统一；思维的本性恰恰相反，它是抽象的，是观念的或理想的（ideal），是"彼"与"何"的分离，即将内容从具体实在中抽象出来。思想的第一个要素是观念。观念作为一个心理事实，不但有其连为一体的彼与何两方面，还有一个它所特有的第三方面——所指或意义。我们在逻辑上使用观念时，是将它作为一种意义来使用的。这就是说，逻辑上的观念是符号，且只是符号。观念之作为意义，就在于它意有所指。我们每思及或说出一个观念，必定是在下判断。因此，观念即判断，离开判断则根本无所谓思想。但判断的真正主词不是语法主词，认为判断是两个观念靠系词联结，实乃一种谬误的成见。真正的主词只有一个，即唯一的实在。既然存在不可能通过自身的单纯扩大而达到整体实在，于是有思想通过另一途径做出努力。判断的形式正表明了这一努力，用宾词陈述作为主词的存在，正是存在向实在发展的曲折道路。判断力图使坚执着自身抽象内容的宾词统一起来，从而达到与主词的同一。但各宾词却不可能再互为宾词，因此思想必走上"关系之路"，即通过宾词之间的关系来求得统一。于是它不可避免地陷入矛盾，在此种矛盾的推动下，思想要求关系的内在扩展，力图达成一个和谐的观念系统——完善的"关系框架"（relational scheme）。除非这格局同时整个地向我们呈现，它便不具有直接性和个体性；而如果它取得了此种直接性和个体性，它就同时不再是观念的系统。思想就此消溶于实在之中，这就是"思想的自杀"。

布拉德雷不仅认为感觉与思想不可能达到实在，而且进一步论证了意志与审美观念也不可能达到实在。

在《伦理学研究》中，布拉德雷认为，道德以自身为目的，但又不是纯粹形式的，而必须实现于特定的内容之中，一言以蔽之，即"自我实现"。自我的实现，不是实现自我一时一地的状态，而是实现自我为一个全体，实现自身为一个无限的全体。但是，作为个人的自我虽欲实现自身为无限的全体，却并不就是那无限的全体。它乃同时具有有限性与无限性，只有使自己成为全体中的一分子，使私我成为一个有机整体的某种功能性部件，自我方能实现自身为全体。布拉德雷由此提出“我的岗位及其义务”说。他指出，在可见范围内，国家是一个伦理的共同体，而个人则是这个共同体的功能性部件。因此，个人道德必基于个人在国家中所处的岗位，以及由之而生的义务。这种共同体不是个人的机械集合，也不是个人与个人之间的契约，而是一种“普遍的生命”“客观的心灵”。因此，道德行为不是自然的而是自觉的行为，正是由于自觉意识，个人才得以超出自己的有限性，领有无限性。但是，道德本性的固有矛盾在这里也立即显露：第一，作为共同体自觉成员的个人，终为一个有限的存在，必然地包含了有限与无限、私我与真我之对立。第二，作为共同体的国家，也是一个有限存在，而非实在之全体，故不足以完全克服自身与其成员之间的对立。因此，个人的理想往往超越当前的现实，指向更高的实在。道德由此表现为克服上述对立的无限历程。对立一旦完全被克服，此历程随即终止，道德本身也随之消失。所以，道德必含有矛盾并依赖矛盾，道德的存在必依赖善与恶、现实与应当的对立。在力图摆脱矛盾的努力中，道德蕴含了一个更高的事物——宗教。宗教意识坚执信仰者与被信仰者的对立，使其所信仰的实在沦为一个抽象物。但此种对立却为宗教本性所必需，因为它一旦消失，信仰（从而宗教本身）也会随之消失。布拉德雷因此认为宗教的“善”和“上帝”只对宗教有意义，是现象而非实在。最后，单就美本身言，它也不可能独立自存。因为美通常被定义为独立自存的愉快情绪，而愉快情绪并不就是那浑然一体的原初感觉。它依赖于某个自我的心灵。换言之，审美对象必与审美主体同时被建立。两者皆具有区别开来的观念内容，同为抽象，故势必处于关系之中。因此，与真、善一样，美也只是现象。

这样，布拉德雷的法庭威严地宣布：思想、意志、感觉，真、善、美，一切人类能有的手段，都无达到实在的可能。人类自身也只是现象。和一切现象一样，我们必也渴慕并追求实在之全体，但永远不可能与那全体合一。这结论虽然显得十分悲观，但是布拉德雷却并不绝望，他提出了“实在与真理的等级”说以做补救。在他看来，现象并没有被实在拒之门外，相反，实在乃内在于一切现象之中，一切现象都是在一种不完全的形式中表现实在。实在作为个体未曾被割裂。因此，每一现象都因其领有实在的多少而处于不同等级，各种现象之间具有价值和重要性的区别。区别的标准在于它们的广容性与和谐性，也即是实在所拥有的无所不包与自身一贯这两个二而一的特征。于是，我们所得到的实在观念，其根本意义在于它提供了事物实在性的判别标准：无生命的物质处于等级的底部，有机物较高，心灵则更高，因为在心灵中，整体实在内在于它的表现形式。布拉德雷断言，精神之外没有也不可能有实在；事物越具有精神性，它也就越实在。他认为这几句话与黑格尔并无二致，也许更为确定地表达了黑格尔所指示的实质。这可以说是布拉德雷想做出的最后结论。它要求我们满足于我们所能获得的知、所能实现的善和所能领略的美，即要求我们满足于自己之为现象。而作为现象，我们又不可能真正满足，却必以对实在的渴慕之心，在实在的等级上做无休止的追逐。因此，布拉德雷的哲学一方面给我们指出了不可逾越的终极界限，另一方面又要我们相信在界限之内的不断追求具有终极的意义和价值。

（二）克罗纳

理查德·克罗纳（Richard Kroner，1884—1974）是德国新黑格尔主义的最主要代表，在 1930 年召开的国际黑格尔联盟第一次代表大会上，他当选为联盟的第一任主席。纳粹上台后，克罗纳移居英、美。其主要著作是两卷本的《从康德到黑格尔》（1921—1924）。

克罗纳在哲学上原来接近新康德主义弗莱堡学派，是该学派主要代表李凯尔特的学生，后来转向新黑格尔主义。他的代表作《从康德到黑格尔》精彩地勾画并解释了德国唯心论的演变。他认为康德所开辟的先验唯心论，其发展的推动力在黑格尔这里已全部用尽，前进和上升已经完成，超过他已不再可能。文德尔班曾说过："了解康德就是超过康德"。而克罗纳则说："了解黑格尔就是看到绝对不能再超过黑格尔。如果还可以有一个'后黑格尔'，则必须做出一个新的开端。"① 他描述了从康德开始的唯心论到黑格尔所完成的发展曲线。在康德那里，思想自身回到自身，以便在自身中、在自我中找到世界的根据。在费希特那里，思想在自我的根据上发现了上帝。在谢林那里，思想倾向于略过自我而在世界中直接寻找上帝。在黑格尔那里，思想则以从绝对的或神性的自我中建立起世界或诸世界而告终。谁想开始走这条道路，谁就要卷进这场运动并一直走到底。

克罗纳的最大特色是，把黑格尔理解为一个非理性主义者和神秘主义者。

德国生命哲学家狄尔泰在《青年黑格尔》（1905）中认为黑格尔在其青年时代是一个类似生命哲学家的非理性主义者，是通过生命概念来确定全部实在的。在黑格尔哲学中，对生命的直觉和爱情、痛苦、激情等非理性的意识起着极为重要的作用。克罗纳汲取了这一思想，进而认为在黑格尔那里，天才与思想家、预言家与逻辑学家、神秘主义者与理性主义者都可以成双成对；启蒙运动与浪漫主义、知识与信仰、理性与天启在他身上得到了最密切的结合，并在统一中创造了最精巧、最令人神往的综合。② 于是他断言："人们都把黑格尔哲学称作是理性主义的，然而这种称呼与相反的称呼具有同样的真实性。"③ 因为"理性主义"一词，只有当人们把它作为某种反理性主义或非理性主义的对立面，因而作为经验主义、神秘主义、直觉主义和生命哲学等等的对立面来使用的时候，才表示某种确定的意义。但是黑格尔的思想已经抛弃了这种对立，他一方面使思维中的非理性物发挥了效力，另一方面又通过这种非理性化描绘了那种为超理性物所特有的理性的东西，这才是其体系的核心和本质。至于黑格尔强调概念思维的必然性和形式，那只不过是为了反对谢林的同一哲学，反对形形色色的非理性主义而已。

克罗纳之所以强调黑格尔的非理性色彩，因为他认为，辩证的思维就是理性-非理性的思维，辩证法本身就是按照理性的方式产生出来的、作为一种方法的非理性主义，因为黑格尔强调思维的否定性——概念的自我运动就包含着它的自我毁灭。因此，"黑格尔的思维是多么理性的，也就是多么非理性的、超理性的和反理性的；它是多么深的思维，

---

① 克罗纳：《从康德到黑格尔》，载张世英主编《新黑格尔主义论著选辑》，上卷，第 530 页。

② 克罗纳：《今日的黑格尔》，载张世英主编《新黑格尔主义论著选辑》，上卷，第 603 页。

③ 同上书，第 570 页。

也就是多么深的非思维”。“他的著作的每一页都为此提供了证明。”① 由此他把黑格尔的绝对观念解释为“在反省精神本身中思维着自己的思维”，“思维着自己的生命”，把黑格尔关于理性的概念是一切存在的基础改造为非理性的生命是一切存在的基础，同时人又能超越自我的生命的界限，并实现有限的自我与无限的精神的统一。

理性与非理性的统一必然导致神秘，由此克罗纳提出了“信仰的首要地位”。在他看来，理性标志并象征着人的尊严，但理性决不是人最高价值的标志和象征，不是人的本性的顶点。相反，只有当人把自身设想为一种神秘，一种既不能为理性所把握，也不能凭借任何概念工具来表达的存在时，人才能达到整个顶点。与其说人之为人正因他的本性超越了自身，或者说人本无固定的本性，倒不如说人是一个不可思议之物，他能超越理性权威，面对最高神秘——至上者的神秘。这种面对就是信仰。

的确，任何理性主义的形而上学体系只要它追求无限和超越，就难免以神秘和信仰为其终局。在这一点上，克罗纳是富有洞察力的，他看到了黑格尔哲学的综合性，也看到了它的必然归宿。但他对黑格尔的诠释又过多地赋予了其生命哲学和存在主义的色彩，这应该看作是对黑格尔的进一步改造。

（三）克罗齐

贝奈戴托·克罗齐（Benedetto Croce，1866—1952）是意大利新黑格尔主义的首要代表，也是20世纪西方影响最大的哲学家之一。1902年克罗齐创办了著名的《批判》杂志，从此着手建立自己的精神哲学体系。他最主要的哲学著作为四卷本《精神哲学》（或译《心灵哲学》），其中包括《美学》（1902）、《逻辑学》（1905—1909）、《实践哲学》（1909）和《史学》 （1914）。他的主要著作还有《黑格尔哲学中的活东西与死东西》（1907）、《美学原理》（1910）、《历史学的理论和实际》（1915）、《伦理和政治》（1931）、《史学与道德理论》（1950）、《黑格尔研究与哲学解说》（1952）等。

克罗齐在回顾自己思想的变化时说：青年时代的思想状况是，在美学上我是一个德·桑蒂克斯唯心主义者，在道德和一般价值观上我是个赫尔巴特主义者，在历史理论和一般世界观上我是个反黑格尔主义和反形而上学者，在认识论上我是个自然主义者或智力至上主义者，这些因素没有和谐统一，甚至没有相互混合。黑格尔主义的浪涛很晚才冲击我的头脑，第一次通过马克思主义和历史唯物主义，由马克思和恩格斯解释和改写的黑格尔，被我谨慎批判地接受。通过批判黑格尔和对哲学史的总修正而达到的认识，我在给美学、逻辑学和实践哲学三部专著起的总标题中重申，这即作为精神科学的哲学。我的思想不止一次被称作黑格尔主义或新黑格尔主义，根据我自己的意愿或者相同权利，也可以称作新实证主义、新康德主义、新价值论、新维科主义，诸如此类，不一而足，但每一个都不具有其本质性质。②

克罗齐继承了黑格尔把绝对和普遍的精神当作世界万物的基础的基本观点，但又批评黑格尔不够彻底。因为黑格尔授予自然界一定地位，从而与自己学说的优秀部分发生

① 克罗纳：《今日的黑格尔》，载张世英主编《新黑格尔主义论著选辑》，上卷，第573-574页。

② 克罗齐：《自我评论》，田时纲译，商务印书馆，2015，第33-36页。

了矛盾。他把一部分精神划给自然界，徒劳无益地把精神和这个并不存在的实在结合在一起。单纯的物质是一种没有任何规定性的东西，对精神来说是不存在的，不过精神须假定有这么一种东西，作为直觉以下的一个界限。这种精神所假设的东西不是精神的认识对象，精神的对象只能是由精神本身给予了规定性的东西。克罗齐认为精神就是整个实在，除了精神没有其他实在，因而除了精神哲学，没有其他哲学。因此，主体的一切认识和行动的对象也无一不是精神的产物。事物间的区分无非是精神活动形态之间的区分。他把精神活动分为理论活动（知）和实践活动（行）两大类；前者分为直觉和概念，后者分为经济和道德。对这四种精神活动的论述构成了克罗齐哲学的基本内容。

直觉是精神（心灵）的基本活动。直觉的特点在于其对象的直接性和具体性。直觉中的一切都是原始的、纯粹的，其中没有主体和客体的区别、没有一种事物跟另外一种事物的比较，没有时空系列中的分类。简言之，直觉中的规定性没有任何反思的成分。直觉论是克罗齐美学思想的基础。他认为只有直觉中的东西才是美的，即美的东西不能有任何思想内容。艺术和美就是直觉及其表达形式的综合。在他看来，艺术直觉和普通的直觉之间，艺术中各种体裁、风格和类型之间没有任何本质区别，任何直觉活动都是一种艺术创造活动。由此他把直觉当作美的唯一内容，不承认有“美的事物”或“物理的美”，而且宣称唯其如此，美的东西才是实在的。因为他认为实在性在于精神性，而作为直觉的美正是精神性的。至于“物理事实”，则只能是精神（心灵）的虚构。美不是物理的事实，它不属于事物，而属于人的活动，属于心灵的力量。

精神活动的第二种形式是理智，即概念的逻辑的认识活动。它以直觉为基础。如果说直觉是关于特殊的东西的理论活动，那么理智就是关于一般的东西的理论活动。它以判断的形式表现出来。判断是主词和宾词的综合。判断可分为两类，一类为定义判断，其中主词和宾词为一般概念；一类为知觉判断（历史判断），它将一个普遍的宾词归属于一个个体。只有后者才是真正的判断。因为在定义判断中并非所有成分都是普遍的，其中也必然要有由直觉所得的具体的东西。判断按其本性来说就是普遍与个别、概念与直觉的综合。因此理智的活动必然依赖于直觉活动。理智的活动不能掌握事物的内容，而只能抓住事物之间的关系，只有直觉才能达到内容。理智不能进行直觉，理智的唯一作用就是将感性直觉联系起来。

由经济和道德所构成的精神的实践活动与上述由直觉和概念构成的理论活动是相对应的。经济活动相应于直觉，它以特殊的、个别的东西为目标。这里所谓经济活动泛指一切具有实际目的的活动，包括政治等活动。道德活动则相应于概念。它以普遍的东西或者整体为目标。克罗齐据此指责功利主义、利他主义之类的道德理论，因为这些理论追求特殊的、个别的目的，而这些缺乏普遍的整体观的道德理论将会使人生成为一连串缺乏内在联系的单独行动，从而也缺乏深刻的意义。不过，克罗齐也不赞成用道德活动来排斥经济活动。就个人来说，既可追求特殊的经济目的，也可追求普遍的道德目的。经济活动可以离开道德活动而存在，而道德活动则不能离开经济活动，这正如直觉不依赖概念，而概念依赖直觉一样。

克罗齐力图维护黑格尔哲学中的活东西而摒弃其中的死东西，这体现在他对黑格尔辩证法的改造上，并因此被西方哲学家看作辩证法的继承者之一。克罗齐认为辩证法有两种，一种是矛盾的辩证法，一种是差异的辩证法。黑格尔只看到了前者而没有看到后者，把前者当作唯一的辩证法，应用于一切领域，遂产生了对“辩证法形式的误用”。克罗齐的差异的辩证法认为，直觉、概念、经济、道德这四种精神活动各不相同，彼此是“相异概念”；但它们又有联系，呈现为一个从低到高的阶梯。其中后者包含了前者，概念包含了直觉，经济包含了概念，道德包含了经济，而道德又通向新的直觉。因此它们又是统一的，相异概念的联系不适用对立统一原则，而只能应用“差异统一”原则。宇宙万物就是一个差异的统一体。对立和矛盾的现象只限于相异概念内部。例如直觉活动中的美和丑，理智活动中的真和假，经济活动中的利和害，道德活动中的善和恶，这就是所谓矛盾的辩证法。从整体上说它们必须从属于差异的辩证法，黑格尔的根本错误就在于把差异概念混同于对立概念，由此把对立统一当作普遍存在的。

在克罗齐哲学体系中，历史理论具有重要的地位，他甚至把自己的哲学叫作“绝对历史主义”。“当编年史被还原为其固有的实用的和帮助记忆的功用时，当历史被提升为关于永恒的现在的知识时，历史就表现为与哲学是一体的，哲学原不过是关于永恒的现在的思想而已。”[①] 因而哲学家同时就是历史学家，反之亦然。因为他们同样都是在研究精神活动，因为“文献与批判，即生活与思想才是真正的史料”[②]，因为“精神含有它的全部历史，历史和它本身是一致的”[③]。当历史学家在对他所研究的事件进行理解和估价时，他就是在从事哲学活动，从而也成了哲学家。“历史存在我们每一个人身上，它的资料就在我们自己的胸中。因为，只有在我们自己的胸中才能找到那种熔炉，使确凿的东西变为真实的东西，使语文学与哲学携手去产生历史”[④]。从这个意义上说，一切真正的历史都是当代史，当代性是一切历史的内在特征。因此历史是活的编年史，而编年史则是死的历史；历史是当前的历史，编年史则是过去的历史；历史主要是一种思想活动，编年史则主要是一种意志活动。编年史在历史的自然主义阶段上假定了物自体，招致了历史的不可知论。而如果把历史看作活生生的当代史，废弃观念与事实、理性真理与事实真理之间的二元对立，就可以使“正在变成现实历史的历史及正在变成历史哲学的哲学”获得解脱，摆脱关于物自体的幻觉。

新黑格尔主义波及多个国家，并且与许多不同的思潮相互融合，因而具有内容庞杂的特点。总的说来，新黑格尔主义之所以流行一时，既是因为形而上学尚未彻底退出历史舞台，也是因为黑格尔包罗万象的哲学体系为不同的哲学思潮提供了表现自己的可能性。当然，形而上学无论如何已经不再是西方哲学的主流，所以新黑格尔主义亦不过是流行一时而已。

二、新康德主义

1865年，德国哲学家李普曼（Otto Liebmann）在《康德及其追随者》一书中大声

---

① 克罗齐：《历史学的理论和实际》，道格拉斯·安斯利英译，傅任敢中译，商务印书馆，1982，第43页。
② 同上书，第11页。
③ 同上书，第13页。
④ 同上书，第14页。

疾呼："回到康德去!"（Zurück zu Kant!）通常人们以此作为新康德主义运动的开端。另一位开创者朗格则形象地描述了当时的情形："正像一支溃败的军队四处寻找坚固场所，希望重新集结队伍一样，在哲学界中到处响起了'回到康德那里去'（Retreat upon Kant）的呼声。……这位伟大的哥尼斯堡哲学家的观点从根本上说绝不能认为是陈旧的。我们完全有理由像素来人们以极严肃认真的努力去仅仅研究亚里士多德而不研究其他任何哲学家一样，去投入到康德的深刻体系中。"① 回到康德就是回到德国古典哲学的源头，甚至回到"一个伟大的精神家族，其宗谱至少要上溯到柏拉图和巴门尼德"②。回到康德就是既防止黑格尔的绝对唯心主义死灰复燃，改变黑格尔主义衰微之后德国哲学肤浅庸俗、分崩离析的局面。

在朗格看来，康德在哲学上最伟大的贡献就在于他的"哥白尼式的革命"超越和克服了唯物主义，同时又未陷入怀疑论。康德之后的德国唯心主义热烈地追求绝对知识，完全抛弃了康德清醒的解释的道路，而借助思辨的独断去发现另外的道路。于是就出现了主观与客观统一的宏大公理，出现了思维和存在的统一这样荒唐无稽的臆想。在新康德主义的代表之一马堡学派看来，回到康德就是回到他的先验方法。先验方法是康德思想结构的推动性的、创造性的力量，是它不朽的根本内容。"因此我们不惜埋葬掉这种哲学的尸体，而使它的精神永生。正因为如此，我们相信我们永远是康德的真正的传人。"③ 新康德主义的另一个代表弗莱堡学派喊出了"要了解康德就要超过康德"的口号，其领袖人物文德尔班期望重新赢回在"伟大时代"德国哲学所取得的成果。

早期的新康德主义者包括梅耶（J. B. Meyer）、自然科学家赫尔姆霍兹（H. Helmholtz）、哲学史家策勒（E. Zeller）、海姆（R. Haym）、朗格（F. A. Lange）和费舍（K. Fischer）。他们各自发挥出康德哲学中所包含的唯心论的、实在论的、批判的、怀疑论的、自然主义的和形而上学的可能性。新康德主义的主要代表则是三个学派：一是以柯亨、那托普（也译"纳托普"）、卡西尔为代表的马堡学派，以对精确科学的逻辑的研究而著名；二是以文德尔班和李凯尔特为代表的弗莱堡学派，以对历史和文化科学的研究以及先验价值论而著称；三是以科内留斯（H. Cornelius）和纳尔逊（L. Nelson）为代表的心理学派（又称哥廷根学派）。此外还有以黎尔（A. Riehl）和库尔佩（O. Kulpe）为代表的实在论学派。

新康德主义的黄金岁月是 1860 年到 1914 年，哲学的最前沿，意味着康德哲学，哲学的严格训练，意味着研读康德，一切都围绕康德，这就是新的时代精神。④ 总体上说，新康德主义运动大致经历了三个阶段。第一个阶段（1860—1878 年）的特点是充分认识到康德的统觉和先天性学说的广泛可能性，同时在先验探究与经验探究之间、哲学与实证科学之间还存在着一定的连续性，一致反对"反科学"（anti-scientific）的形而上学。第二个阶段是从 1878 年到第一次世界大战结束，马堡和弗莱堡两个学派在对自然科学或

---

① F. Lange, *The History of Materialism and Criticism of Its Present Importance*, Second Book (London: Kegan Paul, 1925, Reprinted by Routledge, 2000), p. 153.

② 那托普：《康德与马堡学派》，载洪谦主编《现代西方哲学论著选辑》，上卷，第 82 页。

③ 同上书，第 107 页。

④ Frederick C. Beiser, *The Genesis of Neo-Kantianism* (Oxford: Oxford University Press, 2014), p. 1.

历史科学的先验反思的基础上，发展了各具特色的学说。第三个阶段发生在两次世界大战之间，这一时期的特点是基于对文化乐观主义的崩溃的反思，开始以生命哲学的名义讨伐理论上的唯心论，形而上学又复活了，它试图去追溯比苦心经营的理论体系更原始的源泉。1935 年卡西尔流亡瑞典，这可以视为新康德主义在德国终结的标志。

我们在此简略介绍马堡学派和弗莱堡学派。

（一）马堡学派

马堡学派是以赫尔曼·柯亨（Hermann Cohen，1842—1918）为首的新康德主义学派，他们试图发挥康德的认识论思想，建立一种以认识论和方法论问题为中心的哲学。由于他们以马堡大学为活动中心，故称为马堡学派；由于他们把认识论和方法论问题归结为先验逻辑问题，故又有先验逻辑学派之称。

柯亨的哲学活动大体上可分为两个时期。从 19 世纪 70 年代初到 19 世纪末，他主要致力于重新解释康德的著作。1871 年，他出版了《康德的经验理论》（1885 年修订再版），此书对马堡学派的形成以至整个新康德主义思潮的发展都产生过重大影响，甚至朗格也认为本书对促使新康德主义发展成一种广泛的思潮是“最为重要的”。1877 年和 1889 年柯亨分别出版了《康德对伦理学的论证》和《康德对美学的论证》，这样他就系统地对康德的三大批判做了相应的评述。从 20 世纪初开始，柯亨主要致力于建立自己的哲学体系。体现他的体系的三个组成部分的主要著作是《纯粹认识的逻辑学》（1902）、《纯粹意志的伦理学》（1904）和《纯粹感情的美学》（1912）。其中《纯粹认识的逻辑学》是他阐述他的整个哲学基础的著作。此外还有《无限小方法的原理及其历史》（1883）、《伊曼努尔·康德》（1904）、《纯粹理性批判注释》（1907）和《哲学体系中的宗教思想》（1915）等著作。

除柯亨以外，马堡学派最重要的代表是保尔·那托普（P. Natorp，1854—1924）和恩斯特·卡西尔（E. Cassirer，1874—1945）。那托普是柯亨的后继者。1885 年起任马堡大学哲学教授。他在哲学史、逻辑学、心理学和社会教育学方面都有不少著述，其中主要有：《笛卡尔的认识论：批判主义前史研究》（1882）、《柏拉图的理念学说》（1903）、《精密科学的逻辑基础》（1910）等。1912 年，他在康德协会所作的题为《康德与马堡学派》的演说，介绍了马堡学派。与柯亨相比，那托普更加深入地研究了相对论等科学的新发展，并把整个心理学领域纳入柯亨所定的知识体系中。他把马堡学派的哲学当作一种方法，把它彻底运用于构造“精密科学”、精神科学以及社会关系的体系。总的说来，他倾向于把柏拉图的客观唯心主义同康德的批判主义结合在一起。卡西尔是后期的代表，他的活动时期已是 20 世纪初，主要著作有：《实体概念和函数概念》（1910）、《近代哲学和科学的认识问题》（4 卷，1906—1933）、《符号形式哲学》（1925）等。他的思想特色是把马堡学派的观点运用于历史和文化、政治领域。卡西尔后来移居美国，哲学观点发生了变化，某些方面更接近于现象学和哲学人类学。马堡学派的其他代表人物还有：奥瑟·李伯特（A. Liebert，1878—1948）、鲁道夫·施塔姆勒（R. Stammler，1856—1938）和卡尔·沃伦德尔（K. Vorander，1860—1928）等。

马堡学派首先继承并改造了康德的先验方法。在对康德关于理论理性的学说的解释上，存在着先验心理和先验逻辑两种倾向。前者强调作为认识主体的心理意识具有一定的先天结构和形式，它们决定着人的知识的结构和形式。马堡学派坚决反对这种倾向，因为这意味着把意识分析当作认识和整个哲学的出发点，势必导致心理主义。在柯亨看来，哲学的任务不是揭示主体的意识结构、心理组织，不是研究主体的认识发生过程，相反，它应当摆脱认识主体的心理学和人类学特征。他从先验逻辑倾向出发解释康德，认为哲学的根本任务是阐明数学和自然科学的可能性，并进而阐明包括道德、艺术、宗教在内的一切其他知识部门的可能性，揭示它们的逻辑前提，发现各门科学的一般的逻辑结构。各门科学都有自己的特殊对象，它们之间存在着很大差异，但它们必有共同的即先验的逻辑结构。正是这种共同的逻辑结构，使知识具有统一性。哲学的任务是探究这种共同的逻辑结构，而不是探求认识的心理基础或具体的认识过程，所以哲学就是科学认识加逻辑，或者说纯粹认识的逻辑，这种逻辑就是康德的先验方法。对于哲学史来说也是如此，例如那托普指出，只有康德唯心论（或观念论、理念论）的复兴才同时带来了对柏拉图理念论的完整理解。①

按照马堡学派的观点，先验方法有两点基本要求，"第一点是踏踏实实地追溯到各种实存的、有历史为证的科学、道德、艺术、宗教等方面的事实"②。用康德那句有力的名言来说，哲学害怕形而上学建筑师们的那些"高塔"，因为它们"通常是面面临风的"，它要求寻求广义的经验的"丰饶的深谷"，力求把根扎入全部文化创作中去。第二点是指明"可能性"的根据，亦即"在全部创造文化的行动中指出规律的根据 Logos（逻各斯）、Ratio（理性）的统一，提炼出纯粹的规律"③。因此，先验方法就是"批判"方法：既批判形而上学的僭越，也批判目无规律、逃避规律的经验主义。

从这种先验方法出发，柯亨等人重新解释了康德的"物自身"概念，并进而批判康德的先验感性论，把全部认识活动归结为纯粹思维的创造。柯亨等人在批判康德的"物自身"概念时认为，人的认识以自己的经验为限，一切被认为具有实在性的东西其实都并没有越出经验的范围，如果超出这一范围，那就成了不可知的东西，因此既然物自身要求具有经验以外的实在性，它就只能是不可知的东西。但"物自身"又是一种调节原则，它的作用是联结经验材料，调整人的认识，但它本身并不提供认识，它只是一种观念，而非实在。物自身在成为观念以后，就不再是非科学的实在论的幻想，不再是非逻辑的迷信的幻影，不再是实质上不可实现的愿望的空洞表示。把"物自身"当作一种调节原则也就是把它当作一个"限制概念"，它表明人为自己的认识设定的一种目标、界限。人的认识过程是一个不断生成、变化、创造的过程，是对尚未确定之物的确定过程，因此人的认识永远没有最终的目标，这个目标总是待确定的，总是一个疑问号，它表明人的认识所不可逾越的界限。

与康德不同，柯亨认为物自身并不是引起感觉的原因，感觉不是认识的起点，没有思维，任何感觉和知觉都无法发生。思维是从其本身开始的。全部认识都是纯粹思维本

---

① 纳托普：《柏拉图的理念学说：理念论导论》，溥林译，商务印书馆，2018，第 6 页。
② 纳托普：《康德与马堡学派》，载洪谦主编《现代西方哲学论著选辑》，上卷，第 84 页。
③ 同上。

身的活动，无须借助其他工具。这就是说，在认识中没有任何东西不是由思维所规定的，也没有任何东西不能为思维所规定。任何经验的规定同时又是思维的规定。空间和时间并不是感性的先天形式，而是纯粹思维本身所创造的范畴，是用来表现纯粹思维活动的结果的。简言之，“康德的确证奠定了批判方法的全部意义，全部权利：一般地说，一切关于对象的关系，一切关于客体和主体的概念，都是在认识之中，按照认识的规律产生出来的”[①]。

柯亨进一步认为，作为数学研究对象的数是纯粹思维的产物，而一切其他科学都可以数学化，因此它们的对象以至整个对象世界、自然界都是纯粹思维的产物。具体地说，现代自然科学是数学的自然科学，无穷小的概念则是数学的基本概念，是一切数的基础，因此实际上也就是自然对象的基础。无穷小从时间、空间以及一切其他性质方面决定对象。因为物体的运动和过程意味着它们具有连续性，而连续性又是由无限多的时空的无穷小因素构成的。因此，事物的实在性可以还原为无穷多个概念的实在性。既然数是一切自然和社会对象的基础，那么数学方法必然是一切科学的基本方法。

柯亨等人对逻辑问题给予了很大注意。他们对逻辑的解释同对数学的解释一致，即把逻辑范畴当作纯粹思维的创造。纯粹思维利用无穷小概念的演算来创造各种科学理论时，必须依据某种逻辑前提，利用某些有普遍意义的逻辑范畴和规律。这些逻辑范畴和规律既是事物的实在性的标准，也是任何科学原理的真理性的标准。

（二）弗莱堡学派

弗莱堡学派因其创始人以弗莱堡大学为活动中心而得名，它后期的活动中心是海德堡大学，故又称海德堡学派。由于弗莱堡和海德堡属于德国西南部的巴登州，故又称西南学派或巴登学派。还由于它着重先验心理学和价值问题的研究，有时亦被称为先验心理学派或价值学派。

弗莱堡学派的创始人是威廉·文德尔班（Wilhelm Windelband，1848—1915），他的主要哲学著作有：《序曲》（论文集，1884）、《历史与自然科学》（1894）、《论自由意志》（1904）等，晚年逐渐转向了新黑格尔主义。文德尔班不仅是哲学家，而且是哲学史家。他的《哲学史教程》曾经是应用广泛的大学教科书，至今仍有很大的影响。文德尔班的学生海因利希·李凯尔特（Heinrich Rickert，1863—1936）是弗莱堡学派后期的主要代表，主要哲学著作有：《认识的对象》（1892）、《自然科学概念构成的界限》（1896）、《历史哲学问题》（1905）、《哲学体系》（1921，第1卷）等。其他代表人物还有拉斯克（E. Lask）、科恩（J. Cohn）、鲍赫（B. Bauch）等。

文德尔班虽然没有创造出一个价值哲学的体系，但他确实继自己的老师“目的论唯心主义者”洛采（H. Lotze，1817—1881）之后将价值概念放在哲学的中心地位，并提出了“重估一切价值”的口号。[②] 当时的德国流行两种倾向，一是以哲学史代替哲学，一是把哲学归并到其他经验科学中去。文德尔班坚决反对这两种取消哲学的倾向。他坚持

---

① 纳托普：《康德与马堡学派》，载洪谦主编《现代西方哲学论著选辑》，上卷，第89页。

② 参见文德尔班：《哲学史教程》，下卷，罗达仁译，商务印书馆，1993，第912页。

认为哲学有着独立的领域和自己的问题。作为哲学史的专家，他指出“哲学”一词具有理论和实践两重含义，前者提供循序渐进的工作以便达到绝对知识，后者指一种以合理原则为依据的生活艺术。因此，他给哲学下了一个定义：用科学的方法来处置有关宇宙和人生的一般问题。所谓一般问题，就是原则本身。他说：“谁要想以哲学的方式谈哲学问题，就必须时刻鼓足勇气，站稳脚跟，而且还要以坚忍不拔的气概，把听众领到各种最一般的思考中去，在这一片汪洋大海里，去领略天旋地转的滋味。”① 文德尔班具体规定了哲学的对象和任务。虽然专门科学从哲学的母体中分离出去，但哲学并没有成为李尔王，它还保留着一个永远不怕被分掉的对象，那就是宇宙和人生的一般问题，它永远是哲学的对象。至于哲学的任务，文德尔班指出，经过康德批判哲学的启蒙之后，我们就不能再醉心于独断地回答实体是什么等形而上学问题，或者去总结或概括各种专门科学的问题。康德使我们明白，哲学必须放弃一切不切实际的形而上学要求，而应当从价值入手，对一切价值进行重新评价。

对于黑格尔，文德尔班在《哲学导论》谈到该书的编写原则时说：如今我们不应再仿效黑格尔的做法。我们既不会容忍他那套关于逻辑运动、心理运动、历史运动和哲学运动的混乱说法，也不会容忍他对自己观点的改变所做的神秘解释。而且，不论是作者还是读者，我们都不再可能拥有应用黑格尔那套方法的广博历史知识了。此外，我们也不再像黑格尔那样在他的历史乐观主义中，至少在原则上，相信历史发展的必然性和逻辑发展的必然性是同一的。相反，我们必须承认，历史呈现哲学问题的规律与它们之间的系统关联性毫不相关。因此，我们不能从历史演绎出这些问题间的系统关联性，而后者才是哲学终极问题。但是，黑格尔以历史的概念提出整套哲学的工具论，这是他不朽的贡献。他对问题和概念的塑造，正如它们在历史上所带来的人类思想的进化那样，是我们系统对待哲学所能够用到的唯一令人满意的形式。单单这种历史的方法就能使我们免于再次重复发现那些我们早就知道的真理，或者使我们免于徒劳无功地尝试那些不可能的事情。单单这种方法就能指引我们准确无误地把握哲学思想的问题和内容。因为人不能从他自身演绎出一切，他必须通过历史从对人的本性解释中，学到对一般理性意识的必然内容所应当持有的正确态度，而一般理性意识的必然内容正是哲学的终极对象。②

按照文德尔班的观点，事物皆具有两个方面：一是可认知的方面，人们可以判断它们是什么；二是可评价的方面，人们可以评价它们是怎样的。前者是事实领域，后者是价值领域。知识相应地也具有二重性，即关于是什么和应怎样的知识，而不是被劈成两片的经验知识和理性知识。文德尔班认为，要对哲学进行彻底的改造，就要把哲学从像自然科学那样对事物是如何，如何做判断，改为应该怎样，怎样做评价。因此评价方法就是他所谓的科学方法，他要求把对事物的评价活动放在比对事物的判断活动更重要的地位。这与康德所谓“实践理性的优先地位”是一脉相承的，不过进一步把这种优先性扩大了，从而把价值作为哲学全力以赴追求的目标。

文德尔班总结道：“相对主义就是哲学的取消和死亡。哲学只有作为具有普遍价值的

---

① 文德尔班：《历史与自然科学》，载洪谦主编《现代西方哲学论著选辑》，上卷，第62页。

② 文德尔班：《哲学导论》，施璇译，北京联合出版公司，2016，序言。

价值科学才有生命力。……哲学以具有普遍价值的那些价值为自己的领域，为自己的问题。这些具有普遍价值的价值是文化和文明全部功能的组织原则，是人生一切特殊价值的组织原则。这些描述和解释这些价值，只为了对它们的价值加以说明；不把它们当作事实，而是把它们当作标准。所有这些要把自己的任务发展为‘制定规律’，但这不是任意专断地颁布规律，这些规律是它所发现并把握了的理性规律。”① 这段具有代表性的文字，说明他遵循着康德所走过的道路，以探讨规律的普遍性为自己的目标，所以把“具有普遍价值的价值”作为自己哲学的原则和标准。在原则和标准确立之后，文德尔班就着手改造哲学，改变整个科学的评价，并着手建立一个和判断逻辑相平行的评价逻辑，作为评价活动的普遍应用的方法。

文德尔班把“标准意识”（Normal bewussten）称为哲学的真正前提，认为它是对意志、情感全部经验进行评价的绝对中心。所谓标准意识，就是对实际意愿和理想标准相符合的意识。如果没有这样一种意识，只有价值标准，那么价值标准还是一个死的，还不能用来对实际经验进行评价。有了这样的标准意识，就可以把价值标准运用来衡量一切实际经验，构造全部哲学体系。从这个前提来评价康德哲学就可以看到，康德曾殚思极虑而找不到弥合办法的三个部分——逻辑学、伦理学、美学——完全是统一的，只不过是同一个道德标准在三个不同领域的应用，只不过是同一个意识的伦理态度在三个不同领域里的表现，因而三者统统都是关于标准的科学：逻辑学是关于思想标准的科学，伦理学是关于意志标准的科学，美学是关于情感标准的科学。所以，只有以标准意识为前提，康德哲学的各个部分才是实际统一的，只有价值哲学才真正贯彻了康德实践理性的优先原则。

价值哲学不但能够用“具有普遍价值的价值”这个标准把全部哲学统一起来，它和一切活生生的现实知识，和全部生活的丰富内容，也处于不断地交流之中。哲学能加强人生的信念，提高人类的理想，并对文化生活的各个方面都表现其发人深思的见解。这些信念和理想经过价值概念的整理和规定，就获得了严密的科学形式。

由文德尔班所倡导的价值哲学突出了评价活动，丰富了人类知识的内容，开阔了人们的眼界。它在取消哲学的横流中，极力维持哲学的独立性，继续了德国古典哲学和欧洲古典哲学的传统。

弗莱堡学派的价值哲学同他们所提出的关于自然科学与社会历史科学（即所谓“文化科学”）对立的理论有着密切的联系。文德尔班关于事实与价值、事实知识与价值知识的区分，具体表现为自然科学与社会历史科学的区分。自然科学是研究事实世界的科学，自然科学的概念属于事实知识，而社会历史科学则研究价值世界，属于价值知识。文德尔班由此而将自然科学称为“研究普遍法则的”（nomothetic）科学。社会历史科学所利用的是对特殊的、具体的事件进行描述的方法，即个别化的方法。社会历史科学的目的在于把某一过去的事件栩栩如生地再现于当前的观念中。因此文德尔班把它称为“描述个别特征的”（idiographic）科学。狄尔泰反对这种二分法，而李凯尔特则承袭并发展了文德尔班的价值思想，当他具体论述自然科学和文化科学（社会历史科学）的对立时，正是把价值概念作为其指导原则。他同样强调自然科学和社会历史科学的区别的方法论

① 文德尔班：《哲学史教程》，下卷，第927页。

性质，认为两者均以经验的实在为对象，如果我们在考察这些对象时注意的是一般的东西，那就是自然；如果在考察它们时注意的是特殊和个别的东西，那就是历史。自然科学所利用的是由特殊到一般的方法，即普遍化的方法，它的目的是寻找自然界中的“规律”“齐一性”“共相”“不变的形式”。因此，只有社会历史科学才能达到实在。因为社会历史科学排除了用普遍化的方法去寻求规律、齐一性，而采用个别化的方法去描述具体的、特殊的历史事件。事物的真实存在正是其作为具体的、特殊的事件的存在。

思考题

1. 简述黑格尔学派的解体与青年黑格尔派的哲学批判。
2. 简述19世纪非理性主义思潮的基本特征。
3. 简述19世纪实证主义的基本精神。
4. 简述19世纪新黑格尔主义和新康德主义的主要思想。

本编小结

本编讨论的是 16 世纪末至 19 世纪末 300 年间的哲学思想，我们称之为“近代哲学”。与古代哲学和中古哲学相比，这一时期的哲学思想在时间上离我们最近，在观念上与我们的关系最为密切，无论是从消极意义上还是从积极意义上看，它们中的许多东西亦构成了现代文明的基本要素。

我们将近代哲学分为四个单元：经验论和唯理论、法国启蒙哲学、德国古典哲学和黑格尔之后的哲学思潮。其中“经验论和唯理论”表明认识论问题在近代哲学中取得了重要地位，“法国启蒙哲学”体现了这一时期社会变革的思想和理论背景，“德国古典哲学”以重建形而上学的方式将古典哲学的基本观念发挥到了极致，随后的“黑格尔之后的哲学思潮”则标志着古典哲学的衰落并且预示了现代西方哲学的兴起。

与古代哲学和中古哲学相比，近代哲学具有鲜明的特征。由于这一时期自然科学进步神速，人类的知识领域无论在深度上还是在广度上都发生了翻天覆地的变化，这就使哲学从内容和形式上都取得了前所未有的发展，从而给哲学家们打开了一个无限的想象空间，似乎从根本上解决哲学问题不再仅仅是理想，实际上这也正是一代又一代的哲学家们努力的方向。知识是人类精神认识世界的根本手段，科学是真理的化身，这构成了这一时代哲学家们的基本观念，而就哲学而言，知识、科学乃至真理，则是通过“体系”的方式实现的。近代哲学的创始人笛卡尔从一开始就提出了利用几何学方法使哲学成为科学体系的设想，至于黑格尔对哲学的主要贡献，则主要体现在他使形而上学成为“科学的体系”的卓有成效的工作。当然，近代哲学所取得的任何成就（包括它的局限），其实在古希腊哲学中都有其根源。套用黑格尔的比喻，哲学就像是一粒种子，它在古希腊哲学的土壤中发芽，而在欧洲哲学的土地上终于长成了大树。不过，这样的比喻容易引起误解，它意味着黑格尔的哲学史观似乎是正确的：只有一个哲学，所有的哲学不过是这同一个哲学的不同发展阶段而已。所以我们不如换个说法：古希腊人几乎发现了所有的哲学问题，而后人则为解决这些问题开辟了一条条思想之路。

近代哲学的主要工作可以概括为以下几个方面：

第一，认识论的问题成为哲学家们关注的主要问题之一。黑格尔曾经指出，思维与存在的同一性问题是近代哲学的主要问题。的确如此。只有在近代自然科学飞速发展、人类知识领域迅速扩展和深化，以及认识论问题成为哲学的主要问题之一的背景之下，作为“知识”或“科学”的哲学才有可能在内容、形式、体系等方面“成熟”起来。虽然我们不能将认识论的问题看作近代哲学最重要的核心问题，因为真正的核心问题还是形而上学问题，但是它的确是主要问题之一，而且构成了解决其他哲学问题包括形而上学问题的基本条件。不过，笛卡尔所造成的，潜在于近代哲学主体性原则之中的二元论因素，注定了近代哲学是不可能解决认识论的问题的。

第二，使哲学成为科学。早在亚里士多德的时代，使哲学成为科学就成了哲学家们的理想，在近代自然科学飞速发展的背景下，哲学与科学之间相互影响，促使哲学家们试图使这个理想成为现实。笛卡尔形象地将人类知识比喻为一棵大树，形而上学就是这棵大树的树根。显然，作为科学知识的基础的形而上学自身也必须是科学，而且更应该是科学。黑格尔甚至通过哲学自我证明的方式而声称，哲学比所有的科学都更是科学，因为它是从自身出发而回归自身的“圆圈”，所以没有一般科学所必需的前提和出发点。哲学家们的这种“科学情结”根深蒂固，影响深远，为后人厘清哲学与科学之间的关系造成了巨大的困难。

第三，建立百科全书式的哲学体系。从笛卡尔开始，哲学家们就认为使哲学成为科学的方式就是使之成为科学的体系。从笛卡尔仿照几何学建立起来的演绎方法到黑格尔的辩证法，哲学家们始终在努力发现或者建立一种科学方法，使哲学成为百科全书式的、包罗万象的科学体系。因此，与前此以往的哲学相比，近代哲学可以看作一个体系化的时期，尤其以德国古典哲学为代表。在某种意义上说，德国古典哲学家们，特别是黑格尔，在使哲学成为体系方面所取得的成果，是前无古人后无来者的。在此之后，一方面哲学家们放弃了使哲学成为百科全书式的科学体系的工作；另一方面人类知识的进步和发展，也使这种工作变得不可能了。

第四，哲学对社会现实的影响。启蒙主义构成了近代哲学的主导精神，哲学家们不仅试图在认识上达到真理，而且以改造社会为己任。近代哲学所处的历史时期，正是欧洲社会大变革的时期，哲学作为时代精神的体现，为社会变革进行了思想和理论上的准备。启蒙主义与宗教迷信、封建专制与愚昧落后为敌，试图通过提倡理性、发展科学、推进知识、教化大众的方式促进社会的进步，作为一场大规模的持久的思想文化运动，对于西方文明产生了极其深远的影响。在这个历史时期，哲学不仅是黄昏才起飞的猫头鹰（黑格尔语），也是清晨报晓的雄鸡。

第五，形而上学的完成。如果不考虑 19 世纪下半叶黑格尔后哲学向 20 世纪西方哲学的过渡，近代哲学从笛卡尔哲学开始，以黑格尔哲学而告终，我们可以把这一历史时期看作形而上学的完成时期。笛卡尔从一开始就提出了建立形而上学体系的设想，黑格尔则通过他的辩证法使形而上学变成了“科学”。如果再向前追溯，我们可以将从亚里士多德到黑格尔的发展过程看作形而上学从“潜能”到“现实”的过程。由于黑格尔将古典哲学形而上学的观念发挥到了极致，从而亦使形而上学走上了绝路。黑格尔之后，尤其是 20 世纪西方哲学，激烈地反对形而上学是主流，同时各种类型的重建形而上学努力也从未止步。因而可以说，形而上学虽然在黑格尔那里以体系的形式“完成”或者“终结”了，但是仍然有其深远的影响和无可估量的“转向”的可能性，这种现象值得我们深思。

结束语

西方哲学从公元前 6 世纪到公元 19 世纪，经历了 2500 多年漫长的历史，我们通常称之为“古典哲学”。伴随着哲学及其各个部门的形成、发展和成熟，其主线是形而上学产生、兴盛和衰落的历史演变。

哲学诞生之初，哲学家们关于哲学的对象、问题和方法等都处在摸索阶段。从巴门尼德开始，经过苏格拉底、柏拉图到亚里士多德，终于形成了形而上学或本体论的哲学传统。在中古哲学中，尽管基督教一统天下，哲学仍然以畸形的方式顽强地进行着理性的思辨，并且在超验性等方面对哲学产生了深远的影响。在近代自然科学飞速发展的背景之下，以古希腊哲学和基督教哲学为其生长的源头，近代哲学以启蒙主义为基本精神，无论是在深度还是在广度上都将哲学的发展推向了新的阶段，最终在德国古典哲学中，尤其是在黑格尔哲学中，达到了形而上学的顶峰，此后在哲学的对象、问题和方法等方面又重新陷入了混乱局面，同时为 20 世纪现代哲学开辟了不同的发展方向。

毫无疑问，对于生活在 21 世纪的人们来说，古典哲学显得既熟悉又陌生：由于古典哲学尤其是近代哲学构成了现代西方文明的基本观念，因而为我们所熟悉；由于哲学在各个方面都发生了巨大的变化，因而又使我们感到很陌生，于是便引发了对待古典哲学的不同态度。比较激进的态度是，彻底否定古典哲学的成就，视之为哲学在其幼年时期不可避免地所犯下的一系列错误。与此不同，我们则主张采取比较“温和的”态度，一方面将古典哲学看作现代哲学的来源和基础，另一方面把现代哲学理解为哲学的革命，至少是为哲学革命所做的准备。总之，学习现代哲学如果不学习古典哲学，就会缺少宽广的理论视野和深厚的历史感，因而难以将现代哲学推向更深更广的领域；学习古典哲学如果不学习现代哲学，就会迷失哲学的创新精神和发展方向，遮蔽哲学对于现时代的理论和现实意义。

我们在此所描述的西方哲学史，从古希腊哲学百花齐放、百家争鸣开始，以欧洲哲学百花齐放、百家争鸣而告一段落。以后我们在现当代西方哲学中也会看到，百花齐放、百家争鸣同样是它的基调。这实际上反映了哲学的本性：哲学问题是人类永远追问但却永远也不会有终极答案的难题，因而哲学家们所提供的各种各样解决问题的方案，就为我们留下了一条条哲学运思之路，树立起一座座里程碑。

按照惯例，“西方哲学史”在此告一段落，以后的哲学发展将是“现代西方哲学”描述的对象。就此而论，它不是结束，而是新的开始。

在某种意义上说，哲学始终在“新的开始”之中。

后　记

《西方哲学史》原为中国人民大学哲学系外国哲学教研室承担的普通高等院校“九五”国家重点教材。由于种种原因，本书直到今天才编写完成，出版面世。

按照本书原来的设想，为了给教师讲课留有充分的余地，我们准备为本科西方哲学史课程编写一部比较简明的教科书。但是近年来，哲学系西方哲学史课程的设置发生了重大的变化。以中国人民大学哲学系为例，以往本科的西方哲学史课程讲授一学年，其中一学期从古希腊哲学讲到近代哲学中的经验论和唯理论，一学期讲授 18 世纪法国哲学和德国古典哲学，主要是德国古典哲学。这几年，国内比较著名的大学哲学系都在进行与国际接轨的课程改革，西方哲学史课程首当其冲。因为国外大学哲学系中一般没有通史的课程，主要是专题研究、原著研读和断代研究等等，所以我们改革的指导方针是压缩西方哲学史课程，增加原著选修课，形成西方哲学系列课程。中国人民大学哲学系从 1997 级本科生开始实施新的教学方案，通史课改为一学期的西方哲学导论，然后以四个学期的时间开设哲学原著选修课，尽量“史论结合”，即以原著“串联”哲学史。这样一来，我们原来编写教材的设想就不合适了。如果教师讲得比较充分，教材可以简明一些。但如果教师讲得比较简明，甚至有些内容无法顾及，在这种情况下我们就必须为学生提供一部比较详细充分的参考教材，以便使他们可以在教师的指导之下自学。于是，我们及时修改了编写计划，增加了篇幅。后来随着教改的深入，学校为学生“减负”，缩减了学分，因而西方哲学史系列课程又进行了一次调整。哲学史讲一学年，其中一学期古典哲学，一学期现代哲学。然后在两个学期内开设四门哲学原著选修课。因而，教材的编写工作也相应地又做了一次调整。现在，我们又面临着课程的调整和改革，初步设想是在哲学一级学科之下形成西方哲学系列课程，所以这部教材的编写和修改一直持续到今天。另外，由于本书是集体创作的产物，要想使全书形成比较统一的风格并非易事。加之教学科研等工作都非常繁重，因而统稿的速度十分缓慢，这主要应该由我负责。在此，我谨向作者和读者表示深深的歉意。

本书在编写过程中参考了国内外同类教科书和各方面的科研成果，不能一一列举注明，在此表示谢意和歉意。最初，我们本来打算修订本教研室由苗力田先生和李毓章先生主编的教材《西方哲学史新编》，但是考虑到它的教材性质，还是由大学出版社出版为好。如果修订，可能会面临版权等一系列的问题，所以我们决定在前辈已经打好的基础上重新编写。苗力田先生和李毓章先生一方面大胆放手，把重任交给了我们，另一方面始终关心教材的编写工作，并且提出了许多非常好的意见。当年编写《西方哲学史新编》时，先生们曾经计划增加黑格尔之后的19世纪哲学，以便使西方哲学史与现代西方哲学有一个比较适当的衔接和过渡。然而由于种种原因，这一计划未能实现，以至于苗力田先生生前对此始终耿耿于怀。我们这一次重新编写西方哲学史教材，特别增加了这一章，也算是给先生一个交代。

按照章节的顺序，本教材的编写者如下：

导言：张志伟（中国人民大学哲学系教授、哲学博士）；

第一编“古代哲学”：徐开来（四川大学哲学系教授、哲学博士）；

第二编“中古哲学”：李秋零（中国人民大学哲学系教授、哲学博士）；

第三编“近代哲学”第七、八章：冯俊（中国人民大学哲学系教授、哲学博士）；

第三编“近代哲学”第九章第一节和第四节：张志伟；

第三编“近代哲学”第九章第二、三节：郭大为（中央党校哲学部副教授、哲学博士）；

第三编“近代哲学”第十章：韩东晖（中国人民大学哲学系哲学博士）；

结束语：张志伟。

中国人民大学出版社王雰先生、周蔚华先生和李艳辉女士对本教材的出版给予了多方面的支持和帮助，在此我谨代表作者向他们表示衷心的感谢。

本教材的编写是集体智慧的结晶，我受作者们的信任和厚爱，承担本教材的主编工作，感到非常荣幸。本书肯定有许多不当之处，错误之处亦在所难免，这些都应该由我负责，希望学术界同行和诸位读者朋友批评指正。本教材完成之后，我们将投入到《现代西方哲学》的编写工作之中，希望能够比较完满地完成西方哲学教材的编写工作。

张志伟
2001年12月

修订版后记

由中国人民大学哲学院外国哲学教研室主持编写的《西方哲学史》（普通高等教育“九五”国家教委重点教材）自 2002 年出版以来，承蒙读者朋友的错爱，成为许多高校的参考教科书。本次修订本被列入了教育部普通高等教育“十一五”国家级教材规划，我们请各章节原作者进行了修订，最后由我统稿。本教材在编写和修订过程中，借鉴和参考了国内外同类教材和研究成果，不能一一列出，在此一并表示衷心的感谢。本教材的不当之处在所难免，希望学术界同行和诸位读者朋友批评指正。中国人民大学出版社李艳辉女士、余海先生和责任编辑对本教材的修订给予了多方面的支持和帮助，在此我谨代表作者向他们表示衷心的感谢。

按照章节的顺序，本教材的编写者和修订者如下：

导言：张志伟（中国人民大学哲学院教授、哲学博士）；

第一编“古代哲学”：徐开来（四川大学哲学系教授、哲学博士）；

第二编“中古哲学”：李秋零（中国人民大学哲学院教授、哲学博士）；

第三编“近代哲学”第七、八章：冯俊（中国人民大学哲学院教授、哲学博士）；

第三编“近代哲学”第九章第一节和第四节：张志伟；

第三编“近代哲学”第九章第二、三节：郭大为（中央党校哲学部教授、哲学博士）；

第三编“近代哲学”第十章：韩东晖（中国人民大学哲学院教授、哲学博士）；

结束语：张志伟。

近来中国人民大学哲学院的本科教学方案进行了全面的修订，确定了马克思主义哲学、中国哲学和外国哲学作为三门主干课程，可以说本教材的修订正当其时。在本书的第一版后记中我们曾经预告将展开《现代西方哲学》的编写工作，因为种种原因尚未定稿，在此向读者朋友表示歉意，我们将争取尽快与读者见面。

张志伟

2009 年 8 月

第 3 版后记

我们这部《西方哲学史》教材于 2017 年被列入中国人民大学“十三五”本科规划教材，于是启动了第 3 版的修订工作。然而，由于三年疫情，加之参编的人员比较多，工作比较繁忙，主要是我因为种种原因统稿时间过长，以至于直到今天才终于完成，向大家说一声抱歉。

按照章节的顺序，本教材的编写者和修订者如下：

导言：张志伟（中国人民大学哲学院教授、哲学博士）；

第一编“古代哲学”：徐开来（四川大学哲学系教授、哲学博士）；

第二编“中古哲学”：李秋零（中国人民大学哲学院教授、哲学博士）；

第三编“近代哲学”第七、八章：冯俊（中国人民大学哲学院教授、哲学博士）；

第三编“近代哲学”第九章第一节和第四节：张志伟；

第三编“近代哲学”第九章第二、三节：郭大为（中央党校哲学部教授、哲学博士）；

第三编“近代哲学”第十章：韩东晖（中国延安干部学院教授、副院长，中国人民大学哲学院兼职博士生导师、哲学博士）；

结束语：张志伟。

在修订这部教材的几年里，最初由中国人民大学出版社的张杰先生负责编辑工作，现在由崔毅先生负责编辑工作，谨向他们表示衷心的感谢。

张志伟

2024 年 5 月 1 日